westermann

Autoren: Sebastian Mauelshagen, Frank Ludden, Dirk Overbeck, Markus Schajek

Herausgeber: Dirk Overbeck

Industriekaufleute

3. Ausbildungsjahr – nach Lernfeldern

1. Auflage

Bestellnummer 14719

Die in diesem Produkt gemachten Angaben zu Unternehmen (Namen, Internet- und E-Mail-Adressen, Handelsregistereintragungen, Bankverbindungen, Steuer-, Telefon- und Faxnummern und alle weiteren Angaben) sind i. d. R. fiktiv, d. h., sie stehen in keinem Zusammenhang mit einem real existierenden Unternehmen in der dargestellten oder einer ähnlichen Form. Dies gilt auch für alle Kunden, Lieferanten und sonstigen Geschäftspartner der Unternehmen wie z. B. Kreditinstitute, Versicherungsunternehmen und andere Dienstleistungsunternehmen. Ausschließlich zum Zwecke der Authentizität werden die Namen real existierender Unternehmen und z. B. im Fall von Kreditinstituten auch deren IBANs und BICs verwendet.

Zusatzmaterialien zu „Industriekaufleute 3. Ausbildungsjahr – nach Lernfeldern“

Für Lehrerinnen und Lehrer

Lösungen zum Schulbuch: 978-3-427-14740-4
Lösungen zum Schulbuch Download: 978-3-427-14743-5
Lösungen zum Arbeitsbuch: 978-3-427-14767-1
Lösungen zum Arbeitsbuch Download: 978-3-427-14770-1

BiBox Einzellizenz für Lehrer/-innen (Dauerlizenz)
BiBox Klassenlizenz Premium für Lehrer/-innen und bis zu 35 Schüler/-innen (1 Schuljahr)
BiBox Kollegiumslizenz für Lehrer/-innen (Dauerlizenz)
BiBox Kollegiumslizenz für Lehrer/-innen (1 Schuljahr)

Für Schülerinnen und Schüler

Arbeitsbuch: 978-3-427-14746-6

BiBox Einzellizenz für Schüler/-innen (1 Schuljahr)
BiBox Einzellizenz für Schüler/-innen (4 Schuljahre)
BiBox Klassensatz PrintPlus (1 Schuljahr)

Druck und Bindung: Westermann Druck GmbH, Georg-Westermann-Allee 66, 38104 Braunschweig

ISBN 978-3-427-14719-0

Vorwort

Liebe Schülerinnen und Schüler,
liebe Kolleginnen und Kollegen,

mit der dreibändigen Lehrbuchreihe „Industriekaufleute" haben wir uns die Zielsetzungen des bundeseinheitlichen Rahmenlehrplans für die Ausbildung zur Industriekauffrau/zum Industriekaufmann zu eigen gemacht. Wir möchten den Schülerinnen und Schülern die Stärkung berufsbezogener und berufsübergreifender Handlungskompetenzen ermöglichen, damit sie zur Erfüllung der Aufgaben im Beruf sowie zur nachhaltigen Mitgestaltung von Arbeitswelt und Gesellschaft in sozialer, ökonomischer, ökologischer und individueller Verantwortung, insbesondere vor dem Hintergrund sich wandelnder Anforderungen, befähigt werden.[1]

Ein problemorientiertes und zunehmend selbstgesteuertes Lernen wird durch die jedem Kapitel voran stehenden Ausgangssituationen, die unterschiedliche fachliche Aspekte thematisieren, ebenso erreicht wie durch zahlreiche **Übungsaufgaben**. Am Ende eines jeden Lernfeldes sorgt ein **Kompetenzcheck mit Wiederholungs- und Prüfungsaufgaben** dafür, dass eine gezielte Vorbereitung auf Klausuren und die Abschlussprüfung erleichtert wird.

Aufgrund der Verschiedenheit der Ausbildungsbetriebe haben wir die Lehrbuchreihe an einem **Modellunternehmen**, der Sommerfeld Bürosysteme GmbH, ausgerichtet. Zahlreiche **Beispiele, Praxistipps** und **Internet-Links** ergänzen und erweitern die Arbeit mit dem Modellunternehmen und ermöglichen, dass die Entscheidungen, die innerhalb der Sommerfeld Bürosysteme GmbH zu treffen sind, mit denen der jeweiligen Ausbildungsbetriebe verglichen und Unterschiede sowie Gemeinsamkeiten herausgearbeitet werden können.

Die ergänzend zu diesem Lehrbuch erhältliche BiBox mit zahlreichen Erklärvideos, weiteren Übungsaufgaben, ergänzenden Übersichten und Präsentationen sowie zusätzlichem Unterrichtsmaterial rundet das Angebot ab, sodass aus unserer Sicht die Auszubildenden, wie im Lehrplan ausgedrückt, Fachkompetenz, Selbstkompetenz und Sozialkompetenz erwerben können.

Als sinnvolle Ergänzung ist zu jedem Jahrgangsband der Lehrbuchreihe ein Arbeitsbuch mit Lernsituationen erhältlich. Die Arbeitsbücher unterstützen die Herausbildung einer umfassenden Handlungskompetenz und erleichtern die Umsetzung eines handlungsorientierten Unterrichts, indem die Phasen von beruflichen Handlungen in Lernsituationen vollzogen werden.

Im vorliegenden Band 3 sind enthalten:

Lernfeld 10: Jahresabschluss vorbereiten, auswerten und für Finanzierungsentscheidungen nutzen
Lernfeld 11: Geschäftsprozesse an gesamtwirtschaftlichen Rahmenbedingungen ausrichten
Lernfeld 12: Personalprozesse planen, steuern und kontrollieren
Lernfeld 13: Betriebliche Problemlösungsprozesse innovativ durchführen

Wir wünschen Ihnen viel Spaß und viel Erfolg bei der Nutzung dieses Lehrbuches!

Das Autorenteam

---

1 Vgl. Rahmenlehrplan für den Ausbildungsberuf Industriekaufmann und Industriekauffrau (Beschluss der Kultusministerkonferenz vom 15.12.2023).

Inhaltsverzeichnis

LERNFELD 10

Jahresabschluss vorbereiten, auswerten und für Finanzierungsentscheidungen nutzen

LERNFELD 11

Geschäftsprozesse an gesamtwirtschaftlichen Rahmenbedingungen ausrichten

LERNFELD 12

Personalprozesse planen, steuern und kontrollieren

LERNFELD 13

Betriebliche Problemlösungsprozesse innovativ durchführen

LERNFELD 10

Jahresabschluss vorbereiten, auswerten und für Finanzierungsentscheidungen nutzen

1 Die Bestandteile des Jahresabschlusses analysieren

LS 1

Kurz nach der Frühstückspause ruft Herr Feld Emilia Schaub und Leon Heller in sein Büro. „Ich habe eine Überraschung für Sie: Einer unserer Hauptlieferanten, die Andreas Schneider Holzwerke KG, lädt uns zu ihrem traditionellen Neujahrsempfang ein – und weil deren Jahresabschluss diesmal so positiv ausgefallen ist, wird die Feier etwas größer. Vielleicht möchten Sie ja mitkommen? Es ist sicherlich interessant und auch wichtig für Ihre Ausbildung, bei solchen Veranstaltungen mal dabei zu sein." Emilia und Leon sind begeistert und sagen natürlich sofort zu. Als sie auf dem Weg zurück in ihre Abteilungen sind, unterhalten sie sich noch kurz. Leon fragt: „Sag mal, Emilia, so ein Jahresabschluss, woraus besteht der eigentlich und für wen und warum muss man den überhaupt erstellen?" „So genau weiß ich das auch nicht, Leon. Aber für die Andreas Schneider Holzwerke KG sind die Vorschriften auf jeden Fall weniger streng als für uns als GmbH. Vielleicht sollten wir uns das mal etwas genauer anschauen, bevor wir mit der Geschäftsleitung an dem Neujahrsempfang eines unserer wichtigsten Lieferanten teilnehmen."

ARBEITSAUFTRÄGE

- **Erläutern Sie die Unterschiede im Jahresabschluss bei Einzelunternehmen sowie Personengesellschaften einerseits und Kapitalgesellschaften andererseits.**
- **Erstellen Sie eine Mindmap, welche die Bestandteile eines Jahresabschlusses für Kapitalgesellschaften abbildet und aus der die zentralen Funktionen der einzelnen Bestandteile zu erkennen sind.**

Den Jahresabschluss vorbereitende Tätigkeiten

Bevor ein Unternehmen seinen Jahresabschluss erstellen kann, sind eine Vielzahl von Tätigkeiten erforderlich. So müssen die Buchhaltungsdaten überprüft und abgeglichen werden, um sicherzustellen, dass alle Transaktionen korrekt erfasst wurden. Forderungen und Verbindlichkeiten gegenüber Kunden und Lieferanten werden überprüft, um sicherzustellen, → LF 5 dass alle Rechnungen und Zahlungen erfasst wurden (**Debitoren- und Kreditorenabstimmung**). Ein Abgleich der Bankkonten mit den Bankauszügen stellt sicher, dass alle Ein- und Auszahlungen korrekt verbucht sind (**Bankabstimmung**), der Abgleich von Kassen- und Lagerbeständen mit entsprechenden Aufzeichnungen (**interne Kontenabstimmung**) hilft, mögliche Fehler und Unstimmigkeiten zu erkennen.

Im Rahmen der **Inventur** erfolgt eine körperliche bzw. buchmäßige Bestandsaufnahme sämtlicher Vermögensgegenstände und Schulden. Als Ergebnis der Inventur wird dann das **Inventar** erstellt. Das Inventar bildet die Grundlage für die Erstellung der **Bilanz**, die ein wesentlicher Bestandteil des Jahresabschlusses ist und die jeder Kaufmann nach § 242 HGB zu Beginn und **zum Schluss eines Geschäftsjahres** erstellen muss. Die Bilanz ist durch erfolgte Korrekturbuchungen um mögliche Inventurdifferenzen bereinigt.

Jahresabschluss

Die handelsrechtlichen Grundlagen für die Aufstellung des Jahresabschlusses sind im Wesentlichen im deutschen **Handelsgesetzbuch** (HGB) geregelt. Sie gelten für die überwiegende Zahl der in Deutschland tätigen Unternehmen und bilden somit auch die Rechtsgrundlage für dieses Lernfeld.

PRAXISTIPP!

Sämtliche Gesetzestexte können Sie unter https://www.gesetze-im-internet.de/ abrufen.

Börsennotierte Unternehmen sind darüber hinaus verpflichtet, ihren Konzernabschluss auch nach den Vorschriften der **International Financial Reporting Standards (IFRS)** zu erstellen (vgl. S. 25–27).

PRAXISTIPP!

Ausführliche Informationen zu den Rechnungslegungsvorschriften des IFRS finden Sie unter anderem unter https://www.ifrs.org (englischsprachig) oder https://www.haufe.de/thema/ifrs/.

Das **Handelsgesetzbuch** (HGB) stellt in Art und Umfang unterschiedliche Anforderungen an den Jahresabschluss. Eine dafür zentrale Bezugsnorm ist die Größe des Unternehmens. Unterschieden wird dabei nach kleinen, mittelgroßen und großen Kapitalgesellschaften, für die die folgenden Schwellenwerte (§ 267 HGB) gelten[1]:

1 Große Personenhandelsgesellschaften werden bezüglich der Anforderungen an die Rechnungslegung den großen Kapitalgesellschaften gleichgestellt (vgl. PublG § 1).

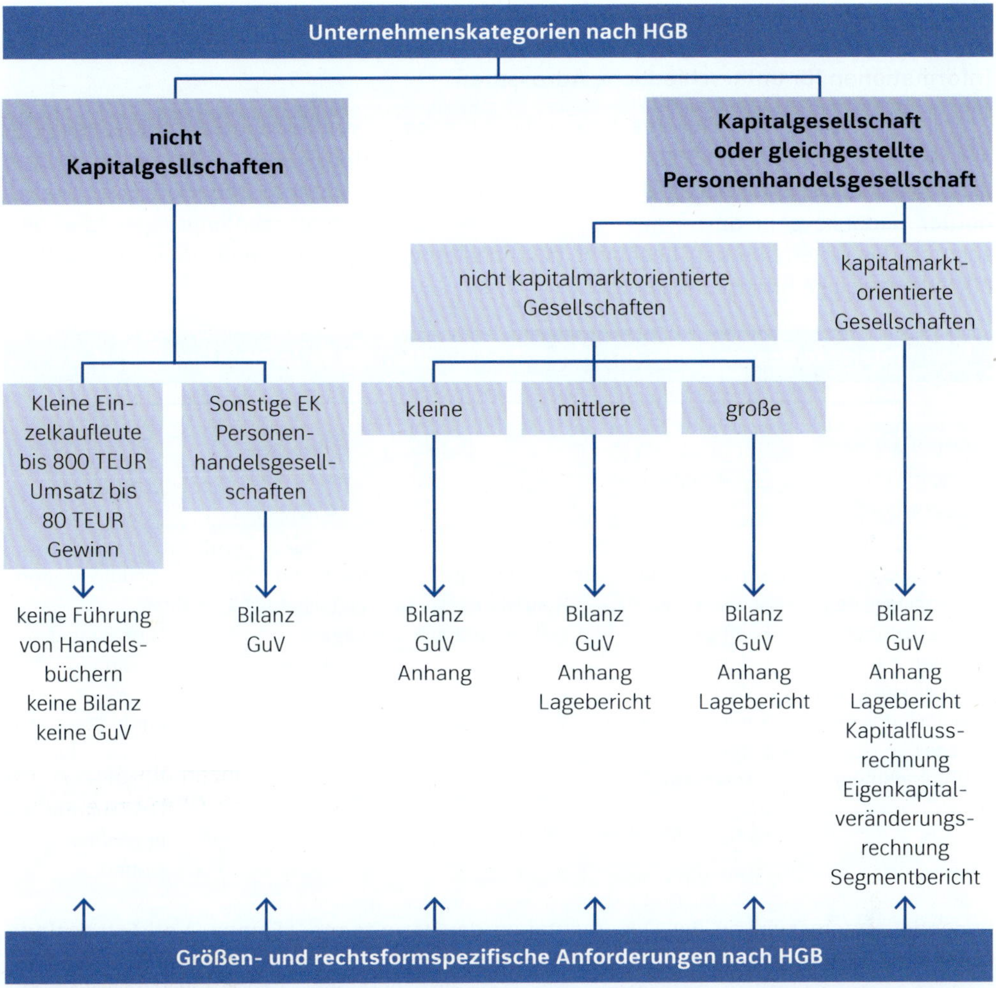

	Bilanzsumme	**Umsatzerlöse**	**Mitarbeiteranzahl**
Kleinstkapitalgesellschaften	≤ 0,45 Mio. €	≤ 0,9 Mio. €	≤ 10
Kleine Kapitalgesellschaften	≤ 7,5 Mio. €	≤ 15,0 Mio. €	≤ 50
Mittelgroße Kapitalgesellschaften	≤ 25,0 Mio. €	≤ 50,0 Mio. €	≤ 250
Große Kapitalgesellschaften	> 25,0 Mio. €	> 50,0 Mio. €	> 250
Kapitalmarktorientierte Gesellschaften gelten immer als „groß“.			
Großunternehmen	> 65,0 Mio. €	> 130,0 Mio. €	> 5 000

Werden zwei der drei Merkmale an den Abschlussstichtagen von zwei aufeinanderfolgenden Geschäftsjahren überschritten, wird die Kapitalgesellschaft der entsprechenden Größenklasse zugeordnet. Für Großunternehmen gelten besondere Publizitätsvorschriften nach §§ 1 und 3 PublG.

Ziele des Jahresabschlusses

Informationen für unterschiedliche Adressaten

Grundsätzlich ist es das **Ziel des Jahresabschlusses**, Eigentümerinnen und Eigentümern, den Vertragspartnern, dem Staat sowie weiteren interessierten Gruppen **Informationen** über die Lage und die Entwicklung des Unternehmens zu gewähren (§ 238 HGB). Der **Stakeholder**-Gedanke geht davon aus, dass eine Vielzahl an Interessentengruppen die Zielsetzung der Unternehmung bestimmt bzw. beeinflusst. Entsprechend unterschiedlich ist auch der jeweilige Informationsbedarf.

Interessenten am Jahresabschluss (Stakeholder) und ihr Informationsbedarf

Anteilseigner (Eigentümer/ Shareholder)	Gläubiger	Finanzbehörden	Sonstige Personengruppen	Geschäftsführung
Information über – Ertragslage des Unternehmens – grundsätzliche Entwicklung und wirtschaftliche Lage der Unternehmung	Information über – aktuelle und künftige Liquidität – Sicherheit der Kapitalanlage – künftige Ertragslage – mögliche Sicherheiten	Information über – Steuerbemessungsgrundlage – Einhaltung steuerlicher Vorschriften	Information über – wirtschaftliche Lage – Marktanteil – Strukturkennzahlen	Selbstinformation über – Umsatz und Gewinn – Daten für künftige Entscheidungen – Daten zur Dokumentation gegenüber Dritten

Besonders interessiert an der Dokumentation der **Vermögens-, Finanz-** und **Ertragslage** sowie deren **Entwicklung** sind die **Unternehmensleitung**, die **Anteilseigner** (Shareholder), Investoren und Gläubiger. Diese Gruppen machen ihre zukünftigen Entscheidungen von den ausgewiesenen Ergebnissen abhängig, sodass dem Jahresabschluss eine **große Bedeutung** zukommt.

Damit die am Jahresabschluss interessierten Gruppen sich informieren können, gibt es umfangreiche Veröffentlichungspflichten. Diese sind im Publizitätsgesetz (PublG) geregelt. Kurz gesagt sind alle Unternehmen verpflichtet, ihren Jahresabschluss zu veröffentlichen, wobei Art, Umfang und Zeitpunkt der Veröffentlichung von der Rechtsform und der Größe des Unternehmens abhängen. Für mittelgroße und kleine Kapitalgesellschaften gelten ebenso wie für Personengesellschaften weniger strenge Vorschriften als für große und kapitalmarktorientierte Gesellschaften.

Der Jahresabschluss nach HGB bildet die Grundlage für die steuerlich relevante Gewinnermittlung, sodass dieser für den Staat (die Finanzbehörden) maßgebend für die Ermittlung der Steuerschuld ist. Während kapitalmarktorientierte Unternehmen neben einer **Handelsbilanz** auch eine **Steuerbilanz** aufstellen müssen, dürfen mittelständische Unternehmen eine sogenannte **Einheitsbilanz** für Handels- und Steuerzwecke aufstellen.

Schwerpunkte in der Rechnungslegung

In Deutschland ist der Jahresabschluss durch den **Gläubigerschutz** geprägt. Das bedeutet, dass **Gläubiger** eines Unternehmens vor dem Ausfall ihrer Forderungen bewahrt werden sollen. Die Vorschriften des **HGB** führen dazu, dass die Unternehmen sich in Bewertungsfragen **„vorsichtig“** und daher ihr **Vermögen** eher zu **„niedrig“** als zu hoch darstellen, damit ein gewisses Mindesthaftungsvermögen unzweifelhaft zur Erfüllung der Forderungen von Gläubigern vorhanden ist und Gläubiger die finanzielle Lage von Unternehmen fälschlicherweise nicht als zu positiv interpretieren.

	Schwerpunkte bei der Rechnungslegung
Zentrale Ausrichtung	Gläubigerschutz
Wichtige Prinzipien (Auswahl)	– Vorsichtsprinzip – Niederstwertprinzip

Gliederungsvorschriften für den Jahresabschluss

Einzelunternehmen und Personengesellschaften

Das HGB enthält für Einzelunternehmen und Personengesellschaften nur grobe Hinweise zur Gliederung der Bilanz und der Gewinn-und-Verlust-Rechnung. So müssen gemäß § 247 HGB in der Bilanz das Anlage- und das Umlaufvermögen, das Eigenkapital, die Schulden sowie die Rechnungsabgrenzungsposten gesondert ausgewiesen und hinreichend gegliedert werden. Da jedoch für solche Unternehmen auch der **Grundsatz der Klarheit und Übersichtlichkeit** gilt, sollten sich auch Einzelunternehmen und Personengesellschaften an den Gliederungsvorschriften der Kapitalgesellschaften orientieren.

Kapitalgesellschaften

Kleinstkapitalgesellschaften müssen nur eine verkürzte Bilanz aufstellen, in der die mit Buchstaben bezeichneten Posten in der vorgeschriebenen Reihenfolge aufgenommen werden.

Aktiva — Bilanzgliederung der Kleinstkapitalgesellschaften	Passiva
A. Anlagevermögen	A. Eigenkapital
B. Umlaufvermögen	B. Rückstellungen
C. Rechnungsabgrenzungsposten	C. Verbindlichkeiten
D. Aktive latente Steuern[1]	D. Rechnungsabgrenzungsposten
E. Aktiver Unterschiedsbetrag aus der Vermögensberechnung	E. Passive latente Steuern[2]

[1,2] Der Ausweis aktiver und passiver latenter Steuern kann entfallen.

Die Vorschriften für **kleine Kapitalgesellschaften** und ihnen (nach Größenklassen) gleichgestellte Personengesellschaften gehen über die Gliederungsvorschriften der Kleinstkapitalgesellschaften hinaus. Sie müssen eine verkürzte Bilanz, die die mit Großbuchstaben und römischen Ziffern bezeichneten Posten des Gliederungsschemas gemäß **§ 266 HGB** enthält, aufstellen und veröffentlichen:

Aktiva	Bilanzgliederung der kleinen Kapitalgesellschaften und Zuordnung der Bestandskonten		Passiva
A. Anlagevermögen		**A. Eigenkapital**	
I. Immaterielle Vermögensgegenstände	0300	I. Gezeichnetes Kapital	3000
II. Sachgegenstände	0500 – 0890	II. Kapitalrücklage	3100
III. Finanzanlagen	1300 – 1600	III. Gewinnrücklagen	3200
B. Umlaufvermögen		IV. Gewinnvortrag/Verlustvortrag	3300
I. Vorräte	2000 – 2300	V. Jahresüberschuss/ Jahresfehlbetrag	3400
II. Forderungen und sonstige Vermögensgegenstände	2400 – 2690	**B. Rückstellungen**	3700 – 3900
III Wertpapiere	2700	**C. Verbindlichkeiten**	4100 – 4890
IV. Schecks, Kassenbestand, Bankguthaben	2800 – 2880	**D. Rechnungsabgrenzungsposten**	4900
C. Rechnungsabgrenzungsposten	2900	**E. Passive latente Steuern**	
D. Aktive latente Steuern			
E. Aktiver Unterschiedsbetrag aus der Vermögensverrechnung			

Neben den weniger strengen Gliederungsvorschriften für die Aufstellung der Bilanz sieht § 316 HGB eine weitere Erleichterung für Kleinst- und kleine Kapitalgesellschaften vor. Sie sind nicht verpflichtet, ihren Jahresabschluss vor Veröffentlichung durch einen Abschlussprüfer prüfen zu lassen.

Im Unterschied zu Einzelunternehmen, Personengesellschaften sowie Kleinst- und kleinen Kapitalgesellschaften haben **große und mittelgroße Kapitalgesellschaften** die Positionen in der Bilanz und in der Gewinn-und-Verlust-Rechnung nach den Vorschriften des Handelsgesetzbuches (§ 266, 275 HGB) zu bezeichnen und anzuordnen. Diese Kapitalgesellschaften haben das Bilanzgliederungsschema gem. § 266 Abs. 2 und 3 HGB anzuwenden (vgl. S. 15). Darüber hinaus ist eine Prüfung durch einen Abschlussprüfer verpflichtend (§ 316 HGB).

Aktiva | **Gliederung der Jahresbilanz der großen Kapitalgesellschaften nach § 266 HGB** | **Passiva**

Aktiva

A. Anlagevermögen
- **I. Immaterielle Vermögensgegenstände**
  1. Selbst geschaffene gewerbliche Schutzrechte und ähnliche Rechte und Werte
  2. entgeltlich erworbene Konzessionen, Schutzrechte und ähnliche Rechte und Werte sowie Lizenzen an solchen Rechten und Werten
  3. Geschäfts- oder Firmenwert
  4. geleistete Anzahlungen
- **II. Sachanlagen**
  1. Grundstücke, grundstücksgleiche Rechte und Bauten einschließlich der Bauten auf fremden Grundstücken
  2. technische Anlagen und Maschinen
  3. andere Anlagen, Betriebs- und Geschäftsausstattung
  4. geleistete Anzahlungen und Anlagen im Bau
- **III. Finanzanlagen**
  1. Anteile an verbundenen Unternehmen
  2. Ausleihungen an verbundene Unternehmen
  3. Beteiligungen
  4. Ausleihungen an Unternehmen, mit denen ein Beteiligungsverhältnis besteht
  5. Wertpapiere des Anlagevermögens
  6. sonstige Ausleihungen

B. Umlaufvermögen
- **I. Vorräte**
  1. Roh-, Hilfs- und Betriebsstoffe
  2. unfertige Erzeugnisse, unfertige Leistungen
  3. fertige Erzeugnisse und Waren
  4. geleistete Anzahlungen
- **II. Forderungen und sonstige Vermögensgegenstände**
  1. Forderungen aus Lieferungen und Leistungen
  2. Forderungen gegen verbundene Unternehmen
  3. Forderungen gegen Unternehmen, mit denen ein Beteiligungsverhältnis besteht
  4. sonstige Vermögensgegenstände
- **III. Wertpapiere**
  1. Anteile an verbundenen Unternehmen
  2. eigene Anteile
  3. sonstige Wertpapiere
- **IV. Schecks, Kassenbestand, Bundesbankguthaben, Guthaben bei Kreditinstituten**

C. Rechnungsabgrenzungsposten

D. Aktive latente Steuern

E. Aktiver Unterschiedsbetrag aus der Vermögensverrechnung

Passiva

A. Eigenkapital
- **I. Gezeichnetes Kapital**
- **II. Kapitalrücklage**
- **III. Gewinnrücklagen**
  1. gesetzliche Rücklage
  2. Rücklagen für Anteile an einem herrschenden oder mehrheitlich beteiligten Unternehmen
  3. satzungsmäßige Rücklagen
  4. andere Gewinnrücklagen
- **IV. Gewinnvortrag/Verlustvortrag**
- **V. Jahresüberschuss/Jahresfehlbetrag**

B. Rückstellungen
1. Rückstellungen für Pensionen und ähnliche Verpflichtungen
2. Steuerrückstellungen
3. sonstige Rückstellungen

C. Verbindlichkeiten
1. Anleihen
   davon konvertibel
2. Verbindlichkeiten gegenüber Kreditinstituten
3. erhaltene Anzahlungen auf Bestellungen
4. Verbindlichkeiten aus Lieferungen und Leistungen
5. Verbindlichkeiten aus der Annahme gezogener Wechsel und der Ausstellung eigener Wechsel
6. Verbindlichkeiten gegenüber verbundenen Unternehmen
7. Verbindlichkeiten gegenüber Unternehmen, mit denen ein Beteiligungsverhältnis besteht
8. sonstige Verbindlichkeiten
   davon aus Steuern
   davon im Rahmen der sozialen Sicherheit

D. Rechnungsabgrenzungsposten

E. Passive latente Steuern

Besondere handelsrechtliche Gliederungs- und Ausweisvorschriften zur Bilanz für Kapitalgesellschaften

Anlagenspiegel

Kapitalgesellschaften müssen die **Entwicklung des Anlagevermögens** während des Geschäftsjahres in einem Anlagenspiegel (Anlagengitter) auf der Aktivseite der Bilanz oder im Anhang **darstellen**. Aus dieser Darstellung müssen Anschaffungskosten, Zugänge, Abgänge und die gesamten Abschreibungen (kumulierte Abschreibungen) hervorgehen (§ 284 (3) HGB).

BEISPIEL *Die Anlagenbuchführung der Sommerfeld Bürosysteme GmbH weist folgende Werte zur Bilanzposition Maschinen aus:*

	€
Anschaffungskosten der vorhandenen Maschinen zu Beginn des Geschäftsjahres	*500 000,00*
Maschinenkauf während des Geschäftsjahres (netto)	*40 000,00*
Kumulierte Abschreibungen bis zu Beginn des Geschäftsjahres	*208 000,00*
Abschreibungen des Geschäftsjahres	*108 000,00*
Buchwert des Vorjahres	*292 000,00*

Darstellung im Hauptbuch

Aktiva	0720 Anlagen und Maschinen		Passiva
AB	292 000,00	6500 Abschreibungen	108 000,00
2800 Bank	40 000,00	8010 SBK	224 000,00
	332 000,00		332 000,00

Darstellung im Anlagengitter

0	1	2	3	4	5	6	7	8	9
Position des AV	Anschaffungs- oder Herstellungskosten	Zugänge	Abgänge	Umbuchungen	Zuschreibungen	Abschreibungen insgesamt	Abschreibungen des Abschlussjahres	Buchwert zum 31.12.	Buchwert des Vorjahres
Maschinen	500 000,00	40 000,00	–	–	–	316 000,00	108 000,00	224 000,00	292 000,00

Spalten/Datenfelder im Anlagengitter	Inhalt
1. Anschaffungs-/Herstellungskosten (AK/HK)	**AK/HK** aller zu Beginn des Geschäftsjahres vorhandenen Anlagegüter
2. Zugänge	Mengenmäßige Erhöhung durch Anschaffung oder Selbsterstellung **(Bruttoinvestition)**
3. Abgänge	Mengenmäßige Minderung durch Verkäufe, Verschrottung u. ä. Ausscheidungsvorgänge
4. Umbuchungen	Umgliederungen innerhalb des Anlagevermögens, wie z. B. die Fertigstellung an Anlagen im Bau
5. Zuschreibungen	Werterhöhende Korrekturen von Bilanzansätzen aufgrund von gesetzlichen Vorschriften oder durchgeführten Außenprüfungen der Finanzverwaltung

Spalten/Datenfelder im Anlagengitter	Inhalt
6. Kumulierte Abschreibungen	Abgelaufene Abschreibungen lt. Vorjahresbilanz – Zuschreibungen des Geschäftsjahres + Abschreibungen im Geschäftsjahr – auf die Abgänge des Geschäftsjahres entfallende kumulierte Abschreibungen
7. Abschreibungen	Erfassung der auf das Geschäftsjahr entfallenden Wertminderungen
8. Buchwert des Geschäftsjahres	Anschaffungs- oder Herstellungskosten (Spalte 1) + Zugänge (Spalte 2) – Abgänge (Spalte 3) + Umbuchungen (Spalte 4) – kumulierte Abschreibungen (Spalte 6)
9. Buchwert des Vorjahres	Vergleichbarer Buchwert des Vorjahres (Spalte 8 aus dem Anlagengitter des Vorjahres)

Es ist zu beachten, dass in den **kumulierten Abschreibungen** (Abschreibungen insgesamt) der Spalte 6 die Abschreibungen des Abschlussjahres (Spalte 7) ebenfalls enthalten sind.

Bei Fortführung des Anlagengitters im folgenden Geschäftsjahr erscheinen die im Vorjahr ausgewiesenen Zugänge unter den Anschaffungskosten aller zu Beginn des Geschäftsjahres vorhandenen Anlagengüter.

Der Anlagenspiegel ermöglicht Rückschlüsse auf die **Investitionspolitik** (Bruttoinvestition, Ersatzinvestition, Nettoinvestition), die **Abschreibungspolitik** (Abschreibungen, Zuschreibungen) und den **technischen Stand der Anlagen** (Verhältnis von Buchwert zu AK oder HK).

Forderungen

Nach § 268 Abs. 4 HGB müssen Kapitalgesellschaften zu jedem Forderungsposten in der Bilanz oder im Anhang die Beträge mit einer **Restlaufzeit von mehr als einem Jahr** gesondert angeben. Mit dieser Angabe werden die Forderungen hinsichtlich ihrer Liquidität differenziert.

Eigenkapital der Kapitalgesellschaften

Nach § 266 Abs. 3 HGB ist das Eigenkapital der Kapitalgesellschaften folgendermaßen zu gliedern:

A. Eigenkapital
- I. Gezeichnetes Kapital
- II. Kapitalrücklage
- III. Gewinnrücklagen
  1. gesetzliche Rücklage
  2. Rücklage für eigene Anteile
  3. satzungsmäßige Rücklagen
  4. andere Gewinnrücklagen
- IV. Gewinnvortrag/Verlustvortrag
- V. Jahresüberschuss/Jahresfehlbetrag

→ LF 1

Gezeichnetes Kapital

Mit dem gezeichneten Kapital ist das Grundkapital der AG bzw. das Stammkapital der GmbH gemeint. Das im Handelsregister eingetragene gezeichnete Kapital repräsentiert die Summe der Nennbeträge aller durch die Gesellschaft ausgegebenen Anteile (Aktien, GmbH-Anteile), zu deren Einzahlung die Gesellschafter gegenüber der Kapitalgesellschaft verpflichtet sind. Es repräsentiert das **Haftungskapital** der Gesellschaft gegenüber den Gläubigern. Die nicht eingeforderten ausstehenden Einlagen auf das gezeichnete Kapital sind gesondert auszuweisen und zu bezeichnen (§ 272 Abs. 1 HGB).

Aktiva	Bilanzauszug in Mio. EUR		Passiva
	A. Eigenkapital		
	I.	Gezeichnetes Kapital	100
		– nicht eingeforderte Einlagen	12
		= eingeforderte Einlagen	88

Rücklagen

Rücklagen werden gebildet, um

- die Haftungsbasis zu verbessern,
- die Betriebsbereitschaft auch in strukturellen Krisen zu erhalten,
- Verluste ausgleichen zu können, ohne dass das feste Nominalkapital (Gezeichnetes Kapital) angegriffen wird,
- zukünftige außergewöhnliche Belastungen, die durch notwendige Modernisierungs- oder Umstrukturierungsmaßnahmen hervorgerufen werden, finanzieren zu können.

Rücklagen sind **Eigenkapital, das im Unternehmen gebunden werden soll**. Zu unterscheiden sind offene und stille Rücklagen.

Rücklagen	
Offene Rücklagen	**Stille Rücklagen**
Diese werden in der Bilanz neben dem „gezeichneten Kapital" als zusätzliches Eigenkapital auf der Passivseite ausgewiesen. Das HGB unterscheidet **Kapitalrücklagen** (z. B. Agio bei Ausgabe von Aktien über deren Nennwert) und **Gewinnrücklagen** aus dem Ergebnis des Geschäftsjahres.	Stille Rücklagen (stille Reserven) werden nicht in der Bilanz ausgewiesen. Sie entstehen durch **Unterbewertung der Aktiva** oder durch die **Überbewertung von Schulden**. Bilanzpolitisch kommt ihnen eine hohe Bedeutung zu, weil mit ihrer Bildung oder Auflösung das Jahresergebnis beeinflusst und sogar reguliert werden kann.

Zu den offenen Rücklagen gehören neben den Kapitalrücklagen die **Gewinnrücklagen**. Sie werden aus dem Ergebnis des Geschäftsjahres oder früherer Jahre gebildet. Freiwillig gebildete Rücklagen können jederzeit aufgelöst und für einen der oben genannten oder für andere Zwecke verwendet werden. Grundsätzlich unterscheidet man drei Arten von Gewinnrücklagen:

Gewinnrücklagen		
Gesetzliche Rücklagen	**Satzungsgemäße Rücklagen**	**Andere Gewinnrücklagen**
Gelten nur für Aktiengesellschaften und Kommanditgesellschaften auf Aktien. Gemäß § 150 AktG ist der zwanzigste Teil des um einen Verlustvortrag aus dem Vorjahr geminderten Jahresabschlusses in die gesetzliche Rücklage einzustellen, bis diese zusammen mit den Kapitalrücklagen den zehnten oder den in der Satzung bestimmten höheren Teil des Grundkapitals erreicht haben.	Gesellschaftsvertrag oder Satzung der Gesellschaft können die verantwortlichen Organe der Gesellschaft verpflichten, – **zweckgebundene** Rücklagen für langfristig anstehende Aufgaben zu bilden, wie betriebliche Rationalisierung, Modernisierung und Erweiterung oder – **zweckfreie** Rücklagen aus dem Jahresüberschuss zu bilden.	Von den Organen der Aktiengesellschaft können gemäß § 58 AktG aus dem verbleibenden Jahresüberschuss bis zu 50 % des Jahresüberschusses in andere Gewinnrücklagen eingestellt werden. Diese können für freie Zwecke verwendet werden.

Gewinnvortrag/Verlustvortrag, Jahresüberschuss/-fehlbetrag, Bilanzgewinn

Der Gewinnvortrag ist der „Rest" (der nicht in Rücklagen eingestellte oder ausgeschüttete Teil) des Bilanzgewinns des vergangenen Jahres. Der Jahresüberschuss ist der Gewinn des aktuellen Geschäftsjahres. Grundsätzlich geht das Bilanzgliederungsschema davon aus, dass die Bilanz vor der Entscheidung über die Gewinnverwendung aufgestellt wird. Wird die Bilanz aber nach teilweiser Gewinnverwendung aufgestellt, tritt an die Stelle der Positionen Gewinn-/Verlustvortrag und Jahresüberschuss/-fehlbetrag die Position Bilanzgewinn/-verlust. Der Bilanzgewinn ist eine „Restgröße" des Jahresüberschusses, die an die Aktionäre ausgeschüttet werden kann.

BEISPIEL *Die Latex-AG mit einem Grundkapital von 5 000 000,00 €, einer bestehenden gesetzlichen Rücklage von 120 000,00 € und einer „anderen Gewinnrücklage" von 200 000,00 € hat im abgelaufenen Geschäftsjahr Erträge von 9 560 000,00 € und Aufwendungen von 9 120 000,00 € erzielt.*

Auf Vorschlag des Vorstandes (Beschluss der HV) werden 5 % des Jahresüberschusses den gesetzlichen Rücklagen und 20 % des verbleibenden Jahresüberschusses den „anderen Gewinnrücklagen" zugewiesen. Der restliche Gewinn wird als Bilanzgewinn ausgewiesen. Vom Jahresüberschuss in Höhe von 440 000,00 € werden also 22 000,00 € in die gesetzlichen Gewinnrücklagen und 83 600,00 € in die anderen Gewinnrücklagen eingestellt.

Aktiva	Bilanz der Latex-Aktiengesellschaft	Passiva
	A. Eigenkapital:	
	I. Gezeichnetes Kapital	5 000 000,00
	II. Kapitalrücklagen	
	III. Gewinnrücklagen	
	1. gesetzliche	142 000,00
	2. andere	283 600,00
	IV. Bilanzgewinn	334 400,00

Verbindlichkeiten

Bei jedem gesondert ausgewiesenen Posten ist der Betrag der Verbindlichkeiten mit einer **Restlaufzeit bis zu einem Jahr** sowie der Verbindlichkeiten mit einer Restlaufzeit von mehr als 5 Jahren gesondert in der Bilanz oder im Anhang zu vermerken (§§ 268 Abs. 5 Satz 1, 285 Nr. 1 HGB). Außerdem ist dort zu jedem Posten der Gesamtbetrag der Verbindlichkeiten anzugeben, der durch Pfandrechte oder ähnliche Rechte gesichert ist, und zwar unter Angabe der Art und Form der Sicherheiten (§ 285 Nr. 1b HGB).

Für die Gliederung der Verbindlichkeiten nach Restlaufzeiten und für die Zuordnung gegebener Sicherheiten wird meistens die Form des **Verbindlichkeitenspiegels** im Anhang gewählt.

Kleine Kapitalgesellschaften dürfen ihre Verbindlichkeiten in einem Betrag und die Angaben zu den Sicherheiten zusammengefasst ausweisen.

Mit diesen Angaben wird ein Einblick in die Fälligkeitsstruktur der Verbindlichkeiten und das als Sicherheit in Anspruch genommene Vermögen, somit in die Liquidität und Finanzlage gewährt.

BEISPIEL *Verbindlichkeitenspiegel der Sommerfeld Bürosysteme GmbH*

Art der Verbindlichkeit	Gesamtbetrag	davon mit einer Restlaufzeit von			gesicherte Beträge	Art der Sicherheit
		bis 1 Jahr	1–5 Jahre	über 5 Jahre		
	€	€	€	€	€	
1. Verb. gegenüber Kreditinstituten	2 950 000,00	450 000,00		2 500 000,00	2 500 000,00	Grundpfandrechte
2. Verbindlichkeiten a. LL	650 000,00	650 000,00			150 000,00	Forderungsabtretung
3. Sonst. Verbindlichkeiten	720 000,00	720 000,00				

Gliederung der Bilanz nach § 266 HGB in Vergleich zum Schlussbilanzkonto (SBK)

→ LF 5
Die Bilanz wird aus den Zahlen der Buchführung abgeleitet. Da die Zahl der Konten in der Regel weit über die Zahl der Bilanzpositionen hinausgeht, müssen vielfach mehrere Konteninhalte zu einer Bilanzposition zusammengefasst werden. Der Fokus wird von einer detaillierten Betrachtung weg hin auf die **Kapitalstruktur** und die **Vermögensstruktur** gelenkt.

Schlussbilanzkonto →	Bilanz nach § 266 HGB
Abschluss aller Bestandskonten lt. Kontenplan nach Abgleich mit den Inventurergebnissen **Weist Positionen entsprechend dem Informationsbedarf der Fibu aus**	**Zusammenfassung und Strukturierung der Vermögens- und Kapitalposten** **Ordnung und Gliederung der Positionen erfolgen nach den Vorschriften des § 266 HGB**

BEISPIEL *Die Finanzbuchhaltung der Sommerfeld Bürosysteme GmbH erstellte zum Ende des Geschäftsjahres folgendes Schlussbilanzkonto (in TEUR):*

Soll	8010 Schlussbilanzkonto				Haben
0510	Bebaute Grundstücke	3700	3000	Gezeichnetes Kapital	4000
0720	Anlagen und Maschinen	4560	3200	Gewinnrücklagen	350
0820	Werkzeuge	19	3400	Jahresüberschuss	1650
0840	Fuhrpark	350	3700	Pensionsrückstellungen	1500
0860	Geschäftsausstattung	271	3800	Steuerrückstellungen	325
2000	Rohstoffe	270	3900	Sonstige Rückstellungen	185
2020	Hilfsstoffe	100	4200	Kurzfristige Verbindlichkeiten	
2030	Betriebsstoffe	70		gegenüber Kreditinstituten	450
2100	Unfertige Erzeugnisse	330	4250	Langfristige Verbindlichkeiten	
2200	Fertige Erzeugnisse	250		gegenüber Kreditinstituten	2500
2280	Handelswaren	50	4300	Erhaltene Anzahlungen	150
2400	Forderungen a. LL	1250	4400	Verbindlichkeiten a. LL	650
2690	Übrige sonstige Forderungen	570	4800	Umsatzsteuer	58
2800	Bankguthaben	675	4890	Übrige sonstige	
2880	Kasse	5		Verbindlichkeiten	662
2900	Aktive Rechnungsabgrenzung	30	4900	Passive Rechnungsabgrenzung	20
		12500			12500

Aktiva	Bilanz der Sommerfeld Bürosysteme GmbH zum 31.12... in TEUR				Passiva
	Berichtsjahr	Vorjahr		Berichtsjahr	Vorjahr
A. Anlagevermögen			A. Eigenkapital		
I. Sachanlagen	8900	8400	I. Gezeichnetes Kapital	4000	4000
B. Umlaufvermögen			II. Gewinnrücklagen	350	230
I. Vorräte	1070	820	III. Jahresüberschuss	1650	2270
II. Forderungen und sonst. Vermögensgegenstände	1820	2120	B. Rückstellungen	2010	1820
III. Kassenbestand, Bankguthaben	680	640	C. Verbindlichkeiten	4470	3665
IV. Rechnungsabgrenzungsposten	30	20	D. Rechnungsabgrenzungsposten	20	15
	12500	12000		12500	12000

Gewinn-und-Verlust-Rechnung der Kapitalgesellschaften

Während die Bilanz der Darstellung der Vermögens- und Finanzlage dient, ist es Aufgabe der **GuV-Rechnung**, die **Ertragslage** darzustellen. Kleine und mittelgroße Kapitalgesellschaften dürfen in der zu veröffentlichenden GuV-Rechnung die Posten gem. § 275 Abs. 2 Nr. 1 bis 5 zu einem Posten unter der Bezeichnis **„Rohergebnis“** zusammenfassen (§ 276 HGB). Kleine Kapitalgesellschaften müssen die GuV-Rechnung nicht veröffentlichen.

Das **Gliederungsschema gemäß § 275 Abs. 2 HGB** verdeutlicht die untereinander angeordneten unterschiedlichen **Erfolgsquellen** und die Zuordnung der Aufwandsarten und Ertragsarten zu den Positionen der Gewinn-und-Verlust-Rechnung nach dem sog. Gesamtkostenverfahren.

Positionen der Gewinn-und-Verlust-Rechnung		Kontenarten des Kontenrahmens
1. Umsatzerlöse	+	5000, 5050, 5100
2. Erhöhung oder Verminderung des Bestandes an fertigen und unfertigen Erzeugnissen	+/–	5200
3. andere aktivierte Eigenleistungen	+	5300
4. sonstige betriebliche Erträge	+	5400, 5410, 5460, 5490
= als Zwischensumme kann zur Erleichterung der Erfolgsanalyse die „Gesamtleistung“ ausgewiesen werden.		
5. Materialaufwand		
a) Aufwendungen für Roh-, Hilfs- und Betriebsstoffe, Energie	–	6000, 6020, 6030, 6040, 6050,
b) Aufwendungen für bezogene Leistungen	–	6060
= als Zwischenergebnis kann der Saldo aus der Gesamtleistung und dem Materialaufwand vermerkt werden, der als *„Rohergebnis“* bezeichnet wird.		
6. Personalaufwand		
a) Löhne und Gehälter	–	6200, 6300
b) soziale Angaben	–	6400, 6420, 6440, 6490
7. Abschreibungen auf		
a) immaterielle Vermögensgegenstände und Sachanlagen	–	6520
b) Umlaufvermögen	–	6570, 7460
8. sonstige betriebliche Aufwendungen	–	6600 bis 6990
= als Zwischensumme kann der Saldo aus den Erträgen und den Aufwendungen als *„Betriebsergebnis“* ausgewiesen werden.		
9. Erträge aus Beteiligungen	+	5500
10. Erträge aus anderen Wertpapieren und Ausleihungen des Finanzanlagevermögens	+	5500
11. sonstige Zinsen und ähnliche Erträge	+	5710
12. Abschreibungen auf Finanzanlagen und auf Wertpapiere des Umlaufvermögens	–	7400
13. Zinsen und ähnliche Aufwendungen	–	7510
= als Zwischensumme kann der Saldo aus den Finanzierungserträgen und -aufwendungen, das sogenannte *„Finanzergebnis“*, ausgewiesen werden.		
14. Steuern vom Einkommen und vom Ertrag	–	7710, 7720
15. **Ergebnis nach Steuern**		
16. sonstige Steuern		
17. **Jahresüberschuss/Jahresfehlbetrag**	–	700, 7010, 7020, 7030

Aufbau und Struktur der Gewinn-und-Verlust-Rechnung nach § 275 Abs. 2 HGB
Nach § 275 Abs. 2 HGB müssen Kapitalgesellschaften die GuV-Rechnung in **Staffelform** aufstellen.

Die Aufwendungen und Erträge sind dabei nach den wesentlichen Erfolgsquellen der Unternehmung gegliedert.

Das Betriebsergebnis

Unter den Positionen 1–3 und 5–7 werden die bedeutendsten Erträge und Aufwendungen ausgewiesen. Die Position 4 *sonstige betriebliche Erträge* und die Position 8 *sonstige betriebliche Aufwendungen* sind, abgesehen von den Finanzerträgen und Finanzaufwendungen, Sammelpositionen für die restlichen betriebsgewöhnlichen Erträge und Aufwendungen (siehe Schaubild unten).

Kleine und mittelgroße Kapitalgesellschaften dürfen für Zwecke der Veröffentlichung die Posten gem. § 275 Abs. 2 Nr. 1 bis 5 zu einem Posten unter der Bezeichnung **„Rohergebnis"** zusammenfassen (§ 276 HGB; vgl. auch Schema S. 20).

Das Finanzergebnis

Die Positionen 9–11 nehmen die Erträge und die Positionen 12–13 die Aufwendungen aus Finanzanlagen und Kreditgeschäften auf.

Aufstellung der GuV-Rechnung

Wie bei der Aufstellung der Bilanz, so müssen auch bei der Entwicklung der GuV-Rechnung häufig mehrere Konteninhalte der Finanzbuchführung zu einer GuV-Position zusammengefasst werden:

BEISPIEL *Gewinn-und-Verlust-Konto der Sommerfeld Bürosysteme GmbH in TEUR im Berichtsjahr und im Vorjahr:*

Soll				8020 Gewinn und Verlust			Haben
		Abrechnungsjahr	Vorjahr			Abrechnungsjahr	Vorjahr
5200	Bestandsveränderungen	120	85	5000	Umsatzerlöse für eigene Erzeugnisse	45 000	42 000
6000	Aufwendungen für Rohstoffe	12 250	11 607	5100	Umsatzerlöse für Handelswaren	1 390	1 460
6020	Aufwendungen für Hilfsstoffe	3 956	3 840	5400	Mieterträge	96	36
6050	Aufwendungen für Energie	1 195	1 068	5410	Sonstige Erträge	62	15
6160	Fremdinstandsetzung	716	100	5710	Zinserträge	22	22
6200	Löhne	12 143	10 995				
6300	Gehälter	6 982	6 347				
6500	Abschreibungen	672	640				
6700	Mieten/Leasing	1 410	1 304				
6800	Aufwendungen für Kommunikation (Büromaterial, Werbung)	2 038	1 970				
6900	Versicherungsbeiträge	74	73				
6979	Anlagenabgänge	649	45				
7000	Betriebliche Steuern	1 225	1 190				
7510	Zinsaufwendungen	145	125				
7710	Köperschaftsteuer	1 350	1 856				
3400	Jahresüberschuss	1 650	2 270				
		46 575	43 533			46 575	43 533

Berechnung des Rohergebnisses:	Berichtsjahr TEUR	Vorjahr TEUR
1. Umsatzerlöse	46 390	43 460
– 2. Verminderung des Bestandes an unfertigen und fertigen Erzeugnissen	120	85
+ 3. sonstige betriebliche Erträge: 5400 + 5460	158	51
– 4. Materialverbrauch: 6000 + 6020 + 6050 + 6160	18 117	16 633
= **Rohergebnis**	**28 311**	**26 793**

Gewinn-und-Verlust-Rechnung für die Zeit vom 01.01. bis zum 31.12.:

	Berichtsjahr TEUR	Vorjahr TEUR
1. **Rohergebnis**	28 311	26 793
2. Personalaufwand	19 125	17 342
3. Abschreibungen	672	640
4. sonstige betriebliche Aufwendungen	5 396	4 582
Betriebsergebnis	**3 118**	**4 229**

Gewinn-und-Verlust-Rechnung für die Zeit vom 01.01. bis zum 31.12.:

	Berichtsjahr TEUR	Vorjahr TEUR
5. Zinsen und ähnliche Erträge	27	22
6. Zinsen und ähnliche Aufwendungen	145	125
Finanzergebnis	**– 118**	**– 103**
7. Steuern vom Einkommen und vom Ertrag	1 350	– 1 856
Jahresüberschuss	**1 650**	**2 270**

Anhang

Gleichrangiger Bestandteil des Jahresabschlusses der Kapitalgesellschaften ist neben Bilanz und Gewinn-und-Verlust-Rechnung der Anhang. Seine Hauptaufgabe ist es, Angaben in der Bilanz und GuV-Rechnung insgesamt und zu Einzelpositionen zu erläutern. Die Inhalte des Anhangs sind in den §§ 284–288 HGB festgelegt:

Allgemeine Angaben zur Darstellung, Bilanzierung und Bewertung

BEISPIELE

- *Abweichungen vom Gliederungsschema*
- *Änderung und Begründung von Bewertungsmethoden*
- *nicht mit dem Vorjahr vergleichbare Beträge*

Angaben und Erläuterungen zu Einzelpositionen der Bilanz

BEISPIELE

- *Entwicklung der einzelnen Positionen des Anlagevermögens im Anlagenspiegel (vgl. S. 14)*
- *(außerplanmäßige) Abschreibungen des Geschäftsjahres*
- *Einstellungen in freie Rücklagen*
- *Verbindlichkeitenspiegel (vgl. S. 18)*

Angaben und Erläuterungen zur Gewinn-und-Verlust-Rechnung

BEISPIELE

- *Aufgliederung der Umsätze nach Märkten und Tätigkeitsbereichen*
- *Erläuterung der außerordentlichen Aufwendungen und Erträge*

Sonstige Pflichtangaben

BEISPIELE

- *Angaben zu Haftungsverhältnissen (Pfandrechte und sonstige Sicherheiten – Eventualverbindlichkeiten)*
- *durchschnittliche Beschäftigtenzahl*
- *Namen des Geschäftsführungsorgans und der Mitglieder des Aufsichtsrates*
- *die dem Geschäftsführungsorgan und dem Aufsichtsrat im Geschäftsjahr gewährten Gesamtbezüge (Gehälter, Gewinnbeteiligungen, Bezugsrechte, Aufwandsentschädigungen, Versicherungsentgelte, Provisionen und Nebenleistungen aller Art) (vgl. § 289, Zi. 9 HGB)*

Mit diesen Angaben soll der Einblick in die tatsächliche Vermögens-, Finanz- und Ertragslage verbessert werden.

Bestandteile des Jahresabschlusses nach IFRS für kapitalmarktorientierte Unternehmen

Das folgende Schaubild zeigt die Bestandteile des Jahresabschlusses nach IFRS:

Pflichtbestandteile des Jahresabschlusses nach IFRS
– **Bilanz** (balance sheet) – **Gesamtergebnisrechnung: Gewinn- und Verlustrechnung sowie sonstiges Ergebnis** (Income statement) – **Kapitalflussrechnung** (cash flow statement) – **Eigenkapitalveränderungsrechnung** (statement of changes in stock holders's equity) – **Bilanzierungs- und Bewertungsmethoden sowie erläuternde Anhangangaben**
Pflichtergänzungen für börsennotierte Unternehmen
– **Ergebnis je Aktie** (earnings per share) – **Segmentberichterstattung**
Ergänzungsempfehlung
Lagebericht (Management Commentary)

Kapitalflussrechnung (statement of cashflows)

Nach IFRS soll die Kapitalflussrechnung den Adressaten wie Investoren und Kapitaleignern Informationen über Zahlungsströme des Unternehmens während des Geschäftsjahres vermitteln.

Sie sollen daraus Schlüsse ziehen können,

- ob Zahlungsverpflichtungen erfüllt worden sind,
- ob in Zukunft mit Zahlungsüberschüssen zu rechnen ist,
- ob und in welcher Höhe Fremdkapitalbedarf besteht,
- ob eine Dividende gezahlt werden kann,
- wie sich die Finanzierungs- und Investitionsvorgänge auf die Finanzlage ausgewirkt haben,
- wie weit das Jahresergebnis aus der laufenden Geschäftstätigkeit (operatives Ergebnis) resultiert.

Zur Verbesserung der Einsicht in die Mittelherkunft und -verwendung sind die Kapitalströme

- der laufenden Geschäftstätigkeit,
- der Investitionstätigkeit und
- der Finanzierungstätigkeit

zuzuordnen.

Eigenkapitalveränderungsrechnung (statement of owners' equity)

In ihr wird die Entwicklung der Eigenkapitalpositionen über mehrere Jahre hinweg dargestellt. Damit soll Eigenkapitalgebern verdeutlicht werden, ob und wie weit sich der Wert der Eigentümeransprüche verändert hat.

Nachfolgende Übersicht vermittelt einen Überblick über die Eigenkapitalpositionen und deren Veränderungsmöglichkeiten:

Eigenkapitalposition	Veränderungsmöglichkeiten
Gezeichnetes Kapital (captial stock)	Neuemission bzw. Einziehung von Aktien Umwandlung von Wandelschuldverschreibungen in Aktien
Kapitalrücklage (paid-in capital, other contribued capital)	Agio bei Über-Pari-Emission Verlustverrechnung
Gewinnrücklage (earned capital)	Jahresüberschuss Dividendenauszahlungen
Eigene Aktien (treasury stock)	Kauf eigener Aktien Verkauf eigener Aktien
Neubewertungsrücklagen (Erfolgsneutrale Eigenkapitalposition)	gestiegene Zeitwerte von Sach- und Finanzanlagen

Außerdem ist die Auswirkung von Änderungen der Bewertungs- und Bilanzierungsmethoden in der Eigenkapitalveränderungsrechnung darzustellen.

PRAXISTIPP!

Kapitalmarktorientierte Unternehmen müssen sowohl einen Jahresabschluss nach HGB als auch einen Jahresabschluss nach IFRS veröffentlichen. Während die Vorschriften des HGB vom Gläubigerschutz geprägt sind, steht beim IFRS der Investorenschutz im Vordergrund. Wenn Sie tiefer in diese Materie einsteigen wollen, können Sie die Jahresabschlüsse eines Unternehmens für ein Kalenderjahr nach beiden Methoden miteinander vergleichen.

Prüfung, Offenlegung und Unterzeichnung des Jahresabschlusses

Die Vermögens- und Ertragslage von Kapitalgesellschaften ist insbesondere für die **Kapitalgeber** und die **Gläubiger**, denen als Haftungskapital das Gesellschaftsvermögen zur Verfügung steht, von großem Interesse. Beide Zielgruppen wollen informiert werden über

- die wirtschaftliche Lage und Entwicklung,
- die Leistung der Geschäftsführung bzw. des Vorstands,
- wichtige Planungsvorhaben, wie Produktionsprogramm und Erschließung neuer Märkte.

Zur Information und zum Schutz dieser Personenkreise verpflichtet der Gesetzgeber die Kapitalgesellschaften zur **Veröffentlichung (Publizierung)** des **Jahresabschlusses** und **Lageberichtes** im **Bundesanzeiger** sowie zur Einreichung beim zuständigen **Handelsregister**. Vorher müssen Jahresabschluss und Lagebericht durch unabhängige Abschlussprüfer geprüft werden. Dabei werden mittelgroßen und kleinen Kapitalgesellschaften erhebliche Erleichterungen eingeräumt (vgl. §§ 326–327a HGB).

→ LF 1

Jahresabschluss der AG

Vorstand ↓	**erstellt gem. §§ 264 ff. HGB**	in den ersten 3 Monaten des neuen Geschäftsjahres (kleine Unternehmen 6 Monate) Jahresbilanz, GuV-Rechnung und Lagebericht
Abschlussprüfer ↓	**prüfen und berichten gem. §§ 316 ff. und 321 HGB**	dem Vorstand über das Prüfungsergebnis
Vorstand ↓	**legt dem Aufsichtsrat vor:**	– Jahresabschluss und Lagebericht – Prüfungsbericht – Vorschlag über Verwendung des Bilanzgewinns
Aufsichtsrat ↓	**prüft**	
Hauptversammlung ↓	**beschließt**	über die Verwendung des Bilanzgewinns
Vorstand	**veröffentlicht gem. § 325 HGB**	indem er den Jahresabschluss beim Betreiber des elektronischen Bundesanzeigers elektronisch einreicht

Der Vorstand der AG bzw. die Geschäftsführung der GmbH haben den Jahresabschluss unter Angabe des Datums zu unterzeichnen. Der Jahresabschluss und der Lagebericht sind 10 Jahre aufzubewahren.

Lagebericht

Der Lagebericht ist ein Instrument der Rechnungslegung, das eine Ergänzung des Jahresabschlusses, jedoch keinen Bestandteil des Jahresabschlusses darstellt (§ 264 (1) HGB). Im Lagebericht sind der Geschäftsverlauf, das Geschäftsergebnis sowie die Lage der Kapitalgesellschaft so darzustellen, dass **„ein den tatsächlichen Verhältnissen entsprechendes Bild“** vermittelt wird. Deshalb hat der Lagebericht eine dem Umfang und der Komplexität der Geschäftstätigkeit entsprechende Analyse des Geschäftsverlaufes und der Lage der Gesellschaft zu enthalten. Je größer ein Unternehmen ist und je umfangreicher seine Geschäftstätigkeit ist, desto komplexer muss folglich der Lagebericht sein. Durch diese Regelungen werden vergleichbare Vorschriften aus der internationalen Rechnungslegung (IFRS) für das deutsche Recht übernommen, wonach sich die Analyse des Geschäftsverlaufes am **True and Fair View Principle** zu orientieren hat.

In die Analyse des Geschäftsverlaufes sind die für die Geschäftstätigkeit bedeutsamen **finanziellen Leistungsindikatoren** wie Umsatz, Ertragslage und Vermögenslage einzubeziehen und im Hinblick auf die im Jahresabschluss ausgewiesenen Beträge und Angaben zu erläutern. Weiterhin ist im Lagebericht auf die **Risiken** der künftigen Entwicklung einzugehen. So soll der Bericht die **Risikomanagementziele und -methoden** der Gesellschaft darstellen. Eine systematische Risikoanalyse muss alle Risiken umfassen, d. h. Preisänderungsrisiken, Liquiditätsrisiken, Forderungsausfallrisiken, Risiken aus Zahlungsstromschwankungen.

Weiterhin soll der Lagebericht auf folgende Bereiche eingehen:

- Vorgänge von besonderer Bedeutung, die nach dem Schluss des Geschäftsjahrs eingetreten sind;
- voraussichtliche Entwicklung der Kapitalgesellschaft;
- Forschung und Entwicklung;
- bestehende Zweigniederlassungen der Gesellschaft.

Der Lagebericht erfüllt zum einen **Ergänzungsfunktionen**. Unter der zeitlichen Ergänzungsfunktion wird die Ergänzung des vergangenheitsorientierten Jahresabschlusses um zukunftsorientierte Angaben (Prognosen) verstanden, damit ein vollständiges Bild der Gesamtlage des Unternehmens vermittelt werden kann. Zur Erfüllung der sachlichen Ergänzungsfunktion beinhaltet der Lagebericht auch Erfolgsfaktoren des Unternehmens, die nicht im Jahresabschluss berücksichtigt werden.

Zum anderen erfüllt der Lagebericht auch eine **Verdichtungsfunktion**. In dieser fasst er die Vermögens-, Finanz- und Ertragslage zur Gesamtlage des Unternehmens explizit zusammen.

Grundsätze ordnungsmäßiger Lageberichterstattung (GoL)	
1	Grundsatz der Verlässlichkeit bzw. Richtigkeit, einschließlich Willkürfreiheit und Objektivität
2	Grundsatz der Vollständigkeit
3	Grundsatz der Klarheit und Übersichtlichkeit
4	Grundsatz der Stetigkeit bzw. Vergleichbarkeit
5	Grundsatz der Wirtschaftlichkeit bzw. Wesentlichkeit
6	Grundsatz der Informationsabstufung nach Art und Größe des Unternehmens
7	Grundsatz der Ausgewogenheit
8	Grundsatz der Vermittlung der Sicht der Unternehmensleitung

Geschäftsbericht

Im **Geschäftsbericht** fassen viele große und börsennotierte Industrieunternehmen den **Jahresabschluss** und **Lagebericht** sowie **weitere freiwillige Angaben** zusammen:

- Bericht des Aufsichtsrates,
- Gewinnverwendungsvorschlag,
- unternehmensbezogene Nachrichten.

Dabei gibt es **keine gesetzliche Verpflichtung** zur Erstellung des Geschäftsberichtes, sodass große und börsennotierte Industrieunternehmen diesen auf freiwilliger Basis erstellen. Die Praxis zeigt, dass der Geschäftsbericht zur Erfüllung der handels- und aktienrechtlichen Publizitätspflicht genutzt wird. Der Geschäftsbericht dient somit in erster Linie der **Informationsvermittlung**. Darüber hinaus soll mit ihm ein möglichst positives Bild des Unternehmens und seiner Informationspolitik gezeichnet werden. Denn der Geschäftsbericht stellt das **zentrale Medium zur Information und Vertrauensbildung** für Anteilseigner, Kreditgeber, Lieferanten, Kunden und die Mitarbeitenden dar.

Ziele und Funktionen des Geschäftsberichtes

- **Erfüllung der gesetzlichen Informationspflicht nach HGB und AktG.**
- **Information verschiedener Adressaten mit dem Ziel, diese positiv zu beeinflussen.**
- **Steigerung des Vertrauens, das dem Unternehmen entgegengebracht wird, um den Aktienkurs positiv zu beeinflussen.**
- **Instrument der Public Relations, mit dem zielgerichteten Bemühen, Verständnis für die eigenen Anliegen in der Öffentlichkeit aufzubauen.**

PRAXISTIPP!

Wenn Sie einen Geschäftsbericht lesen, dann sollten Sie stets im Kopf haben, dass das Unternehmen sich bemüht, ein möglichst positives Bild von sich zu zeichnen. Lesen Sie deshalb „zwischen den Zeilen" und verlassen Sie sich bei Ihren Entscheidungen niemals ausschließlich auf den Geschäftsbericht.

ZUSAMMENFASSUNG

Die Ziele und die Bestandteile des Jahresabschlusses darstellen

- **Rechtliche Grundlagen**
  - Handelsgesetzbuch
  - internationale Rechnungslegungsstandards (IFRS)
- **Ziele des Jahresabschlusses**
  - spezifische Informationen für die Shareholdergruppe
  - Dokumentation der Vermögens-, Finanz- und Ertragslage sowie deren Entwicklung
  - Informationen für Investoren
- **Zentrale Schwerpunkte in nationalen und internationalen Rechnungslegungsvorschriften**
  - HGB: Gläubigerschutz, daher Vorsichtsprinzip, Niederstwertprinzip
  - IFRS: Investorinteresseprinzip, daher „fair presentation"
- **Bestandteile des Jahresabschlusses**
  - Einzelunternehmen: Bilanz, Gewinn-und-Verlust-Rechnung
  - Kapitalgesellschaft: Bilanz, Gewinn-und-Verlust-Rechnung, Anhang, Lagebericht
  - Kapitalmarktorientierte Unternehmen: zusätzlich Kapitalflussrechnung, Eigenkapitalveränderungsrechnung

Bilanz

- in **Kontenform**
- nach dem **Gliederungsschema** gemäß § 266 Abs. 2 und 3 HGB
- **Kleine Kapitalgesellschaften** müssen nur eine verkürzte Bilanz aufstellen, in die nur die mit Großbuchstaben und römischen Ziffern bezeichneten Posten aufgenommen werden.
- **Kapitalgesellschaften** müssen folgende besondere Anforderungen an die Dokumentation des Vermögens und des Kapitals erfüllen:
  - Darstellung der Entwicklung des Anlagevermögens im Anlagenspiegel
  - Angabe der Forderungen mit einer Restlaufzeit von mehr als einem Jahr
  - vertiefte Gliederung des Eigenkapitals: gezeichnetes Kapital, Rücklagen, Gewinn- oder Verlustvortrag, Jahresüberschuss/-fehlbetrag (oder Bilanzgewinn/-verlust)
  - Angaben von Restlaufzeiten und gegebenen Sicherheiten für Verbindlichkeiten im Verbindlichkeitenspiegel

- **Gliederung der Rücklagen**

gesetzliche	freie	stille Rücklagen
5 % des um einen Verlustvortrag geminderten Jahresüberschusses, bis die gesetzliche Gewinnrücklage und die Kapitalrücklage zusammen 10 % des Grundkapitals erreichen (§ 150 Abs. 2 AktG)	nach der Satzung vorgesehene oder nach freiem Ermessen des Vorstandes zu bildende Rücklagen aus dem Jahresüberschuss, nach Abzug des Verlustvortrages und der gesetzlichen Gewinnrücklagen	Sie entstehen durch – Unterbewertung der Aktiva (zulässige überhöhte Abschreibungen) – Überbewertung der Schulden (zu hoch geschätzte Rückstellungen)

1. Gewinnrücklagen werden aus dem Jahresüberschuss gebildet.
2. Gesetzliche und freie Rücklagen sind getrennt in der Bilanz ausgewiesen.

Gewinn-und-Verlust-Rechnung

- in **Staffelform**
- nach dem **Gliederungsschema** gemäß § 275 HGB
- Zusammenfassung der Aufwands- und Ertragsarten nach **Erfolgsquellen**
- **Kleine Kapitalgesellschaften** dürfen die Posten Umsatzerlöse, sonstige betriebliche Erträge und Materialaufwand zum **Rohergebnis** zusammenfassen
- Ausweis des Gewinnes in der Bilanz als **Jahresüberschuss**, des Verlustes als **Jahresfehlbetrag**, getrennt vom **gezeichneten Kapital**, dem Haftungskapital

Anhang

- gleichrangiger Bestandteil des Jahresabschlusses neben Bilanz und Gewinn-und-Verlust-Rechnung
- Erläuterungen zur Bilanz und GuV-Rechnung insgesamt und zu Einzelpositionen
- Vorstand (AG) oder Geschäftsführung (GmbH) haben den Jahresabschluss (Bilanz, GuV-Rechnung, Anhang) unter Angabe des Datums der Fertigstellung zu unterzeichnen.
- Jahresabschluss und Lagebericht sind zu prüfen und offenzulegen und 10 Jahre aufzubewahren.

Lagebericht

Im **Lagebericht** sind der Geschäftsverlauf, das Geschäftsergebnis und die Lage der Kapitalgesellschaft darzustellen.

- Analyse der besonderen Leistungsindikatoren, wie Umsatz, Ertragslage, Vermögenslage, Finanzanlage
- Risiken der künftigen Entwicklung
- Forschung und Entwicklung
- Vorgänge von besonderer Bedeutung, die nach dem Schluss des Geschäftsjahres eingetreten sind

Geschäftsbericht

Im **Geschäftsbericht** fassen große und börsennotierte Unternehmen den Jahresabschluss, den Lagebericht sowie weitere freiwillige Angaben zu einer komplexen positiven Information zusammen.

AUFGABEN

1 Erstellen Sie im Zweierteam aufgrund der folgenden Kontensalden die Bilanz einer kleinen Kapitalgesellschaft gemäß den Gliederungsvorschriften des § 266 HGB (vgl. S. 12) und präsentieren Sie Ihr Ergebnis mit einem dafür geeigneten Medium.

Konto	Kontenbezeichnung	Soll	Haben
0510	Bebaute Grundstücke	432 000,00	
0530	Betriebsgebäude	890 000,00	
0700	Technische Anlagen und Maschinen	675 000,00	
0810	Werkstätteneinrichtung	152 500,00	
0830	Lager- und Transporteinrichtungen	181 000,00	
0840	Fuhrpark	253 000,00	
0860	Büromaschinen	86 500,00	
2000	Rohstoffe	93 500,00	
2020	Hilfsstoffe	12 500,00	
2030	Betriebsstoffe	37 500,00	
2400	Forderungen a. LL	87 500,00	
2800	Bankguthaben	229 550,00	
2880	Kasse	3 250,00	
3000	Gezeichnetes Kapital		1 880 000,00
3400	Jahresüberschuss/Jahresfehlbetrag		165 000,00
4100	Anleihen/Hypothekendarlehen		800 000,00
4200	Verbindlichkeiten gegenüber Kreditinstituten		107 000,00
4400	Verbindlichkeiten a. LL		150 200,00
4800	Umsatzsteuer		31 600,00
		3 133 800,00	3 133 800,00

2 Erstellen Sie im Zweierteam für eine kleine Kapitalgesellschaft (GmbH) die Gewinn-und-Verlust-Rechnung in Staffelform gemäß dem Gliederungsschema S. 20 und präsentieren Sie Ihr Ergebnis mit einem dafür geeigneten Medium.

Konto	Kontenbezeichnung	Soll	Haben
5000	Umsatzerlöse für eigene Erzeugnisse		3450000,00
5400	Mieterträge		60000,00
5710	Zinserträge		16100,00
6000	Aufwendungen für Rohstoffe	862000,00	
6020	Aufwendungen für Hilfsstoffe	146000,00	
6050	Aufwendungen für Energie	47200,00	
6200	Löhne	872000,00	
6300	Gehälter	580000,00	
6710	Leasing	248000,00	
6770	Rechts- und Beratungskosten	54000,00	
6800	Büromaterial	64000,00	
6900	Versicherungsbeiträge	38000,00	
7000	Gewerbeertragsteuer	92000,00	
7510	Zinsaufwendungen	19800,00	
7710	Körperschaftsteuer	188000,00	
		3211000,00	3526100,00

3 Der Vorstand einer AG will den Jahresabschluss unter teilweiser Verwendung des Jahresüberschusses aufstellen. Daher sollen 5 % des Jahresüberschusses den gesetzlichen Rücklagen und 30 % des verbleibenden Jahresüberschusses den „anderen Gewinnrücklagen“ zugewiesen werden. Der restliche Gewinn ist als Bilanzgewinn auszuweisen.

gezeichnetes Kapital (Grundkapital)	1200000,00
gesetzliche Gewinnrücklagen	45000,00
andere Gewinnrücklagen	30000,00

a) Berechnen Sie den Jahresüberschuss, wenn die Aufwendungen des Geschäftsjahres 1550000,00 € und die Erträge 1790000,00 € betragen haben.
b) Berechnen Sie die Einstellung
   ba) in die gesetzliche Gewinnrücklage,
   bb) in die anderen Gewinnrücklagen.
c) Stellen Sie gem. § 266 HGB in einem Auszug der AG-Bilanz das Eigenkapital der Aktiengesellschaft dar.

4 Welche der folgenden Aussagen ist nicht korrekt?

a) Stille Rücklagen entstehen durch Unterbewertung von Aktiva und Überbewertung von Passiva.
b) Offene Rücklagen sind aus der Bilanz ersichtlich.
c) Freie Rücklagen können nur aufgelöst werden, wenn die Hauptversammlung einer AG mit 2/3-Mehrheit zustimmt.
d) Stille Rücklagen sind in der Bilanz nicht sichtbare Rücklagen.
e) Gewinnrücklagen werden aus dem Jahresüberschuss gebildet.

5 Die Wolf Elektronikwerke GmbH, ein mittelständischer Hersteller von Haushaltsgeräten mit Sitz in Osnabrück, legte vor der Verteilung des Jahresergebnisses der Gesellschafterversammlung die nachfolgend auszugsweise abgebildete Bilanz vor:

Aktiva	Bilanz der GmbH zum 31.12.	Passiva
	A. Eigenkapital:	
	I. Gezeichnetes Kapital	850 000,00
	II. Kapitalrücklagen	30 000,00
	III. Gewinnrücklagen	270 000,00
	IV. Gewinnvortrag	5 000,00
	V. Jahresüberschuss	165 000,00

Die Gesellschafterversammlung hat folgenden Beschluss gefasst:

1. Satzungsgemäß sind 20 % des Jahresüberschusses in die Gewinnrücklage einzustellen.
2. An die GmbH-Gesellschafter sind 16 % auf das Stammkapital (gezeichnetes Kapital) als Gewinnanteile auszuschütten.
3. Ein verbleibender Gewinnrest ist als Gewinnvortrag zu erfassen.

a) Berechnen Sie die Gewinnrücklage, die auszuschüttenden Gewinnanteile und den neuen Gewinnvortrag.
b) Stellen Sie das Eigenkapital nach der Gewinnverteilung in einem Bilanzauszug dar.

6 Die Heidotting Textilwerke AG, ein mittelständischer Hersteller von Damenoberbekleidung mit Sitz in Emsdetten/Westfalen, legt vor Verteilung des Jahresergebnisses der Hauptversammlung die nachfolgend auszugsweise abgebildete Bilanz vor:

Aktiva	Bilanz der GmbH zum 31.12.	Passiva
	A. Eigenkapital:	
	I. Gezeichnetes Kapital	6 200 000,00
	II. Kapitalrücklagen	180 000,00
	III. gesetzl. Gewinnrücklagen	120 000,00
	IV. Gewinnvortrag	15 000,00
	V. Jahresüberschuss	1 550 000,00

Die Hauptversammlung hat folgenden Beschluss zur Gewinnverwendung getroffen:

1. Einstellung in die gesetzliche Gewinnrücklage: 5 % gem. § 150 Abs. 2 AktG.
2. Einstellung in „andere Gewinnrücklagen“: 20 % des Jahresüberschusses.
3. An die Aktionäre sind 18,5 % auf das Stammkapital (gezeichnetes Kapital) als Dividende auszuschütten.
4. Der Rest des Jahresüberschusses ist als Gewinnvortrag zu übernehmen.

a) Berechnen Sie die Einstellungen in die Gewinnrücklagen, die auszuschüttende Dividende und den verbleibenden neuen Gewinnvortrag.
b) Stellen Sie das Eigenkapital nach der Gewinnverteilung in einem Bilanzauszug dar.

7 Erstellen Sie für eine kleine Kapitalgesellschaft (GmbH – Industrieunternehmen) die Bilanz unter Beachtung des Gliederungsschemas auf S. 12:

Nr.	Bestandskonten	Soll	Haben
0500	Unbebaute Grundstücke	120 000,00	
0510	Bebaute Grundstücke	360 000,00	
0700	Technische Anlagen und Maschinen	288 000,00	
0840	Fuhrpark	336 000,00	
0860	Geschäftsausstattung	192 000,00	
1300	Beteiligungen	96 000,00	
2000–2030	Werkstoffe	484 800,00	
2400	Forderungen a. LL	288 000,00	
2690	Übrige sonstige Forderungen	33 600,00	
2800	Guthaben bei Kreditinstituten	177 600,00	
2880	Kasse	9 600,00	
2900	Aktive Jahresabgrenzung	14 400,00	
3000	Gezeichnetes Kapital		900 000,00
3100	Kapitalrücklage		70 000,00
3200	Gewinnrücklagen		130 000,00
3400	Jahresüberschuss/Jahresfehlbetrag		225 000,00
3800	Steuerrückstellungen		45 000,00
3900	Sonstige Rückstellungen		18 000,00
4200	Kurzfristige Verbindlichkeiten gegenüber Kreditinstituten		15 000,00
4250	Langfristige Verbindlichkeiten gegenüber Kreditinstituten		730 000,00
4400	Verbindlichkeiten a. LL		130 000,00
4800	Umsatzsteuer		72 000,00
4840	Verbindlichkeiten geg. Sozialversicherung		47 300,00
4850	Verbindlichkeiten gegenüber Mitarbeitenden		2 000,00
4890	Übrige sonstige Verbindlichkeiten		8 500,00
4900	Passive Rechnungsabgrenzung		7 200,00
		2 400 000,00	2 400 000,00

8 Bringen Sie, sofern möglich, den aktuellen Jahresabschluss Ihres Ausbildungsbetriebs mit in den Unterricht. Finden Sie sich in Kleingruppen zusammen und diskutieren Sie Gemeinsamkeiten und Unterschiede der Jahresabschlüsse Ihrer Ausbildungsbetriebe.

2 Allgemeine Bewertungsgrundsätze, Bewertungsprinzipien sowie Bewertungsmaßstäbe analysieren und anwenden

2.1 Bewertungsprobleme, allgemeine Bewertungsgrundsätze und -prinzipien

LS 2

Zur Vorbereitung des Jahresabschlusses wird in der Sommerfeld Bürosysteme GmbH Inventur gemacht. Emilia Schaub und Frau Peters haben bereits alle Aufnahmelisten eingesammelt und müssen nun mit der Bewertung der Vermögensteile und der Schulden beginnen. Hierbei wollen sie alle Spielräume nutzen, die ihnen der Gesetzgeber lässt. Sie stehen aber auch vor einem Dilemma: Einerseits möchten sie die Sommerfeld Bürosysteme GmbH als kerngesundes Unternehmen präsentieren und ein möglichst hohes Vermögen ausweisen. Andererseits wissen sie natürlich auch, dass Gewinne versteuert werden müssen und es daher sinnvoll sein kann, Vermögensgegenstände etwas vorsichtiger zu bewerten.

ARBEITSAUFTRÄGE

- Versuchen Sie, Argumente für beide Auffassungen zu finden.
- Stellen Sie die Auswirkungen beider Bewertungsauffassungen an folgendem Beispiel gegenüber:
  Ein Grundstück, das vor zwei Jahren für 80 000,00 € gekauft wurde, hat am Bilanzstichtag einen geschätzten Verkehrswert von 90 000,00 €.

Bewertungsprobleme

Im Rahmen der Inventur müssen Kaufleute zur Aufstellung des Inventars und der Bilanz Vermögen und Schulden bewerten. **Bewerten** heißt entscheiden, mit welchen Geldwerten die einzelnen Vermögensteile und Schulden zu inventarisieren und in der Bilanz auszuweisen sind. **Schwierigkeiten** bereitet die Bewertung vor allem bei Wirtschaftsgütern,

- die **Preisschwankungen** unterliegen (Rohstoffe),
- die **Wertminderungen** (Sachanlagevermögen wird abgenutzt) erleiden,
- deren Wert aufgrund gesetzlich eingeräumter **Wahlrechte** unterschiedlich hoch ausgewiesen werden darf.

Die festgelegten Werte gehen in den Jahresabschluss ein, der den unterschiedlichen Interessenten (Stakeholdern) Informationen über die Vermögens-, die Finanz- und auch die Ertragslage liefern soll.

Eine zu hohe Bewertung des Vermögens bzw. eine zu niedrige Bewertung der Schulden würde die Lage des Unternehmens zu positiv zeichnen und könnte Gläubiger sowie Kapitalgeber zu Fehlentscheidungen veranlassen. Eine zu niedrige Bewertung des Vermögens bzw. eine zu hohe Bewertung der Schulden würden aber ein zu negatives Bild des Unternehmens zeichnen und gegen die Interessen der Finanzbehörden verstoßen. Im Rahmen von handels- und steuerrechtlichen Vorschriften ist daher ein den tatsächlichen Verhältnissen entsprechendes Bild zu vermitteln, wobei der **Gläubigerschutz** (Vorsichtsprinzip) Grundlage jeder Bewertungsentscheidung zu sein hat.

Bewertungsvorschriften

Handelsrechtlich	Steuerrechtlich
Die grundlegenden Vorschriften sind im 3. Buch des HGB (Handelsbücher) enthalten.	Grundlegende Vorschriften finden sich im **Einkommensteuergesetz**.
Sie gelten für alle Kaufleute, die Vermögen und Erfolg ermitteln müssen (vgl. LF 1, Kap. 5 und LF 5, Kap. 2).	Sie gelten für alle, die nach steuerrechtlichen Vorschriften Bücher führen oder **Aufzeichnungen machen** müssen.
Sie dienen dem **Gläubigerschutz**, weil Vermögen und Schulden möglichst vorsichtig bewertet werden müssen.	Sie sollen bewirken, dass der Gewinn als **Steuerbemessungsgrundlage** nach einheitlichen Grundsätzen ermittelt wird. Damit dienen sie der gerechten Besteuerung.
Bilanz nach Handelsrecht = Handelsbilanz	**Bilanz nach Steuerrecht = Steuerbilanz**

Die Wertansätze in der Handelsbilanz sind grundsätzlich auch für die Steuerbilanz maßgeblich.

Maßgeblichkeitsgrundsatz

Nur zwingende Vorschriften des Steuerrechts führen zu Abweichungen von Handels- und Steuerbilanz.

Bewertungsgrundsätze

Allgemeine Bewertungsgrundsätze

Bei der Aufstellung der Bilanz müssen sich Kaufleute an sechs allgemeinen Bewertungsgrundsätzen, die in § 252 (1) HGB aufgeführt sind, orientieren.

Allgemeine Bewertungsgrundsätze nach § 252 Abs. 1 HGB					
Bilanz-identität	Fortführung der Unter-nehmens-tätigkeit (Going concern)	Einzelbewer-tungsprinzip	Vorsichts-prinzip: Realisations-prinzip, Imparitäts-prinzip	Perioden-abgrenzung	Bewertungs-stetigkeit
Abweichungen sind nur in begründeten Ausnahmefällen zulässig (§ 252 Abs. 2).					

Bilanzidentität (Bilanzgleichheit)
Die Eröffnungsbilanz eines Geschäftsjahres muss als **Ganzes** und in den **einzelnen Positionen** und Werten mit der Schlussbilanz des vorangegangenen Geschäftsjahres übereinstimmen.

Fortführung der Unternehmenstätigkeit (Going concern)
Bei der Bewertung ist von der **Fortführung** der Unternehmenstätigkeit auszugehen, nicht von der Veräußerung des Vermögensgegenstandes oder von der Auflösung des Unternehmens.

Einzelbewertung
Jeder Vermögensgegenstand und jede Schuldposition sind grundsätzlich einzeln zu bewerten, d. h., auch bei mehreren gleichartigen Vermögensgegenständen muss jeder Vermögensgegenstand einzeln betrachtet und bewertet werden. Aus diesem Grundsatz leitet sich ein **Saldierungsverbot** ab.

BEISPIEL *Die Sommerfeld Bürosysteme GmbH besitzt fünf Gabelstapler gleicher Bauart. Jeder Gabelstapler ist einzeln zu bewerten und die Gesamtsumme dann in der Bilanz auszuweisen.*

Der Gesetzgeber hat unter bestimmten Bedingungen von der Einzelbewertung abweichende Bewertungsvereinfachungsverfahren bei den Materialien des Umlaufvermögens zugelassen (vgl. § 240 Abs. 3 und 4 HGB sowie S. 46 ff.).

Vorsichtsprinzip
Ausdruck des Gläubigerschutzprinzips ist das Vorsichtsprinzip. Dieses beinhaltet, dass alle vorhersehbaren Risiken und Verluste im Jahresabschluss zu berücksichtigen sind, um einen zu hohen Vermögens- und einen zu niedrigen Schuldenausweis zu vermeiden. Demnach dürfen Gewinne infolge von Wertsteigerungen nur berücksichtigt werden, wenn sie am Abschlusstag realisiert sind (**Realisationsprinzip**).

BEISPIEL *Das Grundstück mit dem Anschaffungswert von 80 000,00 € und einem Verkehrswert von 90 000,00 € (vgl. Ausgangssituation auf S. 34) darf nicht mit 90 000,00 € angesetzt werden, weil 10 000,00 € Wertsteigerung nicht realisiert sind. Die Realisierung würde erst durch den Verkauf des Grundstücks erfolgen.*

Drohende Wertverluste müssen dagegen berücksichtigt werden, obwohl sie noch nicht eingetreten sind. Wegen der unterschiedlichen Behandlung nicht realisierter Gewinne und drohender Verluste spricht man auch vom **Imparitätsprinzip** (Imparität = Ungleichheit).

Die Beachtung des Vorsichtsprinzips verhindert, dass Vermögen und Gewinn zu hoch ausgewiesen werden. Unangemessene Besteuerung und Gewinnausschüttung werden verhindert. Die Haftungssubstanz gegenüber den Gläubigern bleibt somit erhalten.

Periodenabgrenzung
Aufwendungen und Erträge des Geschäftsjahres sind unabhängig von den Zeitpunkten der entsprechenden Zahlungen zum Zeitpunkt des Entstehens im Jahresabschluss zu berücksichtigen.

Bewertungsstetigkeit (Kontinuität)
Die auf den vorhergehenden Jahresabschluss angewandten Bewertungsmethoden müssen beibehalten werden. Mit diesem Grundsatz soll der Übergang zu anderen Bewertungsmethoden aus bilanztaktischen Erwägungen verhindert und die Vergleichbarkeit der Jahresabschlüsse gesichert werden.

BEISPIEL *Die einmal gewählte Abschreibungsmethode für ein Anlagegut muss beibehalten werden.*

Von diesen Grundsätzen darf nur in begründeten Ausnahmefällen abgewichen werden (§ 252 Abs. 2 HGB).

Bewertungsprinzipien

Neben diesen allgemeinen Bewertungsgrundsätzen, die für die Bewertung aller Wirtschaftsgüter gelten, werden im § 253 HGB besondere Bewertungsgrundsätze für das Vermögen und die Schulden herausgestellt.

Anschaffungswertprinzip

Das Anschaffungswertprinzip besagt, dass Vermögensgegenstände höchstens mit ihren (fortgeführten, d. h. um etwaige Abschreibungen verminderten) Anschaffungs- bzw. Herstellkosten anzusetzen sind.

Niederstwertprinzip

Liegt der Wert bei Posten des Umlaufvermögens zum Bilanzstichtag unter dem Anschaffungswert oder dem vorherigen Wertansatz in der Bilanz, liegen auszuweisende **nicht realisierte Verluste** vor.

Das **Umlaufvermögen** muss dann zum niedrigeren Wert ausgewiesen werden (**strenges Niederstwertprinzip**; vgl. § 253 Abs. 2 und 3 HGB).

BEISPIEL

Anschaffungskosten eines 10-kg-Eimers Lack:	*58,00 €*
Niedrigerer Wert zum Bilanzstichtag:	*55,00 € je 10 kg*
Wertansatz in der Bilanz gem. § 253 Abs. 3 HGB	*55,00 € je 10 kg*

Beim **Anlagevermögen** gilt ein **gemildertes Niederstwertprinzip**, da der niedrigere Wert nur dann angesetzt werden muss, wenn eine voraussichtlich dauernde Wertminderung vorliegt. Bei vorübergehender Wertminderung darf der niedrigere Wert nicht angesetzt werden. Nur bei Finanzanlagen besteht hier ein Wahlrecht. Entfällt der Grund für die Wertminderung, so gilt ein generelles **Zuschreibungsgebot** (§ 253 Abs. 5 HGB). Bei einer Zuschreibung ist aber das **Anschaffungskostenprinzip** in jedem Fall zu beachten. Bei abnutzbaren Anlagegütern bilden die fortgeführten Anschaffungskosten/HStK die Wertobergrenze für die Zuschreibung.

Bewertung des Anlagevermögens nach § 253 Abs. 1, 3 und 5 HGB			
	Abnutzbare Güter des Anlagevermögens mit zeitlich begrenzter Nutzungsdauer		**Nicht abnutzbare Güter des Anlagevermögens mit zeitlich unbegrenzter Nutzungsdauer**
Ausgangswert	Anschaffungskosten bzw. Herstellungskosten		Anschaffungskosten
– planmäßige Abschreibung	Gebot (§ 253 Abs. 1 HGB)		Verbot (§ 253 Abs. 1 HGB)
– außerplanmäßige Abschreibung	Gebot (§ 253 Abs. 3 HGB)	Voraussichtlich dauernde Wertminderung	Gebot (§ 253 Abs. 2 HGB)
	Wahlrecht (§ 253 Abs. 3 HGB Satz 4: nur bei Finanzanlagen)	Voraussichtlich vorübergehende Wertminderung	Wahlrecht (§ 253 Abs. 3 HGB)
+ Zuschreibung (maximal bis zu den fortgeführten AK/HStK)	Gebot (§ 253 Abs. 5 HGB)		Gebot (§ 253 Abs. 5 HGB)
= Buchwert			

BEISPIEL 1 ***Außerplanmäßige AfA***

	€
Anschaffungswert einer Maschine bei zehnjähriger ND und linearer AfA	*500 000,00*
Fortgeführte Anschaffungskosten (vorläufiger Buchwert) zum Bilanzstichtag 3	*350 000,00*
Niedrigerer Wert zum Bilanzstichtag 3 wegen eines dauerhaften Maschinenschadens, der dazu führt, dass die Maximalkapazität der Maschine sinkt	*250 000,00*
Außerplanmäßige AfA nach dem 3. Nutzungsjahr	*100 000,00*
Bilanzansatz bei erwarteter dauerhafter Werteinbuße	*250 000,00*

BEISPIEL 2 ***Wertaufholung/Zuschreibungsgebot***

	€
Anschaffungswert einer Aktie	*200,00*
Wertansatz in der Bilanz des Vorjahres	*185,00*
Kurs zum Bilanzstichtag	*205,00*
Wertansatz in der Bilanz	*200,00*

Hier gilt ein Zuschreibungsgebot (für das AV und das UV). Die Anschaffungskosten bilden dabei die Wertobergrenze, sodass in der Bilanz nun wieder ein Wertansatz von 200,00 € pro Aktie anzusetzen ist.

Höchstwertprinzip

Das Höchstwertprinzip gilt bei der Bewertung von Verbindlichkeiten. Wie beim Niederstwertprinzip gilt auch hier das Imparitätsprinzip. Drohende Verluste und ungewisse Verbindlichkeiten müssen ausgewiesen werden.

- **Realisations-, Niederstwert- und Höchstwertprinzip sind Ausdruck kaufmännischer Vorsicht.**
- **Zwecke sind Gläubigerschutz, Vermeidung zu hohen Gewinnausweises (Scheingewinn) und zu hoher Gewinnausschüttung und -versteuerung und Erhaltung der Haftungssubstanz.**

ZUSAMMENFASSUNG

Bewertungsprobleme und Bewertungsgrundsätze

Bewertungsgrundsätze

Allgemeine Bewertungsgrundsätze

- Bilanzidentität
- Unternehmensfortführung (Going Concern)
- Einzelbewertung
- Vorsichtsprinzip (Gläubigerschutz):
  - Realisationsprinzip
  - Imparitätsprinzip
- Periodenabgrenzung
- Bewertungsstetigkeit

Besondere Bewertungsgrundsätze für Vermögen und Schulden

- Anschaffungskostenprinzip für das Vermögen (Anschaffungskosten als Wertobergrenze)
- strenges Niederstwertprinzip für das Umlaufvermögen
- gemildertes Niederstwertprinzip für das Anlagevermögen
- Höchstwertprinzip für die Schulden

- Die allgemeinen sowie die die besonderen Bewertungsgrundsätze sind Ausdruck kaufmännischer Vorsicht.
- Zielsetzungen der Bewertung sind Gläubigerschutz, Vermeidung zu hoher Gewinnausschüttung und -versteuerung und Erhaltung der Haftungssubstanz.
- Bei selbst erstellten Gütern (unfertige und fertige Erzeugnisse, Anlagen und Werkzeuge) bilden die Herstellungskosten die entsprechende Wertobergrenze.
- Beim Sachanlagevermögen werden die fortgeführten Anschaffungskosten angesetzt. Ein niedrigerer Wert muss angesetzt werden, wenn eine voraussichtliche dauernde Wertminderung vorliegt.
- Für Finanzanlagen gilt: Bei vorübergehender Wertminderung kann der niedrigere Wert angesetzt werden (Bewertungswahlrecht).
- Entfällt der Grund für eine außerplanmäßige Abschreibung, so gilt ein generelles Zuschreibungsgebot. Dabei bilden die fortgeführten Anschaffungs-/Herstellungskosten die Wertobergrenze.

AUFGABEN

1 Erläutern Sie „strenges Niederstwertprinzip", „gemildertes Niederstwertprinzip" und „Höchstwertprinzip".

2 „Vorsichtige Bewertung entspricht dem Gläubigerschutzprinzip." Erläutern Sie diese Aussage an einem selbst gewählten Beispiel.

3 Erläutern Sie die Bewertungsprinzipien
a) Realisationsprinzip,
b) Imparitätsprinzip,
c) Anschaffungskostenprinzip.

4 Erklären Sie am Beispiel das „Prinzip der Bewertungsstetigkeit" und geben Sie Gründe für seine Befolgung an.

5 Erläutern Sie die Auswirkung unterschiedlicher Bewertungen
a) auf die Darstellung der Vermögenslage,
b) auf die Darstellung der Ertragslage
am Beispiel des Anlagevermögens.

6 Stellen Sie Ziele der Rechnungslegung nach HGB und IAS/IFRS gegenüber.

2.2 Die einzelnen Positionen des Anlage- und Umlaufvermögens bewerten

Emilia Schaub wurde bei der Inventur in die Bewertungsfragen einbezogen. „Das ist aber komisch", sagt sie an Herrn Lage gerichtet, „das Grundstück, auf dem unsere Betriebsgebäude stehen und unser Parkplatz liegt, steht mit 48 000,00 € in den Büchern." „Na und?", fragt Herr Lage. „Aber das sind doch, wie der Auszug des Grundbuchamtes bestätigt, 10 000 m²", meint Emilia. „Das ist richtig, aber das Grundstück wurde schon 2002 gekauft und damals konnte man solche Grundstücke für 4,80 €/m² erwerben", antwortet Herr Lage. „Aber mittlerweile ist das doch Bauland und kostet bestimmt fast 150,00 € pro m²", erwidert Emilia.

ARBEITSAUFTRÄGE

- **Erläutern Sie die Bewertungsproblematik, die sich aus diesem Gespräch ergibt.**
- **Erläutern Sie, mit welchem Wert das Grundstück nach HGB in der Bilanz ausgewiesen werden muss.**
- **Nehmen Sie Stellung zum Informationswert der Bilanz, bezogen auf die Position „Bebaute Grundstücke".**

Anschaffungskosten bei materiellen Vermögensgegenständen des Anlagevermögens

Für die Bewertung von Vermögensgegenständen des Anlagevermögens ist folgende Unterteilung bedeutsam: → LF 5

Abnutzbare Anlagegüter mit zeitlich begrenzter Nutzungsdauer	BEISPIELE *Gebäude, Maschinen, Fahrzeuge, Betriebs- und Geschäftsausstattung (Büromöbel, Computer)*
Nicht abnutzbare Güter des Anlagevermögens mit zeitlich nicht begrenzter Nutzungsdauer	BEISPIELE *Grundstücke, Beteiligungen, Wertpapiere des Anlagevermögens*

Wirtschaftsgüter des Anlagevermögens sind grundsätzlich **höchstens zu Anschaffungs- oder Herstellungskosten** zu bewerten (Wertobergrenze), wobei **Anschaffungsnebenkosten** und **Anschaffungskostenminderungen** zu berücksichtigen sind.

Typische Anschaffungsnebenkosten einzelner Anlagegüter sind:

- bei **Grundstücken und Gebäuden**: Beurkundungsgebühren, Maklergebühren, Grunderwerbsteuer
- bei **Maschinen**: Frachten, Rollgelder, Transportversicherung, Montage- und Fundamentierungskosten
- bei **Wertpapieren**: Bankprovision

Finanzierungskosten gehören ebenso wie die Umsatzsteuer nicht zu den Anschaffungsnebenkosten. Typische Anschaffungskostenminderungen sind Rabatte und Skonti.

Bei Anlagegütern mit zeitlich begrenzter Nutzungsdauer sind die **fortgeführten Anschaffungs- oder Herstellungskosten** anzusetzen.

> Fortgeführte Anschaffungs- oder Herstellungskosten =
> Anschaffungs- oder Herstellungskosten – planmäßige Abschreibungen

Bei **kurzfristiger Unterschreitung** der Anschaffungskosten der Anlagegüter **kann** eine außerplanmäßige Abschreibung auf den niedrigeren Wert **(gemildertes Niederstwertprinzip)** vorgenommen werden.

Bei voraussichtlich anhaltender Wertminderung **muss** der niedrigere Wert angesetzt werden. Fällt der Grund für die außerplanmäßige Abschreibung weg, besteht sowohl für Personengesellschaften als auch für Kapitalgesellschaften ein Wertaufholungsgebot bis zu den fortgeführten Anschaffungskosten.

Herstellungskosten bei immateriellen Vermögensgegenständen des Anlagevermögens

Selbst geschaffene immaterielle Vermögensgegenstände des Anlagevermögens wie Software, Patente, Lizenzen und Know-how können den Wert von Unternehmen, die besonders innovativ sind, erheblich steigern. Für die dafür angefallenen Entwicklungskosten wird den betroffenen Unternehmen ein handelsrechtliches **Aktivierungswahlrecht** (§ 248 Abs. 2 HGB) eingeräumt. Selbst geschaffene Marken, Drucktitel, Verlagsrechte, Kundenlisten oder vergleichbare immaterielle Vermögensgegenstände des Anlagevermögens dürfen nicht angesetzt werden (vgl. § 248 Abs. 2 HGB).

Die so geschaffenen immateriellen Vermögensgegenstände des Anlagevermögens sind mit den Herstellungskosten (§ 255 Abs. 2a HGB) zu bewerten. Grundvoraussetzung dafür ist eine „Produktreife", die die Einzelverwertung (Veräußerung, Anwendung oder Nutzungsüberlassung) des Vermögensgegenstandes ermöglicht (z. B. durch Bau eines Prototyps, der erfolgreiche Tests bestanden hat). Die Kosten für die Forschung dürfen hingegen nicht aktiviert werden. Sie können einem bestimmten Vermögensgegenstand nicht einzeln zugerechnet werden und sind somit nicht getrennt verwertbar. Es sind Aufwendungen für die allgemeine Unternehmungsführung.

Für die Kostenrechnung des Industrieunternehmens bedeutet dies, dass bei einer Inanspruchnahme des Aktivierungswahlrechts die **Forschungs- und Entwicklungskosten zwingend voneinander getrennt** werden müssen. Gelingt dies nicht, so ist eine Aktivierung selbst geschaffener immaterieller Vermögensgegenstände nicht erlaubt.

Prüfschritte für den Ansatz selbst geschaffener immaterieller Vermögensgegenstände (VG) des Anlagevermögens:

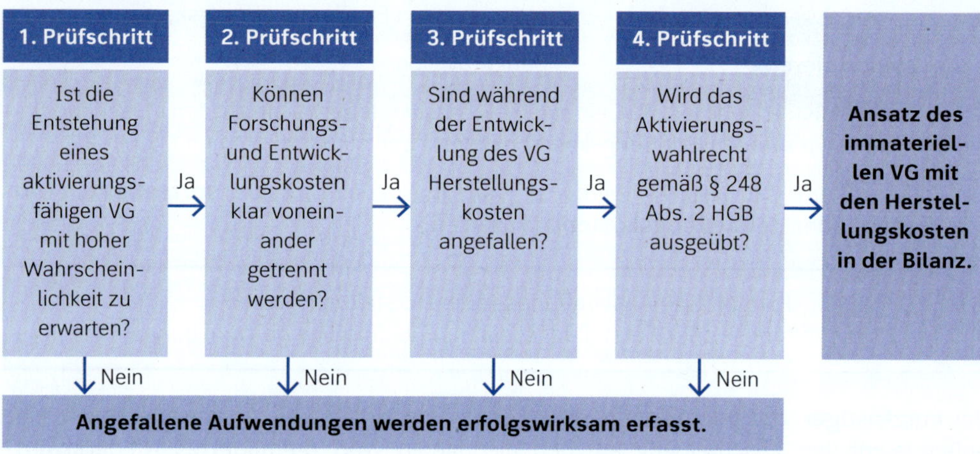

Einmal aktivierte selbst geschaffene immaterielle Vermögensgegenstände des Anlagevermögens sind nach der Fertigstellung der Entwicklung planmäßig und – bei voraussichtlich dauerhafter Wertminderung – auch außerplanmäßig abzuschreiben.

Im Ergebnis führt die Aktivierung immaterieller Vermögensgegenstände zu einer Eigenkapitalerhöhung und zu einer Umwandlung bislang stiller Wertreserven in ausgewiesene Vermögenswerte. Zudem wird das GuV-Konto weniger belastet und der bilanzielle Gewinn fällt höher aus.

BEISPIEL 1 *Die Sommerfeld Bürosysteme GmbH hat ein Verfahren für eine kratzfeste Lackbeschichtung von Möbeloberflächen bis zur Marktreife entwickelt und patentieren lassen. Bis zur Patenterteilung sind die folgenden Kosten angefallen:*

350 000,00 € Forschungskosten	→	Werden als Aufwendungen erfolgswirksam erfasst
190 000,00 € Entwicklungskosten	→	Wahlrecht: Dürfen auf Basis der Berechnungsgrundlage von Herstellungskosten als immateriellen VG des Anlagevermögens auf der Aktivseite der Bilanz erfasst werden.

BEISPIEL 2 *Ein Start-up-Unternehmen, das sich mit der Entwicklung von Software befasst, hatte im zurückliegenden Geschäftsjahr für die Entwicklung einer neuen Steuerungssoftware bis zur Patentanmeldung 860 000,00 € Forschungs- und Entwicklungskosten. Davon konnte die Kostenrechnung 400 000,00 € eindeutig den Entwicklungskosten zurechnen. Nach der Patentanmeldung erhielt das Unternehmen ein Kaufangebot eines großen Konkurrenten über 2,5 Mio. € für die neue Steuerungssoftware.*

460 000,00 € Forschungskosten	→	Werden als Aufwendungen erfolgswirksam erfasst
400 000,00 € Entwicklungskosten	→	Wahlrecht: Dürfen auf Basis der Berechnungsgrundlage von Herstellungskosten als immateriellen VG des Anlagevermögens auf der Aktivseite der Bilanz erfasst werden.
Kaufangebot eines Konkurrenten über 2,5 Mio. € für die neu entwickelte Software	→	Die 2,5 Mio. € dürfen in der Bilanz nicht ausgewiesen werden, da dies ein Verstoß gegen das Realisationsprinzip wäre.

Herstellungskosten bei materiellen Gegenständen des Anlagevermögens

Bei selbst erstellten Gütern (unfertige und fertige Erzeugnisse, Anlagen und Werkzeuge) bilden die **Herstellungskosten** (gem. § 255 Abs. 2 HGB) die entsprechende **Wertobergrenze**.

Für die Berechnung der Herstellungskosten besteht eine **Aktivierungspflicht** für die Materialkosten, die Fertigungskosten und die Sonderkosten der Fertigung sowie für die Teile der Material- und Fertigungsgemeinkosten, die in unmittelbarem Zusammenhang mit der Fertigung stehen (z. B. anteilige Abschreibungen).

Wahlweise dürfen zusätzlich angemessene Teile der allgemeinen Verwaltungskosten sowie die Aufwendungen für soziale Einrichtungen, für freiwillige soziale Leistungen und für die betriebliche Altersvorsorge aktiviert werden, sofern sie auf den Herstellungszeitraum entfallen und diesem zuzurechnen sind.

Ein **weiteres Aktivierungswahlrecht** besteht zudem für Fremdkapitalzinsen, wenn das Fremdkapital zur Finanzierung der Herstellung eines Vermögensgegenstandes verwendet wird und die dafür zu zahlenden Zinsen auf den Produktionszeitraum entfallen (§ 255 Abs. 3 HGB).

Ein **Aktivierungsverbot** besteht für Forschungs- und Vertriebskosten. Diese dürfen nicht in die Herstellungskosten einbezogen werden.

Schema zur Berechnung der Herstellungskosten (HStK) nach § 255 HGB		
Pflichtbestandteile produktbezogener HStK	Materialeinzelkosten + Fertigungseinzelkosten + Sondereinzelkosten der Fertigung + notwendige Materialgemeinkosten + notwendige Fertigungsgemeinkosten + Werteverzehr (Abschreibungen) des AV	**Aktivierungspflicht**
= Wertuntergrenze der HStK		
Wahlbestandteile angemessener zeitraumbezogener HStK	+ Kosten der allgemeinen Verwaltung + Aufwendungen für soziale Einrichtungen des Betriebes, freiwillige soziale Leistungen + Aufwendungen der betrieblichen Altersvorsorge + Zinsen zur Finanzierung der Herstellung eines Vermögensgegenstandes	**Aktivierungswahlrecht**
= Wertobergrenze		
Keine Bestandteile der HStK	Vertriebskosten Forschungskosten Zinsen für Fremdkapital	**Aktivierungsverbot**

PRAXISTIPP!

Es empfiehlt sich für die schnelle Zuordnung der Herstellungskosten in Anlehnung an das Berechnungsschema in jedem Betrieb einen entsprechenden Kontenplan anzulegen.

Rechtsgrundlage / Bestandteile	HGB nach § 255	Beispiele
Einzelkosten		
Materialeinzelkosten	Pflicht	– Roh-, Hilfs- und Betriebsstoffverbrauch zu Anschaffungskosten
+ Fertigungseinzelkosten	Pflicht	– Fertigungslöhne
+ Sondereinzelkosten der Fertigung	Pflicht	– Entwurf, Modelle, Spezialwerkzeuge, Lizenzgebühren, Entwicklungs-, Versuchs-, Konstruktionskosten im Rahmen des Auftrags

Rechtsgrundlage / Bestandteile	HGB nach § 255	Beispiele
notwendige Gemeinkosten + notwendige (angemessene) Teile der Materialgemeinkosten	Pflicht	– Werkstofflagerhaltung, -transport und -prüfung – Fertigungsvorbereitung und -kontrolle – Werkzeuglagerung und -verwaltung – Betriebsleitung, Raumkosten, Sachversicherung
+ notwendige (angemessene) Teile der Fertigungsgemeinkosten	Pflicht	
+ **Werteverzehr des Anlagevermögens** (Abschreibungen – Fertigungsbereich)	Pflicht	– Unfallverhütungseinrichtungen in der Fertigung – Lohnabrechnung für den Fertigungsbereich – lineare planmäßige Abschreibung (nicht Sonderabschreibungen, erhöhte Abschreibung)
= Wertuntergrenze		
+ Kosten der allgemeinen Verwaltung	Wahlrecht	– Aufwendungen für die Geschäftsleitung – Einkauf und Materialeingang – Personalbüro – Ausbildung – Rechnungswesen – Betriebsrat – Feuerwehr, Werkschutz – Gewerbesteuer
+ Aufwendungen für soziale Einrichtungen + Freiwillige soziale Leistungen + Freiwillige betriebliche Altersversorgung	Wahlrecht	– Sport- und Freizeiteinrichtungen – Aufwendungen für Kantine, Essen – Jubiläumsgeschenke – freiwillige Weihnachtszuwendungen – freiwillige Beteiligungen am Betriebsergebnis – Zuführungen zu Pensionsrückstellungen – Beiträge zu Direktversicherungen – Zuwendungen an Pensions- und Unterstützungskassen
+ Zinsen für Fremdkapital, das zur Finanzierung der Herstellung des Vermögensgegenstandes verwendet wird	Wahlrecht	– Das Kapital muss zur Finanzierung der Herstellung des Vermögensgegenstandes verwendet werden. – Die Zinsen dürfen nur auf den Zeitraum der Herstellung entfallen.
= Wertobergrenze		
Einkommensteuer, Körperschaftsteuer, Umsatzsteuer, kalkulatorische Kosten	Verbot Verbot	– keine Betriebsausgabe – durchlaufende Posten, keine Aufwendungen, keine Betriebsausgaben
Vertriebskosten	Verbot	– Werbekosten – Vertrieb – Verkaufsbüro – Erzeugnislager

BEISPIEL

Die Herstellung einer Kleinserie Conrack Regalsystem 204/2 verursachte bisher folgende Kosten:

	€
Fertigungsmaterial	*40 000,00*
Fertigungslöhne	*30 000,00*
Materialgemeinkosten	*55 000,00*
Sondereinzelkosten der Fertigung (Entwicklung, Lizenzentgelte)	*3 000,00*
Fertigungsgemeinkosten	*32 000,00*
Kosten der allgemeinen Verwaltung	*15 000,00*

Wertuntergrenze ←	Herstellungskosten gem. § 252 Abs. 2 HGB	→ Wertobergrenze
40 000,00 30 000,00 3 000,00 55 000,00 32 000,00	Fertigungsmaterial Fertigungslöhne Sondereinzelkosten d. F. Materialgemeinkosten Fertigungsgemeinkosten	40 000,00 30 000,00 3 000,00 55 000,00 32 000,00
0,00	Verwaltungsgemeinkosten	15 000,00
160 000,00 ←	Wahlrecht	→ 175 000,00

Anschaffungs- bzw. Herstellungskosten bei materiellen Vermögensgegenständen des Umlaufvermögens

Für die Bewertung des Umlaufvermögens gilt das **strenge Niederstwertprinzip**. Es dürfen höchstens die Anschaffungs- oder Herstellungskosten angesetzt werden. Liegt der Wert am Bilanzstichtag darunter, ist der niedrigere Wert anzusetzen. Wenn der Wert wieder steigt, ist die Rückkehr bis zu den Anschaffungs-/Herstellungskosten zwingend vorgeschrieben.

Bewertung des Umlaufvermögens nach HGB		
Ausgangswert	Anschaffungskosten/Herstellungskosten § 253 Abs. 1 Satz 1 HGB	Vermögensgegenstände, die dazu bestimmt sind, dem Betrieb nicht dauernd zu dienen
– außerplanmäßige Abschreibung	Gebot: § 253 Abs. 4 Satz 1 HGB	von einem Börsen- oder Marktpreis abgeleiteter niedriger Wert
	Gebot: § 253 Abs. 4 Satz 2 HGB	niedrigerer beizulegender Wert
+ Zuschreibung	Gebot: § 253 Abs. 5 HGB	maximal bis zu den AK/HStK, wenn der Grund für die außerplanmäßige Abschreibung entfallen ist
= Buchwert		

Bewertung der Vorräte

Die Vorräte sind in fremdbezogene und vom eigenen Betrieb hergestellte Vorräte zu unterteilen.

Ausgangswert für die Bewertung sind grundsätzlich
- **die Anschaffungskosten bei fremdbezogenen Vorräten,**
- **die Herstellungskosten bei selbst hergestellten Vorräten.**

Die **Anschaffungs- oder Herstellungskosten** bilden aus Gründen der Vorsicht die **Wertobergrenze** für die Bilanzierung der Vorräte (§ 253 HGB).

Einzelbewertung

Grundsätzlich gilt auch für die Bewertung der Vorräte der Grundsatz der **Einzelbewertung** (§ 252 HGB, § 6 Abs. 1 EStG). Der Gesetzgeber sieht aber explizit Ausnahmen von dieser Regelung vor:

Bewertungsvereinfachungsverfahren

Besonders bei der Bewertung der Vorräte am Bilanzstichtag lassen sich aber die Anschaffungskosten oft nur schwer individuell feststellen.

Gründe dafür sind

- Einkauf von verschiedenen Rohstoff-, Hilfsstoff-, Betriebsstoff- und Warenposten zu unterschiedlichen Zeitpunkten und zu verschiedenen Anschaffungskosten,
- gemischte Lagerung der verschiedenen Sendungen gleichartiger Vorräte.

Eine Einzelbewertung würde in diesen Fällen oft zu einem Missverhältnis zwischen Arbeitsaufwand und Erfolg an Bewertungsgenauigkeit führen. Der Gesetzgeber gestattet daher **bei gleichartigen Gütern** die Durchbrechung des Grundsatzes der Einzelbewertung, indem er verschiedene Schätzverfahren zulässt, aus denen zwei exemplarisch dargestellt werden:

1. Durchschnittsmethode

GEWOGENER DURCHSCHNITT:

Hiernach wird in der einfachsten Form aus dem Anfangsbestand und den Zugängen während des Geschäftsjahres ein **gewogener Durchschnittswert** ermittelt.

BEISPIEL

Eingänge			Ausgänge	
01.01.	800 kg zu je 7,50 € =	6 000,00 €	15.03.	400 kg
15.06.	500 kg zu je 6,30 € =	3 150,00 €	02.10.	600 kg
15.11.	900 kg zu je 6,40 € =	5 760,00 €	12.12	500 kg
	2 200 kg	14 910,00 €		1 500 kg

Bestand am 31.12. = 700 kg

$$\text{Durchschnittspreis} = \frac{\text{Wert des Anfangsbestandes und der Zugänge}}{\text{Menge aus Anfangsbestand + Zugängen}}$$

$$\textit{Durchschnittspreis} = \frac{14\,910\ €}{2\,200\ kg} = \underline{\underline{6{,}78\ €\ je\ kg}}$$

Wertansatz des Vorratspostens: 700 kg (2 200 kg – 1 500 kg) · 6,78 €/kg = 4 746,00 €, wenn dieser Wert kleiner als der Tageswert ist. Ansonsten ist der Tageswert anzusetzen.

GLEITENDER GEWOGENER DURCHSCHNITT:

Genauer als diese globale Berechnung des Durchschnittswertes ist die der Errechnung des gewogenen Durchschnittes nach jedem Zugang, zu dem dann jeder Abgang bis zum nächsten Zugang bewertet wird **(gleitender Durchschnitt)**. Die Durchschnittsbewertung ist bei gleichartigen Gütern zulässig (§ 240 Abs. 4 HGB), bei denen die Anschaffungskosten wegen schwankender Einstandspreise im Laufe des Geschäftsjahres im Einzelnen nicht mehr einwandfrei feststellbar sind.

BEISPIEL *(Zahlen vgl. Beispiel oben)*

01.01.	*Anfangsbestand*	*800 kg zu je 7,50 € = 6 000,00 €*	
15.03.	*Ausgang*	*400 kg zu je 7,50 € = 3 000,00 €*	
	Bestand	*400 kg zu je 7,50 € = 3 000,00 €*	
15.06.	*Zugang*	*500 kg zu je 6,30 € = 3 150,00 €*	
	Bestand	*900 kg zu je 6,833 € = 6 150,00 €* *(6 150,00 €/900 kg = 6, 833 €/kg)*	
02.10.	*Ausgang*	*600 kg zu je 6,833 € = 4 100,00 €*	*(Aufrundung)*
	Bestand	*300 kg zu je 6,833 € = 205000 €*	
15.11.	*Zugang*	*900 kg zu je 6,40 € = 5 760,00 €*	
	Bestand	*1 200 kg zu je 6,508 € = 7 810,00 €* *(7 810,00 €/1 200 kg = 6,508 €/kg)*	
12.12.	*Ausgang*	*500 kg zu je 6,508 € = 3 254,00 €*	
31.12.	*Bestand*	*700 kg zu je 6,508 € = 4 556,00 €*	

Beim Vergleich der beiden Formen der Durchschnittsbewertung wird deutlich sichtbar, dass bei der letzten Form die Anschaffungskosten der zuletzt bezogenen Waren den Durchschnittswert wesentlich beeinflussen. Somit ist der gewogene Durchschnittswert aktueller. Der Inventurwert kann auf diese Weise unmittelbar aus der Lagerdatei ermittelt werden. **Der Durchschnittswert kommt wegen des strengen Niederstwertprinzips nur zum Ansatz, wenn der Tageswert darüber liegt.** Sonst ist der Tageswert für die Bilanzierung entscheidend. Die Differenz ist dann abzuschreiben. Gegen die Durchschnittsmethode bestehen handels- und steuerrechtlich keine Bedenken.

2. Bewertung mit fiktiven Verbrauchsfolgen

Nach § 256 HGB kann für den **Wertansatz gleichartiger Gegenstände des Vorratsvermögens** – soweit es den GoB entspricht – unterstellt werden, dass die zuerst oder dass die zuletzt angeschafften oder hergestellten Gegenstände zuerst verbraucht oder veräußert werden.

Mit dieser Bestimmung sind zwei Verfahren zur Ermittlung der Anschaffungs- oder Herstellungskosten gesetzlich verankert worden, bei denen

- gleichartige Güter gruppenweise zusammengefasst werden können,
- eine bestimmte Folge des Verbrauchs oder der Veräußerung unterstellt werden kann, wobei die fiktive Verbrauchsfolge nicht mit der tatsächlichen Folge übereinzustimmen braucht.

Gleichartigkeit liegt vor, wenn es sich
1. um die gleiche Vorratsgattung und annähernde Preisgleichheit der Güter,
2. um funktionsgleiche Güter mit annähernder Preisgleichheit handelt.

Nach der unterstellten Verbrauchsfolge sind die Lifo- und die Fifo-Methode zu unterscheiden.

LIFO-METHODE (LAST IN – FIRST OUT):

Dieses Verfahren unterstellt, dass die zuletzt angeschafften oder hergestellten Gegenstände zuerst verbraucht oder veräußert worden sind. Mit dieser Fiktion wird gleichzeitig angenommen, dass die am Bilanzstichtag vorhandenen Vorräte aus den ersten Einkäufen stammen.

BEISPIEL *Perioden-Lifo (praxisüblich, vgl. Zahlen oben)*
Die 700 kg, welche sich noch auf Lager befinden, stammen aus dem Anfangsbestand, da vereinfachend angenommen wird, dass die zuletzt beschafften Materialien bereits wieder verbraucht wurden: 700 kg zu je 7,50 € = 5 250,00 €

BEISPIEL *Permanentes Lifo (Zahlen dazu siehe Beispiel zur Durchschnittsmethode S. 48)*

01.01.	*Anfangsbestand*	*800 kg zu je 7,50 €*	
15.03.	*Ausgang*	*400 kg zu je 7,50 €*	*Bestand 400 kg zu je 7,50 €*
15.06.	*Zugang*	*500 kg zu je 6,30 €*	
02.10.	*Ausgang*	*500 kg zu je 6,30 €*	
		100 kg zu je 7,50 €	*Bestand 300 kg zu je 7,50 €*
15.11.	*Zugang*	*900 kg zu je 6,40 €*	
12.12.	*Ausgang*	*500 kg zu je 6,40 €*	*Bestand 700 kg*

Dieser Bestand wäre wie folgt zu bewerten:
300 kg zu je 7,50 € = 2 250,00 €
+ 400 kg zu je 6,40 € = 2 560,00 €
= 700 kg zu je 6,87 € = 4 810,00 €

Hier wird deutlich, dass bei fallenden Preisen die Bestände am Bilanzstichtag mit höheren Werten angesetzt würden, als die Wiederbeschaffungskosten an diesem Tage sind. Wegen des strengen Niederstwertprinzips ist der Wertansatz mit dem aktuellen Tageswert am Bilanzstichtag zu vergleichen und der niedrigere Wert in der Bilanz auszuweisen.

Bei steigenden Preisen dagegen werden die alten Bestände mit Werten ausgewiesen, die unter dem Börsen- oder Marktpreis (Wiederbeschaffungspreis) des Bilanzstichtages liegen. Das führt zu einer niedrigeren Bewertung des Bestandes und zu einer höheren Bewertung des Materialverbrauchs. Es entstehen stille Reserven.

FIFO-VERFAHREN (FIRST IN – FIRST OUT):

Dieses Verfahren legt die Annahme zugrunde, dass die zuerst angeschafften oder hergestellten Vorräte auch zuerst verbraucht oder veräußert worden sind und dass die Endbestände am Bilanzstichtag jeweils aus den letzten Zugängen stammen.

BEISPIEL *Fifo (Zahlen dazu siehe Beispiel zur Durchschnittsmethode S. 420)*

01.01.	*Anfangsbestand*	*800 kg zu je 7,50 €*	
15.03.	*Ausgang*	*400 kg zu je 7,50 €*	*Bestand 400 kg zu je 7,50 €*
15.06.	*Zugang*	*500 kg zu je 6,30 €*	
02.10.	*Ausgang*	*400 kg zu je 7,50 €*	
		200 kg zu je 6,30 €	*Bestand 300 kg zu je 6,30 €*
15.11.	*Zugang*	*900 kg zu je 6,40 €*	
12.12.	*Ausgang*	*300 kg zu je 6,30 €*	
		200 kg zu je 6,40 €	*Bestand 700 kg zu je 6,40 €*
		700 kg zu je 6,40 €	*= 4480,00 €*

Bei sinkenden Preisen ist dieses Verfahren sehr zweckmäßig, weil die vorhandenen Bestände mit Anschaffungswerten ausgewiesen werden, die den Wiederbeschaffungskosten des Bilanzstichtages in der Regel entsprechen. Zudem ist, da Abgänge und Verbrauch mit den effektiven Werten belastet werden, die Substanzerhaltung gesicherter.

Steigende Preise würden dagegen den Ausweis des Bestandes mit Werten, die über den Durchschnittswerten des Abrechnungszeitraumes liegen, bewirken. Wegen des strengen Niederstwertprinzips ist auch hier der Wertansatz mit dem Tageswert am Bilanzstichtag zu vergleichen und der niedrigere Wert in der Bilanz anzusetzen.

Bewertung des übrigen Umlaufvermögens

Zu dem übrigen Umlaufvermögen gehören u. a. Forderungen a. LL, Wechselforderungen, Wertpapiere des Umlaufvermögens.

Ihre Bewertung, die grundsätzlich auch für die Vorräte gilt, geht aus folgender Übersicht hervor:

Bewertung des Umlaufvermögens in der Bilanz nach Handelsrecht (§ 253 HGB)
Anschaffungs- oder Herstellungskosten
AK oder HK > Tageswert Ansatz des niedrigeren Wertes (strenges Niederstwertprinzip)
Tageswert > vorheriger Bilanzansatz Ist der Wert wieder gestiegen, ist eine Zuschreibung bis Tageswert, maximal jedoch bis zu den AK oder HK, verpflichtend.

Bewertung von Wertpapieren

Auch bei der Bewertung der Wertpapiere des Umlaufvermögens ist das **strenge Niederstwertprinzip** zu beachten. Die Anschaffungskosten bilden hier ebenfalls die Wertobergrenze. Liegt der Kurs am Bilanzstichtag über dem Anschaffungskurs, ist zum Anschaffungskurs zu bewerten. Ist der Kurs jedoch zum Bilanzstichtag unter den Anschaffungskurs gefallen, ist der niedrigere Wert anzusetzen.

BEISPIEL

Anschaffungskosten einer Aktie	*120,00 €*
Kurs am Bilanzstichtag	*114,00 €*
Wertansatz in der Bilanz	*114,00 €*

Liegt der Kurswert am Bilanzstichtag des folgenden Geschäftsjahres bei 125,00 €, können Einzelunternehmen und Personengesellschaften den niedrigeren Wert beibehalten oder einen höheren Wert, höchstens jedoch die Anschaffungskosten, ansetzen. Kapitalgesellschaften unterliegen nach Handelsrecht dem Wertaufholungsgebot und müssen den Wert von 120,00 € ansetzen.

Bewertung der Forderungen a. LL

Forderungen sind Ansprüche auf Geldleistungen, die das Unternehmen als Gläubiger aus Vertragsverhältnissen (z. B. Kaufvertrag, Werkvertrag, Werklieferungsvertrag) gegenüber seinen Kunden (Schuldnern) besitzt.

Einzelbewertung

Kann das Unternehmen aufgrund ihm vorliegender Informationen (Mahnverfahren, Eröffnung von Insolvenzverfahren) annehmen, dass eine bestimmte Forderung nicht mehr in vollem Umfang beglichen wird, ist diese Forderung mit dem niedrigeren wahrscheinlichen Wert anzusetzen **(strenges Niederstwertprinzip)** und der erwartete Ausfall entsprechend abzuschreiben.

Zur besseren Übersicht sollte eine solche **zweifelhafte Forderung** von den übrigen wahrscheinlich einwandfreien Forderungen getrennt werden.

BEISPIEL *Der Kunde Klaus Klein e. K. hat trotz mehrfacher Zahlungsaufforderungen eine Forderung in Höhe von 23 800,00 € (inkl. 19 % Umsatzsteuer) noch immer nicht beglichen. Frau Nolden hat berechtigte Zweifel, dass die Sommerfeld Bürosysteme GmbH die Forderung noch in voller Höhe wird eintreiben können.*

Notwendige Umbuchung:				
2470 Zweifelhafte Forderungen	23 800,00	an	2400 Forderungen a. LL	23 800,00

Direkte Abschreibung zweifelhafter Forderungen

Ist damit zu rechnen, dass eine zweifelhafte Forderung **ganz ausfällt** (z. B. bei Einstellung des Insolvenzverfahrens mangels Masse), dann ist diese **uneinbringliche Forderung** abzuschreiben (§ 252 f. HGB) und damit auszubuchen.

BEISPIEL *Ein Insolvenzverfahren gegen Klaus Klein e. K. wird mangels Masse nicht eröffnet. Die Forderung ist somit uneinbringlich.*

Buchung:

6951	Abschreibungen auf Forderungen	20 000,00			
4800	Umsatzsteuer	3 800,00	an	2470 Zweifelhafte Forderungen	23 800,00

S	2470 Zweifelhafte Forderungen		H
2400	23 800,00	6950, 4800	23 800,00

S	6951 Abschreibungen auf Forderungen		H
2470	20 000,00		

S	4800 Umsatzsteuer		H
2470	3 800,00		

Die **Abschreibung der uneinbringlichen Forderungen** bedeutet umsatzsteuerrechtlich, dass auch das Entgelt uneinbringlich geworden ist. Weil die Entgeltminderung in diesem Falle feststeht, muss nach § 17 Abs. 2 UStG die Umsatzsteuer entsprechend berichtigt werden (Umsatzsteuerberichtigung). Eine Forderung gilt bereits als uneinbringlich, wenn das Insolvenzverfahren gegen den Kunden eröffnet wird; die Umsatzsteuer kann dann korrigiert werden. Die Umsatzsteuer wird daher für das Unternehmen nie Verlust verursachen und darf somit nicht zum Bestandteil des Abschreibungsaufwandes werden.

Einzelwertberichtigungen (indirekte Abschreibung) zweifelhafter Forderungen

Bei den übrigen zweifelhaften Forderungen muss das Unternehmen zum Bilanzstichtag den in der Bilanz anzusetzenden niedrigeren Wert schätzen. Der damit geschätzte Ausfall (spezielles Kreditrisiko) ist abzuschreiben. Es ist eine Einzelbewertung dieser Forderungen erforderlich[1], durch die sich der zum Bilanzstichtag auszuweisende **niedrigere Wert** ergibt. Weil der **Forderungsausfall nicht exakt feststeht**, ist es für die Praxis wichtig, den Anspruch auf die **ursprüngliche Forderung** und den **vermutlichen Nettoforderungsverlust** aus den Buchführungsunterlagen erkennen zu können.

Darum wird der geschätzte Forderungsausfall nicht direkt von dem Forderungskonto abgeschrieben, sondern dem passiven Bestandskonto **„3670 Einzelwertberichtigung zu Forderungen"** gutgeschrieben. Dieses Konto wird wie das Konto **„2470 Zweifelhafte Forderungen"** über das Schlussbilanzkonto abgeschlossen. Dadurch werden im Schlussbilanzkonto den ursprünglichen zweifelhaften Forderungen auf dem Konto **„2470 Zweifelhafte Forderungen"** die vermutlichen Forderungsverluste bzw. Abschreibungen auf dem Konto **„3670 Einzelwertberichtigung zu Forderungen"** als Wertkorrektur gegenübergestellt.

BEISPIEL *Über das Vermögen des Kunden Peter Allefelder e. K. wurde am 28.11. das Insolvenzverfahren eröffnet. Unsere Forderung beträgt 59 500,00 € einschließlich 19 % Umsatzsteuer. Zum Jahresabschluss wird die Insolvenzquote nach Angaben des Insolvenzverwalters auf 10 % geschätzt.*

Umbuchung der Forderung am 28.11.:

2470 Zweifelhafte Forderungen	59 500,00	an	2400 Forderungen a. LL	59 500,00

1 Bei kleineren Forderungen ist es durchaus üblich, wegen gemeinsamer spezieller Risiken pauschal ermittelte Abschläge vorzunehmen (z. B. eingetretene Abwertungsverluste bei mehreren kleinen Auslandsforderungen) und abzuschreiben.

Korrektur der Umsatzsteuer wegen Eröffnung des Insolvenzverfahrens:

4800 Umsatzsteuer	9500,00	an	2470 Zweifelhafte Forderungen	9500,00

Buchung des geschätzten Forderungsausfalls am 31.12.:

6952 Einstellung in EWB	45000,00	an	3670 EWB	45000,00

Abschlussbuchungen:

8020 Gewinn und Verlust	45000,00	an	6952 Einstellung in EWB	45000,00
8010 Schlussbilanzkonto	50000,00	an	2470 Zweifelhafte Forderungen	50000,00
3670 Einzelwertberichtigung zu Forderungen	45000,00	an	8010 Schlussbilanzkonto	45000,00

S	8010 Schlussbilanzkonto		H
2470 Zweifelhafte Forderungen	50000,00	3670 Einzelwertberichtigung zu Forderungen	45000,00

Pauschalwertberichtigung zu Forderungen wegen des allgemeinen Kreditrisikos

Obwohl Hinweise für eine niedrigere Bewertung anderer Forderungen nicht vorliegen, muss erfahrungsgemäß auch dort wegen des allgemeinen Kreditrisikos (Ausfallrisiko wegen Konjunkturschwankung, Abwertung, Enteignung) mit Forderungsausfällen gerechnet werden. In diesen Fällen gestattet der Gesetzgeber, die Risiken von Forderungsausfällen pauschal nach einem langfristigen betrieblichen Erfahrungssatz zu ermitteln.

BEISPIEL *Der Forderungsbestand der Sommerfeld Bürosysteme GmbH beträgt zum 31.12. des Geschäftsjahres 276100,00 €. Darin ist die einzelwertberichtigte Forderung an den Kunden Peter Allefelder e. K. in Höhe von 50000,00 € enthalten. Bei den übrigen Forderungen wird aufgrund der betrieblichen Erfahrungswerte mit einem Ausfallrisiko von 4 % gerechnet.*

Bilanzansatz der Forderungen	*€*
Forderungen zum 31.12.	*276100,00*
– einzelwertberichtigte Forderungen	*50000,00*
Pauschal zu berichtigende Forderungen	*226100,00*
– 4 % Ausfallrisiko von 190000,00 (Nettowert der Forderungen)	*7600,00*
pauschalwertberichtigte Forderungen	*218500,00*

Darstellung der Forderungen in der Bilanz

In **Einzelunternehmen** und **Personengesellschaften** können in der Bilanz zur Erzielung einer größeren Bilanzklarheit auf der Aktivseite die Positionen **„Forderungen a. LL“** und **„Zweifelhafte Forderungen“** mit ihren Nennwerten (Anschaffungskosten) ausgewiesen werden. Auf der Passivseite werden bei niedrigerer Bewertung der Forderungen die Positionen **„Einzelwertberichtigung zu Forderungen“** und **„Pauschalwertberichtigung zu Forderungen“** als **Korrekturposten** gegenübergestellt.

Ausweismöglichkeit der Forderungen a. LL in Einzelunternehmen und Personengesellschaften:

Aktiva	Bilanz der Einzelunternehmung und Personengesellschaft		Passiva
Forderungen a. LL	226 100,00	Pauschalwertberichtigung zu Forderungen	7 600,00
Zweifelhafte Forderungen	50 000,00	Einzelwertberichtigung zu Forderungen	45 000,00

Die **Gliederungsvorschriften zur Bilanz** der **Kapitalgesellschaften** sehen gemäß § 266 HGB die Positionen „Einzelwertberichtigung" und „Pauschalwertberichtigung" nicht vor. Zur Bilanzerstellung müssen daher die Wertberichtigungen mit den entsprechenden Forderungspositionen verrechnet werden. Die Forderungen sind außerdem in einer Position zusammenzufassen.

Wegen des Verbots des Ausweis von Wertberichtigungen zu Forderungen in der Bilanz der Kapitalgesellschaft sind diese aktivisch mit den Forderungen aus Lieferungen und Leistungen zu verrechnen.

Der Kontenplan sieht für diesen Zweck folgende **Unterkonten der Forderungskonten zur Erfassung der Wertberichtigungen** zu Forderungen vor:

2491 Einzelwertberichtigung zu Forderungen
2492 Pauschalwertberichtigung zu Forderungen

ZUSAMMENFASSUNG

Bewertung des Vermögens

- **Bewertung des Anlagevermögens (AV)**
  - Bewertungsansatz zu Anschaffungs- oder Herstellungskosten
  - außerplanmäßige Abschreibung bzw. fortgeführte AK/HStK bei voraussichtlich dauernder Unterschreitung zwingend.
  - wenn der Wert wieder steigt, ist die Rückkehr bis zu den fortgeführten Anschaffungskosten zwingend.
- Für selbst geschaffene immaterielle Vermögensgegenstände des Anlagevermögens wie Software, Patente, Lizenzen und Know-how besteht ein Aktivierungswahlrecht.
- **Bewertung des Umlaufvermögens (UV)**
  - Anschaffungs- oder Herstellungskosten
  - niedrigerer Wert, wenn der Tageswert niedriger ist **(strenges Niederstwertprinzip)**
  - Liegt der Tageswert am Bilanzstichtag über dem bisherigen Bilanzansatz, ist eine Zuschreibung bis zum Tageswert (höchstens bis zu den AK) zwingend.
  - Für selbst geschaffene immaterielle Vermögensgegenstände des Anlagevermögens wie Software, Patente, Lizenzen und Know-how besteht ein Aktivierungswahlrecht.

Bewertungsvereinfachungsverfahren bei gleichartigen Vorräten

Durchschnittsbewertung
- gewogener Durchschnitt
- gleitender gewogener Durchschnitt

Verbrauchsfolgeverfahren
- Lifo-Verfahren
- Fifo-Verfahren

- Bewertung von Forderungen
  - Abschreibung vom Nettowert des geschätzten Ausfalls
  - Umsatzsteuerkorrektur, wenn der Ausfall feststeht bzw. bei Eröffnung des Insolvenzverfahrens

AUFGABEN

1 Kauf eines bebauten Grundstücks für 400 000,00 € einschließlich 100 000,00 € für Grund und Boden gegen Zahlung per Banküberweisung. Die Grunderwerbsteuer von 6,5 %, die Maklergebühren in Höhe von 3 000,00 € zzgl. 19 % Umsatzsteuer, die Auflassungsgebühren in Höhe von 600,00 € sowie die einmalig anfallenden Anschlussgebühren für das Grundstück in Höhe von 2 400,00 € wurden per Banküberweisung bezahlt. Zum Zwecke des Kaufs wurde mit einer Laufzeit von 10 Jahren ein Darlehen über 250 000,00 € bei der Bank aufgenommen.

Ermitteln Sie die Anschaffungskosten
a) des Grundstücks,
b) des Gebäudes.

2 Kauf einer Spezialmaschine ab Werk, Listenpreis 200 000,00 € abzüglich 5 % Sonderrabatt; Transportkosten 2 800,00 €, Fundamentierungskosten eines Schraubsockels 2 200,00 €, Montage 2 000,00 €. Zur Skontoausnutzung von 4 % auf den Bruttorechnungsbetrag (einschließlich 19 % USt) überzieht der Betrieb das Bankkonto. Dabei entstehen Finanzierungskosten (Zinsen, Überziehungsprovision) in Höhe von 700,00 €.

a) Berechnen Sie
   aa) die Anschaffungskosten,
   ab) die Gesamtbelastung der Bank unter Berücksichtigung der Überweisung an den Lieferer sowie der Finanzierungskosten.
b) Nennen Sie die Buchungssätze.

3 Nach der Anlagendatei besitzt das Stahlwerk Westfalia AG folgende Maschinen:

Maschine	Anschaffungsjahr		Anschaffungspreis in €	betriebsgewöhnliche Nutzungsdauer
1 Dampfhammer	Mai	2014	120000,00	12 Jahre
1 Werkzeugmaschine	Dez.	2018	40000,00	10 Jahre
1 Drehbank	August	2024	48000,00	8 Jahre
1 Fräsmaschine	Jan.	2025	50000,00	10 Jahre

a) Mit welchen Werten erscheinen diese Maschinen am 31.12.2025 bei einer gleichmäßigen Abschreibung vom Anschaffungswert in der Bilanz?
b) Begründen Sie Ihre Ergebnisse mit entsprechenden Gesetzestexten.

4 Die Möbelfabrik Karl Eich e. K. kaufte zu Beginn des Geschäftsjahres eine automatische Langlochbohrmaschine zum Preis von 24000,00 € zuzüglich 19 % Umsatzsteuer. Die betriebsgewöhnliche Nutzungsdauer für eine solche Maschine beträgt 6 Jahre. Die Möbelfabrik kann begründet nachweisen, dass zum Ende des Jahres der Teilwert dieser Maschine nur 15000,00 € beträgt, weil dieser Maschinentyp sehr unwirtschaftlich arbeitet.
Geben Sie an, mit welchem Wert oder mit welchen Werten diese Langlochbohrmaschine zum Ende des Geschäftsjahres ausgewiesen werden könnte.

5 Die Almaron AG hat im letzten Geschäftsjahr folgende Einkäufe getätigt:

Rohstoffgruppe A	Hilfsstoffgruppe B
12.10. 500 kg zu je 4,50 €	19.10. 800 kg zu je 2,20 €
08.11. 900 kg zu je 4,00 €	07.11. 300 kg zu je 2,50 €
07.12. 600 kg zu je 3,00 €	09.12. 400 kg zu je 3,00 €

Folgende Abgänge sind ermittelt worden:

Rohstoffgruppe A	Hilfsstoffgruppe B
15.10. 300 kg	20.10. 600 kg
15.11. 700 kg	25.11. 400 kg

a) Ermitteln Sie die Werte für den Bestand der Rohstoffgruppe A nach dem gleitenden gewogenen Durchschnitt, dem permanenten Lifo sowie dem Perioden-Lifo und nehmen Sie dazu Stellung.
b) Ermitteln Sie die Werte für den Bestand der Hilfsstoffgruppe B nach dem gleitenden gewogenen Durchschnitt und dem Fifo-Verfahren und nehmen Sie dazu Stellung.

6 Die Maschinenfabrik Höfler hatte bei der Materialart „Sechskantschrauben" folgende Bestandsbewegungen:

Anfangsbestand	40000 Stück zu 13,00 € je 100 Stück
Lagerzugang	25000 Stück zu 13,20 € je 100 Stück
Lagerabgang	12000 Stück
Lagerzugang	20000 Stück zu 13,50 € je 100 Stück
Lagerabgang	30000 Stück
Endbestand 31.12.	?

a) Berechnen Sie den Wert des Endbestandes
  aa) bei Anwendung des permanenten Lifo-Verfahrens,
  ab) bei Anwendung des Fifo-Verfahrens,
  ac) bei Anwendung des gleitenden gewogenen Durchschnittsverfahrens
  ad) bei Anwendung des gewogenen Durchschnittsverfahrens
b) Welches Verfahren ist steuerrechtlich zulässig?
c) Welche Wertansätze wären handelsrechtlich „zulässig"?
d) Bei welchem Wertansatz würde der Erfolg am geringsten ausgewiesen?

7 Kontenplan: 2400, 2470, 6950, 8010, 8020

	a)	b)
Forderungsbestand am 01.09.	238 000,00	285 600,00

Geschäftsfälle:

	a)	b)
1. Am 15.09. wurde über das Vermögen eines Kunden das Insolvenzverfahren eröffnet. Unsere Forderung beträgt einschl. 19 % USt	28 560,00	29 750,00

2. Zum 31.12. ist die Forderung wegen Uneinbringlichkeit komplett abzuschreiben. Führen Sie die Buchungen zum 15.09. und 31.12. durch.

8 In der Finanzbuchhaltung Yaygin und Söhne OHG sind folgende Geschäftsfälle zu erfassen:

Konten: 2400, 2470, 4800, 5490, 6950, 8000, 8010, 8020.

Geschäftsfälle: €

1. **Im Oktober des Geschäftsjahres** (01.01. bis 31.12.) wird das Insolvenzverfahren gegen den Kunden Gerber e. K. eröffnet. Die Forderung gegenüber dem Kunden beträgt einschl. 19 % Umsatzsteuer 29 155,00
2. **Im November des Geschäftsjahres** beantragt der Kunde Dinkel e. K. die Eröffnung des Insolvenzverfahrens. Die Forderung gegenüber dem Kunden beträgt einschl. 19 % Umsatzsteuer 42 840,00
3. **Zum 31.12. des Geschäftsjahres** sind beide Forderungen zu bewerten. Beim Kunden Gerber e. K. ist mit einer Insolvenzquote von 15 %, beim Kunden Dinkel e. K. von 48 % zu rechnen.

a) Buchen Sie die Geschäftsfälle.
b) Führen Sie die Bewertung der beiden Forderungen zum 31.12. des Geschäftsjahres durch. Geben Sie die dazu erforderlichen Buchungen an und berechnen Sie die Buchwerte der beiden Forderungen. Geben Sie außerdem die Buchungssätze zum Abschluss der Konten 2470 und 6950 an.

9 Der Finanzbuchhaltung des Farbenherstellers Gold-Lack GmbH liegen folgende Informationen vor:

Kontenplan: 2400, 2470, 2800, 4800, 6950

1. **Am 01.11. des Geschäftsjahres** stellte der Kunde Plus GmbH den Antrag auf Eröffnung des Insolvenzverfahrens.
   Unsere Forderung an den Kunden beträgt 18 326,00 € einschließlich 19 % USt.

2. **Zum Abschluss des Geschäftsjahres** erhalten wir die Information, dass das Insolvenzverfahren mangels Masse eingestellt wird.
   a) Geben Sie die Buchung an, die sich aufgrund der Information vom 01.11. des Geschäftsjahres ergibt.
   b) Bewerten Sie die Forderung zum 31.12. des Geschäftsjahres. Geben Sie den dazu notwendigen Buchungssatz an und erläutern Sie die Zusammensetzung des Buchwertes bzw. niedrigeren Wertes der Forderung.

2.3 Schulden bewerten

Die Sommerfeld Bürosysteme GmbH hat am 21.11. eine Rechnung (Zahlungsziel 90 Tage) für eine aus den USA gelieferte Spritzanlage über 750 000 $ erhalten.

Briefkurs am 21.11.:	1,00 € = 1,20 USD
Briefkurs am 31.12. (Bilanzstichtag):	1,00 € = 1,15 USD

Emilia Schaub soll diese Fremdwährungsverbindlichkeit nun zum Bilanzstichtag bewerten.

ARBEITSAUFTRÄGE

- **Berechnen Sie den Wert in €, mit dem die Verbindlichkeit zum 21.11. passiviert wurde.**
- **Bewerten Sie die Verbindlichkeit zum 31.12. (Bilanzstichtag).**
- **Erklären Sie das Höchstwertprinzip.**

Bewertung

Nach § 253 Abs. 1 HGB sind Verbindlichkeiten zum **Erfüllungsbetrag** anzusetzen.

Der Erfüllungsbetrag ist der Betrag, der zum Ausgleich einer Verbindlichkeit benötigt wird (ohne Verminderung durch etwaige Skonti). Mögliche Säumniszuschläge oder Verzugszinsen erhöhen den Erfüllungsbetrag nicht.

Fremdwährungsverbindlichkeiten mit einer Restlaufzeit ≥ 1 Jahr sind nach dem Höchstwertprinzip zu bewerten. Beträgt die Restlaufzeit der Verbindlichkeit weniger als 1 Jahr, ist der **Devisenkassamittelkurs** des Bilanzstichtages anzusetzen.

BEISPIEL *Die Sommerfeld Bürosysteme GmbH kaufte am 13.11. Holz im Wert von 20 000 USD, Ziel 60 Tage; Kurs für den EUR am 13.11. 1,00 € = 1,10 USD. Der Gegenwert beträgt 18 181,82 €.*

Kurs für den EUR am 31.12.: *1,00 € = 1,05 USD*
Da Verbindlichkeiten gemäß § 253 Abs. 1 Satz 2 HGB mit ihrem Rückzahlungsbetrag anzusetzen sind, muss aus Vorsichtsgründen am 31.12. (vgl. § 252 Abs. 1 Nr. 4 HGB) zum höheren Kurs von 1,00 € = 1,05 USD bewertet werden. In der Bilanz wird die Verbindlichkeit daher mit 19 047,62 € ausgewiesen. Die Anwendung des Höchstwertprinzips und die Tatsache, dass die Restlaufzeit < 1 Jahr ist, führen in diesem Fall zu einem identischen Ergebnis.

***Kurs für den EUR am 31.12.:** 1,00 € = 1,15 USD*

Der niedrigere Kurs zum Bilanzstichtag würde einen Rückzahlungsbetrag, der kleiner ist als der Nennwert der ursprünglichen Verbindlichkeit (17 391,30 € zu 18 181,82 €), bewirken. Wegen der geringen Restlaufzeit ist die Verbindlichkeit in diesem Fall jedoch mit 17 391,30 € zu bewerten. Nur wenn die Restlaufzeit der Verbindlichkeit mindestens 1 Jahr betragen würde, käme das Höchstwertprinzip zum Tragen und die Forderung wäre mit 18 181,82 € zu bewerten.

Eine Besonderheit ergibt sich bei der Bewertung von Rentenverpflichtungen nach § 253 Abs. 2 Satz 3 HGB) zum **Barwert**, der mithilfe des von der Deutschen Bundesbank veröffentlichten, der Fristigkeit der Rentenzahlungen am jeweiligen Abschlussstichtag entsprechenden, Marktzinses berechnet wird.

Bewertung der Verbindlichkeiten nach § 253 HGB

Arten / Bewertung	Rentenverpflichtungen	Sonstige Verbindlichkeiten
Zugangsbewertung	Barwert § 253 Abs. 2 HGB	Erfüllungsbetrag § 253 Abs. 1 Satz 2 HGB
Folgebewertung Höherer Stichtagswert	Zuschreibungsgebot § 252 Abs. 1 Nr. 4 HGB	Zuschreibungsgebot § 252 Abs. 1 Nr. 4 HGB
Niedrigerer Stichtagswert	Abschreibungswahlrecht bis zu den AK	Abschreibungswahlrecht bis zu den AK

ZUSAMMENFASSUNG

Bilanzierung und Bewertung von Verbindlichkeiten

- Schulden sind mit ihrem Erfüllungsbetrag zu bewerten.
- Liegt der Erfüllungsbetrag am Bilanzstichtag über den AK, ist der höhere Wert anzusetzen (Höchstwertprinzip).
- Fremdwährungsverbindlichkeiten mit einer Restlaufzeit von weniger als einem Jahr sind zum Devisenkassamittelkurs des Bilanzstichtages zu bewerten.

AUFGABEN

1 Die Vereinigten Walzwerke WeGa GmbH aus Köln erhielten am 25.11. eine Lieferung hochwertigen Stahls aus Kanada zum Rechnungsbetrag von 270 000,00 CAD. Der Lieferant aus Kanada gewährt ein Zahlungsziel von 120 Tagen ab Rechnungsdatum.

Kurs am 25.11.: 1,00 EUR = 1,77 CAD; Kurs am 31.12.: 1,00 EUR = 1,74 CAD

a) Erläutern Sie, mit welchem Wert die Verbindlichkeit gegenüber dem kanadischen Lieferanten in der Bilanz ausgewiesen werden muss.
b) Begründen Sie die Wahl des Bilanzansatzes unter Berücksichtigung der dafür wesentlichen Bewertungsgrundsätze und -vorschriften.

2 Die Maschinenfabrik Mahler AG aus Mannheim kaufte am 10.12. gegen Zielgewährung von 60 Tagen in den USA Fremdbauteile im Wert von 150 000 USD. Zum Zeitpunkt der Rechnungsstellung betrug der Wechselkurs 1,00 EUR = 1,15 USD

Erläutern Sie, mit welchem Wert die Verbindlichkeit gegenüber dem US-amerikanischen Lieferanten in der Bilanz ausgewiesen werden muss, wenn der Kurs zum 31.12.

a) 1,00 EUR = 1,11 USD,
b) 1,00 EUR = 1,17 USD

beträgt.

Begründen Sie Ihre Entscheidung unter Berücksichtigung der dafür wesentlichen Bewertungsgrundsätze und -vorschriften.

3 Aufwendungen und Erträge periodengerecht zuordnen

3.1 Posten der Rechnungsabgrenzung bestimmen und in der Buchhaltung erfassen

LS 3.I

Emilia Schaub hat nachstehenden Beleg mit folgendem Buchungssatz erfasst:

6900 Versicherungsbeiträge 3 600,00 an 2800 Bank 3 600,00

Kontoauszug	IBAN	Auszug	Blatt
DEUTSCHE BANK ESSEN	DE96 2607 0050 0025 2034 88	241	1

Buch.-Tag	Wert	PN	Erläuterung/Verwendungszweck	Umsätze
28.08.	28.08.		ESSENER VERSICHERUNGS-AG, ESSEN, FEUERVERSICHERUNGSPRÄMIE GESCHÄFTSGEBÄUDE U. INVENTAR VOM 01.09. d. J. BIS 31.08. d. n. J.	3 600,00 –
			Dispositionslinie €	200 000,00

BS	Letzter Auszug	Auszugsdatum	€ Alter Kontostand	€ Neuer Kontostand
44	27.08.20(0)	29.08.20(0)	398 056,25 +	394 456,25 +

SOMMERFELD BÜROSYSTEME GMBH, GLADBECKER STRASSE 85–91, 45141 ESSEN
IBAN: DE96 2607 0050 0025 2034 88 BIC: DEUTDEDEXXX

Beim Jahresabschluss wurde dieser Aufwand in Höhe von 3 600,00 € in das GuV-Konto übernommen. Bei einer Betriebsprüfung durch die Finanzverwaltung wird diese Buchung beanstandet.

ARBEITSAUFTRÄGE

- Suchen Sie nach Gründen, warum diese Buchung beanstandet wurde.
- Erläutern Sie, wie die Buchung korrigiert werden könnte bzw. wie der Beleg korrekt hätte gebucht werden müssen.

Während des Geschäftsjahres fallen gelegentlich **Zahlungen für Aufwendungen** oder **Erträge** an, die **ganz** oder **teilweise** dem **folgenden Geschäftsjahr** zuzurechnen sind. Das heißt, die Aufwendungen bzw. Erträge sind nicht dem Geschäftsjahr zuzuordnen, in dem sie bezahlt worden sind, sondern sie müssen dem Geschäftsjahr zugeordnet werden, in dem die entsprechenden Leistungen erbracht worden sind (**periodengerechte Erfolgsermittlung**).

Ausgaben bzw. **Einnahmen im laufenden Geschäftsjahr**, die für **Aufwendungen** oder **Erträge nach dem Bilanzstichtag** getätigt werden, sind als Posten der Rechnungsabgrenzung zu erfassen. Zu unterscheiden sind **aktive und passive Rechnungsabgrenzungsposten**, die von allen Kaufleuten gesondert in der Bilanz auszuweisen sind.

§ 250 Abs. 1 HGB
Als Rechnungsabgrenzungsposten sind auf der Aktivseite Ausgaben vor dem Abschlussstichtag auszuweisen, soweit sie Aufwand für eine bestimmte Zeit nach diesem Tag darstellen.
Auf der Passivseite sind als Rechnungsabgrenzungsposten Einnahmen vor dem Abschlussstichtag auszuweisen, soweit sie Ertrag für eine bestimmte Zeit nach diesem Tag darstellen. [...]

Aktive Rechnungsabgrenzung (ARA)

Wird im laufenden Geschäftsjahr eine **Ausgabe für einen Aufwand des folgenden Geschäftsjahres** getätigt, dann darf sich diese Ausgabe nicht auf den Erfolg des laufenden Geschäftsjahres auswirken. Diese Ausgaben des alten Geschäftsjahres betreffen wirtschaftlich das neue Geschäftsjahr und müssen daher dort in der GuV als Aufwand gebucht werden. Es handelt sich um **Leistungsforderungen** (**„Wir bezahlen im Voraus."**). Sie sind als Aufwand erst im folgenden Jahr zu erfassen. Bis zu diesem Zeitpunkt werden sie daher in der Bilanz auf dem aktiven Bestandskonto **„2900 Aktive Rechnungsabgrenzung"** (ARA) gespeichert. Diese zeitliche Abgrenzung des Aufwandes wird als **vorbereitende Abschlussbuchung** durchgeführt.

BEISPIEL *Am 28.08. wird die Feuerversicherungsprämie in Höhe von 3 600,00 € für den Zeitraum vom 01.09. bis zum 31.08. des nächsten Jahres durch Banküberweisung gezahlt.*

*Die Feuerversicherungsprämie für das Geschäftsgebäude betrifft den **Aufwand zweier Geschäftsjahre**. Zum Zwecke einer periodengerechten Erfolgsermittlung ist der Geschäftsfall so zu buchen, dass im alten Jahr nur 1 200,00 € (Versicherungsprämie für vier Monate) **erfolgswirksam** werden. Die Versicherungsprämie für die acht Monate des neuen Geschäftsjahres, also **2 400,00 €**, darf erst im folgenden Geschäftsjahr erfolgswirksam werden.*

*Das Konto **„2900 Aktive Rechnungsabgrenzung"** führt den Betrag von 2 400,00 € **ins neue Geschäftsjahr hinüber** und **grenzt** somit den **Aufwand des alten Geschäftsjahres** vom **Aufwand des neuen Geschäftsjahres** ab.*

Buchungen im alten Geschäftsjahr		Buchungen im neuen Geschäftsjahr	
28.08.: Zahlung durch Banküberweisung		**02.01.: Eröffnung**	
6900 Versicherungsbeiträge		2900 ARA	
an 2800 Bank	3 600,00	an 8000 EBK	2 400,00
31.12.: zeitliche Abgrenzung		**02.01.: Auflösung der aktiven Rechnungsabgrenzung**	
2900 ARA		6900 Versicherungsbeiträge	
an 6900 Versicherungsbeitr.	2 400,00	an 2900 ARA	2 400,00
31.12.: Abschlussbuchung			
8020 GuV			
an 6900 Versicherungsbeiträge	1 200,00		
8010 Schlussbilanzkonto			
an 2900 ARA	2 400,00		

Kontenmäßige Darstellung der Buchungen im alten Geschäftsjahr:

S	6900 Versicherungsbeiträge		H
2800	3 600,00	2900	2 400,00
		8020	1 200,00
	3 600,00		3 600,00

S	2900 ARA		H
6900	2 400,00	8010	2 400,00

S	8020 Gewinn und Verlust		H
6900	1 200,00		

S	8010 Schlussbilanzkonto		H
2900	2 400,00		

Kontenmäßige Darstellung der Buchungen im neuen Geschäftsjahr

S	2900 ARA		H
8000	2 400,00	6900	2 400,00

S	6900 Versicherungsbeiträge		H
2900	2 400,00		

Passive Rechnungsabgrenzung (PRA)

Wenn die Unternehmung im Laufe des Geschäftsjahres eine **Einnahme für einen Ertrag des folgenden Geschäftsjahres** erzielt, darf diese Einnahme den Erfolg des laufenden Geschäftsjahres nicht beeinflussen. Diese Einnahmen des alten Geschäftsjahres betreffen wirtschaftlich das neue Geschäftsjahr und müssen daher dort in der GuV als Ertrag gebucht werden. Es handelt sich um **Leistungsverbindlichkeiten** (**„Der Kunde bezahlt im Voraus."**). Bis zu ihrer Erfassung als Ertrag werden sie daher auf dem passiven Bestandskonto **„4900 Passive Rechnungsabgrenzung"** (PRA) gespeichert.

BEISPIEL *Am 02.06. des laufenden Geschäftsjahres hat ein Mieter eines Lagerraumes seine laut Vertrag im Voraus zu zahlende Miete für die Zeit vom 01.06. bis zum 30.05. d. f. J. in Höhe von 30000,00 € durch Banküberweisung bezahlt.*

Das Konto „4900 Passive Rechnungsabgrenzung" führt den Betrag von 12500,00 € ins neue Geschäftsjahr hinüber und grenzt somit den Ertrag des alten Geschäftsjahres vom Ertrag des neuen Geschäftsjahres ab.

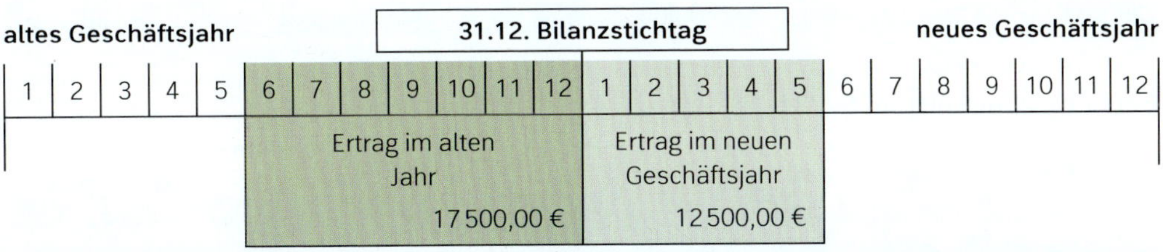

Buchungen im alten Geschäftsjahr		Buchungen im neuen Geschäftsjahr	
02.06.: Zahlung per Bank		**02.01.: Eröffnung**	
2800 Bank		8000 EBK	
an 5400 Mieterträge	30000,00	an 4900 PRA	12500,00
31.12.: zeitliche Abgrenzung		**02.01.: Auflösung der Abgrenzung**	
5400 Mieterträge		4900 PRA	
an 4900 PRA	12500,00	an 5400 Mieterträge	12500,00
31.12.: Abschlussbuchung			
5400 Mieterträge			
an 8020 GuV	17500,00		
4900 PRA			
an 8010 SBK	12500,00		

Kontenmäßige Darstellung der Buchungen im alten Geschäftsjahr:

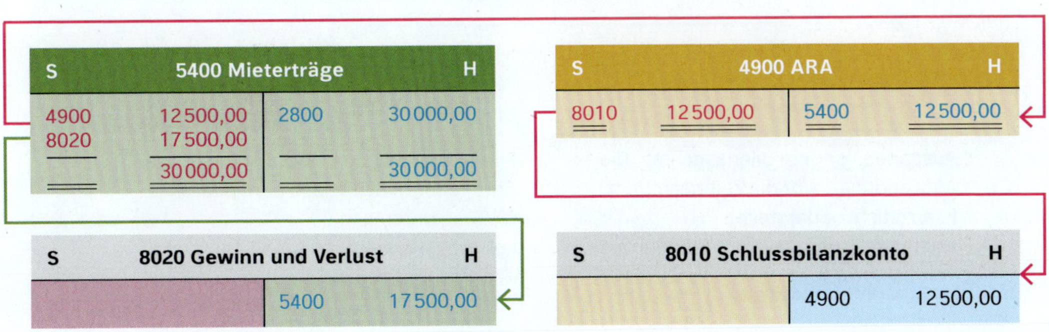

Kontenmäßige Darstellung der Buchungen im alten Geschäftsjahr:

S	5400 Mieterträge		H
		4900	12 500,00

←

S	4900 PRA		H
5400	12 500,00	8000	12 500,00

Es ist auch möglich, die **Rechnungsabgrenzung direkt** bei der Erfassung der Ausgabe oder Einnahme vorzunehmen.

Buchung zum Beispiel **S. 61 f.**

6900 Versicherungsbeiträge	1 200,00			
2900 ARA	2 400,00	an	Bank	3 600,00

Buchung zum Beispiel **S. 63 f.**

2800 Bank	30 000,00	an	5400 Mieterträge	17 500,00
		an	4900 PRA	12 500,00

Wenn die **abzugrenzenden Erfolge mit Umsatzsteuer belastet** waren, sind die gesetzlichen Bestimmungen über die Fälligkeit der Umsatzsteuer und die Abzugsfähigkeit der Vorsteuer für die zeitraumgerechte Zuordnung entscheidend. Wird also im alten Jahr in einer Rechnung die Vorsteuer für eine Lieferung oder Leistung des neuen Geschäftsjahres ausgewiesen, ist der Abzug dieser Vorsteuer erst im neuen Geschäftsjahr zulässig, wenn die Lieferung oder Leistung ausgeführt wird. Folglich ist für diese Fälle die am Bilanzstichtag noch nicht verrechenbare Vorsteuer getrennt als sonstige Forderung zu erfassen. Wurde die Rechnung jedoch bereits im alten Geschäftsjahr beglichen, ist der Vorsteuerabzug im alten Jahr zulässig (z. B. Zeitschriftenabonnement).

ZUSAMMENFASSUNG

Posten der Rechnungsabgrenzung bestimmen und in der Buchhaltung erfassen

Rechnungsabgrenzungsposten

Rechnungsabgrenzungsposten der Aktivseite (ARA)

- Ausgaben vor dem Bilanzstichtag, die Aufwendungen für die Zeit nach dem Bilanzstichtag darstellen
- Leistungsforderungen („Wir haben im Voraus bezahlt.")

Rechnungsabgrenzungsposten der Passivseite (PRA)

- Einnahmen vor dem Bilanzstichtag, die Erträge für die Zeit nach dem Bilanzstichtag darstellen
- Leistungsverbindlichkeiten („Der Kunde hat im Voraus bezahlt.")

AUFGABEN

1 Die Kraftfahrzeugsteuer für fünf Geschäftswagen in Höhe von insgesamt 2610,00 € wurde am 01.09. für die Zeit vom 01.09. bis zum 31.08. per Banküberweisung an das Finanzamt bezahlt. Ein Geschäftsjahr dauert vom 01.01. bis zum 31.12. eines Jahres.

a) Buchung bei Zahlung am 01.09.
b) Buchung der zeitlichen Abgrenzung zum 31.12.
c) Buchung nach der Eröffnung der Bestandskonten im neuen Geschäftsjahr.
d) Geben Sie den Buchungssatz für den Fall an, dass die zeitliche Abgrenzung bereits bei Buchung der Zahlung vorgenommen wurde.

2 Am 24.10. wird die Miete von insgesamt 5400,00 € für einen gemieteten Ausstellungsraum für die Zeit vom 01.11. bis 31.01. des folgenden Jahres im Voraus per Banküberweisung bezahlt.

a) Buchung der Überweisung am 24.10.
b) Buchung der zeitlichen Abgrenzung zum 31.12.
c) Buchung nach der Eröffnung der Bestandskonten im neuen Geschäftsjahr.
d) Begründen Sie die Notwendigkeit der Buchung zum Ende des Geschäftsjahres.
e) Geben Sie den Buchungssatz für den Fall an, dass die zeitliche Abgrenzung bereits bei Buchung der Zahlung vorgenommen worden wäre.

3 Ein Kunde erhielt am 01.04. ein Darlehen in Höhe von 80000,00 € zu dem Zinssatz von 6 % p. a. Die Zinsen sind jedoch halbjährlich im Voraus zahlbar am 01.10. und am 01.04. eines jeden Jahres. Die letzte Zinszahlung für die Zeit vom 30.09. bis zum 31.03. des folgenden Geschäftsjahres erfolgte per Banküberweisung in Höhe von 2400,00 € am 01.10. des Geschäftsjahres.

a) Buchung der Zinszahlung am 01.10. des Geschäftsjahres.
b) Buchung der zeitlichen Abgrenzung zum 31.12.
c) Buchung nach der Eröffnung der Bestandskonten im neuen Geschäftsjahr.
d) Stellen Sie fest, ob die Buchung der zeitlichen Abgrenzung einen vorliegenden positiven Unternehmungsgewinn mindert, mehrt oder unverändert lässt.
e) Geben Sie den Buchungssatz für den Fall an, dass die zeitliche Abgrenzung bereits bei Buchung der Zahlung vorgenommen wurde.

4 Am 01.12. geht die Garagenmiete über insgesamt 240,00 € für die Monate Dezember, Januar und Februar per Banküberweisung ein.

a) Bilden Sie die Buchungssätze und stellen Sie die Buchungen auf Konten dar:
   aa) bei Erfassung der Einnahme,
   ab) beim Jahresabschluss,
   ac) bei Wiedereröffnung im neuen Jahr.
b) Wie lautet der Buchungssatz, wenn die Abgrenzung sofort am 01.12. vorgenommen wird?

5 Prüfen Sie die Richtigkeit folgender Aussagen und begründen Sie Ihre Entscheidungen. Es wird unterstellt, dass vor Buchung der zeitlichen Abgrenzung ein Unternehmungsgewinn vorlag.

a) Aktive Rechnungsabgrenzungsposten speichern Aufwendungen des folgenden Geschäftsjahres.
b) Die Buchung der aktiven Rechnungsabgrenzungsposten führt zur Vermögensmehrung und zur Mehrung des Unternehmungsgewinns.
c) Würde eine notwendige passive Rechnungsabgrenzung nicht vorgenommen, dann ergäbe sich ein zu hoher Unternehmungsgewinn.
d) Im Voraus erhaltene Miete führt zur Notwendigkeit einer aktiven Rechnungsabgrenzung.
e) Mit der Buchung „ARA an Aufwandskonten“ sind die für das kommende Geschäftsjahr im Voraus gezahlten Aufwendungen abzugrenzen.

6 **Kontenplan:** 2600, 2800, 2880, 2900, 4900, 5400, 6700, 6810, 6900, 7030, 8010, 8020

Anfangsbestände:

2800 Bank .... 16 000,00 €   2880 Kasse .... 1 640,00 €

Geschäftsfälle	€
1. **BA vom 25.07.:** Banküberweisung der Jahresprämie für Gebäudefeuerversicherung und Gebäudehaftpflicht für den Versicherungszeitraum 01.08. bis 31.07.	480,00
2. **BA vom 29.07.:** Banküberweisung der Halbjahresmiete für vermietete Geschäftsräume für die Zeit vom 01.08. bis 31.01.	2 400,00
3. **BA vom 26.10.:** Banküberweisung der Kraftfahrzeugsteuer für den Geschäftswagen für die Zeit vom 01.11. bis 30.04.	240,00
4. **KB vom 01.12.:** Barzahlung der Miete für eine gemietete Garage für die Monate Dezember bis einschließlich Februar	210,00
5. **BA vom 27.12.:** Banküberweisung der Bezugskosten für eine Fachzeitschrift für das 1. Quartal des folgenden Geschäftsjahres einschließlich 7 % Umsatzsteuer	64,20

Bilden Sie die Buchungssätze

a) bei Zahlung,
b) beim Jahresabschluss zum 31.12.,
c) nach Konteneröffnung im neuen Jahr.

7 Bilden Sie die Buchungssätze

a) bei Zahlung,
b) beim Jahresabschluss zum 31.12.,
c) nach Konteneröffnung im neuen Jahr:

1. Banküberweisung der Kfz-Versicherungsprämie am 31.08. für die Zeit vom 01.09. bis zum 31.08.: 1 650,00 €.
2. Für eine vermietete Garage geht die Januarmiete bereits am 28.12. auf Bankkonto ein: 80,00 €.

3. Für eine am 01.11. gemietete Anlage wurde die Leasingrate für das erste Vierteljahr beim Vertragsabschluss per Banküberweisung gezahlt: 4800,00 €.
4. Am 28.04. wird die Kfz-Steuer für einen Lkw für die Zeit vom 01.05. bis zum 30.04. durch Banküberweisung gezahlt: 4500,00 €.
5. Die im Voraus zu zahlende Jahresmiete für vermietete Büroräume geht am 30.04. auf Bankkonto ein: 21600,00 €.

3.2 Sonstige Verbindlichkeiten und sonstige Forderungen erfassen

Am 31.12. stellt Emilia Schaub fest, dass die Sommerfeld Bürosysteme GmbH am 01.09. ein Darlehen aufgenommen hat, für das am 31.08. des folgenden Geschäftsjahres 600,00 € Zinsen zu zahlen sind. Emilia Schaub ist sich nicht sicher, ob sie mit der Erfassung dieser Aufwendungen bis zur Vorlage eines Zahlungsbeleges im neuen Geschäftsjahr warten kann.

ARBEITSAUFTRÄGE

- **Begründen Sie die Notwendigkeit der Erfassung zum 31.12.**
- **Stellen Sie den Unterschied dieses Falles zu den Posten der Rechnungsabgrenzung heraus.**

Am Bilanzstichtag sind noch nicht geleistete Zahlungen (Ausgaben) für Aufwendungen der Abrechnungsperiode als **sonstige Verbindlichkeiten** und noch nicht erhaltene Zahlungen (Einnahmen) für Erträge der Abrechnungsperiode als **sonstige Forderungen** auszuweisen.

Sonstige Verbindlichkeiten

Vielfach liegen am Bilanzstichtag **Aufwendungen** vor, **für die noch keine Zahlungen vorgenommen wurden**. Die Einnahmen im neuen Geschäftsjahr betreffen wirtschaftlich das alte Geschäftsjahr und müssen daher dort in der GuV als Ertrag gebucht werden. Hierbei handelt es sich um **Geldforderungen**. **(„Der Kunde bezahlt nachher.")** Um eine periodengerechte Erfolgsermittlung sicherzustellen, **muss der Aufwand am Bilanzstichtag für das alte Geschäftsjahr erfasst werden**. Dies geschieht im Rahmen der vorbereitenden Abschlussbuchungen.

BEISPIEL *Am 01.09. wurde ein Darlehen aufgenommen, für das am 31.08. des folgenden Geschäftsjahres 600,00 € Zinsen zu zahlen sind.*
Bis zum 31.12. (Bilanzstichtag) sind 200,00 € Zinsaufwendungen entstanden, die in der Gewinn- und Verlust-Rechnung des alten Geschäftsjahres zu berücksichtigen sind. Bis zum Tag der Zahlung sind die noch offenstehenden Ausgaben als sonstige Verbindlichkeiten auszuweisen.

Buchungen im alten Geschäftsjahr		Buchungen im neuen Geschäftsjahr		
31.12.: vorbereitende Abschlussbuchung		**02.01.: Eröffnung**		
7510 Zinsaufwendungen		8000 EBK		
an 4890 Übrige sonstige Verbindlichkeiten	200,00	an 4890 Übrige sonstige Verbindlichkeiten		200,00
31.12.: Abschlussbuchungen		**31.08.: Zahlung durch Banküberweisung**		
8020 Gewinn und Verlust		4890 Übrige sonstige Verbindlichkeiten	200,00	
an 7510 Zinsaufwend.	200,00	7510 Zinsaufwendungen	400,00	
4890 Übrige sonstige Verbindlichkeiten		an 2800 Bank		600,00
an 8010 SBK	200,00			

Sonstige Forderungen

Erträge des abzuschließenden Geschäftsjahres, die noch nicht vereinnahmt wurden, müssen wegen der periodengerechten Erfolgsermittlung als Ertrag des abgelaufenen Geschäftsjahres **erfasst werden**. Die Ausgaben im neuen Geschäftsjahr betreffen wirtschaftlich das alte Geschäftsjahr und müssen daher dort in der GuV als Aufwand gebucht werden. Hierbei handelt es sich um **Geldschulden**. (**„Wir bezahlen nachher."**) Dies geschieht durch eine vorbereitende Abschlussbuchung.

BEISPIEL *Für ein Darlehen über 40 000,00 €, das die Sommerfeld Bürosysteme GmbH einem Kunden am 31.07. gewährt hat, sind die Zinsen (9 %) jeweils jährlich nachträglich zu zahlen. Die Zahlung der Zinsen erfolgt also am 01.08. des folgenden Jahres durch Banküberweisung.*

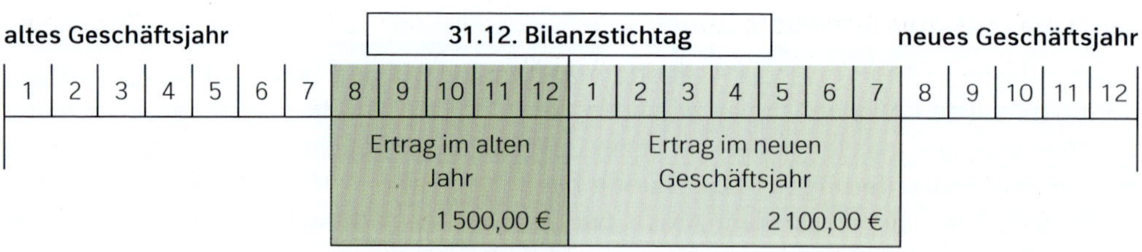

Buchungen im alten Geschäftsjahr		Buchungen im neuen Geschäftsjahr	
31.12.: vorbereitende Abschlussbuchung		**02.01.: Eröffnung**	
2690 Übrige sonstige Forderungen		2690 Übrige sonstige Forderungen	
an 5710 Zinserträge	1 500,00	an 8000 EBK	1 500,00
31.12.: Abschlussbuchung		**01.08.: Banküberweisung der Zinsen**	
5710 Zinserträge		2800 Bank	3 600,00
an 8020 Gewinn und Verlust	1 500,00	an 2690 Übrige sonstige Forderungen	1 500,00
8010 SBK		an 5710 Zinserträge	2 100,00
an 2690 Übrige sonstige Forderungen	1 500,00		

Der wesentliche **Unterschied** der **sonstigen Forderungen** und **sonstigen Verbindlichkeiten** zu den **Posten der Rechnungsabgrenzung** besteht in der Auswirkung auf die **Liquidität der Zukunft**. In den Fällen der Posten der Rechnungsabgrenzung trat die Liquiditätsänderung durch Einnahmen oder Ausgaben im alten Jahr ein. In den Fällen der sonstigen Forderungen und sonstigen Verbindlichkeiten tritt diese Liquiditätsänderung erst im folgenden Jahr ein:

Altes Jahr	31.12. Neues Jahr	Ausweis in der Bilanz
Ausgabe	**Aufwand**	Aktive Rechnungsabgrenzung (ARA)
Einnahme	**Ertrag**	Passive Rechnungsabgrenzung (PRA)
Aufwand	**Ausgabe**	Sonstige Verbindlichkeiten
Ertrag	**Einnahme**	Sonstige Forderungen

Beide dienen der **zeitlichen Rechnungsabgrenzung** der Aufwendungen und Erträge und der **periodengerechten Erfolgsermittlung**. Aufwendungen und Erträge werden den Zeiträumen zugeordnet, die sie wirtschaftlich verursacht haben.

ZUSAMMENFASSUNG

Sonstige Verbindlichkeiten und sonstige Forderungen erfassen

Sonstige Verbindlichkeiten	Sonstige Forderungen
– am Bilanzstichtag noch nicht erfolgte Ausgaben für einen genau feststehenden Aufwand des abgelaufenen Geschäftsjahres – Geldverbindlichkeiten, die nach dem Bilanzstichtag zu Ausgaben führen („Wir zahlen später.“)	– am Bilanzstichtag noch nicht erfolgte Einnahmen für einen Ertrag aus dem abgelaufenen Geschäftsjahr – Geldforderungen, die nach dem Bilanzstichtag zu Einnahmen führen („Der Kunde zahlt später.“)

AUFGABEN

1 Für ein Darlehen über 12 000,00 €, das einem Kunden gewährt wurde, sind 8 % Zinsen vertragsgemäß halbjährlich nachträglich zu zahlen, und zwar am 30.04. und 31.10.

Bilden Sie aus Sicht des Darlehensgebers die Buchungssätze:

a) am 31.12. (Bilanzstichtag),
b) zum 01.01. bei Eröffnung der Konten,
c) am 30.04. bei Banküberweisung der Zinsen.

2 Beim Jahresabschluss wurde festgestellt, dass die Dezembermiete in Höhe von 850,00 € für einen gemieteten Lagerraum versehentlich noch nicht bezahlt worden ist.

a) Welche Buchung ist am 31.12. vorzunehmen?
b) Wie ist zu buchen, wenn am 02.01. die rückständige Dezembermiete zusammen mit der Januarmiete durch die Bank überwiesen wird?

3 Am 31.12. steht die Rechnung der Stadtwerke für Stromverbrauch im Monat Dezember noch aus. Aufgrund der Zählerablesung hat der Industriebetrieb einen Verbrauch von 680,00 € ermittelt.

a) Wie lautet die Buchung am 31.12.?
b) Wie ist bei Abbuchung des Rechnungsbetrages über 1 309,00 € einschließlich 19 % Umsatzsteuer am 20.01. vom Bankkonto zu buchen?

4 a) Die Sommerfeld Bürosysteme GmbH hat einem Kunden ein kurzfristiges Darlehen von 36 000,00 € zu 9 % p. a. gewährt. Die Zinsen sind vertragsgemäß halbjährlich nachträglich zu zahlen, und zwar jeweils am 01.04. für den Darlehenszeitraum vom 30.09. bis 31.03. und am 01.10. für den Zeitraum vom 31.03. bis 30.09.
   aa) Wie ist am 31.12. zu buchen?
   ab) Wie lautet die Buchung am 31.03. bei Eingang der Zinszahlung durch Banküberweisung?

b) Die Miete für einen von der Sommerfeld Bürosysteme GmbH gemieteten Lagerraum beträgt monatlich 2 500,00 €. Beim Jahresabschluss der Sommerfeld Bürosysteme GmbH wird festgestellt, dass die Dezembermiete versehentlich noch nicht bezahlt worden ist.
   ba) Welche Buchung muss noch mit Datum vom 31.12. vorgenommen werden?
   bb) Wie ist zu buchen, wenn am 05.01. die rückständige Dezembermiete zusammen mit der Januarmiete durch die Bank überwiesen wird?

c) Die Rechnung der Stadtwerke für den Stromverbrauch für den Dezember steht noch aus. Aufgrund der Ablesung an den Zählern vom 31.12. hat die Sommerfeld Bürosysteme GmbH einen Betrag von 7 800,00 € ermittelt.
   ca) Wie lautet die Buchung am 31.12.?
   cb) Wie ist zu buchen, wenn die Rechnung der Stadtwerke in Höhe von 13 200,00 € zuzüglich 2 508,00 € Umsatzsteuer am 23.01. eingeht und sofort mit Banküberweisung bezahlt wird?

d) Die am 15.11. fällige Gewerbesteuerschuld der Sommerfeld Bürosysteme GmbH in Höhe von 5 000,00 € wurde vom Stadtsteueramt auf Antrag bis zum 15.02. gestundet.

da) Wie ist folglich noch am 31.12. zu buchen?
db) Wie lautet die Buchung, wenn die rückständige Steuerschuld am 13.02. durch Banküberweisung beglichen wird?

e) Für ein vermitteltes Geschäft stehen der Sommerfeld Bürosysteme GmbH 1 500,00 € Provision zu. Hierfür wurde folgende Lastschriftanzeige erteilt:

Nettoprovision	1 500,00 €
+ 19 % USt	285,00 €
	1 785,00 €

ea) Wie ist am 31.12. zu buchen?
eb) Welche Buchung ist vorzunehmen, wenn am 16.01. der in Rechnung gestellte Betrag durch Banküberweisung bezahlt wird?

f) Dem Handelsvertreter stehen laut erfolgter Abrechnung für im Monat Dezember vermittelte Verkäufe 1 800,00 € Provision zu. Die hierauf entfallende Umsatzsteuer beträgt 342,00 €.
fa) Wie ist am 31.12. zu buchen?
fb) Wie lautet die Buchung, wenn der Handelsvertreter am 08.01. über den Gesamtbetrag von der Sommerfeld Bürosysteme GmbH einen Verrechnungsscheck erhält?

5 Einige Sachkonten eines Unternehmens weisen zum Jahresabschluss folgende Werte auf:

	€ Soll	€ Haben
2690 Übrige sonstige Forderungen	18 200,00	15 400,00
2900 Aktive Rechnungsabgrenzung	4 900,00	4 900,00
4890 Übrige sonstige Verbindlichkeiten	17 400,00	19 500,00
4900 Passive Rechnungsabgrenzung	3 700,00	3 700,00
5710 Zinserträge		900,00
6700 Mieten	22 000,00	
7000 Gewerbesteuer	76 000,00	
7030 Kfz-Steuer	600,00	
7510 Zinsaufwendungen	11 200,00	

Abschlussangaben:

1. Ein Darlehensschuldner hat die nachträglich zu zahlenden Halbjahreszinsen von 300,00 €, die am 31.12. fällig waren, noch nicht bezahlt.
2. Die am 15.11. fällige Gewerbesteuerschuld von 14 000,00 € ist bis Anfang Februar gestundet worden.
3. Die Jahreszinsen in Höhe von 1 200,00 € für eine aufgenommene Hypothek sind am 30.04. fällig. Der Anteil des Abrechnungsjahres ist noch nicht berücksichtigt.
4. Für einen gemieteten Lagerraum wurde am 01.12. die Miete für die Monate Dezember bis einschließlich Februar in Höhe von insgesamt 6 000,00 € bezahlt.
5. Am 01.11. wurde die Kfz-Steuer für einen Geschäfts-Pkw in Höhe von 444,00 € für die Zeit vom 01.11. bis 30.10. im Voraus bezahlt.

a) Richten Sie die Konten mit den angegebenen Werten ein und buchen Sie die Geschäftsfälle zur zeitlichen Abgrenzung der Erfolge.
b) Die Salden der Konten sind zu ermitteln.

c) Um die Buchungen im neuen Geschäftsjahr durchführen zu können, sind die Bestandskonten zu eröffnen und die Erfolgskonten 6700, 7030 und 7510 einzurichten. Außerdem ist das Konto 2800 Bank mit einem Anfangsbestand von 18 000,00 € zu eröffnen.

d) Es sind folgende Geschäftsfälle in der Finanzbuchhaltung zu buchen: €

Eigenbeleg 1: Die Posten der Rechnungsabgrenzung (vgl. Fälle 4 und 5) sind aufzulösen.	
BA vom 04.01.: Banküberweisung der Darlehenszinsen vom Darlehensnehmer (siehe oben Fall 1.) in Höhe von	300,00
BA vom 04.02.: Banküberweisung der Gewerbesteuer (Fall 2.) an die Stadtkasse	14 000,00
BA vom 30.04.: Abbuchung der fälligen Hypothekenzinsen (Fall 3.) durch die Bank als Darlehensgeber	1 200,00

6 Ordnen Sie die unten stehenden Sachverhalte den folgenden Sachkonten ordnungsgemäß zu:

Konten:

1. Aktive Rechnungsabgrenzung
2. Passive Rechnungsabgrenzung
3. Übrige sonstige Forderungen
4. Übrige sonstige Verbindlichkeiten
5. Kein Vorgang der zeitlichen Abgrenzung

Sachverhalte:

a) zum Geschäftsjahresende noch nicht erhaltene Einnahmen für Erträge des kommenden Geschäftsjahres

b) Ausgaben vor dem Geschäftsjahresende für Aufwendungen des kommenden Geschäftsjahres

c) zum Geschäftsjahresende noch nicht erhaltene Einnahmen für Erträge des Geschäftsjahres

d) Aufwendungen des Geschäftsjahres, die erst im kommenden Geschäftsjahr zu einer Ausgabe führen

e) Ausgaben im Geschäftsjahr für Aufwendungen des Geschäftsjahres

f) zum Geschäftsjahresende bereits vorliegende Einnahmen für Erträge des folgenden Geschäftsjahres

7 Prüfen Sie, ob die folgenden noch zu buchenden Geschäftsfälle des Geschäftsjahres ein vorläufiges positives Unternehmungsergebnis erhöhen, vermindern oder unbeeinflusst lassen:

a) **BA vom 10.12.:** Die einbehaltenen Lohn- und Kirchensteuern für den Monat November des Geschäftsjahres werden überwiesen.

b) **BA vom 14.12.:** Der Vorsteuerüberhang des Monats November wird durch das Finanzamt überwiesen.

c) **BA vom 23.12.:** Banküberweisung der Sozialversicherungsbeiträge für den Monat Dezember des Geschäftsjahres

d) **31.12.:** Zinsen für ein Darlehen zum Bau einer Lagerhalle wurden am 01.11. des Geschäftsjahres für die Zeit vom 30.10. des Geschäftsjahres bis zum 30.04. des folgenden Geschäftsjahres im Voraus bezahlt.
e) **31.12.:** Laut Zählerstand sind für den Monat Dezember des Geschäftsjahres 14 000,00 € an Energieaufwendungen durch Stromverbrauch entstanden, die im Januar mit dem Energiewerk abgerechnet werden.
f) **31.12.:** Am 01.11. wurden die jährlich im Voraus zahlbaren Gebäudefeuerversicherungsprämien für die Verwaltungsgebäude von uns bezahlt.
g) **31.12.:** Am 01.12. hatte ein Mieter die Miete für eine bei uns gemietete Garage für drei Monate im Voraus bezahlt.

3.3 Rückstellungen bilden

LS 3.II

Aufgrund der Betriebsprüfung durch das Finanzamt muss die Sommerfeld Bürosysteme GmbH mit einer Gewerbeertragsteuernachzahlung rechnen. Herr Feld weist Emilia Schaub darauf hin, dass diese Tatsache bei der Erstellung des Jahresabschlusses zu berücksichtigen sei. Emilia Schaub ist sich nicht sicher, wie sie die mögliche Nachzahlung erfassen soll, zumal ihr auch ein entsprechender Beleg fehlt.

ARBEITSAUFTRÄGE

- **Erläutern Sie die Auswirkungen auf den Jahresabschluss, wenn sie die Nachzahlung nicht berücksichtigt.**
- **Erläutern Sie, wie die buchhalterische Erfassung der Gewerbeertragssteuernachzahlung vorgenommen werden könnte.**

Bei **Rückstellungen** handelt es sich um Verbindlichkeiten für Aufwendungen, deren Entstehungsgrund zwar feststeht und dem abgelaufenen Geschäftsjahr zugerechnet werden muss, deren Höhe und/oder Zeitpunkt der Fälligkeit jedoch noch nicht bekannt ist und nur geschätzt werden kann. Zum Zwecke einer **periodengerechten** und **vorsichtigen Erfolgsermittlung (Gläubigerschutzprinzip) müssen** für solche Aufwendungen Beträge geschätzt und unter Berücksichtigung zukünftiger Preis- und Kostensteigerungen als **Verbindlichkeiten in Form von Rückstellungen** auf der Passivseite der Bilanz ausgewiesen werden. Für die unten aufgeführten Fälle müssen gem. § 249 HGB Rückstellungen gebildet werden. Für andere als die genannten Zwecke ist die Bildung von Rückstellungen nicht zulässig, es gilt somit ein Passivierungsverbot, wenn keine echte Außenverpflichtung vorliegt, lediglich eine Korrektur der Ertragslage erfolgt oder eine periodengerechte Zuordnung unwahrscheinlich ist.

Für die folgenden Zwecke gilt eine **Passivierungspflicht** gem. § 249 HGB:

- ungewisse Verbindlichkeiten und drohende Verluste aus schwebenden Geschäften, wie mögliche Garantieverpflichtungen, zu erwartende Steuernachveranlagungen, zu erwartende Prozesskosten, Pensionsverpflichtungen (Vorsorgeaufwendungen für leitende Angestellte) sowie zu erwartende Kursverluste aus Außenhandelsgeschäften
- unterlassene Aufwendungen für Instandsetzungen, die in den ersten drei Monaten des folgenden Geschäftsjahres nachgeholt werden, wie Gebäudesanierungen, Kfz-Reparaturen oder für Abraumbeseitigung
- Sachmängelhaftungen, die ohne rechtliche Verpflichtung erbracht werden (Kulanzleistungen)

Bildung von Rückstellungen

Rückstellungen sind zum **notwendigen Erfüllungsbetrag** zu bewerten (§ 253 Abs. 1 HGB), der sich nach den Verhältnissen zum Zeitpunkt der Erfüllung bemisst. Aus dieser Formulierung lässt sich ableiten, dass künftige Preis- und Kostensteigerungen bei der Bewertung von Rückstellungen zu berücksichtigen sind, mögliche Preis- und Kostensenkungen dürfen jedoch nicht berücksichtigt werden **(Vorsichtsprinzip, Realisationsprinzip)**. Da die Höhe einer Rückstellung nur geschätzt werden kann, besteht sowohl die Gefahr einer Unterbewertung (zu niedriger Ansatz der Rückstellung) als auch die Gefahr einer Überbewertung (zu hoher Ansatz der Rückstellung → Bildung einer stillen Reserve).

Bei der Bildung der Rückstellung wird der geschätzte Betrag als Aufwand erfasst und dem entsprechenden Rückstellungskonto im Haben gutgeschrieben. Rückstellungen sind immer zum **Nettobetrag** zu bilden, die möglicherweise zu entrichtende Vorsteuer wird erst dann erfasst, wenn die tatsächliche Aufwandshöhe feststeht, also eine Rechnung vorliegt. Nach § 266 HGB sind für den Ausweis der Rückstellungen drei Konten vorgesehen:

3700 Pensionsrückstellungen
3800 Steuerrückstellungen
3900 Sonstige Rückstellungen

Bei der Bildung von Rückstellungen gilt zudem ein **Abzinsungsgebot**. Das bedeutet, Rückstellungen mit einer Laufzeit von mehr als einem Jahr sind mit ihrer Restlaufzeit abzuzinsen. Die Abzinsung erfolgt mithilfe der von der Deutschen Bundesbank dargestellten Durchschnittssätze der jeweils letzten 7 Jahre, bei Rückstellungen für Pensionen mithilfe der Durchschnittszinssätze der jeweils letzten 15 Jahre.

Auswirkung von Rückstellungen

Rückstellungen werden für zu erwartende Aufwendungen gebildet. Dadurch wird der Gewinn der Rechnungsperiode um diesen Betrag gemindert. Entsprechend vermindern sich die **Steuern**, die vom Gewinn berechnet werden (z. B. Körperschaftsteuer bei GmbH und AG), und die **Ausschüttungen** an die Gesellschafter.

BEISPIEL *Emilia Schaub hat aufgrund ihrer Schätzungen folgenden Beleg über eine erwartete Gewerbesteuernachzahlung erstellt:*

Sommerfeld Bürosysteme GmbH
Ein ökologisch orientiertes Unternehmen mit Zukunft

Buchungsbeleg-Nr. 37653

					Sommerfeld Bürosysteme GmbH	
		Soll		Haben		
Datum	Buchungstext	Konto	€	Konto	€	
31.12.20(0)	Die Gewerbesteuerabschlusszahlung für das Geschäftsjahr 20(0) wird auf 8 000,00 € geschätzt.	7000	8 000,00	3800	8 000,00	
Ausgestellt:	22.12.20(0) Schaub	Genehmigt:	31.12.20(0) Feld	Gebucht:	15.01.20(0) S. 736/3 K	

Buchung zum Bilanzstichtag:

7000 Gewerbesteuer	8 000,00	an	3800 Steuerrückstellungen	8 000,00
8020 GuV	8 000,00	an	7000 Gewerbesteuer	8 000,00
3800 Steuerrückstellungen	8 000,00	an	8010 SBK	8 000,00

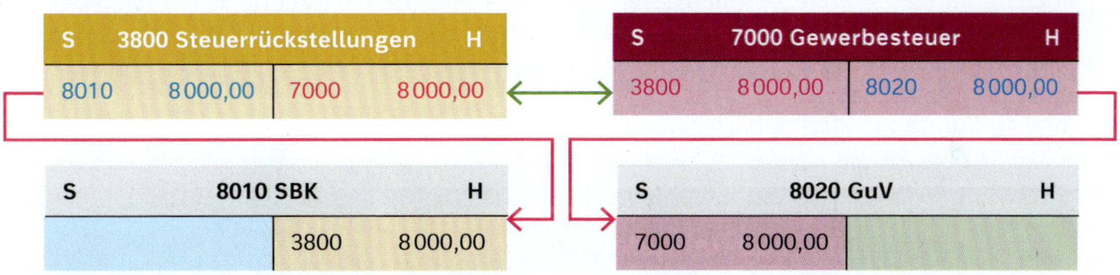

Auflösung von Rückstellungen

Eine Rückstellung ist aufzulösen, wenn **der Grund für ihre Bildung weggefallen ist** und damit der angenommene Aufwand und die geschätzte Schuld nicht entstehen (§ 249 Abs. 2 HGB).

Die Auflösung der Rückstellung macht in den folgenden Fällen **erfolgswirksame Korrekturbuchungen** notwendig.

Zahlungsverpflichtung > Rückstellung	Buchung des bisher nicht erfassten Aufwandes
Zahlungsverpflichtung < Rückstellung	Buchung eines Ertrages aus der Auflösung von Rückstellungen

BEISPIEL *Am 10.02. des folgenden Geschäftsjahres geht ein Steuerbescheid über 7500,00 € vom Steueramt der Stadt Essen ein (Fortsetzung des obigen Beispiels).*

Der Betrag wird sofort an die Stadtkasse durch Bank überwiesen.

Buchung:

3800	Steuerrückstellungen	8000,00	an	2800	Bank	7500,00
			an	5480	Erträge aus der Herabsetzung von Rückstellungen	500,00

Ist die **Zahlung höher** (z. B. 9000,00 €) als die gebildete Rückstellung (8000,00 €), ergibt sich folgende Buchung:

3800	Steuerrückstellungen	8000,00				
7000	Gewerbesteuer	1000,00	an	2800	Bank	9000,00

Denkbar wäre die Verwendung eines Unterkontos von 7000 Gewerbesteuer, aus dem hervorgeht, dass die Zahlung das vergangene Geschäftsjahr betrifft. Nicht mehr üblich (zulässig) ist die Verwendung des Kontos 6990 Periodenfremde Aufwendungen.

ZUSAMMENFASSUNG

Rückstellungen bilden

Rückstellungen sind Verbindlichkeiten, die im Gegensatz zu den anderen ausgewiesenen Verbindlichkeiten der **Höhe** *und/oder* **Fälligkeit** *nach am Bilanzstichtag noch* **nicht feststehen***; sie werden daher geschätzt.*

Rückstellungen dürfen gebildet werden für:

- **Ungewisse Verbindlichkeiten**
- **Unterlassene Aufwendungen für Instandsetzung**
- **Sachmängelhaftungen, die ohne rechtliche Verpflichtungen erbracht werden**

Rückstellungen sind zum **notwendigen Erfüllungsbetrag** zu bewerten, der sich nach den Verhältnissen zum Zeitpunkt der Erfüllung bemisst.

Künftige Preis- und Kostensteigerungen sind bei der Bewertung von Rückstellungen zu berücksichtigen.

Rückstellungen mit einer Laufzeit von mehr als einem Jahr sind bezogen auf ihre Restlaufzeit mit ihrem Barwert anzusetzen und daher abzuzinsen.

Eine Rückstellung ist aufzulösen, wenn der Grund für ihre Bildung entfallen ist.

Bei der Bildung der Rückstellung wird der geschätzte Nettobetrag als Aufwand erfasst und dem entsprechenden Rückstellungskonto im Haben gutgeschrieben.

AUFGABEN

1 Bilden Sie die Buchungssätze zu den folgenden Geschäftsfällen der Sommerfeld Bürosysteme GmbH:

1. Ein Kunde der Sommerfeld Bürosysteme GmbH hat am 15.12. des Geschäftsjahres einen erheblichen Mangel an gelieferten Möbeln gemeldet. Die Sommerfeld Bürosysteme GmbH schätzt die im folgenden Geschäftsjahr zu übernehmenden Instandsetzungsaufwendungen für diese Schäden auf ca. 17 000,00 €. Am 17.03. des folgenden Geschäftsjahres trat der Garantiefall ein. Die Rechnung eines beauftragten Unternehmens zur Durchführung der Reparatur belief sich auf 16 200,00 € zuzüglich 19 % Umsatzsteuer. Sie wurde sofort per Banküberweisung bezahlt.

2. Die Dachreparatur einer Lagerhalle musste bis in den Januar verschoben werden. Beim Jahresabschluss wird aufgrund eines Kostenvoranschlages mit einem Aufwand von 56 000,00 € zuzüglich 19 % Umsatzsteuer gerechnet.

   a) Welche Buchung muss am 31.12. vorgenommen werden?
   b) Wie ist zu buchen, wenn nach Reparatur am 02.02. eine Rechnung über 52 000,00 € zuzüglich 9 880,00 € Umsatzsteuer eingeht, die sofort mit Banküberweisung beglichen wird?

3. Die Rechnung des Steuerberaters steht für die Beratungskosten am 31.12. noch aus. Es wird mit einem Betrag von 17 800,00 € zuzüglich 19 % Umsatzsteuer gerechnet.

   a) Wie lautet die Buchung am 31.12.?
   b) Wie lautet die Buchung, wenn am 25.02. die Rechnung des Steuerberaters in Höhe von 18 500,00 € zuzüglich 3 515,00 € Umsatzsteuer eingeht und sofort mit Banküberweisung bezahlt wird?

4. Zum 31.12. wurde festgestellt, dass dringende Reparaturarbeiten am Lagergebäude nicht durchgeführt worden sind. Nach den vorliegenden Kostenvoranschlägen werden die Aufwendungen wahrscheinlich ca. 34 000,00 € betragen. Die Instandsetzungsarbeiten sollen im Monat Februar des folgenden Geschäftsjahres durchgeführt werden. Nach Erledigung der Reparaturarbeiten im Februar wurde die Rechnung über 32 000,00 € zuzüglich 19 % Umsatzsteuer sofort per Banküberweisung beglichen.

   a) Wie lautet die Buchung am 31.12.?
   b) Wie lautet die Buchung bei Zahlung der Rechnung im Februar des folgenden Geschäftsjahres?

5. Wegen einer strittigen Vertragsabwicklung mit einem Lieferer befindet sich die Sommerfeld Bürosysteme GmbH zum Ende des Geschäftsjahres in einem Rechtsstreit mit diesem Lieferer. Da der Ausgang des Prozesses ungewiss ist, können eventuell Rechtskosten in Höhe von 15 000,00 € entstehen. Im Juni des folgenden Geschäftsjahres liegt die Abrechnung für den Prozess vor:

Gerichtskosten		4 000,00 €
Rechtsanwaltskosten	10 000,00 €	
+ 19 % Umsatzsteuer	1 900,00 €	11 900,00 €

Die Zahlung der Rechnung erfolgte per Banküberweisung.

a) Wie lautet die Buchung am 31.12.?
b) Wie lautet die Buchung bei Bezahlung der Rechnungen im Juni des folgenden Jahres?

6. Die Gewerbeertragsteuerabschlusszahlung für das laufende Jahr wird von der Sommerfeld Bürosysteme GmbH zum 31.12. auf 80000,00 € geschätzt. Laut Gewerbesteuerbescheid vom 18.03. des folgenden Geschäftsjahres beträgt die restliche Gewerbeertragsteuer 82000,00 €. Die Zahlung der restlichen Gewerbesteuer für das vergangene Geschäftsjahr erfolgt per Banküberweisung.

   a) Wie lautet die Buchung zum 31.12. des Geschäftsjahres?
   b) Wie lautet die Buchung bei Bezahlung per Banküberweisung am 18.03. des folgenden Jahres?

2 Ein Maschinenhersteller bildet am 31.12. für eine einem Kunden gegenüber eingegangene Garantieverpflichtung aufgrund einer verkauften Maschine eine Rückstellung von 2500,00 €. Der Kunde musste im neuen Geschäftsjahr einen Mangel an der Maschine durch Reparatur beseitigen lassen. Die quittierte Rechnung über die durchgeführte Maschinenreparatur überreicht er dem Maschinenhersteller am 04.02. mit der Bitte um Erstattung:

Maschinenreparatur, netto	2800,00 €	
+ 19 % Umsatzsteuer	532,00 €	3332,00 €

a) Wie lautet die Buchung zur Bildung der Rückstellung?
b) Wie lautet die Buchung zum Abschluss des Kontos Rückstellungen?
c) Wie lautet die Buchung, wenn dem Kunden am 04.02. wegen der Maschinenreparatur eine Gutschrift zugeschickt wird?

3 / 4 Bilden Sie die Buchungssätze zu folgenden Geschäftsfällen.

Geschäftsfälle:	3 €	4 €
1. a) Aufgrund einer Buch- und Betriebsprüfung durch das Finanzamt ist für das abzuschließende Geschäftsjahr mit einer Gewerbeertragsteuernachzahlung zu rechnen	6000,00	10000,00
b) Wie ist am 24.03. zu buchen, wenn der Nachveranlagungsbescheid über ... lautet und durch Banküberweisung bezahlt wird?	7500,00	9000,00
2. a) Für die noch zu erwartende Jahresabschlusszahlung an die Berufsgenossenschaft wegen der Unfallversicherung wird am 31.12. eine Rückstellung gebildet über	5000,00	3500,00
b) Aufgrund der Jahresabschlussrechnung der Berufsgenossenschaft vom 29.01. werden für das vergangene Geschäftsjahr als Beitrag zur Berufsgenossenschaft durch die Bank überwiesen	4500,00	4500,00

3. a) Für einen schwebenden Rechtsstreit, der sich zu unseren Ungunsten entwickelt hat, wird am 31.12. eine Rückstellung gebildet von	15 000,00	12 000,00
b) Wie ist zu buchen, wenn wir am 27.04. des folgenden Geschäftsjahres an die Gerichtskasse und an den Prozessgegner durch Banküberweisung zahlen	13 000,00	13 000,00
4. a) Für eine verkaufte Maschine, für die wir eine einjährige Garantieverpflichtung eingegangen sind, wird eine Rückstellung gebildet von	3 000,00	5 000,00
b) **zu Aufgabe 3:** Der Käufer hat innerhalb der Garantiefrist keine Ansprüche an uns gestellt. Wie ist am Ende des folgenden Geschäftsjahres zu buchen?		
zu Aufgabe 4: Der Käufer hat uns aufgrund der Garantieverpflichtung in Anspruch genommen und für durchgeführte Nachbesserungsarbeiten Rechnung erteilt, netto		3 200,00
+ 19 % Umsatzsteuer		608,00
		3 808,00

Den Rechnungsbetrag haben wir per Banküberweisung beglichen.

5 Diskutieren Sie in Zweierteams folgende Fragen:

a) Worin sehen Sie die wichtigsten Gründe zur Bildung von Rückstellungen?
b) Warum werden Rückstellungen nicht auf dem Konto „4890 Übrige sonstige Verbindlichkeiten" gebucht?
c) Grenzen Sie die Bilanzposition „Rückstellungen" gegenüber den „passiven Rechnungsabgrenzungsposten" und den „Verbindlichkeiten" ab.
d) Bei den Betriebsprüfungen durch die Finanzbehörde wird die Position „Rückstellungen" besonders sorgfältig geprüft. Geben Sie Gründe dafür an.

6 Geben Sie die Buchungssätze zum Geschäftsjahresende an für eine

a) sonstige Forderung,
b) sonstige Verbindlichkeit,
c) aktive Rechnungsabgrenzung,
d) passive Rechnungsabgrenzung.

Benutzen Sie zur Formulierung des Buchungssatzes folgende Konten:

2690 Sonstige Forderungen	4890 Sonstige Verbindlichkeiten
2900 Aktive Rechnungsabgrenzung	5400 Mieterträge
2900 Passive Rechnungsabgrenzung	6700 Mieten

7 Für einen laufenden Prozess werden die Gerichtskosten auf 5 800,00 € geschätzt.

a) Buchen Sie am 31.12. (Bilanzstichtag).
b) Wie lauten die Buchungen, wenn die Prozesskosten
   ba) 5 800,00 €
   bb) 6 300,00 €
   bc) 5 100,00 €
   + 19 % Umsatzsteuer betragen und sofort mit Banküberweisung beglichen werden?

8 Zum 31.12. (Bilanzstichtag) wird mit 5400,00 € Steuerberatungskosten gerechnet. Am 18.02. des folgenden Geschäftsjahres geht die Rechnung des Steuerberaters ein. Sie lautet über 5200,00 € + 19 % USt.

Bilden Sie die Buchungssätze

a) zum 31.12.,
b) zum 01.01. zur Eröffnung,
c) zum 18.02.

9 a) Stellen Sie die Unterschiede
aa) der aktiven und passiven Posten der Rechnungsabgrenzung,
ab) der sonstigen Forderungen und sonstigen Verbindlichkeiten und
ac) der Rückstellungen in einer Übersicht dar.
b) Bilden Sie zu allen fünf Inhalten einen Geschäftsfall und stellen Sie jeweils die Behandlung in der Finanzbuchhaltung dar.

10 Bilden Sie die Buchungssätze zu folgenden Geschäftsfällen:

	€	€
1. **BA:** Banküberweisung der Prozesskosten an die Gerichtskasse		3500,00
Hierfür war eine Rückstellung gebildet worden		3000,00
2. **Gutschrift an Kunden:** Aufgrund einer Garantieverpflichtung wird Kunden eine Gutschrift für folgende von ihm vorgestreckte Reparaturkosten erteilt:		
Fremdreparatur, netto	3400,00	
+ 19 % Umsatzsteuer	646,00	
Hierfür war eine Rückstellung gebildet worden:		4500,00

4 Den Jahresabschluss aus Sicht verschiedener Adressaten mithilfe von Kennziffern analysieren

4.1 Bilanzanalyse und -interpretation

LS 4

Die Sommerfeld Bürosysteme GmbH hat einen Kredit über 800 000,00 € zur Finanzierung eines Erweiterungsbaus bei der Deutschen Bank AG, Essen, beantragt. Auf Verlangen des Kreditsachbearbeiters hat Herr Feld dem Antrag die nachstehenden Bilanzen der letzten beiden Jahre beigefügt:

Aktiva — Bilanz der Sommerfeld Bürosysteme GmbH in TEUR — Passiva

Aktiva	Berichtsjahr	Vorjahr	Passiva	Berichtsjahr	Vorjahr
A. Anlagevermögen			**A. Eigenkapital**		
1. Grundstücke und Bauten	3700	3800	I. Gezeichnetes Kapital	4000	4000
2. Techn. Anlagen und Maschinen	4560	4000	II. Gewinnrücklagen	350	230
3. Andere Anlagen, Betriebs- und Geschäftsausstattung	640	600	III. Jahresüberschuss	1650[3]	2270[2]
B. Umlaufvermögen			**B. Rückstellungen[4]**		
I. Vorräte			1. Pensionsrückstellungen	1500	1350
1. Roh-, Hilfs- und Betriebsstoffe	440	340	2. Steuerrückstellungen	325	270
2. Unfertige Erzeugnisse	330	280	3. Sonstige Rückstellungen	185	200
3. Fert. Erzeugnisse u. Handelswaren	300	200	**C. Verbindlichkeiten**		
II. Forderungen und sonst. Vermögensgegenstände			1. Verbindlichkeiten gegenüber Kreditinstituten[5]	2950	2500
1. Forderungen a. LL	1250	1700	2. Erhaltene Anzahlungen auf Bestellungen	150	100
2. Sonstige Forderungen	570	420	3. Verbindlichkeiten a. LL	650	560
III. Schecks, Kassenbestand, Bundesbankguthaben, Guthaben bei Kreditinstituten	680	640	4. Sonstige Verbindlichkeiten a. LL	720	505
C. Rechnungsabgrenzungsposten[1]	30	20	**D. Rechnungsabgrenzungsposten[4]**	20	15
	12500	12000		12500	12000

1 Werden den kurzfristigen Forderungen zugerechnet.

2 120 TEUR werden den Gewinnrücklagen zugeführt, der Rest ist den kurzfristigen Verbindlichkeiten zuzurechnen.

3 Im Berichtsjahr soll der Jahresüberschuss ganz im Unternehmen bleiben und in die Gewinnrücklagen eingestellt werden.

4 Pensionsrückstellungen sind den langfristigen, Steuerrückstellungen, sonstige Rückstellungen und passive Rechnungsabgrenzungsposten den kurzfristigen Verbindlichkeiten zuzurechnen.

5 Davon mit einer Laufzeit über 5 Jahre: 2500 TEUR (im Vorjahr 2000 TEUR), ansonsten handelt es sich bei den Verbindlichkeiten a. LL und sonstigen Verbindlichkeiten um kurzfristige Verbindlichkeiten.

ARBEITSAUFTRÄGE

- Stellen Sie Gründe zusammen, weshalb der Kreditsachbearbeiter die Vorlage der beiden letzten Bilanzen verlangt hat.
- Erläutern Sie einzelne Bilanzpositionen und überprüfen Sie, ob Sie nach Auswertung dieser Bilanzen den beantragten Kredit bewilligen würden.

Notwendigkeit der Auswertung von internen und externen Informationen

Im Rahmen einer Bilanzanalyse werden Unternehmensinformationen aufbereitet, die durch unterschiedliche Kennzahlen, die mithilfe der einzelnen Bilanzpositionen ermittelt werden können, ausgewertet und analysiert werden können.

Ziel dieser Auswertungen im Rahmen der Bilanzanalyse ist immer die Bereitstellung von Maßstäben zur **Beurteilung der gegenwärtigen** sowie für **Prognosen der zukünftigen wirtschaftlichen Lage eines Unternehmens**. Da die Beurteilung der aktuellen und zukünftigen wirtschaftlichen Lage eines Unternehmens vor allem auch für (potenzielle) Gläubiger relevant ist, wird hier noch einmal deutlich, warum die Bewertung der einzelnen Bilanzpositionen vorsichtig zu erfolgen hat (Gläubigerschutzprinzip).

Um in der Analyse zu vollständigen und aussagekräftigen Erkenntnissen zu gelangen, reicht es nicht aus, sich ausschließlich auf die Auswertung der Bilanz zu beschränken, vielmehr sind auch die Daten der GuV-Rechnung, die Informationen des Anhangs und des Lageberichts sowie weitere interne und externe Informationen zu berücksichtigen.

Informationen

- **Interne Informationen**
  - **Gesetzlich notwendig:**
    - Jahresabschluss (Bilanz, GuV, Anhang)
    - ggf. Lagebericht
  - **Freiwillig:**
    - Pressemitteilungen
    - Reden auf der Hauptversammlung
    - Aktionärsbriefe
    - Veröffentlichungen auf der Homepage
- **Externe Informationen**
  - Tages- und Fachzeitschriften
  - Informationen von Banken
  - Analystenmitteilungen
  - Publikationen von Fach- und Wirtschaftsverbänden
  - Informationen durch Konjunkturforschungsinstitute und das Statistische Bundesamt

Dabei kommt dem **Anhang** eine besondere Bedeutung zu. Seine Hauptaufgabe ist es, Angaben der Bilanz und GuV-Rechnung näher zu erläutern (vgl. §§ 284–288 HGB). Als gleichrangiger Bestandteil des Jahresabschlusses liefert er eine Vielzahl von Informationen, die nicht unmittelbar aus der Bilanz oder der GuV entnommen werden können.

Interessenten der Auswertung

Aus einem vorliegenden Jahresabschluss können von den verschiedenen Interessenten zahlreiche Informationen erschlossen werden.

Interessenten (Stakeholder) der Bilanzanalyse

Interne Interessenten
- Unternehmensführung (Vorstand, Geschäftsführung)
- Weitere Führungsebenen im Unternehmen

↓

- Informationsfunktion
- Kontrollfunktion
- Steuerungsfunktion
- Unternehmensführungsfunktion

Externe Interessenten
- Kreditinstitute und sonstige Gläubiger
  → Kreditwürdigkeitsprüfung
- Aktuelle und potenzielle Anteilseigner (Aktionäre/Shareholder)
  → Verzinsung des eingesetzten Kapitals
- Kontrollinstanzen (Finanzamt, Abschlussprüfer)
  → Ziele der jeweiligen Kontrolle
- Beschäftigte
  → Arbeitsplatzsicherung
- Konkurrenzunternehmen
  → Umsatz und Ertragslage
- Institute und Verbände
  → Branchenvergleiche

Bilanzanalyse interner Interessenten

Vor allem für die Unternehmensleitung und die verschiedenen Führungsebenen eines Unternehmens ergeben sich durch die Auswertung des eigenen Jahresabschlusses wichtige unternehmerische Erkenntnisse, die in Entscheidungen münden.

Information	Informationen und Zusammenhänge zur Geschäftsentwicklung werden transparent.
Kontrolle	Verdichtete Informationen werden zu vorgegebenen Vergleichsmaßstäben (Zeitvergleich, Branchenvergleich, Soll-Ist-Vergleich) in Beziehung gesetzt.
Steuerung	Aus der Analyse des Jahresabschlusses werden Schlussfolgerungen gezogen. Dabei sind unzureichende Ergebnisse durch entsprechende Maßnahmen zu beheben.
Unternehmensführung	Durch den Einsatz von Kennzahlen und weiterer Analyseerkenntnisse werden die Entscheidungsträger in die Lage versetzt, betriebliche Entscheidungen zu treffen (z. B. Investitionen und Marketingkonzepte).

Bei der Auswertung des Jahresabschlusses übernimmt die Controllingabteilung eines Unternehmens eine wichtige Funktion. Das Controlling erarbeitet **Daten**, **Methoden** und **Modelle zur Kontrolle**, analysiert die Ergebnisse und unterbreitet **Veränderungsvorschläge** und **Planungsvorhaben** für künftige Entscheidungen der Unternehmensleitung. Die Mitarbeitenden des Controllings assistieren, beraten und unterstützen die Unternehmensleitung bei der Steuerung des Unternehmens. Dabei greifen sie auf **unternehmensinterne Daten** (Finanzbuchhaltung, Kosten- und Leistungsrechnung) zu, die externen Interessensgruppen nicht zur Verfügung stehen.

Bilanzanalyse durch externe Interessensgruppen

Die Erkenntnisse, die sich aus der Bilanzanalyse ergeben, sind auch für Außenstehende von außerordentlicher Bedeutung. So versuchen **Gläubiger, Anteilseigner, Kontrollinstanzen, Arbeitnehmende** sowie **Konkurrenzunternehmen** aus den veröffentlichten bzw. vorgelegten Bilanzen Einblick in ein Unternehmen zu gewinnen.

In solchen Zusammenhängen wird geprüft, ob
- der Betrieb über ausreichend **Haftungskapital** verfügt,
- die **flüssigen Mittel** reichen, kurzfristige Schulden zu tilgen,
- die **Ertragslage** eine Beteiligung sinnvoll erscheinen lässt,
- der richtige steuerliche **Gewinn** dokumentiert wird.

Dabei können externe Interessensgruppen nur auf die veröffentlichten Daten des Jahresabschlusses zurückgreifen. Diese liefern aber für genauere Analysen im Vergleich zu unternehmensinternen Daten oftmals keine ausreichend präzisen Daten. So fehlen beispielsweise Fristen zu Forderungen oder genauere Fälligkeiten der Verbindlichkeiten.

Die nachfolgende Übersicht zeigt beispielhaft, dass die externen Interessensgruppen unterschiedliche Ziele verfolgen und dementsprechend unterschiedliche Schwerpunkte in der Beobachtung setzen.

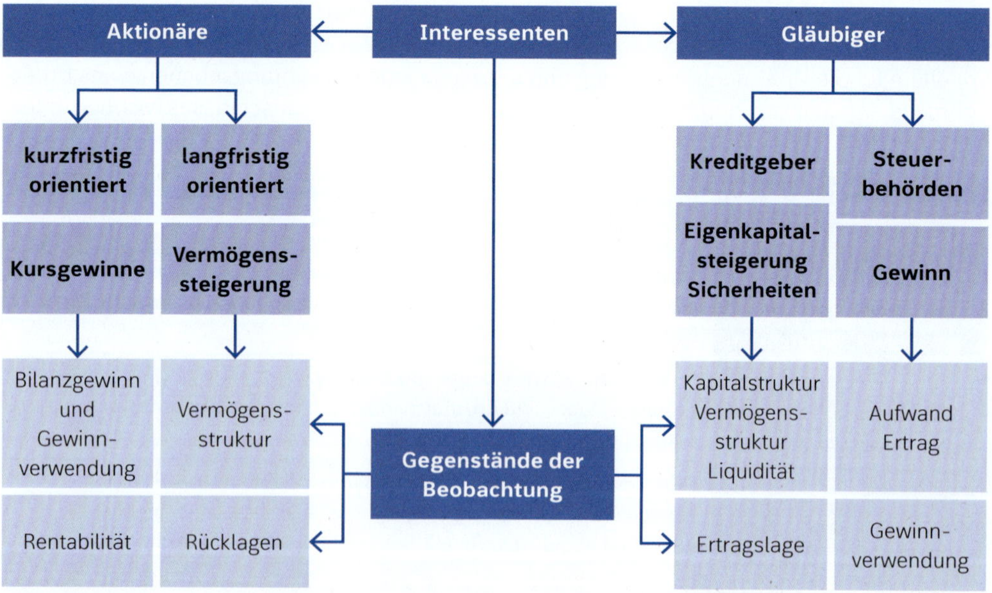

PRAXISTIPP!

Die externe Analyse eines anderen Unternehmens kann dazu dienen, die eigene wirtschaftliche Lage (z. B. im Branchenvergleich) besser einzuschätzen und ggf. über eine Kurskorrektur im eigenen unternehmerischen Handeln nachzudenken.

Zusammenfassend kann festgestellt werden:

So unterschiedlich die Informationswünsche der jeweiligen Interessensgruppen auch sind, so konzentrieren sie sich **im Kern** jedoch auf **wesentliche Problemstellungen**:

1. Analyse und Beurteilung der gegenwärtigen **Ertragslage** des Unternehmens, um darauf aufbauend eine Prognose der zukünftigen Ertragskraft abzugeben.
2. Analyse und Beurteilung der **finanziellen Stabilität** zur Einschätzung, ob das Unternehmen seinen gegenwärtigen und zukünftigen Zahlungsverpflichtungen nachkommen kann.
3. Analyse der **Vermögenssubstanz und -entwicklung** als Quelle künftiger Erträge

Methoden der Auswertung

Die Auswertung des Jahresabschlusses kann nach unterschiedlichen methodischen Ansätzen erfolgen:

Einzelanalyse	Zeitvergleich	Betriebs- oder Branchenvergleich	Soll-Ist-Vergleich

Einzelanalyse

Es wird der Jahresabschluss **einer** Rechnungsperiode untersucht. Die Ergebnisse werden nicht mit früheren Rechnungsperioden oder anderen Betrieben verglichen. Eine solche Analyse lässt keine Aussagen über Entwicklung und Marktstellung der Unternehmung zu.

Zeitvergleich

Die Ergebnisse einzelner Rechnungsabschnitte (Monat, Quartal, Jahr) werden miteinander verglichen. Dadurch können Entwicklungstendenzen erkannt werden.

BEISPIEL *Entwicklung des Umsatzes und des Gewinns sowie Veränderungen in der Vermögens- und der Kapitalstruktur in den vergangenen fünf Jahren.*

Betriebs- oder Branchenvergleich

Die Ergebnisse des ausgewerteten Betriebes werden mit Durchschnittswerten der Branche oder Kennzahlen gleichartiger Betriebe verglichen. Hierbei ist zu beachten, dass Größe, Organisation und Tätigkeitsbereiche der Vergleichsbetriebe möglichst übereinstimmen. Mithilfe von Betriebs- und Branchenvergleichen kann die Marktstellung sichtbar gemacht werden.

BEISPIELE *Umsatzanteil am Gesamtmarkt, Kostenstruktur, Liquiditätslage, Eigenkapitalanteil im Vergleich zu konkurrierenden Unternehmungen*

Soll-Ist-Vergleich

Geplante Werte werden mit realisierten Werten verglichen, um Art und Höhe der **Abweichungen** festzustellen. Es soll kontrolliert werden, ob getroffene Entscheidungen sinnvoll waren und zielgerecht ausgeführt wurden. Diese Ergebnisse bilden die Ansätze für die **Ursachen-**

forschung solcher Abweichungen, um korrigierte Plangrößen vorgeben zu können. Daher sollen Soll-Ist-Vergleiche in möglichst kurzen Abständen vorgenommen werden, um Chancen und Risiken rechtzeitig zu erkennen.

BEISPIELE

- *Vergleich des Absatzplanes mit dem erreichten Absatz, um auf die negative Entwicklung einzelner Produkte reagieren zu können (Förderung, Produkteliminierung).*
- *Vergleich der Kostenvorgaben für die Kostenstellen mit den Istkosten lt. Kostenstellenrechnung, um rechtzeitig Kostenexplosionen zu erkennen und Maßnahmen der Gegensteuerung einzuleiten (Verfahrensänderungen, Einsparungen bei Beschaffungen, Umbesetzungen).*

Bilanzauswertung und -kritik

Strukturierung der Bilanz

Für Zwecke der Auswertung muss die veröffentlichte Bilanz aufbereitet und strukturiert werden. Dabei werden gleichartige Positionen zusammengefasst, um die Aussagekraft der Bilanz zu erhöhen:

Kapitalbindung	Vermögensstruktur Bilanzstruktur	Kapitalstruktur	Kapitalüberlassung
langfristig	**I. Anlagevermögen (AV)** **1. Immaterielle Anlagen** (Firmenwerte, Patente, Lizenzen, Software) **2. Sachanlagen** (Grundstücke, Gebäude, Maschinen, Betriebs- und Geschäftsausstattung, Fuhrpark) **3. Finanzanlagen** (Beteiligungen, Wertpapiere des AV, langfristige Forderungen)	**I. Eigenkapital** **1. Gezeichnetes Kapital** (Grundkapital der AG, Stammkapital der GmbH) **2. Rücklagen** (Kapitalrücklagen, gesetzliche und freie Gewinnrücklagen) **3. Gewinnvortrag** (eventueller Verlustvortrag wird subtrahiert) **4. Jahresüberschuss**[1] (Jahresfehlbetrag wird subtrahiert)	**langfristig**

1 Häufig tritt in Bilanzen anstelle der Positionen Gewinn-/Verlustvortrag und Jahresüberschuss/-fehlbetrag die Position Bilanzgewinn/-verlust auf. Diese Position tritt dann auf, wenn der Jahresabschluss nach teilweiser Verwendung des Jahresüberschusses (Einstellung in die Rücklagen) aufgestellt wurde. Fehlen ergänzende Informationen, muss aus Vorsichtsgründen davon ausgegangen werden, dass dieser Bilanzgewinn ausgeschüttet wird, somit ist er dem Fremdkapital zuzurechnen.

Kapital-bindung	Vermögensstruktur	Bilanzstruktur / Kapitalstruktur	Kapital-überlassung
mittel- bis kurzfristig	**II. Umlaufvermögen (UV)** **1. Vorräte** (Stoffbestände, Fremdbauteile, unfertige und fertige Erzeugnisse, Handelswaren, Anzahlungen auf Vorräte) **2. Kurzfristige Forderungen** (Forderungen a. LL, Wertpapiere des UV, Wechselforderungen, sonstige kurzfristige Forderungen, Aktive Posten der Rechnungsabgrenzung)	**II. Schulden/Fremdkapital** **1. Langfristige Schulden** (Pensionsrückstellungen, Verbindlichkeiten mit einer Restlaufzeit von mehr als 5 Jahren)	langfristig
		2. Mittelfristige Schulden (Verbindlichkeiten mit einer Restlaufzeit von mehr als einem bis 5 Jahren)	mittelfristig
		3. Kurzfristige Schulden (Verbindlichkeiten mit einer Restlaufzeit bis zu einem Jahr, wie Steuerrückstellungen, sonstige Rückstellungen, Verbindlichkeiten a. LL, Wechselverbindlichkeiten, Verbindlichkeiten aus Steuern, abzuführende Sozialversicherungsbeiträge, sonstige Verbindlichkeiten, passive Posten der Rechnungsabgrenzung)	kurzfristig
kurzfristig	**3. Liquide Mittel** (Kasse, Bank, Postbank)		

Statistische Aufbereitung des Jahresabschlusses

Die absoluten Zahlen sind in Verhältniszahlen (Prozentsätze) zur Bilanzsumme (= 100 %) umzurechnen, um die Vergleichbarkeit der Werte im Jahresabschluss zu verbessern.

BEISPIEL *Aufbereitung der Bilanzen der Sommerfeld Bürosysteme GmbH*

Vermögensstruktur	Berichtsjahr		Vorjahr		Veränderungen	
	TEUR	%	TEUR	%	TEUR	%
I. Anlagevermögen	8900	71,2	8400	70,0	+500	+6,0
II. Umlaufvermögen						
1. Vorräte	1070	8,6	820	6,8	+250	+30,5
2. Kurzfrist. Forderungen	1850	14,8	2140	17,8	−290	−13,6
3. Liquide Mittel	680	5,4	640	5,3	+40	+6,3
Summe Umlaufvermögen	3600	28,8	3600	30,0	–	–
Summe Vermögen	12500	100,0	12000	100,0	+500	+4,2

Kapitalstruktur	Berichtsjahr		Vorjahr		Veränderungen	
	TEUR	%	TEUR	%	TEUR	%
I. Eigenkapital II. Langfristige Schulden	6000 4000	48,0 32,0	4350 3350	36,3 27,91	+1650 +650	+37,9 +19,4
Summe langfristiges Kapital	10000	80,0	7700	64,2	+2300	+29,9
III. Kurzfristige Schulden	2500	20,0	4300	35,81	−1800	−41,9
Summe	6500	52,0	7650	63,8	−1150	−15,0
Summe Kapital	12500	100,0	12000	100,0	+500	+4,2

Durch die Aufbereitung der Werte lassen sich die Bedeutung einzelner Kapitalquellen und Veränderungen (Trends) vom Berichtsjahr gegenüber dem Vorjahr schneller erkennen. Ein ausgewiesener Jahresüberschuss lässt allerdings nicht erkennen, ob er im Unternehmen einbehalten und somit Eigenkapital ist oder ausgeschüttet wird und dem kurzfristigen Fremdkapital zuzurechnen ist. Informationen hierzu gehen aus dem Gewinnverwendungsvorschlag hervor, der dem veröffentlichten Abschluss beizufügen ist.

Auswertung der aufbereiteten Bilanz mithilfe von Bilanzkennzahlen

Vermögensaufbau (Konstitution – Aktivseite)

Der Vermögensaufbau geht bereits weitgehend aus den aufbereiteten Bilanzen hervor. Die hier angegebenen Prozentsätze stellen Intensitätskennziffern oder Quoten dar, die den jeweiligen Anteil des Postens am Gesamtvermögen ausdrücken.

BEISPIEL

Bilanzkennzahlen	Berichtsjahr	Vorjahr
$\text{Anlagevermögenintensität} = \frac{\text{Anlagevermögen} \cdot 100}{\text{Gesamtvermögen}}$	$\frac{8900 \cdot 100}{12500} = 71{,}2\,\%$	$\frac{8400 \cdot 100}{12000} = 70{,}0\,\%$
$\text{Umlaufvermögenintensität} = \frac{\text{Umlaufvermögen} \cdot 100}{\text{Gesamtvermögen}}$	$\frac{3600 \cdot 100}{12500} = 28{,}8\,\%$	$\frac{3600 \cdot 100}{12000} = 30{,}0\,\%$

Der Anteil des Anlagevermögens am Gesamtvermögen ist um 1,2 Prozentpunkte geringfügig gestiegen. Das Umlaufvermögen hat entsprechend um 1,2 Prozentpunkte abgenommen. Aus der Funktion des Umlaufvermögens (Gewinnträger) heraus ist das grundsätzlich negativ zu beurteilen. Bei näherer Betrachtung der absoluten Zahlen liegt die Hauptursache für die Mehrung des Anlagevermögens im Anstieg der Bilanzposition Technische Anlagen und Maschinen. Es ist also investiert worden, was grundsätzlich positiv zu bewerten sind.

Allgemeine Aussagen zur Vermögensstruktur

Die **Vermögensstruktur** ist in erster Linie abhängig von der Art und Zielsetzung des Betriebes. So haben Unternehmen des Großhandels in der Regel ein großes Umlaufvermögen, während Betriebe der Grundstoffindustrie sehr anlageintensiv sind. Daneben schlagen sich Fertigungsverfahren, Mechanisierungs- und Automatisierungsgrad, Absatzorganisation u. a. im Verhältnis von Anlage- zu Umlaufvermögen nieder.

Das **Anlagevermögen** bildet zwar die Grundlage der Betriebsbereitschaft, verursacht aber immer gleich bleibende hohe fixe Kosten. Dies wirkt sich bei rückläufiger Beschäftigung in Krisenzeiten des Betriebes oder bei unerwarteter technischer oder wirtschaftlicher Überholung der Anlagen wegen geringer Anpassungsfähigkeit anlageintensiver Betriebe besonders negativ aus. Daher ist mit dem Anlagevermögen ein großes Risiko verbunden. Die Angaben zum Anlagevermögen in der Bilanz werden durch den Anlagenspiegel präzisiert.

Aus einer Veränderung **des Anlagevermögens** können folgende betriebswirtschaftliche Aussagen abgeleitet werden:

Zunahme des Anlagevermögens	– verstärkte langfristige Kapitalbindung – Zunahme fixer Kosten (kalk. Abschreibung, Kapitalbindungskosten → kalk. Zinsen) – Verbesserung des technischen Standards – Kapazitätserweiterung, die jedoch aufgrund der langfristigen Kapitalbindung auch ein Risiko darstellt
Abnahme des Anlagevermögens	– pessimistische Zukunftserwartung wegen rückläufiger Aufträge – unterlassene Ersatz- und Neuinvestitionen wegen fehlender liquider Mittel oder schlechter Kreditwürdigkeit – Anpassung der Betriebsmittel an eine sinkende Nachfrage durch Stilllegung von Anlagen

Das **Umlaufvermögen** ist der eigentliche Gewinnträger. Durch Verkauf der produzierten Güter fließen Umsatzerlöse und somit Kapital in die Unternehmung zurück.

Im Anhang sollten daher auch die Positionen des Umlaufvermögens genauer erläutert werden.

BEISPIEL *Damit im Rahmen der Bilanzanalyse die Analyse der Vorräte aussagekräftiger ist, hat die Sommerfeld Bürosysteme GmbH dazu folgende Angaben im Anhang verfasst:*

> Die Bewertung der Vorräte erfolgte zu Anschaffungs- bzw. Herstellungskosten. Finanzierungskosten wurden nicht aktiviert.
>
> Die Ermittlung der Anschaffungs- bzw. Herstellungskosten erfolgt auf der Basis des Verfahrens des gewogenen Durchschnitts.
>
> Von den ausgewiesenen Vorräten sind 35 000,00 € für die Besicherung von Bankverbindlichkeiten sicherungsübereignet.

Kapitalaufbau (Finanzierung – Passivseite)

Die Passivseite erteilt wichtige Informationen über die Finanzierung eines Unternehmens. Sie gibt Auskunft über die Herkunft des Kapitals durch den getrennten Ausweis von **Eigenkapital** und **Fremdkapital** (Schulden).

Die Gliederung des Eigenkapitals ermöglicht Aussagen darüber, ob dieses von außen (Außenfinanzierung als Beteiligungsfinanzierung) zugeführt wurde oder durch das Unternehmen (Eigenfinanzierung als Innenfinanzierung durch Gewinne) erwirtschaftet wurde.

Die Hinweise zu den Restlaufzeiten der Verbindlichkeiten in der Bilanz oder im Anhang informieren darüber, wie lange das Fremdkapital dem Unternehmen (noch) zur Verfügung steht.

BEISPIEL *Im Anhang ihres Jahresabschlusses macht die Sommerfeld Bürosysteme GmbH die folgenden Angaben:*

Die Fristigkeit der Finanzverbindlichkeiten ergibt sich wie folgt:

Restlaufzeit	Bis 1 Jahr	1 bis 5 Jahre	Über 5 Jahre	Summe
Verb. gegenüber Kreditinstituten	450 000,00 €		2 500 000,00 €	2 950 000,00 €
Im Vorjahr	500 000,00 €		2 000 000,00 €	2 500 000,00 €

Die Verbindlichkeiten aus Lieferungen und Leistungen von 650 000,00 € (Vorjahr 560 000,00 €) sowie die sonstigen Verbindlichkeiten von 720 000,00 € (Vorjahr 505 000,00 €) haben eine Restlaufzeit von weniger als einem Jahr.

Dadurch lassen sich die Verbindlichkeiten in aufbereiteten Bilanzen in langfristige, mittelfristige und kurzfristige gliedern. Entsprechend dieser Gliederung des Kapitals nach Überlassungsfristen können auch für die Passivseite der Bilanz Intensitätskennziffern berechnet werden.

BEISPIEL

Bilanzkennzahlen	Berichtsjahr	Vorjahr
Eigenkapitalintensität (Eigenkapitalquote) $= \frac{\text{Eigenkapital} \cdot 100}{\text{Gesamtkapital}}$	$\frac{6000 \cdot 100}{12500} = 48{,}0\,\%$	$\frac{4350 \cdot 100}{12000} = 36{,}25\,\%$
Fremdkapitalintensität $= \frac{\text{Fremdkapital} \cdot 100}{\text{Gesamtkapital}}$	$\frac{6500 \cdot 100}{12500} = 52{,}0\,\%$	$\frac{7650 \cdot 100}{12000} = 63{,}75\,\%$

Die **Eigenkapitalquote** hat sich um 11,75 Prozentpunkte verbessert. Für diese Entwicklung ist sicher die Einbehaltung des Jahresüberschusses im Berichtsjahr verantwortlich.

Die **Fremdkapitalintensität** ist demnach um 11,75 Prozentpunkte zurückgegangen.

EIGENKAPITALINTENSITÄT ODER -QUOTE:

Die Eigenkapitalintensität oder -quote besagt,

- in welchem Umfang sich der Unternehmer selbst bzw. die Gesellschafter an der Finanzierung des Unternehmens und dem damit verbundenen Risiko beteiligen,
- wie hoch der Anteil des Haftungs- oder Garantiekapitals ist.

Je höher der Eigenkapitalanteil ist, desto größer ist die **finanzielle Stabilität** wegen der unbegrenzten Überlassungsfristen. Entsprechend wird die Abhängigkeit der Unternehmung von Gläubigern mit zunehmendem Eigenkapital verringert. Andererseits ist jedoch zu beachten, dass mit der Aufnahme neuer Gesellschafter oder Gesellschafterinnen zum Zwecke der Eigenfinanzierung die Rechte und damit die Aktionsfähigkeit der bisherigen Geschäftsführung eingeschränkt werden können. Darüber hinaus sagt die Eigenkapitalquote etwas über die Kreditwürdigkeit des Unternehmens aus, weil sie den Anteil des Haftungskapitals angibt. Eine Eigenkapitalquote von 50 % kann als überdurchschnittlich gut interpretiert werden. Die durchschnittliche Eigenkapitalquote deutscher Unternehmen schwankt seit Jahren zwischen 30 % und 35 %. Auch damit gelten sie als solide finanziert.

FREMDKAPITALINTENSITÄT ODER ANSPANNUNGSKOEFFIZIENTEN:

Die Fremdkapitalintensität oder der Anspannungskoeffizient gibt Auskunft über das Kapitalrisiko, welches für Investoren und Fremdkapitalgeber existiert. Nachteilig wirkt sich aus, dass Fremdkapital zu Zinszahlungen führt und getilgt werden muss, auch wenn die Ertragslage ungünstig ist.

Je höher diese Quote ist, desto stärker wird die **Dispositionsfähigkeit** über Vermögensteile eingeschränkt, weil Vermögensteile an die Gläubiger als Sicherheiten verpfändet oder übereignet werden mussten. Mit der Abnahme der anzubietenden Sicherheiten verschlechtert sich folglich die Kreditwürdigkeit.

Vielfach werden statt der beiden Intensitätskennzahlen auch andere Kennzahlen gewählt, die Ähnliches aussagen:

BEISPIEL

Bilanzkennzahlen	Berichtsjahr	Vorjahr
Intensität der kurzfristigen Schulden (finanzielle Beweglichkeit) $= \frac{\text{kurzfristige Verbindlichkeiten} \cdot 100}{\text{Gesamtkapital}}$	$\frac{2\,500 \cdot 100}{12\,500} = 20{,}0\,\%$	$\frac{4\,300 \cdot 100}{12\,000} = 35{,}8\,\%$
Finanzierung (Fremdkapitaldeckung) $= \frac{\text{Eigenkapital} \cdot 100}{\text{Fremdkapital}}$	$\frac{6\,000 \cdot 100}{6\,500} = 92{,}3\,\%$	$\frac{4\,350 \cdot 100}{7\,650} = 56{,}9\,\%$
Verschuldungskoeffizient $= \frac{\text{Fremdkapital} \cdot 100}{\text{Eigenkapital}}$	$\frac{6\,500 \cdot 100}{6\,000} = 108{,}3\,\%$	$\frac{7\,650 \cdot 100}{4\,350} = 175{,}9\,\%$

*Wegen der zunehmenden langfristigen Finanzierung wurde die Intensität der kurzfristigen Schulden stark abgebaut (im Beispiel 15,8 Prozentpunkte). Die **Finanzierung** oder **Fremdkapitaldeckung** hat sich wesentlich verbessert, was auf die stark zugenommene Eigenfinanzierung durch Einbehaltung des Gewinns zurückzuführen ist.*

Der Verschuldungskoeffizient hat folglich deutlich abgenommen.

INTENSITÄT DER KURZFRISTIGEN SCHULDEN:

Der Anteil kurzfristiger Schulden am Gesamtkapital sagt etwas über die Anspannung der Liquidität der Unternehmung durch laufende Kapitalrückzahlungen und über das Finanzierungsrisiko wegen der kurzfristigen Überlassungsfristen aus.

Die **Gegenüberstellung von Eigenkapital und Fremdkapital** vermittelt einen Einblick in die Art der Finanzierung eines Unternehmens. Sie kann als Fremdkapitaldeckung oder als Verschuldungskoeffizient dargestellt werden.

FINANZIERUNG ODER FREMDKAPITALDECKUNG:

Sie sagt etwas über die Deckung und damit Sicherheit des Fremdkapitals aus.

Der **Verschuldungskoeffizient** bestätigt die Aussagen der Fremdkapitaldeckung. Daraus kann ein verstärkter Schuldendienst (Tilgungen und Zinszahlungen) abgeleitet werden, was ebenfalls mit einer zunehmenden Belastung der Liquidität gleichzusetzen ist. Dies ist jedoch nicht zwingend, weil der Verschuldungskoeffizient die Fristigkeit des Fremdkapitals nicht in die Analyse einbezieht.

Die Kapitalanlage (Investierung)

Bei Investitionen haben die Unternehmen darauf zu achten, dass **Kapitalüberlassungsfristen** mit **Kapitalbindungsfristen** übereinstimmen **(goldene Finanzierungsregel)**. Dieser Grundsatz der Fristengleichheit wird vor allem für die Finanzierung des Anlagevermögens gefordert **(goldene Bilanzregel oder goldene Bankregel)**.

BEISPIEL

Bilanzkennzahlen	Berichtsjahr	Vorjahr
Anlagendeckungsgrad I = $\frac{\text{Eigenkapital} \cdot 100}{\text{Anlagevermögen}}$	$\frac{6000 \cdot 100}{8900} = 67{,}4\,\%$	$\frac{4350 \cdot 100}{8400} = 51{,}8\,\%$
Anlagendeckungsgrad II = $\frac{\text{Eigenkapital + langfristiges Fremdkapital} \cdot 100}{\text{Anlagevermögen}}$	$\frac{10000 \cdot 100}{8900} = 112{,}4\,\%$	$\frac{7700 \cdot 100}{8400} = 91{,}7\,\%$

*Die Verbesserung der **Anlagendeckung I** um 15,6 Prozentpunkte weist darauf hin, dass die Investition in das Anlagevermögen eigenfinanziert wurde. Die Verbesserung des Anlagendeckungsgrades II um 20,7 % hat dieselbe Ursache. Allerdings liegen beide Anlagendeckungsgrade noch unter den Soll-Werten.*

Der Anlagendeckungsgrad I sollte bei rund 100 %, der Anlagendeckungsgrad II bei ca. 150 % liegen, da das Anlagevermögen (und somit die Betriebsbereitschaft) langfristig finanziert sein sollten.

ANLAGENDECKUNGSGRAD I:

Die Kennziffer **Anlagendeckungsgrad I** zeigt, ob das Anlagevermögen, das dem Unternehmen auf lange Sicht dienen soll, mit Mitteln finanziert wurde, die dem Unternehmen dauernd zur Verfügung stehen.

Das **Anlagevermögen bildet die Grundlage der Betriebsbereitschaft**. Da der Verzehr des Anlagevermögens und damit der Rückfluss dieser Wertminderungen über die Erlöse sich über mehrere Jahre erstreckt, ist eine **langfristige Finanzierung** existenznotwendig für das Unternehmen. Dies gilt verstärkt für Krisenzeiten, in denen die Belastungen durch Fremdkapital (Tilgung und Zinsen) wegen verringerter Gewinne erhebliche Schwierigkeiten bereiten. Durch die langfristige Finanzierung wird sichergestellt, dass in Krisenzeiten keine Anlagen verkauft werden müssen, um fälligen Zahlungsverpflichtungen nachzukommen.

ANLAGENDECKUNGSGRAD II:

Es ist weder notwendig noch zweckmäßig, Anlagevermögen ausschließlich mit Eigenkapital zu finanzieren. Auch **langfristiges Fremdkapital** kann zu seiner Finanzierung herangezogen werden.

Liquidität (Zahlungsfähigkeit)

LIQUIDITÄT

ist die Fähigkeit der Unternehmung, ihren Verbindlichkeiten fristgemäß nachzukommen. Ist die Unternehmung dazu in der Lage, befindet sie sich im **finanziellen Gleichgewicht**. Sie wird als liquide bezeichnet. Ist die Zahlungsfähigkeit größer als der Zahlungsmittelbedarf, liegt **Überliquidität** vor.

Da das im Anlagevermögen investierte Kapital grundsätzlich langfristig gebunden bleibt, müssen fällige Schulden aus dem Umlaufvermögen getilgt werden. Eine unpünktliche Erfüllung der Zahlungsverpflichtungen kann zum Verlust der Kreditwürdigkeit führen. Anhaltende **Zahlungsunfähigkeit** führt sogar zur Insolvenz. Daher sollte ein Unternehmen immer in der Lage sein, seinen finanziellen Verpflichtungen nachzukommen. Das ist langfristig nur möglich, wenn liquide Mittel einer bestimmten Fristigkeit mit entsprechenden Fälligkeiten der Verbindlichkeiten übereinstimmen.

Wie die mangelhafte Liquidität bringt auch eine Überliquidität wirtschaftliche Nachteile mit sich, nämlich Zinsverlust und damit Minderung der Rentabilität. Zur Beurteilung der Liquidität sind den Verbindlichkeiten (Zahlungsverpflichtungen) die liquiden Mittel gegenüberzustellen. Nach den Kriterien „Flüssigkeit und Fälligkeit“ werden liquide Mittel und Verbindlichkeiten 1., 2. und 3. Ordnung unterschieden und in einzelnen Liquiditätskennziffern berücksichtigt.

BEISPIEL

Bilanzkennzahlen	Berichtsjahr	Vorjahr
Liquidität 1. Grades (Barliquidität) $= \frac{\text{liq. Mittel} \cdot 100}{\text{kurzfr. Schulden}}$	$\frac{680 \cdot 100}{2500} = 27{,}2\,\%$	$\frac{640 \cdot 100}{4300} = 14{,}9\,\%$
Liquidität 2. Grades (einzugsbedingte Liquidität) $= \frac{(\text{liq. Mittel} + \text{kurzfr. Ford.}) \cdot 100}{\text{kurzfristige Schulden}}$	$\frac{(680 + 1850) \cdot 100}{2500} = 101{,}2\,\%$	$\frac{(640 + 2140) \cdot 100}{4300} = 64{,}7\,\%$
Liquidität 3. Grades (absatzbedingte Liquidität) $= \frac{\text{Umlaufvermögen} \cdot 100}{\text{kurzfristige Schulden}}$	$\frac{3600 \cdot 100}{2500} = 144{,}0\,\%$	$\frac{3600 \cdot 100}{4300} = 83{,}7\,\%$

Alle **Liquiditätskennzahlen** haben sich verbessert. Die Barliquidität von 27,2 % besagt, dass von 100,00 € kurzfristigen Schulden bei sofortiger Fälligkeit nur 27,20 € getilgt werden können. Das ist zwar gegenüber dem Vorjahr eine starke Verbesserung, deutet aber immer noch auf eine Gefährdung der Liquidität hin, da der Liquiditätsgrad I ca. 50 % betragen sollte. Die Liquidität 2. Grades, die ca. 100 % betragen sollte, bestätigt eine kurzfristige Absicherung und eine erhebliche Verbesserung gegenüber dem Vorjahr. Auch die Liquidität 3. Grades hat sich verbessert, sollte aber mindestens 150 % betragen.

PRAXISTIPP!

Die Liquiditätskennziffern sollten mit Vorsicht beurteilt werden. Sie gelten nur für den Bilanzstichtag und geben somit einen Status an, der sich schnell ändern kann.

Aussagen für die Zukunft können deshalb nur bei Kenntnis der Fälligkeitsdaten der Verbindlichkeiten, der Einkaufdisposition, der Liquidierbarkeit der Posten des Umlaufvermögens, der Marktlage und der Zahlungsgewohnheiten der Kunden gemacht werden.

Eine im Zeitvergleich rückläufige Tendenz der Liquidität kann auf Fehldispositionen oder aber auch auf die Verwendung aller liquiden Reserven zur Finanzierung von Anlagen und Vorräten, beispielsweise zum Zwecke der Betriebserweiterung und Umsatzsteigerung, zurückzuführen sein. Parallel zur Liquidität sind also die Entwicklung anderer Bilanzposten und der Kapitalfluss zu betrachten.

Liquiditätsstatus in Staffelform

Hierbei handelt es sich um eine Gegenüberstellung von Vermögens- und Schuldenteilen, aufgegliedert nach Fristen, in denen sie voraussichtlich zu Einnahmen bzw. zu Ausgaben führen. Diese auf die künftige Zahlungsbereitschaft gerichtete Rechnung soll kurz-, mittel- und langfristige Unter- oder Überdeckung der Schulden durch vorhandene Mittel erkennen lassen.

BEISPIEL

	Berichtsjahr	Vorjahr
liquide Mittel – kurzfristige Verbindlichkeiten	680 000,00 2 500 000,00	640 000,00 4 300 000,00
Unterdeckung/Überdeckung + kurzfristige Forderungen	–1 820 000,00 1 850 000,00	–3 660 000,00 2 140 000,00
Unterdeckung/Überdeckung + Vorräte	+30 000,00 1 070 000,00	–1 520 000,00 820 000,00
Unterdeckung/Überdeckung	+1 100 000,00	–700 000,00

Der Liquiditätsstatus des Beispiels zeigt, dass durch die Heranziehung der kurzfristigen Forderungen eine Tilgung der kurzfristigen Verbindlichkeiten zu erreichen ist. Dies war im Vorjahr noch nicht so. Dort bestand selbst nach Hinzuziehung der Vorräte noch eine Unterdeckung von 700 000,00 €. Die Liquiditätslage der Sommerfeld Bürosystem GmbH hat sich also deutlich verbessert.

ZUSAMMENFASSUNG

Bilanzanalyse und -interpretation

- **Notwendigkeit**
  - Kontrolle und Beurteilung der Vermögens- und Finanzlage
  - Kontrolle und Beurteilung der Geschäftsgebarung
  - Beurteilung der Kreditwürdigkeit durch Fremdkapitalgeber
  - Beurteilung von Chancen und Risiken durch Investoren
- **Methoden der Auswertung**
  - Einzelanalyse
  - Zeitvergleich
  - Betriebs- und Branchenvergleich
  - Soll-Ist-Vergleich
- **Strukturierung der Bilanz**
  - Kapitalstruktur nach Überlassungsfristen
  - Vermögensstruktur nach Kapitalbindungsfristen
- **Bilanzkennziffern**
  - $\text{Anlagevermögensintensität} = \frac{\text{AV} \cdot 100}{\text{Gesamtvermögen}}$
  - $\text{Umlaufvermögensintensität} = \frac{\text{UV} \cdot 100}{\text{Gesamtvermögen}}$
  - $\text{Eigenkapitalquote} = \frac{\text{Eigenkapital} \cdot 100}{\text{Gesamtkapital}}$
  - $\text{Fremdkapitalintensität} = \frac{\text{Fremdkapital} \cdot 100}{\text{Gesamtkapital}}$
  - Intensität der kurzfristigen Schulden (finanzielle Beweglichkeit) $= \frac{\text{Kurzfr. Verbindlichkeiten} \cdot 100}{\text{Gesamtkapital}}$
  - Finanzierung (Fremdkapitaldeckung) $= \frac{\text{Eigenkapital} \cdot 100}{\text{Fremdkapital}}$
  - $\text{Verschuldungskoeffizient} = \frac{\text{Fremdkapital} \cdot 100}{\text{Eigenkapital}}$
  - $\text{Anlagendeckung I} = \frac{\text{Eigenkapital} \cdot 100}{\text{Anlagevermögen}}$
  - $\text{Anlagendeckung II} = \frac{(\text{Eigenkapital} + \text{langfr. Fremdkapital}) \cdot 100}{\text{Anlagevermögen}}$
  - Liquidität 1. Grades (Barliquidität) $= \frac{\text{Liquide Mittel} \cdot 100}{\text{kurzfristige Verbindlichkeiten}}$
  - Liquidität 2. Grades (einzugsbedingte Liquidität) $= \frac{(\text{Liquide Mittel} + \text{kurzfr. Forderungen}) \cdot 100}{\text{kurzfristige Verbindlichkeiten}}$
  - Liquidität 3. Grades (Umsatzbedingte Liquidität) $= \frac{\text{Umlaufvermögen} \cdot 100}{\text{kurzfristige Verbindlichkeiten}}$

AUFGABEN

1 Zwei Möbelfabriken, deren Kapazitäten weitgehend übereinstimmen, erzielen auf ihren Absatzmärkten gleich hohe Umsätze bei fast gleichartigem Produktionsprogramm. Sie sollen die Bilanzen (in Mio. EUR) dieser beiden Betriebe aufbereiten und auswerten.

Aktiva — Bilanzen der Möbelfabriken A-AG und B-AG zum 31.12. — Passiva

	A-AG	B-AG		A-AG	B-AG
A. Anlagevermögen			A. Eigenkapital		
1. Grundstücke, Gebäude	350	320	I. Gezeichnetes Kapital	600	600
2. Maschinen	420	750	II. Gewinnrücklagen	30	270
3. Geschäftsausstattung	140	130	III. Jahresüberschuss	60	150
B. Umlaufvermögen			B. Rückstellungen		
I. Vorräte			1. Steuerrückstellungen	20	25
1. Roh-, Hilfs-, Betriebsstoffe	215	108	2. Sonstige Rückstellungen	15	5
2. Unfertige Erzeugnisse	85	20	C. Verbindlichkeiten		
3. Fertige Erzeugnisse	90	10	1. Bankverbindlichkeiten		
II. Forderungen			a) mit einer Restlaufzeit von über 5 Jahren	400	228
1. Forderungen a. LL	80	42	b) mit einer Restlaufzeit von mehr als 1 bis 5 Jahren	130	50
2. Sonstige Forderungen	12	8	c) mit einer Restlaufzeit von bis zu 1 Jahr	70	30
IV. Kasse, Bankguthaben	5	10	2. Verbindlichkeiten a. LL	57	28
C. Rechnungsabgrenzung	3	2	3. Sonstige Verbindlichkeiten	13	10
			D. Rechnungsabgrenzungsposten	5	4
	1 400	1 400		1 400	1 400

a) Stellen Sie nach dem Beispiel auf S. 87/88 die aufbereiteten Bilanzen zusammen. Es ist davon auszugehen, dass jeweils die Hälfte des Jahresüberschusses an die Aktionäre ausgeschüttet werden soll.

b) Bestimmen Sie die Anlagevermögensintensität und die Umlaufvermögensintensität beider Unternehmen und vergleichen Sie die beiden Unternehmen miteinander.

c) Bestimmen Sie im Rahmen der Analyse des Kapitalaufbaus beider Unternehmen
- die Eigenkapitalquote,
- die Fremdkapitalintensität,
- die Intensität der kurzfristigen Schulden,
- die Finanzierung,
- den Verschuldungskoeffizienten.

Beurteilen Sie den Kapitalaufbau beider Unternehmen.

d) Berechnen Sie für beide Unternehmen die Anlagendeckung I und Anlagendeckung II zur Beurteilung der Investierung.

e) Berechnen Sie für beide Unternehmen
- die Liquidität 1. Grades,
- die Liquidität 2. Grades,
- die Liquidität 3. Grades.

Stellen Sie den Liquiditätsstatus in Staffelform auf. Beurteilen Sie aufgrund der Kennziffern und des Liquiditätsstatus die Liquidität der Kapitalgesellschaften.

2 Sie werden beauftragt, die unten stehenden Bilanzen eines Industriebetriebes auszuwerten (in EUR):

Aktiva	1	2	Passiva	1	2
I. Anlagevermögen			**I. Eigenkapital**	370000,00	350000,00
1. Grundstücke	20000,00	20000,00	**II. Fremdkapital**		
2. Gebäude	25000,00	24000,00	1. Hypothekenschulden	40000,00	40000,00
3. Maschinen	60000,00	55000,00	2. Darlehensschulden	120000,00	120000,00
4. Fuhrpark	15000,00	120000,00	3. Verbindlichkeiten a. LL	170000,00	190000,00
5. Geschäftsausstattung	30000,00	26000,00			
II. Umlaufvermögen					
1. Vorräte	209700,00	280300,00			
2. Forderungen a. LL	115000,00	80400,00			
3. Kasse	9300,00	6200,00			
4. Bank	216000,00	88100			
	700000,00	700000,00		700000,00	700000,00

Ermitteln Sie dabei für beide Jahre die Kennzahlen

a) **zum Vermögensaufbau**
   aa) Anlagevermögensintensität
   ab) Umlaufvermögensintensität

b) **zur Finanzierung**
   ba) Eigenkapitalintensität
   bb) Fremdkapitalintensität
   bc) Intensität der kurzfristigen Schulden
   bd) Finanzierung
   be) Verschuldungskoeffizient

c) **zur Anlagendeckung**
   ca) Anlagendeckung I
   cb) Anlagendeckung II

d) **zur Liquidität**
   da) Liquidität 1. Grades
   db) Liquidität 2. Grades
   dc) Liquidität 3. Grades
   dd) Liquiditätsstatus

Beurteilen Sie die Entwicklung des Unternehmens anhand der Kennzahlen in einem Bericht zur Bilanz.

3 a) Stellen Sie nach folgenden Angaben (Werte in TEUR) eine Bilanz nach den Gliederungsvorschriften des § 266 HGB auf:

Roh-, Hilfs- und Betriebsstoffe	220
Beteiligungen	300
Betriebs- und Geschäftsausstattung	200
Forderungen a. LL	25
Erhaltene Kundenanzahlungen	10
Wertpapiere des Anlagevermögens	20
Sonstige Vermögensgegenstände	25
Pensionsrückstellungen	110
Anzahlungen an Rohstofflieferer	30
Passive Rechnungsabgrenzungsposten	8
Aktive Rechnungsabgrenzungsposten	3
Fuhrpark	375
Maschinen	675
Unfertige und fertige Erzeugnisse	80
Verbindlichkeiten a. LL	140
Grundstücke und Gebäude	1100
Bankguthaben	180
Sonstige kurzfristige Verbindlichkeiten	30
Darlehensschulden mit einer Restlaufzeit über 5 Jahre	150
Andere Rückstellungen	80
Anleihen über 5 Jahre	435
Eigenkapital	2270

b) Die Bilanz ist unter Beachtung folgender Angabe zu bereinigen und nach dem Schema auf S. 87/88 zu gliedern:
Die „andere(n) Rückstellungen“ sind im Gegensatz zu den Pensionsrückstellungen dem kurzfristigen Fremdkapital zuzurechnen.

c) Ermitteln Sie folgende Bilanzkennzahlen:
   - Anlagevermögensintensität
   - Umlaufvermögensintensität
   - Eigenkapitalintensität
   - Fremdkapitalintensität
   - Intensität der kurzfristigen Schulden
   - Verschuldungskoeffizient
   - Anlagendeckung I
   - Anlagendeckung II
   - Liquidität 1. Grades
   - Liquidität 2. Grades

d) Stellen Sie den Liquiditätsstatus auf.

e) Beurteilen Sie die einzelnen Kennzahlen.

4 Gegeben ist die Bilanz eines Industriebetriebes in TEUR:

Aktiva	Bilanz		Passiva
I. Anlagevermögen		**I. Eigenkapital**	2 200,00
Bebaute Grundstücke	400	**II. Schulden über 5 Jahre**	
Gebäude	600	Hypothekenschulden	500
Maschinen	450	Darlehensschulden	100
Fuhrpark	350	**III. Andere Verbindlichkeiten**	
Betriebs- und Geschäftsausstattung	200	Verbindlichkeiten a. LL	800
II. Umlaufvermögen		Sonstige Verbindlichkeiten	395
Roh-, Hilfs- und Betriebsstoffe	700	**IV. Rechnungsabgrenzungsposten**	5
Unfertige und fertige Erzeugnisse	230		
Forderungen a. LL	943		
Kasse	7		
Bank	118		
III. Rechnungsabgrenzungsposten	2		
	4 000		4 000

a) Die Bilanz ist unter Beachtung folgender Angaben zu bereinigen:
Die aktiven Rechnungsabgrenzungsposten sind mit den kurzfristigen Forderungen, die passiven Rechnungsabgrenzungsposten mit den kurzfristigen Verbindlichkeiten zusammenzufassen.

b) Bereiten Sie die bereinigte Bilanz durch Umrechnung der absoluten Zahlen in Verhältniszahlen auf.

c) Ermitteln Sie
   - die Konstitution,
   - die Anlagen- und Umlaufvermögensintensität,
   - die Eigen- und Fremdkapitalintensität und die Finanzierung,
   - die Anlagendeckung I und II,
   - die Liquidität 1., 2. und 3. Grades.

5 a) In Industriebetrieben bilden Rohstoffe oft den größten Posten innerhalb des Umlaufvermögens. Erläutern Sie diesen Sachverhalt.
b) Erläutern Sie, inwieweit aus dem Vermögensaufbau Rückschlüsse auf die Branche gezogen werden können.
c) Erläutern Sie, welche Probleme die Umstellung des Produktionsprogrammes für den anlagenintensiven Betrieb mit sich bringt.

6 a) Beurteilen Sie die Eigenkapitalintensität und die Finanzierung im Beispiel auf den Seiten 90 und 91.
b) Erläutern Sie, wodurch das Verhältnis Eigenkapital : Fremdkapital noch verbessert werden kann.
c) Nennen Sie Aspekte, die eine Verschlechterung hervorrufen können.
d) Wie beurteilen Sie das Verhältnis von Eigenkapital : Fremdkapital = 3 : 4?

7 a) Ein Industrieunternehmen hat eine neue Fertigungsanlage im Wert von 360 000,00 € mit einem kurzfristigen Kredit (Laufzeit: sechs Monate) finanziert. Beurteilen Sie diese Entscheidung.
b) Der Deckungsgrad I des Anlagevermögens durch langfristiges Kapital entwickelt sich auf 110 % gegenüber 75 % des Vorjahres. Die Unternehmung war aus einer Einzelunternehmung in eine KG umgewandelt worden. Prüfen Sie, ob die Veränderung der Kennziffer durch diesen Vorgang beeinflusst worden sein kann.

8 a) Warum ist die aus der Bilanz errechnete Zahlungsbereitschaft mit Vorsicht zu behandeln?
b) Welche Angaben müssten Sie haben, um ein genaueres Bild über die Liquidität zu erhalten?
c) Durch welche Maßnahmen kann die Liquidität verbessert werden?

9 Erklären Sie folgende Bilanzpositionen einer Kapitalgesellschaft:

a) Eigenkapital
b) Rücklagen
c) Rückstellungen
d) Verbindlichkeiten
e) Sachanlagen
f) Vorräte
g) Finanzanlagen

10 Folgende vereinfachte Bilanzen in Mio. EUR eines Industriebetriebes sind auszuwerten:

	Vorjahr	Berichts-jahr		Vorjahr	Berichts-jahr
Sachanlagen Finanzanlagen	600 120	700 70	Eigenkapital Langfristiges Fremdkapital Kurzfristiges Fremdkapital	600 375 225	700 520 280
Anlagevermögen	720	770			
Vorräte Forderungen Liquide Mittel	220 140 120	315 210 105			
Umlaufvermögen	480	630			
Vermögen	1 200	1 400	Kapital	1 200	1 400

a) Nennen Sie Bilanzposten, die in den einzelnen Vermögens- und Kapitalgruppen enthalten sind.
b) Ermitteln Sie die Intensitätskennziffern der einzelnen Vermögens- und Kapitalgruppen.
c) Ermitteln Sie die prozentualen Veränderungen der Einzelgruppen und geben Sie die Ursachen und Folgen an.
d) Ermitteln Sie den Verschuldungskoeffizienten, die Anlagendeckung I und II und die Liquidität 1., 2. und 3. Grades.
e) Stellen Sie den Liquiditätsstatus in Staffelform auf.

11 Beurteilen und vergleichen Sie die Betriebe I und II aufgrund ihrer Bilanzen:

a) Stellen Sie die Bilanzen nach der bekannten Ordnung und Gliederung auf.
b) Bereiten Sie die Bilanzen auf.
c) Beurteilen Sie die Finanzierung, die Kapitalinvestierung, den Vermögensaufbau und die Liquidität.
d) Stellen Sie Ihre Ergebnisse zur Präsentation mithilfe eines geeigneten Mediums dar und präsentieren Sie diese.

	Betrieb I €	Betrieb II €
Kasse	7 200,00	8 500,00
Bankguthaben	43 300,00	52 200,00
Vorräte	185 000,00	215 100,00
Forderungen a. LL	64 500,00	60 200,00
Gebäude	60 000,00	15 000,00
Maschinen	25 000,00	3 000,00
Fuhrpark	85 000,00	25 000,00
Geschäftsausstattung	30 000,00	41 000,00
Verbindlichkeiten a. LL	75 000,00	84 800,00
Darlehensschulden	50 000,00	31 200,00
Hypothekenschulden	25 000,00	10 000,00
Eigenkapital	350 000,00	294 000,00

12 Welche der folgenden Aussagen zu einem Anlagendeckungsgrad II von 100 % ist korrekt?

a) Das Anlagevermögen wird vollständig durch kurzfristiges Fremdkapital finanziert.
b) Das Anlagevermögen des Unternehmens entspricht der Höhe des Umlaufvermögens.
c) Das Anlagevermögen des Unternehmens ist ausschließlich durch Fremdkapital finanziert.
d) Das Anlagevermögen wird vollständig durch Eigenkapital und langfristiges Fremdkapital finanziert.
e) Das Umlaufvermögen wird vollständig durch Eigenkapital und langfristiges Fremdkapital finanziert.

4.2 Die Gewinn-und-Verlust-Rechnung einer Kapitalgesellschaft in Verbindung mit dem Anhang analysieren

Der Kreditsachbearbeiter der Deutschen Bank AG hat Herrn Feld gebeten, zusätzlich zu den Bilanzen die Gewinn-und-Verlust-Rechnungen der letzten beiden Jahre zur Einsicht nachzureichen.

Gewinn-und-Verlust-Rechnungen der Sommerfeld Bürosysteme GmbH in TEUR

		Berichtsjahr	Vorjahr			Berichtsjahr	Vorjahr
5200	Bestandsveränderungen	120	85	5000	Umsatzerlöse für eigene Erzeugnisse	45000	42000
6000	Aufwendungen für Rohstoffe	12250	11607	5100	Umsatzerlöse für Handelswaren	1390	1460
6020	Aufwendungen für Hilfsstoffe	3956	3840	5400	Mieterträge	96	36
6050	Aufwendungen für Energie	1195	1086	5410	Sonstige Erlöse	62	15
6160	Fremdinstandsetzung	716	100	5710	Zinserträge	27	22
6200	Löhne	12143	10995				
6300	Gehälter	6982	6347				
6500	Abschreibungen	672	640				
6700	Mieten/Leasing	1410	1304				
6800	Aufwendungen für Kommunikation (Büromaterial, Werbung)	2038	1970				
6900	Versicherungsbeiträge	74	73				
6979	Anlagenabgänge	649	45				
7000	Betriebliche Steuern	1225	1190				
7510	Zinsaufwendungen	145	125				
7710	Körperschaftsteuer	1350	1856				
3400	Jahresüberschuss	1650	2270				
		46575	43533			46575	43533

ARBEITSAUFTRÄGE

- Erläutern Sie, warum der Kreditsachbearbeiter auch die Gewinn-und-Verlust-Rechnungen der letzten beiden Jahre benötigt.
- Erläutern Sie, welche ergänzenden Informationen zur GuV dem Anhang entnommen werden können.

Aufbereitung der Gewinn-und-Verlust-Rechnung

Die Einbeziehung der Gewinn-und Verlustrechnung in die Auswertung des Jahresabschlusses ermöglicht Analysen zur **Aufwands- und Ertragsstruktur** des Unternehmens. Im Vergleich mit früheren GuV-Rechnungen und in Verbindung mit den Bilanzdaten und Daten des Anhangs können weitere Kennziffern zur Entwicklung des Unternehmens gewonnen werden. Wie bei der Bilanzanalyse muss der Ermittlung von Kennzahlen eine entsprechende Aufbereitung vorausgehen.

Im folgenden Beispiel werden in den aufbereiteten GuV-Rechnungen die Anteile (Intensitätskennziffern) der Erfolgsquellen am Gesamtertrag (= 100 %) und deren Entwicklung gegenüber dem Vorjahr dargestellt:

BEISPIEL *(vgl. Seite 21 f.): Aufbereitete Gewinn-und-Verlust-Rechnungen der Sommerfeld Bürosysteme GmbH:*

	Berichtsjahr		Vorjahr		Veränderungen	
	TEUR	%	TEUR	%	TEUR	%
Umsatzerlöse	46 390	99,9	43 460	100,1	+2 930	+6,7
Bestandsveränderungen (Bestandsminderungen)	−120	−0,2	−85	−0,2	+35	+41,2
Sonstige betriebliche Erträge	158	0,3	51	0,1	+107	+209,8
Betriebliche Erträge	**46 428**	**100,0**	**43 426**	**100,0**	**+3 002**	**+6,9**
Materialaufwand	16 205	34,9	15 447	35,6	+758	+4,9
Personalaufwand	19 125	41,2	17 342	39,9	+1 783	+10,3
Abschreibungen	672	1,4	640	1,5	+32	+5,0
Sonstige betriebl. Aufwend.	7 308	15,7	5 768	13,3	+1 540	+26,7
Betriebliche Aufwendungen	**43 310**	**93,3**	**39 197**	**90,3**	**+4 113**	**+10,5**
Betriebsergebnis	**3 118**	**6,7**	**4 229**	**9,7**	**−1 111**	**−26,3**
Zinsen u. ähnliche Aufwend.	145	0,3	125	0,3	+20	+16,0
Zinserträge	27	0,1	22	0,1	+5	+22,7
Finanzergebnis	**−118**	**−0,2**	**−103**	**−0,2**	**−15**	**+14,6**
Steuern	1 350	2,9	1 856	4,3	−506	−27,3
Jahresüberschuss/-fehlbetrag	**1 650**	**3,6**	**2 270**	**5,2**	**−620**	**−27,3**

Diese Kennzahlen zeigen, dass sich die Struktur der Aufwendungen und Erträge wesentlich verändert hat, insbesondere die sonstigen betrieblichen Aufwendungen und die Personalaufwendungen. Alle übrigen betrieblichen Aufwendungen haben sich in einem ähnlichen

Verhältnis wie die Umsatzerlöse verändert. Es ist insgesamt ein wesentlich schlechteres Ergebnis als im Vorjahr erzielt worden.

Beurteilung der betrieblichen Aufwendungen und Erträge

Unternehmer und Außenstehende beobachten besonders die betrieblichen Aufwendungen und Erträge und deren Entwicklung, weil von diesen langfristig die Existenz und Beurteilung einer Unternehmung abhängig sind. In diesem Zusammenhang werden die wichtigsten Aufwendungen und Erträge des Betriebes als Anteile der gesamten betrieblichen Aufwendungen und Erträge ausgedrückt.

BEISPIEL

	Berichtsjahr	Vorjahr
Umsatzintensität = $\frac{\text{Umsatzerlöse} \cdot 100}{\text{betriebliche Erträge}}$	$\frac{46\,390 \cdot 100}{46\,428} = 99{,}9\,\%$	$\frac{43\,460 \cdot 100}{43\,426} = 100{,}1\,\%$

Im Berichtsjahr sind 99,9 % der betrieblichen Erträge Umsatzerlöse, im Vorjahr waren es 100,1 %. Die Werte erklären sich durch Bestandsveränderungen.

Zur genaueren Analyse der Umsatzerlöse gibt der **Segmentbericht** im Anhang wichtige ergänzende Informationen.

BEISPIEL *Der Segmentbericht der Sommerfeld Bürosysteme GmbH gibt Aufschluss darüber, wie viel Umsatz die einzelnen Produktgruppen zum Gesamtumsatz beitrugen und welcher Anteil davon auf das Inland und auf das Ausland entfällt. Exemplarisch sind hier die Zahlen von zwei der vier Produktgruppen abgebildet.*

	Warten und Empfang		Am Schreibtisch	
	Berichtsjahr	**Vorjahr**	**Berichtsjahr**	**Vorjahr**
Umsatzerlöse in TEUR	8325	5796	13725	13482
%-Anteil am Gesamtumsatz	18,5 %	13,8 %	30,5 %	32,1 %
davon entfallen auf				
Inland in TEUR	6240	5216	11391	12268
Ausland in TEUR	2085	580	2334	1214

BEISPIEL *Um eine genauere Einschätzung zu ermöglichen, findet sich ergänzend zu den Kennzahlen folgende Textpassage im Lagebericht der Sommerfeld Bürosysteme GmbH:*

> Trotz äußerst schwieriger Rahmenbedingungen erreichte das Unternehmen Umsatzerlöse von 46,4 Mio. €. Dabei führte die Umsatzentwicklung im Inland zu einem Umsatzrückgang von 11 %. Ausgeglichen werden konnte dies nur durch Erschließung neuer Märkte in Europa, sodass die Auslandsquote des Umsatzes von 12,5 % auf 21,2 % des Umsatzes stieg.

Die Aufwandsintensitäten drücken den Anteil der Aufwendungen am Gesamtaufwand aus, die zur Erzielung der Umsatzerlöse notwendig waren. Je nach Bedeutung der Produktionsfaktoren werden Industriebetriebe eingeteilt in:

- **materialintensive Betriebe** bei überwiegender Materialintensität
- **lohnintensive Betriebe** bei überwiegender Personalaufwandsintensität
- **anlageintensive Betriebe** bei überwiegender Abschreibungsintensität

BEISPIEL *Im Anhang weist die Sommerfeld Bürosysteme GmbH folgende Aufwandsintensitäten aus:*

Aufwandsintensitäten	Berichtsjahr	Vorjahr
Materialaufwandsintensität $= \frac{\text{Materialaufwand} \cdot 100}{\text{betriebl. Aufwendungen}}$	$\frac{16\,205 \cdot 100}{43\,310} = 37{,}4\,\%$	$\frac{15\,447 \cdot 100}{39\,197} = 39{,}4\,\%$
Personalaufwandsintensität $= \frac{\text{Personalaufwand} \cdot 100}{\text{betriebl. Aufwendungen}}$	$\frac{19\,125 \cdot 100}{43\,310} = 44{,}2\,\%$	$\frac{17\,342 \cdot 100}{39\,197} = 44{,}2\,\%$
Abschreibungsintensität $= \frac{\text{Abschreibungen} \cdot 100}{\text{betriebl. Aufwendungen}}$	$\frac{672 \cdot 100}{43\,310} = 1{,}6\,\%$	$\frac{640 \cdot 100}{39\,197} = 1{,}6\,\%$

Rentabilität

Unter Rentabilität wird das prozentuale Verhältnis des Gewinnes (positiv) oder Verlustes (negativ) zum eingesetzten Kapital oder zum erzielten Umsatz verstanden. Entsprechend ist die **Kapitalrentabilität** von der **Umsatzrentabilität** zu unterscheiden.

Die Kapitalrentabilität

Rentabilität des Eigenkapitals

Sie wird durch das prozentuale Verhältnis des Jahresüberschusses zum Eigenkapital ausgedrückt. Bei der Berechnung wird in der Praxis teilweise das Anfangskapital, teilweise das Endkapital und teilweise das durchschnittliche Eigenkapital zugrunde gelegt. Da das durchschnittliche Kapital das während des Geschäftsjahres eingesetzte Kapital zur Gewinnerzielung am besten repräsentiert, wird es in den folgenden Rentabilitätskennziffern angesetzt.

$$\text{Eigenkapitalrentabilität} = \frac{\text{Jahresüberschuss} \cdot 100}{\text{durchschnittliches Eigenkapital}}$$

BEISPIEL

		Berichtsjahr	Vorjahr
Jahresüberschuss		1 650	2 270
Eigenkapital	Anfangsbestand Endbestand	4 350 6 000	4 230[1] 4 350
	Durchschnitt	10 350 : 2 = 5 175	8 580 : 2 = 4 290
Eigenkapitalrentabilität		$\frac{1\,650 \cdot 100}{5\,175} = 31{,}9\,\%$	$\frac{2\,270 \cdot 100}{4\,290} = 52{,}9\,\%$

1 Information aus der Vorjahresbilanz

Bei der Beurteilung der Eigenkapitalrentabilität in Einzelunternehmen und Personengesellschaften ist zu berücksichtigen, dass aus dem Jahresüberschuss folgende Positionen zu bestreiten sind:

- kalkulatorischer Unternehmerlohn
- Verzinsung des Eigenkapitals
- Risikoprämie für das allgemeine unternehmerische Wagnis

Da die Vorstandsmitglieder einer AG sowie Geschäftsführerinnen und Geschäftsführer einer GmbH Gehälter beziehen, die als Aufwand erfasst werden, sollte der Jahresüberschuss einer Kapitalgesellschaft das eingesetzte Eigenkapital unter Berücksichtigung einer Risikoprämie angemessen verzinsen.

BEISPIEL *Unterstellt man im obigen Beispiel einen landesüblichen Zinssatz für langfristig gebundenes Kapital von 6 %, verbleibt beispielsweise im Berichtsjahr eine Risikoprämie von 25,9 % (31,9 – 6).*

Eine geringe Eigenkapitalrentabilität und damit niedrige Risikoprämie, die auch auf eine niedrige Ausschüttung schließen lassen, können dazu führen, dass Gesellschafter und Gesellschafterinnen ihre Anteile veräußern. Dadurch könnten sich negative Auswirkungen auf Möglichkeiten künftiger Kapitalbeschaffung ergeben. Unter Berücksichtigung der Risikoprämie sollte die Eigenkapitalrentabilität somit über dem landesüblichen Zinssatz für langfristiges Kapital liegen.

Rentabilität des Gesamtkapitals
Hierbei wird der mit dem Gesamtkapital erzielte Reinertrag (Jahresüberschuss + gezahlte Fremdkapitalzinsen) dem durchschnittlichen Gesamtkapital gegenübergestellt:

$$\text{Gesamtkapitalrentabilität} = \frac{(\text{Jahresüberschuss} + \text{Fremdkapitalzinsen}) \cdot 100}{\text{durchschnittliches Gesamtkapital}}$$

BEISPIEL

		Berichtsjahr	Vorjahr
Jahresüberschuss/-fehlbetrag		1650	2270
Fremdkapitalzinsen		145	125
Gesamtkapital	Anfangsbestand	12000	11000[1]
	Endbestand	12500	12000
	Durchschnitt	24500 : 2 = 12250	23000 : 2 = 11500
Gesamtkapitalrentabilität		$\frac{(1650 + 145) \cdot 100}{12250} = 14{,}7\,\%$	$\frac{(2270 + 125) \cdot 100}{4290} = 20{,}8\,\%$

Mit der Gesamtkapitalrentabilität kann nachgewiesen werden, ob der Einsatz des Fremdkapitals sich gelohnt hat. Liegt sie über dem landesüblichen Zinssatz, kann die Eigenkapitalrentabilität durch fremdfinanzierte Investitionen verbessert werden **(Leverage-Effekt)**.

1 Information aus der Vorjahresbilanz

Umgekehrt tritt eine Minderung der Eigenkapitalrentabilität ein, wenn der Zinssatz für Fremdkapital die Gesamtkapitalrentabilität übersteigt.

Leverage-Effekt

	Beispiel 1				Beispiel 2			
Bedingungen	Steigender Fremdkapitaleinsatz vermindert die EK-Rentabilität. 1. Konstantes Verhältnis von Eigenkapital : Fremdkapital 2. Gleichbleibende Gesamtkapitalrentabilität 3. Steigender Fremdkapitalzinssatz				Steigender Fremdkapitaleinsatz verbessert die EK-Rentabilität. 1. Zunahme des Fremdkapitals 2. Konstanter Fremdkapitalzinssatz 3. Konstante Gesamtkapitalrentabilität			
Folgen	1. Steigende Fremdkapitalzinsen mindern die EK-Rentabilität. 2. Übersteigt der Zinssatz für Fremdkapital die Gesamtkapitalrentabilität, fällt die EK-Rentabilität darunter.				Jede weitere Fremdfinanzierung erhöht die EK-Rentabilität.			
Eigenkapital	500	500	500	500	500	500	500	500
Fremdkapital	200	200	200	200	200	300	400	500
Gesamtkapitalertrag	70	70	70	70	70	80	90	100
Gesamtkapitalrentabilität	10 %	10 %	10 %	10 %	10 %	10 %	10 %	10 %
Fremdkapitalzinssatz	6 %	8 %	10 %	12 %	8 %	8 %	8 %	8 %
Fremdkapitalzinsen	12	16	20	24	16	24	32	40
Ertragsanteil des Eigenkapitals (Gewinn)	58	54	50	46	54	56	58	60
Eigenkapitalrentabilität	11,6 %	10,8 %	10 %	9,2 %	10,8 %	11,2 %	11,6 %	12 %

Umsatzrentabilität

Die Umsatzrentabilität gibt den prozentualen Anteil des Betriebsgewinns (bereinigter Jahresüberschuss) am Umsatzerlös an. Das Betriebsergebnis kann jedoch bei externen Analysen nur annähernd berechnet werden. Externe Interessensgruppen stellen daher Jahresüberschuss und Umsatzerlöse gegenüber.

BEISPIEL

	Berichtsjahr	Vorjahr
Jahresüberschuss **Umsatzerlöse**	1650 46390	2270 43460
Umsatzrentabilität $= \frac{\text{Jahresüberschuss} \cdot 100}{\text{Umsatzerlöse}}$	$\frac{1650 \cdot 100}{46390} = 3{,}6\,\%$	$\frac{2270 \cdot 100}{43460} = 5{,}2\,\%$

Die Umsatzrentabilität drückt den **Gewinnanteil je 100,00 € Umsatzerlöse** aus, der für Ausschüttungen oder Investitionen im Unternehmen verwendet werden kann. Das Ergebnis im Beispiel liegt im Berichtsjahr geringfügig über dem Durchschnitt der deutschen Industriebetriebe (etwa 3 %). Für die stark gefallenen Rentabilitätskennziffern können Personen ohne Einblick in das interne Rechnungswesen eines Unternehmens nur die Haupteinflussgrößen des Gewinns, nämlich gestiegene **Kosten** einerseits oder gesunkene **Umsatzerlöse** andererseits, verantwortlich machen. In der Abgrenzungsrechnung der Sommerfeld Bürosysteme GmbH zur KLR wurde jedoch festgestellt, dass die negative Ergebnisentwicklung in erster Linie auf betrieblich außerordentliche Vorgänge zurückzuführen ist. Für das Berichtsjahr wurde dort ein Betriebsgewinn von 3303 TEUR ermittelt, was einer Umsatzrentabilität von 7,3 % entspricht. → LF 8

Finanzanalyse mithilfe des Cashflows

Der **Cashflow** ist ein **Kassenüberschuss** bzw. **finanzwirtschaftlicher Überschuss**, der über die reine Deckung des Gesamtaufwands hinausreicht und zunächst im Unternehmen verbleibt.

Er steht dem Unternehmen zur

- Finanzierung von Investitionen,
- Rückzahlung von Verbindlichkeiten und
- Gewinnausschüttung

zur Verfügung.

Neben der Ertragslage wird mit dieser Kennzahl in erster Linie die **Selbstfinanzierungskraft** eines Unternehmens aufgezeigt.

Berechnung des Cashflows vom Jahresüberschuss	Berichtsjahr	Vorjahr
Jahresüberschuss	1650	2270
+ **Abschreibungen auf Anlagen**	672	640
+ **Erhöhung der Pensionsrückstellungen**	150	120
Cashflow	2472	3030

Ausgangsgröße zur Berechnung ist der **Jahresüberschuss**. Dieser ist dazu da, um **alle nicht auszahlungswirksamen Aufwendungen** des Berichtsjahres zu erhöhen, die dem Unternehmen somit für spätere Finanzierungszwecke zur Verfügung stehen. Dazu zählen die Abschreibungen auf Anlagen, Einstellungen in die langfristigen Rücklagen und vor allem Pensionsrückstellungen.

PRAXISTIPP!

Aus der Entwicklung und der Höhe des Cashflows können Rückschlüsse auf die Selbstfinanzierungskraft, Ertragskraft, Kreditwürdigkeit und Expansionsfähigkeit eines Unternehmens gezogen werden. Er ist für die Analyse des Jahresabschlusses daher eine besonders aussagekräftige Kennzahl.

Die **Cashflow-Umsatzrate** ist das prozentuale Verhältnis vom Cashflow zum Umsatz. Aus dieser Zahl lässt sich ableiten, wie viel Prozent der Umsatzerlöse für Investitionen, Rückzahlung von Verbindlichkeiten und Gewinnausschüttung verwendet werden können.

	Berichtsjahr	Vorjahr
Cashflow-Umsatzrate $= \frac{\text{Cashflow} \cdot 100}{\text{Umsatzerlöse}}$	$\frac{2472 \cdot 100}{46390} = 5{,}3\,\%$	$\frac{3030 \cdot 100}{43460} = 7{,}0\,\%$

Das Ergebnis sagt aus, dass von 100,00 € Umsatzerlösen etwa 5,30 € (Vorjahr 7,00 €) für Finanzierungszwecke zur Verfügung stehen.

Zur Errechnung weiterer Kennzahlen auf Basis des Cashflows kann dieser als **Prozentsatz** zu den **Investitionen**, den **Schulden** und dem **Nominalkapital** (gezeichneten Kapital) gesetzt werden. Mithilfe dieser Kennzahlen können wertvolle Aussagen zur Innenfinanzierung, zum Kreditspielraum und zur Ausschüttungsfähigkeit eines Unternehmens gemacht werden.

ZUSAMMENFASSUNG

Die Gewinn-und-Verlust-Rechnung einer Kapitalgesellschaft in Verbindung mit dem Anhang analysieren

- **Intensitätskennziffern** zu einzelnen Aufwands- und Ertragsarten: Materialaufwandsintensität, Personalaufwandsintensität, Abschreibungsintensität, Umsatzintensität
- **Rentabilitäten:** Eigenkapitalrentabilität, Gesamtkapitalrentabilität, Umsatzrentabilität
- **Cashflow:** Gewinn + kurzfristig nicht ausgabenwirksame Aufwendungen, wie Abschreibungen und Zuführungen zu Pensionsrückstellungen

AUFGABEN

1 Folgende Aufgaben sind im Team zu lösen und die Lösungen mit geeigneten Medien zu präsentieren:

a) Erstellen Sie für die Betriebe I und II (Eisengießereien) aufgrund der Angaben der Finanzbuchhaltung die Gewinn-und-Verlust-Rechnung in Kontenform und in Staffelform gem. § 275 HGB.

b) Berechnen Sie für die Betriebe I und II den Anteil der Materialaufwendungen, Personalaufwendungen, Abschreibungen und des Gewinnes am Umsatz.
c) Welche Schlussfolgerung ergibt sich aufgrund der Intensitätsziffern der beiden Betriebe hinsichtlich der Wirtschaftlichkeit und Modernität der Anlagen?

Aufwendungen und Erträge		Betrieb I €	Betrieb II €
5000	Umsatzerlöse	12 825 000,00	11 192 500,00
5700	Sonstige Zinsen und ähnliche Erträge	111 000,00	20 000,00
6000	Fertigungsmaterial	3 528 000,00	2 661 000,00
6020	Aufwand für Hilfsstoffe	411 600,00	359 500,00
6050	Aufwand für Energie	646 800,00	635 500,00
6100	Aufwendungen für bezogene Leistungen	352 800,00	300 000,00
6200	Löhne	2 822 400,00	1 845 000,00
6300	Gehälter	1 176 000,00	723 125,00
6400	Soziale Abgaben	1 411 200,00	844 375,00
6500	Abschreibungen	588 000,00	975 000,00
6800	Aufwendungen für Kommunikation	470 400,00	927 000,00
6900	Aufwendungen für Beiträge und Sonstiges	235 200,00	279 500,00
7000	Betriebliche Steuern	90 600,00	80 000,00
7510	Zinsen und ähnliche Aufwendungen	12 000,00	115 000,00
7700	Steuern vom Einkommen und Ertrag	15 000,00	5 000,00

2 Ein Betrieb der chemischen Industrie hatte in den beiden letzten Jahren folgende Aufwendungen und Erträge in Mio. EUR:

Aufwands- bzw. Ertragsarten	Vorjahr	Berichtsjahr
Umsatzerlöse	1 200	1 500
Aufwendungen für Roh-, Hilfs- und Betriebsstoffe	400	500
Personalaufwendungen	100	120
Abschreibungen	320	400
Steuern	20	25
Aufwendungen für Rechte und Dienste	10	15
Aufwendungen für Kommunikation	150	140

a) Ermitteln Sie die Intensitätskennziffern der einzelnen Aufwandsarten
   aa) am Gesamtaufwand
   ab) und des Gewinns am Umsatz.
b) Erläutern Sie die Aufwandsstruktur der beiden Jahre und ihre Veränderung.
c) Nennen Sie die Gründe für die Aufwandsstrukturveränderung.
d) Welchen Einfluss hätte eine Steigerung der Material- und Personalaufwendungen von jeweils 10 % im kommenden Jahr, wenn alle anderen Aufwandsarten gleich bleiben, und um wie viel EUR und Prozent würden sich die Gesamtaufwendungen gegenüber dem Berichtsjahr erhöhen?
e) Um wie viel Prozent müsste sich der Umsatz bei der angenommenen Aufwandserhöhung (Aufgabe d) im kommenden Jahr gegenüber dem Berichtsjahr steigern, wenn der Gewinn des Berichtsjahres erreicht werden soll?

3 a) Das Eigenkapital eines Industriebetriebes (Einzelunternehmen) beträgt 650 000,00 €, der Jahresüberschuss 26 000,00 €.
aa) Berechnen und beurteilen Sie die Eigenkapitalrentabilität.
ab) Erläutern Sie, wie die Rentabilität verbessert werden kann.
b) Erläutern Sie, welche Überlegungen vor der Aufnahme eines Darlehens anzustellen sind.
c) Die Umsatzrentabilität eines Betriebes ist in den letzten Jahren kontinuierlich gefallen.
ca) Wie erklären Sie sich das?
cb) Welche Maßnahmen empfehlen Sie?

4 Die Buchhaltung eines Industriebetriebes (Einzelunternehmen) liefert für die letzten drei Jahre folgende Zahlen in EUR:

	1. Jahr	2. Jahr	3. Jahr
Eigenkapital	150 000,00	175 000,00	200 000,00
Fremdkapital (Schulden)	100 000,00	125 000,00	115 000,00
Zinsen für Fremdkapital	4 800,00	7 500,00	6 000,00
Reingewinn	25 000,00	35 000,00	50 000,00
Unternehmerlohn	9 600,00	12 000,00	14 400,00
Umsatzerlöse, netto	580 000,00	750 000,00	960 000,00

a) Ermitteln Sie die Eigenkapital-, Gesamtkapital- und Umsatzrentabilität.
b) Beurteilen Sie die Entwicklung des Unternehmens.

5 Zur Feststellung der Rentabilitätsentwicklung legt ein Industriebetrieb folgende Werte der letzten vier Jahre vor:

	1	2	3	4
Eigenkapital in TEUR (Anfangsbestand)	4 000	4 100	4 400	4 500
Fremdkapital (Schulden) in TEUR – AB	2 000	2 000	3 000	4 000
Gewinn in TEUR	400	500	550	360
Durchschnittl. Fremdkapitalzinssatz	6 %	6 %	7 %	7 %
Umsatzerlöse in TEUR	10 000	16 400	20 000	22 500
Bildung von Pens.rückstellungen in TEUR	50	70	80	170
Abschreibungen in TEUR	900	1 100	1 700	1 300

a) Ermitteln Sie für die vier Jahre
aa) den Zinsaufwand für das Fremdkapital,
ab) den Ertrag des Gesamtkapitals,
ac) die Eigenkapitalrentabilität,
ad) die Gesamtkapitalrentabilität,
ae) die Umsatzrentabilität,
af) den Cashflow.
b) Erläutern Sie die Entwicklung der Kennzahlen ac) – af).

6 a) Ermitteln Sie aus folgenden Angaben (in Mio. EUR) für die letzten beiden Jahre eines Industriebetriebes

1. die Eigenkapitalrentabilität,
2. die Gesamtkapitalrentabilität,
3. die Umsatzrentabilität,
4. die Cashflow-Eigenkapitalrentabilität,
5. die Cashflow-Umsatzrate.

	1	2
Gewinn	18	12
Abschreibungen	20	18
Einstellung in die langfristigen Rückstellungen	6	6
Fremdkapitalzinsen	12	15
Eigenkapital	180	180
Fremdkapital	120	180
Umsatz	500	600

b) Geben Sie Gründe für die wesentlichen Veränderungen an.

7 Welche der folgenden Aussagen ist richtig?

a) Die Umsatzintensität gibt das prozentuale Verhältnis zwischen Umsatzerlösen und durchschnittlichem Eigenkapital an.
b) Die Rentabilität des Eigenkapitals sollte über dem landesüblichen Zinssatz für langfristige Kapitaleinlagen liegen, um eine angemessen Risikoprämie zu erzielen.
c) Liegt die Gesamtkapitalrentabilität unter dem Fremdkapitalzinssatz, so kann die Eigenkapitalrentabilität durch Fremdkapitalaufnahmen verbessert werden.
d) Die Umsatzrentabilität gibt das prozentuale Verhältnis zwischen Umsatzerlösen und durchschnittlichem Gesamtkapital an.
e) Die Cashflow-Umsatzrate gibt das prozentuale Verhältnis zwischen Cashflow und durchschnittlichem Eigenkapital an.

4.3 Den Lagebericht auswerten und präsentieren

Die Unternehmensleitung der Sommerfeld Bürosysteme GmbH plant mit den Abteilungsleitungen einen Workshop zum Thema:
„Mittelfristige strategische Grundausrichtung unseres Unternehmens“.
Bei den Planungen wird deutlich, dass dazu auch die wichtigsten Mitbewerber im Blick behalten werden müssen. Zur Vorbereitung des Workshops übergibt Herr Feld deshalb den aktuellen Geschäftsbericht des Branchenführers „Bümo AG“ an Emilia Schaub und Leon Heller und beauftragt sie, die zentralen Erkenntnisse daraus zusammenzufassen und in einer Einstiegsphase des Workshops vorzutragen.
Feld: „... und achten Sie bei Ihren Ausführungen besonders auch darauf, wie die Bümo AG ihre zukünftige Lage einschätzt ...“

Auszüge aus dem Lagebericht der Bümo AG:

Geschäftsentwicklung
... Die Bümo AG ist nach zwei verlustreichen Jahren wieder in die Profitabilität zurückgekehrt. Dabei gelang es, den Umsatz in einem schwierigen Marktumfeld um 8,7 % zu steigern. ... Die Gesamtkosten lagen nahezu auf Planniveau (0,8 % über Plan). ... Das Ergebnis stellt das beste seit sechs Jahren dar und ist Resultat des Strategieprogramms FUTURA. ... Hauptergebnistreiber ist das Segment der Büromöbel mit einer

Wachstumsschub von 21,3 %. ... Die Kostenreduzierungsmaßnahmen haben insgesamt zu einer Senkung der variablen und fixen Stückkosten um je 30 % in den vergangenen drei Jahren geführt. ...

Ertrags-, Finanz- und Vermögenslage

Mit einem Ertrag von 120 Mio. € liegt die Bümo AG deutlich über der Planung. ... Die größten ergebnisverbessernden Impulse konnten durch Maßnahmen zur Struktur- und Kapazitätsverschlankung sowie zur Materialkostensenkung erzielt werden.

Das erzielte Wachstum bei erhöhter Effizienz sowie der im Unternehmen gebundenen Mittel hat zu einer erheblichen Steigerung des Cashflows aus laufender Geschäftstätigkeit um € 5,8 Mio. auf € 44 Mio. geführt. ... Die Investitionen lagen auf Vorjahresniveau. ... Die Liquidität hat sich planmäßig entwickelt und war stets mit dispositiven Reserven ausgestattet.

Die Bilanzsumme hat sich im Berichtsjahr um 2,2 Mio. € verringert. ... Die Entwicklung der Passiva ist geprägt durch eine Erhöhung des Eigenkapitals um 41,5 % auf € 8,12 Mio. in den vergangenen drei Jahren. Ursächlich hierfür ist die Einstellung des Jahresüberschusses aus dem Berichtsjahr sowie die Ausgabe zusätzlicher Aktien, verbunden mit einer Kapitalerhöhung. ... Durch die positive Geschäftsentwicklung konnten die Verbindlichkeiten um 15,4 % reduziert werden. ... Das Unternehmen beschäftigte im Berichtsjahr 8,9 % weniger Beschäftigte als im Vorjahr.

Ausblick und Risiken der künftigen Geschäftsentwicklung

Für den Erfolg des Unternehmens kommt dem Schlüsselfaktor Wachstum eine zentrale Bedeutung zu. Sowohl im Inland als auch im Ausland wurden Wachstumspotenziale erkannt. ... die Marktbearbeitung wird unterstützt durch Produktinnovationen. ...

... Eine erhebliche wirtschaftliche Belastung erwächst durch die zum Teil drastisch gestiegenen Material- und Rohstoffpreise. ... Der preisaggressive Verdrängungswettbewerb bei Industrie und Handel erscheint, angesichts bestehender Überkapazitäten, noch nicht überwunden. ...

ARBEITSAUFTRÄGE

- **Begründen Sie mit eigenen Worten die besondere Bedeutung des Lageberichtes.**
- **Präsentieren Sie die Kernaussagen des Lageberichtes vor Ihrer Klasse.**

Pflicht zur Verfassung eines Lageberichtes

Die **Kritik** am Jahresabschluss mit seinen Bestandteilen (Bilanz, GuV-Rechnung und Anhang) ist, wenn man ihm Informationen für zukünftige Entscheidungen entnehmen will, leicht erkennbar. Er ist eine **vergangenheitsorientierte Rechenschaftslegung**. Diese liefert wichtige, für einzelne Interessensgruppen (z. B. Finanzbehörden) ausreichende, Informationen. Aber Personen oder Unternehmen, die Kapital anlegen oder Fremdkapital zur Verfügung stellen sollen, sind an **zukunftsorientierten Aussagen interessiert**, die erste Aufschlüsse zur **erwarteten** Vermögens-, Finanz- und Ertragslage des Unternehmens liefern.

Um diesen Ansprüchen gerecht zu werden, haben die gesetzlichen Vertreter die großen und mittelgroßen Kapitalgesellschaften verpflichtet, einen Lagebericht zu erstellen (§ 264 HGB). Der Lagebericht ergänzt somit den Jahresabschluss um eine Gesamtbeurteilung des Unternehmens. Er enthält zusätzliche Informationen über **Geschäftsverlauf**, den **Stand** und die **erwartete Entwicklung** des Unternehmens.

Der Lagebericht hat damit sowohl **Rechenschafts- als auch Informationsfunktion** und ist so zu gestalten, dass ein den tatsächlichen Verhältnissen entsprechendes Bild der Vermögens-, Finanz- und Ertragslage vermittelt wird. Dazu sind die Grundsätze der **Wahrheit, Klarheit** und **Vollständigkeit** zu beachten.

Inhalte des Lageberichtes

Maßgeblich für die Inhalte des Lageberichtes ist der § 289 HGB.

Inhalte des Lageberichts nach § 289 HGB

Absatz 1
Enthält zwingende Vorschriften zu dem, was ausnahmslos jeder Lagebericht enthalten muss.

Absatz 2
Enthält Vorgaben zu dem, was im Lagebericht angegeben werden soll, wenn die aufgeführten Punkte für das Unternehmen zutreffend sind.

Absatz 3
Enthält weitere zwingende Vorschriften, die ausschließlich für große (Kapital-) Gesellschaften gelten.

§ 289 HGB enthält keine Wahlrechte!

PRAXISTIPP!

Ein gut strukturierter Lagebericht bietet eine transparente und umfassende Darstellung der Unternehmenssituation und unterstützt die Adressaten bei der Beurteilung der wirtschaftlichen Lage und der zukünftigen Entwicklung des Unternehmens.

Pflichtangaben im Lagebericht nach § 289 Abs. 1 HGB

In jedem Lagebericht ist ausnahmslos zu berichten über

- Geschäftsverlauf und Geschäftergebnis
- Lage der Gesellschaft
- voraussichtliche Entwicklung der Gesellschaft
- Risiken der künftigen Entwicklung der Gesellschaft

Wirtschaftsbericht		Prognosebericht	Risikobericht
Geschäftsverlauf und Geschäftsergebnis	**Lage der Gesellschaft**	**Voraussichtliche Entwicklung der Gesellschaft**	**Risiken der künftigen Entwicklung der Gesellschaft**
Es ist ein Überblick über die Entwicklung des Unternehmens bei Nennung der ursächlichen Gründe zu geben. Dabei ist eine Wertung, ob die Entwicklung als günstig bzw. ungünstig beurteilt wird, erforderlich. – Entwicklung der Branche – Umsatz und Auftragsentwicklung – Mengen wichtiger Produktgruppen – Änderung im Sortiment	Über die wirtschaftliche Lage des Unternehmens ist wahrheitsgemäß und angemessen zu berichten. Dabei sind besondere Einflüsse im Berichtsjahr zu berücksichtigen. Zur Darstellung der Vermögens-, Ertrags- und Finanzlage sind Kennzahlen zweckmäßig.	Der Prognosezeitraum soll mindestens zwei Jahre umfassen. Dabei sollen Umsatz und Ergebniserwartungen umschrieben werden. Die Art der Schätzung, deren Zeithorizont sowie die zugrunde liegenden Annahmen sind darzustellen. Dabei liegt die Prognose im Ermessen der Unternehmensleitung und muss plausibel und realistisch sein.	Zur Vollständigkeit und Klarheit gehört auch die Darstellung von Risiken. Dazu sind die wesentlichen Risiken, welche entweder bestandsgefährdend sind oder einen wesentlichen Einfluss auf die Vermögens-, Ertragsoder Finanzlage des Unternehmens haben können, darzustellen.
Informationen für Kapitalgeber/Investoren			

Weitere Angaben im Lagebericht nach § 289 Abs. 2 HGB

Der Lagebericht soll auch auf die folgenden Aspekte eingehen:

Art der Angabe	Inhalt
Forschung und Entwicklung	Informationen über die Forschungs- und Entwicklungsaktivitäten des Unternehmens sowie eine Darstellung der wesentlichen Projekte und deren Bedeutung für die zukünftige Entwicklung
Nachtragsbericht	Ereignisse von besonderer Bedeutung, die nach dem Bilanzstichtag eingetreten sind und die Lage des Unternehmens wesentlich beeinflussen könnten
Vergütungsbericht	Angaben zur Vergütung der Mitglieder der Geschäftsführung und des Aufsichtsrats
Nichtfinanzielle Erklärung	Informationen zu Umwelt-, Sozial- und Arbeitnehmerbelangen, Achtung der Menschenrechte und Bekämpfung von Korruption und Bestechung (§ 289c HGB)
Erklärung zur Informationsführung	Angaben zu Unternehmensführungspraktiken sowie zur Besetzung von Aufsichtsrat und Vorstand (§ 289f HGB)

Aus der Summe dieser aufgeführten Inhalte wird deutlich, dass der Lagebericht neben Elementen der Rechenschaftslegung auch Aspekte benennt, von denen auf die **zukünftige Entwicklung** des Unternehmens geschlossen werden kann.

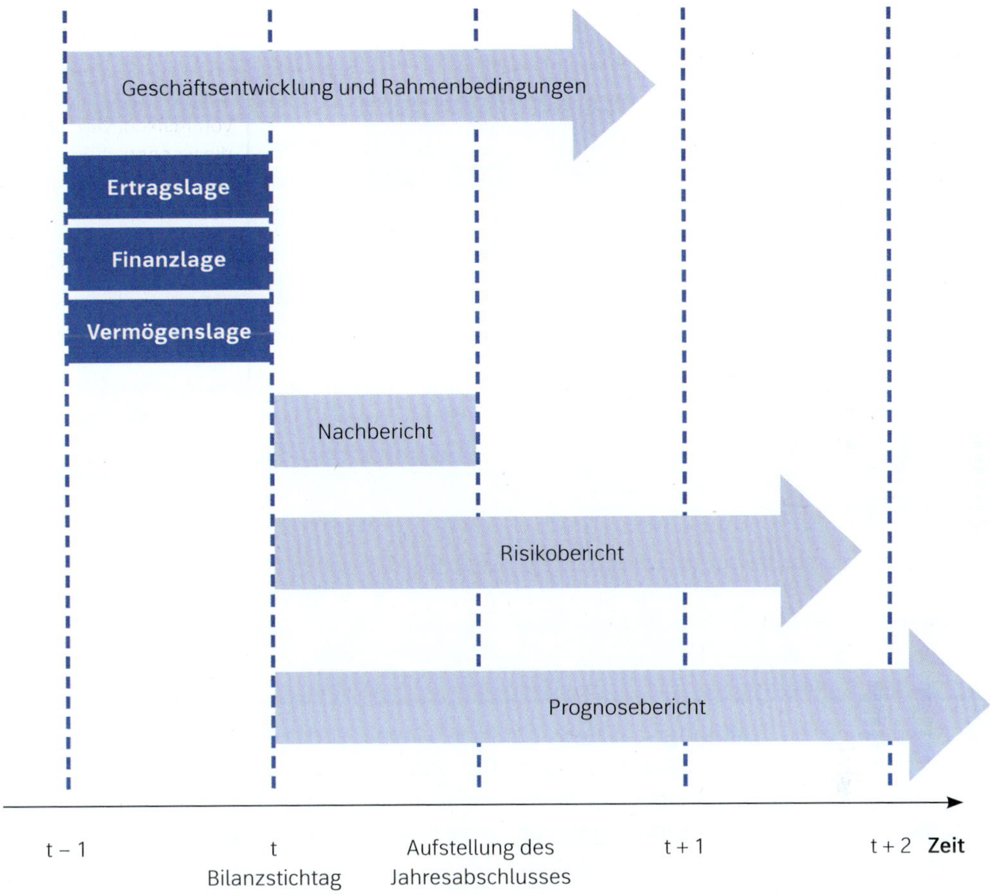

Auswertung der Informationen eines Lageberichtes

Die Auswertung eines Lageberichtes kann niemals nur isoliert erfolgen. Bei jeder Auswertung müssen Bezüge und somit Vergleichsnormen festgelegt werden. Erst dadurch lassen sich aussagekräftige Erkenntnisse ableiten.

Auswertung eines Lageberichtes aus der Perspektive eines Mitbewerbers

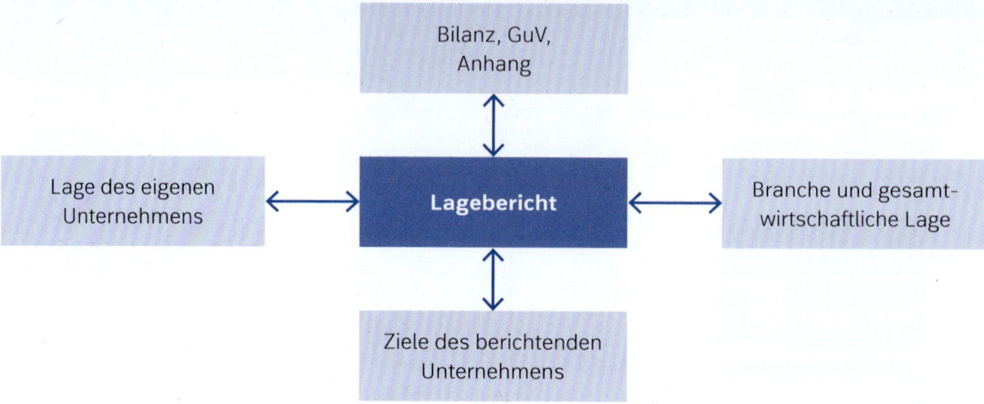

Aus der Perspektive eines Konkurrenzunternehmens müssen deshalb alle Bereiche des zu untersuchenden Unternehmens in die Auswertung mit einbezogen werden. Der Lagebericht ist dabei ein wichtiger Baustein.

PRAXISTIPP!

Eine einzelne Kennziffer ist von geringer Aussagekraft oder entstellt sogar eine realistische Bewertung. Es gilt, möglichst viele Informationen zu einer treffenden Analyse zu vernetzen.

Damit der Lagebericht angemessen interpretiert werden kann, muss er in **Bezug** zur **Bilanz, GuV-Rechnung**, dem **Anhang** sowie den sich daraus ergebenden Kennziffern des zu untersuchenden Unternehmens gesetzt werden. Die daraus abgeleiteten Ergebnisse müssen schließlich mit der **Lage** des eigenen Unternehmens und den **allgemeinen wirtschaftlichen Rahmen- und Branchenbedingungen** abgeglichen werden. Nur so kann die Stellung des eigenen Unternehmens und die des **Mitbewerbers** eingeschätzt werden. Letztendlich müssen auch die Ziele des zu analysierenden Unternehmens betrachtet werden. So wird sich ein Unternehmen, welches sich um neues Kapital bemüht, anders darstellen, als ein Unternehmen, das eine Steigerung seines Börsenkurses anstrebt.

ZUSAMMENFASSUNG

Den Lagebericht auswerten und präsentieren

- Der Lagebericht ergänzt den Jahresabschluss um eine Gesamtbeurteilung des Unternehmens. Er enthält zusätzliche Informationen über Geschäftsverlauf, den Stand und die erwartete Entwicklung des Unternehmens.
- Der Lagebericht erfüllt eine **Rechenschafts- und Informationsfunktion** und ist so zu gestalten, dass ein den tatsächlichen Verhältnissen entsprechendes Bild der Vermögens-, Finanz- und Ertragslage vermittelt wird.

- Zu den **Pflichtangaben** im Jahresbericht gehören Geschäftsverlauf und Geschäftsergebnis, Lage der Gesellschaft, voraussichtliche Entwicklung sowie Risiken der künftigen Entwicklung.
- Die Auswertung eines Lageberichtes kann niemals isoliert erfolgen. Bei jeder Auswertung müssen Bezüge und Vergleichsnormen zugrunde gelegt werden.

AUFGABEN

1 In einem Gespräch mit Leon Heller vertritt Emilia Schaub die Meinung, dass es ausreicht, den Lagebericht eines Unternehmens zu lesen, wenn man etwas über die Vermögens-, Finanz- und Ertragslage eines Unternehmens erfahren möchte. Nehmen Sie kritisch Stellung zu dieser Meinung.

2 Geben Sie auf Basis der in der Einstiegssituation dargestellten Auszüge aus dem Lagebericht der Bümo AG eine zusammenfassende Einschätzung der Bümo AG ab.

3 Nennen Sie Informationen, die Ihnen fehlen, um eine sichere und vollständige Einschätzung abzugeben.

4.4 Umweltbeanspruchungen und ihre Darstellung im Jahresabschluss

In der Feier zur Verleihung des Deutschen Umweltpreises der Deutschen Bundesstiftung Umwelt an die Sommerfeld Bürosysteme GmbH für das vorbildliche Umweltkonzept sagte Herr Feld: „Wir versuchen uns so zu verhalten, dass wir der Erde möglichst nicht mehr entnehmen, als nachwächst. Wir wollen das Erbe, das wir übernahmen, so pfleglich behandeln, dass wir vor unseren Kindern bestehen können. Das ist nichts weiter als eine selbstverständliche Vorsorge für die Zukunft.

ARBEITSAUFTRÄGE

- Erläutern Sie dieses Zitat.
- Beschreiben Sie, welche Maßnahmen Ihr Ausbildungsbetrieb unternimmt, um die Umwelt zu schonen.
- Leiten Sie daraus einen Grundsatzkatalog für ökologisches Handeln ab.
- Zeigen Sie Möglichkeiten der praktischen Umsetzung des Grundsatzkatalogs in der Sommerfeld Bürosysteme GmbH auf.

Notwendigkeit eines Umweltschutzcontrollings (Ökocontrolling)

Der Umweltschutz gehört zu den wichtigsten Anliegen unserer Gesellschaft. Zunehmend werden Produkte verlangt, die umweltverträglich sind oder die nach umweltschonenden Verfahren hergestellt wurden. Durch Verwicklung in Umweltskandale können Unternehmen einen verheerenden Imageverlust erleiden. Durch **Gesetze** und **Verordnungen** werden Eingriffe und Auflagen des Staates wie Umweltabgaben für schädliche Produkte oder Herstellungsverfahren, Umweltsteuern, Produktions- und Abfallauflagen, Verbote bestimmter Inhaltsstoffe und Produktionstechniken, Verbot oder Besteuerung von bestimmten Verpackungsstoffen geregelt, sodass dem Umweltschutz im Jahresabschluss ein immer breiterer Raum eingeräumt wird:

Gesetze	– Abwasserabgabegesetz – Bundes-Immissionsschutzgesetz – Bundesnaturschutzgesetz – Bundeswaldgesetz – Gesetz zur Bekämpfung der Umweltkriminalität – Kreislaufwirtschaftsgesetz – Wasch- und Reinigungsmittelgesetz
Verordnungen	– Abfallbestimmungsverordnung – Abfallnachweisverordnung – Abfallbeförderungsverordnung – Verordnung über Betriebsbeauftragten für Abfall – Verpackungsverordnung

Aufgaben des Umweltschutzcontrollings

→ LF 1 Aus unternehmerischer Sicht ist es unerlässlich, neben ökonomischen auch ökologische Ziele zu verfolgen. Vermeintliche Zielkonflikte erweisen sich mittel- und langfristig häufig als Zielharmonien.

Ökonomische Ziele	↔	Ökologische Ziele
- Gewinn - Wirtschaftlichkeit - Rentabilität - Produktivität		- Materialeinsparung, Recycling - Umweltverträglichkeit des Materials und der Produkte - Energieeinsparung - Sicherung der Luft-, Wasser- und Bodenqualität - kontrollierte Entsorgung - umweltfreundliche Verpackung - umweltfreundlicher Transport - umweltorientierte Personalschulung

In diesem Zusammenhang werden die Forderungen nach einem Rechnungswesen immer lauter, das Informationen über Umweltbelastungen und -entlastungen liefert und insbesondere folgende Aufgaben erfüllt:

Verhinderungen von Umweltbelastungen durch Beachtung des Umweltrechts

Es ist darauf zu achten, dass die Rechtsvorschriften des Umweltrechts eingehalten werden, damit dem Unternehmen keine Finanz- und Imageschäden entstehen.

Erkennen von Umweltrisiken

Umweltrisiken, die sich aus der Verwendung bestimmter Roh-, Hilfs- und Betriebsstoffe oder durch die Anwendung bestimmter Fertigungsverfahren ergeben, müssen möglichst früh erkannt werden (Frühwarnsystem), damit Gegenmaßnahmen eingeleitet werden können.

Entwickeln von Maßnahmen zur Bewältigung von Umweltrisiken

Maßnahmen zur Senkung des Schadstoffausstoßes und zur Verringerung des Schadstoffanteils bei den eigenen Produkten sind rechtzeitig einzuleiten, auch um Haftungsprobleme auszuschließen und Kosten, die durch den notwendigen Kauf von CO_2-Zertifikaten entstehen, zu reduzieren.

Vornahme von Umweltverträglichkeitsprüfungen

Solche sind empfehlenswert bei Anschaffungen von Anlagen, bei Änderungen der Produktionsverfahren, bei Substitution von Werkstoffen.

AUFGABEN DES UMWELT-CONTROLLINGS:

- Aufstellung von **ökologischen Zielen und Grundsätzen** für alle Betriebsbereiche von der Produktentwicklung bis einschließlich Transport zum Kunden
- Formulierung von **Richtlinien** für die Umsetzung der **ökologischen Grundsätze** in allen Betriebsbereichen
- Erfassung aller Stoff- und Energieströme mithilfe von Betriebs-, Prozess-, Produkt- und Substanzbilanzen
- Ableitung von Kennzahlen aus den Betriebs-, Prozess-, Produkt- und Substanzbilanzen sowie deren Auswertung
- Darstellung aller **ökologischen Risiken** durch Energie- und Materialverbrauch in der Fertigung, beim Transport, bei der Lagerung und bei der Entsorgung
- Ermittlung, Darstellung und Analyse der **Umweltschutzkosten**
- Unterstützung der Öffentlichkeitsarbeit durch **Umweltberichte**, eventuell auch zur **Umweltmanagement-Auditierung** nach ISO 14001 ff. und nach EU-Verordnung

Dabei muss betont werden, dass Umwelt-Controlling über die Sammlung und Aufbereitung von Daten mit dem Ziel der Mengeneinsparung und Emissionsreduzierung hinausgehen muss.

Umwelt-Controlling muss der wechselseitigen Kommunikation von Unternehmen und Mitarbeitenden sowie der Gesellschaft dienen. Es wird zum **strategischen Erfolgsinstrument**, wenn es über die quantitativen Zahlen hinaus qualitative Zielsetzungen vermittelt. Konkret bedeutet dies, dass es neben der Datenanalyse der Umsetzung der oben formulierten ökologischen Grundsätze innerhalb und außerhalb des Unternehmens dient.

PRAXISTIPP!

Bei der Formulierung von ökologischen Grundsätzen können Unternehmen sich an den 17 globalen Nachhaltigkeitszielen (SDGs) der Vereinten Nationen orientieren.

Grundsatzkatalog für ökologisches Handeln

Wie stark ein Produkt die Umwelt belastet und welcher Nutzen durch das Produkt entsteht, wird bereits in der Entwicklungsphase festgelegt.

BEISPIEL *Die Sommerfeld Bürosysteme GmbH hat für die Design- und Entwicklungsphase ein System von Grundsätzen umweltgerechten Wirtschaftens festgelegt.*

Neben der Langlebigkeit des zu entwickelnden Produkts wird

- ein **ökologisch verträglicher Materialeinsatz**,
- ein **sparsamer Umgang mit Rohstoffen** und **Energie**,
- die **Vermeidung von Produktionsemission** und
- die **Rückführung der Materialien** in den Stoffkreislauf

angestrebt.

BEISPIEL *Die Sommerfeld Bürosysteme GmbH hat dazu für alle Phasen, die die Produkte durchlaufen, folgende Grundsätze vorbedacht:*

Phasen der Produkte	Ökologische Grundsätze
Auswahl der Materialien	wiederverwendbar, weiterverwertbar, sortenrein und gekennzeichnet, geringe Anzahl, nachwachsend, schwermetallfrei, energie- und ressourcensparend, emissionsarm
Konstruktion	lösbare Verbindungen, Langlebigkeit, Aufwandsminimierung, Aktualisierungs-/Reparaturfähigkeit
Produktion	emissionsarm, geringe Arbeitsteilung, regional
Auswahl der Verpackung	platzsparend beim Transport, wenig Verpackung, Mehrwegverpackung, nachwachsend
Gebrauch und Werbung	unschädlich, emissionsfrei, selbsterklärend/selbstverständlich, wirtschaftlich, wartungs- und reparaturfreundlich
Entsorgung	Rückführung, Wiederverwendung, Weiterverwertung, sachgerechte Entsorgung

Richtlinien zur Umsetzung der ökologischen Grundsätze

Im Sinne eines ökologischen Unternehmensmanagements müssen Richtlinien für alle Unternehmensbereiche erarbeitet werden, die sich idealerweise auch auf die Zulieferer und Handelspartner übertragen lassen.

BEISPIEL *Die Sommerfeld Bürosysteme GmbH hat Öko-Richtlinien für die Bereiche Produktentwicklung, Produktion und Produktverantwortung entwickelt:*

Produktentwicklung	– Vorgaben für
	  – Design
	  – Konstruktion
	  – Engineering
	– Einbeziehung der Produktion vor- und nachgelagerter Bereiche

Produktion	– Abfallwirtschaftskonzept – Substitution von Gefahrstoffen – Reduktion von Lösemitteln – Energieeffizienz
Produktverantwortung	– Service und Wartung – Rücknahme – Recycling – Verwertung – Entsorgung

Umweltmanagement

Damit das Umwelt-Controlling diese Aufgaben erfüllen kann, muss es auf einem Informationssystem aufbauen, das alle Unternehmensbereiche umfasst.

BEISPIEL *In der Sommerfeld Bürosysteme GmbH wurden vier Arbeitskreise gebildet, in denen Mitarbeitende aus nahezu allen Unternehmensbereichen an der Erstellung eines Problem- und Lösungskatalogs mitarbeiteten. Dadurch wurde die Ökologisierung als gemeinsame Aufgabe akzeptiert und ein breiter Konsens sichergestellt:*

Arbeitskreise

Produktion
- Maßnahmen zur Ökologisierung interner Produktionsabläufe
- Verfahrens- und Herstellungstechniken

Materialbeschaffung
- Definiton ökologischer Kriterien für den Materialeinsatz
- Analyse der eingesetzten Materialien
- Katalog mit Materialbewertung

Organisation und Kommunikation
- Integration von Umweltschutz in die Ablauforganisation
- Qualifikation/Schulung
- Kommunikation des Umweltschutzes, extern und intern

Informationssysteme
- ökologisches Informationsmanagement
- EDV-Einbindung unter ökologischen Aspekten
- Informationsanalyse
- Hard- und Software

Ökologische Gesamtübersicht des Betriebes

Input
- Rohstoffe
- Hilfsstoffe
- Betriebsstoffe
- Energie
- Konzepte zur Verminderung
- Recycling-Möglichkeiten

Output
- Produkte
- Abluft
- Abwasser
- Abfall
- Abwärme
- Lärm

Die Koordination der Aufgaben des Öko-Controllings in den verschiedenen Unternehmensbereichen kann einer besonderen **Umweltschutzabteilung**, aber auch dem **Betriebs-Controlling** zugewiesen werden. Neben solchen zentralen Funktionsbereichen empfiehlt sich auch die Übertragung der Umweltverantwortung auf einzelne Mitarbeitende in sämtlichen Prozessabschnitten von der Produktentwicklung bis zur Entsorgung.

Darüber hinaus verlangen verschiedene Umweltschutzgesetze und -verordnungen die Bestellung von **Umweltschutzbeauftragten**, deren Einbettung in die Aufbau- und Ablauforganisation und deren Aufgabenbeschreibung.

BEISPIEL *In der Sommerfeld Bürosysteme GmbH wurde Petra Lauer zur Umweltbeauftragten ernannt. Sie führt regelmäßig Schulungen zur Förderung des Umweltbewusstseins der Mitarbeitenden durch.*

Ökobilanz

Darunter versteht man ein betriebliches Informationssystem zur Abbildung und Bewertung der ökologischen Wirkungen der Unternehmungsaktivitäten.

interne Aufgabe	Sie dient der ökologischen Entwicklung umweltverträglicher Produkte und Produktionsverfahren sowie der Steuerung und Kontrolle.
externe Aufgabe	Sie dient der Imagepflege bei Kunden, Lieferern, Kreditgebern und in der Öffentlichkeit.

Bestandteile der Ökobilanz sind Stoff- und Energiebilanzen, Produkt-, Prozess- und Substanzbilanzen.

Stoff- und Energiebilanz des Betriebs (Betriebsbilanz)

In ihr wird die gesamte Abnahme der Bestände in Form der Roh-, Hilfs- und Betriebsstoffe und bezogenen Fertigteile bzw. ihr Einsatz und der Energieverbrauch in der Fertigung (= Input) dem Output in Form der Produkte, des Abfalls, der Abwässer, der Abluft und des Lärms gegenübergestellt.

Für die systematische Erfassung aller Inputs und Outputs wird von Wirtschaftsforschungsinstituten – insbesondere dem Institut für ökologische Wirtschaftsforschung (IÖW) in Berlin – in Zusammenarbeit mit Verbänden, nationalen Einrichtungen für Umweltschutz und Betrieben in Anlehnung an die Finanzbuchhaltung ein sogenannter **Öko-Kontenrahmen** entwickelt.

Er ist wie die Ökobilanz aufgebaut und enthält auf der linken Seite (Input) eine Gliederung der betrieblichen Umwelteinwirkungen nach Anlagegütern, Stoffen und Energien und auf der rechten Seite eine Gliederung des Outputs nach Produkten, Abfällen und Emissionen.

BEISPIEL *Öko-Kontenrahmen*

Input	Output
3 Liegenschaften	**3 Produkte**
3.1 Boden	3.1 Halberzeugnisse
3.2 Gebäude	3.2 Fertigprodukte

Input	Output
4 Anlagegüter	**4 Abgänge**
4.1 technische Anlagen	4.1 Liegenschaften
4.2 elektronische Kommunikation	4.2 Anlagen
4.3 Einrichtungen	
4.4 Fuhrpark	
5 Umlaufgüter	**5 Abfälle**
5.1 Rohstoffe	5.1 Wertstoffe
5.2 Halb- und Fertigwaren	5.2 Reststoffe
5.3 Hilfsstoffe	5.3 Sonderabfälle
5.4 Betriebsstoffe	
6 Wasser	**6 Abwasser**
6.1 Trinkwasser	6.1 Menge
6.2 Brauchwasser	6.2 Belastung
6.3 Regenwasser	
7 Luft	**7 Abluft**
7.1 Menge	7.1 Menge
7.2 Belastung	7.2 Belastung
8 Energie	**8 Energieabgabe**
8.1 Strom	8.1 Strom
8.2 Heizöl	8.2 Heizenergie
8.3 Erdgas	8.3 Restenergie (Wärme/Licht/Lärm)
8.4 Ferndampf	
8.5 Treibstoffe	

Je nach betriebsindividuellem Informationsbedarf können diese Positionen dieses Öko-Kontenrahmens weiter untergliedert werden.

BEISPIELE *von Inputs aus der Ökobilanz der Sommerfeld Bürosysteme GmbH:*

5405	**Betriebsstoffe, diverse**		**1 562,24 kg**
540501	**Schmierstoffe, Öle**	**150 St.**	**185,60 kg**
5405010000	LANGZEITFETT BAMUT 100	13 St.	172,50 kg
5405010001	NÄHMASCHINENÖL ADLER	0 kg	13,10 kg
5405010002	Bohröl BS EP 50		
540502	**Betriebsstoffe, diverse**	**308 St.**	**1 376,64 kg**
540502000	SILICON-DICHTUNGSMASSE	25 St.	160,16 kg
5405020001	SILICON-DICHTUNGSMASSE	773 St.	9,44 kg
5405020002	TESAKREPP NR. T 1304	1 488 St.	77,34 kg
5405020003	TESAKREPP	1 488 St.	312,50 kg
5405020004	PAPIERBECHER	3 531 St.	40,11 kg
5405020005	PAPIERBECHER	6,1 kg	35,31 kg
5405020006	SCHWEISSDRAHT	38 St.	6,10 kg
5405020007	SCHWEISSDRAHT	740 St.	595,08 kg
5405020008	Flachkrepp-Papierkleber	0 kg	140,60 kg
5405020009	Darus L 482	0 kg	
5405020010	Trennmittel		

Alle Inputs und Outputs sollen möglichst in Kilogramm angegeben werden, was teilweise aufwendige Umrechnungen notwendig macht.

BEISPIEL *Auszug aus der Ökobilanz der Sommerfeld Bürosysteme GmbH: Output*

Art	Jahresmenge (kg)	Entsorgung
Siedlungsabfälle	219700	Müllverbrennungsanlage Essen
Bauschutt	12600	Bauschuttdeponie
Sondermüll	**18229**	
Eisenbehältnisse mit Reststoffen	1650	Sondermülldeponie
Lackschlämme	6520	Sondermülldeponie
Asche, Stäube	6569	Sondermülldeponie
Leuchtstoffröhren	177	Sondermülldeponie
Lösemittelgemische	440	Sondermülldeponie
Altlacke	200	Sondermülldeponie
Feinchemikalien	140	Sondermülldeponie
Leim und Kleber	83	Sondermülldeponie
Bohr- und Schleifmittelemissionen	800	Sondermülldeponie
Altöl	1530	Sondermülldeponie
Ölfilter	120	Sondermülldeponie
Thermische Verwertung	**58660**	
Holzreste	43660	Heizkraftwerk → Wärmeerzeugung
Holzspäne	15000	Heizkraftwerk → Wärmeerzeugung
Recycling	**124065**	
Eisenschrott	45000	Altmetallhandel → Metallhütte
Aluminiumschrott	870	Altmetallhandel → Aluminiumhütte
„Grüner-Punkt"-Abfälle	60	Duales System → Downcycling
Glas	750	Sammelcontainer → Glashütte
Stoffreste und Polstervliese	8170	Externe Sortierung nach Qualitäten: Schurwolle und Kammgarn → neue Garne Mischqualitäten und Synthetik → Dämmplatten, Hartfilze
Lederreste	4300	Verarbeitungsbetriebe → Kleinlederwaren
PVC-Teile und -Reste	1344	Externes Recycling → Regranulat für neue Produkte
PE-Folie	11470	Externes Recycling → neue Folien
PUR-Schaumteile	1176	Externe Verwertung durch Zerhäckseln → Dämmplatten, Kissenfüllungen usw.
Polypropylen (Sitzschalen Picto)	–	Externes Recycling → Regranulat für neue Produkte
Polypropylen (Sitzschalen FS)	–	Rücknahme durch Hersteller → Wiedereinbringung in dessen Produktion
Kartonagen und Papier	50870	Altpapierhandel → Kartonagen- und Papierfabriken
Büromaterialabfälle	25	„Grüne Box" → Sortierung und externes Recycling
Tonerkartuschen, Farbbänder Tintenstrahldruckerpatronen	–	Rücknahme durch Lieferer → Wiederbefüllung
Reißverschlussspulen	30	Rücknahme durch Lieferer → Wiederverwendung
Organische Abfälle	–	Kompostierung und gärtnerische Nutzung bei der Sommerfeld Bürosysteme GmbH

Öko-Prozessbilanzen

Zwecks Analyse der Stoff- und Energiebilanz werden In- und Outputs den betriebsspezifischen Teilprozessen oder Produktionsschritten des Produktionsverfahrens zugeordnet, wie der Sägerei, Fräserei, Lackiererei, Polsterei, Montage u. a.

BEISPIEL *Inputs und Outputs in der Sägerei in der Sommerfeld Bürosysteme GmbH*

Inputs	Sägerei Outputs
Massivholzteile Sperrholzteile Spanplatten Tischlerplatten Energie Schmieröl	Massivholzbeine für Tische, Stühle usw. Tischplatten Stuhlsitze Holzreste Späne Staub Lärm Altöl

Produktbilanzen

Sie erfassen die gesamten Stoff- und Energieinputs eines Produktes, bezogen auf seinen gesamten Lebenszyklus, also von der Produktentwicklung und Rohstoffgewinnung über die Produktion, den Transport und den Gebrauch bis zur Entsorgung. Mit Produktbilanzen lässt sich die **Umweltverträglichkeit von Produkten vergleichen**, die mit alternativen Roh- und Hilfsstoffen hergestellt werden, dadurch einen unterschiedlichen Lebenszyklus nehmen, sich in der Reparaturanfälligkeit unterscheiden, aber auch in der Entsorgung.

BEISPIEL *Die Sommerfeld Bürosysteme GmbH hat für die Produktion des neuen Konferenztischsystems Contas Leichtbauplatten mit Plattenkernen aus Sandwich-Pappwaben vorgesehen, die aus Recycling-Papier gefertigt werden. Sie können also problemlos entsorgt werden. Zudem werden mit der erheblichen Massen- und Gewichtsreduktion Vorteile beim Transport erreicht.*

Produktbilanzen sollten in Zukunft wichtige Erkenntnisse erschließen, Alternativen zur Befriedigung von Konsumentenbedürfnissen mit ihren ökologischen und wirtschaftlichen Folgen zu entwickeln.

Substanzbilanz

In ihr werden einerseits dauerhafte betriebliche Umweltnutzungen durch Liegenschaften (Boden und Gebäude) und Anlagen (betriebstechnische, elektronische, Fuhrpark u. a.), andererseits die daraus resultierenden Risiken und Eingriffe des Standortes in die Umwelt wie z. B. Risiken und die dauerhafte Beeinträchtigung des Bodens und des Grundwassers, Flächennutzung (Parkplätze, Lagerflächen, Transportwege), Bebauung und Landschaftseinschnitte dargestellt.

Umweltaspekte im Jahresabschluss

Im Anhang können ergänzende Informationen zu ökologischen Aspekten einzelner Positionen in der Bilanz oder der GuV gegeben werden.

BEISPIELE

- *Der gesonderte Ausweis von Anlagen, die dem Umweltschutz dienen,*
- *Rückstellungen für ungewisse Verbindlichkeiten aus Maßnahmen zur Bewältigung von Umweltrisiken,*

- *Erlöse aus dem Verkauf von Abfällen,*
- *außerordentliche Aufwendungen aufgrund von Entsorgungsmaßnahmen wegen gesetzlicher Vorschriften.*

Gem. § 289 HGB bietet sich der Lagebericht an, Hinweise auf Belastungen und Entlastungen durch Umweltschutzmaßnahmen aufzuzeigen.

BEISPIELE

- *Umfang und Art von Investitionen zum Umweltschutz (Filter, Kläranlagen, Verbrennungsanlagen)*
- *Stilllegung von Produktionsstätten wegen behördlicher Auflagen*
- *Verlagerung von Produktionsstätten wegen verschärfter Umweltbedingungen ins Ausland*

Diese Hinweise werden zunehmend zu **Sozialbilanzen** erweitert, in denen die Beschäftigten und die interessierte Öffentlichkeit über die gesellschaftsbezogenen Leistungen der Unternehmung und deren Kosten informiert werden.

ZUSAMMENFASSUNG

Umweltbeanspruchungen und ihre Darstellung im Jahresabschluss

- **Notwendigkeit eines Umweltschutzcontrollings wegen**
  - verstärkter Nachfrage nach umweltverträglichen Produkten
  - zahlreicher Gesetze und Verordnungen
  - Verantwortung gegenüber der Umwelt und den nachfolgenden Generationen
- **Aufgaben des Umweltschutzcontrollings**
  - Verbindung ökologischer mit ökonomischen Zielsetzungen
  - Verhinderung von Umweltbelastungen durch Beachtung des Umweltrechts
  - Erkennen von Umweltrisiken
  - Entwickeln von Maßnahmen zur Bewältigung von Umweltrisiken
  - Vornahme von Umweltverträglichkeitsprüfungen
  - Entwickeln eines Grundsatzkatalogs für ökologisches Handeln
  - Entwickeln von Richtlinien zur Umsetzung der ökologischen Grundsätze für alle Unternehmungsbereiche
- **Umweltmanagement**
  - Umweltschutzabteilung
  - Sensibilisierung aller Mitarbeitenden für ökologisches Handeln
  - Umweltschutzbeauftragte
- **Ökobilanz**
  - Abbildung aller ökologisch relevanten Inputs (Stoffe, Energie, Anlagen) und Outputs (Produkte, Abfälle, Emissionen) in Anlehnung an einen Öko-Kontenrahmen
  - Bestandteile sind Stoff- und Energiebilanz, Prozessbilanzen, Produktbilanzen und Substanzbilanz
  - Struktur der Ökobilanz:

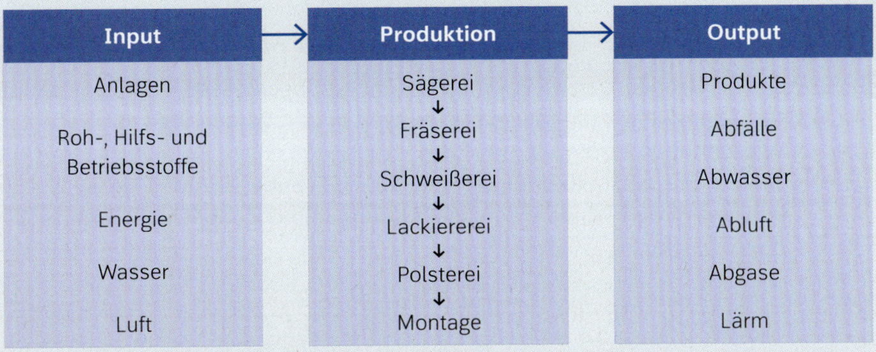

- **Umweltaspekte im Jahresabschluss**
  - Hinweise im Anhang auf umweltrelevante Investitionen, Stilllegungen, Aufwendungen und Erträge
  - Hinweise im Lagebericht

AUFGABEN

1 Begründen Sie, warum sich alle Industrieunternehmen verstärkt mit ökologischen Fragen auseinandersetzen müssen.

2 Formulieren Sie für Ihr Ausbildungsunternehmen
a) Grundsätze für ökologisches Handeln in einzelnen Funktionsbereichen und Prozessabschnitten,
b) Öko-Richtlinien zur Umsetzung der formulierten Grundsätze.

3 Erläutern Sie die Aufgaben des Umweltmanagements.

4 In der Sommerfeld Bürosysteme GmbH wird bei einigen Sitzmöbelprogrammen das Polstermöbelmaterial Polyurethan (PUR) durch Gummikokos ersetzt, ein Material, das auf Fasern basiert, die bei der Kokosnussernte anfallen und mit der Latexmilch des Gummibaums verklebt werden. Zudem werden Polsterauflagen aus Schafwoll-Vlies statt aus Schaumgummi eingesetzt.
a) Begründen Sie diese Maßnahmen aus ökologischer Sicht.
b) Formulieren Sie Argumente für den Vertrieb, diese Maßnahmen zu Kunden hin überzeugend zu vertreten.

5 In der Sommerfeld Bürosysteme GmbH fallen u. a. folgende Abfälle an:
a) Restteile von Stahlrohr und -profilen
b) Reste von Aluminiumrohr und -profilen
c) Polypropylen (PP)/Kunststoffverschnitt
d) Polsterstoffreste aus Schurwolle und Kammgarnen
e) Polyurethanschaum (PUR)
f) von Kunden zurückgegebene Altmodelle mit einwandfreien Bauteilen
Zeigen Sie für die einzelnen Abfälle sinnvolle Wege einer ökologischen Entsorgung auf.

6 Erläutern Sie den Aufbau und den Inhalt der Ökobilanz am Beispiel der Stoff- und Energie-Teilbilanz.

7 Bisher sind Ökobilanzen im Rahmen des Jahresabschlusses nicht vorgeschrieben.
a) Begründen Sie, warum diese bisher nicht in den Vorschriften zur Rechnungslegung vorgeschrieben sind.
b) Erläutern Sie, weshalb Unternehmen dennoch zunehmend Hinweise zur Sozial- und Ökobilanz in den Jahresabschluss (Anhang und Lagebericht) aufnehmen.

LS 5

5 Unterschiedliche Arten der Innen- und Außenfinanzierung vergleichen und beurteilen

Zur Erweiterung der Lagerkapazitäten plant die Sommerfeld Bürosysteme GmbH die Anschaffung eines computergesteuerten Hochregallagersystems mit vollautomatischen Förderfahrzeugen. Um das Vorhaben zu finanzieren, besteht ein Kapitalbedarf in Höhe von 950 000,00 €. Leon Heller und Emilia Schaub, die an einer Sitzung der Geschäftsführung zu diesem Thema teilgenommen haben, um Protokoll zu führen, machen sich Gedanken darüber, welche grundsätzlichen Möglichkeiten zur Finanzierung des Investitionsvorhabens bestehen.

ARBEITSAUFTRAG

- **Erläutern Sie auf Basis des nachfolgenden Schaubildes unterschiedliche Finanzierungsmöglichkeiten. Entscheiden Sie sich für eine Finanzierungsart und erstellen Sie in Teamarbeit einen Kurzvortrag zu der von Ihnen gewählten Finanzierungsalternative.**

Ein Unternehmen kann eine Finanzierungsmaßnahme mit Eigenkapital **(Eigenfinanzierung)** oder Fremdkapital **(Fremdfinanzierung)** vornehmen.

Darüber hinaus unterscheidet man zwischen **Außenfinanzierung** (wenn das Kapital von außerhalb des Unternehmens zufließt) und **Innenfinanzierung** (wenn das Kapital im Unternehmen erwirtschaftet wurde).

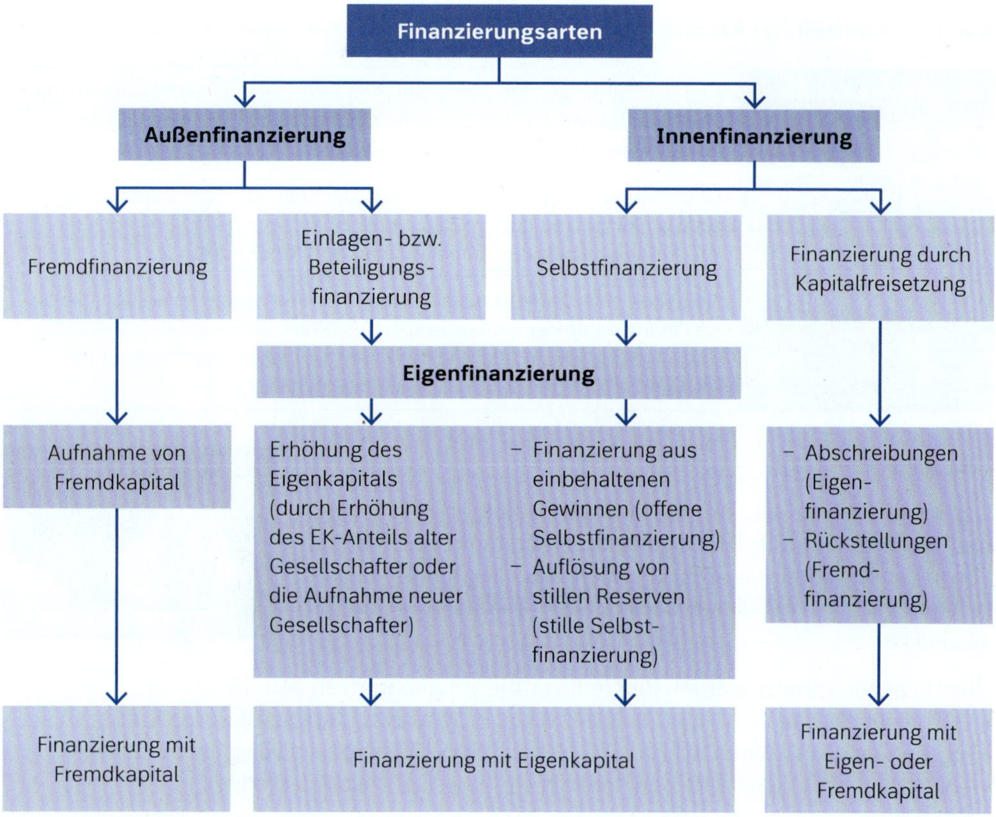

Außenfinanzierung

Bei der Außenfinanzierung wird dem Unternehmen neues Kapital von den alten Eigentümern, neuen Eigentümern oder Kreditgebern zugeführt.

Fremdfinanzierung durch Darlehensaufnahme

Hierbei fließt der Unternehmung **durch Kreditgeber Kapital von außen zu**. Die Kreditgeber werden als Gläubiger bezeichnet. **Gläubiger** sind im Regelfall Kreditinstitute oder Lieferanten. Sie haben einen Anspruch auf Verzinsung und pünktliche Tilgung ihres Kredites. Allerdings haben sie kein Mitspracherecht im Unternehmen und keinen Anspruch auf einen Gewinnanteil. In der Bilanz des Unternehmens erscheint der Kredit auf der Passivseite **als Fremdkapital**. Die Innenfinanzierung durch Rückstellungen zählt ebenfalls zur Fremdfinanzierung, da Rückstellungen dem Fremdkapital auf der Passivseite der Bilanz zugerechnet werden.

Nach der Laufzeit der Kredite (Überlassungsfrist) unterscheidet man:

langfristige Kredite	Zu den langfristigen Krediten zählt man Darlehen mit einer **Laufzeit von über vier Jahren**. Es sind meistens Kredite, die zur Finanzierung des **Anlagevermögens** aufgenommen werden.
mittelfristige Kredite	Zu den mittelfristigen Krediten zählen Darlehen mit einer **Laufzeit von ein bis vier Jahren**. Sie werden für die Finanzierung kurzlebiger Güter des **Anlagevermögens** aufgenommen (z. B. Computer).
kurzfristige Kredite	Sie haben eine **Laufzeit bis zu einem** Jahr und werden in erster Linie für die Finanzierung des Umlaufvermögens (Roh-, Hilfs- und Betriebsstoffe sowie Fremdbauteile und Handelswaren) aufgenommen (Lieferantenkredite).

Der Kreditvertrag

Der **Kreditvertrag** wird im Regelfall **schriftlich** abgeschlossen und kommt durch die Bewilligung des Kreditantrages und die Einverständniserklärung des Kreditnehmers zustande. Kreditinstitute verfügen zu diesem Zweck über bereits vorgefertigte Vordrucke.

Über folgende **Inhalte** werden im Kreditvertrag Vereinbarungen getroffen:
- Höhe des Kredites
- Sicherung des Kredites
- Rückzahlungsmodalitäten des Kredites
- Verwendungszweck des Kredites
- Zinssatz und Fälligkeit der Zinsen
- Laufzeit des Kredites

Bevor ein Kreditinstitut einen Kredit gewährt, wird eine Kreditprüfung vorgenommen. Hierbei wird die **Kreditfähigkeit** und die **Kreditwürdigkeit (Bonität)** des Kunden überprüft. **Kreditfähig** sind unter anderem
- voll geschäftsfähige natürliche Personen,
- juristische Personen (z. B. AG, GmbH).

Bei der **Kreditwürdigkeit** wird überprüft, ob ein Kreditnehmer in der Lage ist, einen aufgenommenen Kredit zurückzuzahlen. Hierzu werden eine sachliche und eine persönliche Kreditwürdigkeitsprüfung der Person des Kreditnehmers vorgenommen. Im Rahmen der **sachlichen Kreditwürdigkeitsprüfung** können u. a. überprüft werden:
- GuV-Rechnung, Bilanz, Anhang, Lagebericht, Geschäftsbücher
- Handelsregister- und Grundbuchauszüge
- Steuerunterlagen
- Gesellschaftsvertrag

Ferner können mit **Betriebsbesichtigungen** verbundene persönliche Besuche vereinbart werden, um sich ein Bild vom Zustand des Unternehmens zu verschaffen. Kreditinstitute bedienen sich zudem der Hilfe von **Wirtschaftsauskunfteien** (z. B. Schufa oder creditreform). Diese verfügen bzw. beschaffen Informationen über die Bonität der kreditnehmenden Unternehmen, die regelmäßig aktualisiert werden.

Zur **persönlichen Kreditwürdigkeitsprüfung** zählen bei natürlichen Personen die Überprüfung von

- **persönlichen Daten,**

  BEISPIELE *Unterhaltszahlungen bei Ehescheidungen, Zahlungsgewohnheiten, ehelicher Güterstand, Vermögensverhältnisse*

- **fachlichen Qualifikationen,**

  BEISPIELE *Prüfungsabschlüsse, Studium, unternehmerische Fähigkeiten*

- **persönlichen Haftungsverhältnissen.**

  BEISPIELE *Vollhafter oder Teilhafter bei der KG*

Auskünfte von Kreditinstituten können nur in begrenztem Umfange genutzt werden, da das Bankgeheimnis die Auskunftsmöglichkeiten einschränkt.

Besteht eine längere Geschäftsbeziehung zwischen Unternehmen und Kreditinstitut und hat das Kreditinstitut gute Erfahrungen mit dem Unternehmen gemacht, besitzt dieses Unternehmen eine hohe Bonität. Kreditinstitute sind in bestimmten Fällen bereit, nur aufgrund des **Firmen- oder Geschäftswertes (= Goodwill oder guter Ruf)** eines Unternehmens Kredite zu vergeben. Zum Firmen- oder Geschäftswert gehören:

- persönlicher Ruf des oder der Geschäftsinhaber/-in,
- allgemeiner geschäftlicher Ruf des oder der Geschäftsinhaber/-in,
- Standort des Geschäftes,
- Anzahl der Stammkunden,
- Zukunftsaussichten des Geschäftes und der Branche,
- bisheriges Zahlungsverhalten,
- Qualifikation der Beschäftigten,
- Zweckmäßigkeit und Wert der Geschäftseinrichtung.

Langfristige Fremdfinanzierung

Darlehen (§ 607 BGB)

Kreditinstitute und Versicherungen bieten Unternehmen für die Finanzierung des Anlagevermögens **mittel- und langfristige Darlehen (= Investitionskredit)**. Hierbei verlangen sie i. d. R. Sicherheiten wie Bürgschaften oder Pfandrechte (vgl. S. 146 ff.).

PRAXISTIPP!

Benötigt man als Privatperson ein Darlehen, z. B. zur Immobilienfinanzierung, empfiehlt sich der Abschluss eines Annuitätendarlehens (vgl. S. 132).

Darlehensarten	Art der Tilgung	Zinszahlungen
Festdarlehen (Fälligkeitsdarlehen)	Darlehen wird zum Ende der Laufzeit in einer Summe zurückgezahlt.	Zinsen von der Darlehenssumme
Annuitätendarlehen	Der Kreditnehmer erbringt jährlich gleichbleibende Leistungen (steigende Tilgung + sinkende Zinsen).	Zinsen von der jeweiligen Restdarlehensschuld
Abzahlungsdarlehen (Ratentilgungsdarlehen)	Der Kreditnehmer erbringt jährlich fallende Leistungen (gleichbleibende Tilgung + sinkende Zinsen).	Zinsen von der jeweiligen Restdarlehensschuld

BEISPIELE

- ***Festdarlehenstilgungsplan***

  Beispiel Kredit: 140 000,00 €   Zinssatz: 8 %   Laufzeit: 5 Jahre

Jahr	Schuld am Anfang des Jahres in €	Tilgung in €	Zinsen in €	Schuld am Ende des Jahres in €
1	140 000,00	0,00	11 200,00	140 000,00
2	140 000,00	0,00	11 200,00	140 000,00
3	140 000,00	0,00	11 200,00	140 000,00
4	140 000,00	0,00	11 200,00	140 000,00
5	140 000,00	140 000,00	11 200,00	0,00

- ***Annuitätendarlehenstilgungsplan***

  Beispiel Kredit: 140 000,00 €   Zinssatz: 8 %   Laufzeit: 5 Jahre

Jahr	Schuld am Anfang des Jahres in €	Tilgung in €	Zinsen in €	Annuität in €	Schuld am Ende des Jahres in €
1	140 000,00	23 863,90	11 200,00	35 063,90	116 136,10
2	116 136,10	25 773,01	9 290,89	35 063,90	90 363,09
3	90 363,09	27 834,85	7 229,05	35 063,90	62 528,24
4	62 328,24	30 061,64	5 002,26	35 063,90	32 466,60
5	32 466,57	32 446,57	2 597,33	35 063,90	0,00

- ***Abzahlungsdarlehensplan***

  Beispiel Darlehen: 140 000,00 €   Zinssatz 8 % p. a.   Laufzeit 5 Jahre

Jahr	Schuld am Anfang des Jahres in €	Tilgung in €	Zinsen in €	Annuität in €	Schuld am Ende des Jahres in €
1	140 000,00	28 000,00	11 200,00	39 200,00	112 000,00
2	112 000,00	28 000,00	8 960,00	36 960,00	84 000,00
3	84 000,00	28 000,00	6 720,00	34 720,00	56 000,00
4	56 000,00	28 000,00	4 480,00	32 480,00	28 000,00
5	28 000,00	28 000,00	2 240,00	30 420,00	0,00

Die Darlehenszinsen werden vom Zeitpunkt der Bereitstellung berechnet. Der Zinssatz ist niedriger als bei Kontokorrentkrediten, da das Kreditinstitut bei Darlehen langfristiger planen kann. Meistens ist der Auszahlungsbetrag etwas niedriger als die Darlehenssumme, die zurückgezahlt werden muss. Man nennt den nicht ausgezahlten Teil des Darlehens **Disagio (Abgeld) oder Damnum**. Darüber hinaus werden von den Kreditinstituten bei der Darlehensgewährung **Bearbeitungsentgelte** verlangt. Diese Entgelte werden prozentual von der Kreditsumme oder pauschal berechnet, und zwar unabhängig von der Laufzeit des Kredits.

Bei den Finanzierungskosten muss zwischen **Nominal- und Effektivzinssatz** unterschieden werden. Beim Nominalzinssatz werden nur die Verzinsung des Darlehens ohne Berücksichtigung von Disagio, Bearbeitungsentgelte usw. angegeben, während beim Effektivzinssatz (= tatsächlicher Zinssatz) alle zusätzlichen Kosten berücksichtigt werden. Die Kreditinstitute müssen für alle Darlehen **Effektivzinssätze** angeben.

BEISPIEL *Zwei Banken bieten der Sommerfeld Bürosysteme GmbH ein kurzfristiges Darlehen über 140000,00 € für eine Laufzeit von zwei Jahren zu folgenden Konditionen an:*

1. Bank: *Auszahlung 100 % = 140000,00 €, Nominalzinssatz 6,5 %, Bearbeitungsentgelte 0,5 % von der Darlehenssumme*

2. Bank: *Disagio 2 %, Auszahlung 98 % = 137200,00 €, Nominalzinssatz 6 %*

Ermitteln Sie den Effektivzinssatz für beide Kredite.

Die Effektivverzinsung kann folgendermaßen errechnet werden: *Sämtliche Kosten, die über die Laufzeit des Kredites entstehen, werden addiert (Zinsen, Bearbeitungsentgelte, Spesen, Diagio) und dann als Jahreszinssatz zum eingesetzten Kapital ausgedrückt.*

LÖSUNG

Angebot 1. Bank

6,5 % Zinsen/2 Jahre von 140000,00 €	*18200,00 €*
+ 0,5 % Bearbeitungentgelt von 140000,00 €	*700,00 €*
Kosten des Kredits	*18900,00 €*

Angebot 2. Bank

6 % Zinsen/2 Jahre von 140000,00 €	*16800,00 €*
+ 2 % Disagio von 140000,00 €	*2800,00 €*
Kosten des Kredits	*19600,00 €*

Die Kosten des Kredites entstehen für die Laufzeit von zwei Jahren.

$$\text{Effektiver Zinssatz} = \frac{\text{Kosten des Kredits} \cdot 100 \cdot 1}{\text{Darlehensbetrag} \cdot \text{Kreditzeitraum}}$$

$$\text{Effektiver Zinssatz} = \frac{18900 \cdot 100 \cdot 1}{140000 \cdot 2} = \underline{\underline{6{,}75\,\%}} \qquad \text{Effektiver Zinssatz} = \frac{19600 \cdot 100 \cdot 1}{137000} = \underline{\underline{7{,}14\,\%}}$$

Es ist für die Sommerfeld Bürosysteme GmbH günstiger, das Angebot der ersten Bank anzunehmen, da der Effektivzinssatz für dieses Darlehen geringer ist.

PRAXISTIPP!

Überprüfen Sie beim Abschluss von Darlehensverträgen immer, ob die tatsächliche monatliche Belastung auch in wirtschaftlich schwächeren Zeiten von Ihnen getragen werden kann.

Das Darlehen hat für ein Industrieunternehmen folgende Vor- und Nachteile:

Darlehen	
Vorteile	**Risiken**
– Finanzielle Belastung des Unternehmens wird durch die lange Laufzeit über mehrere Jahre verteilt. – Die mit dem Darlehen finanzierte Investition befindet sich sofort im Besitz des Unternehmens und kann somit wirtschaftlich genutzt werden. – Je nach gewählter Tilgungsform kann in Bezug auf die Kosten und den Liquiditätsabfluss eine sichere Kalkulationsbasis zugrunde gelegt werden.	– Kurzfristige Änderungen des Darlehen sind nach dem Auszahlungstermin nur noch schwer veränderbar. – In der Regel verlangt der Kreditgeber Sicherheiten (vgl. S. 305 ff.) für das Darlehen. – Zins- und Tilgungszahlungen müssen pünktlich erfolgen, sonst droht eine Zwangsvollstreckung

Einlagen- bzw. Beteiligungsfinanzierung (Eigenfinanzierung):

Hierbei wird dem Unternehmen zusätzliches Eigenkapital zugeführt. Dieses kann durch die Aufnahme neuer Gesellschafter oder die Erhöhung der Einlagen der bisherigen Gesellschafter erfolgen.

Einlagenfinanzierung

Stellen der Eigentümer oder die Eigentümerin **(Einzelunternehmung)** bzw. alte oder neue Gesellschafter oder Gesellschafterinnen **(OHG, KG)** dem Unternehmen zusätzliches Eigenkapital zur Verfügung, spricht man von Einlagenfinanzierung. Bei dieser Finanzierung erwirbt der Kapitalgeber Eigentum am Unternehmen. In der Bilanz erscheint das eingebrachte Kapital unter der Position **Eigenkapital** auf der **Passivseite**. Eigenkapital steht der Unternehmung unbefristet zur Verfügung.

BEISPIEL *An der Metallwerke Bauer & Söhne OHG beteiligt sich ein zusätzlicher Gesellschafter mit 180 000,00 €. Mit diesem Kapital wird eine neue Lagerhalle finanziert.*

Beteiligungsfinanzierung

An Kapitalgesellschaften (AG, GmbH) können sich Kapitalgeber in unterschiedlicher Weise beteiligen.

→ LF 1
- Bei der **GmbH** bringen die Gesellschafter und Gesellschafterinnen mit ihren Nennbeträgen der Geschäftsanteile das im Gesellschaftsvertrag festgelegte Stammkapital auf. Bei der Beteiligungsfinanzierung in einer GmbH wird entweder das Stammkapital der vorhandenen Gesellschafter und Gesellschafterinnen erhöht oder es werden neue Gesellschafter bzw. Gesellschafterinnen aufgenommen. In der Bilanz erscheint das eingebrachte Kapital unter **Eigenkapital/Gezeichnetes Kapital** auf der Passivseite.

→ LF 1
- Bei **Aktiengesellschaften** erfolgt die Kapitalzuführung (Beteiligungsfinanzierung) durch den Verkauf von Aktien. Die Aktionäre und Aktionärinnen werden so Miteigentümer der AG. Eine Kapitalerhöhung erfolgt durch die Ausgabe junger (neuer) Aktien. Hierfür ist allerdings eine Satzungsänderung erforderlich (Dreiviertelmehrheit auf der Hauptversamm-

lung). Auch eine Kapitalherabsetzung kann von der Hauptversammlung beschlossen werden. Das Grundkapital (gezeichnetes Kapital) erscheint ebenso wie die Kapitalrücklagen, mögliche Gewinn- oder Verlustvorträge sowie der Jahresüberschuss bzw. der Bilanzgewinn auf der Passivseite der Bilanz unter der Position Eigenkapital.

Einlagen- bzw. Beteiligungsfinanzierung	
Vorteile	**Nachteile**
– Eigenkapital steht zeitlich unbefristet zur Verfügung. – Keine laufenden Zins- und Tilgungsraten, dadurch wird die ständige Zahlungsbereitschaft (Liquidität) nicht beeinflusst. – Die Kreditwürdigkeit steigt, da das Haftungskapital größer wird, es kann somit leichter Fremdkapital beschafft werden. – Durch die Aufnahme neuer Gesellschafter/-innen bei Personengesellschaften verteilt sich das Haftungsrisiko auf eine größere Anzahl von Personen. – Im Gegensatz zur Fremdkapitalaufnahme gibt es keine einschränkenden Vorschriften zur Kapitalverwendung.	– Neu aufgenommene Gesellschafter/-innen (OHG, KG, GmbH) sowie Aktionäre/-innen (AG) haben Anspruch auf Gewinnbeteiligung. – Bei Kapitalgesellschaften (GmbH, AG) wird das Stimmrecht durch die Höhe des Kapitalanteils bestimmt. Spätere Kapitalerhöhungen können hier zu Verschiebungen der bestehenden Mehrheitsverhältnisse führen. Bei Personengesellschaften sind neu aufgenommene Vollhafter an der Geschäftsführung zu beteiligen. Firmenpolitik und -philosophie können sich also ändern bzw. von anderen bestimmt werden. – Bei der GmbH sind Gesellschafter/-innen oft nur dann zu gewinnen, wenn ihnen als Geschäftsführer/-innen Einflussmöglichkeiten auf das Betriebsgeschehen eingeräumt wird. – Bei einer AG haben Kapitalerhöhungen häufig negative Auswirkungen auf den Börsenkurs der Aktie. Nur bei positiven Zukunftsaussichten lassen sich junge Aktien zu einem angemessenen Preis am Markt platzieren.

→ LF 1

Innenfinanzierung

Bei der Innenfinanzierung fließt das Kapital dem Unternehmen nicht von außen zu, sondern es stammt aus einbehaltenen Gewinnen, der Auflösung von Rückstellungen, Abschreibungen oder den Erlösen aus Anlagenabgängen.

Selbstfinanzierung (Eigenfinanzierung)

Sie kann in Form der offenen und verdeckten Selbstfinanzierung durchgeführt werden.

- **Offene Selbstfinanzierung:** Hierunter versteht man eine Finanzierung aus erwirtschafteten und nicht ausgeschütteten Gewinnen **(Gewinnthesaurierung)**. Durch diesen Vorgang erhöht sich das Eigenkapital. Das Unternehmen finanziert sich aus eigener Kraft mit den Mitteln, die erwirtschaftet wurden. Bei dieser Finanzierung spricht man von **offener Selbstfinanzierung**, weil der einbehaltene Gewinn in der Bilanz offen ausgewiesen wird. Bei Einzelunternehmen und Personengesellschaften werden die Gewinne den Kapitalkonten der Inhaber gutgeschrieben. Bei der AG und der GmbH wird der Gewinn den Gewinn-

→ LF 8

rücklagen zugeführt. Das Stammkapital (GmbH) bzw. das Grundkapital (AG) bleiben davon unberührt.

BEISPIEL *Die Sommerfeld Bürosysteme GmbH hat im vergangenen Geschäftsjahr einen Gewinn in Höhe von 1650000,00 € erzielt. Herr Sommer, Herr Feld und Frau Farthmann entnehmen ihren Gewinnanteil nicht, sondern verwenden ihn für eine Betriebserweiterung. Somit erhöhen sich die offenen Rücklagen des Unternehmens um 1650000,00 €.*

- **Verdeckte (stille) Selbstfinanzierung:** Neben dem Gewinn können **stille Reserven**, die in einem Unternehmen gebildet worden sind, für die Finanzierung von Investitionsvorhaben herangezogen werden. Diese entstehen durch **unterschiedliche Bewertungsansätze**, die das Bilanzrecht den Unternehmen einräumt. Sie können durch die **Überbewertung von Schulden oder Unterbewertung von Vermögensgegenständen** in der Bilanz gebildet werden.

→ LF 8

BEISPIELE

- *Die Sommerfeld Bürosysteme GmbH hat vor zehn Jahren ein 2000 m² großes Grundstück für 60,00 €/m² gekauft. Obwohl der heutige Grundstückswert bei 170,00 €/m² liegt, muss die Sommerfeld Bürosysteme GmbH das Grundstück mit seinen Anschaffungskosten (Wertobergrenze) bilanzieren. Es ergeben sich somit stille Reserven in Höhe von 220000,00 €. Erst wenn das Grundstück verkauft wird, kommt es zur Auflösung der stillen Reserven **(Unterbewertung von Vermögensgegenständen)**.*

– *Steuerrückstellung für geschätzte Steuerverbindlichkeiten des Vorjahres*	*80000,00 €*
– *Tatsächliche Steuernachzahlung*	*60000,00 €*
– ***Überbewertung der Steuerschuld***	*20000,00 €*

Selbstfinanzierung	
Vorteile	**Risiken**
– Das Unternehmen bleibt unabhängig, keine Verschiebung der Mehrheitsverhältnisse in der Unternehmensführung. – Keine Kreditkosten, Zinsen, Tilgungsraten; die Liquidität des Unternehmens wird nicht eingeschränkt. – Erhöhung des Eigenkapitalanteils, die Kreditwürdigkeit steigt.	– Gefahr von Fehlinvestitionen steigt: Bei der Investition von nicht ausgeschütteten Gewinnen erfolgt keine wirkungsvolle externe Überprüfung der Wirtschaftlichkeit dieser Investition. Da Eigenkapital häufig keiner strengen externen Rentabilitätskontrolle unterliegt, kann dieses ein Unternehmen eher zu Investitionen veranlassen, die nicht durch die Marktlage gerechtfertigt sind.

Den **Grad der Selbstfinanzierung** in einer Unternehmung kann man mit folgender Formel berechnen:

$$\textbf{Grad der Selbstfinanzierung} = \frac{\text{Gewinnrücklagen} \cdot 100}{\text{Gesamtkapital}}$$

Umfinanzierung

Hierunter versteht man **Kapitalumschichtungsmaßnahmen** auf der Aktivseite (Aktivtausch) oder auf der Passivseite der Unternehmensbilanz (Passivtausch). Hierbei verändert sich weder das Gesamtkapital noch das Gesamtvermögen. Es kommt lediglich zur **Änderung der Vermögens- oder der Kapitalstruktur**.

BEISPIELE

- *Die Sommerfeld Bürosysteme GmbH verkauft ein Grundstück für 300 000,00 € und beschafft mit diesem Kapital eine neue Spezialmaschine **(Änderung der Vermögensstruktur)**.*
- *Die Sommerfeld Bürosysteme GmbH wandelt einen kurzfristigen Kontokorrentkredit bei der Deutschen Bank, Essen, in ein mittelfristiges Darlehen um **(Änderung der Kapitalstruktur)**.*

Finanzierung durch Kapitalfreisetzung

- **Finanzierung aus Abschreibungen:** Jedes Unternehmen kalkuliert Abschreibungen in seine Verkaufspreise ein. Infolgedessen fließen die Abschreibungen über die Verkaufspreise in das Unternehmen zurück **(Refinanzierung)**. Da diese Geldmittel dem Unternehmen kontinuierlich zufließen, stehen sie am Ende der Nutzungsdauer des Anlagegutes zur Verfügung und können für Finanzierungszwecke verwendet werden.

  BEISPIEL *Die Sommerfeld Bürosysteme GmbH besitzt drei Fertigungsanlagen (Anschaffungskosten jeweils 60 000,00 €). Die Nutzungsdauer beträgt drei Jahre, die Fertigungsanlagen werden linear abgeschrieben. Die Abschreibungsbeträge fließen über die Umsatzerlöse wieder in die Unternehmung zurück und die Wiederbeschaffungspreise der Fertigungsanlagen bleiben konstant.*

Anzahl Maschinen	AfA-Beträge Jahr 1	AfA-Beträge Jahr 2	AfA-Beträge Jahr 3	AfA-Beträge Jahr 4
1	20 000,00 €	20 000,00 €	20 000,00 €	–
2	20 000,00 €	20 000,00 €	20 000,00 €	–
3	20 000,00 €	20 000,00 €	20 000,00 €	–
4		20 000,00 €	20 000,00 €	20 000,00 €
5			20 000,00 €	20 000,00 €
6				20 000,00 €
7				20 000,00 €
Summe AfA	60 000,00 €	80 000,00 €	100 000,00 €	80 000,00 €
Reinvestition	60 000,00 €	60 000,00 €	100 000,00 € + 20 000,00 €	60 000,00 €
Rest	0,00 €	20 000,00 €	0,00 €	20 000,00 €

In dem Beispiel wird der **Lohmann-Ruchti-Effekt (Kapazitätserweiterungseffekt)** beschrieben, der entsteht, wenn sämtliche AfA-Beträge zur Finanzierung weiterer Anlagevermögensgegenstände verwendet werden. Hier steigt die Kapazität während der Nutzungsdauer der ersten Fertigungsanlagen kontinuierlich an, sodass zu dem Zeitpunkt, zu dem die alten Anlagen komplett abgeschrieben sind, das Unternehmen vier statt der ursprünglich drei Fertigungsanlagen zur Verfügung hat.

- **Finanzierung aus Rückstellungen:** Rückstellungen werden für Aufwendungen des abgelaufenen Geschäftsjahres gebildet, deren Höhe und/oder Fälligkeit am Bilanzstichtag noch nicht feststehen. Wegen der Unsicherheit bei der Bemessung besteht sowohl die Möglichkeit einer Unterbewertung (zu niedriger Ansatz) als auch die Möglichkeit einer Überbewertung (zu hoher Ansatz). Im letzteren Fall entstehen stille Reserven (vgl. Beispiel auf S. 136).

BEISPIELE

- *erwartete Gewerbesteuernachzahlungen*
- *Prozesskosten für einen laufenden Rechtsstreit*
- *Pensionsverpflichtungen gegenüber Mitarbeitenden*

Da Rückstellungen einerseits aus dem Gewinn gebildet werden, andererseits aber zweckgebunden sind, kann man sie als Eigenkapital mit Fremdkapitalcharakter bezeichnen. Sie sind auf der Passivseite der Bilanz auszuweisen, werden dem Fremdkapital zugerechnet und somit der Fremdfinanzierung zugeordnet.

ZUSAMMENFASSUNG

Langfristige Finanzierungsarten vergleichen und beurteilen

- Fremdfinanzierung durch Darlehensaufnahme
  - Prüfung der sachlichen und persönlichen Kreditwürdigkeit (Bonität) durch den Kreditgeber
  - Festdarlehen: Rückzahlung der Darlehenssumme am Ende der Laufzeit (gleichbleibende Zinszahlung)
  - Annuitätendarlehen: gleichbleibende monatliche Belastung (steigende Tilgung, sinkende Zinszahlung)
  - Abzahlungsdarlehen: sinkende monatliche Belastung (gleichbleibende Tilgung, sinkende Zinszahlung)
  - Nominalzinssatz: nominale Verzinsung des Darlehens
  - Effektivzinssatzes: tatsächlicher Zinssatz unter Berücksichtigung sämtlicher Kosten
- Einlagen- bzw. Beteiligungsfinanzierung: Dem Unternehmen wird durch die Aufnahme neuer Gesellschafter/-innen oder durch die Erhöhung der Einlage der bisherigen Gesellschafter/-innen zusätzliches Eigenkapital zugeführt.
- Offene Selbstfinanzierung: Auflösung offener Gewinnrücklagen, die durch die Einbehaltung (Nicht-Ausschüttung) erwirtschafteter Gewinne entstanden sind.
- Verdeckte (stille) Selbstfinanzierung: Auflösung stiller Reserven, die durch die Unterbewertung von Aktiva bzw. die Überbewertung von Passiva entstanden sind.
- Umfinanzierung: Vermögens- bzw. Kapitalumschichtungsmaßnahmen (Aktiv- bzw. Passivtausch).
- Finanzierung aus Abschreibungen: Über Umsatzerlöse fließen die in den Verkaufspreis einkalkulierten Abschreibungen in das Unternehmen zurück und stehen für Investitionen zur Verfügung.
- Finanzierung aus Rückstellungen: Auflösung von zweckgebundenen Rückstellungen.

AUFGABEN

1 Die Sommerfeld Bürosysteme GmbH will einen Kredit für die Neuanschaffung einer Fertigungsmaschine bei der Deutschen Bank Essen aufnehmen. Geben Sie an, über welche Inhalte in einem Kreditvertrag Vereinbarungen getroffen werden sollten.

2 Erklären Sie die verschiedenen Arten des Darlehens.

3 Beschreiben Sie, auf welche Weise Kreditinstitute die Kreditwürdigkeit ihrer Kunden überprüfen.

4 Zur Erweiterung des Unternehmens benötigt die Sommerfeld Bürosysteme GmbH einen Kredit über 200 000,00 € mit einer Laufzeit von drei Jahren. Die Sommerfeld Bürosysteme GmbH erhält zwei Angebote:
Bank A: 9 % Zinsen zuzüglich 800,00 € Bearbeitungsentgelt; Bank B: 8 % Zinsen zuzüglich 0,5 % Bearbeitungsentgelt von der Kreditsumme und 1 % Disagio
Die Rückzahlung des Kredites soll jeweils in einer Summe nach drei Jahren erfolgen.
a) Ermitteln Sie, wie viel Euro die Kreditkosten für die gesamte Laufzeit bei jeder Bank betragen.
b) Ermitteln Sie die Effektivverzinsung beider Kredite.

5 Beschreiben Sie die Einlagen- und die Beteiligungsfinanzierung.

6 Geben Sie an, welche Finanzierungsart in den folgenden Fällen beschrieben wird.
a) Ein Komplementär erhöht seine Einlage.
b) Eine GmbH nimmt einen neuen Gesellschafter auf.
c) Eine AG gibt neue Aktien aus.
d) Ein Unternehmer wandelt seine Einzelunternehmung in eine OHG um und nimmt einen Gesellschafter auf.
e) Eine GmbH nimmt bei ihrer Bank ein Darlehen auf.
f) Die Vollhafter einer KG belassen ihren Gewinn im Unternehmen, damit ein Grundstück gekauft werden kann.

7 Die Geschäftsführung der Sommerfeld Bürosysteme GmbH plant, eine neue Fertigungshalle (Baukosten: 400 000,00 €) zu errichten. Die Geschäftsführerin, Frau Farthmann, schlägt vor, die Halle ausschließlich mit Eigenkapital zu finanzieren. Herr Feld ist der Ansicht, dass es vorteilhafter sei, einen Kredit bei der Bank aufzunehmen.
a) Stellen Sie in einer Übersicht für Frau Farthmann die Vorteile einer Finanzierung mit Eigenkapital dar.
b) Sammeln Sie Argumente, die für den Vorschlag von Herrn Feld sprechen.
c) Bilden Sie zwei Gruppen und diskutieren Sie die unterschiedlichen Ansichten stellvertretend für die Geschäftsführer.

8 Erläutern Sie die Selbstfinanzierung.

9 Die Raumkultur Peter Nicolei e. K. ist Kunde der Sommerfeld Bürosysteme GmbH. Herr Nicolei ist alleiniger Inhaber. Er möchte seinen Betrieb erweitern. Hierzu sind 200 000,00 € erforderlich. Herrn Nicolei stehen 120 000,00 € Kapital zur Verfügung. Einen Bankkredit möchte Herr Nicolei wegen der Zins- und Tilgungsbelastung nicht aufnehmen. Er sucht Gesellschafter und denkt an die Gründung einer OHG, einer KG oder GmbH.

a) Beschreiben Sie, wie sich in den drei Fällen die Kapitalbeschaffung vollzieht.
b) Erläutern Sie die jeweiligen Vor- und Nachteile, die sich aus der entsprechenden Kapitalbeschaffung ergeben.

10 Unterscheiden Sie die Kredite hinsichtlich ihrer Laufzeit und geben Sie an, ob sie für die Finanzierung des Anlage- oder Umlaufvermögens aufgenommen werden.

11 Erläutern Sie die Finanzierung durch Abschreibung. Geben Sie an, welche Bedeutung dieser Finanzierungsform in Unternehmen zukommt.

12 Recherchieren Sie im Internet nach Unterlagen zur Kreditvergabe an Privatpersonen und Unternehmen. Vergleichen Sie die Konditionen (Zinsen, sonstige Kosten) der Kreditinstitute miteinander.

6 Finanzierungsalternativen prüfen

LS 6

Die Sommerfeld Bürosysteme GmbH hat ihr Produktionsprogramm um flexible Konferenztischkombinationen aus Massivholz erweitert. Das Geschäft mit den Tischkombinationen läuft sehr gut an, sodass zwei zusätzliche Plattenformatsägemaschinen für die Fertigung benötigt werden. Die Sommerfeld Bürosysteme GmbH hat für eine vorangegangene Betriebserweiterung momentan ihren Kreditrahmen ausgeschöpft. Herr Feld hat in der Vergangenheit gute Erfahrungen mit dem Leasing von Firmenwagen gemacht. Er prüft daher, ob auch die Maschinen geleast werden sollen.

ARBEITSAUFTRAG

- **Erläutern Sie, welche Gegenstände von Unternehmen geleast werden können und informieren Sie sich über von Ihrem Ausbildungsbetrieb geleaste Gegenstände.**
- **Erarbeiten Sie die wesentlichen Merkmale der unterschiedlichen Leasingarten in arbeitsteiligen Gruppen.**

Leasing

Ein Unternehmen hat die Möglichkeit, benötigte Gegenstände zu leasen (= mieten oder pachten) statt zu kaufen. In einem Leasingvertrag werden die Nutzungsrechte an Gütern des Anlagevermögens (Technische Anlagen und Maschinen, Fahrzeuge, Kopiergeräte etc.) für eine bestimmte Zeit vom Leasinggeber auf den Leasingnehmer übertragen, wobei der

Leasingnehmer die geleasten Gegenstände in seinem Betrieb einsetzt. Der **Leasingnehmer wird Besitzer, der Leasinggeber bleibt Eigentümer** der geleasten Gegenstände. Am Ende der vertraglich vereinbarten Leasingdauer hat der Leasingnehmer im Regelfall die Option, den geleasten Gegenstand zurückzugeben oder zum Restwert zu kaufen. Das **Leasingentgelt** richtet sich nach der Vertragsdauer sowie dem vereinbarten Leistungs- und Servicepaket und beträgt

- bei dreijähriger Vertragsdauer monatlich etwa 3 % des Kaufpreises,
- bei zweijähriger Vertragsdauer monatlich etwa 4 % des Kaufpreises.

Unter der Voraussetzung, dass mit den Leasingobjekten ein zusätzlicher Gewinn erwirtschaftet wird, kann ein Unternehmen mit Leasing seine Anlagegegenstände erneuern oder erweitern, ohne Eigen- oder Fremdkapital in Höhe der Anschaffungskosten zu beschaffen. Die Leasingraten mindern als Aufwendungen bzw. Kosten den steuerpflichtigen Gewinn und somit die Steuerlast des Unternehmens.

- **Leasinggeber** kann
  - der Hersteller des Anlagegutes, z. B. Maschinen-, Fahrzeughersteller (= **direktes Leasing**),
  - eine Leasing-Gesellschaft sein, die die Gegenstände vom Hersteller gekauft hat und sie nun im Rahmen des Leasings gegen Entgelt zur Verfügung stellt (= **indirektes Leasing**).

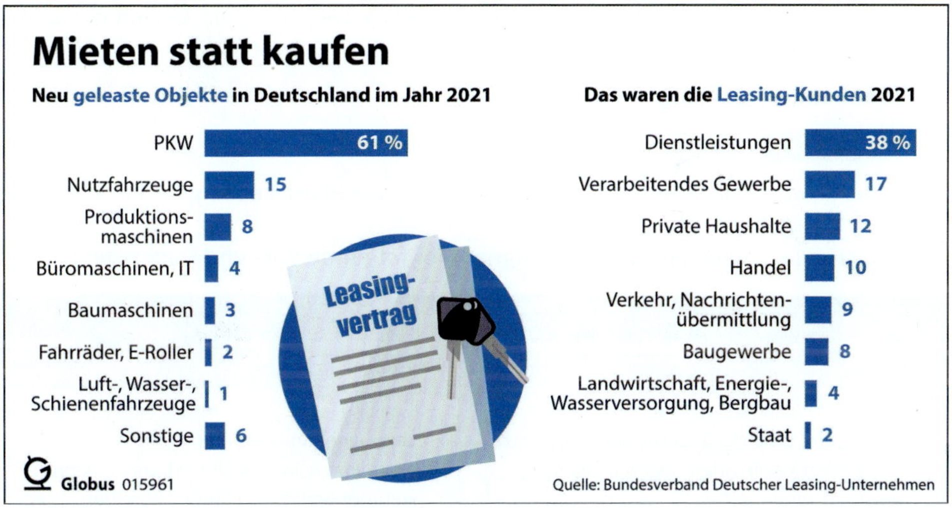

- **Leasingverträge** können unterschieden werden in
  - **Operating-Leasing:** Bei dieser Form hat der Leasingnehmer das **Recht, den Vertrag jederzeit kurzfristig zu kündigen**, da keine feste Grundleasingzeit vereinbart worden ist. Der Leasinggeber, bei dem das Leasing-Objekt bilanziert wird, trägt somit das volle Investitionsrisiko. Der Leasingnehmer hat bei dieser Ausgestaltungsform die Möglichkeit, den Leasinggegenstand sehr kurzfristig durch einen neueren, moderneren zu ersetzen; die Leasingraten sind entsprechend hoch. Das Leasing-Objekt ist beim Leasinggeber zu bilanzieren.

- **Financial-Leasing** (Finanzierungsleasing): Hier handelt es sich um **langfristige Verträge**, die **während der Grundleasingzeit unkündbar** sind. Überschreitet die Grundleasingzeit 90 % der gewöhnlichen Nutzungsdauer, so ist der Gegenstand i. d. R. beim Leasingnehmer zu bilanzieren. Nach Ablauf der Grundleasingzeit kann der Leasingnehmer entscheiden, ob er den Vertrag verlängern oder einen neuen Vertrag über ein neues Leasingobjekt abschließen will. Er kann das Leasingobjekt auch vom Leasinggeber kaufen. Bei dieser Leasingform trägt der Leasingnehmer das Investitionsrisiko, d. h. das Risiko der wirtschaftlichen Wertminderung durch technischen Fortschritt. Beim Financial-Leasing handelt es sich bei den Leasingobjekten häufig um Gegenstände, die eigens für den Leasingnehmer hergestellt worden sind.
- Beim **Sale-and-Lease-Back**-Verfahren verkauft ein Unternehmen einen Gegenstand des Anlagevermögens an eine Leasinggesellschaft, um es anschließend von dieser zu leasen. Diese Variante dient vor allem der **Liquiditätsbeschaffung**: Der Verkauf des Objektes setzt finanzielle Mittel frei und gleichzeitig kann die Anlage bzw. der Vermögensgegenstand weiterhin im Unternehmen genutzt werden.

• Hinsichtlich der **Leasingobjekte** kann man unterscheiden in:

- **Leasing von beweglichen Gegenständen = Mobilien-Leasing**

  BEISPIELE *Fertigungsanlagen, Computer, Fotokopierer, Regalsysteme, Fahrzeuge, Telefonanlagen*

  Das Leasing einzelner Ausrüstungsgegenstände wird auch als **Equipment-Leasing** bezeichnet.

- **Immobilien-Leasing**

  BEISPIELE *Lagerräume, Verwaltungsgebäude, Grundstücke*

  Das Leasing ganzer Betriebsanlagen wird auch als **Plant-Leasing** bezeichnet.

Durch Leasing entstehen **für den Leasingnehmer folgende Vor- und Nachteile**:

Leasing	
Vorteile	**Nachteile**
– Geleaste Objekte sind meistens auf dem neuesten Stand der Technik, vorausgesetzt es wurden keine langfristigen Leasingverträge vereinbart. – Die vertraglich vereinbarten Leasingraten ermöglichen eine genaue Kalkulation. – Verringerung des Kapitalbedarfs – Kreditsicherheiten sind nicht erforderlich. – Im Regelfall steuerliche Abzugsfähigkeit der Leasingraten als Betriebskosten.	– Leasing ist i. d. R. teurer als eine Finanzierung des Gegenstandes beim Kauf. – Beim Financial-Leasing ist der Leasingnehmer vertraglich lange gebunden. – keine Aktivierung der Leasinggüter in der Bilanz (geringerer Vermögensausweis)

Der Leasingnehmer trägt regelmäßig die **Risiken**, die im Zusammenhang mit der Nutzung des Objektes stehen, hierzu zählen die Verlustgefahr und die Gefahr der Beschädigung. In diesen Fällen ist der Leasingnehmer so gestellt wie der Käufer eines Gegenstandes.

Die Höhe der Leasingrate wird bestimmt durch:

- den Wertverlust während der Leasingdauer (kalk. Abschreibungen)
- die Kapitalbindungskosten für das im Leasinggegenstand gebundene Kapital (kalk. Zinsen)
- Versicherungsprämie, wenn der Leasinggeber den Gegenstand versichert
- anteilige Verwaltungskosten
- Wartungs- und Reparaturkosten für den Fall, dass der Leasinggeber laut Vertrag diese Leistungen übernimmt
- den geplanten Gewinn des Leasinggebers

PRAXISTIPP!

Leasing ist grundsätzlich mit hohen Kosten verbunden. Es ist daher für jeden Einzelfall zu prüfen, ob nicht ein Kauf des benötigten Gegenstandes vorteilhafter ist.

Factoring

Beim Factoring (nicht zu verwechseln mit der Abtretung von Forderungen, vgl. S. 148f.) verkauft ein Unternehmen seine Forderungen aus Lieferungen und Leistungen gegenüber anderen Unternehmen an ein Kredit- oder Spezialinstitut (Factor). Der Factoringnehmer erhält von der Factoring-Bank etwa i. d. R. ca. 80 % des Rechnungswertes abzüglich der Zinsen und einer Factoring-Provision (0,8 bis 1,5 % der Gesamtsumme) sofort gutgeschrieben. Den Restbetrag erhält der Factoringnehmer nach Eingang der Zahlung bei der Factoring-Bank. Bilanzmäßig liegt beim Factoring ein Aktivtausch vor, da die Kundenforderungen gegen Bankguthaben und Bankforderungen getauscht werden.

Der Hauptvorteil für den Factoringnehmer besteht darin, dass er vorzeitig über die erst später fällig werdenden Geldmittel aus Forderungen verfügen kann. Factoring-Banken übernehmen gegen ein zusätzliches Entgelt **(Delkredereprovision)** das Risiko eines Forderungsausfalles („echtes Factoring", im Gegenatz zum „unechten Factoring", wo das Risiko des Zahlungsausfalls beim Factoringnehmer verbleibt). Als weitere Dienstleistungen bieten die Factoring-Banken an:

- Ausstellung der Rechnungen
- Führung der Kundenbuchhaltung (Debitorenbuchhaltung)
- Einzug weiterer fälliger Forderungen
- Übernahme eines notwendig werdenden Mahnverfahrens

Somit werden betriebliche Funktionen aus dem Unternehmen ausgegliedert (Outsourcing).

BEISPIEL

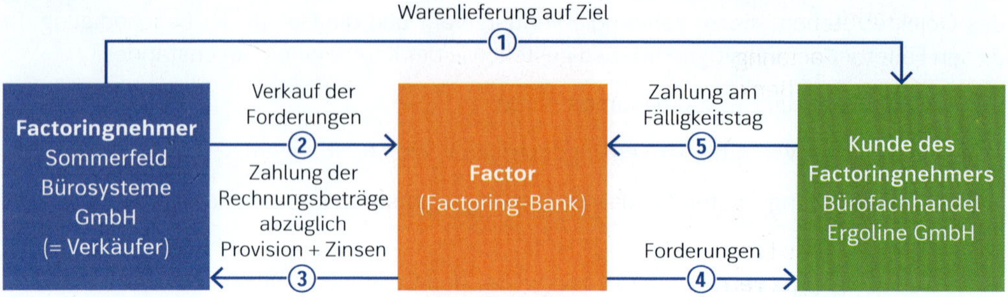

Es wird zwischen offenem und stillem Factoring unterschieden:

- Beim **offenen Factoring** ist auf der Rechnung gleich die Kontonummer der Factoring-Bank angegeben. Der Kunde zahlt direkt an die Factoring-Bank.
- Beim **stillen Factoring** zahlt der Kunde erst an den Factoringnehmer, der dann die Zahlungen unverzüglich an die Factoring-Bank weiterleitet.

Durch Factoring ergeben sich für den Factoringnehmer folgende Vor- und Nachteile:

Factoring	
Vorteile	**Nachteile**
– Verringerung des Kapitalbedarfs – unmittelbare Erhöhung der Liquidität – Verringerung von Verwaltungsarbeiten, geringere Personalaufwendungen – kein Risiko des Forderungsausfalls (bei Übernahme des Delkredere-Risikos)	– Factoringnehmer muss der Factoring-Bank Zinsen und Provision für Dienstleistungen zahlen. – Unsichere Forderungen werden gar nicht oder nur gegen eine hohe Delkredere-Provision angekauft.

ZUSAMMENFASSUNG

Finanzierungsalternativen kennenlernen

- **Leasing**
  - Beim Leasing werden **Güter des Anlagevermögens geleast**, wobei die Leasinggeber Hersteller oder Leasinggesellschaften sein können.
  - Es können sowohl **Immobilien als auch bewegliche Güter** geleast werden.
  - Beim **Financial-Leasing** werden langfristige Verträge abgeschlossen, der Leasingnehmer hat nach Ablauf der Vertragsdauer ein Kaufrecht des geleasten Gegenstandes (Maschinen, Betriebs- und Geschäftsausstattung usw). Leasinggegenstände werden häufig eigens für den Leasingnehmer angefertigt.
  - Beim **Operating-Leasing** kann der Vertrag jederzeit vom Leasingnehmer gekündigt werden.
  - **Hauptvorteil** für den Leasingnehmer ist ein **verringerter Kapitalbedarf**, Hauptnachteil sind die anfallenden Kosten.

- **Factoring**
  - Unter Factoring versteht man den **Verkauf von Kundenforderungen** an eine Factoring-Bank.
  - **Vorteil:** Der Factoringnehmer kann über Geldmittel aus Forderungen verfügen, die erst später fällig werden.
  - Neben den Zinsen verlangen Factoring-Banken eine **Provision** für Rechnungserstellung, Zahlungsüberwachung und eine **Delkredereprovision** für die Übernahme des Kreditrisikos.
  - Factoring ist **verhältnismäßig teuer**.

AUFGABEN

1 Geben Sie Beispiele an, welche Gegenstände
a) von der Sommerfeld Bürosysteme GmbH geleast werden könnten,
b) die Sommerfeld Bürosysteme GmbH von ihren Kunden leasen lassen könnte.

2 Die Geschäftsführer der Sommerfeld Bürosysteme GmbH überlegen, ob man den Kunden Büromöbel als Leasingobjekte anbieten soll. Sammeln Sie Argumente, mit denen Sie die Kunden der Sommerfeld Bürosysteme GmbH von der Vorteilhaftigkeit dieser Möglichkeit überzeugen können.

3 Erläutern Sie den Unterschied zwischen offenem und stillem Factoring.

4 Die Sommerfeld Bürosysteme GmbH will einen neuen Mittelklasse-Pkw für den Außendienst anschaffen. Beschaffen Sie sich Leasingangebote für Pkws und vergleichen Sie diese miteinander.

5 Die Sommerfeld Bürosysteme GmbH beschließt, einen Teil ihrer Forderungen an eine Factoring-Bank zu verkaufen.
a) Beschreiben Sie, welche Bedeutung Factoring für die Sommerfeld Bürosysteme GmbH haben kann.
b) Beschreiben Sie, wie sich der Abschluss eines Factoring-Vertrages auf die Bilanz auswirkt.

6 Die Sommerfeld Bürosysteme GmbH hat ausstehende Forderungen in Höhe von 340 000,00 € mit einem durchschnittlichen Zahlungsziel von 30 Tagen. Um die Liquidität zu verbessern, wollen die Geschäftsführer die Forderungen an eine Factoring-Bank verkaufen. Gleichzeitig soll der Factor Dienstleistungsfunktionen und das Delkredererisiko übernehmen. Der Factor macht folgendes Angebot:
- Zinsen 4,2 % p. a.
- Factoring- und Delkredereprovision (einmalig): 3,8 %

a) Ermitteln Sie die Kosten, die für die Sommerfeld Bürosysteme GmbH entstehen.
b) Beurteilen Sie, ob es sinnvoll ist, das Angebot des Factors in Anspruch zu nehmen.

7 Welche der unten stehenden Aussagen trifft auf „Leasing“ zu?
a) Durch einen Leasingvertrag erwirbt der Leasingnehmer das Recht, Produkte unter Verwendung von Namen, Marke und Verkaufskonzept gegen Entgelt zu verkaufen.

b) Durch einen Leasingvertrag erwirbt der Leasingnehmer das Recht, Gegenstände des Anlagevermögens gegen Entgelt zu nutzen.
c) Durch einen Leasingvertrag mit einem Kreditinstitut über den Verkauf einer Kundenforderung an das Kreditinstitut erhält der Unternehmer den Rechnungsbetrag vor Fälligkeit der Forderung.
d) Durch einen Leasingvertrag mit einem Hersteller erwirbt der Unternehmer das Recht, Produkte in seinem eigenen Namen für eine bestimmte Zeit für Rechnung des Herstellers zu verkaufen und dafür eine Vergütung zu erhalten.

LS 7

7 Kosten und Risiken der Kreditsicherung berücksichtigen

Die Sommerfeld Bürosysteme GmbH plant den Kauf einer neuen Standbohrmaschine (Anschaffungskosten 85 000,00 €) mithilfe einer Darlehensaufnahme bei ihrer Hausbank, der Sparkasse Essen, zu finanzieren. Herr Feld bittet Emilia Schaub und Leon Heller, ihn bei der Vorbereitung der Kreditverhandlungen zu unterstützen und eine Übersicht über mögliche Kreditsicherheiten zu erstellen.

ARBEITSAUFTRAG

- **Informieren Sie sich über geeignete Kreditsicherungsmöglichkeiten bei dem geplanten Kauf einer Standbohrmaschine und stellen Sie diese in der Klasse in einem Kurzvortrag vor.**

Personalkredite

Bei der Kreditgewährung haftet entweder ausschließlich die Person des Kreditnehmers (reiner Personalkredit) oder neben dem Kreditnehmer als Hauptschuldner haften weitere Personen als Nebenschuldner (verstärkter Personalkredit).

Der reine Personalkredit (Blankokredit)

Bei diesem Kredit sind für den Kreditnehmer **keine Sicherheiten erforderlich**, da das Kreditinstitut auf die sichtbar guten Ertrags- und Vermögensverhältnisse und den guten Ruf des Kreditnehmers vertraut. Diese Kredite werden meist nur kurzfristig gewährt, in der Regel als Kontokorrentkredite (vergleichbar mit dem „Dispo" bei Privatpersonen), seltener als Darlehen.

Der verstärkte Personalkredit

Bürgschaftskredit

Die Bürgschaft (§ 765 ff. BGB, §§ 349 bis 351 HGB) entsteht durch einen Vertrag zwischen dem Kreditgeber und dem Bürgen, wonach der Bürge für die Erfüllung der Verbindlichkeiten des Kreditnehmers haftet. Für Bürgschaftsversprechen ist per Gesetz die Schriftform vorgeschrieben. Nur **Kaufleute können im Gegensatz zu Kleingewerbetreibenden auch mündlich bürgen**.

BEISPIEL *Dieter Farthmann, Sohn der Geschäftsführerin Farthmann, hat einen Kredit über 20 000,00 € aufgenommen, für den Frau Farthmann eine Bürgschaft übernimmt.*

Wird ein Bürge von einem Kreditgeber in Anspruch genommen, kann er das Geld vom Kreditnehmer zurückverlangen. Haften bei einem Bürgschaftskredit mehrere Bürgen neben dem Kreditnehmer, spricht man von einer **gesamtschuldnerischen Bürgschaft**. In diesem Fall kann der Kreditgeber seine Forderungen an alle oder auch nur an eine der bürgenden Personen richten.

Man unterscheidet zwei Arten der Bürgschaft:

AUSFALLBÜRGSCHAFT (§ 771 BGB):

Bei dieser Bürgschaft muss der Bürge erst dann zahlen, wenn der Kreditgeber nachweisen kann, dass der Kreditnehmer zahlungsunfähig ist. Der Bürge hat somit das **„Recht der Einrede der Vorausklage“**. Der Nachweis ist erbracht, wenn der Kreditgeber gegen den Kreditnehmer erfolglos Zwangsvollstreckung betrieben hat.

BEISPIEL *Für den Kredit des Dieter Farthmann beim Geschäftsfreund Peter Patt hat seine Mutter, Frau Claudia Farthmann, eine Ausfallbürgschaft übernommen. Nach dem Fälligkeitstermin für die Rückzahlung des Darlehens, den Dieter nicht eingehalten hat, mahnt Peter Patt zweimal vergeblich. Danach wendet sich Herr Patt an die Bürgin mit der Aufforderung zur Zahlung. Die Bürgin Farthmann nimmt das Recht der Einrede der Vorausklage in Anspruch, d. h., sie ist erst dann zur Zahlung verpflichtet, wenn ihr der Kreditgeber nachweisen kann, dass eine Zwangsvollstreckung erfolglos war.*

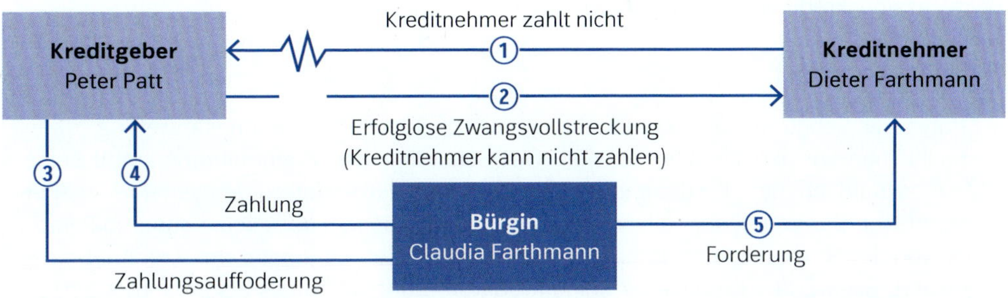

SELBSTSCHULDNERISCHE BÜRGSCHAFT (§ 773 BGB):

Bei dieser Art der Bürgschaft haftet der Bürge wie der Hauptschuldner, da er auf das „Recht der Einrede der Vorausklage" verzichtet. Der Bürge kann vom Kreditgeber schon dann zur Zahlung herangezogen werden, wenn der Kreditnehmer den Kredit nicht rechtzeitig zurückzahlt. Kreditinstitute verlangen immer eine selbstschuldnerische Bürgschaft. Unter Kaufleuten ist eine Bürgschaft immer eine selbstschuldnerische Bürgschaft (§ 349 HGB).

BEISPIEL *Dieter Farthmann hat bei seiner Bank ein Darlehen über 30 000,00 € aufgenommen. Seine Mutter, Claudia Farthmann, hat hierfür eine selbstschuldnerische Bürgschaft übernommen. Als Dieter am Fälligkeitstag nicht zahlt, verlangt die Bank sofort die Zahlung vom Bürgen. Frau Farthmann muss als Bürgin zahlen, da sie eine selbstschuldnerische Bürgschaft übernommen hat.*

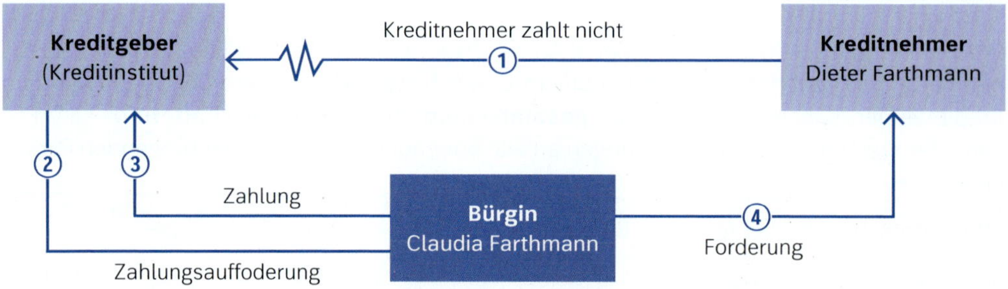

PRAXISTIPP!

Als Bürge sollte man darauf achten, dass in einem Bürgschaftsvertrag die Bürgschaftsverpflichtung auf einen Höchstbetrag begrenzt wird, da man als Bürge nicht nur für die Hauptschuld, sondern auch für Zinsen, Provisionen, Schadenersatzansprüche und mögliche Prozesskosten haftet.

Zessionskredit

Bei einem Zessionskredit tritt ein Kreditnehmer eine oder alle Forderungen zur Sicherung eines Kredites an den Kreditgeber ab (= **Forderungsabtretung**). Ein Zessionskredit hat für solche Unternehmen eine Bedeutung, die ihre Waren an Kunden auf Ziel verkaufen. Kreditgeber und Kreditnehmer schließen über die Forderungsabtretung einen **Zessionsvertrag** ab. Beim Zessionskredit werden zwei Arten unterschieden:

STILLE ZESSION:

Erfährt der Schuldner des Kreditnehmers nichts von der Forderungsabtretung, dann spricht man von einer stillen Zession. Der Schuldner des Kreditnehmers zahlt seine Warenschuld an den Kreditnehmer, der das Geld unverzüglich an den Kreditgeber weiterleitet. Der Vorteil der stillen Zession ist darin zu sehen, dass keine anderen Personen von der Forderungsabtretung erfahren. Somit bleibt die Bonität des Kreditnehmers gewahrt. Schätzt der Kreditgeber seine Kreditforderung allerdings als gefährdet ein, so kann er den Drittschuldner von der Zession in Kenntnis setzen (Offenlegungsrecht) und von ihm eine Rückzahlung unter Umgehung des Zedenten verlangen.

BEISPIEL *Die Sommerfeld Bürosysteme GmbH nimmt bei ihrer Bank einen Kredit über 60 000,00 € auf, da sie auf einer Versteigerung eine Bandsäge erwerben möchte. Zur Sicherheit tritt sie an die Bank ausstehende Kundenforderungen in Höhe von 60 000,00 € ab. Sobald die Kundenzahlungen der Sommerfeld Bürosysteme GmbH gutgeschrieben werden, muss sie diese unverzüglich an den Kreditgeber abführen.*

OFFENE ZESSION:

Bei dieser Kreditform wird dem Schuldner des Kreditnehmers die Abtretung der Forderung mitgeteilt. In diesem Fall darf der Schuldner nicht mehr an den Kreditnehmer, sondern nur noch an den Kreditgeber zahlen. Zahlt er trotzdem an den Kreditnehmer, ist er gegenüber dem Kreditgeber nicht von seiner Zahlungspflicht befreit.

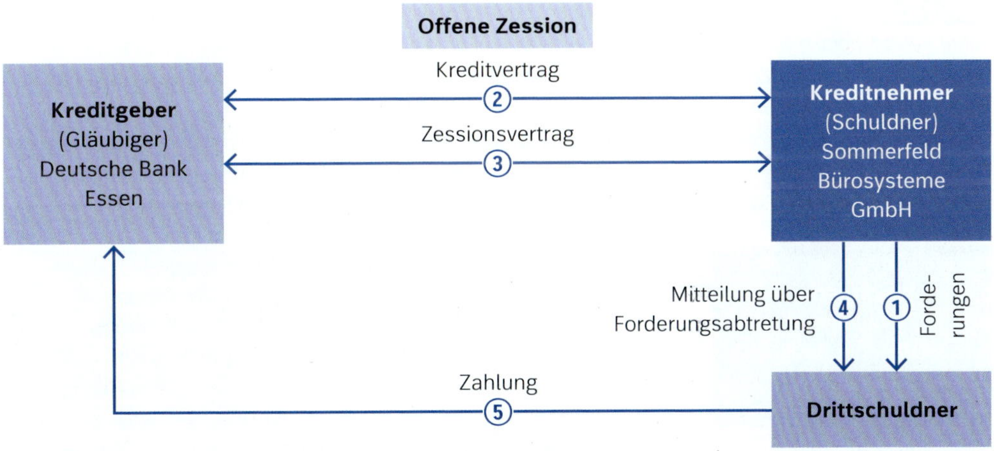

BEISPIEL *Die Sommerfeld Bürosysteme GmbH nimmt bei der Deutschen Bank Essen einen kurzfristigen Kredit über 60 000,00 € auf. Zur Sicherheit tritt sie eine Kundenforderung über 60 000,00 € an die Deutsche Bank ab. Die Sommerfeld Bürosysteme GmbH informiert den Kunden von der Forderungsabtretung. Der Kunde vergisst die Forderungsabtretung und zahlt an die Sommerfeld Bürosysteme GmbH. Die Deutsche Bank kann die nochmalige Zahlung vom Kunden verlangen.*

Realkredite

Bei den Realkrediten werden die Forderungen des Kreditgebers durch ein unmittelbares **Zugriffsrecht auf bewegliche (z. B. Schmuck, Wertpapiere) und unbewegliche Sachen oder Vermögenswerte (z. B. Grundstücke, Gebäude) des Kreditnehmers** abgesichert. Realkredite werden auch als dinglich gesicherte Kredite bezeichnet. Zu den Realkrediten zählen Lombard-, Sicherungsübereignungs- und Grundpfandkredit.

Lombardkredit

Hier (= Faustpfandkredit, § 1204 ff. BGB) wird ein meist **kurzfristiger Kredit gegen Verpfändung von beweglichen, wertvollen Sachen** (z. B. Schmuck, Wertpapiere) oder **von Rechten** (Lebensversicherungen) gewährt. Zwischen Kreditgeber und Kreditnehmer wird neben dem Kreditvertrag ein **Pfandvertrag** geschlossen. Das Pfand geht dabei in den **Besitz des Kreditgebers** über, der **Kreditnehmer bleibt Eigentümer**. Dienen Waren- oder Materialvorräte als Pfand, so werden diese nicht etwa der Bank übergeben, sondern gesondert eingelagert. Eine Herausgabe oder Entnahme kann dann nur mit Zustimmung des Kreditgebers erfolgen. Der Kreditgeber stellt dem Kreditnehmer aber nicht den vollen Wert des verpfändeten Gegenstandes zur Verfügung, sondern nur den sogenannten Beleihungswert. Dieser beträgt je nach Pfand bis zu 90 % des Pfandwertes. Kommt der Kreditnehmer am Fälligkeitstag seiner Zahlungsverpflichtung nicht nach, kann der Kreditgeber nach vorheriger Androhung und Ablauf einer Wartefrist von mindestens einem Monat das Pfand verkaufen. Das Pfandrecht erlischt, wenn der Kreditnehmer seine Schulden bezahlt hat.

BEISPIEL *Zur Absicherung eines kurzfristigen Kredits über 40 000,00 € überlässt der Inhaber der Raumkultur Peter Nicolai e. K. der Bank Schmuck im Wert von 60 000,00 €. Da die Raumkultur Peter Nicolai e. K. am Fälligkeitstag ihren Zahlungsverpflichtungen nicht nachgekommen ist, erhält der Geschäftsführer von der Bank die schriftliche Mitteilung, dass der Schmuck nach 30 Tagen versteigert wird, wenn die Raumkultur Peter Nicolai e. K. ihrer Zahlungsverpflichtung nicht nachgekommen ist. Nach Ablauf der 30 Tage wird der Schmuck für 45 000,00 € versteigert. Die Bank schreibt dem Konto der Raumkultur Peter Nicolai e. K. nach Abzug der Kosten (440,00 €) und Ausgleich des Kredites über 40 000,00 € noch 4 560,00 € gut.*

Sicherungsübereignungskredit

Bei der Sicherungsübereignung (§ 930 BGB) wird im Gegensatz zum Lombardkredit der **Kreditgeber Eigentümer der Sicherungsgegenstände (mittelbarer Besitzer)**, während

der **Kreditnehmer der unmittelbare Besitzer der Gegenstände** bleibt (Besitzkonstitut § 930 BGB). Der Kreditnehmer kann die übereigneten Gegenstände weiterhin nutzen. Übereignet werden daher meistens Gegenstände des Anlagevermögens, die der Kreditnehmer für den laufenden Geschäftsbetrieb noch benötigt (Pkw, Fertigungsanlagen etc.). Beim Sicherungsübereignungskredit wird neben dem Kreditvertrag zwischen dem Kreditgeber und dem Kreditnehmer ein **Sicherungsübereignungsvertrag** abgeschlossen. Bei Nichtrückzahlung des Kredits durch den Kreditnehmer kann der Kreditgeber die Herausgabe der sicherungsübereigneten Gegenstände verlangen und durch einen freihändigen Verkauf verwerten.

BEISPIEL *Der Bürofachhandel Ergoline GmbH nimmt bei seiner Bank ein Darlehen über 30 000,00 € auf. Zur Sicherheit übereignet die GmbH der Bank die Zulassungsbescheinigungen und der Fahrzeugbriefe von zwei Lieferwagen im Wert von insgesamt 45 000,00 €, wodurch der Verkauf der Lieferwagen an gutgläubige Dritte verhindert wird. Am Fälligkeitstag erfolgt durch den Bürofachhandel Ergoline GmbH keine Tilgung des Darlehens. Die Bank hat das Recht, die Lieferwagen sofort abholen und durch einen freihändigen Verkauf veräußern zu lassen. Sollte beim Verkauf ein höherer Preis als 30 000,00 € erzielt werden, erhält der Bürofachhandel Ergoline GmbH den höheren Betrag nach Abzug der entstandenen Kosten gutgeschrieben.*

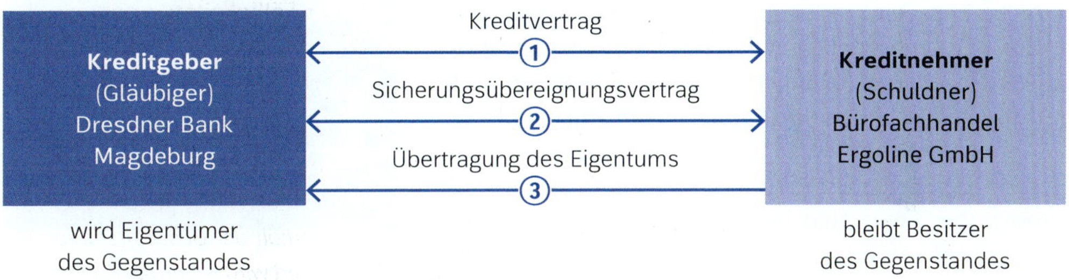

Mit der Tilgung des Kredits durch den Kreditnehmer geht das Eigentum automatisch wieder auf den Kreditnehmer über. Für den Kreditgeber und den Kreditnehmer können sich bei der Sicherungsübereignung **folgende Vorteile und Risiken** ergeben:

	Vorteile	Risiken
Kreditgeber (KG)	– KG hat im Insolvenzfalle Recht auf Absonderung, d. h.die sicherungsübereigneten Gegenstände werden nicht Bestandteil der Insolvenzmasse und der Eigentümer kann die Herausgabe der Gegenstände verlangen. – KG kann bei Zahlungsverzug des KN Sicherungsgegenstand sofort verkaufen.	– Auf den übereigneten Gegenständen ruht Eigentumsvorbehalt des Lieferers. – Verlust des Eigentums des KG beim Weiterverkauf vom KN an gutgläubige Dritte. – Gegenstände sind bereits anderweitig vom KN sicherungsübereignet worden. – Übereignete Gegenstände können beschädigt oder zerstört werden.

	Vorteile	Risiken
Kreditnehmer (KN)	– KN kann sowohl mit dem sicherungsübereigneten Gegenstand als auch mit dem Kredit arbeiten. – Übereignung ist nach außen nicht erkennbar.	– KG kann bei Nicht-rechtzeitig-Zahlung (Zahlungsverzug) den übereigneten Gegenstand sofort verkaufen lassen.

Grundpfandkredite

Beim Grundpfandkredit wird dem Kreditgeber ein **Pfandrecht an unbeweglichen Sachen** (Immobilien) übertragen. Das Grundpfandrecht wird in das **Grundbuch**, das beim Amtsgericht geführt wird, eingetragen. Das Grundbuch ist ein öffentliches Register, das Auskunft über Eigentumsverhältnisse, Größe, Lage, Lasten usw. eines Grundstückes gibt. Einsicht in das Grundbuch kann jeder nehmen, der ein berechtigtes Interesse nachweisen kann. Pfandrechte können als Hypothek oder Grundschuld eingetragen werden. Kommt ein Kreditnehmer seiner Zahlungsverpflichtung aus einem Grundpfandkredit nicht nach, kann der Kreditgeber das Grundstück und das dazugehörige Gebäude, das mit einem Pfandwert belastet ist, zwangsversteigern lassen.

Hypothek (§ 1113 ff. BGB)

Die Hypothek setzt immer das Bestehen einer Forderung voraus. Der Kreditgeber hat nur einen Anspruch in Höhe der ursprünglichen Forderungen abzüglich der geleisteten Rückzahlungen. Der Kreditnehmer haftet mit dem Grundstück (= **dingliche Haftung**) als Pfand. Zudem haftet er persönlich mit seinem ganzen Vermögen (= **persönliche Haftung**) für das Darlehen. Der Kreditgeber kann also bei einer Zwangsvollstreckung sowohl die Befriedigung seiner Forderungen aus dem Vermögen des Kreditnehmers als auch aus dem Grundvermögen verlangen. Die Hypothek erlischt automatisch mit der Rückzahlung des Kredites.

BEISPIEL *Der Bürobedarfsgroßhandel Thomas Peters e. K. nimmt bei seiner Bank ein Hypothekendarlehen über 100 000,00 € auf. Als Sicherheit wird im Grundbuch eine Hypothek auf ein Grundstück mit dazugehörigem Gebäude, das sich im Eigentum des Bürobedarfsgroßhandels befindet, eingetragen. Wenn der Bürobedarfsgroßhandel mit seinen Tilgungsraten in Verzug geraten sollte, könnte die Bank das Grundstück mit dem Gebäude zwangsversteigern lassen. Falls das Gebäude z. B. durch Feuer vernichtet worden ist und der Wert des Grundstücks zur Befriedigung der Forderung nicht mehr ausreicht, kann die Bank die Befriedigung der Restforderung aus dem Privatvermögen des Kreditnehmers verlangen.*

Eine Hypothek kann als **Buchhypothek** oder als **Briefhypothek** bestellt werden. Eine **Buchhypothek** entsteht durch Einigung und Eintragung. Bei einer **Briefhypothek** wird zusätzlich ein **Hypothekenbrief** ausgestellt, der zum Erwerb, zur Übertragung und Geltendmachung der Hypothek erforderlich ist. Durch eine Briefhypothek wird die Übertragung der Hypothek auf einen anderen Gläubiger erleichtert, da hierzu die Übergabe des Briefes zusammen mit einer schriftlichen Abtretungserklärung genügt. Eine Umschreibung im Grundbuch muss nicht vorgenommen werden.

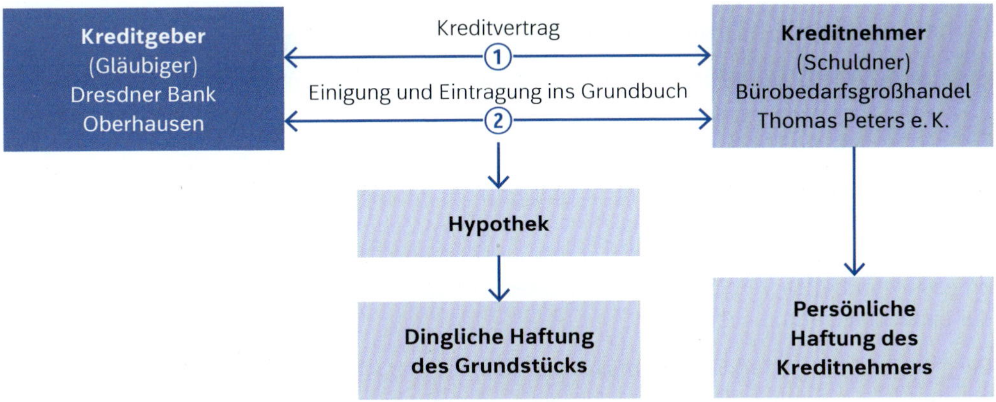

Grundschuld (§ 1191 ff. BGB)

Das Bestehen einer Forderung ist im Gegensatz zur Hypothek nicht erforderlich (= **abstrakte dingliche Schuld**). Bei der Grundschuld wird ein Grundstück mit einer bestimmten Geldsumme zugunsten des Kreditgebers belastet. In das Grundbuch wird nur die Grundschuld, aber nicht der Schuldgrund, z. B. Aufnahme eines Darlehens, eingetragen. Der Kreditgeber hat zwei Ansprüche gegen den Kreditnehmer:

- einen dinglichen Anspruch aus der Grundschuld,
- einen persönlichen Anspruch aus dem Darlehen.

Im Falle einer Zwangsvollstreckung muss eine Forderung des Kreditgebers nicht nachgewiesen werden. Auch bei voller Rückzahlung aller Verbindlichkeiten durch den Kreditnehmer erlischt die Grundschuld nicht. Sie erlischt erst, wenn sie im Grundbuch gelöscht wird.

BEISPIEL *Nimmt der Bürobedarfsgroßhandel Thomas Peters e. K. bei seiner Bank ein Grundschulddarlehen über 100 000,00 € auf, könnte er das Darlehen in Teilbeträgen nach und nach abrufen. (Vorteil: Nur eine einmalige Eintragung ins Grundbuch.) Die Bank könnte das Grundstück mit dem Gebäude zwangsversteigern lassen, wenn der Bürobedarfsgroßhandel mit seinen Tilgungsraten in Verzug gerät. Falls das Gebäude, z. B. durch Feuer, vernichtet worden ist und der Wert des Grundstücks zur Befriedigung der Forderung nicht mehr ausreicht, könnte die Bank die Befriedigung der Restforderung nur noch aufgrund des persönlichen Anspruchs aus dem Darlehen aus dem Vermögen des Kreditnehmers verlangen. Eine persönliche Haftung aus der Grundschuld ist nicht möglich.*

PRAXISTIPP!

Kreditinstitute verlangen im Regelfall eine Grundschuld, da sich diese flexibler an einen geänderten Kapitalbedarf des Kreditnehmers anpassen lässt, auch bei regelmäßiger Tilgung in ihrer Ursprungshöhe bestehen bleibt und eine bestehende Forderung nicht vorausgesetzt wird. Bei Immobiliengeschäften von Privatpersonen ist zwar umgangssprachlich häufig von einer Hypothek die Rede, es handelt sich aber fast immer um eine Grundschuld.

Sicherung eines Lieferantenkredits

→ LF 3

Gewährt ein Lieferant seinem Kunden ein Zahlungsziel, so spricht man in diesem Zusammenhang auch von einem Lieferantenkredit. Der Lieferant kann seine Ware durch einen Eigentumsvorbehalt absichern (§ 448 BGB).

Bei einem **einfachen Eigentumsvorbehalt** wird der Käufer durch die Lieferung zwar Besitzer der Ware, der Verkäufer bleibt bis zur vollständigen Zahlung jedoch Eigentümer der Ware. Wird die Ware allerdings an einen gutgläubigen Dritten weiterveräußert, im Produktionsprozess verarbeitet, vernichtet oder mit einer unbeweglichen Sache fest verbunden, erlischt der einfache Eigentumsvorbehalt.

Bei einem **verlängerten Eigentumsvorbehalt** werden auch die bei einem Weiterverkauf der gelieferten Ware entstehenden Forderungen an den Lieferanten abgetreten, bei einer Verarbeitung der Ware erwirbt der Lieferant Miteigentum an der hergestellten Sache.

Ein **erweiterter Eigentumsvorbehalt** liegt vor, wenn der Lieferant nicht nur die Forderung aus einer Warenlieferung absichert, sondern wenn alle Lieferungen an einen Käufer durch Eigentumsvorbehalt abgesichert werden. Erst durch die Begleichung sämtlicher Forderungen geht das Eigentum auf den Käufer über.

PRAXISTIPP!

Um sich bestmöglich vor Nachteilen zu schützen, sollten Lieferanten einen verlängerten Eigentumsvorbehalt, bei regelmäßigen Lieferungen auch einen erweiterten Eigentumsvorbehalt im Kaufvertrag vereinbaren.

ZUSAMMENFASSUNG

Kreditsicherungsmöglichkeiten berücksichtigen

- Der **reine Personalkredit** (Blankokredit) wird ohne Sicherheiten aufgrund der besonderen **Bonität des Kreditnehmers** gewährt.
- **Verstärkter Personalkredit** = Sicherung durch Personen

Bürgschaft	Ein oder mehrere Bürgen haften zusätzlich zum Kreditnehmer (KN). – **Ausfallbürgschaft:** Bürge hat Recht der Einrede der Vorausklage. – **Selbstschuldnerische Bürgschaft:** Bürge verzichtet auf das Recht der Einrede der Vorausklage.
Zession	Abtretung von Forderungen an den Kreditgeber (KG). – **Stille Zession:** Schuldner des KN wird nicht von der Forderungsabtretung informiert. – **Offene Zession:** Schuldner des KN wird von der Forderungsabtretung informiert.

- **Realkredite** = dingliche Sicherung (bewegliche und unbewegliche Sachen haften für eine Forderung)

Lombardkredit (Faustpfandkredit)	Verpfändung von beweglichen Gegenständen oder Wertpapieren an den KG, wobei KG Besitzer wird, KN bleibt Eigentümer.
Sicherungsübereignungskredit	Bewegliche Gegenstände des Anlagevermögens (Pkw, Fertigungsanlagen, Büromaschinen etc.) werden zur Sicherheit vom KN an den KG übereignet. KG wird Eigentümer, KN bleibt Besitzer.
Grundpfandrechte	– **Hypothek:** KG erhält Pfandrecht an einem Grundstück durch Einigung und Eintragung ins Grundbuch. **KN haftet mit Privatvermögen und mit Grundstück** als Pfand. – **Grundschuld:** Belastung des Grundstücks mit einer bestimmten Geldsumme zugunsten des KG. **KN haftet mit dem Grundstück** als Pfand.

- Beim Kauf unter **Eigentumsvorbehalt** bleibt der Verkäufer bis zur vollständigen Bezahlung durch den Käufer Eigentümer der Ware.
  - Beim verlängerten Eigentumsvorbehalt werden die beim Weiterverkauf entstehenden Forderungen vom Käufer an den Lieferer abgetreten.
  - Beim erweiterten Eigentumsvorhalt geht das Eigentum an der Ware erst mit der Begleichung aller Forderungen des Verkäufers auf den Käufer über.

AUFGABEN

1 Erläutern Sie die unterschiedlichen Arten einer Bürgschaft.

2 Worin liegt der Vorteil der stillen Zession für den Kreditnehmer?

3 Geben Sie an, welche Vor- und Nachteile bzw. Risiken die Sicherungsübereignung
a) für den Kreditgeber,
b) für den Kreditnehmer hat.

4 Nennen Sie zwei wesentliche Merkmale des Lombardkredites.

5 Erläutern Sie die Besitz- und Eigentumsverhältnisse beim Sicherungsübereignungs- und Lombardkredit.

6 Erklären Sie den grundlegenden Unterschied zwischen einer Grundschuld und einer Hypothek.

7 Geben Sie für nachfolgende Sachen an, für welche Kreditsicherung sie sich eignen.
a) Fahrzeuge, b) Schmuck, c) Gebäude, d) Erzeugnisvorräte, e) Geschäftsausstattung, f) Goldmünzen, g) Forderungen gegen Kunden.

8 Einer Ihrer Freunde will bei einem Kreditinstitut einen Kredit über 10000,00 € für die Anschaffung einer Wohnungseinrichtung aufnehmen. Allerdings verlangt das Kreditinstitut, dass ein Bürge zusätzlich für den Kredit haften soll. Ihr Freund bittet Sie, für ihn zu bürgen.

a) Sammeln Sie Argumente, ob Sie als Bürge für Ihren Freund zur Verfügung stehen.
b) Überlegen Sie, welche Anforderungen ein Kreditinstitut an einen Bürgen stellt.

9 Die Sommerfeld Bürosysteme GmbH will eine Fertigungsmaschine im Wert von 80 000,00 € für das kommende Geschäftsjahr kaufen. Die Maschine soll über ein Darlehen finanziert werden. Erstellen Sie für die Sommerfeld Bürosysteme GmbH eine Liste der verschiedenen Formen der Kreditsicherung, die der Darlehensgeber verlangen könnte, und stellen Sie die jeweiligen Vor- und Nachteile in einer Übersicht gegenüber! Entscheiden Sie sich für eine Kreditsicherung und begründen Sie Ihre Entscheidung.

10 Erläutern Sie, warum ein Kreditgeber beim Lombardkredit nur einen bestimmten Prozentsatz des Pfandwertes als Sicherung akzeptiert.

11 Die Sommerfeld Bürosysteme GmbH vereinbart in einem Kaufvertrag über 20 Besucherstühle *Ceno Stapler* mit der Bürofachhandel Karl Schneider GmbH einen einfachen Eigentumsvorbehalt. Welche der folgenden Aussagen ist in diesem Zusammenhang richtig?

a) Bei Lieferung wird der Bürofachhandel Karl Schneider GmbH Eigentümer und Besitzer der Ware.
b) Die Sommerfeld Bürosysteme GmbH bleibt bis zur vollständigen Bezahlung Besitzer der Ware.
c) Erst nach vollständiger Bezahlung wird die Ware an den Bürofachhandel Karl Schneider GmbH ausgeliefert.
d) Durch den Weiterverkauf der gelieferten Stühle durch den Bürofachhandel Karl Schneider GmbH an die Almaron GmbH, die von dem Eigentumsvorbehalt nichts wusste, erlischt der einfache Eigentumsvorbehalt.
e) Der Bürofachhandel Karl Schneider GmbH wird Besitzer der Ware, wenn der Kaufpreis vollständig beglichen wurde.

KOMPETENZCHECK: AUFGABEN ZUR WIEDERHOLUNG UND PRÜFUNGSVORBEREITUNG

1 Die Almaron AG hat bei der Aufstellung des Jahresabschlusses folgende Sachverhalte zu klären:

a) Ein unbebautes Grundstück, welches vor zehn Jahren zum Preis von 425 000,00 € gekauft worden ist und auf dem ursprünglich eine Lagerhalle errichtet werden sollte, ist durch den Bau einer neuen Bundesstraße nunmehr verkehrstechnisch wesentlich günstiger gelegen. Es gibt zwei Interessenten, die notariell beglaubigte Angebote in Höhe von 750 000,00 € bzw. 790 000,00 € abgegeben haben. Erläutern Sie kurz, mit welchem Wert das Grundstück in der Bilanz anzusetzen ist.
b) Eine Maschine (Nutzungsdauer: 8 Jahre) ist am 01.08. zum Preis von 80 000,00 € netto angeschafft worden. Die Transportkosten betrugen 2 000,00 € netto. Für die Montage der Maschine wurden 4 500,00 € netto in Rechnung gestellt. Zur Finanzierung des Kaufs war es notwendig, kurzfristig den Dispositionskredit in Anspruch zu

nehmen, was Zinsaufwendungen in Höhe von 500,00 € verursachte. Mit welchem Wert ist die Maschine am 31.12. desselben Jahres anzusetzen, wenn der Lieferant im neuen Jahr eine Preiserhöhung für die Maschine von 5 % bei unveränderten Transport- und Montagekosten ansetzt (Rechenweg angeben)?

c) Am 14.04. wurden 2 000 Aktien der Kunert AG zum Tageskurs von 64,90 € erworben. Durch diesen Kauf sollten kurzfristig überschüssige Finanzmittel gewinnbringend angelegt werden. Leider notierten die Aktien am Bilanzstichtag nur noch mit einem Kurs von 53,50 €. Dennoch ist der Vorstand der Almaron AG zuversichtlich, dass sich der Kurs schon bald wieder erholen wird. Erläutern Sie kurz, mit welchem Wert das Aktienpaket in der Bilanz anzusetzen ist.

d) Die Almaron AG ist seit fünf Jahren an der Stein AG beteiligt. Gekauft worden waren die Aktien der Stein AG ursprünglich zu einem Paketpreis von 150 000,00 €. Aufgrund der überaus positiven Entwicklung der Stein AG hat das Paket mittlerweile einen Wert von 175 000,00 €. Der Vorstand der Almaron AG möchte aufgrund dieser Entwicklung langfristig an der Stein AG beteiligt bleiben. Erläutern Sie kurz, mit welchem Wert das Aktienpaket in der Bilanz anzusetzen ist.

2 Bewerten Sie die Vorräte mithilfe der folgenden Verfahren:

a) gewogener Durchschnitt
b) gleitender gewogener Durchschnitt
c) FiFo-Verfahren
d) Perioden- LiFo-Verfahren

	Stück	Anschaffungskosten je Stück
AB 01.01.	1 500	10,00 €
+ Zugang 15.02.	800	8,00 €
– Abgang 04.06.	900	
+ Zugang 12.07.	700	9,00 €
– Abgang 09.09.	800	
+ Zugang 12.10.	1 000	11,00 €
– Abgang 17.11.	1 600	
+ Zugang 21.12.	500	7,00 €
= SB		

Markt- oder Börsenpreis (= Tageswert): 9,00 €

3 Ordnen Sie die folgenden Aussagen den aufgeführten allgemeinen und besonderen Bewertungsgrundsätzen zu.

1. strenges Niederstwertprinzip
2. Höchstwertprinzip
3. Anschaffungskostenprinzip
4. Grundsatz der Bilanzidentität
5. gemildertes Niederstwertprinzip

a) Die Höchstgrenze für die Bewertung von Vermögensgegenständen sind die fortgeführten Anschaffungs- bzw. Herstellungskosten.
b) Der niedrigere von zwei möglichen Werten darf nur bei vorübergehender Wertminderung angesetzt werden.
c) Von zwei möglichen Wertansätzen muss stets der niedrigere Wert angesetzt werden.
d) Von zwei möglichen Wertansätzen muss stets der höhere Wert angesetzt werden.
e) Die Werte der Schlussbilanz müssen mit den Werten der Eröffnungsbilanz des folgenden Jahres übereinstimmen.

4 Bei der Bewertung der Gegenstände des Vorratsvermögens am Jahresende wenden Sie das FiFo-Verfahren an. Welche Aussage ist in diesem Zusammenhang richtig?

a) Bei der Bewertung der Gegenstände geht man von den zuerst beschafften Gütern aus.
b) Bei steigenden Preisen ist der Wertansatz in der Bilanz niedriger als beim LiFo-Verfahren.
c) Bei steigenden Preisen ist der Wertansatz in der Bilanz höher als beim LiFo-Verfahren.
d) Der Wertansatz in der Bilanz ist in jedem Fall höher als beim LiFo-Verfahren.
e) Der Wertansatz in der Bilanz ist in jedem Fall niedriger als beim LiFo-Verfahren.

5 Welche der folgenden Kosten darf ein Unternehmen keinesfalls bei der Bewertung der fertigen Erzeugnisse berücksichtigen?

a) Materialgemeinkosten
b) Sondereinzelkosten der Fertigung
c) Fertigungsgemeinkosten
d) Verwaltungsgemeinkosten
e) Vertriebsgemeinkosten

6 Buchen Sie die folgenden Geschäftsfälle und grenzen Sie die Aufwendungen bzw. Erträge zeitlich korrekt ab.

a) Die Dezembermiete für die von uns gemietete Lagerhalle in Höhe von 2 100,00 € wird erst am 03.01. des folgenden Jahres überwiesen.
b) Wir mieten am 01.11. eine weitere Lagerhalle für 1 400,00 € monatlich. Die Mietzahlung für ein halbes Jahr erfolgt nachträglich erst am 15.04. des folgenden Jahres.
c) Wir haben Geschäftsräume vermietet. Die komplette Miete für die Monate Oktober, November und Dezember in Höhe von insgesamt 6 000,00 € ist erst am 10.01. des folgenden Jahres durch Banküberweisung eingegangen.
d) Wir vermieten Geschäftsräume ab dem 01.09. Die Mietsumme für ein halbes Jahr (insgesamt 9 600,00 €) geht erst nachträglich am 08.02. des folgenden Jahres auf unserem Bankkonto ein.
e) Wir zahlen die Haftpflichtversicherung in Höhe von 360,00 € für das nächste Geschäftsjahr bereits am 20.12. per Überweisung.
f) Die Prämie für die Kraftfahrzeugversicherung vom 01.11. bis 31.01. in Höhe von 300,00 € wird von uns am 01.11. überwiesen.

g) Wir haben Geschäftsräume für 450,00 € monatlich vermietet. Die Miete für Januar wurde bereits am 27.12. des vorherigen Jahres überwiesen.
h) Für eine von uns vermietete Lagerhalle werden die fälligen Beträge (750,00 € monatlich) halbjährlich im Voraus am 01.11. durch Banküberweisung an uns beglichen.

7 Bei welchem der nachstehenden Sachverhalte muss ein Industrieunternehmen am Geschäftsjahresende

1. eine Rückstellung,
2. eine Sonstige Verbindlichkeit,
3. eine Passive Rechnungsabgrenzung,
4. weder eine Rückstellung noch eine Sonstige Verbindlichkeit noch eine Passive Rechnungsabgrenzung bilden?

a) Ausgelieferte Fahrzeuge weisen Mängel an der Lichtmaschine auf. Eine Rückrufaktion ist erforderlich.
b) Für eine erbrachte Leistung hat der Lieferer die Rechnung über den vereinbarten Preis noch nicht ausgestellt.
c) Der Pächter der Werkskantine hat die Miete für das erste Quartal des Folgejahres bereits im November bezahlt.
d) Bei der Erstellung des Jahresabschlusses wird mit einer Gewerbesteuernachzahlung gerechnet.
e) Ein Mitarbeiter erhält bar einen Lohnvorschuss im Monat Januar.

8 Die Almaron AG aus Köln stellt seit mehreren Generationen Zweiräder her und hat im vergangenen Jahr folgenden Jahresabschluss veröffentlicht (Angaben in TEUR):

Aktiva		Passiva	
A. Anlagevermögen		**A. Eigenkapital**	
I. Immaterielle Vermögenswerte	335	I. Gezeichnetes Kapital	280
II. Sachanlagen		II. Kapitalrücklage	55
1. Grundstücke/Gebäude	220	III. Gewinnrücklagen	27
2. Technische Anlagen	143	IV. Gewinnvortrag	9
3. BGA	95	V. Jahresüberschuss	8
III. Finanzanlagen		**B. Rückstellungen**	
1. Beteiligungen	185	1. Pensionsrückstellungen	17
2. Wertpapiere des AV	112	2. Steuerrückstellungen	4
B. Umlaufvermögen		3. Sonstige Rückstellungen	2
I. Vorräte		**C. Verbindlichkeiten**	
1. Roh-, Hilfs- u. Betriebsstoffe	98	1. Langfristig (gegenüber KI)	615
2. Unfertige Erzeugnisse	36	2. Kurzfristig (gegenüber KI)	225
3. Fertige Erzeugnisse	45	3. Verbindlichkeiten a. LL	65
II. Forderungen a. LL	24		
III. Kassenbestand, Bankguthaben	12	**D. Rechnungsabgrenzungsposten**	5
C. Rechnungsabgrenzungsposten	7		
	1312		**1312**

Ermitteln Sie geeignete Kennziffern zur Beurteilung

a) des Vermögensaufbaus
b) des Kapitalaufbaus
c) des Anlagendeckungsgrades
d) der Zahlungsfähigkeit

und werten Sie diese aus.

9 Folgende aufbereitete Bilanz ist auszuwerten:

Aktiva	Bilanz der Buche Möbel GmbH, Dorsten, zum 31. Dezember 20..		Passiva
Anlagevermögen	900 000,00	Eigenkapital	1 350 000,00
Werkstoffe	300 000,00	Langfristiges Fremdkapital	500 000,00
Fertige Erzeugnisse	720 000,00	Kurzfristiges Fremdkapital	250 000,00
Forderungen	30 000,00		
Flüssige Mittel	150 000,00		
	2 100 000,00		2 100 000,00

a) Ermitteln Sie
   1. den Anteil von Eigen- und Fremdkapital am Gesamtkapital in Prozent,
   2. den Anteil von Anlage- und Umlaufvermögen am Gesamtvermögen in Prozent,
   3. die Intensität der kurzfristigen Schulden,
   4. die Liquidität 1., 2. und 3. Grades,
   5. die Anlagendeckung.
b) Begründen Sie, warum sich die Zahlungsfähigkeit des Unternehmens nicht endgültig anhand der Bilanz beurteilen lässt.

10 Stellen Sie fest, welche der unten stehenden Aussagen auf

a) die Grundschuld,
b) die Hypothek,
c) den Lombardkredit,
d) die Sicherungsübereignung,
e) die offene Zession,
f) die stille Zession,
g) den einfachen Personalkredit,
h) die Ausfallbürgschaft,
i) die selbstschuldnerische Bürgschaft zutreffen.

1. Die Absicherung des Kredites erfolgt durch unbewegliche Sachen. Im Falle einer Zwangsvollstreckung ist der Gläubiger nicht gezwungen, die genaue Höhe der Forderung nachzuweisen.
2. Der Kreditgeber ist Eigentümer, der Kreditnehmer ist Besitzer des zur Kreditsicherung herangezogenen Sachwertes.
3. Ein Drittschuldner kann mit schuldbefreiender Wirkung nur noch an den Kreditgeber zahlen, obwohl er eine Verbindlichkeit gegenüber dem Kreditnehmer hat.
4. Die Einrede der Vorausklage ist nicht möglich.
5. Ein Kaufmann erklärt sich im Rahmen eines Handelsgeschäftes bereit, einen Kreditvertrag zwischen zwei anderen Vertragspartnern durch seine Person abzusichern.
6. Gerät der Schuldner in Zahlungsverzug, so kann der Gläubiger als Eigentümer die Herausgabe des zur Kreditsicherung eingesetzten Sachwertes verlangen und ihn verwerten.

11 Durch welche Finanzierungsart wäre eine neue Maschine beschafft worden, wenn die Sommerfeld Bürosysteme GmbH einen von der Deutschen Bank angebotenen Kredit in Anspruch genommen hätte?

1. Beteiligungsfinanzierung durch Fremdkapital
2. Einlagenfinanzierung durch Fremdkapital
3. Außenfinanzierung durch Eigenkapital
4. Innenfinanzierung durch Fremdkapital
5. Außenfinanzierung durch Fremdkapital

12 Um eine günstige Einkaufsmöglichkeit ausnutzen zu können, nimmt ein Unternehmen kurzfristig einen Bankkredit in Anspruch. Als Sicherheit erhält die Bank das Pfandrecht am Wertpapierdepot des Unternehmers. Um welche Kreditart handelt es sich?

1. Zessionskredit
2. Personalkredit
3. Lombardkredit
4. Grundschuldkredit
5. Sicherungsübereignungskredit
6. Hypothekenkredit

13 Welche der folgenden Aussagen sind korrekt?

1. Gewährt ein Kreditinstitut einem Unternehmer einen Kredit gegen Sicherungsübereignung, bleibt der Unternehmer Eigentümer des von ihm übereigneten Gegenstandes.
2. Verkauft ein Unternehmen Waren unter Eigentumsvorbehalt, geht das Eigentum auf den Käufer über, wenn 75 % der Schuld beglichen sind.
3. Bei einer selbstschuldnerischen Bürgschaft haftet der Bürge wie der Hauptschuldner.
4. Besitzt ein Käufer Wertpapiere, kann er diese zur Sicherheit an den Verkäufer verpfänden. Sie bleiben Eigentum des Käufers.
5. Eine Hypothek ist die Belastung eines bebauten Grundstückes zur Sicherung einer Forderung.

14 Vervollständigen Sie untenstehende Satzteile durch die aufgeführten Begriffe zu richtigen Aussagen

1. Leasing
2. Lombardkredit
3. Sicherungsübereignungskredit
4. Zessionskredit
5. Liefererkredit

a) Bei einem ... tritt der Kreditnehmer Forderungen, die er gegenüber Dritten hat, an den Kreditgeber ab.
b) Bei einem ... verpfändet der Kreditnehmer z. B. Wertpapiere, an den Kreditgeber.
c) Bei einem ... bleibt der Kreditnehmer im Besitz von Gegenständen, deren Eigentumsrecht an den Kreditgeber zeitweilig übertragen wird.
d) Bei einem ... verkauft der Gläubiger Ware auf Ziel.
e) ... ist die Vermietung oder Verpachtung von Anlagegütern.

15 Der Inhaber einer Einzelunternehmung bringt privates Vermögen zusätzlich zu seinem bisherigen Eigenkapital ein. Kreuzen Sie die beiden zutreffenden Finanzierungsarten an.

1. Außenfinanzierung
2. Innenfinanzierung
3. Eigenfinanzierung
4. Fremdfinanzierung
5. Selbstfinanzierung

16 Welche der folgenden Aussagen zur Sicherungsübereignung sind richtig?

1. Es wird dem Kreditgeber ein dauerndes Eigentumsrecht übertragen.
2. Gerät der Schuldner in Zahlungsverzug, so kann der Gläubiger als Eigentümer die Herausgabe der übereigneten Sachen verlangen und sie verwerten.
3. Neben dem Kreditvertrag wird ein Sicherungsübereignungsvertrag abgeschlossen.
4. Nur entbehrliche Sachen werden übereignet.
5. Die Sicherungsübereignung kann nur in Verbindung mit Grundstücken und Gebäuden zur Kreditsicherung eingesetzt werden.
6. Der Kreditgeber wird Eigentümer, der Kreditnehmer bleibt Besitzer des übereigneten Gegenstandes.

17 Ordnen Sie den rechts stehenden Begriffen drei der insgesamt sieben Erklärungen zur Finanzierung zu.

a) Ein Schuldner tritt Forderungen ab.
b) Eine Bank räumt einen Dispositionskredit ein.
c) Ein Schuldner verpfändet Aktien zur Sicherheit an die Bank.
d) Zur Sicherung von Forderungen wird das Eigentum an einem Pkw übertragen.
e) Der Eigentumsübergang an verkauften Waren erfolgt erst nach vollständiger Bezahlung.
f) Zur Sicherung eines Immobilienkredits wird ein Gebäude belastet.

Sicherungsübereignung ____________

Lombardkredit ____________

Grundschuld ____________

18 Welche der folgenden Aussagen zum Zusammenhang zwischen Investition und Finanzierung in einer Bilanz ist korrekt?

1. Die Passivseite der Bilanz zeigt, wie das Fremdkapital verwendet wurde.
2. Die Aktivseite der Bilanz zeigt, wie Anlagevermögen und Umlaufvermögen finanziert wurden.
3. Die Übereinstimmung zwischen Finanzierung und Investition bezeichnet man als Bilanzidentität.
4. Die Aktivseite der Bilanz ist hinsichtlich Investition und Finanzierung unabhängig von der Passivseite; zwischen beiden besteht kein Zusammenhang.
5. Die Aktivseite der Bilanz gibt Auskunft über die Investierung, die Passivseite über die Finanzierung.

LERNFELD 11

Geschäftsprozesse an gesamtwirtschaftlichen Rahmenbedingungen ausrichten

1 Die Beziehungen und Abhängigkeiten der Wirtschaftssubjekte erklären

1.1 Grundlagen des Wirtschaftens

1.1.1 Bedürfnis, Bedarf, Nachfrage

LS 8

Emilia Schaub ist unzufrieden. Sie ist zwar erst im zweiten Ausbildungsjahr bei der Sommerfeld Bürosysteme GmbH, aber eines weiß sie genau: Das Produktionsprogramm sollte ganz anders aussehen. Sie würde ausschließlich ökologisch vertretbare Produkte anbieten, keine Kunststoffe, Textilstoffe ausschließlich aus chlorfrei gebleichten Primärfasern und bei allen Sitzmöbeln ausschließlich mit Naturfarben gefärbte textile Bezugsstoffe. Dass das Bedürfnis nach nachhaltigen Produkten ständig zunehme, könne man ja jeden Tag im Fernsehen verfolgen und die Kunden seien auch bereit, dafür tiefer in die Tasche zu greifen. Als sie Frau Mehmet, Leiterin der Marketing-Abteilung, darauf anspricht, entgegnet ihr diese, das Bedürfnis nach ökologisch einwandfreien Produkten sei bei Teilen der Zielgruppe vielleicht vorhanden. Mit einer entsprechenden Nachfrage sei bei den sehr stark preis- und modeorientierten Kunden aber nicht zu rechnen.

ARBEITSAUFTRÄGE

- **Stellen Sie fest, welcher Zusammenhang zwischen Bedürfnis, Bedarf und Nachfrage besteht.**
- **Diskutieren Sie, wie die Sommerfeld Bürosysteme GmbH den von Emilia Schaub festgestellten Wandel der Bedürfnisse berücksichtigen könnte.**

Bedürfnis

Ausgangspunkt allen Wirtschaftens sind die **Wünsche** der Menschen. Diese Wünsche sind i.d.R. unbegrenzt. Jeder hat das Gefühl, dass ihm noch etwas fehlt. Eine eigene Wohnung, Anerkennung im Beruf oder Ferien in der Sonne. Dieses Gefühl eines Mangels, verbunden mit dem Bestreben ihn zu beseitigen, bezeichnet man als **Bedürfnis**.

- Nach der **Dringlichkeit der Bedürfnisbefriedigung** kann man in Existenz-, Kultur- und Luxusbedürfnisse unterscheiden.

EXISTENZBEDÜRFNISSE

sind lebensnotwendige Bedürfnisse. Sie müssen i. d. R. kurzfristig befriedigt werden, um das Leben der Menschen nicht zu gefährden.

BEISPIELE *Wunsch nach Grundnahrungsmitteln, Kleidung, Wohnung*

KULTURBEDÜRFNISSE

werden durch die Umwelt oder Kultur geprägt. Sie müssen weitgehend befriedigt werden, wenn der Mensch in seiner sozialen Umwelt anerkannt werden will.

BEISPIELE *Wunsch nach Bildung, modischer Kleidung, Hobbys*

LUXUSBEDÜRFNISSE

sind übersteigerte Ansprüche. Sie können vom Großteil der Bevölkerung nicht befriedigt werden.

BEISPIELE *Wunsch nach Modellkleidern, Champagner, einer eigenen Yacht*

Eine genaue Abgrenzung zwischen den Bedürfnissen ist nicht immer möglich. Sie ist von der persönlichen Situation des Einzelnen abhängig und **verändert sich im Laufe der Zeit**. So ist eine abwechslungsreiche und qualitativ hochwertige Ernährung, z. B. mit Bio-Lebensmitteln, für uns ein Kulturbedürfnis, für weite Teile der Dritten Welt hingegen ist Ernährung ein Existenzbedürfnis, da lediglich die Versorgung mit Grundnahrungsmitteln im Vordergrund steht. Auch der Wunsch nach Erholung in der Sonne, der für frühere Generationen noch ein Luxusbedürfnis war, ist heute für viele zum Kulturbedürfnis geworden.

- Nach der **Möglichkeit der Bedürfnisbefriedigung** kann unterschieden werden in Individualbedürfnisse und Kollektivbedürfnisse.

INDIVIDUALBEDÜRFNISSE

gehen von einem einzelnen Menschen, dem Individuum aus und können von ihm allein befriedigt werden.

BEISPIEL *Wunsch nach einem Auto*

KOLLEKTIVBEDÜRFNISSE

entstehen aus dem Zusammenleben der Menschen und können nur in der Gemeinschaft befriedigt werden.

BEISPIEL *ein gut ausgebautes Straßennetz*

- Nach dem **Gegenstand der Bedürfnisse** kann man in materielle und immaterielle Bedürfnisse gliedern.

MATERIELLE BEDÜRFNISSE

richten sich auf sachliche Güter.

BEISPIELE *modische Kleidung, Auto, Möbel*

IMMATERIELLE BEDÜRFNISSE,

d. h. nicht greifbare Bedürfnisse, richten sich auf Dienstleistungen oder geistige Belange.

BEISPIELE *Haarschnitt, Kinobesuch, Freundschaft, Anerkennung, Geborgenheit*

- Nach dem **Grad der Bewusstheit** unterscheidet man akute und latente Bedürfnisse.

AKUTE (OFFENE) BEDÜRFNISSE

sind den Menschen bewusst und verlangen nach Befriedigung.

BEISPIEL *Wunsch nach einer Reise in den Süden*

LATENTE (SCHLUMMERNDE) BEDÜRFNISSE

sind den Menschen nicht bewusst. Sie können durch die Werbung geweckt werden.

BEISPIEL *Die Marketingabteilung der Sommerfeld Bürosysteme GmbH stellt im Rahmen der Marktforschung fest, dass das Bedürfnis nach Sicherheit eine immer größere Rolle spielt. Die Geschäftsleitung diskutiert, ob der Bereich der Sicherheitstechnik im Büro in das Produktionsprogramm aufgenommen werden soll.*

Bedarf

Der Teil der Bedürfnisse, der sich auf bestimmte (konkrete) Güter bezieht und mit entsprechender **Kaufkraft** ausgestattet ist, wird **Bedarf** genannt.

BEISPIEL *Emilia Schaub hat von ihrer Ausbildungsvergütung 300,00 € gespart, um sich ein neues Smartphone zu kaufen.*

Nachfrage

Wird der Bedarf am Markt wirksam, d. h., wird für ein bestimmtes Gut tatsächlich Geld ausgegeben, so wird er zur **Nachfrage**.

BEISPIEL *Hera Dubowski geht in ein Fachgeschäft und kauft den ausgesuchten Blu-Ray-Player.*

Ziel eines jeden Unternehmens ist es, aus den allgemeinen Bedürfnissen der möglichen **(potenziellen) Kunden** eine konkrete Nachfrage nach den Leistungen des Unternehmens zu generieren. Um dies zu erreichen, versucht man im Rahmen der Marktforschung die Bedürfnisse der Kunden zu ermitteln, das Absatzprogramm darauf abzustellen und den Bedarf der Kunden durch die Kommunikationspolitik zu wecken.

BEISPIEL *Die Marketingabteilung der Sommerfeld Bürosysteme GmbH hat im Rahmen der Marktforschung festgestellt, dass das Bedürfnis nach Anerkennung und Sicherheit bei den potenziellen Kunden zunimmt. Aus diesem Grund wird die Warengruppe „Am Schreibtisch" um ein repräsentatives Modell erweitert und es werden Wandtresore in das Sortiment aufgenommen. Eine groß angelegte Werbekampagne macht die Kunden mit den neuen Produkten vertraut.*

Die genaue Kenntnis der Bedürfnisse seiner Kunden gibt dem Unternehmen die Möglichkeit, unbewusst vorhandene **(latente) Bedürfnisse in offene Bedürfnisse umzuwandeln**. Mithilfe der Werbung wird der Kunde angeregt, Produkte zu kaufen, die ihm bisher nicht notwendig erschienen oder die er nicht kannte.

Bedürfnis →	Bedarf →	Nachfrage
Hunger	Entscheidung für einen Döner	Kauf eines Döner im Imbiss

ZUSAMMENFASSUNG

Bedürfnis, Bedarf, Nachfrage

Bedürfnisse

Existenzbedürfnisse	Kulturbedürfnisse	Luxusbedürfnisse
müssen zur Erhaltung des Lebens befriedigt werden.	müssen befriedigt werden, wenn der Mensch in seiner sozialen Umwelt anerkannt werden will.	können vom Großteil der Bevölkerung nicht befriedigt werden.

- Der **Bedarf** ist ein konkretisiertes Bedürfnis, das sich mit Mitteln der Wirtschaft befriedigen lässt und mit entsprechender Kaufkraft ausgestattet ist.
- Die **Nachfrage** ist der Teil des Bedarfs, der am Markt wirksam wird.

AUFGABEN

1 a) Nennen Sie je drei Beispiele für
- Existenzbedürfnisse,
- Kulturbedürfnisse,
- Luxusbedürfnisse.

b) Stellen Sie den Bedürfnissen den entsprechenden Bedarf gegenüber.

2 Erläutern Sie, wie es zu erklären ist, dass ein Luxusbedürfnis zu einem Kulturbedürfnis wird.

3 Mithilfe der Werbung werden latente Bedürfnisse der potenziellen Kunden in Nachfrage nach Leistungen eines Unternehmens umgewandelt.
a) Diskutieren Sie die Rolle der Werbung in unserer Gesellschaft.
b) Werten Sie Anzeigen in Illustrierten aus und stellen Sie fest, wo in erster Linie latente Bedürfnisse angesprochen werden.

4 Erläutern Sie, wie die Sommerfeld Bürosysteme GmbH das zunehmende Bedürfnis nach einer sauberen Umwelt und Gesundheit nutzen könnte.

5 Erläutern Sie den Zusammenhang der Begriffe Bedürfnis, Bedarf, Nachfrage anhand eines Beispiels.

6 Mithilfe der Werbung werden latente Bedürfnisse in offene Bedürfnisse umgewandelt. Bilden Sie zwei Gruppen, eine Gruppe „Pro“ und eine Gruppe „Contra“ Werbung. Diskutieren Sie, inwieweit Werbung Bedürfnisse „weckt“ und ob die Marktwirtschaft ohne Werbung möglich ist.

7 In Afrika ist die Bevölkerung im Durchschnitt deutlich ärmer als in Europa. Entscheiden Sie, ob unter diesen Bedingungen eine andere Einteilung der Bedürfnisse möglich bzw. erforderlich ist.

8 „Die Bedürfnisse sind unbegrenzt.“ Begründen Sie, ob diese Aussage richtig oder falsch ist.

9 Unterhalten Sie sich mit Ihren Eltern, um folgende Aufgabe lösen zu können:
Nennen Sie mindestens fünf Beispiele für Bedürfnisse, die vor 20 oder 30 Jahren Luxusbedürfnisse waren und heute zur Normalausstattung eines Haushaltes gehören.

1.1.2 Güterarten und das ökonomische Prinzip

LS 9

Emilia Schaub ist empört. „Stellen Sie sich vor“, berichtet sie der Abteilungsleiterin Frau Esser nach einem Besuch im Außenlager, „bei uns wird jede Lieferung in eine Folie eingeschweißt, die Metallteile werden mit Wellpappe umwickelt und empfindliche Kleinteile werden in Styropor verpackt! Wenn ich an die Müllberge denke, die da entstehen, wird mir ganz schlecht!“ „Und mir wird schlecht, wenn ich an die vielen Reklamationen wegen zerkratzter und beschädigter Produkte denke, wenn wir die Waren nicht transportsicher verpacken“, entgegnet Frau Esser. Emilia hält ihr entgegen, dass es höchste Zeit sei, mit den Schätzen der Erde sparsamer umzugehen, da sie nur noch für begrenzte Zeit reichen. Und nicht nur das. Viele Güter, die früher im Überfluss vorhanden waren, müssen heute mit viel Mühe und Kosten wiederaufbereitet werden. Frau Esser wird nachdenklich. Sie bittet Emilia doch einmal zu überlegen, wie man bei der Verpackung den Verbrauch von Rohstoffen einschränken könne. „Und wenn Sie eine gute Idee haben, geben wir diese an unsere Umweltbeauftragte Frau Lauer weiter. Vielleicht gibt es da sogar eine Prämie!“

ARBEITSAUFTRÄGE

- **Erläutern Sie, nach welchen Gesichtspunkten wirtschaftliche Güter unterteilt werden können, und geben Sie jeweils Beispiele an.**
- **Unterstützen Sie Emilia Schaub bei ihrer Aufgabe und überlegen Sie, wie die Sommerfeld Bürosysteme GmbH bei der Verpackung den Verbrauch von Rohstoffen einschränken kann.**

Güterarten

Die Mittel, mit denen die menschlichen Bedürfnisse befriedigt werden können, nennt man **Güter**. Das **Angebot** an Gütern wird von Unternehmen bereitgestellt, die die Nachfrage am Markt befriedigen.

Güter stiften dem Menschen einen Nutzen. Der vernünftig (rational) handelnde Mensch wird sich für das Gut entscheiden, das ihm den höchsten Nutzen stiftet.

Nach der Art ihrer Verfügbarkeit können Güter in **freie oder knappe (wirtschaftliche) Güter** unterschieden werden.

FREIE GÜTER

sind im Überfluss vorhanden und ihre Bereitstellung verursacht keine Kosten.

BEISPIELE *Luft, Meerwasser, Sonne, Wind*

KNAPPE (WIRTSCHAFTLICHE) GÜTER

sind nur begrenzt vorhanden. Ihre Bereitstellung verursacht Kosten, deshalb haben sie am Markt einen Preis.

BEISPIELE *Fuhrpark der Sommerfeld Bürosysteme GmbH, Leitungswasser, Arbeitskleidung, Lebensmittel*

Im Laufe der Zeit sind immer **mehr freie Güter zu knappen Gütern** geworden. So sind z. B. sauberes Wasser und klare Luft in vielen Gegenden nur noch unter großem Kostenaufwand zu erhalten.

Bei vielen knappen Gütern wird deutlich, dass die für die Herstellung erforderlichen Rohstoffe nur noch für wenige Jahre reichen. Die Konsequenz muss der sparsamere Umgang mit diesen Stoffen und ihre Wiederverwertung **(Recycling)** sein.

Jeder kann Hilfe bei der Wiederverwertung von Rohstoffen und bei ihrem sparsameren Einsatz leisten. **Haushalte** können Glas, Altpapier und Wertstoffe **getrennt sammeln** und entsorgen. **Unternehmen** können Verpackungen **einschränken oder vermeiden** und wiederverwertbare Rohstoffe in der Produktion einsetzen.

Die knappen (wirtschaftlichen) Güter können in verschiedene **Güterarten** unterschieden werden:

- Nach dem **Gegenstand** können Güter in materielle und immaterielle Güter unterteilt werden.

MATERIELLE (FASSBARE) GÜTER

sind Sachgüter.

BEISPIELE *Smartphone, Damenbluse, Drehhocker „Allegro" der Sommerfeld Bürosysteme GmbH*

IMMATERIELLE (NICHT FASSBARE) GÜTER

sind Dienstleistungen, Rechte und Informationen.

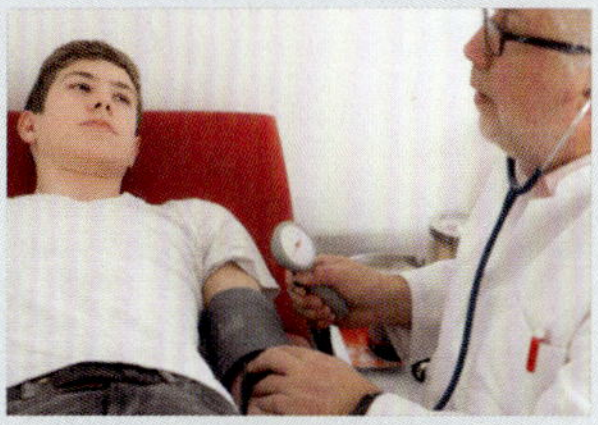

- **Dienstleistungen** sind Arbeitsleistungen, durch die ein Wert oder Nutzen entsteht.

  BEISPIELE *Beratung einer Rechtsanwältin, die Planung einer Büroeinrichtung für eine Versicherung durch den Außendienst der Sommerfeld Bürosysteme GmbH, Diagnose eines Arztes*

- **Rechte** sind Ansprüche oder Befugnisse.

  BEISPIELE *Das Recht, einen bestimmten Markennamen zu führen oder ein Grundstück zu nutzen. Die Sommerfeld Bürosysteme GmbH stellt Stuhlrollen nach dem Patent eines Erfinders her. Sie hat mit ihm einen Vertrag geschlossen und das Recht erworben, die von ihm entwickelte Rolle zu produzieren.*

- **Informationen** sind Voraussetzung jeder Art von Entscheidungsfindung.

  BEISPIELE *Zugriff auf das Wissen in Datenbanken, Abonnement einer Fachzeitschrift*

- Nach der **Art der Verwendung** können Güter in Konsum- und Produktions- oder Investitionsgüter eingeteilt werden.

KONSUMGÜTER

dienen der unmittelbaren Bedürfnisbefriedigung. Sie werden in den Haushalten, also von Endverbraucherinnen und Endverbrauchern, verwendet.

PRODUKTIONS- ODER INVESTITIONSGÜTER

dienen der Herstellung anderer Güter. Sie werden in Unternehmen verwendet.

Da bei der Einteilung in Konsum- und Produktionsgüter nicht die Art des Gutes, sondern die **Art der Verwendung** den Ausschlag für die Zuordnung gibt, kann ein und dasselbe Gut sowohl Konsum- als auch Produktionsgut sein.

BEISPIELE

Konsumgüter	– ein Hammer im Hobbykeller – Emilias privater Kugelschreiber
Produktions- oder Investitionsgüter	– ein Hammer in der Holzwerkstatt der Sommerfeld Bürosysteme GmbH – ein Kugelschreiber in der Verkaufsabteilung der Sommerfeld Bürosysteme GmbH

- Nach der **Nutzungsdauer** kann man Gebrauchs- und Verbrauchsgüter unterteilen.

GEBRAUCHSGÜTER

können mehrmals verwendet werden und nutzen sich erst allmählich ab.

BEISPIELE *Büromöbel, Kleidung, Maschinen*

VERBRAUCHSGÜTER

können nur einmal zum Zwecke der Bedürfnisbefriedigung bzw. Produktion eingesetzt werden.

BEISPIELE *Nahrungsmittel, Kopierpapier, Briefumschläge, Benzin für Geschäftswagen*

- Nach der **Beziehung der Güter zueinander** kann man in Komplementärgüter und Substitutionsgüter unterscheiden.

KOMPLEMENTÄRGÜTER

ergänzen sich gegenseitig. Sie können nur in Kombination miteinander ein Bedürfnis befriedigen.

BEISPIELE *Kfz und Treibstoff, Zahnbürste und Zahnpasta*

SUBSTITUTIONSGÜTER

ersetzen sich, sie sind gegeneinander austauschbar.

BEISPIELE *Lkw oder der Transport mit der Deutschen Bahn AG, Butter oder Margarine*

Das ökonomische Prinzip

Die **Bedürfnisse** der Menschen sind i. d. R. **unbegrenzt**. **Wirtschaftsgüter** hingegen sind **knapp**. Sie sind nur begrenzt vorhanden und ihre Bereitstellung verursacht Kosten.

Private Haushalte und Unternehmen lösen dieses Problem, indem sie ihre Mittel möglichst effizient mit dem Ziel der bestmöglichen Bedürfnisbefriedigung einsetzen, das heißt, sie **wirtschaften**. Dieses planvolle Handeln erfolgt nach dem **ökonomischen (wirtschaftlichen) Prinzip**. Es zeigt sich in zwei Erscheinungsformen:

MINIMALPRINZIP

Beim Minimalprinzip wird versucht, ein gegebenes Ziel mit möglichst wenig (minimalen) Mitteln zu erreichen.

BEISPIEL *Herr Lanzetti, Abteilungsleiter Logistik und Beschaffung der Sommerfeld Bürosysteme GmbH, versucht, Lacke für die Produktion (= gegebenes Ziel) so preiswert wie möglich einzukaufen (= minimale Mittel).*

MAXIMALPRINZIP

Beim Maximalprinzip wird versucht, mit gegebenen Mitteln einen größtmöglichen (maximalen) Erfolg zu erreichen.

BEISPIEL *Emilia versucht, sich mit ihrer Ausbildungsvergütung (= gegebene Mittel) so viele Wünsche wie möglich zu erfüllen (= maximaler Erfolg).*

Das ökologische Prinzip

Lange Zeit stand die **Umwelt für jedermann kostenlos** zur Verfügung. Luft und Wasser waren als freie Güter im Überfluss vorhanden, die Vorräte an **Rohstoffen (Ressourcen) schienen unendlich**.

Die zunehmende Industrialisierung und das ungebremste Bevölkerungswachstum belasten das ökologische System inzwischen so stark, dass die **Selbstreinigungskräfte der Natur nicht mehr ausreichen**, um das ökologische Gleichgewicht zu erhalten. Der **Klimawandel** ist eine Folge dieser Entwicklung. Darüber hinaus weiß man, dass die natürlichen **Ressourcen der Erde nur noch für begrenzte Zeit ausreichen**.

Mit den Beziehungen der Menschen zu ihrer Umwelt befasst sich die **Ökologie**, deren Ziel es ist, die Belastungen der Umwelt zu mindern oder gänzlich zu vermeiden.

Wenn private Haushalte wie Unternehmen bei allen wirtschaftlichen Tätigkeiten so handeln, dass die Umwelt so wenig wie möglich belastet wird, handeln sie nach dem **ökologischen Prinzip**.

Beim Handeln nach dem ökologischen Prinzip sind **folgende Möglichkeiten** denkbar:

- **Sparsamer Verbrauch von Rohstoffen und Energie**
- **Aufarbeitung gebrauchter Rohstoffe (Recycling)**
- **Herstellung umweltfreundlicher Produkte**
- **Anwendung umweltfreundlicher Produktionstechniken**

PRAXISTIPP

Weiterführende Informationen finden Sie auf der Seite des Bundesministeriums für Umwelt, Klimaschutz, Naturschutz und nukleare Sicherheit unter www.bundesumweltministerium.de.

Das Spannungsverhältnis zwischen Ökonomie und Ökologie

Zwischen Ökonomie und **Ökologie** kann es zu Zielkonflikten kommen. Dies ist immer dann der Fall, wenn ökologisch sinnvolle Entscheidungen mit **höheren Kosten** für das einzelne Unternehmen oder den privaten Haushalt verbunden sind.

BEISPIEL *Die Sommerfeld Bürosysteme GmbH verwendet überwiegend recycelbare Materialien, obwohl diese in der Anschaffung teurer sind.*

Da Unternehmen und Haushalte sich oft am kurzfristigen Erfolg wirtschaftlichen Handelns orientieren, greift hier der **Staat** regulierend ein. Dabei sind folgende staatliche Maßnahmen im Sinne der **Umweltpolitik** denkbar:

- Beeinflussung der öffentlichen Meinung durch **Aufklärung und Erziehung**

  BEISPIEL *Das Umweltministerium gibt eine Broschüre zum Thema „Windenergie" heraus.*

- Gewährung von **Subventionen** für ökologisch sinnvolle Maßnahmen

  BEISPIEL *Das Land Nordrhein-Westfalen zahlt beim Einbau isolierverglaster Fenster einen Zuschuss.*

- Erhebung von **Steuern und Abgaben** für die Verursachung von Umweltbelastungen

  BEISPIEL *Die Kfz-Steuer für Pkw bemisst sich nach dem Hubraum und der Schadstoffemission des Fahrzeugs.*

- **Gesetze und Verordnungen** zum Schutz der Umwelt

  BEISPIEL

  § 1 Bundes-Immissionsschutzgesetz
  (1) Zweck dieses Gesetzes ist es, Menschen, Tiere und Pflanzen, den Boden, das Wasser, die Atmosphäre sowie Kultur- und sonstige Sachgüter vor schädlichen Umwelteinwirkungen zu schützen und dem Entstehen schädlicher Umwelteinwirkungen vorzubeugen.

PRAXISTIPP

Den vollständigen Gesetzestext finden Sie unter www.gesetze-im-internet.de/bimschg/index.html.

ZUSAMMENFASSUNG

Güterarten und das ökonomische Prinzip

Güter

- **knappe (wirtschaftliche) Güter**
  - nur begrenzt vorhanden
  - haben am Markt einen Preis
- **freie Güter**
  - im Überfluss vorhanden
  - haben keinen Preis

Knappe (wirtschaftliche) Güter:

- **materielle Güter (Sachgüter)**
  - Konsumgüter: werden von Endverbrauchern verwendet
    - Gebrauchsgüter: können mehrmals verwendet werden
    - Verbrauchsgüter: stiften nur einmal Nutzen
  - Produktionsguter: dienen zur Herstellung anderer Güter
    - Gebrauchsgüter: können mehrmals verwendet werden
    - Verbrauchsgüter: stiften nur einmal Nutzen
- **immaterielle Güter**
  - Dienstleistungen
  - Rechte

- **Das ökonomische Prinzip**

Wünsche sind **unbegrenzt** – **Güter** sind **knapp**

Zwang zum Wirtschaften

- mit gegebenen Mitteln einen maximalen Erfolg erzielen → **Maximalprinzip**
- ein gegebenes Ziel mit minimalen Mitteln erreichen → **Minimalprinzip**

- **Das ökologische Prinzip**

Ökonomie ↔ Ökologie

- Ökonomie: Kosten- und Gewinnorientierung
- Ökologie: Umweltorientierung
- **Staat**: greift im Rahmen der Umweltpolitik regelnd ein

AUFGABEN

1 Haushalte und Unternehmen können gemeinsam dazu beitragen, dass nicht noch mehr freie Güter zu wirtschaftlichen Gütern werden.

a) Erläutern Sie diese Bemühungen anhand von fünf Beispielen aus Ihrem Haushalt.
b) Stellen Sie fünf Beispiele aus Ihrem Ausbildungsbetrieb dar.

2 Welche der nachfolgenden Verwendungsarten treffen auf untenstehende Sachverhalte zu?
Verwendungsarten wirtschaftlicher Güter:

a) Produktionsgut als Gebrauchsgut
b) Produktionsgut als Verbrauchsgut
c) Dienstleistung als Produktionsgut
d) Dienstleistung als Konsument
e) Recht als Produktionsgut
f) Recht als Konsumgut
g) Konsumgut als Gebrauchsgut
h) Konsumgut als Verbrauchsgut

1. Ein Unternehmen lässt sich bei einem Geschäft durch eine Rechtsanwältin vertreten.
2. Überlassung von Geschäftsräumen gegen Entgelt.
3. Verwendung eines Taschenrechners in der Buchhaltung eines Unternehmens.
4. Verwendung eines Taschenrechners durch den Auszubildenden in der Schule.
5. Verwendung von Heizöl zur Beheizung eines Bürohauses.

3 Stellen Sie fest, nach welchen Grundsätzen in den folgenden Fällen gehandelt wird:

a) Die wirtschaftlichen Entscheidungen im Haushalt werden so getroffen, dass der größtmögliche Nutzen für die Familie erreicht wird.
b) Ein festgelegtes Produktionsziel soll mit möglichst geringem Materialeinsatz erreicht werden.
c) Ein Schüler versucht, eine bestimmte CD so günstig wie möglich zu kaufen.
d) Eine Hausfrau versucht, durch Preisvergleich den Lebensmittelbedarf der Familie so preiswert wie möglich zu decken.
e) Eine Unternehmerin versucht, das festgelegte Umsatzziel mit minimalen Gesamtkosten zu verwirklichen.
f) Ein Schüler versucht, mit möglichst geringem Einsatz die Versetzung zu erreichen.
g) Ein Unternehmer möchte mit dem vorhandenen Personal den größtmöglichen Umsatz erzielen.

4 Erläutern Sie am Beispiel Ihrer Schulnoten, warum die Kombination aus Minimal- und Maximalprinzip, also mit einem möglichst geringen Mitteleinsatz einen möglichst großen Erfolg zu erzielen, nicht realisierbar ist.

5 Auszug aus der Unternehmensphilosophie der Sommerfeld Bürosysteme GmbH:

> Wie stark ein Produkt die Umwelt belastet und welcher Nutzen durch das Produkt entsteht, wird bereits in der Designphase festgelegt. Neben der auch ökologisch vorteilhaften Langlebigkeit spielen dabei der Materialeinsatz, die Energie- und Rohstoffaufwendungen, die Produktionsemissionen und die Rückführung der Materialien in den Stoffkreislauf eine entscheidende Rolle.

Diskutieren Sie den Auszug aus der Unternehmensphilosophie der Sommerfeld Bürosysteme GmbH unter dem Gesichtspunkt des Spannungsverhältnisses von Ökonomie und Ökologie sowie des Wertewandels bei den Verbrauchern.

1.1.3 Produktionsfaktoren im Wirtschaftsprozess

LS 10

Große Aufregung in der Geschäftsleitung der Sommerfeld Bürosysteme GmbH: Zwei Herren der Unternehmensberatung Kienapfel sind im Haus. Als die Auszubildende Emilia Schaub in das Büro von Herrn Feld kommt, hört sie folgenden Dialog:
Unternehmensberater: „Sie können rechnen, wie Sie wollen, Herr Feld, die Personalkosten Ihres Betriebes sind einfach zu hoch!“
Herr Feld: „Im Augenblick trifft das sicher zu, aber denken Sie an die Überstunden nach der Messe!“
Unternehmensberater: „Das gebe ich ja zu, trotzdem müssen wir die Personalproduktivität steigern. Und das geht nur, wenn wir den Produktionsfaktor Arbeit gegen Kapital substituieren ...“
Als Emilia das Büro verlässt, ist sie nachdenklich. „Arbeit gegen Kapital substituieren“, murmelt sie vor sich hin.

ARBEITSAUFTRÄGE

- **Erläutern Sie, was sich hinter der Formulierung „Arbeit gegen Kapital substituieren“ verbirgt.**
- **Stellen Sie Argumente zusammen, die für und gegen die Substitution des Faktors Kapital durch Arbeit sprechen.**
- **Erläutern Sie die Substitution anhand möglicher Beispiele aus Ihrem Ausbildungsbetrieb.**

Die volkswirtschaftlichen Produktionsfaktoren

Nur ein kleiner Teil der Güter wird den Menschen von der Natur konsumreif zur Verfügung gestellt. In der Regel müssen Güter produziert werden. Zur **Produktion** zählt dabei nicht nur die Herstellung von Gütern, sondern auch die Bereitstellung von Dienstleistungen.

Alle an der Produktion beteiligten Menschen und die eingesetzten Güter kann man auf drei grundlegende Faktoren zurückführen, die man als **volkswirtschaftliche Produktionsfaktoren** bezeichnet:

Arbeit	Boden (Natur)	Kapital

Die Volkswirtschaftslehre wählt damit eine andere Einteilung der Produktionsfaktoren als die Betriebswirtschaftslehre, die die Produktionsfaktoren in Betriebsmittel, Arbeit und Werkstoffe unterteilt.

Produktionsfaktor Arbeit

Zum **Produktionsfaktor Arbeit** zählt jede geistige und körperliche Tätigkeit, die auf die Erzielung eines Einkommens gerichtet ist.

BEISPIEL *Wischt eine Reinigungskraft in einem Büro der Sommerfeld Bürosysteme GmbH die Böden, handelt es sich um Arbeit im volkswirtschaftlichen Sinne. Erledigt sie die gleiche Arbeit in ihrer Wohnung, zählt diese Tätigkeit nicht zum Produktionsfaktor Arbeit, da kein Einkommen erzielt wird.*

Der Produktionsfaktor Arbeit kann nach verschiedenen Gesichtspunkten unterteilt werden.

- Nach der **Weisungsgebundenheit**:
  - leitende **(dispositive) Arbeit**

    BEISPIEL *die Geschäftsführung der Sommerfeld Bürosysteme GmbH, Frau Farthmann, Herr Sommer und Herr Feld*
  - **ausführende Arbeit**

    BEISPIEL *der Kundendienstmitarbeiter der Sommerfeld Bürosysteme GmbH, Herr Evers*

- Nach der **Ausbildung**:
  - **gelernte Arbeit** (Voraussetzung ist eine abgeschlossene Berufsausbildung)

    BEISPIEL *Industriekaufmann/-kauffrau*
  - **angelernte Arbeit** (Voraussetzung ist eine kurze Anlernzeit)

    BEISPIEL *Aushilfe auf der Möbelmesse*
  - **ungelernte Arbeit**

    BEISPIEL *Reinigungskraft*

- Nach den **Anforderungen**:
  - **geistige Arbeit**

    BEISPIEL *der Gruppenleiter des Rechnungswesens der Sommerfeld Bürosysteme GmbH, Herr Effer*
  - **körperliche Arbeit**

    BEISPIEL *Fachkräfte in der Produktion der Sommerfeld Bürosysteme GmbH*

- Nach der **Selbstständigkeit**:
  - **selbstständige Arbeit**

    BEISPIEL *der Steuerberater der Sommerfeld Bürosysteme GmbH, Herr Degen*
  - **nicht selbstständige Arbeit**

    BEISPIEL *alle Arbeitnehmenden der Sommerfeld Bürosysteme GmbH*

Produktionsfaktor Boden (Natur)

Der Produktionsfaktor Boden umfasst die zu wirtschaftlichen Zwecken genutzte Natur. Er ist nicht vermehrbar und nicht transportierbar. Der Produktionsfaktor Boden wird in dreifacher Weise genutzt:

- **Anbauboden** ist der land- und forstwirtschaftlich genutzte Boden. Da der Produktionsfaktor Boden nicht vermehrbar ist, ist eine Steigerung der Erträge in der Landwirtschaft nur durch intensivere Nutzung, z. B. durch Einsatz von Pflanzenschutz- und Düngemitteln, möglich. Die damit verbundenen Probleme führen jedoch zu einer Störung des ökologischen Gleichgewichts und damit zu einem Zielkonflikt zwischen Ökonomie und Ökologie.

- **Abbauboden** ist der bergbaulich genutzte Boden, aus dem die Bodenschätze gewonnen werden. Hauptproblem ist hier die Knappheit der Rohstoffe, die oft nur noch für wenige Jahre reichen. Da Rohstoffe und Energieträger nicht erneuerbar sind, kommt dem Recycling immer größere Bedeutung zu.
- **Standortboden** ist der baulich genutzte Boden, auf dem z. B. ein Unternehmen seinen Betrieb errichtet. Dabei sucht das Unternehmen anhand bestimmter Standortfaktoren den Ort, der ihm die größten Ertrags- und Kostenvorteile bringt (vgl. S. 254 ff.).
  Betriebe der Urproduktion, z. B. ein Kohlebergwerk, wählen ihren Standort anhand der Rohstoffvorkommen. Industriebetriebe wählen ihren Standort aufgrund günstiger Verkehrsverbindungen, z. B. in der Nähe von Autobahnen, Eisenbahnanschlüssen oder Wasserwegen. Bestimmte Fertigungsbetriebe, die hoch spezialisierte Arbeitskräfte benötigen, siedeln sich in Gegenden an, in denen diese Arbeitskräfte zur Verfügung stehen. Die Standortwahl des Einzelhandels orientiert sich am Absatzgebiet, d. h. an der Nähe zum Kunden.

BEISPIEL *Für die Standortwahl der Sommerfeld Bürosysteme GmbH waren mehrere Faktoren ausschlaggebend. So spielten die Kosten des Grundstücks, die günstigen Verkehrsverbindungen und die ausreichende Zahl von Facharbeitern in der Region eine Rolle.*

Arbeit und Boden bezeichnet man als **ursprüngliche (originäre) Produktionsfaktoren**. Sie sind seit Beginn der Menschheit vorhanden.

BEISPIEL *Schon Steinzeitmenschen bauten mithilfe der Produktionsfaktoren Arbeit (d. h. der eigenen Arbeitskraft) und Boden (d. h. eines Grundstücks) Gemüse und Getreide an.*

Produktionsfaktor Kapital

Unter dem Produktionsfaktor Kapital versteht die Volkswirtschaftslehre alle an der Herstellung beteiligten **Produktionsmittel**. Es handelt sich also um Sachkapital (Realkapital) und unterscheidet sich vom Geldkapital. Im volkswirtschaftlichen Sinne dient das Geldkapital lediglich zur Finanzierung von Sachkapital. Zum Sachkapital (Realkapital) gehören:

Sachkapital (Realkapital)	**dauerhafte Produktionsmittel**	– Gebäude – Fuhrpark – Geschäftsausstattung – Maschinen – ...
	nicht dauerhafte Produktionsmittel	– Rohstoffe – Hilfsstoffe – Betriebsstoffe – bezogene Dienstleistungen – ...

Da der Produktionsfaktor Kapital nicht von Anfang an vorhanden ist, sondern erst durch den Einsatz der ursprünglichen Produktionsfaktoren Arbeit und Boden entsteht, bezeichnet man ihn als **abgeleiteten (derivativen) Produktionsfaktor**. Der Produktionsfaktor Kapital entsteht durch Konsumverzicht, d. h. durch Sparen.

BEISPIEL *Um sich die Arbeit bei der Ernte zu erleichtern und die Erträge zu steigern, haben die Menschen irgendwann einen Pflug und andere Ackergeräte (= Produktionsmittel) gebaut. So ist der Produktionsfaktor Kapital entstanden. Da sie während der Bauzeit nicht ernten konnten, legten sie einen Teil der Ernte beiseite. Sie übten also Konsumverzicht (= sparen) und konsumierten diesen Teil während der Bauzeit.*

In einer Volkswirtschaft wird ständig neues Kapital gebildet, indem laufend Geldkapital in Sachkapital umgewandelt wird. Es wird also investiert. Man unterscheidet folgende Investitionsarten:

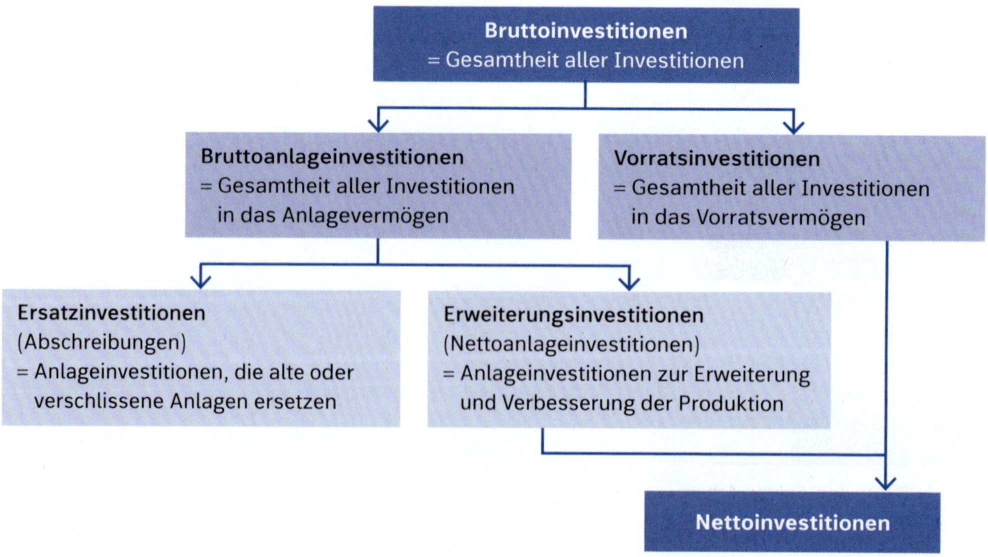

Als **Kapitalstock** bezeichnet man den Bestand an Bruttoanlagevermögen in einer Volkswirtschaft. Zu einer Erweiterung des Kapitalstocks kann es nur kommen, wenn Erweiterungsinvestitionen vorgenommen werden.

Die Kombination der Produktionsfaktoren

Für die Produktion von Gütern und Dienstleistungen müssen die Produktionsfaktoren Arbeit, Boden und Kapital sinnvoll miteinander **kombiniert** werden. Das Ergebnis des Produktionsprozesses bezeichnet man als **Produktionsertrag**.

BEISPIEL *Der Umsatz der Sommerfeld Bürosysteme GmbH betrug im vergangenen Jahr 45 Mio. €.*

Die Menge der eingesetzten Produktionsfaktoren, multipliziert mit dem Preis je Einheit, sind die **Kosten der Produktion**.

BEISPIEL *Die Personalkosten der Sommerfeld Bürosysteme GmbH betrugen im vergangenen Jahr 19 Mio. €.*

Ziel jedes Unternehmers ist es, die Produktionsfaktoren so einzusetzen, dass ein bestimmter Produktionsertrag mit den geringstmöglichen Kosten erreicht wird. Diese Faktorkombination bezeichnet man als **Minimalkostenkombination**.

Bei vielen Produktionsprozessen ist das Einsatzverhältnis der Produktionsfaktoren vorgegeben, d. h., sie können nicht gegeneinander ausgetauscht werden. Ist dies der Fall, handelt es sich um **limitationale Produktionsfaktoren** (limitational = begrenzt). Hier stellt sich das Problem der Minimalkostenkombination nicht, da das Einsatzverhältnis der Produktionsfaktoren technisch bedingt ist.

BEISPIEL *Ein Lkw der Sommerfeld Bürosysteme GmbH kann maximal 24 Stunden täglich eingesetzt werden. Ist dies der Fall, benötigt man bei einer Arbeitszeit von 8 Stunden drei Arbeitskräfte, die den Lkw fahren. Der zusätzliche Einsatz einer Arbeitskraft erhöht lediglich die Kosten der Produktion. Wird eine Arbeitskraft weniger eingesetzt, verringert sich der Produktionsertrag, da der Lkw nicht ausgelastet ist.*

Sind bei einem Produktionsprozess die Produktionsfaktoren gegeneinander austauschbar, kann z. B. der Produktionsfaktor Arbeit gegen den Produktionsfaktor Kapital ersetzt werden, handelt es sich um **substitutionale Produktionsfaktoren** (substituieren = ersetzen). Hier bestimmen die Kosten der Produktionsfaktoren die Wahl der Faktorkombination. Gewählt wird die Faktorkombination mit den niedrigsten Gesamtkosten, die Minimalkostenkombination.

BEISPIEL *Im Rahmen der Arbeitsvorbereitung sollen in der Sommerfeld Bürosysteme GmbH Hölzer zugeschnitten werden. Der Produktionsertrag lässt sich durch folgende Faktorkombinationen erzielen:*

	Arbeitseinheit (AE) Angestellte	Kapitaleinheit (KE) Maschinen
Kombination 1	1	8
Kombination 2	2	4
Kombination 3	4	2
Kombination 4	8	1

Der Preis für den Faktor Arbeit beträgt 1 250,00 € je Einheit. Der Preis für den Faktor Kapital beträgt 2 500,00 € je Einheit. Es entstehen folgende Gesamtkosten:

	AE	Arbeitskosten	KE	Kapitalkosten	Gesamtkosten
Kombination 1	1	1250,00	8	20000,00	21250,00
Kombination 2	2	2500,00	4	10000,00	12500,00
Kombination 3	**4**	**5000,00**	**2**	**5000,00**	**10000,00**
Kombination 4	8	10000,00	1	2500,00	12500,00

Die Kombination 3 hat die geringsten Gesamtkosten. Sie ist die Minimalkostenkombination.

Handelt ein Unternehmen nach dem ökonomischen Prinzip, wird es bei Kostensteigerungen des Produktionsfaktors Arbeit diesen durch den Produktionsfaktor Kapital ersetzen, d. h. substituieren. Der Mensch als Produktionsfaktor wird also durch die Maschine ersetzt, er wird **arbeitslos**.

ZUSAMMENFASSUNG

Produktionsfaktoren im Wirtschaftsprozess

- **Die volkswirtschaftlichen Produktionsfaktoren**

Arbeit

Tätigkeit, die auf die Erzielung eines Einkommens gerichtet ist, z. B. leitende und ausführende Arbeit

Boden (Natur)

die zu wirtschaftlichen Zwecken genutzte Natur, z. B. Anbau-, Abbau-, Standortboden

→ **ursprüngliche (originäre) Produktionsfaktoren**

Kapital

- dauerhafte und nicht dauerhafte Produktionsmittel
- Sachkapital als Produktionsgut

→ **abgeleiteter (derivativer) Produktionsfaktor**

- **Die Kombination der Produktionsfaktoren**
  - Bei den **limitationalen** Produktionsfaktoren ist das Einsatzverhältnis der Faktoren technisch vorgegeben.
  - Bei den **substitutionalen** Produktionsfaktoren bestimmen die Kosten die Wahl der Faktorkombination. Gewählt wird die Kombination mit den niedrigsten Gesamtkosten, die **Minimalkostenkombination**.

AUFGABEN

1 Beschreiben Sie den Vorgang der Kapitalbildung am Beispiel des auf einer einsamen Insel gestrandeten Robinson Crusoe.

2 Herr Kunze, der Abteilungsleiter der Produktentwicklung der Sommerfeld Bürosysteme GmbH, denkt über die Fertigung eines neuen Regalsystems nach. Es ist technisch möglich, das Regal mit geringem Kapitaleinsatz und hohem Arbeitseinsatz (arbeitsintensiv) oder mit hohem Kapitaleinsatz und geringem Arbeitseinsatz (kapitalintensiv) zu fertigen. Die geplante Ausbringungsmenge von 1 000 Stück pro Monat kann mit folgenden Faktorkombinationen hergestellt werden:

Arbeitseinheiten (AE)	Kapitaleinheiten (KE)
1	60
3	40
6	20
12	10

Die Arbeitskosten für eine AE betragen 2 500,00 €, die Kapitalkosten für eine KE 4 000,00 €. Der Marktpreis beträgt 250,00 € pro Regaleinheit.

Ermitteln Sie

a) die Minimalkostenkombination,
b) die Kosten pro Stück in der Minimalkostenkombination,
c) den Jahresgewinn in der Minimalkostenkombination.

3 Beschreiben Sie anhand von fünf Gütern Ihrer Wahl, wie die Produktionsfaktoren Arbeit, Boden und Kapital bei ihrer Herstellung zusammenwirken.

4 Ordnen Sie die folgenden Begriffe

a) den volkswirtschaftlichen Produktionsfaktoren Arbeit, Boden, Kapital zu;
b) den betriebswirtschaftlichen Produktionsfaktoren Arbeit, Betriebsmittel, Werkstoffe zu (vgl. S. 356).

- Hobelbank
- Produktionshalle (Gebäude)
- Grundstück
- Spanplatte
- Tätigkeit als Verkaufsleiter
- Schmieröl

5 Berechnen Sie die fehlenden Größen.

Kapitalstock Jahresanfang	Bruttoanlage-investitionen	Ersatz-investitionen	Erweiterungs-investitionen	Kapitalstock Jahresende
1 200	200		110	
1 400		60		1 480
1 700		150		1 600

6 Unterscheiden Sie anhand von Beispielen limitationale und substitutionale Produktionsfaktoren.

1.1.4 Arbeitsteilung

LS 11

Emilia Schaub und ihre Freundin Hanna, beide Auszubildende zur Industriekauffrau, unterhalten sich vor der Berufsschule über ihre Arbeit. Hanna: „Mir macht es Spaß, in einem kleinen Betrieb zu arbeiten. Wir sind im Büro nur zu viert und alle machen alles. Ich hole die Post, schreibe Rechnungen, helfe bei der Personalabrechnung, der Buchführung und bei der Kalkulation von Angeboten."
Emilia: „Für mich wäre das nichts. In der Sommerfeld Bürosysteme GmbH haben wir für jeden Bereich entsprechende Spezialisten. Zurzeit bin ich in der Personalabteilung eingesetzt, da beschäftigen wir uns ausschließlich mit Auswahl und Einsatz von Mitarbeitenden und berechnen Löhne und Gehälter."

ARBEITSAUFTRÄGE

- **Erläutern Sie anhand der unterschiedlichen Formen der Arbeitsteilung, worin sich die Tätigkeiten von Hanna und Emilia unterscheiden.**
- **Stellen Sie dar, welche Folgen der Strukturwandel der Wirtschaft für den Beruf der/des Industriekauffrau/-kaufmanns hat.**

Berufliche Arbeitsteilung

Der Ursprung der beruflichen Arbeitsteilung geht weit zurück in die Zeit, als die Menschen noch in geschlossenen Hauswirtschaften lebten und es keinen Austausch von Gütern und Leistungen gab. Mit der Zeit entwickelten einzelne Menschen ein besonderes Geschick für bestimmte Tätigkeiten. Da sie in ihrem Spezialgebiet mehr produzieren konnten als ihre Mitmenschen, widmeten sie sich nur noch dieser Tätigkeit und tauschten die Überschüsse. Die **Berufsbildung** hatte stattgefunden. Die Grundberufe wie Schmied, Landwirt oder Fischer waren entstanden.

Als Folge der Berufsbildung war man darauf angewiesen, die Güter auszutauschen. Der Schmied musste seine Werkzeuge gegen Getreide und der Bauer sein Getreide gegen Fisch eintauschen. Als Mittler zwischen den Tauschpartnern entstand der Beruf des **Kaufmanns**.

Im Laufe der Zeit spezialisierten sich die in den Berufen Tätigen auf einzelne Teilbereiche. Einige Kaufleute beschafften z. B. nur noch Waren aus dem Ausland, andere belieferten nur Großabnehmer und wieder andere spezialisierten sich auf die Arbeit im Büro. Diese Aufgliederung von Arbeitsfeldern in kleinere Arbeitsgebiete bezeichnet man als **Berufsspaltung**.

BEISPIELE *Industriekauffrau/-kaufmann, Kauffrau/Kaufmann im Groß- und Außenhandel*

PRAXISTIPP

Die Ausbildungsprofile aller Ausbildungsberufe finden Sie auf der Seite des Bundesinstituts für Berufsbildung unter www.bibb.de.

Vorteil	Nachteil
⊕ Spezielle Begabungen und Geschicklichkeiten können besser gefördert werden.	⊖ Mitarbeiter mit hoher Spezialisierung sind weniger flexibel.

Betriebliche Arbeitsteilung

Die betriebliche Arbeitsteilung findet in der Organisationsstruktur der Unternehmen ihren Niederschlag. Hier werden anhand der unterschiedlichen Aufgaben Abteilungen gebildet (**Abteilungsbildung**) und Arbeitsabläufe in Teilverrichtungen zerlegt (**Arbeitszerlegung**), die jeweils getrennt ausgeführt werden. Die Abteilungsbildung wird im **Organisationsplan** eines Unternehmens dargestellt.

Vorteile	Nachteile
⊕ Die Effektivität der Arbeit wird gesteigert. ⊕ Die Qualität der Güter steigt.	⊖ Einseitige körperliche und geistige Belastung führt zu gesundheitlichen Schäden. ⊖ Die Einsicht in den Sinn der Arbeit und die Arbeitsfreude gehen verloren.

Volkswirtschaftliche Arbeitsteilung

Mit der Entstehung der Berufe entwickelten sich die ersten Unternehmen (Werkstätten, Manufakturen, Fabriken), die sich drei großen Wirtschaftsbereichen oder Produktionsstufen (**Sektoren**) zuordnen lassen. Die Einteilung der Wirtschaft anhand der unterschiedlichen Wirtschaftsstufen bezeichnet man als volkswirtschaftliche Arbeitsteilung.

Die einzelnen Sektoren lassen sich wie folgt unterscheiden:

PRIMÄRER SEKTOR:

Dem **primären Sektor** werden die Unternehmen der Urerzeugung zugeordnet. Sie beschäftigen sich mit dem landwirtschaftlichen Anbau und dem Abbau der Bodenschätze und sorgen damit für die Voraussetzung der Produktion.

BEISPIELE *Betriebe der Landwirtschaft, der Forstwirtschaft, der Fischerei, des Bergbaus und der Öl- und Gasgewinnung*

SEKUNDÄRER SEKTOR:

Dem **sekundären Sektor** gehören die Unternehmen der Weiterverarbeitung an. Hierbei kann es sich um Handwerksbetriebe oder Industriebetriebe handeln. Der Bereich der Industrie wird in die Grundstoff-, die Investitionsgüter- und die Konsumgüterindustrie gegliedert.

BEISPIELE *Metallgießerei, Maschinenbaubetrieb, Molkerei, Büromöbelhersteller, Textilindustrie*

TERTIÄRER SEKTOR:

Dem **tertiären Sektor** lassen sich die Dienstleistungsbetriebe zuordnen.

BEISPIELE *Großhandel, Einzelhandel, Kreditinstitute, Versicherungen, Verkehrsbetriebe, Transportunternehmen, Unternehmen der Telekommunikation*

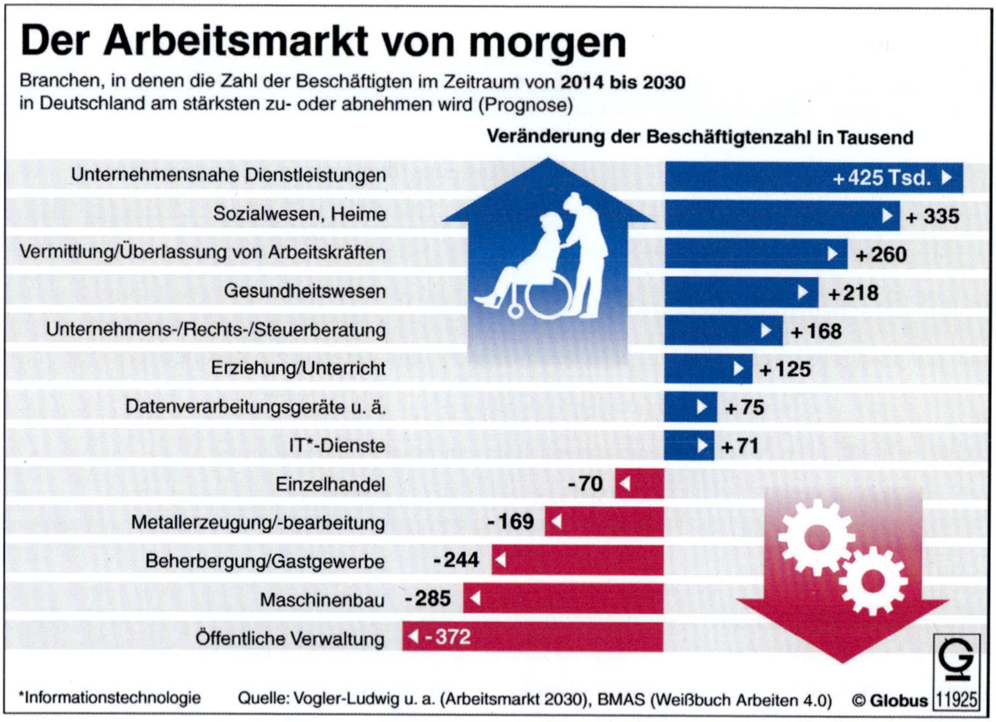

Der Anteil der Beschäftigten in den drei Wirtschaftsstufen kennzeichnet die **Erwerbsstruktur** einer Volkswirtschaft. In der Wirtschaft der Bundesrepublik Deutschland vollzieht sich ein stetiger **Strukturwandel** vom primären zum tertiären Sektor. Immer weniger Menschen arbeiten in den Bereichen Urerzeugung und Weiterverarbeitung und immer mehr Menschen sind im Bereich von Handel und Dienstleistungen beschäftigt. Es findet ein Wandel zur Dienstleistungsgesellschaft statt.

Vorteil	Nachteil
⊕ Die Arbeitsproduktivität wird gesteigert.	⊖ Durch den Strukturwandel der Wirtschaft kann es zu Krisen ganzer Branchen kommen.

Internationale Arbeitsteilung

Bei der Betrachtung der Volkswirtschaft im Modell (vgl. S. 187 ff.) kann man feststellen, dass die Volkswirtschaft der Bundesrepublik Deutschland in ein System vielfältiger internationaler Arbeitsteilung eingebettet ist. Folgende Gründe sind für die Beteiligung am **internationalen Handel** ausschlaggebend:

- Bestimmte **Rohstoffe** müssen importiert werden, da sie im Inland nicht oder nicht in ausreichender Menge vorhanden sind.

  BEISPIELE *Mineralöl, Erdgas, Erz, Uran*

- **Klimatische Unterschiede** ermöglichen den Anbau landwirtschaftlicher Produkte nur in bestimmten Regionen.

  BEISPIELE *Kaffee in Brasilien, Bananen in Mittelamerika, Baumwolle in den USA*

- Jedes Land wird sich auf die Produktion der Güter konzentrieren, deren **Herstellungskosten** vergleichsweise niedriger sind als in anderen Ländern, und die Überschüsse gegen Güter tauschen, deren Herstellung im eigenen Land vergleichsweise höhere Kosten verursacht.

  BEISPIELE *Die Bundesrepublik Deutschland importiert Textilien aus Singapur und exportiert hochwertige Maschinen.*

- Spezielle berufliche **Fachkenntnisse** in einzelnen Volkswirtschaften.

  BEISPIELE *Maschinenbau in der Bundesrepublik Deutschland, Computerindustrie in Japan und den USA*

Vorteile	Nachteile
⊕ Da sich jede Volkswirtschaft auf die Produktion der Güter konzentriert, die sie vergleichsweise am günstigsten herstellen kann, wird die bestmögliche Versorgung der Weltbevölkerung gesichert. ⊕ Die Staaten der Weltgemeinschaft wachsen wirtschaftlich und in der Folge auch politisch und kulturell zusammen.	⊖ Arbeitsplätze im Inland sind gefährdet, wenn die Produktion z. B. aus Kostengründen ins Ausland abwandert. ⊖ Die Beschäftigten der Exportindustrie sind direkt von der Höhe der Auslandsaufträge abhängig.

ZUSAMMENFASSUNG

Arbeitsteilung

- **berufliche Arbeitsteilung:** Spezialisierung auf bestimmte Berufe und Arbeitsgebiete
  - Berufsbildung
  - Berufsspaltung
- **betriebliche Arbeitsteilung:** Organisationsstruktur eines Unternehmens
  - Abteilungsbildung
  - Arbeitszerlegung
- **volkswirtschaftliche Arbeitsteilung:** Einteilung der Wirtschaft in Wirtschaftsstufen
  - primärer Sektor (Urerzeugung)
  - sekundärer Sektor (Industrie und Handwerk)
  - tertiärer Sektor (Handel und Dienstleistungsbetriebe)
- **internationale Arbeitsteilung**
  - Im- und Export von Waren und Dienstleistungen

AUFGABEN

1 Erläutern Sie die Entwicklung der Berufsbildung und der Berufsspaltung anhand eines Beispiels.

2 Beschreiben Sie die Herstellung von je zwei Konsum- und Produktionsgütern durch alle drei Sektoren der Volkswirtschaft.

3 Die Wirtschaftsstruktur der Bundesrepublik Deutschland wandelt sich.
a) Erörtern Sie, welche Folgen dies für einzelne Berufe hat.
b) Erläutern Sie die Folgen des Wandels im Bereich der Industrie für den Beruf des Industriekaufmanns/der Industriekauffrau.

4 Erläutern Sie die Abteilungsbildung und Arbeitszerlegung anhand eines Beispiels aus Ihrem Ausbildungsbetrieb und anhand des Organigramms der Sommerfeld Bürosysteme GmbH (vgl. Band 1, S. 16 f.).

5 Erstellen Sie eine Liste der Unternehmen, die mit Ihrem Ausbildungsbetrieb zusammenarbeiten, und ordnen Sie diese den Sektoren der Volkswirtschaft zu.

6 Ordnen Sie die folgenden Betriebe dem primären, sekundären oder tertiären Sektor zu.
a) Winzer
b) Malerbetrieb
c) Bekleidungshersteller
d) Landwirt
e) Spedition
f) Bauunternehmung
g) Bank

1.2 Der Wirtschaftskreislauf

LS 12

Emilia Schaub möchte sich ein Auto kaufen. Bei einem Gebrauchtwagenhändler hat sie schon mehrere interessante Modelle gesichtet. 1 000,00 € hat sie selbst, den Rest des Kaufpreises sollen ihr die Eltern geben. Der Vater ist jedoch nicht zu überzeugen. „Für ein zweites Auto ist kein Geld da. Unsere Einnahmen decken gerade die Ausgaben." Um Emilia zu überzeugen, stellt er mit ihr Einnahmen und Ausgaben in Form eines Haushaltskontos zusammen:

Ausgaben	Haushaltskonto der Familie Schaub		Einnahmen
Lebensmittel	1 000	Einkommen „Vater"	3 000
Wohnung	1 400	Einkommen „Emilia"	900
Kleidung	800	Pacht für Grundstück	200
Auto, Urlaub, Sonstiges	900		
	4 100		**4 100**

Emilia Schaub ist enttäuscht. Aber sie sieht ein, dass man nicht mehr ausgeben kann, als man einnimmt. Als sie in der Schule etwas über den Wirtschaftskreislauf erfährt, überlegt sie, ob dieser Grundsatz vielleicht auch auf die ganze Volkswirtschaft zutrifft.

ARBEITSAUFTRÄGE

- **Stellen Sie fest, bei welcher Modellbetrachtung Emilias Überlegungen zutreffen.**
- **Erläutern Sie, wo die Mängel dieses Modells liegen und um welche Annahmen es ergänzt werden muss, um der Realität nahezukommen.**

Um die Volkswirtschaft als Ganzes betrachten zu können, bedient man sich eines **Modells**, d. h. einer Abbildung der Wirklichkeit. So wie ein Globus eine vereinfachte Wiedergabe der Erde und ein Stadtplan eine vereinfachte Abbildung einer Stadt ist, versucht ein volkswirtschaftliches Modell die wesentlichen Zusammenhänge der Volkswirtschaft in vereinfachter Form wiederzugeben. Da die Volkswirtschaft aus einer Vielzahl sehr komplizierter Beziehungen besteht, ist es erforderlich, das Modell auf wenige Grundannahmen (Prämissen) zu beschränken. Die am Wirtschaftsgeschehen Beteiligten werden zu den Gruppen Haushalte, Unternehmen, Staat, Banken und Ausland zusammengefasst und als **Wirtschaftssubjekte** bezeichnet.

Die stationäre Wirtschaft

Dem Modell eines einfachen Wirtschaftskreislaufs werden folgende Annahmen **(Prämissen)** zugrunde gelegt:

- Es gibt nur zwei Gruppen von Beteiligten **(Wirtschaftssubjekte)** am Wirtschaftsgeschehen: die privaten Haushalte und die Unternehmen.
- Alle privaten Haushalte und alle Unternehmen werden zu je einem **Sektor** zusammengefasst.
- Die **Haushalte** stellen den Unternehmen die Produktionsfaktoren Arbeit, Boden und Kapital zur Verfügung (vgl. S. 175 ff.).
- Die **Unternehmen** zahlen den Haushalten für die Nutzung der Produktionsfaktoren Einkommen in Form von Lohn (für Arbeit), Miete und Pacht (für Boden) und Zinsen (für Kapital).
- Die Unternehmen stellen durch die Kombination der Produktionsfaktoren (vgl. S. 179 f.) alle in der Volkswirtschaft benötigten Konsumgüter her.
- Alle in den Unternehmen produzierten Konsumgüter werden an die Haushalte abgesetzt.
- Die Haushalte verwenden ihr gesamtes Einkommen (Einkommen = Y) für die Beschaffung der Konsumgüter (Konsumgüter = C).

Das vereinfachte **Modell einer Volkswirtschaft** lässt sich grafisch darstellen:

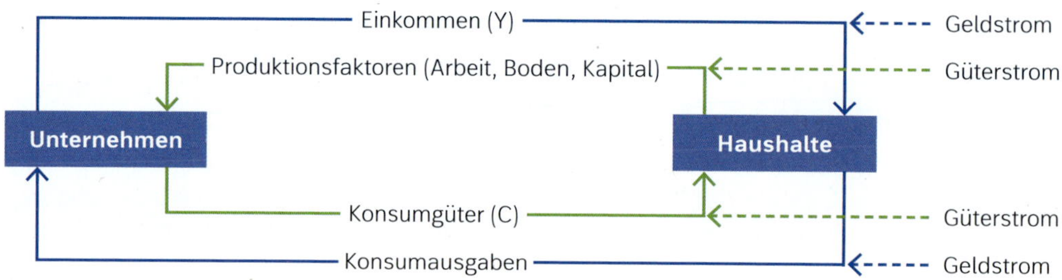

Anhand dieses Modells einer Volkswirtschaft lassen sich jetzt folgende Aussagen machen:

- Im Modell lässt sich ein **geschlossener Wirtschaftskreislauf** erkennen, der von einem Geldstrom und einem Güterstrom gebildet wird.
- Der **Geldstrom** besteht aus den Einkommen der Haushalte und ihren Ausgaben für Konsumgüter.
- Der **Güterstrom** besteht aus den von den Haushalten bereitgestellten Produktionsfaktoren und den von den Unternehmen produzierten Konsumgütern.
- Jedem Güterstrom läuft ein Geldstrom von gleichem Wert entgegen, d. h., **Güter und Geldkreislauf sind wertmäßig gleich**.

$$Y = C$$

Das Modell des geschlossenen Wirtschaftskreislaufs zeigt, dass zwischen den Sektoren der Volkswirtschaft, also zwischen Haushalten und Unternehmen, eine ständige Wiederholung von Produktion und Konsum stattfindet. Da sich Geld und Güterstrom wertmäßig entsprechen, kann nur das konsumiert werden, was auch produziert wurde. Es kann ebenfalls nur das ausgegeben werden, was auch an Einkommen erzielt wurde. Das heißt:

Summe der Faktoreinkommen = Gesamtausgaben für Konsumgüter

Da der einfache Wirtschaftskreislauf eine Volkswirtschaft beschreibt, in der es keine Veränderungen gibt, spricht man auch von einer statischen Betrachtung oder von einer **stationären Wirtschaft**.

Die evolutorische Wirtschaft bei Einbeziehung der Kreditinstitute

Das Modell des Kreislaufs einer evolutorischen (wachsenden) Wirtschaft bei Einbeziehung der Kreditinstitute wird um folgende **Prämissen** erweitert:

- Die Haushalte geben nicht ihr gesamtes Einkommen für Konsumgüter aus, sondern sparen (sparen = S) einen Teil. Den Prozentsatz des verfügbaren Einkommens in einer Volkswirtschaft, der durchschnittlich gespart wird, gibt die **Sparquote** an.

$$\textbf{Sparquote} = \frac{\text{private Ersparnisse}}{\text{verfügbares Einkommen}} \cdot 100$$

PRAXISTIPP

Informationen über die aktuelle Höhe der Sparquote finden Sie auf der Seite der Deutschen Bundesbank unter www.bundesbank.de

- Das Geld wird nicht im „Sparstrumpf" aufbewahrt, also gehortet, sondern die gesparten Beträge werden auf Konten bei **Kreditinstituten** (Banken, Sparkassen) angelegt, die zu einem eigenen Sektor zusammengefasst werden.[1]
- Die Kreditinstitute stellen den Unternehmen das Geldkapital für **Investitionen** (Investieren = I) zur Verfügung.

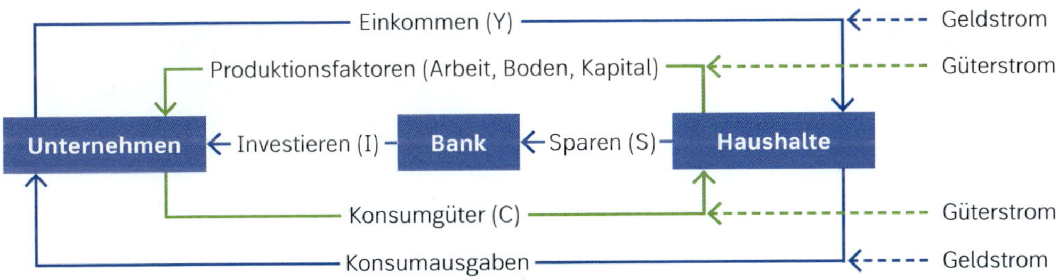

Die **Verwendung der Produktionsfaktoren:** Aus der Sicht der Unternehmen werden die Produktionsfaktoren für die Herstellung von Konsumgütern (C) und Investitionsgütern (I) verwendet.

1 Die Bezeichnung dieses Sektors lehnt sich an die Kammerprüfung an. In einer weiteren Fassung wird er auch als „Kapitalsammelstellen" bzw. in der volkswirtschaftlichen Gesamtrechnung als „Vermögensänderungskonto" dargestellt.

$$Y = C + I$$

Die **Aufteilung des Einkommens:** Für die Bereitstellung der Produktionsfaktoren erzielen die Haushalte Einkommen. Die Haushalte nutzen das Einkommen für Konsumausgaben (C) und Sparen (S).

$$Y = C + S$$

Daraus folgt: $C + I = C + S$ oder: $I = S$, d.h., es können nur die Beträge investiert (I) werden, die dem Bankensystem in Form von Sparguthaben (S) zur Verfügung gestellt werden.

$$I = S$$

Dadurch, dass in der beschriebenen Wirtschaft **investiert** wird und damit eine Vergrößerung des Kapitalstocks eintritt, kann die Wirtschaft auf Dauer wachsen. Sie stellt beispielsweise durch maschinelle oder automatisierte Produktion mehr Güter her. Deshalb wird sie als **„evolutorisch"** bezeichnet.

Die evolutorische Wirtschaft bei Einbeziehung der Kreditinstitute und des Staates

Um das Modell des Wirtschaftskreislaufs der Realität weiter anzunähern, werden die Aktivitäten des Staates einbezogen. Zum Sektor Staat gehören dabei alle öffentlichen Haushalte, das sind die Gebietskörperschaften (Bund, Länder, Kommunen), die Einrichtungen der Sozialversicherungen und alle sonstigen gemeinnützigen staatlichen Institutionen. Öffentliche Unternehmen, wie z. B. die Versorgungsbetriebe, gehören nicht zum Sektor Staat, sondern werden den Unternehmen zugerechnet.

Das Modell der evolutorischen Wirtschaft bei Einbeziehung des Staates wird um folgende **Prämissen** erweitert:

- Der Staat erbringt Dienstleistungen zur Erfüllung der **Kollektivbedürfnisse**. Diese können nicht vom einzelnen Haushalt befriedigt werden.

  BEISPIELE
  - *Bundesaufgaben: Verteidigung, Außenpolitik*
  - *Länderaufgaben: Schulwesen, Polizei*
  - *Gemeindeaufgaben: Soziale Angelegenheiten, Kultur*

- Eine weitere Aufgabe des Staates ist die **Umverteilung der Einkommen** durch Transferzahlungen und Subventionen.

- Um die vielfältigen Staatsaufgaben durchführen zu können, muss der Staat Einnahmen erzielen. **Staatseinnahmen** sind direkte und indirekte Steuern, Gebühren und Beiträge.

BEISPIELE
- *direkte Steuern: Einkommensteuer*
- *indirekte Steuern: Umsatzsteuer*
- *Gebühren: Ausstellungsgebühr für den Bundespersonalausweis*
- *Beiträge: Beiträge zur Sozialversicherung*

Reichen die Staatseinnahmen zur Finanzierung der Ausgaben nicht aus, müssen Kredite aufgenommen werden. Dies geschieht durch die Ausgabe von Schuldverschreibungen, die durch Vermittlung der Kreditinstitute an Anleger verkauft werden.

BEISPIEL *Die Deutsche Bundesbank gibt Bundesobligationen zum Zinssatz von 3 % mit einer Laufzeit von 7 Jahren heraus.*

- **Staatsausgaben** fließen an die Haushalte und Unternehmen. Staatsausgaben sind:
  - **Realausgaben**, wenn sie als Gegenleistung für den Kauf von Sachgütern und Dienstleistungen oder für Arbeitsleistungen gezahlt werden

  BEISPIEL *Die Bundesrepublik Deutschland baut die Autobahn A 31. Sie investiert dafür 5 Mrd. €.*

  - **Transferausgaben**, wenn sie an Haushalte (Transferzahlungen) oder Unternehmen (Subventionen) ohne direkte Gegenleistung gewährt werden

  BEISPIELE
  - ***Transferzahlungen:*** *Wohngeld, Kindergeld*
  - ***Subventionen:*** *Die Werftindustrie erhält staatliche Unterstützung zur Sicherung der Arbeitsplätze (direkte Subvention), für einen befristeten Zeitraum werden die Abschreibungsmöglichkeiten verbessert (indirekte Subventionen).*

- Sollten die Ausgaben des Staates kleiner als die Einnahmen sein, erwirtschaftet der Staat Überschüsse. Diese staatliche Ersparnis kann der Staat z. B. bei den Kreditinstituten anlegen.

BEISPIEL *Der Staat erwirtschaftet Überschüsse und legt diese als Festgeld bei einer Bank kurzfristig an.*

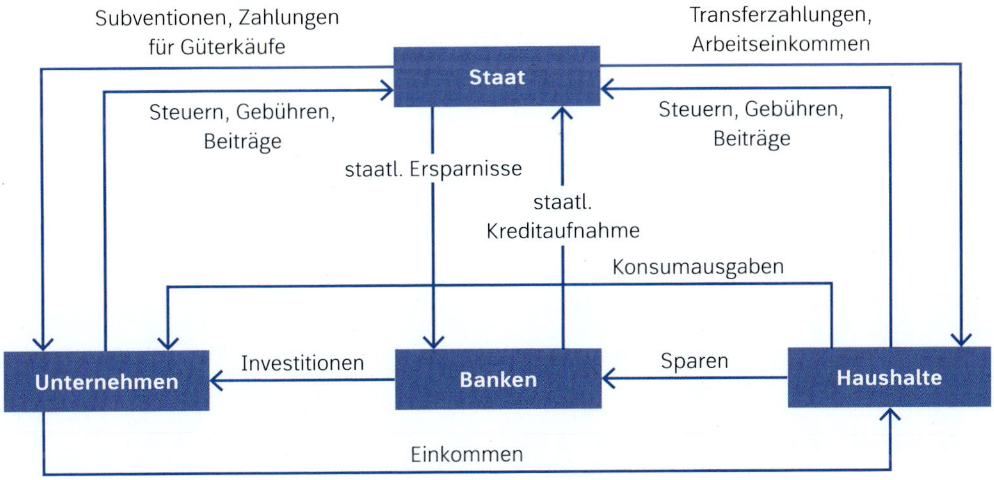

Die evolutorische Wirtschaft bei Einbeziehung der Kreditinstitute, des Staates und des Auslands

Als letzter Sektor werden in das Modell des Wirtschaftskreislaufs die **Transaktionen mit dem Ausland** eingeführt. Der Außenwirtschaftsverkehr umfasst dabei folgende Transaktionsarten:

- **Warenverkehr:** Im- und Export von Gütern durch Unternehmen

  BEISPIELE *Die Sommerfeld Bürosysteme GmbH kauft bei der Jansen BV Chemiewerke aus den Niederlanden Kunststoffteile, Silikon, Gasfedern und Öle. Sie verkauft Büromöbel an den Büroeinrichtungsfachhandel Enrico Zamani in Bern in der Schweiz.*

- **Dienstleistungsverkehr:** Inanspruchnahme von Dienstleistungen des Auslands durch inländische Unternehmen oder inländischen Dienstleistungen durch ausländische Unternehmen.

  BEISPIELE *Die Jansen BV Chemiewerke aus den Niederlanden lässt sich von einer deutschen Unternehmensberatung eine Standortanalyse für eine Filiale in Köln anfertigen.*

- Die Differenz aus Waren- und Dienstleistungsexporten und Waren- und Dienstleistungsimporten wird Außenbeitrag genannt (EX-IM). Der **Außenbeitrag** ist positiv, wenn die Exporte von Sachgütern und Dienstleistungen (EX) größer als die Importe (IM) sind. Er ist negativ, wenn die Importe größer als die Exporte sind.

  BEISPIEL *Der Außenbeitrag Deutschlands als Exportnation ist traditionell positiv. Er betrug 2024 knapp 166 Mrd. €.*

- **Kapitalverkehr:** Ist der Außenbeitrag positiv, muss sich das Ausland verschulden, um die erhöhten Importe zu finanzieren. Es kann dies z. B. durch eine Kreditaufnahme bei inländischen Kreditinstituten tun. Aus Sicht des Inlands findet ein Kapitalexport statt.

  BEISPIEL *Deutschland exportiert Waren im Wert von 12 Mrd. € nach Frankreich. Aus Frankreich importiert Deutschland Waren im Wert von 10 Mrd. €. Die Franzosen nehmen Kredite in Höhe von 2 Mrd. € auf, um die Importe durch aufgenommene Kredite und eigene Exporte bezahlen zu können.*

Ist der Außenbeitrag negativ, muss das Inland Kredite zur Finanzierung der erhöhten Importe aufnehmen. Es findet ein Kapitalimport statt.

- **Übertragungen:** Zahlungen ohne direkte Gegenleistung durch Inländer an das Ausland oder durch Ausländer an das Inland.

  BEISPIELE *Der Mitarbeiter des Rechnungswesens der Sommerfeld Bürosysteme GmbH, Herr Jussuf Önder, überweist regelmäßig 25 % seines Nettoeinkommens an seine Familie in Istanbul. Die Auszubildende Tülay Güvec erbt von einem Onkel in Izmir 5 000,00 €. Sie lässt sich das Geld auf ihr Konto bei der Deutschen Bank Essen überweisen.*

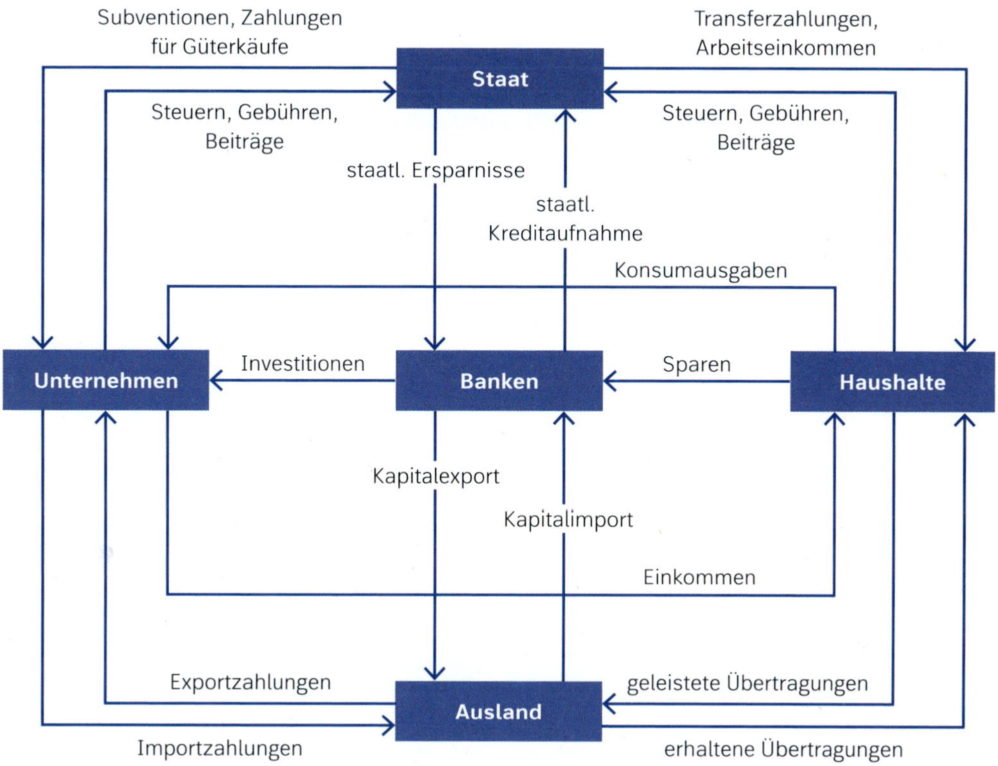

ZUSAMMENFASSUNG

Der Wirtschaftskreislauf

- Der **Wirtschaftskreislauf** ist ein **ökonomisches Modell**, das die komplexen Zusammenhänge in der Volkswirtschaft in vereinfachter Form mithilfe von **Annahmen (Prämissen)** abbildet.
- In der **stationären Wirtschaft** gibt es zwei Sektoren, die Haushalte und die Unternehmen.
  - Aufgabe der **Unternehmen** ist die Erzeugung von Sachgütern und Dienstleistungen.
  - Die **Haushalte** geben ihr gesamtes Einkommen für die Beschaffung der Güter bei den Unternehmen aus.
- In der **evolutorischen Wirtschaft** bei Einbeziehung der Kreditinstitute geben die Haushalte nicht ihr gesamtes Einkommen für Konsumgüter aus, sondern sparen einen Teil.
- Die **Sparguthaben** werden bei den Kreditinstituten angelegt, die sie den Unternehmen für **Investitionen** zur Verfügung stellen.

- Das Modell der evolutorischen Wirtschaft kann durch Einbeziehung des **Staates** und des **Auslands** der Wirklichkeit weiter angenähert werden.
  - In der **evolutorischen Wirtschaft mit staatlicher Aktivität** werden zusätzlich die Staatseinnahmen und Staatsausgaben berücksichtigt.
  - Die **evolutorische Wirtschaft mit staatlicher Aktivität und Außenhandelsbeziehungen** berücksichtigt zusätzlich den Im- und Export von Waren und Dienstleistungen, Übertragungen vom oder ans Ausland sowie den Kapitalverkehr mit dem Ausland.

AUFGABEN

1 Erläutern Sie, warum man bei der Erklärung der Volkswirtschaft von stark vereinfachten Modellen ausgeht.

2 Erläutern Sie die Prämissen, die dem einfachen Wirtschaftskreislauf zugrunde gelegt werden.

3 In einer Volkswirtschaft gelten folgende Geldströme:

- Die privaten Haushalte beziehen Bruttoeinkommen von den Unternehmen in Höhe von 84 000,00 €.
- Die Gehaltszahlungen des Staates an die Haushalte betragen 9 000,00 €.
- Die Haushalte beziehen Transferzahlungen in Höhe von 13 000,00 €.
- Die Steuer- und Sozialversicherungszahlungen der Haushalte an den Staat belaufen sich auf 18 000,00 €.
- Die Konsumausgaben der Haushalte werden mit 65 000,00 € beziffert.
- Das restliche Einkommen der privaten Haushalte wird gespart und von den Unternehmen für Investitionen in gleicher Höhe verwendet.
- Die Unternehmen tätigen Verkäufe von Sachgütern und Dienstleistungen an den Staat in Höhe von 16 000,00 €.
- Die Unternehmen erhalten vom Staat Subventionen. Sie betragen 6 000,00 €.
- Gleichzeitig führen die Unternehmen Steuern und Sozialversicherungsbeiträge in Höhe von 26 000,00 € an den Staat ab.
- Die Unternehmen exportieren Waren im Wert von 17 000,00 €.
- Die Handelsbilanz ist ausgeglichen (Außenbeitrag = 0).
- Es erfolgt keine Kreditaufnahme oder Kapitalanlage des Staates, das Staatsbudget ist also ebenfalls ausgeglichen.

Stellen Sie Geldströme in einem Kreislaufmodell dar. Beachten Sie, dass die Geldzu- und -abflüsse eines Sektors ausgeglichen sein müssen.

4 Erläutern Sie den Zusammenhang von Sparen und Investieren in einer geschlossenen Volkswirtschaft ohne staatliche Aktivität.

5 In einer geschlossenen Volkswirtschaft mit den Sektoren Haushalte, Unternehmen, Banken und Staat fließen ausschließlich die nachfolgenden Geldströme in Mio. EUR:

Faktoreinkommen	9 000,00 €
privater Konsum	7 000,00 €
staatlicher Konsum	2 600,00 €
Steuern, Gebühren, Beiträge der Unternehmen	1 600,00 €
Steuern, Gebühren, Beiträge der Haushalte	1 400,00 €
Transferzahlungen	800,00 €
Subventionen	600,00 €

Ermitteln Sie
a) das Gesamteinkommen der Haushalte,
b) das verfügbare Einkommen der Haushalte,
c) die Ersparnisse der Haushalte,
d) Budgetüberschuss oder -defizit des Staates.

1.3 Entstehung, Verwendung und Verteilung des Bruttoinlandsproduktes

LS 13

Nachdem Emilia Schaub in der Berufsschule den „Kreislauf der evolutorischen Wirtschaft" kennengelernt hat, ist sie beeindruckt. Wenn man jetzt noch rechnerisch ermitteln könnte, wie die Wirtschaftsleistung der Volkswirtschaft insgesamt ist, dann könnte der Staat doch eine vernünftige Wirtschaftspolitik betreiben. Als sie Herrn Effer, dem Leiter des Rechnungswesens, von ihrer Idee berichtet, lacht dieser. Das kann der Staat längst. So wie wir unser Unternehmen mit Zahlen aus dem Rechnungswesen steuern, so gibt es auch ein Rechnungswesen der Volkswirtschaft, die volkswirtschaftliche Gesamtrechnung. Mit ihr kann man die Leistung unserer Volkswirtschaft ermitteln.

ARBEITSAUFTRÄGE

- **Stellen Sie fest, wo Gemeinsamkeiten zwischen dem volkswirtschaftlichen und dem betrieblichen Rechnungswesen bestehen.**
- **Erläutern Sie den Zusammenhang von Bruttonationaleinkommen und Volkseinkommen.**

Die Aufgabe der Buchführung für die gesamte Volkswirtschaft erfüllt die **volkswirtschaftliche Gesamtrechnung**. Sie ist die Grundlage für die Berechnung des Bruttoinlandsproduktes und des Bruttonationaleinkommens der Bundesrepublik Deutschland.

BRUTTOINLANDSPRODUKT (BIP):

Gesamtwert aller innerhalb eines Zeitraumes im Inland von in- und ausländischen Personen hergestellten Güter (Waren und Dienstleistungen)
→ Inlandskonzept
→ güterwirtschaftliche Betrachtung

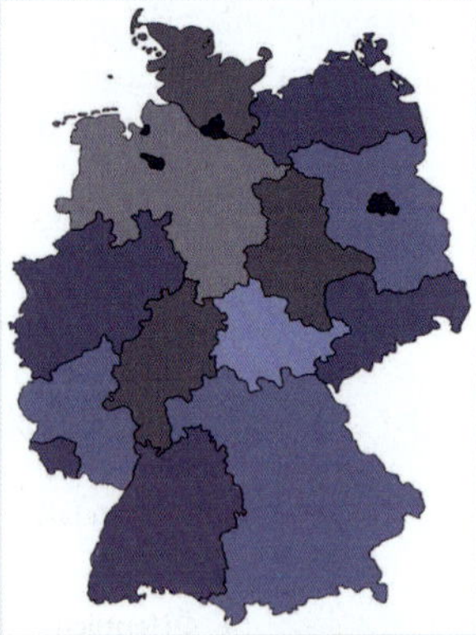

BRUTTONATIONALEINKOMMEN (BNE):

Summe aller innerhalb eines Zeitraums von inländischen Personen im In- und Ausland erzielten Einkommen (zuzüglich der Abschreibungen)
→ Inländerkonzept
→ Einkommensbetrachtung

Im Rahmen der volkswirtschaftlichen Gesamtrechnung werden Inlandsprodukt und Nationaleinkommen unter drei Gesichtspunkten analysiert:

- In der **Entstehungsrechnung** wird der Beitrag festgelegter Wirtschaftsbereiche zum Bruttoinlandsprodukt ermittelt. Sie betrachtet die Angebotsseite unserer Volkswirtschaft und ermittelt, in welchen Bereichen das Angebot an Gütern entstanden ist.
- In der **Verwendungsrechnung** wird analysiert, von welchen Wirtschaftssubjekten das Bruttoinlandsprodukt beansprucht wurde bzw. für welche Zwecke es eingesetzt wurde. Sie betrachtet damit die Nachfrageseite unserer Volkswirtschaft.
- In der **Verteilungsrechnung** wird ermittelt, wie die Einkommen für die Bereitstellung der Produktionsfaktoren aufgeteilt werden. Insbesondere wird das Volkseinkommen ermittelt, das sich aus Arbeitnehmerentgelt und den Einkommen aus Unternehmertätigkeit und Vermögen zusammensetzt.

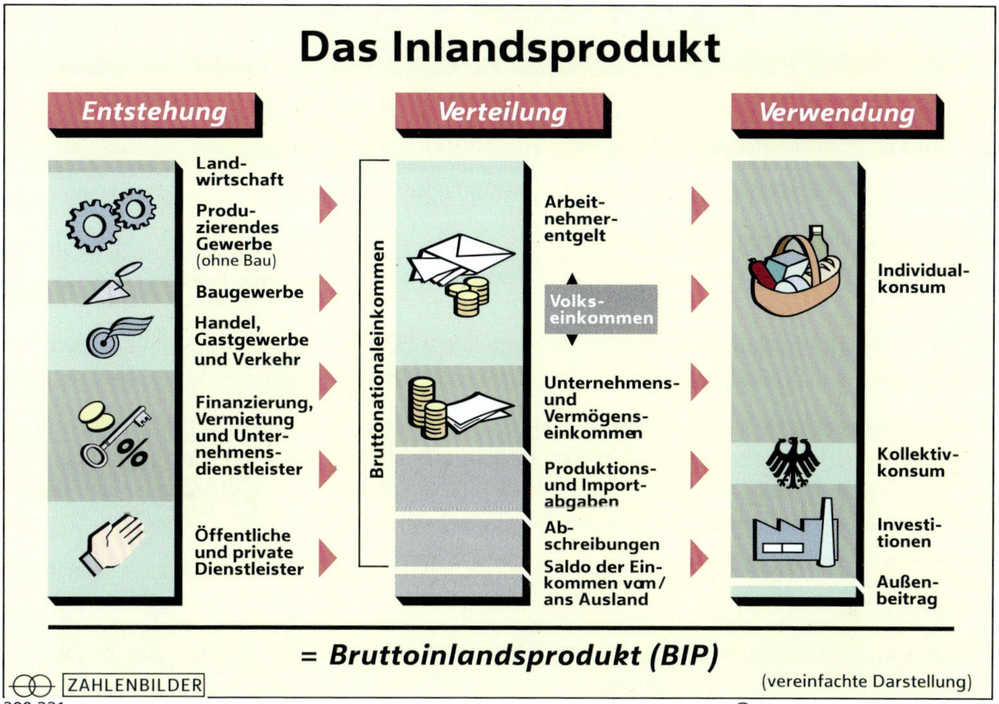

200 221

Die Entstehungsrechnung

Um festzustellen, wie groß das Inlandsprodukt ist, werden die Produktionsleistungen am Ort ihrer Entstehung erfasst. Dabei bewertet man die erwirtschafteten Waren und Dienstleistungen mit ihrem Herstellungspreis. Von diesem Wert sind die Vorleistungen abzuziehen, die von anderen Wirtschaftsbereichen erwirtschaftet wurden. Man erhält so die **Bruttowertschöpfung** des einzelnen Unternehmens.

BEISPIEL *Die Sommerfeld Bürosysteme GmbH bietet in der Produktgruppe 4 aus dem Programm Avera einen Pausenraumtisch zum Preis von 250,00 € an. Dieser wird durch den Bürofachhandel Karl Schneider GmbH zum Preis von 380,00 € an Abnehmer weiterverkauft. Bei der Ermittlung des Bruttoinlandsproduktes wird dieser Pausenraumtisch wie folgt berücksichtigt:*

1. *Ein Forstbetrieb verkauft Kiefernholz zum Preis von 100,00 € an die Andreas Schneider Holzwerke KG.*
2. *Die Andreas Schneider Holzwerke KG verarbeitet das Holz zu Brettern und verkauft diese an die Sommerfeld Bürosysteme GmbH zum Preis von 160,00 €.*
3. *Die Sommerfeld Bürosysteme GmbH verarbeitet die Bretter zu einem Pausenraumtisch und verkauft diesen zum Preis von 250,00 € an den Bürofachhandel Karl Schneider GmbH.*
4. *Der Bürofachhandel Karl Schneider GmbH verkauft den Pausenraumtisch zum Preis von 380,00 € an einen Abnehmer.*

Betrieb	Vorleistung	Bruttowertschöpfung	Produktionswert
1. Forstbetrieb	–	**100,00**	100,00
2. Andreas Schneider Holzwerke AG	100,00	**60,00**	160,00
3. Sommerfeld Bürosysteme GmbH	160,00	**90,00**	250,00
4. Bürofachhandel Karl Schneider GmbH	250,00	**130,00**	380,00
	510,00	**380,00**	890,00

Die Bruttowertschöpfung eines Unternehmens ist die Differenz zwischen dem Verkaufserlös **(Produktionswert)** und dem Wert der von anderen Unternehmen bezogenen Vorleistungen.[1]

Da die Produktionswerte mit Herstellungspreisen bewertet sind, müssen die **Gütersteuern** hinzuaddiert werden, um zu Marktpreisen zu gelangen. Gütersteuern werden pro hergestellter oder verkaufter Einheit erhoben und stellen für die Unternehmen Kosten dar, die neben den Herstellungspreisen kalkuliert werden müssen.

BEISPIEL *Importabgaben, Verbrauchssteuern wie die Tabaksteuer oder Mineralölsteuer, nicht abzugsfähige Umsatzsteuer*

Gleichzeitig werden Unternehmen für die Herstellung von bestimmten Gütern vom Staat subventioniert. Diese **Gütersubventionen** sind abzuziehen.

Die so bewerteten Produktionsleistungen der Unternehmen, des Staates und der Haushalte stellen das **Bruttoinlandsprodukt zu Marktpreisen** einer Volkswirtschaft dar.

Produktionswert
– Vorleistungen

= Bruttowertschöpfung
\+ Gütersteuern
– Gütersubventionen

= Bruttoinlandsprodukt zu Marktpreisen

Um den Beitrag der einzelnen Wirtschaftseinheiten zur **Entstehung** des Bruttoinlandsproduktes messen zu können, wird die Volkswirtschaft in verschiedene Wirtschaftsbereiche eingeteilt.

Die Entstehung des Bruttoinlandsproduktes wird in Europa nach dem **Europäischen System volkswirtschaftlicher Gesamtrechnungen (ESGV)** einheitlich ermittelt:

Land- und Forstwirtschaft, Fischerei
\+ produzierendes Gewerbe (ohne Baugewerbe)
\+ Baugewerbe
\+ Handel, Gastgewerbe und Verkehr
\+ Information und Kommunikation
\+ Finanzierung und Versicherung

---

1 Zieht man von der Bruttowertschöpfung die Abschreibungen ab, erhält man die Nettowertschöpfung.

\+ Grundstücks- und Wohnungswesen
\+ Unternehmensdienstleister
\+ Öffentliche Dienstleistungen, Erziehung, Gesundheit
\+ Sonstige Dienstleister

= **Bruttoinlandsprodukt zu Marktpreisen**

Da die Güter mit ihren Marktpreisen bewertet werden, wirken sich Preissteigerungen in Form von Erhöhungen des **nominalen Bruttoinlandsproduktes** aus.

BEISPIEL *Der Pausenraumtisch aus dem Programm Avera geht mit dem Endverkaufspreis von 380,00 € in die Ermittlung des BIP ein. Erhöhen sich die Preise im Folgejahr um 10 % auf 418,00 €, erhöht sich das BIP nominal um 38,00 €, ohne dass dafür ein entsprechender Gegenwert erbracht wurde.*

Um den tatsächlichen Zuwachs des BIP erfassen zu können, bezieht man die Preise auf ein Basisjahr und erhält so das **reale Bruttoinlandsprodukt** (vgl. Seite 308). Veränderungen im Zeitablauf sind so nur auf Veränderungen der tatsächlichen Menge zurückzuführen.

BEISPIEL *Wird das Vorjahr als Basisjahr festgelegt, beträgt der Beitrag des Pausenraumtisches aus dem Programm Avera zum Bruttoinlandsprodukt unverändert 380,00 €.*

Vom Bruttoinlandsprodukt zu Marktpreisen kann man zum **Nettoinlandsprodukt zu Faktorkosten** überleiten. Um diese Überleitung zu verstehen, ist es hilfreich, sich mit dem **gesamtwirtschaftlichen Produktionskonto** auseinanderzusetzen. Fasst man die Beiträge sämtlicher Wirtschaftsbereiche zusammen, lässt sich das Bruttoinlandsprodukt in einem gesamtwirtschaftlichen Produktionskonto darstellen. Das gesamtwirtschaftliche Produktionskonto ähnelt dem GuV-Konto eines Unternehmens. Auf der linken Seite des Kontos werden die gesamtwirtschaftlichen Produktionskosten sowie die erzielten Gewinne ausgewiesen. Die rechte Seite des Kontos gibt Auskunft über das gesamtwirtschaftliche Produktionsergebnis.

BEISPIEL

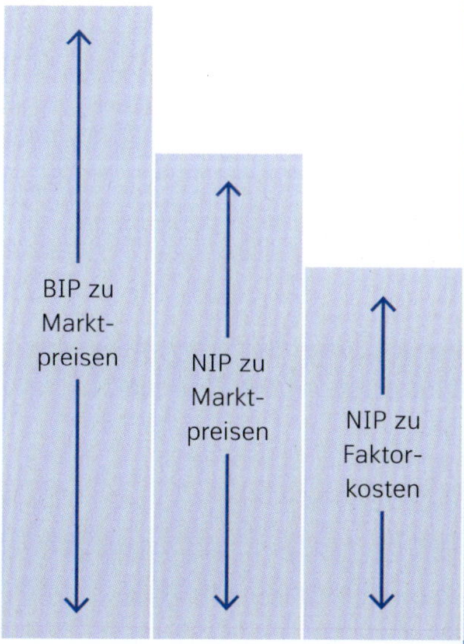

Gesamtwirtschaftliches Produktionskonto

Abschreibungen		220	Umsatzerlöse aus Verkäufen an private Haushalte	1 000
Produktions- und Importabgaben – Subventionen		80	staatlicher Konsum	300
Nettowertschöpfung	Löhne	800	Bruttoinvestitionen: – Staatl. Anlageinv. – Priv. Anlageinv.	 100 100
	Zinsen Mieten Pachten	200	Außenbeitrag (Exporte – Importe)	100
	Gewinn	300		
BIP		**1 600**	**BIP**	**1 600**

Es soll nun die Kostenseite des gesamtwirtschaftlichen Produktionskontos näher betrachtet werden. Im Rahmen des Produktionsprozesses werden Produktionsmittel eingesetzt, die sich im Zeitablauf abnutzen und erneuert werden müssen. Die buchmäßige Erfassung der Wertminderung des Anlagevermögens wird als **Abschreibung** bezeichnet. Im Rahmen der Kalkulation werden die Abschreibungen entsprechend berücksichtigt und fließen durch die Verkaufserlöse in das Unternehmen zurück. Sie dienen der Finanzierung der Ersatzinvestitionen. Das um die Abschreibungen geminderte Bruttoinlandsprodukt zu Marktpreisen stellt das **Nettoinlandsprodukt zu Marktpreisen** einer Volkswirtschaft dar.

Bruttoinlandsprodukt zu Marktpreisen
– Abschreibungen
= Nettoinlandsprodukt zu Marktpreisen

Der Staat erhebt Produktions- und Importabgaben und zahlt Subventionen. Zu den Produktions- und Importabgaben zählen sämtliche Gütersteuern sowie die Kostensteuern (z. B. Kfz-Steuer oder Gewerbesteuer). Diese Einflüsse erhöhen die Kosten **(Produktions- und Importabgaben)** oder dämpfen die Kosten **(Subventionen)**. Wird der Wert des Nettoinlandsproduktes zu Marktpreisen um die Produktions- und Importabgaben verringert und die Subventionen vermehrt, erhält man das **Nettoinlandsprodukt zu Faktorkosten**, also die Nettowertschöpfung der Produktionsfaktoren Arbeit, Boden und Kapital.

Nettoinlandsprodukt zu Marktpreisen
– Produktions- und Importabgaben
+ Subventionen
= Nettoinlandsprodukt zu Faktorkosten

PRAXISTIPP

Die aktuellen Zahlen zum Inlandsprodukt finden Sie auf der Seite des Statistischen Bundesamtes unter www.destatis.de.

Die Verwendungsrechnung

Die Verwendungsrechnung gibt Auskunft darüber, wofür das Bruttoinlandsprodukt verwendet wurde. Sie berechnet das Bruttoinlandsprodukt von der Nachfrageseite und unterscheidet die folgenden Verwendungsbereiche:

	Beispiele:
Private Konsumausgaben	Käufe von Waren und Dienstleistungen durch private Hausalte
+ Konsumausgaben des Staates	Zahlung von Einkommen an den öffentlichen Dienst
+ Ausrüstungen	Maschinen, Fahrzeuge, Produktionsmittel
+ Bauten	Hochbau, Tiefbau
+ Sonstige Anlagen	IT-Anlage (Computer)
+ Vorratsveränderungen	Saldo zwischen Anfangs- und Endbestand der Vorräte
+ Außenbeitrag	Differenz zwischen Ex- und Importen
= **Bruttoinlandsprodukt**	

Die Verteilungsrechnung

Die Verteilungsrechnung gibt Auskunft darüber, welche **Einkommen von Inländern** innerhalb eines Jahres im In- und Ausland erzielt wurden. Sie betrachtet die Wirtschaftsleistung von der Einkommensseite.

In Deutschland werden keine eigenständigen Daten für die Verteilungsrechnung erhoben. Aus den für die Entstehungs- und Verwendungsrechnung erhobenen Daten wird die Verteilungsrechnung erstellt.

Da das Bruttoinlandsprodukt die Gütererstellung im Inland misst, das **Bruttonationaleinkommen** aber Auskunft über die Einkommen der inländischen Personen geben soll, müssen die Primäreinkommen der inländischen Personen aus dem Ausland zum Bruttoinlandsprodukt addiert und die Primäreinkommen der ausländischen Personen aus dem Inland subtrahiert werden.

BEISPIEL *Bei der Jansen BV, Chemiewerke kommen 5 % der Arbeitnehmenden aus Deutschland und pendeln täglich zur Arbeit nach Venlo. Die Sommerfeld Bürosysteme GmbH nutzt Patente ausländischer Lizenzgeber.*

Damit gilt:

Bruttoinlandsprodukt zu Marktpreisen
\+ Primäreinkommen der inländischen Personen aus dem Ausland
− Primäreinkommen der ausländischen Personen im Inland

= Bruttonationaleinkommen zu Marktpreisen

Vom Bruttonationaleinkommen kann man nun zum Nettonationaleinkommen zu Faktorkosten (**= Volkseinkommen**) überleiten, das sich in ein Arbeitnehmerentgelt und ein Einkommen aus Unternehmertätigkeit und Vermögen aufteilen lässt.

Bruttonationaleinkommen zu Marktpreisen
− Abschreibungen

= Nettonationaleinkommen zu Marktpreisen
− Produktions- und Importabgaben
\+ Subventionen

= Nettonationaleinkommen zur Faktorkosten (Volkseinkommen)
davon Arbeitnehmerentgelt
davon Einkommen aus Unternehmertätigkeit und Vermögen

- **Arbeitnehmerentgelt** (Einkommen aus unselbstständiger Arbeit): Das Arbeitnehmerentgelt umfasst das Bruttoarbeitsentgelt zuzüglich den Lohnnebenkosten (Arbeitgeberanteile zur Sozialversicherung und weitere Sozialaufwendungen der Arbeitgeber). Der Anteil des Arbeitnehmerentgeltes am Volkseinkommen wird durch die **Lohnquote** ausgedrückt. Die Veränderung der Lohnquote im Zeitablauf ist eine wichtige Schlüsselgröße im Rahmen von Tarifverhandlungen (vgl. S. 394 ff.).

$$\textbf{Lohnquote} = \frac{\text{Arbeitnehmerentgelt}}{\text{Volkseinkommen}} \cdot 100$$

- **Einkommen aus Unternehmertätigkeit und Vermögen:** Hier werden Erträge aus Zinsen, Mieten, Pachten und die ausgeschütteten Gewinne der Unternehmen erfasst. Der Anteil der Einkommen aus Unternehmertätigkeit und Vermögen am Volkseinkommen wird durch die **Gewinnquote** ausgedrückt.

$$\textbf{Gewinnquote} = \frac{\text{Einkommen aus Unternehmertätigkeit und Vermögen}}{\text{Volkseinkommen}} \cdot 100$$

Zu beachten ist, dass auch Arbeitnehmende Einkommen aus Zinsen, Vermietung und Verpachtung erzielen. Diese Einkommen fließen aber in die Berechnung der Gewinnquote ein.

Das Arbeitnehmerentgelt sowie die Einkommen der Haushalte aus Unternehmertätigkeit und Vermögen stellen das gesamte Primäreinkommen der Haushalte dar. Berücksichtigt man, dass die Haushalte Übertragungen an den Staat leisten (z. B. Einkommenssteuer, Sozialversicherungsbeiträge) bzw. Übertragungen vom Staat empfangen (z. B. Wohngeld, Kindergeld), lässt sich das **verfügbare Einkommen der Haushalte** wie folgt ermitteln:

Primäreinkommen der Haushalte
\+ empfangene Übertragungen
− geleistete Übertragungen

= verfügbares Einkommen der Haushalte (für Konsum und Sparen)

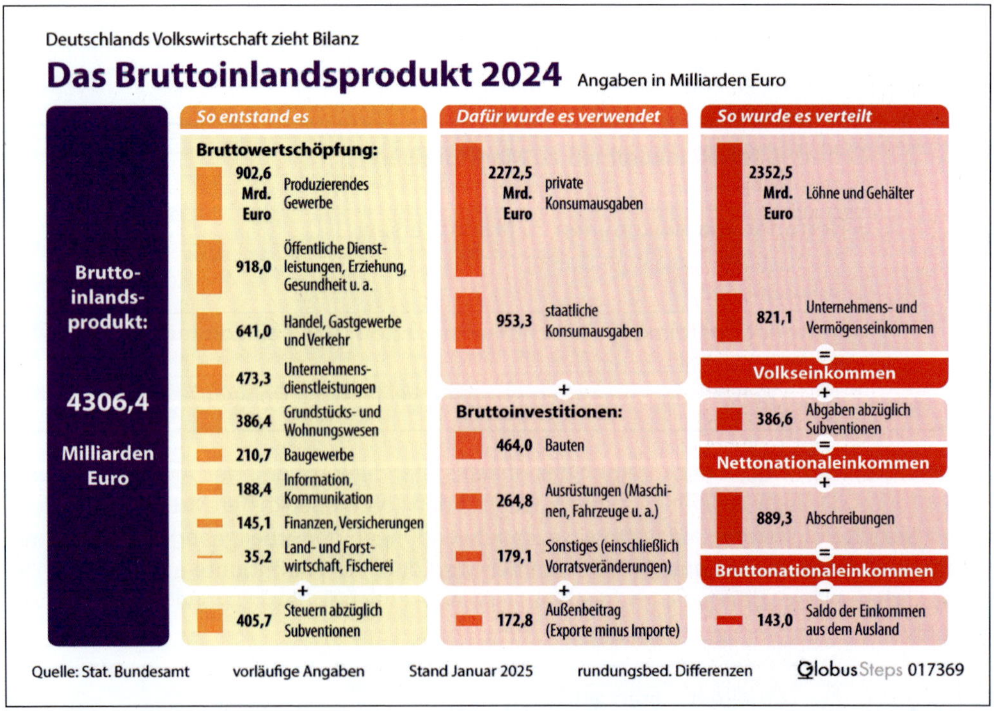

Kritik am Bruttoinlandsprodukt als Wohlstandsindikator

Das Bruttoinlandsprodukt ist ein wichtiger Indikator für die Leistungsfähigkeit einer Volkswirtschaft. Aussagen über den Wohlstand einer Volkswirtschaft sind jedoch nur bedingt möglich. Die **Kritik am Bruttoinlandsprodukt als Wohlstandsindikator** wird wie folgt begründet:

- **Das Bruttoinlandsprodukt wird zu gering ausgewiesen**, da Vorgänge vernachlässigt werden, die nicht über den Markt abgewickelt werden.

  BEISPIEL *Der Wert der monatlichen Hausarbeit für eine Familie mit zwei Kindern kann mit 1 698,00 € monatlich veranschlagt werden. Da diese Leistung nicht über den Markt abgewickelt wird, erfasst man sie nicht im Bruttoinlandsprodukt.*

- **Das Bruttoinlandsprodukt wird zu hoch ausgewiesen**, da Vorgänge erfasst werden, die keine Wohlstandsmehrung bedeuten.

  BEISPIELE *Ein Auslieferungsfahrer der Sommerfeld Bürosysteme GmbH verursacht schuldhaft einen Verkehrsunfall. Die Reparaturkosten für den Lkw und die Krankenhauskosten in Höhe von insgesamt 6 650,00 € mehren das Bruttoinlandsprodukt. Um Umweltschäden zu beseitigen, werden jährlich Milliardenbeträge ausgegeben.*

ZUSAMMENFASSUNG

Entstehung, Verwendung und Verteilung des Bruttoinlandsproduktes

- Das **Inlandsprodukt** ist der Gesamtwert aller in einer Volkswirtschaft von In- und Ausländern in einem Jahr erwirtschafteten Waren und Dienstleistungen.

Entstehungsrechnung In welchen Bereichen entsteht das BIP?	**Verwendungsrechnung** Für welche Zwecke wird das BIP verwendet?
Land- und Forstwirtschaft, Fischerei + produzierendes Gewerbe (ohne Baugewerbe) + Baugewerbe + Handel, Gastgewerbe und Verkehr + Information und Kommunikation + Finanzierung und Versicherung + Grundstücks- und Wohnungswesen + Unternehmensdienstleister + Öffentliche Dienstleistungen, Erziehung, Gesundheit + Sonstige Dienstleister = Bruttowertschöpfung + Gütersteuern – Gütersubventionen	Private Konsumausgaben + Konsumausgaben des Staates + Ausrüstungen + Bauten + Sonstige Anlagen + Vorratsveränderungen + Außenbeitrag

= Bruttoinlandsprodukt (BIP)

\+ Primäreinkommen der inländischen Personen aus dem Ausland
− Primäreinkommen der ausländischen Personen im Inland
= Bruttonationaleinkommen zu Marktpreisen
− Abschreibungen
= Nettonationaleinkommen zu Marktpreisen
− Produktions- und Importabgaben
\+ Subventionen
= Nettonationaleinkommen zur Faktorkosten (Volkseinkommen)
davon Arbeitnehmerentgelt
davon Einkommen aus Unternehmertätigkeit und Vermögen

Verteilungsrechnung
Wie wird das BIP verteilt?

- **Lohnquote** $= \frac{\text{Arbeitnehmerentgelt} \cdot 100}{\text{Volkseinkommen}}$
- **Gewinnquote** $= \frac{\text{Einkommen aus Unternehmertätigkeit und Vermögen} \cdot 100}{\text{Volkseinkommen}}$

AUFGABEN

1 Erläutern Sie anhand von vier Beispielen die Kritik am Bruttoinlandsprodukt als Wohlstandsindikator.

2 Berechnen Sie aus den unten stehenden Salden jeweils in Milliarden EUR

Aufwand	Gesamtwirtschaftliches Produktionskonto		Ertrag
Löhne, Gehälter	550	Verkäufe an	
Zinsen, Pachten, Gewinne	200	Haushalte	650
Produktions- und Importabgaben		Bruttoinvestitionen	240
abzügl. Subventionen	100	Außenbeitrag Export/Import	10
Abschreibungen	50		
	900		900

a) das Bruttoinlandsprodukt zu Marktpreisen,
b) das Nettoinlandsprodukt zu Marktpreisen,
c) das Nettoinlandsprodukt zu Faktorkosten.

3 Erläutern Sie

a) Bruttoinlandsprodukt zu Marktpreisen,
b) Nettoinlandsprodukt zu Marktpreisen,
c) Nettonationaleinkommen zu Marktpreisen,
d) Nettonationaleinkommen zu Faktorkosten,
e) reales Bruttoinlandsprodukt,
f) nominales Bruttoinlandsprodukt.

4 Die Statistik einer Volkswirtschaft weist die folgenden Beträge in Milliarden Euro aus:

Bruttoproduktionswert	1 900
Vorleistungen	850
Gütersteuern – Gütersubventionen	100
Private Konsumausgaben	400
Konsumausgaben des Staates	?
Bruttoinvestitionen	300
Exporte	150
Importe	50
Saldo der Primäreinkommen	+20
Abschreibungen	170
Produktions- und Importabgaben	180
Subventionen vom Staat	70
Arbeitnehmerentgelt	462,30
Einkommen aus Unternehmertätigkeit und Vermögen	?

a) Analysieren Sie die Daten, indem Sie die Entstehungs-, Verwendungs- und Verteilungsrechnung aufstellen. Berechnen Sie fehlende Größen.
b) Ermitteln Sie die Lohn- und Gewinnquote.

2 Den ordnungspolitischen Rahmen der Unternehmen erkunden

2.1 Modelle der Wirtschaftsordnung und soziale Marktwirtschaft als Grundlage der Ordnungspolitik

LS 14

Im Rahmen einer geplanten Umwandlung der Sommerfeld Bürosysteme GmbH in eine Aktiengesellschaft sollen die Beschäftigten über Belegschaftsaktien am Unternehmen beteiligt werden. Die Geschäftsführung diskutiert die Vor- und Nachteile der geplanten Beteiligung. „Wir haben seit langem eine deutlich gestiegene Dauer der Betriebszugehörigkeit, der Krankenstand ist im Betriebsvergleich mit anderen Unternehmen um rund 10 % geringer und das Betriebsklima ist hervorragend. Diese Entwicklung wirkt sich verstärkt fortsetzen“, stellt Herr Feld fest. „Die ausgeschütteten Gewinnanteile werden unsere Kapitalbasis schwächen und bei strategischen Entscheidungen wird es oft zu endlosen Diskussionen um das Für und Wider kommen“, entgegnet

Frau Farthmann. „Das ist die alte Diskussion um Gemeinwohl und Eigenwohl“, sagt Herr Sommer, „ich dachte, die hätten wir seit langem hinter uns!“

ARBEITSAUFTRÄGE

- Das Argument von Herrn Feld betont das Gemeinwohl, das die individuellen Ziele den betrieblichen unterordnet. Frau Farthmann betont die Individualziele. Diskutieren Sie beide Ansätze.
- Auf der Ebene der Wirtschaftsordnung können Gemeinwohl der Zentralverwaltungswirtschaft und Eigenwohl der Marktwirtschaft zugeordnet werden. Stellen Sie die Modelle der Zentralverwaltungswirtschaft und der freien Marktwirtschaft gegenüber.
- Erarbeiten Sie die Merkmale der sozialen Marktwirtschaft im Gegensatz zur freien Marktwirtschaft.
- Erläutern Sie, was man unter einem „sozialen Netz“ versteht.

Da die Menge aller Güter zur Befriedigung der Bedürfnisse der Menschen in einer Volkswirtschaft begrenzt ist, ergibt sich die Notwendigkeit des Wirtschaftens. Weil die Menschen jedoch nicht isoliert wirtschaften, sondern immer mit anderen Wirtschaftssubjekten in Beziehung stehen, ergeben sich bestimmte Regelungen, die als **Wirtschaftsordnung** bezeichnet werden. **Staatliche Ordnungspolitik** ist der Teil der Wirtschaftspolitik, der sich auf die Gestaltung und Erhaltung der Wirtschaftsordnung bezieht. Eine Wirtschaftsordnung ist immer eingebettet in eine **Gesellschaftsordnung**, die historisch gewachsen ist und Kultur, Politik und soziale Aspekte der Gesellschaft beinhaltet. Somit ist jede Wirtschaftsordnung nur vor dem Hintergrund der jeweiligen Gesellschaftsordnung zu verstehen. Da die Gesellschaft im Zeitablauf sozialen, kulturellen und politischen Veränderungen ausgesetzt ist, unterliegt auch die jeweilige Wirtschaftsordnung Veränderungen.

Individualismus und Kollektivismus

Menschliches Handeln in der Gesellschaft kann von zwei grundsätzlichen Werthaltungen oder Prinzipien gesteuert sein.

Individualismus

Hier wird die Freiheit des Einzelnen betont, das Handeln wird bestimmt durch das **Individualprinzip**. Der Mensch wird als selbstständiges, freies und unabhängiges Wesen betrachtet, das seine Interessen verfolgt und sich entsprechend seiner eigenen Werte entfaltet. Kraft der Vernunft des Menschen wird unterstellt, dass er selbstständig erkennt, in welcher Form er einen Beitrag zum Gemeinwohl erbringen und dabei gleichzeitig seine eigenen Interessen verfolgen kann.

BEISPIEL *Gerhard Schmitz, ein ehemaliger Angestellter der Sommerfeld Bürosysteme GmbH, hat sich selbstständig gemacht, um seine eigenen Interessen wie höheres Einkommen, Selbstbestimmung bei der Arbeit, höheres Prestige usw. zu verfolgen. Er eröffnet ein Geschäft für gebrauchte Büromöbel. Er möchte seine Ware möglichst günstig einkaufen und mit einem möglichst hohen Preis verkaufen. Seine Kunden hingegen verfolgen das Ziel, eine bestimmte Ware zu einem möglichst niedrigen Preis zu kaufen. Verkäufer und Käufer verfolgen somit unterschiedliche Einzelinteressen. Der Ausgleich dieser Interessen erfolgt über den Markt, wo das Angebot von Gerhard Schmitz auf die Nachfrage seiner Kunden trifft. Es ergibt sich im*

Idealfall ein Marktpreis, der sowohl dem Gewinnstreben von Gerhard Schmitz als auch den Interessen seiner Kunden nach günstiger Ware Rechnung trägt.

Wenn sich jedes Individuum frei entfalten kann, so wird dadurch letztlich ein Maximum an Gemeinnutz erzielt. Eine Wirtschaftsordnung, die das Individualprinzip verfolgt, verfährt nach dem Grundsatz: **Eigennutz erzeugt Gemeinnutz**.

BEISPIEL *Dadurch, dass Gerhard Schmitz ein eigenes Geschäft für gebrauchte Büromöbel eröffnet, kann sein Eigennutz (höheres Einkommen, selbstständiges Arbeiten usw.) erhöht werden. Durch den Verkauf seiner Ware ermöglicht er bestimmten Nachfragern, Büromöbel zu einem günstigen Preis zu erwerben. Dadurch trägt er zum Gemeinnutz bei.*

Kollektivismus

Hier stehen nicht die Interessen des Einzelnen, sondern die des Staates bzw. der Gesellschaft im Vordergrund. Das Handeln des Menschen hat sich dem **Kollektivprinzip**, d. h. den Gruppeninteressen und den Vorgaben des Staates unterzuordnen.

Für das Wirtschaften bedeutet das Kollektivprinzip, dass die Produktion von Gütern und deren Verteilung von einer zentralen Stelle geplant und gesteuert wird. Letztlich liegt das Eigentum an Produktionsmitteln beim Staat. Es gilt der Grundsatz: **Gemeinnutz geht vor Eigennutz**.

Modelle der Wirtschaftsordnung

Es gibt zwei Grundmodelle des Wirtschaftens, die sich auf Individualismus und Kollektivismus beziehen. Sie existieren in der Realität nicht in reiner Form, vielmehr tendieren einige Volkswirtschaften mehr oder weniger zu einem der beiden Grundmodelle und haben sie nach ihrer Gesellschaftsordnung ausgestaltet.

Modell der Zentralverwaltungswirtschaft

Eine Zentralverwaltungswirtschaft versucht, die Gedanken des Kollektivismus in einer Volkswirtschaft umzusetzen. Im Modell der Zentralverwaltungswirtschaft befindet sich das **Eigentum an Produktionsmitteln in der Hand des Staates (Staatseigentum)**. Hierdurch ergibt sich eine **zentrale Lenkung der gesamten Produktion anhand von Planvorgaben durch den Staat**. Dazu werden sowohl der volkswirtschaftliche Bedarf an Waren und Dienstleistungen als auch das Angebot geplant. Zudem setzt der Staat die Preise für die Waren und Dienstleistungen fest. Wettbewerb unter den Unternehmen ist nicht vorgesehen. Häufig gibt es nur einen oder wenige Anbieter für bestimmte Produkte. Eine Konsumfreiheit im eigentlichen Sinne existiert damit nicht, ebenso wenig wie eine Vertragsfreiheit. Die Motivation der Unternehmen für wirtschaftliches Handeln wird in der (Über-)Erfüllung von staatlichen Produktionsplänen gesehen. Auch der **Arbeitskräfteeinsatz wird zentral gesteuert**, d. h., die freie Wahl des Arbeitsplatzes ist weitgehend eingeschränkt. Auch die Löhne und Gehälter unterliegen der staatlichen Planung, der Staat legt deren Höhe fest.

BEISPIEL *Die staatliche Planungsbehörde ermittelt einen Bedarf von 100 000 Büroschränken. Sie legt fest, dass der Bedarf vollständig durch die Sommerfeld Bürosysteme gedeckt werden soll, die sich in staatlicher Eigentümerschaft befindet. Zudem werden auch die Preise für die Schränke sowie die Löhne und Gehälter der Arbeitnehmer festgelegt.*

Modell der freien Marktwirtschaft

Eine freie Marktwirtschaft basiert auf dem Gedanken des Individualismus. Die Produktionsmittel sind in privater Hand, es herrscht freie Wahl des Arbeitsplatzes mit frei aushandelbarer Entlohnung, Gewerbefreiheit, Vertragsfreiheit, freier Wettbewerb und Gewinnstreben.

BEISPIEL *In der freien Marktwirtschaft können Menschen ihren Arbeitsplatz selbst auswählen. Sie richten sich dabei vorwiegend nach ihren individuellen Bedürfnissen, wie Einkommen, Entfernung zum Arbeitsplatz, Fortbildungsmöglichkeiten, Aufstiegschancen usw. Aber sie können auch jederzeit selbst einen eigenen Betrieb eröffnen, wenn sie über entsprechendes Know-how, Kapital und Risikobereitschaft verfügen.*

Die einzelnen Wirtschaftssubjekte (Haushalte, Unternehmen) erstellen ihre eigenen **individuellen Pläne (dezentrale Planung)**. Das Angebot und die Nachfrage nach Gütern wird über den Preismechanismus geregelt, d. h., der Preis eines Gutes bildet sich auf dem jeweiligen Markt. Die einzelnen Märkte übernehmen eine Ausgleichsfunktion zwischen Angebot und Nachfrage.

BEISPIEL *Wenn in einer freien Marktwirtschaft die Nachfrage nach Gütern abnimmt, so passen die Unternehmen ihre Kapazität an und entlassen nicht mehr benötigte Arbeitskräfte und senken so ihre Kosten (Lohnkürzungen).*

Ein staatlicher Eingriff in das Wirtschaftsleben unterbleibt. Der Staat hat lediglich die Aufgabe, die Menschen und ihr Eigentum zu schützen und auf die Einhaltung von gesellschaftlichen und gesetzlichen Normen zu achten. Deshalb wird dem Staat in diesem volkswirtschaftlichen Modell lediglich eine **„Nachtwächter-Funktion"** zugeschrieben.

BEISPIEL *In der freien Marktwirtschaft ist es möglich, dass ein Unternehmen jederzeit Mitarbeitende entlässt, da kein gesetzlicher Kündigungsschutz existiert.*

Menschen und Unternehmen in der freien Marktwirtschaft können dank ihrer Entscheidungsfreiheit schnell und flexibel auf Marktveränderungen reagieren. So verändern sich bei Unternehmen marktbedingt Produktionsmengen und -preise, und neue Produkte werden entwickelt, wenn sie marktfähig sind, d. h., wenn mit ihnen Gewinn erwirtschaftet werden kann. Die Nachfrager nach Gütern können frei über Art, Menge und Qualität entscheiden und zwischen verschiedenen Anbietern auswählen.

BEISPIEL *Eine Familie in einer freien Marktwirtschaft, die einen Kühlschrank kaufen möchte, kann bei verschiedenen Anbietern Geräte mit unterschiedlichen Leistungsdaten und Preisen erwerben.*

Merkmale der sozialen Marktwirtschaft

Historische Grundlagen der sozialen Marktwirtschaft

Während die reine Zentralverwaltungswirtschaft und die freie Marktwirtschaft lediglich Modelle für Wirtschaftsordnungen sind, gibt es in der Realität eine Vielzahl von Formen, die die jeweiligen Nachteile beider Modelle vermeiden sollen.

Als Vater der sozialen Marktwirtschaft gilt **Alfred Müller-Armack** (1901–1978), der diese im Rahmen seiner Tätigkeit als Professor der Volkswirtschaftslehre theoretisch begründet und später als Staatssekretär von Ludwig Erhard (1897–1977) mit durchgesetzt hat. Ludwig Erhard machte sie als Wirtschaftsminister zur Grundlage der Wirtschaftsordnung der Bundesrepublik. Die soziale Marktwirtschaft wird im Grundgesetz nicht explizit erwähnt. Sie stellt lediglich eine mögliche Wirtschaftsordnung dar. Allerdings werden in Artikeln des Grundgesetzes wesentliche Prinzipien der sozialen Marktwirtschaft aufgegriffen.

BEISPIELE *Freie Entfaltung der Persönlichkeit (Art. 2), Vereinigungsfreiheit (Art. 9), Berufsfreiheit (Art. 12), Garantie und Sozialbindung des Eigentums (Art. 14), Sozialstaatsprinzip (Art. 20)*

Ludwig Erhard

Die soziale Marktwirtschaft, so wie sie als Wirtschaftsordnung der Bundesrepublik zu verstehen ist, wird von zwei zentralen Prinzipien gekennzeichnet: dem **Individualprinzip** als freiheitlichem Prinzip (Liberalismus) und dem **sozialen Prinzip**, welches das Freiheitsprinzip in gewisser Weise einschränkt.

In der sozialen Marktwirtschaft sind die **Produktionsmittel grundsätzlich Privateigentum**. Arbeitnehmende können sich durch Erwerb von Aktien und sonstigen Anteilen an Unternehmen am Produktivvermögen beteiligen. Daneben verfügt auch der Staat über Produktionsmittel, die **öffentliches Eigentum** sind (staatliche Betriebe, Beteiligungen an privaten Betrieben). Ferner besteht **Gewerbefreiheit**, d. h., jeder Bürger ist berechtigt, selbstständig ein Gewerbe zu betreiben.

BEISPIELE
- *Die Sommerfeld Bürosysteme GmbH gehört der Gesellschafterin Frau Farthmann sowie den Gesellschaftern Herrn Sommer und Herrn Feld, die alle drei das Kapital aufbringen.*
- *Ein Schreinermeister der Sommerfeld Bürosysteme GmbH macht sich selbstständig und eröffnet einen Handwerksbetrieb.*

Unternehmen planen marktabhängig ihre Produktion und ihre Investitionen, die Haushalte verfügen frei über ihr Einkommen. Durch **Leistungswettbewerb** auf den Märkten werden über eine **freie Preisbildung** Angebot und Nachfrage gesteuert. Allerdings greift der Staat dort ein, wo der Markt zu gesellschaftlich oder politisch unerwünschten Ergebnissen führt.

BEISPIEL *Wenn sich die Preise für Wohnungen in Ballungsgebieten ausschließlich am Markt bilden, finden einkommensschwache Familien kein ausreichendes Angebot an Wohnungen. Deshalb fördert der Staat den sozialen Wohnungsbau durch Investitionsanreize für Wohnungsbaugesellschaften.*

Das Prinzip der **Vertragsfreiheit** findet auch in der sozialen Marktwirtschaft Anwendung. Allerdings wird sie durch gesetzliche Vorschriften in verschiedenen Gesetzen begrenzt.

BEISPIELE *Bürgerliches Gesetzbuch (BGB), Gesetz gegen Wettbewerbsbeschränkungen (GWG) oder Gesetz gegen unlauteren Wettbewerb (UWG).*

Die Konsumenten sind in ihren **Konsumentscheidungen** frei. Vor allem im Bereich des Waffenbesitzes oder beim Konsum von Drogen finden sich Einschränkungen.

Auch die **Berufs- und Arbeitsplatzwahl** ist den Menschen weitestgehend freigestellt. Für manche Berufe gibt es allerdings Reglementierungen, da die Berufsausübung an persönliche oder fachliche Voraussetzungen geknüpft ist.

BEISPIELE *Steuerberater/-in, Ärztin/Arzt, Rechtsanwalt/Rechtsanwältin*

Zudem nimmt der Staat eine Lenkung in bestimmte Berufe vor oder berät bei der Berufswahl.

BEISPIEL *Die Arbeitsagentur fördert eine Umschulungsmaßnahme eines Bergbauarbeiters zum IT-Fachmann.*

Arbeitnehmendenvertreter (Gewerkschaften) und Arbeitgebervertreter handeln als **autonome Sozialpartner** Löhne und Arbeitsbedingungen aus **(Tarifautonomie)**.

BEISPIEL *Die Sommerfeld Bürosysteme GmbH ist dem Arbeitgeberverband Holz und Kunststoff verarbeitende Industrie angeschlossen, der ihre Interessen gegenüber den Gewerkschaften vertritt. Vereinbarungen über Löhne, Urlaub, Arbeitsbelastungen usw. werden in Tarifverträgen festgelegt, an die sich beide Parteien halten müssen.*

Soziale Aspekte werden z. B. berücksichtigt, indem Freibeträge und eine gestaffelte Steuer durch Steuerklassen und Steuerprogression festgelegt werden.

Der Staat hat ferner ein **soziales Netz** geschaffen, um Menschen zu unterstützen, die u. a. durch Krankheit, Alter oder Arbeitslosigkeit in wirtschaftliche Not geraten. Er entspricht dadurch dem Anspruch auf soziale Sicherheit und Gerechtigkeit.

BEISPIELE *Kranken-, Unfall-, Renten-, Arbeitslosen-, Pflegeversicherung, Bundessozialhilfegesetz, Wohnungsgeldgesetz, Bundesausbildungsförderungs-Gesetz (BAföG)*

ZUSAMMENFASSUNG

Modelle der Wirtschaftsordnung und soziale Marktwirtschaft als Grundlage der Ordnungspolitik

- **Staatliche Ordnungspolitik** bezieht sich auf die Gestaltung und Erhaltung der Wirtschaftsordnung.
- **Wirtschaftsordnungen** sind das Ergebnis der Gesellschaftsordnungen.
  - **Individualismus:** betont die Freiheit des Einzelnen
  - **Kollektivismus:** betont die Interessen des Staates
- **Modell der freien Marktwirtschaft**
  - **Privateigentum** an Produktionsmitteln
  - Angebot und Nachfrage werden durch **Preismechanismus** abgestimmt.
  - **Nachtwächterstaat**
  - Motivation der Unternehmen: **Gewinnerzielung**
- **Modell der Zentralverwaltungswirtschaft**
  - **Kollektiveigentum** an Produktionsmitteln
  - Angebot und Nachfrage sind Ergebnis von zentralen **Plänen**.
  - **zentrale Steuerung** des Arbeitskräfteeinsatzes
  - Motivation der Unternehmen: **(Über-)Erfüllung der Pläne**

- In der sozialen Marktwirtschaft wird das **Individualprinzip** mit dem **sozialen Prinzip** verbunden.
  - **Produktionsmittel** sind grundsätzlich **Privateigentum**.
  - Auf den Märkten ist **Leistungswettbewerb** vorhanden.
  - Angebot und Nachfrage werden durch freie Preisbildung geregelt.
  - **Arbeitnehmende und Arbeitgeber** handeln als **autonome Sozialpartner (Tarifautonomie)**.
  - Der Staat greift durch **Gesetze** und **sozialpolitische Maßnahmen** korrigierend und gestaltend ein.

AUFGABEN

1 Beschreiben Sie die Merkmale von Individualismus und Kollektivismus als Prinzipien menschlichen Handelns in der Gesellschaft.

2 a) Erläutern Sie Gründe, weshalb im Modell der zentralen Planwirtschaft die Produktionspläne häufig korrigiert werden müssen.
b) Beschreiben Sie, wie im Modell der Marktwirtschaft von den einzelnen Betrieben Produktionspläne aufgestellt werden.

3 Beschreiben Sie die Merkmale der sozialen Marktwirtschaft im Vergleich zur freien Marktwirtschaft.

4 Konstitutive Elemente der sozialen Marktwirtschaft sind das Privateigentum und die Sozialbindung des Eigentums.
a) „Das Verfügungsrecht am Privateigentum an Produktionsmitteln wird durch das Mitbestimmungs-Gesetz eingeschränkt!" Erläutern Sie diese Behauptung und nehmen Sie dazu Stellung.
b) Sozialbindung des Eigentums bedeutet, dass der Gebrauch des Eigentums zugleich dem Wohle der Allgemeinheit dienen soll. Erläutern Sie die Sozialbindung des Eigentums anhand eines konkreten Beispiels.

5 Geben Sie an, welches Merkmal die Wirtschaftsordnung Deutschlands kennzeichnet.
1. Privateigentum an den Produktionsmitteln und Sozialbindung des Eigentums
2. Zentrale Planung und Vorgabe von Daten für die Leistungserstellung
3. Kollektives Eigentum an den Produktionsmitteln
4. Staatliche Lohnfestsetzung, aber Tarifautonomie der Sozialpartner
5. Freie Preisbildung und Vollbeschäftigungsgarantie

6 Ordnen Sie die folgenden Merkmale der freien Marktwirtschaft, der sozialen Marktwirtschaft und der Zentralverwaltungswirtschaft zu.
a) Zentrale Lenkung b) Nachtwächterstaat
c) Sozialbindung des Eigentums d) Uneingeschränkte Vertragsfreiheit

2.2 Markt und Preis

LS 15

Herr Kraus, der Vertriebsleiter der Sommerfeld Bürosysteme GmbH, nimmt gerade die Absatzplanung für die Bürostühle vor. Dabei stößt er auf folgenden Artikel in der Verbandszeitschrift der Möbelindustrie:

> Die Aussichten für das nächste Jahr sind eher trüb. Aufgrund der gestiegenen Rohstoffpreise und des hohen Tarifabschlusses in der Möbelindustrie entsteht von der Kostenseite ein enormer Druck. Wie Verbandssprecher Meier mitteilt, ist davon auszugehen, dass die vielen Unternehmen der mittelständisch geprägten Büromöbel- und Möbelindustrie die Kostensteigerungen nicht komplett auf die Kunden umwälzen können. Die Nachfrage nach Möbeln werde auch in den folgenden Jahren nahezu konstant bleiben.

Sofort macht sich Herr Kraus auf den Weg zu Hartmut Sommer, um mit ihm den Artikel zu besprechen. „Das hört sich ja nicht besonders gut an", meint Herr Sommer. „Wir müssen wohl mit Absatz- und eventuell auch Umsatzeinbußen rechnen. Sie müssen das unbedingt mit Frau Mehmet besprechen. Denn durch Kundenbindungsmaßnahmen können wir die Absatzeinbußen in Grenzen halten. Bedenken Sie, Herr Kraus, schließlich bewegen wir uns nicht auf einem vollkommenen Markt. Der Markt für Büromöbel ist unvollkommen."

ARBEITSAUFTRÄGE

- **Beschreiben Sie Art, Typ und Form des Büromöbelmarktes.**
- **Stellen Sie die Auswirkungen von Kostensteigerungen in der Büromöbelindustrie anhand des Modells eines vollkommenen Marktes dar.**
- **Herr Sommer fordert verstärkte Kundenbindungsmaßnahmen. Versuchen Sie seine Argumentation anhand des Modells eines unvollkommenen Marktes nachzuvollziehen.**

Der **Markt** ist der Ort, an dem Angebot und Nachfrage aufeinandertreffen und ein Marktpreis festgesetzt wird.

Das Verhalten der Anbieter und Nachfrager sowie die Preisbildung auf den Märkten hängen von der Marktart, dem Markttyp und der Marktform ab.

Marktarten, Markttypen und Marktformen

Marktarten

Jedes Gut und jeder Produktionsfaktor hat seinen eigenen Markt. Demzufolge kann man verschiedene **Marktarten** unterscheiden.

Marktarten in Abhängigkeit der Güter

- **(Produktions-)Faktormärkte**: Arbeitsmarkt | Immobilienmarkt | Kapitalmarkt
- **Gütermärkte**: Konsumgütermarkt | Investitionsgütermarkt

Faktormärkte

1. Auf dem **Arbeitsmarkt** wird der Produktionsfaktor **Arbeit** (Arbeitsleistungen) gegen Entgelt (Lohn/Gehalt) gehandelt.

   BEISPIEL *Die Sommerfeld Bürosysteme GmbH sucht neue Mitarbeitende, die eine Spezialmaschine bedienen können.*

2. Auf dem **Immobilienmarkt** wird der Produktionsfaktor **Boden** (Betriebsstandort, Grundstück, Gebäude) gegen Entgelt (Grundrente) gehandelt.

   BEISPIEL *Die Sommerfeld Bürosysteme GmbH mietet eine Lagerhalle an.*

3. Auf dem **Kapitalmarkt** wird **Kapital** gegen Entgelt (Zinsen) gehandelt.

   BEISPIEL *Eine Bank bietet der Sommerfeld Bürosysteme GmbH ein Darlehen zu einem Zinssatz von sechs Prozent an.*

Gütermärkte

1. Auf dem **Konsumgütermarkt** bilden private **Haushalte** die Gruppe der Nachfrager, während sich die Unternehmen zur Anbieterseite bündeln.

   BEISPIEL *Die Sommerfeld Bürosysteme GmbH verkauft im Rahmen des Werksverkaufs an die Familie Mustermann einen Bürostuhl und einen Schreibtisch.*

2. Auf dem **Investitionsgütermarkt** sind die **Unternehmen** gleichzeitig Anbieter und Nachfrager (B2B = Business to Business).

   BEISPIEL *Ein Geschäftsführer der Sommerfeld Bürosysteme GmbH verhandelt mit dem Vertreter eines IT-Unternehmens über den Kauf einer EDV-Anlage.*

Markttypen

Viele volkswirtschaftliche Modelle zur Erklärung des Anbieter- und Nachfragerverhaltens sowie der Preisbildung legen einen **vollkommenen Markt** zugrunde. Er ist durch die folgenden Merkmale gekennzeichnet.

Vollkommener Markt	
Merkmal	**Definition und Beispiel**
Rationales Handeln	Die Marktteilnehmer handeln nach dem ökonomischen Prinzip. BEISPIEL *Die Sommerfeld Bürosysteme GmbH kauft die Spanplatten einer bestimmten Qualität beim günstigsten Anbieter.*
Homogene Güter	Güter gleichen sich in Art, Aufmachung und Qualität völlig. (Andernfalls spricht man von heterogenen Gütern.) BEISPIEL *Sand mit einer bestimmten Körnung*
Vollkommene Markttransparenz	Alle Marktteilnehmer haben die vollständige Übersicht über den Markt und reagieren sofort auf Veränderungen. BEISPIEL *Ein Marktteilnehmer kennt auf dem Wochenmarkt die Mengen, die Qualität und die Preise aller angebotenen Güter.*
Fehlende Präferenzen	Käufer und Verkäufer orientieren sich bei Angebot und Nachfrage ausschließlich am Preis der Ware. Sie haben keine: – persönliche Präferenz BEISPIEL *Die Verkäuferin in einem Geschäft ist freundlicher.* – sachliche Präferenz BEISPIEL *Der Kundendienst bei einem Markenartikel ist besser.* – zeitliche Präferenz BEISPIEL *Ein Geschäft hat länger geöffnet.* – räumliche Präferenz BEISPIEL *Der Kiosk liegt gleich um die Ecke.*
Unendlich schnelle Reaktionsgeschwindigkeit	Die Marktteilnehmer reagieren sofort auf geänderte Marktbedingungen. BEISPIEL *Erhöht ein Marktteilnehmer die Preise, reagieren die Nachfrager sofort und kaufen woanders ein.*

Ein vollkommener Markt liegt nur dann vor, wenn der Markt sämtliche beschriebenen Kriterien erfüllt. Erfüllt er nur ein Kriterium nicht, handelt es sich um einen **unvollkommenen Markt**. In der Realität gibt es keine vollkommenen Märkte. Den Bedingungen des vollkommenen Marktes kommen Wertpapierbörsen am nächsten.

Marktformen

Nach der Anzahl der Marktteilnehmer lassen sich Märkte in folgende Marktformen einteilen.

Nachfrager / Anbieter	viele Nachfrager	wenige Nachfrager	ein Nachfrager
viele Anbieter	**Polypol (vollständige Konkurrenz)** BEISPIEL *Markt für Süßwaren, Autos, „Fast Moving Consumer Goods“*[1]	**Nachfrageoligopol** BEISPIEL *Winzer einer Spezialregion*	**Nachfragemonopol** BEISPIEL *Der Staat lässt eine Schule bauen.*
wenige Anbieter	**Angebotsoligopol** BEISPIEL *Markt für Mineralöl*	**Zweiseitiges Oligopol** BEISPIEL *Schiffsbau, Flugzeugmarkt*	**Beschränktes Nachfragemonopol** BEISPIEL *Militärbekleidung für den Bund*
ein Anbieter	**Angebotsmonopol** BEISPIEL *Briefmarkenverkauf durch die Post*	**Beschränktes Angebotsmonopol** BEISPIEL *Zimmervermietung auf Berghütten*	**Zweiseitiges Monopol** BEISPIEL *Markt für Sonderanfertigungen*

Je nachdem, ob ein Anbieter auf einem Absatzmarkt alleine agiert oder ob er auf Wettbewerber trifft bzw. je nachdem, an wie viele Nachfrager ein Anbieter sein Angebot richten kann, nimmt dies Einfluss auf die Gestaltung der Absatzpreise.

BEISPIEL *Die Sommerfeld Bürosysteme GmbH verkauft neben vielen anderen Anbietern Büroeinrichtungen an Privat- sowie Geschäftskunden. Sind die Bürostühle bei der Sommerfeld Bürosysteme GmbH zu teuer, wendet sich der Kunde an den Konkurrenten.*

Die Nachfrage

Die Nachfrage nach einem Gut lässt sich ermitteln, indem man die Nachfrage sämtlicher einzelner Nachfrager, die dieses Gut auf dem Markt erwerben möchten, zusammenfasst. Die Nachfrage zeigt im Hinblick auf Preis und Menge folgende typische Merkmale:

Je niedriger der Preis für ein Gut ist, desto höher ist die nachgefragte Menge.

Je höher der Preis für ein Gut ist, desto niedriger ist die nachgefragte Menge.

Die **Nachfrager** sind also bestrebt, ein Gut so preiswert wie möglich einzukaufen. Dieses Verhalten nennt man **Nutzenmaximierung**.

---

1 Fast Moving Consumer Goods (FMCG), auch als „Renner“ oder „Schnell drehende Konsumgüter“ bezeichnet; Produkte, die sich schnell verkaufen, bspw. Artikel im Einzelhandel wie Lebensmittel und Drogeriewaren.

BEISPIEL *In der Stadt Essen zeigen knapp 600 000 Einwohner sowie zahlreiche Unternehmen über das Jahr verteilt ein monatlich einheitliches Nachfrageverhalten nach Bürostühlen. Im Jahresdurchschnitt wurden die folgenden Preis-Mengen-Verhältnisse ermittelt:*

Preis je Bürostuhl in €	Nachfrage in Stück
500,00	30 000
400,00	40 000
300,00	50 000
200,00	60 000
100,00	70 000

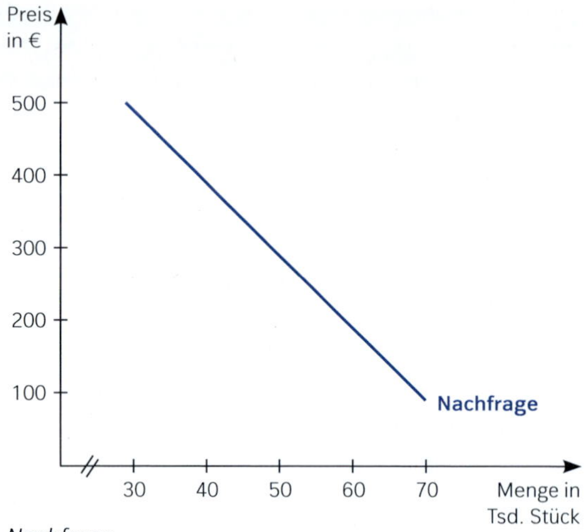

Nachfrage

Neben dem Preis hängt die Nachfrage von folgenden **weiteren Bestimmungsfaktoren** ab:

- Einkommen
- Preise von Komplementär- und Substitutionsgütern
- Bedürfnisse und Trends
- Zahl der Nachfrager
- Zukunftserwartungen

Das Angebot

Das Angebot an Gütern lässt sich ermitteln, indem man das Angebot der einzelnen Anbieter, die dieses Gut auf dem Markt absetzen möchten, zusammenfasst. Es zeigt im Hinblick auf Preis und Menge folgende typische Merkmale:

Je niedriger der Preis eines Gutes ist, desto geringer ist die angebotene Menge.

Je höher der Preis eines Gutes ist, desto höher ist die angebotene Menge.

Die **Anbieter** verfolgen das Ziel der **Gewinnmaximierung**. Bei hohen Marktpreisen bieten sie große Mengen an Gütern an, um entsprechend hohe (maximale) Gewinne zu erwirtschaften. Sinken die Preise, weichen sie auf andere Märkte aus oder geben ihre unternehmerische Tätigkeit auf, wenn die Preise langfristig nicht mehr kostendeckend sind.

BEISPIEL *Im Stadtgebiet Essen gibt es neben dem Werksverkauf der Sommerfeld Bürosysteme GmbH drei große Möbelhäuser, zahlreiche Fachhändler für Büroeinrichtung und einige Möbelmarktdiscounter. In Abhängigkeit vom Preis ergeben sich für die Anbieter traditioneller Bürostühle folgende Preis-Mengen-Verhältnisse:*

Preis je Bürostuhl in €	Angebot in Stück
500,00	70000
400,00	60000
300,00	50000
200,00	40000
100,00	30000

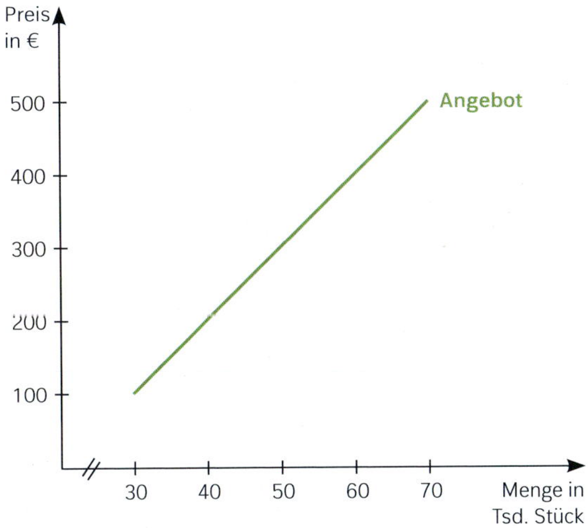

Angebot

Neben dem Preis hängt das Angebot von folgenden **weiteren Bestimmungsfaktoren** ab:

- Kostensituation für die eingesetzten Produktionsfaktoren
- Stand des technischen Fortschritts
- Konjunkturelle Einflüsse, Gewinnerwartungen und Zukunftsaussichten
- Zahl der Anbieter

Preisbildung im Polypol auf dem vollkommenen Markt (vollständige Konkurrenz)

Beim **Polypol** stehen viele kleine Anbieter vielen kleinen Nachfragern gegenüber. Dies bedeutet, dass einzelne Anbieter aufgrund ihrer Marktmacht und unter den Bedingungen des vollkommenen Marktes keine Möglichkeit haben, die Marktpreise zu beeinflussen. Sie können lediglich entscheiden, welche Mengen sie zu dem vom Markt vorgegebenen Preis zur Verfügung stellen möchten. Sie sind damit **Preisnehmer** (des Marktpreises) und **Mengenanpasser**.

Gleichgewichtspreis

Wie sich nun der Gleichgewichtspreis bildet, soll anhand des obigen Beispiels nachvollzogen werden. Es wird unterstellt, dass sich alle Anbieter und Nachfrager nach völlig gleichartigen Bürostühlen (homogenes Gut) umsehen und sich an einem Ort treffen **(Punktmarkt)**. Es gibt keine Präferenzen und alle kennen das Nachfrage- und Angebotsverhalten der jeweils anderen Marktteilnehmenden. Es stellt sich damit folgende Situation dar:

Preis je Bürostuhl in €	Nachfrage in Stück	Angebot in Stück	möglicher Absatz in Stück	Angebotsüberhang in Stück	Nachfrageüberhang in Stück
500,00	30000	70000	30000	40000	–
400,00	40000	60000	40000	20000	–
300,00	50000	50000	50000	–	–
200,00	60000	40000	40000	–	20000
100,00	70000	30000	30000	–	40000

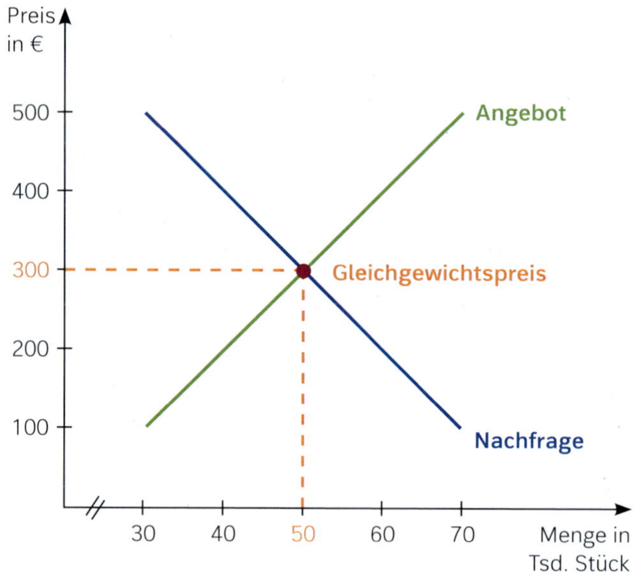

Gleichgewichtspreis

Angebot und Nachfrage schneiden sich beim Preis von 300,00 €. Zu diesem Preis werden 50000 Stühle angeboten und 50000 Stühle nachgefragt. Alle Anbieter, die bereit sind, zu diesem Preis zu verkaufen, können ihre gesamte Produktion absetzen. Alle Nachfrager, die bereit sind, diesen Preis zu zahlen, können die gewünschte Menge an Bürostühlen erwerben. Der Markt wird also zum Preis von 300,00 € geräumt. Da der Preis für die angebotene und nachgefragte Menge in dieser Situation genau gleich ist, wird er als **Gleichgewichtspreis** bezeichnet.

Warum sich unter den gegebenen Bedingungen ein Gleichgewichtspreis von 300,00 € einstellen muss, wird deutlich, wenn man Angebots- und Nachfragesituationen oberhalb oder unterhalb des Marktpreises betrachtet.

Liegt der Marktpreis über dem Gleichgewichtspreis, ist das Angebot größer als die Nachfrage. Es entsteht ein **Angebotsüberhang**. Diese Situation wird auch als **Käufermarkt** bezeichnet.

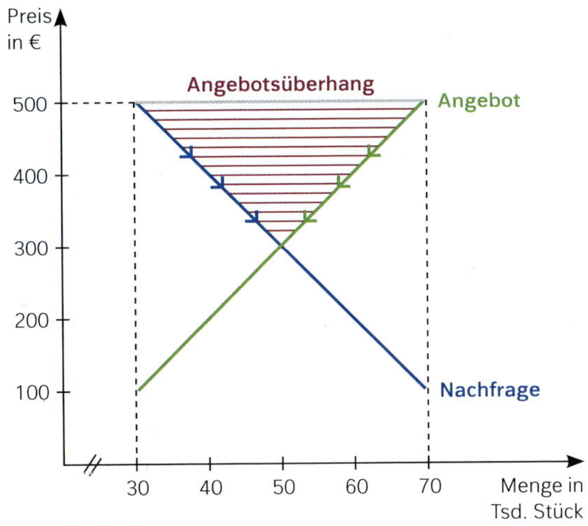

Angebotsüberhang

Beim Preis von 500,00 € sind die Anbieter bereit, 70 000 Bürostühle zu liefern. Diesem Angebot steht aber lediglich eine Nachfrage von 30 000 Bürostühlen gegenüber. Es besteht ein **Angebotsüberhang** von 40 000 Bürostühlen. Da die Anbieter nur einen Teil ihrer Ware absetzen können, werden sie die Preise senken. Viele Anbieter sind bereit, ihre Ware auch für weniger als 500,00 € anzubieten. Bei einer Preissenkung auf 400,00 € werden noch 60 000 Bürostühle angeboten, da einige Anbieter aus dem Markt ausscheiden. Die Nachfrage zu diesem geringeren Preis steigt dafür auf 40 000 Stück, d. h., einige neue Nachfrager kommen hinzu. Der Angebotsüberhang beträgt nur noch 20 000 Stück. Senken die Anbieter ihre Preise ein weiteres Mal auf 300,00 €, sind angebotene und nachgefragte Menge genau gleich groß, der Gleichgewichtspreis ist erreicht.

Liegt der Marktpreis unter dem Gleichgewichtspreis, ist die Nachfrage größer als das Angebot. Es entsteht ein **Nachfrageüberhang**. Diese Situation wird auch als **Verkäufermarkt** bezeichnet.

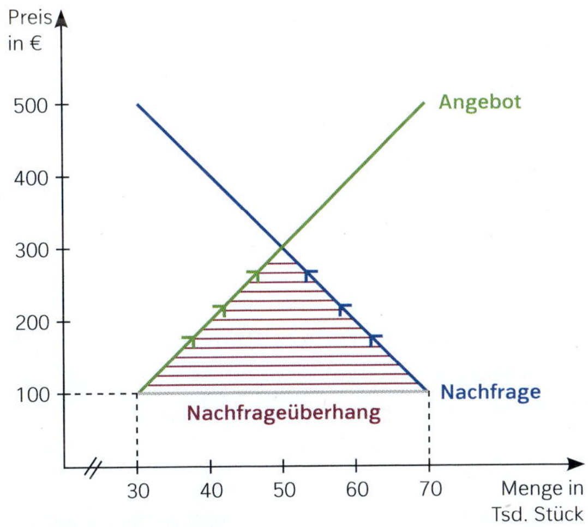

Nachfrageüberhang

Beim Preis von 100,00 € beträgt die Nachfrage nach Bürostühlen 70 000 Stück. Dieser Nachfrage steht aber lediglich ein Angebot von 30 000 Bürostühlen gegenüber. Es besteht ein **Nachfrageüberhang** von 40 000 Stühlen. Da die Nachfrage größer als das Angebot ist, werden die Anbieter ihre Preise erhöhen. Offensichtlich gibt es Nachfrager, die auch einen höheren Preis bezahlen würden. Beim Preis von 200,00 € erhöht sich das Angebot auf 40 000 Bürostühle, denn neue Anbieter kommen aufgrund des gestiegenen Preises hinzu. Die Nachfrage sinkt jedoch auf 60 000 Stühle, da einige Nachfrager nicht bereit sind, den höheren Preis zu bezahlen. Der Nachfrageüberhang verringert sich auf 20 000 Stück. Erhöhen die Anbieter die Preise ein weiteres Mal auf 300,00 €, ist der Gleichgewichtspreis erreicht.

Aus den getätigten Überlegungen wird also deutlich, dass sich ein Gleichgewichtspreis von 300,00 € einstellen muss. Weder auf Anbieter- noch auf Nachfragerseite gibt es eine Tendenz zu Preiserhöhungen oder -senkungen. Alle Anbieter und Nachfrager kommen zum Gleichgewichtspreis zum Zug und der Markt wird geräumt.

Produzenten- und Konsumentenrente

Am Markt stellt sich **ein Gleichgewichtspreis** ein, zu dem sämtliche Anbieter ihre Bürostühle verkaufen und sämtliche Nachfrager ihre Bürostühle kaufen.

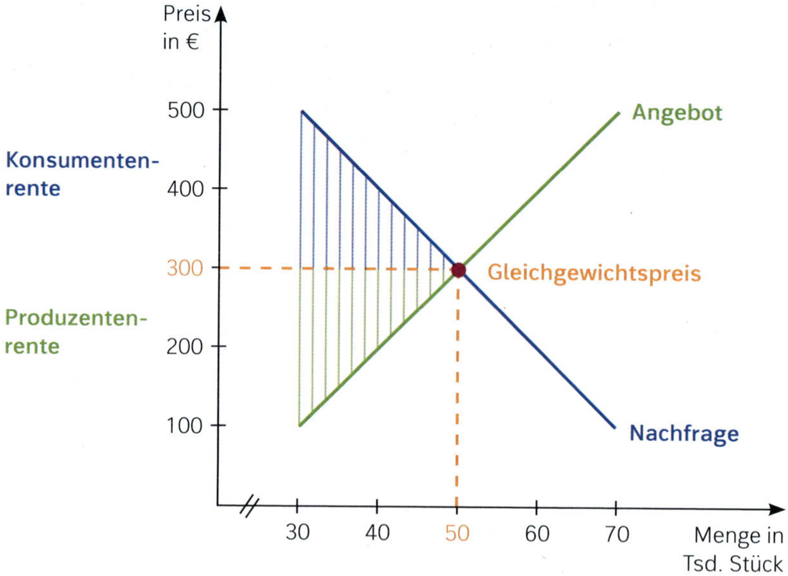

Produzenten- und Konsumentenrente

Es gibt jedoch auch Anbieter, die ihre Bürostühle unterhalb des Marktpreises von 300,00 € verkaufen würden. Diese erzielen eine **Produzentenrente**. Sie ist die Differenz zwischen dem individuellen Preis, zu dem ein Anbieter seine Produkte verkaufen würde, und dem Gleichgewichtspreis multipliziert mit der angebotenen Menge.

> **Produzentenrente** =
> (Gleichgewichtspreis – individueller Preis des Anbieters) · angebotene Menge

BEISPIEL *Die Sommerfeld Bürosysteme GmbH wäre bereit, ihr Angebot von 2000 Bürostühlen auch zu einem Preis von 200,00 € zu verkaufen. Da sie die Stühle zum Marktpreis von 300,00 € verkauft, erzielt sie damit eine Produzentenrente von*
(300,00 – 200,00) €/Stück · 2000 Stück = 200000,00 €.

Ebenso gibt es auch Nachfrager, die ihre Bürostühle zu Preisen oberhalb eines Marktpreises von 300,00 € kaufen würden. Diese erzielen eine **Konsumentenrente**. Sie ist die Differenz zwischen dem individuellen Preis, zu dem ein Nachfrager bereit wäre, seine Bürostühle zu kaufen, und dem Gleichgewichtspreis multipliziert mit der nachgefragten Menge.

Konsumentenrente =
(individueller Preis des Nachfragers – Gleichgewichtspreis) · nachgefragte Menge

BEISPIEL *Herr Stefer wäre auch bereit, für sich und seinen Sohn zwei Bürostühle zum Preis von 400,00 € zu erwerben. Da er die Stühle zum Marktpreis von 300,00 € kauft, erzielt er damit eine Konsumentenrente von*
(400,00 – 300,00) €/Stück · 2 Stück = 200,00 €.

Änderung der Angebots- und Nachfragesituation

Bisher wurde der Zusammenhang zwischen der angebotenen bzw. nachgefragten Menge sowie dem Preis betrachtet. Weitere Bestimmungsfaktoren der Nachfrage (z. B. das Einkommen) bzw. des Angebotes (z. B. die Kosten für die Produktionsfaktoren) wurden aus der Betrachtung ausgeklammert und als konstant angenommen. **Ändern** sich allerdings diese **Bestimmungsfaktoren** – was in der Realität ständig vorkommt –, ergibt sich eine andere Angebots- oder Nachfragesituation. Anbieter und Nachfrager sind bereit, zu den gegebenen Preisen mehr oder weniger anzubieten bzw. nachzufragen. Die Angebots- und Nachfragekurven[1] verschieben sich nach rechts oder links.

Rechtsverschiebung der Angebotskurve

Erhöht sich das **Angebot** zum jeweiligen Preis, verschiebt sich die Angebotskurve nach rechts. Zum bisherigen Marktpreis besteht jetzt ein Angebotsüberhang, der durch Preissenkungen abgebaut wird. Der **Gleichgewichtspreis sinkt** und die **Gleichgewichtsmenge erhöht** sich.

BEISPIEL *Da ein weiteres Möbelhaus in Essen in den Markt eintritt, erhöht sich die angebotene Menge. Die Angebotskurve verschiebt sich nach rechts von A_0 und A_1 wie in der folgenden Grafik. Zum bisherigen Gleichgewichtspreis von 300,00 € werden jetzt 70000 Bürostühle angeboten. Es entsteht ein Angebotsüberhang (AÜ) von 20000 Bürostühlen. Dieser wird durch Preissenkungen der Anbieter (Pfeil entlang der neuen Angebotskurve A_1) abgebaut. Gleichzeitig steigt die Nachfrage (Pfeil entlang der Nachfragekurve), sodass sich ein neues Gleichgewicht bei einem Preis 200,00 € und einer Menge von 60000 Bürostühlen einstellt.*

1 Die Angebots- und Nachfragekurven werden hier und im Folgenden aus didaktischen Gründen als Geraden dargestellt.

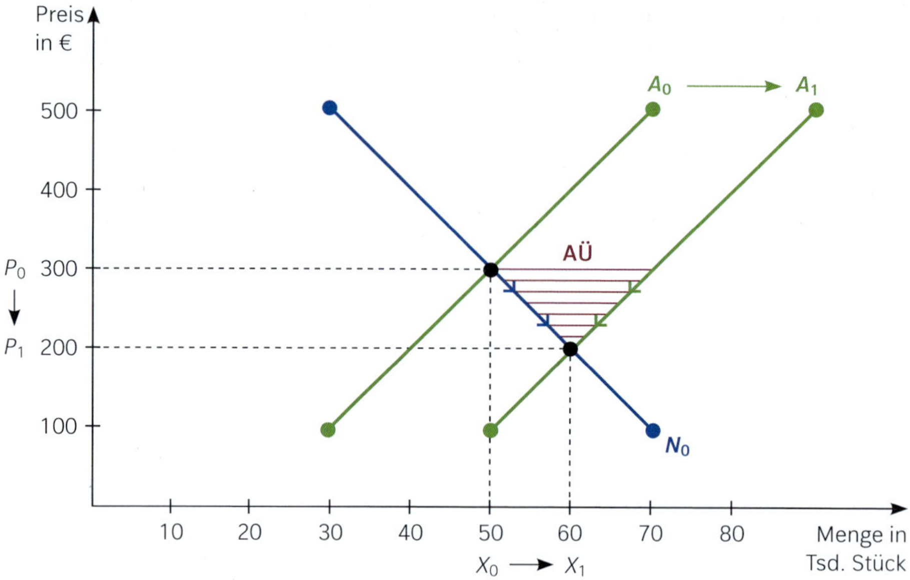

Rechtsverschiebung der Angebotskurve

Ursachen für eine Vergrößerung des Angebots	
Ursache	**Beispiel**
Zahl der Anbieter steigt	Ein weiteres Möbelhaus tritt in den Markt ein.
Senkung der Kosten für die eingesetzten Produktionsfaktoren	Preissenkungen für Kunststoffe und Metalle sorgen dafür, dass zu jedem Preis mehr Bürostühle angeboten werden.
Verbesserung der konjunkturellen Situation, der Gewinnerwartungen und der Zukunftsaussichten	Hervorragende Aussichten veranlassen die Unternehmen zu einer Ausweitung ihrer Kapazitäten durch Investitionen. Sie können dadurch ihr Angebot an Bürostühlen erweitern.
Technischer Fortschritt	Aufgrund der Verbesserung der Produktionsverfahren können Bürostühle günstiger produziert werden.

Linksverschiebung der Angebotskurve

Sinkt das **Angebot** zum jeweiligen Preis, verschiebt sich die Angebotskurve nach links. Zum bisherigen Marktpreis besteht jetzt ein Nachfrageüberhang, der durch Preiserhöhungen abgebaut wird. Der **Gleichgewichtspreis steigt** und die **Gleichgewichtsmenge sinkt**.

BEISPIEL *Ein Möbelhaus in Essen muss Insolvenz anmelden und tritt aus dem Markt aus. Dadurch sinkt die angebotene Menge. Die Angebotskurve verschiebt sich nach links von A_0 nach A_1. Zum bisherigen Gleichgewichtspreis von 300,00 € werden jetzt nur noch 30000 Bürostühle angeboten. Es entsteht ein Nachfrageüberhang (NÜ) von 20000 Bürostühlen. Dieser wird durch Preiserhöhungen seitens der Anbieter (Pfeil entlang der neuen Angebotskurve A_1) abgebaut. Gleichzeitig sinkt die Nachfrage (Pfeil entlang der Nachfragekurve), sodass sich ein neues Gleichgewicht bei einem Preis 400,00 € und einer Menge von 40000 Bürostühlen einstellt.*

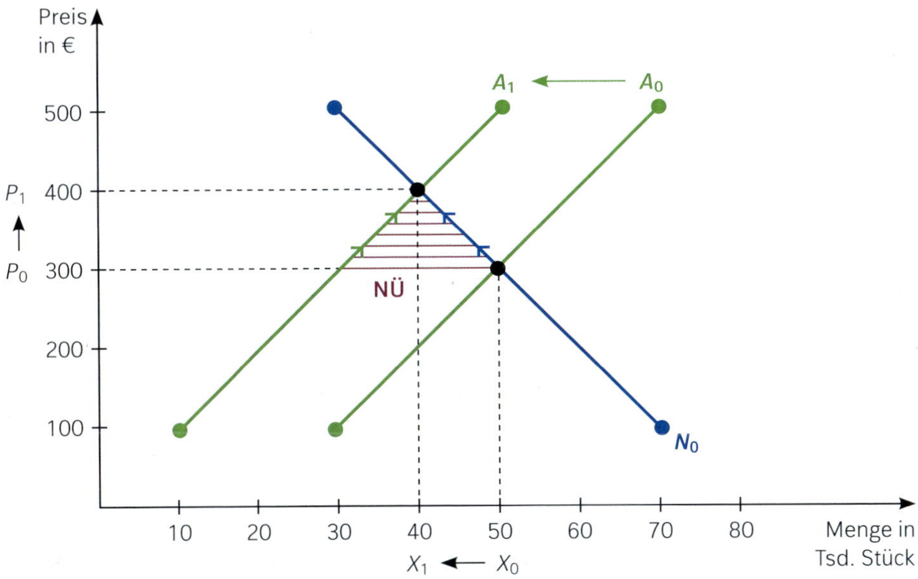

Linksverschiebung der Angebotskurve

Ursachen für eine Verringerung des Angebots	
Ursache	**Beispiel**
Zahl der Anbieter sinkt	Ein Möbelhaus muss Insolvenz anmelden und tritt aus dem Markt aus.
Erhöhung der Kosten für die eingesetzten Produktionsfaktoren	Preiserhöhungen für Kunststoffe und Metalle sorgen dafür, dass zu jedem Preis weniger Bürostühle angeboten werden.
Verschlechterung der konjunkturellen Situation, der Gewinnerwartungen und der Zukunftsaussichten	Schlechte Aussichten sorgen für eine Einschränkung der Kapazitäten, zudem bleiben Investitionen aus. Die Unternehmen schränken ihr Angebot an Bürostühlen ein.

Rechtsverschiebung der Nachfragekurve

Steigt die **Nachfrage** zum jeweiligen Preis, verschiebt sich die Nachfragekurve nach rechts. Zum bisherigen Marktpreis besteht jetzt ein Nachfrageüberhang, der durch Preiserhöhungen abgebaut wird. Sowohl der **Gleichgewichtspreis** als auch die **Gleichgewichtsmenge steigen**.

BEISPIEL *Aufgrund des gestiegenen Gesundheitsbewusstseins legen immer mehr Menschen Wert auf Bürostühle mit einer ergonomisch geformten Rückenlehne. Die Nachfragekurve verschiebt sich nach rechts von N_0 nach N_1. Zum bisherigen Marktpreis von 300,00 € werden jetzt 70000 Stühle nachgefragt. Es entsteht ein Nachfrageüberhang (NÜ) von 20000 Stühlen. Dieser wird durch Preiserhöhungen seitens der Anbieter (Pfeil entlang der Angebotskurve) abgebaut. Gleichzeitig sinkt die Nachfrage (Pfeil entlang der neuen Nachfragekurve N_1), sodass sich ein neues Gleichgewicht bei einem Preis von 400,00 € und einer Menge von 60000 Bürostühlen einstellt.*

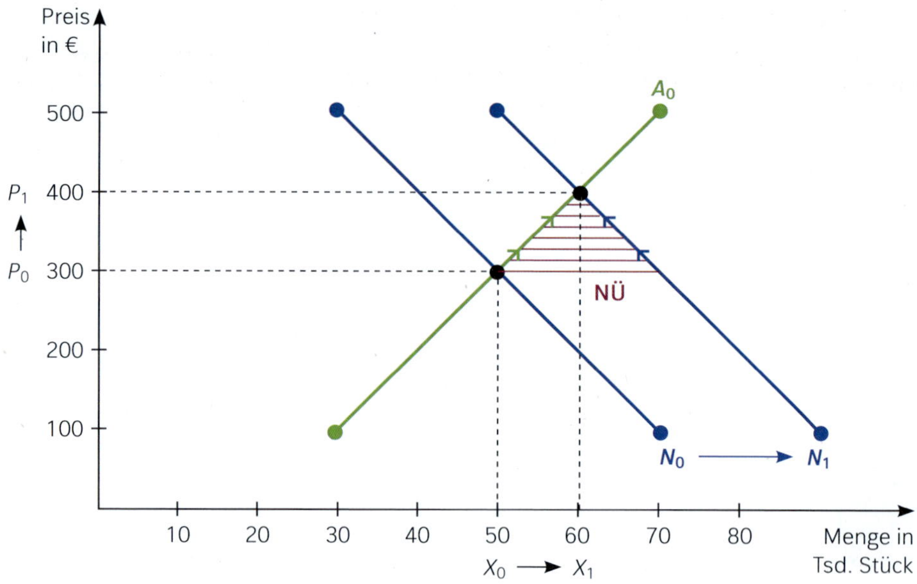

Rechtsverschiebung der Nachfragekurve

Ursachen für eine Vergrößerung der Nachfrage	
Ursache	**Beispiel**
Gestiegene Nutzeneinschätzung aufgrund von geänderten Bedürfnissen und Trends	Das Gesundheitsbewusstsein steigt, sodass immer mehr Menschen Wert auf Bürostühle mit einer ergonomisch geformten Rückenlehne legen.
Gestiegene Einkommen	Da die Einkommen der Bevölkerung steigen, schaffen sich immer mehr Menschen einen Bürostuhl für ihr Arbeitszimmer an.
Preise von Substitutionsgütern steigen	Die Preise für „normale" Stühle steigen. Immer mehr Menschen erwerben einen nur unwesentlich teureren Bürostuhl für ihr Arbeitszimmer.
Preise von Komplementärgütern sinken	Schreibtische werden billiger. Dies veranlasst die Menschen, sich ein häusliches Arbeitszimmer einzurichten.
Zahl der Nachfrager steigt	Die Bevölkerung in Ballungsgebieten wächst. Dadurch erhöht sich in diesen Gebieten auch die Nachfrage nach Bürostühlen.
Zukunftserwartungen verbessern sich	Aufgrund positiver Stimmungen in der Wirtschaft bessert sich das Klima in der Wirtschaft. Dies führt zu einer Nachfragesteigerung nach Bürostühlen.

Linksverschiebung der Nachfragekurve

Sinkt die **Nachfrage** zum jeweiligen Preis, verschiebt sich die Nachfragekurve nach links. Zum bisherigen Marktpreis besteht jetzt ein Angebotsüberhang, der durch Preissenkungen abgebaut wird. Sowohl der **Gleichgewichtspreis** als auch die **Gleichgewichtsmenge sinken**.

BEISPIEL *Aufgrund von Einkommenseinbußen sinkt die Nachfrage nach Bürostühlen. Die Nachfragekurve verschiebt sich nach links von N_0 nach N_1. Zum bisherigen Marktpreis von 300,00 € werden jetzt nur noch 30 000 Stühle nachgefragt. Es entsteht ein Angebotsüberhang (AÜ) von 20 000 Stühlen. Dieser wird durch Preissenkungen seitens der Anbieter abgebaut (Pfeil entlang der Angebotskurve). Gleichzeitig steigt die Nachfrage (Pfeil entlang der neuen Nachfragekurve N_1), sodass sich ein neues Gleichgewicht bei einem Preis von 200,00 € und einer Menge von 40 000 Bürostühlen einstellt.*

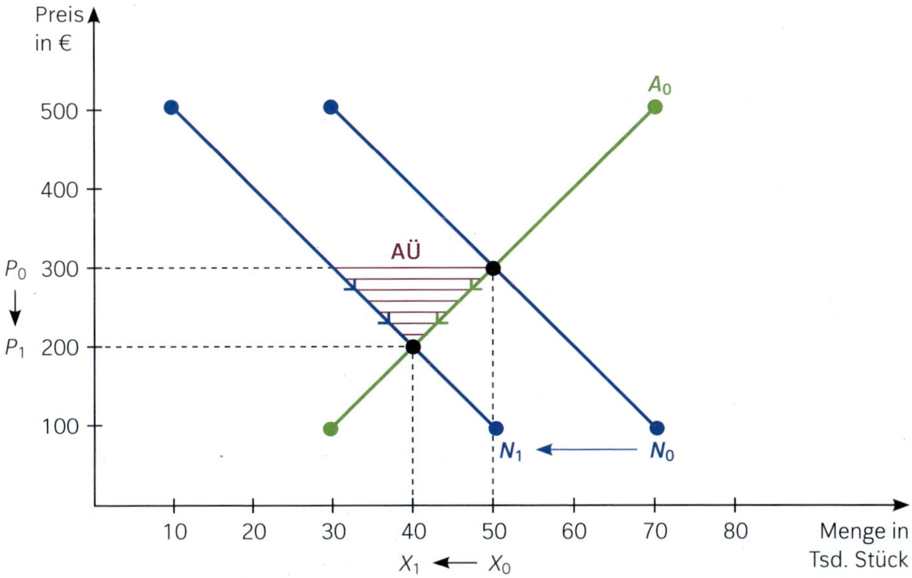

Linksverschiebung der Nachfragekurve

Ursachen für eine Verringerung der Nachfrage	
Ursache	**Beispiel**
Gesunkene Nutzeneinschätzung aufgrund von geänderten Bedürfnissen und Trends	Viele Privatleute und Unternehmen nutzen ihre Bürostühle länger und verwenden ihre finanziellen Mittel für andere Zwecke.
Gesunkene Einkommen	Wenn die Einkommen sinken, verzichten die Menschen auf den Kauf von Bürostühlen, da sie ihr Geld für lebensnotwendigere Dinge ausgeben.
Preise von Substitutionsgütern sinken	Die Preise für „normale" Stühle sinken. Nur wenige Menschen erwerben für ihr Arbeitszimmer einen teuren Bürostuhl.
Preise von Komplementärgütern steigen	Schreibtische werden teurer. Dies veranlasst die Menschen, auf die Einrichtung eines häuslichen Arbeitszimmers zu verzichten.
Zahl der Nachfrager sinkt	Die Bevölkerung in ländlichen Gebieten sinkt. Dadurch werden weniger Bürostühle gekauft.
Zukunftserwartungen verschlechtern sich	Aufgrund sich verschlechternder Zukunftserwartungen werden weniger Bürostühle nachgefragt.

Die Preiselastizität der Nachfrage

Die Preiselastizität der Nachfrage gibt an, wie stark die Nachfrage auf eine Preisänderung reagiert. Sie ist definiert als das Verhältnis der prozentualen Mengenänderung eines Gutes (**Wirkung**) zur prozentualen Preisänderung des Gutes (**Ursache**).

Preiselastizität der Nachfrage *(E_N)*

$$= - \frac{\text{prozentuale } \textbf{Mengenänderung} \text{ eines Gutes A}}{\text{prozentuale } \textbf{Preisänderung} \text{ des Gutes A}} = \frac{\text{Wirkung}}{\text{Ursache}}$$

Die Nachfrage nach Gütern ist **elastisch**, wenn sie stark auf Preisänderungen reagiert. In diesem Fall ist betragsmäßig die prozentuale Mengenänderung größer als die prozentuale Preisänderung und die Preiselastizität der Nachfrage ist größer als 1.

BEISPIEL *Beim Einführungspreis von 252,80 € für den neuen Bürostuhl „Ergo-Design-Natur" können im ersten Jahr voraussichtlich 5000 Stück abgesetzt werden. Nach einer Preiserhöhung auf 316,00 € werden im Folgejahr vermutlich nur noch 3500 Stück abgesetzt.*

Prozentuale Mengenänderung:

$$\frac{-1\,500 \cdot 100}{5\,000} = -30\,\%$$

Prozentuale Preisänderung:

$$\frac{63{,}20 \cdot 100}{252{,}80} = 25\,\%$$

Preiselastizität der Nachfrage:

$$\frac{-30\,\%}{25\,\%} = 1{,}2$$

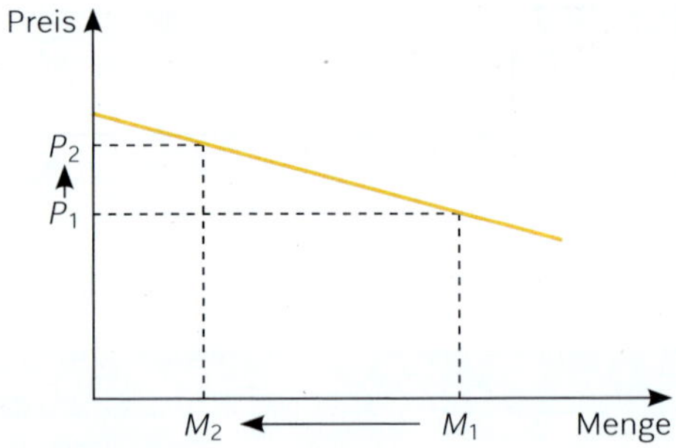

Preiselastizität der Nachfrage

Unelastisch ist die Nachfrage nach Gütern, wenn sie wenig auf Preisänderungen reagiert. Die Preiselastizität der Nachfrage ist in diesem Fall kleiner als 1, da betragsmäßig die prozentuale Mengenänderung kleiner als die prozentuale Preisänderung ist.

PRAXISTIPP

Beachten Sie, dass die Preiselastizität der Nachfrage in jedem Punkt einer Kurve unterschiedlich ist.

Preiselastizität der Nachfrage				
EN	**Bezeichnung**	**Beschreibung**	**Grafik**	**Beispiele**
Welche Güter sind besonders vom Preis abhängig?				
$E_N > 1$	elastisch	eine kleine Preisänderung führt zu einer großen Mengenänderung	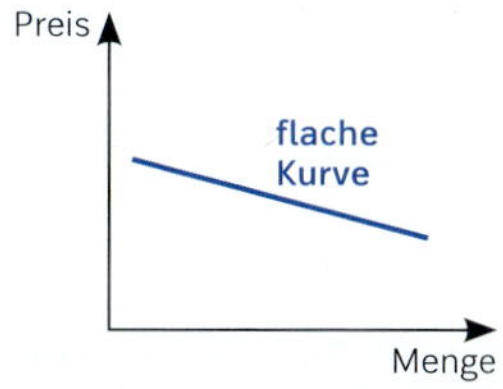	– Luxusgüter – Trendartikel – Unikate
Welche Güter kauft man gleich viel mehr bzw. weniger, wenn der Preis sinkt bzw. steigt?				
$E_N = 1$	proportional elastisch	eine Preisänderung bewirkt eine gleich große Mengenänderung	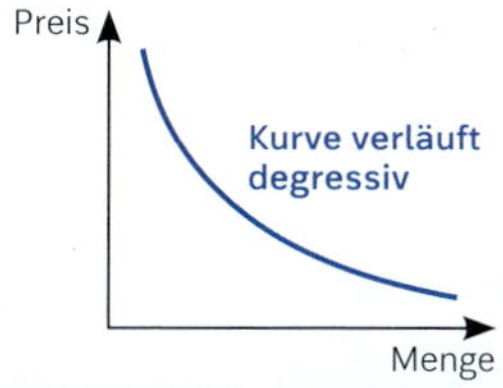	– Wein – Briefmarken
Welche Güter kauft man in beliebiger Menge zu einem festen Preis?				
$E_N = \infty$	vollkommen elastisch	zu einem Preis wird jede Menge gekauft	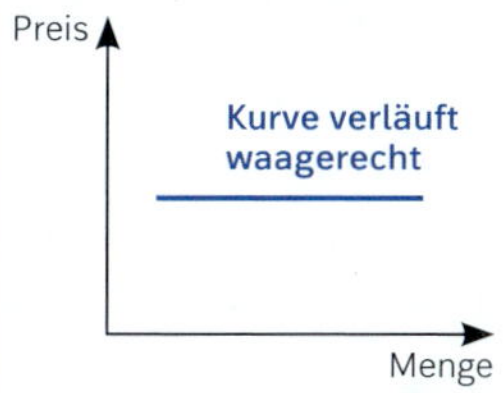	– Flatrate – „All you can eat“
Welche Güter kauft man nur unwesentlich weniger, wenn der Preis stark steigt?				
$E_N < 1$	unelastisch	eine große Preisänderung führt kaum zu Mengenänderungen	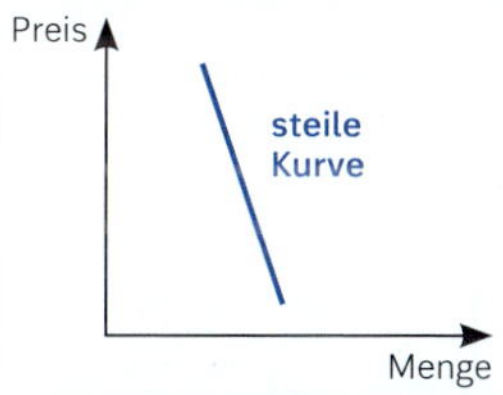	– Toilettenpapier – Brot – Wasser
Welche Güter werden immer gekauft, egal zu welchem Preis?				
$E_N = 0$	vollkommen unelastisch (starr)	es gibt keine Reaktion auf Preisänderungen, es wird jeder Preis gezahlt	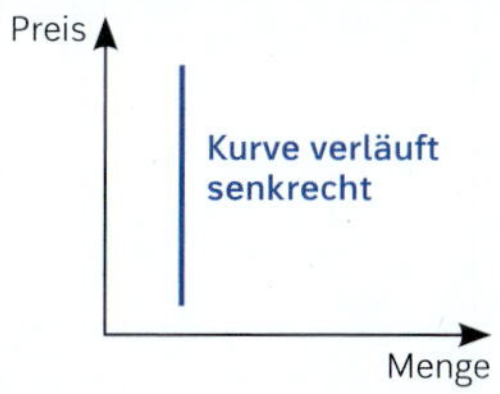	– lebensrettendes Medikament – Beerdigung

Die Preiselastizität der Nachfrage hat einen Einfluss darauf, welche **Preis- und Mengeneffekte** sich bei einer Veränderung von Angebot und Nachfrage im neuen Gleichgewicht ergeben.

BEISPIEL *Die Nachfrage nach einem lebensrettenden Medikament ist vollkommen unelastisch. Kommt es nun auf Anbieterseite zu Kostensteigerungen, verschiebt sich die Angebotskurve nach links. Es stellt sich ein höherer Marktpreis ein, ohne dass die nachgefragte Menge sinkt. Die Anbieter können die gestiegenen Kosten vollständig auf die Nachfrager überwälzen.*

→ LF 9 Des Weiteren ist die Kenntnis der Preiselastizität der Nachfrage wichtig, um **preispolitische Entscheidungen** treffen zu können, wie sie bei einigen Marktformen möglich sind.

Die Preisbildung im Polypol auf dem unvollkommenen Markt

In der Praxis sind die Bedingungen des vollkommenen Marktes in der Regel nicht gegeben.

- Es besteht **keine vollständige Markttransparenz**.

  BEISPIEL *Die Kunden der Sommerfeld Bürosysteme GmbH kennen nicht sämtliche Preise der Konkurrenz.*

- Güter sind **nicht homogen**.

  BEISPIEL *Die Bürostühle der Sommerfeld Bürosysteme GmbH sind qualitativ hochwertiger.*

- Käufer haben **Präferenzen**

  BEISPIEL *Seit die Sommerfeld Bürosysteme GmbH einen 24-Stunden-Bestellservice eingerichtet hat, steigt die Nachfrage bei gleichen Preisen deutlich an. Die Kunden haben offensichtlich zeitliche Präferenzen.*

Auf unvollkommenen Märkten haben die Anbieter einen Preissetzungsspielraum (**monopolistischer Bereich**). Sie können die Preise innerhalb einer bestimmten Bandbreite ändern, ohne dass die Kunden darauf nennenswert reagieren. Dies liegt vor allem daran, dass die Nachfrager Präferenzen für die Produkte bestimmter Anbieter entwickelt haben. Es gibt also auf unvollkommenen Märkten nicht mehr nur einen Marktpreis für ein Gut, sondern viele. Auf einem vollkommenen Markt wäre dies nicht möglich. Ein Anbieter, der hier einen Preis oberhalb des Marktpreises aufruft, verliert sofort seine gesamte Nachfrage.

BEISPIEL *Aufgrund der guten Qualität ihrer Bürostühle sowie zahlreicher langjähriger Kunden hat auch die Sommerfeld Bürosysteme GmbH einen Preissetzungsspielraum. Die Preis-Absatz-Funktion der Sommerfeld Bürosysteme GmbH sieht wie folgt aus:*

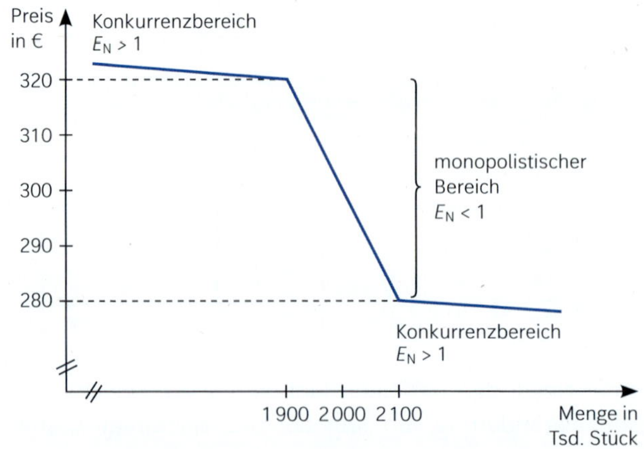

Preis-Absatz-Funktion im unvollkommenen Polypol

*Die Sommerfeld Bürosysteme GmbH kann innerhalb des **monopolistischen Bereiches** von 280,00 € bis 320,00 € einen Preis wählen. In diesem Bereich ist die Nachfrage unelastisch ($E_N < 1$). Erhöht die Sommerfeld Bürosysteme GmbH in diesem Bereich ihre Preise, verliert sie nur wenig Nachfrage. Die Kunden bleiben dem Unternehmen treu. Die Sommerfeld Bürosysteme GmbH wird deshalb innerhalb dieses Bereiches den gewinnmaximalen Preis wählen.*
*Verlässt die Sommerfeld Bürosysteme GmbH den monopolistischen Bereich bei einem Preis von über 320,00 €, verliert sie sofort sehr viel Nachfrage. Dies ist der **obere** elastische **Konkurrenzbereich** mit einer Preiselastizität der Nachfrage (E_N) von über 1. Die Kunden sind nicht mehr bereit, diese Preise zu akzeptieren und wandern zur Konkurrenz ab. Preise oberhalb von 320,00 € sind also nicht ratsam.*
*Wählt die Sommerfeld Bürosysteme GmbH einen Preis unterhalb von 280,00 €, gewinnt sie sehr schnell Nachfrage hinzu. Dies ist der **untere** elastische **Konkurrenzbereich** mit einer Preiselastizität der Nachfrage (E_N) von über 1. Allerdings ist auch dieser Bereich häufig nicht (gewinn-)optimal, da zum einen die nötigen Kapazitäten zur Bewältigung der Nachfrage fehlen und zum anderen die Preise in diesem Bereich eventuell nicht mehr kostendeckend sind.*

PRAXISTIPP

Im unvollkommenen Polypol muss es Ziel der Anbieter sein, den monopolistischen Bereich zu vergrößern. Dies kann er durch Kundenbindungsmaßnahmen unter Einsatz des absatzpolitischen Instrumentariums erreichen.

→ LF 9

Die Preisbildung im Angebotsoligopol

Im Angebotsoligopol gibt es nur wenige Anbieter mit relativ großen Marktanteilen und großer Marktmacht, denen viele Nachfrager gegenüberstehen. Oligopolistische Märkte haben eine Tendenz zur **Preisstarrheit**, die mithilfe einer geknickten Preis-Absatz-Funktion erklärt werden kann.

BEISPIEL *Auf dem Markt für Bürostühle in Essen gibt es nur noch vier Anbieter, die etwa gleich große Marktanteile haben. Aufgrund der größeren Marktmacht und der geringen Konkurrenz waren die Anbieter in der Lage, die Preise zu erhöhen. Die Sommerfeld Bürosysteme GmbH verkauft ihre Bürostühle zu nunmehr 400,00 € (Punkt C). Herr Sommer geht von folgender geknickten Preis-Absatz-Funktion für seine Bürostühle aus:*

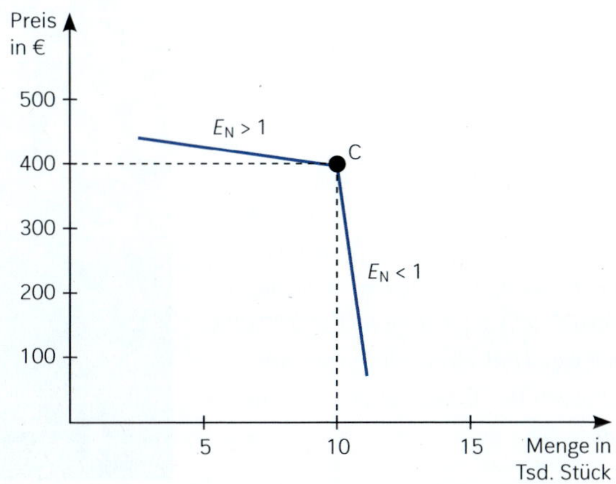

Geknickte Preis-Absatz-Funktion beim Angebotsoligopol

Herr Sommer befürchtet, dass er bei Preiserhöhungen über einen Preis von 400,00 € sehr viel Nachfrage verliert. Die Preiselastizität der Nachfrage (E_N) ist größer als 1 und Kunden wandern zur Konkurrenz ab. Andererseits geht er davon aus, dass er bei Preissenkungen unter 400,00 € nur sehr wenig Nachfrage gewinnt. Andere Anbieter werden ebenfalls ihre Preise senken. Die Preiselastizität der Nachfrage (E_N) ist kleiner als 1. Er gewinnt also durch Preissenkungen nur wenig Nachfrage hinzu und muss ebenfalls Gewinneinbußen befürchten. Dies wird durch den unteren Bereich der geknickten Kurve beschrieben. Aus der Sicht von Herrn Sommer ist es also sinnvoll, den Preis weder zu erhöhen noch zu senken und den Preis bei 400,00 € zu belassen.

Auf oligopolistischen Märken sind die folgenden grundsätzlichen **preispolitischen Strategien** zu unterscheiden.

Marktverdrängungspolitik	– Es wird versucht, die Konkurrenz durch Preisunterbietung auszuschalten. – Ziel ist die Erlangung einer Monopolstellung. – Die Marktverdrängungspolitik geht häufig mit hohen Gewinneinbußen oder Verlusten einher und es besteht die Gefahr, dass der Angreifer selbst aus dem Markt verdrängt wird.
Parallelverhalten	– Bei Preiserhöhungen verhalten sich alle Anbieter parallel. Erhöht ein Anbieter seine Preise, ziehen die anderen nach. – Manchmal übernimmt ein Anbieter die Preisführerschaft. Dies ist häufig der Marktführer. – Da es nur wenige Anbieter gibt, besteht die Gefahr von verbotenen Preisabsprachen (Kartellbildung). – Der Wettbewerb wird häufig nicht über den Preis, sondern durch den Einsatz des absatzpolitischen Instrumentariums betrieben (Werbung, Serviceleistung und Qualität).

Die Preisbildung im Angebotsmonopol

Der Angebotsmonopolist ist der einzige Anbieter und steht vielen Nachfragern gegenüber. Da er keine Konkurrenten hat, ist er in der Preisfestsetzung frei **(Preissetzer)**. Er wird deshalb den **gewinnmaximalen Preis** wählen. Dieser ist dann gegeben, wenn die Differenz zwischen Umsatzerlösen und Gesamtkosten am größten ist.

Wasserwerk

BEISPIEL *Es sei unterstellt, dass die Sommerfeld Bürosysteme GmbH einziger Anbieter für Bürostühle in Essen ist und es keine Ausweichmöglichkeiten für die Nachfrager nach Bürostühlen gibt. Die Sommerfeld Bürosysteme GmbH bedient also den gesamten Markt. Sie hat Fixkosten in Höhe von 4 000 000,00 € und variable Stückkosten in Höhe von 200,00 € pro Stuhl. Es gilt die vom Polypol bekannte Nachfragesituation. Für die Sommerfeld Bürosysteme GmbH ergibt sich damit folgende Gewinnsituation:*

Preis	Nachfrage	Umsatzerlöse	Fixkosten	Variable Kosten	Gesamtkosten	Gewinn
800	0	0,00	4000000,00	0,00	4000000,00	– 4000000,00
700	10000	7000000,00	4000000,00	2000000,00	6000000,00	1000000,00
600	20000	12000000,00	4000000,00	4000000,00	8000000,00	4000000,00
500	30000	15000000,00	4000000,00	6000000,00	10000000,00	5000000,00
400	40000	16000000,00	4000000,00	8000000,00	12000000,00	4000000,00
300	50000	15000000,00	4000000,00	10000000,00	14000000,00	1000000,00
200	60000	12000000,00	4000000,00	12000000,00	16000000,00	–4000000,00
100	70000	7000000,00	4000000,00	14000000,00	18000000,00	–11000000,00
0	80000	0,00	4000000,00	16000000,00	20000000,00	–20000000,00

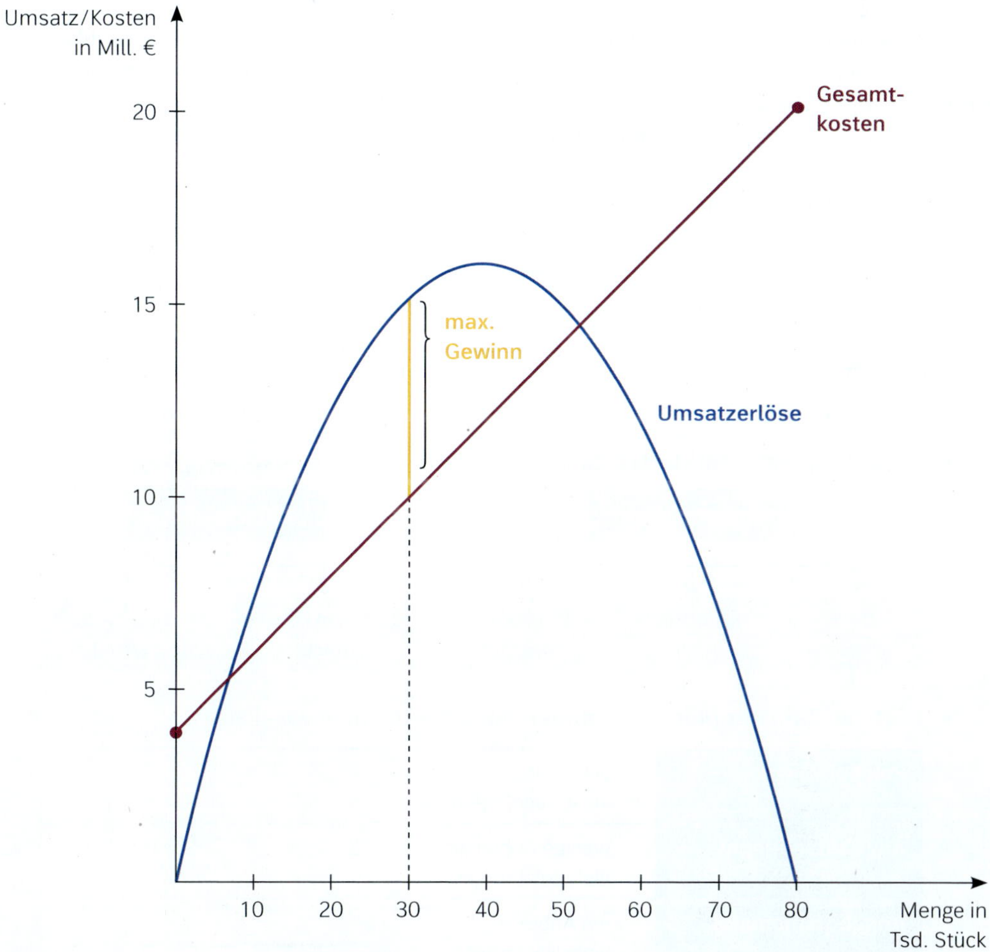

Gewinnmaximum beim Angebotsmonopol

Die Sommerfeld Bürosysteme GmbH wird den Preis für Bürostühle auf 500,00 € festsetzen und 30000 Bürostühle verkaufen. Bei diesem Preis erreicht sie ein Gewinnmaximum. Im Vergleich zum Polypol auf einem vollkommenen Markt werden also 20000 Stühle weniger, dafür aber zu einem um 200,00 € höheren Preis auf dem Markt in Essen abgesetzt.

Da Monopolisten den Preis bestimmen können und nicht wie Marktteilnehmende im Polypol Preisnehmer und Mengenanpasser sind, ergibt sich aufgrund des fehlenden Wettbewerbes die Gefahr eines zu hohen Preises. Daraus resultiert aufgrund der Nachfragesituation automatisch, dass die am Markt umgesetzte Menge geringer bleibt und es zu einer **Unterversorgung mit Gütern** kommen kann. Ebenso besteht für Monopolisten wenig Anlass, Qualitätsverbesserungen umzusetzen oder den technischen Fortschritt zu fördern. Des Weiteren gibt → LF 10 es für Monopolisten die Möglichkeit, durch **Preisdifferenzierung** den Gewinn weiterhin zu maximieren. Sie verlangen für das gleiche Gut von unterschiedlichen Nachfragern unterschiedliche Preise mit dem Ziel, die Produzentenrente abzuschöpfen.

BEISPIEL *Die Sommerfeld Bürosysteme GmbH bietet ihre Bürostühle für Studenten zum Vorzugspreis von 450,00 € an. Diese Gruppe würde sich sonst keine Bürostühle kaufen. Alle anderen Nachfrager zahlen weiterhin 500,00 €.*

Für die **staatliche Wettbewerbspolitik** gilt es aus den genannten Gründen, monopolistische Märkte zu vermeiden. Allerdings gibt es auch für Monopolisten **Grenzen** hinsichtlich ihres **Preissetzungsspielraums**. Märkte mit hohen Gewinnen sind auch für andere Unternehmen attraktiv, gerade wenn die **Markteintrittsbarrieren** gering sind. Wählen Monopolisten zu hohe Preise, müssen sie damit rechnen, dass auch andere Unternehmen auf den Markt drängen und sie die Monopolstellung verlieren.

ZUSAMMENFASSUNG

Markt und Preis

- Der **Markt** ist der Ort des Zusammentreffens von Angebot und Nachfrage.
- Es sind folgende **Marktarten** zu unterscheiden:

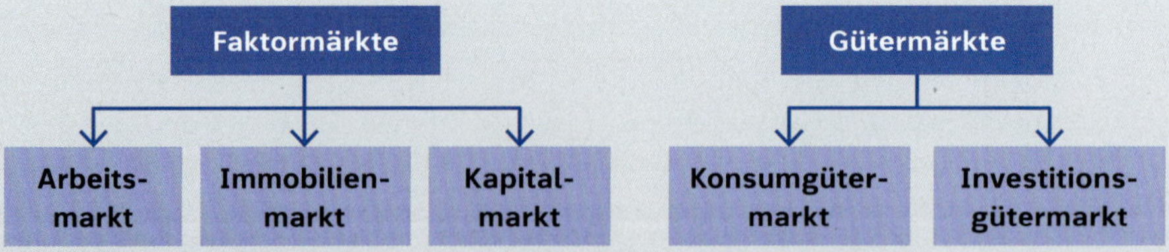

- Nach der **Zahl der Marktteilnehmer** unterscheidet man vor allem:

Polypol	– viele Anbieter – viele Nachfrager
Angebotsoligopol	– wenige Anbieter – viele Nachfrager
Angebotsmonopol	– ein Anbieter – viele Nachfrager

- Im **Polypol auf dem vollkommenen Markt** bildet sich der **Gleichgewichtspreis** dort, wo die angebotene und die nachgefragte Menge gleich groß sind.
- Das **Angebot und die Nachfrage** sind ständigen **Änderungen** unterworfen. Die jeweiligen Kurven verschieben sich.
- Die **Preiselastizität der Nachfrage** gibt das Verhältnis der prozentualen Mengenänderung eines Gutes zur prozentualen Preisänderung eines Gutes an.
- Im **Polypol auf dem unvollkommenen Markt** kann der Anbieter die Preise innerhalb eines **Preisspielraumes** ändern, ohne dass die Kunden nennenswert reagieren.
- Im **Angebotsoligopol** besteht die Tendenz zur **Preisstarrheit**. Als preispolitische Strategien kommen die **Marktverdrängungspolitik** oder das **Parallelverhalten** infrage.
- Im **Angebotsmonopol** kann der Monopolist den Preis und damit auch die Menge festsetzen. Er wird den **gewinnmaximalen Preis** wählen.

AUFGABEN

1 Benennen Sie die jeweilige Marktform.
a) wenige Nachfrager – wenige Anbieter
b) viele Nachfrager – wenige Anbieter
c) viele Nachfrager – viele Anbieter
d) wenige Nachfrager – viele Anbieter
e) viele Nachfrager – ein Anbieter

2 Erläutern Sie die Voraussetzungen eines vollkommenen Marktes.

3 Auf dem Wochenmarkt in Essen-Kray wird Kopfsalat der Handelsklasse A gehandelt. Je nachdem, wie hoch der Stückpreis ist, werden folgende Mengen Kopfsalat angeboten, nachgefragt und umgesetzt:

Preis pro Stück in EUR	Angebotsmenge in Stück (A)	Nachfragemenge in Stück (N)	möglicher Absatz in Stück	Angebotsüberschuss (Stück)	Nachfrageüberschuss (Stück)
0,40	1000	2800			
0,50	1500	2400			
0,60	2000	2000			
0,70	2500	1600			
0,80	3000	1200			

a) Übertragen Sie die Tabelle, ergänzen Sie die entsprechenden Zeilen und kennzeichnen Sie den Gleichgewichtspreis.

b) Stellen Sie Angebot und Nachfrage grafisch dar und kennzeichnen Sie den Gleichgewichtspreis und die Gleichgewichtsmenge.

c) Begründen Sie, wie sich der Preis bei
   ca) einem Angebotsüberschuss und
   cb) einem Nachfrageüberschuss
   verhält.

d) Berechnen Sie die Produzentenrente für einen Anbieter, der bereit wäre, 100 Kopfsalate zu einem Preis von 0,50 € zu verkaufen.

e) Berechnen Sie die Konsumentenrente für einen Nachfrager, der bereit wäre, 50 Kopfsalate zu einem Preis von 0,70 € zu kaufen.

4 Die Sommerfeld Bürosysteme GmbH verkauft 4000 Cubis Tische zu einem Preis von 465,00 €. Würde sie den Preis auf 495,00 € erhöhen, rechnet sie noch mit einem Absatz von 3680 Tischen. Berechnen Sie die Preiselastizität der Nachfrage.

5 Sie sind Vertriebsleiter bei einem Anbieter von Mobiltelefonen und sollen den Markt untersuchen. Erläutern Sie, wie sich die folgenden Sachverhalte auf den Markt auswirken.

a) Das verfügbare Einkommen der Bürger steigt aufgrund von Steuersenkungen.
b) Mobiltelefone sind „out".
c) Das Telefonieren im Festnetz wird teurer.
d) Die Branche hat hohe Tarifabschlüsse getätigt.
e) Das Produktionsverfahren zur Herstellung wird stark verbessert.

6 Erläutern Sie, warum Polypolisten auf einem unvollkommenen Markt einen Preisspielraum haben.

7 Begründen Sie, warum es im Oligopol eine Tendenz zur Preisstarrheit gibt.

8 Die Farbenwerke Wilhelm Weil AG haben einen Speziallack für die Möbelindustrie entwickelt. Sie sind der einzige Hersteller für diese Lacke und haben auf diesem Teilmarkt eine Monopolstellung erreicht. Die Fixkosten betragen 2000000,00 € und es fallen variable Stückkosten in Höhe von 200,00 € pro Verkaufseinheit (VE) an. Es gilt folgende Preis-Absatz-Funktion:

Preis in € pro VE	600	500	400	300	200	100	0
Nachfrage in VE	0	10000	20000	30000	40000	50000	60000

a) Berechnen Sie mithilfe einer geeigneten Tabelle die Erlöse, die Kosten sowie die Gewinne für die jeweiligen Preis-Mengen-Kombinationen. Kennzeichnen Sie die gewinnmaximale Kombination.
b) Stellen Sie Ihre Ergebnisse in einem Koordinatensystem dar.

9 Hartmut Sommer und Peter Kraus überlegen, wie sich die folgenden Sachverhalte auf den Markt für Bürostühle auswirken werden.

a) Die Bundesregierung senkt die Mehrwertsteuer.
b) Aufgrund des Waldsterbens werden Hölzer teurer.
c) Immer mehr Menschen richten sich ein häusliches Arbeitszimmer ein.
d) Aufgrund der nachlassenden Konjunktur schätzt die Büromöbelbranche die Lage pessimistisch ein.
e) Die Preise für Bürotische wurden stark erhöht.

2.3 Staatliche Eingriffe in den Markt

LS 16

Die Geschäftsführer Hartmut Sommer, Lambert Feld und Claudia Farthmann treffen sich wie jeden Freitag zu einer Besprechung. Zu Beginn werden in der Regel kurz wichtige Themen aus Wirtschaft und Politik diskutiert. Claudia Farthmann meint: „Die Erhöhung des Mindestlohns macht mir schon ein wenig Sorgen. Da wird ein Stundenlohn gezahlt, der nicht marktgerecht ist. Das kann auf Dauer nicht gut für unsere Wirtschaft sein und führt zu mehr Arbeitslosigkeit." „Ich sehe dem gelassen entgegen", antwortet Hartmut Sommer, „schließlich haben die Arbeitgeber die Einführung des Mindestlohns selbst verursacht. Wenn ich sehe, was in manchen Branchen für ein Lohn gezahlt wurde, da konnte doch keiner von leben." „Das sehe ich auch so", fügt Lambert Feld hinzu, „außerdem betrifft die Diskussion nicht die Sommerfeld Bürosysteme GmbH, sondern den Niedriglohnsektor. Unsere Löhne liegen doch erheblich über dem Mindestlohn."

ARBEITSAUFTRÄGE

- **Erläutern Sie die Zielsetzung, die mit einem gesetzlichen Mindestlohn verfolgt wird.**
- **Stellen Sie einen gesetzlichen Mindestlohn skizzenhaft grafisch dar und erläutern Sie mögliche Probleme, die mit einem Mindestlohn verbunden sind.**
- **Schlagen Sie alternative Maßnahmen vor.**

Der Marktpreis ist das Ergebnis aus dem (freien) Zusammenwirken von Angebot und Nachfrage. Es kann sich aber ergeben, dass der erzielte Marktpreis aus politischen Gründen unerwünscht ist. Entweder erzielen Anbieter für bestimmte Güter einen zu geringen Marktpreis und sind so beispielsweise in ihrer Existenz bedroht oder Nachfrager müssen zu viel für bestimmte Güter aufwenden und werden schlimmstenfalls gar ganz vom Konsum ausgeschlossen. Im Rahmen der **sozialen Marktwirtschaft** kann der Staat hier korrigierend eingreifen.

Staatliche Eingriffe in den Markt kommen in vielfältigen **Bereichen** der Wirtschaftspolitik vor. Beispielhaft seien genannt:

Außenhandelspolitik	BEISPIEL *Durch Zahlung von Exportsubventionen oder Erhebung von Importzöllen wird die einheimische Wirtschaft gefördert.*
Prozesspolitik	BEISPIEL *Die Bundesregierung hat in der Corona-Krise der 2020er Jahre reagiert. Zur Stützung der Konjunktur hat sie Haushalte und Unternehmen durch zahlreiche Leistungen gefördert.*
Strukturpolitik (vgl. LF 9, Kap. 3)	BEISPIEL *Um die heimische Kohleindustrie zu schützen, wird sie durch staatliche Hilfen gefördert.*

Besondere Bedeutung haben staatliche Eingriffe in der **sozialen Marktwirtschaft** im Rahmen der **Sozialpolitik**. Nach Artikel 20 des Grundgesetzes (Sozialstaatsprinzip) hat der Staat dafür Sorge zu tragen, dass ein **Ausgleich sozialer Gegensätze und eine gerechte Verteilung der Lasten** angestrebt werden. Deshalb verfolgt die Sozialpolitik das Ziel, einer durch den Marktmechanismus entstehenden ungleichmäßigen Einkommens- und Vermögensverteilung entgegenzuwirken. Zudem sollen sozial schwächer gestellte oder in Not geratene Menschen unterstützt und abgesichert werden. Der Staat entspricht dadurch dem Anspruch auf soziale Sicherheit und Gerechtigkeit. Als wichtige staatliche Instrumente der **Sozialpolitik** sind unter anderem die Steuerpolitik und Transferpolitik zu nennen.

STEUERPOLITIK

Mit den Steuereinnahmen finanziert der Staat im Wesentlichen seine Ausgaben. Durch Steuererhöhungen oder -senkungen kann der Staat regulierend in das Wirtschaftsgeschehen eingreifen. **Soziale Aspekte** werden berücksichtigt, indem Freibeträge und ansteigende Steuersätze (Steuerprogression) festgelegt werden.

BEISPIELE *Einkommensteuergesetz, Körperschaftsteuergesetz, Umsatzsteuergesetz, Gewerbesteuergesetz*

TRANSFERPOLITIK

Durch staatliche Transfers erfolgen Zahlungen des Staates an private Haushalte ohne direkte Gegenleistung.

BEISPIELE *Sozialhilfe, Kindergeld, Elterngeld, Wohngeld, Ausbildungsförderung*

Direkte staatliche Eingriffe in den Markt

Direkte staatliche Eingriffe in den Markt schränken den Preis-Mengen-Mechanismus ein und stören die freie Preisbildung am Markt. Diese Eingriffe sind deshalb **marktinkonform**. Sie setzen entweder bestimmte Preisunter- oder -obergrenzen fest bzw. schränken die Verbrauchs- oder Produktionsmengen ein.

Höchstpreis

Durch die Einführung eines Höchstpreises will der Staat die Versorgung mit Gütern zu günstigen Preisen sicherstellen. Der Höchstpreis dient dem Schutz der Nachfrager. Ein staatlich verordneter Höchstpreis muss deshalb unterhalb des Marktpreises liegen.

BEISPIEL *Die Lebensmittelpreise sind in letzter Zeit sehr stark gestiegen und die Verbraucherinnen und Verbraucher müssen einen beträchtlichen Teil ihres Einkommens für Lebensmittel ausgeben. Um die Versorgung der Bevölkerung mit kostengünstigen Lebensmitteln sicherzustellen, erwägt der Staat deshalb die Einführung eines Höchstpreises für Brot. Die Marktsituation stellt sich nach Einführung des Höchstpreises wie folgt dar:*

Im Vergleich zum Gleichgewichtspreis (Marktpreis) bieten die Anbieter zum Mindestpreis eine zu geringe Menge (x_A) an. Gleichzeitig steigt die Nachfrage (x_N) mit der Folge, dass am Markt nun ein Nachfrageüberhang entsteht.

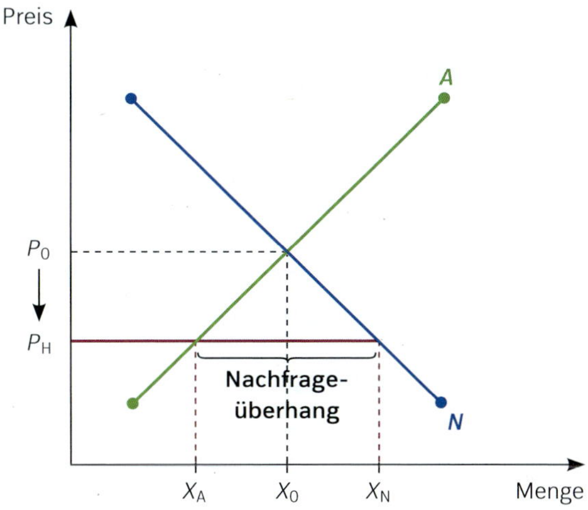

Höchstpreis

Da die Einführung von Höchstpreisen regelmäßig mit einem zu geringen Angebot an Gütern einhergeht, muss der Staat zusätzliche **mengenregulierende Maßnahmen** ergreifen. Dies können z. B. Subventionen an Anbieter oder das Aufstellen von Zuteilungsregeln für das zu geringe Angebot sein. Höchstpreise bergen zudem die Gefahr in sich, dass sich die Mangellage weiter verschärft. Für die Anbieter bestehen aufgrund des zu geringen Preises keine Anreize, ihr Angebot auszuweiten. Durch die Einführung von Höchstpreisen entstehen häufig **Schwarzmärkte**. Da es viele Nachfrager gibt, die auch einen höheren Marktpreis zahlen würden, verkaufen Anbieter ihre Ware illegal „unter dem Ladentisch" zu diesem höheren Preis.

Mindestpreis

Die Einführung eines Mindestpreises dient dem Schutz der Anbieter. Der Staat verfolgt das Ziel, die Einkommen der Anbieter zu sichern. Ein staatlich verordneter Mindestpreis muss deshalb über dem Marktpreis liegen.

BEISPIEL *Um die Einkommen der deutschen Milchwirtschaft zu sichern und die heimische Agrarwirtschaft zu stärken, erwägt der Staat, einen Mindestpreis für Butter einzuführen. Die Marktsituation stellt sich nach Einführung des Mindestpreises wie folgt dar:*

Im Vergleich zum Gleichgewichtspreis bieten die Anbieter zum Mindestpreis eine erheblich größere Menge (x_A) an. Gleichzeitig sinkt die Nachfrage (x_N) mit der Folge, dass am Markt nun ein Angebotsüberhang (z. B. „Butterberg") entsteht.

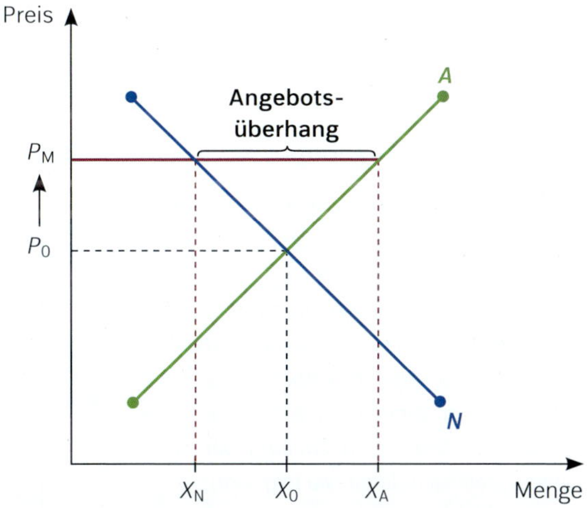

Mindestpreis

Mit der Einführung eines Mindestpreises steht der Staat vor dem Problem, wie er mit den entstehenden Angebotsüberhängen umgehen soll. Es sind weitere **mengenregulierende Maßnahmen** notwendig. So könnte der Staat beispielsweise den Angebotsüberhang aufkaufen und bevorraten, die Nachfrage durch Transferzahlungen erhöhen oder eine Verringerung des Angebots durch Mengenbeschränkungen („Stilllegungsprämien") fördern. Die Einführung eines Mindestpreises zieht also weitere staatliche Eingriffe nach sich, die in der Regel mit **hohen volkswirtschaftlichen Kosten** verbunden sind.

Indirekte staatliche Eingriffe in den Markt

Durch indirekte staatliche Eingriffe in den Markt wird der Preis-Mengen-Mechanismus nicht außer Kraft gesetzt. Der Staat versucht, unerwünschte Auswirkungen zu hoher oder niedriger Marktpreise durch Veränderungen der Angebots- oder Nachfragebedingungen zu mildern. Da die freie Preisbildung erhalten bleibt, sind solche Eingriffe **marktkonform**.

Förderung der Nachfrage

BEISPIEL: *Zur Unterstützung einkommensschwacher Haushalte zahlt der Staat Wohngeld. Diese Transferzahlungen führen für die begünstigten Haushalte effektiv zu einer Senkung der Mietlast. Auch einkommensschwache Haushalte können nun Wohnungen in bestimmten höherwertigen Marktsegmenten (z. B. Vierzimmerwohnungen) nachfragen, zu denen sie vorher keinen Zugang hatten. Die Nachfrage- und Angebotssituation nach Zahlung der Transferzahlung stellt sich damit in diesen Marktsegmenten wie folgt dar:*

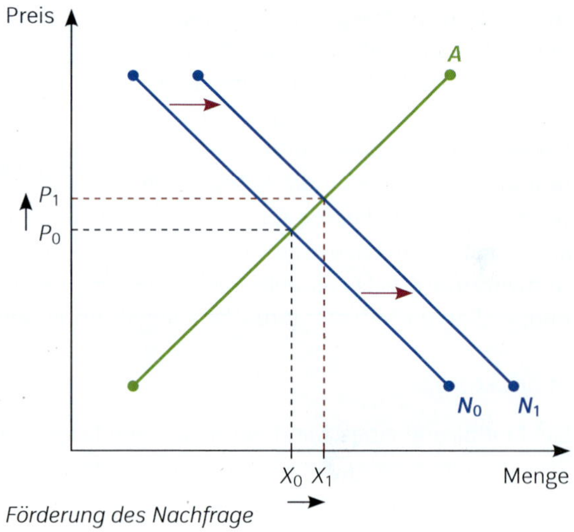

Förderung des Nachfrage

Durch die **Förderung der Nachfrage** steigt die auf dem Markt abgesetzte Menge von x_0 auf x_1. Es können also mehr einkommensschwache Haushalte Vierzimmerwohnungen beziehen.

Förderung des Angebots

BEISPIEL: *Um Arbeitsplätze in bestimmten Branchen zu erhalten, zahlt der Staat Zuschüsse und gewährt zinsgünstige Kredite. Diese Subventionen führen für die betroffenen Unternehmen dazu, dass sich ihre Kostensituation effektiv verbessert und sie ihr Angebot ausweiten. Die Nachfrage- und Angebotssituation nach Zahlung der Subvention stellt sich damit wie folgt dar:*

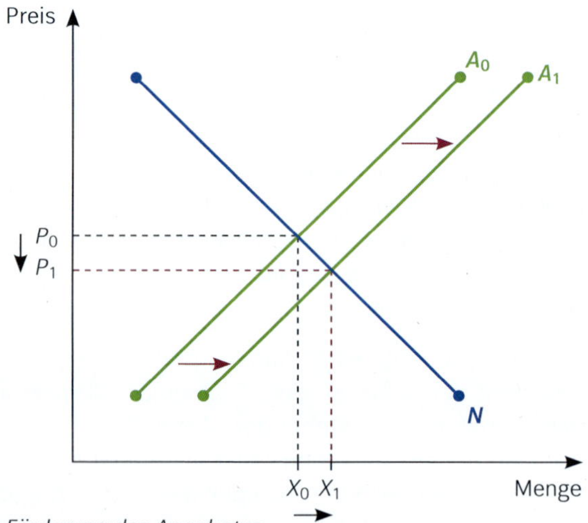

Förderung des Angebotes

Durch die **Förderung des Angebotes** steigt die auf dem Markt abgesetzte Menge von x_0 auf x_1. Es werden damit mehr Güter in den geförderten Branchen hergestellt, was zu einem Erhalt von Arbeitsplätzen führt.

Indirekte (marktkonforme) Eingriffe des Staates sind den direkten (marktinkonformen) Eingriffen es Staates vorzuziehen. Sie sind mit **geringeren volkswirtschaftlichen Kosten** verbunden, da keine Maßnahmen zur Mengenregulierung notwendig sind. Außerdem wird der Wettbewerb auf dem Markt in geringerem Maßnahme beeinflusst, da sich der Preis weiterhin aus dem Zusammenwirken von Angebot und Nachfrage der Marktteilnehmenden ergibt.

ZUSAMMENFASSUNG

Staatliche Eingriffe in das Markt

- Zur **Korrektur ungewollter Marktergebnisse** greift der Staat in der sozialen Marktwirtschaft korrigierend ein.
- Staatliche Eingriffe haben **prozess-, außenhandels-, struktur- oder sozialpolitische Gründe**.

Marktkonforme Eingriffe	– schränken den Markt-Preis-Mechanismus nicht ein
	– Staat beeinflusst nur die Marktbedingungen und damit indirekt auch den Preis für Güter
	– indirekte Eingriffe, z. B.:
	  – Transferzahlungen an Haushalte
	  – Subventionen an Unternehmen
	  – Importzölle
	  – Exportsubventionen
	– Verschiebung von Angebot und Nachfrage bei freier Preisbildung

Marktinkonforme Eingriffe	– schränken den Markt-Preis-Mechanismus ein
	– staatliches Handeln wirkt direkt auf die Preise und/oder Mengen
	– direkte Eingriffe:
	  – Höchst- und Mindestpreise machen Maßnahmen zur Mengenregulierung notwendig
	  – Festsetzung von Verbrauchs- und Produktionsmengen

- **Indirekte staatliche Eingriffe** schränken die Preisbildung und den Wettbewerb weniger ein und sind mit geringeren volkswirtschaftlichen Kosten verbunden.

AUFGABEN

1 Unter bestimmten Voraussetzungen greift der Staat im Rahmen der sozialen Marktwirtschaft in das Wirtschaftsgeschehen ein.

a) Erläutern Sie, was man unter marktkonformen und unter marktinkonformen Eingriffen versteht.

b) Begründen Sie, ob der Staat sich tendenziell eher für marktkonforme oder marktinkonforme Eingriffe entscheiden sollte.

2 Der Staat setzt sehr selten Mindest- oder Höchstpreise fest.

a) Erläutern Sie, zu welchem Zweck und zu wessen Schutz die jeweiligen Preise dienen.
b) Begründen Sie, ob es bei der jeweiligen Preissetzung zu Angebots- oder Nachfrageüberschüssen kommt.
c) Nennen Sie zwei Nachteile, die mit der Mindest- und Höchstpreisfestschreibung verbunden sind.

3 Direkte staatliche Eingriffe in den Markt können durch die Festlegung von Mindest- oder Höchstpreisen erfolgen. Welche der folgenden Aussagen von (1) bis (6) treffen
a) nur auf den Mindestpreis,
b) nur auf den Höchstpreis,
c) weder auf den Höchstpreis noch auf den Mindestpreis,
d) sowohl auf den Höchstpreis als auch auf den Mindestpreis
zu?

(1) Die staatlichen Maßnahmen sind marktinkonform.
(2) Auf den Märkten kommt es zu einem Angebotsüberhang.
(3) Der staatlich festgesetzte Preis liegt unterhalb des Marktpreises.
(4) Die staatliche Maßnahme erfolgt zum Schutz der Anbieter.
(5) Die Entstehung von Schwarzmärkten wird begünstigt.
(6) Durch diese staatliche Maßnahme wird der Markt geräumt.

LS 17

2.4 Wettbewerbspolitik als zentrale Aufgabe der Ordnungspolitik in der sozialen Marktwirtschaft

Emilia Schaub liest in der Zeitung von einem geplanten Zusammenschluss von zwei deutschen Großunternehmen der Elektroindustrie. Das Bundeskartellamt in Bonn will die Fusion nur unter bestimmten Auflagen genehmigen. In diesem Fall soll ein Unternehmen den Bereich der überschneidenden Produktgruppen vor der Fusion verkaufen, damit der Wettbewerb erhalten bleibt.

ARBEITSAUFTRÄGE

- Entwerfen Sie in Gruppen ein Lernplakat zu den unterschiedlichen Arten von Unternehmenszusammenschlüssen und den Zielen, die mit dem jeweiligen Zusammenschluss verfolgt werden. Die Plakate werden in der Klasse vorgestellt und nach Stärken und Schwächen beurteilt.
- Begründen Sie, warum der Staat regulierend in das Wettbewerbsgeschehen eingreift, und erläutern Sie, welche ordnungspolitischen Maßnahmen ihm dafür zur Verfügung stehen.
- Stellen Sie die wesentlichen Regelungen des Gesetzes gegen Wettbewerbsbeschränkungen (GWB) in einer Übersicht dar.

Ordnungspolitik

Unter Ordnungspolitik werden die **Maßnahmen des Staates** verstanden, welche die Wirtschaftsordnung – im Falle Deutschlands also die **soziale Marktwirtschaft** – **gestalten, erhalten und ausbauen**. Damit werden langfristig die rechtlichen, sozialen und wirtschaftlichen Rahmenbedingungen festgelegt, innerhalb derer sich der Wirtschaftsprozess vollzieht. Trotz ihres grundlegenden Charakters ist die Ordnungspolitik keineswegs starr, sondern sie entwickelt sich entsprechend veränderter Bedingungen und Einschätzungen weiter.

BEISPIEL *Bis zum Jahr 2000 gab es das Ministerium für Landwirtschaft. Nun heißt es Bundesministerium für Ernährung und Landwirtschaft. Durch veränderte Lebensgewohnheiten hat die Ernährung eine stärkere Bedeutung erlangt, um die Gesundheit der Menschen zu fördern.*

Ziele der Ordnungspolitik

- **Sicherung der Wirtschaftsordnung:** Der Staat muss dafür Sorge tragen, dass die individuellen Freiheitsrechte im Hinblick auf Berufswahl und Gewerbefreiheit, Bildung von Privateigentum, Vertragsfreiheit, freie Wahl von Wohnort und Arbeitsplatz gewahrt bleiben, sofern kein anderer dadurch in diesen Rechten beeinträchtigt wird. Darüber hinaus muss er dem sozialen Aspekt der Marktwirtschaft insofern Rechnung tragen, als er auch sozial und wirtschaftlich Schwächere in das Gesellschaftsleben integriert.

  BEISPIEL *Die Sommerfeld Bürosysteme GmbH hat ihre Vertragsbedingungen in den Allgemeinen Geschäftsbedingungen festgelegt. Trotz der Vertragsfreiheit wurden begrenzende rechtliche Regelungen im BGB (§ 305 ff. BGB) geschaffen, um die rechtliche Position des Käufers gegenüber dem Verkäufer zu stärken. Diese Regelungen waren bei der Formulierung der Allgemeinen Geschäftsbedingungen zu beachten.*

- **Sicherung der Funktionsfähigkeit des Marktes und damit Erhaltung des Wettbewerbs (Wettbewerbspolitik)**

  BEISPIEL *Für die Sommerfeld Bürosysteme GmbH existieren keine staatlichen Vorgaben hinsichtlich der Art und Menge der zu produzierenden Güter. Diese Koordinierungsaufgabe erfüllt der Wettbewerb unter den Anbietern. Der Preismechanismus stellt sicher, dass sich Unternehmen an den Wünschen der Nachfrager orientieren müssen, wenn sie gegenüber anderen Konkurrenten bestehen wollen.*

Ziele staatlicher Wettbewerbspolitik

Die Wettbewerbspolitik stellt den **wichtigsten Bereich der Ordnungspolitik** dar. Wettbewerb und freie Preisbildung auf dem Markt sind das Fundament einer marktwirtschaftlichen Ordnung und Voraussetzung für ihr Funktionieren. Der Wettbewerb soll Anbietern und Nachfragern die Freiheit in ihren Entscheidungen garantieren und erfüllt damit eine **gesellschaftliche Aufgabe**.

BEISPIELE

- *Die Sommerfeld Bürosysteme GmbH hat entschieden, ihre Produktion auf ökologisch orientierte Produkte auszurichten und damit ihre Produkte einer wachsenden Zielgruppe anzubieten.*
- *Die Verbraucher entscheiden entsprechend ihren Bedürfnissen und Präferenzen, ob sie ihre Büroeinrichtung bei der Sommerfeld Bürosysteme GmbH oder lieber bei einem Konkurrenzunternehmen, z. B. der ABE Aktuell Büro-Einrichtungen KG, beziehen.*

Darüber hinaus erfüllt ein leistungsfähiger Wettbewerb auch ökonomische Aufgaben.

Funktionen des Wettbewerbs	
Steuerungsfunktion	Unternehmen können nur am Markt bestehen, wenn sie ihr Güterangebot auf die Präferenzen der Nachfrager ausrichten. Sie werden deshalb Märkte mit hoher Nachfrage bedienen, da diese Märkte hohe Renditen versprechen. Märkte, auf denen nur eine geringe Nachfrage besteht, werden dagegen von den Unternehmen aufgegeben. Die zur Gütererstellung notwendigen Produktionsfaktoren werden somit automatisch in ihre effizienteste Verwendung gelenkt.
Anreiz- und Innovationsfunktion	Anbieter sind bestrebt, sich durch Produktverbesserungen und Kostensenkungen Wettbewerbsvorteile zu verschaffen, was letztendlich zu einer Förderung des technischen Fortschritts und zur Wohlstandssteigerung beiträgt.
Ausschaltungsfunktion	Unternehmen mit überhöhten Produktionskosten oder schlechter Produktqualität verlieren ihre Kunden und scheiden aus dem Wettbewerb aus.
Verteilungsfunktion	Wettbewerb trägt zu einer leistungsgerechten Verteilung der Faktoreinkommen zwischen Haushalten und Unternehmen bei.

Trotz dieser Vorteile zeigen praktische Erfahrungen, dass zueinander in Konkurrenz stehende Anbieter immer wieder bestrebt sind, **den Wettbewerb einzuschränken oder auszuschalten**. So schließen sich Unternehmen mehr oder weniger eng zusammen – das reicht von einfachen Absprachen bis zur Aufgabe der rechtlichen und wirtschaftlichen Selbstständigkeit –, um damit ihre Wettbewerbsposition zu verbessern, oder sie versuchen, Konkurrenten durch „unlautere Praktiken“ vom Markt zu verdrängen.

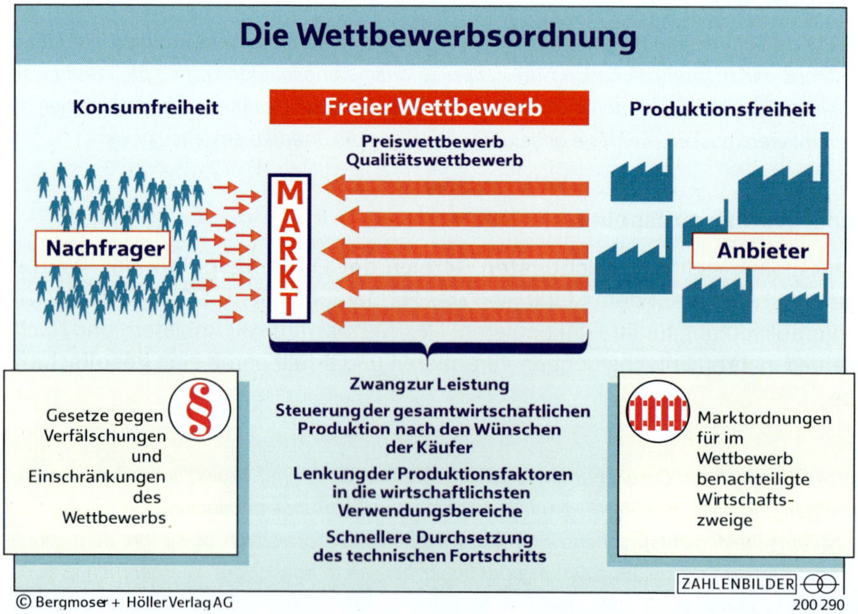

Beide Tendenzen zeigen, dass ein sich selbst überlassener Wettbewerb auf Dauer nicht die ihm zugeschriebenen Aufgaben erfüllen kann. Er muss deshalb durch entsprechende ordnungspolitische Maßnahmen und Institutionen geschützt werden. Ziel staatlicher Wettbewerbspolitik ist damit die Förderung und Sicherung des wirtschaftlichen Wettbewerbs als wesentliches Element der Wirtschaftsordnung in der Bundesrepublik Deutschland. Zu den wesentlichen Maßnahmen staatlicher Wettbewerbspolitik zählen das

- **Gesetz gegen Wettbewerbsbeschränkungen (GWB)**, auch „Kartellgesetz" genannt, das den fairen Wettbewerb der Anbieter untereinander und damit auch Verbraucher schützt. Die Kartellbehörden sorgen für die Einhaltung der Vorschriften.
- **Gesetz gegen unlauteren Wettbewerb (UWG)**, das die Interessen von Marktteilnehmenden schützt, indem es unlautere Wettbewerbspraktiken verbietet. → LF 9

  BEISPIEL *Unlautere Handlungen sind Täuschung und Irreführung des Konsumenten, gezielte Preisunterbietung eines Konkurrenten, Anschwärzen von Konkurrenten oder sogenannte Lockvogelangebote.*

- **Markengesetz**, das Unternehmen, die für ihre Produkte ein Waren- oder Markenzeichen erworben haben, vor Nachahmung durch die Konkurrenz schützt. → LF 9
- **Patentgesetz**, das für die Erfindung ein zeitlich begrenztes Monopol einräumt und einen Anreiz schafft, überhaupt innovativ tätig zu werden. → LF 9
- **Verbraucherschutzgesetze**, die Verbraucher in ihrer Marktposition gegenüber Produzenten stärken, d. h., sie schützen Verbraucher durch ordnungspolitische Regelungen direkt und indirekt. Gleichzeitig setzen sie aber auch Mindeststandards, die von den Unternehmen eingehalten werden müssen, wenn sie am Wettbewerb teilnehmen wollen. Verbraucherschutzgesetze normieren damit die Leistungsqualität, die im Wettbewerb zu erbringen ist.

  BEISPIELE *Preisangabenverordnung, Paragrafen im BGB zu den allgemeinen Geschäftsbedingungen, Gesetz über die Haftung fehlerhafter Produkte, Geräte- und Produktsicherheitsgesetz* → LF 3

PRAXISTIPP

Unter www.gesetze-im-internet.de finden Sie weitere Informationen zu den obigen Gesetzen.

Kooperation und Konzentration als Formen von Unternehmenszusammenschlüssen

Maßnahmen der Wettbewerbspolitik zielen auf bestimmte Formen von Absprachen und Zusammenschlüssen von Unternehmen.

Kooperation

liegt vor, wenn rechtlich selbstständig bleibende Unternehmen sich zur Zusammenarbeit verpflichten, dabei gegebenenfalls einen Teil ihrer wirtschaftlichen Selbstständigkeit aufgeben. Im Vordergrund steht bei diesen Unternehmenszusammenschlüssen eine Erhöhung der Wirtschaftlichkeit und damit der Leistungs- und Wettbewerbsfähigkeit. Das schließt jedoch nicht aus, dass durch die Bildung von Marktmacht eine Beschränkung des Wettbewerbs die Folge ist. Zu unterscheiden sind folgende Formen:

- **Arbeitsgemeinschaften** sind i. d. R. zeitlich begrenzte Zusammenschlüsse von Unternehmen, die ihre rechtliche und wirtschaftliche Selbstständigkeit behalten.

  BEISPIEL *Kooperation zur gemeinsamen Forschungs- und Entwicklungsarbeit; Zusammenschluss mehrerer Bauunternehmen für die Durchführung größerer Bauvorhaben*

- **Interessengemeinschaften/Verbände** sind Zusammenschlüsse von Unternehmen, die ihre rechtliche und wirtschaftliche Selbstständigkeit behalten, zur Verfolgung eines gemeinsamen wirtschaftlichen Zwecks.

  BEISPIEL *Die Sommerfeld Bürosysteme GmbH ist im Landesverband Holzindustrie und Kunststoffverarbeitung Nordrhein e. V. organisiert, der die Interessen seiner Mitglieder vertritt.*

- **Syndikate** sind Zusammenschlüsse von Unternehmen der gleichen Produktions- oder Handelsstufe, die zum Ziel haben, eine gemeinsame, rechtlich selbstständige Einkaufs- oder Verkaufsorganisation zu errichten, um so die Beschaffung oder den Absatz wirtschaftlicher zu gestalten.

  BEISPIEL *Mehrere Händler gründen eine gemeinsame Einkaufsorganisation, um so Mengenrabatte zu erhalten.*

- **Kartelle** sind vertragliche Zusammenschlüsse von rechtlich selbstständigen, gleichartigen Unternehmen, die einen Teil ihrer wirtschaftlichen Selbstständigkeit verlieren. Sie verfolgen das Ziel, den Wettbewerb durch Absprachen über Preise, Lieferungs- und Zahlungsbedingungen, Produktionsmengen u. a. auszuschalten oder zu begrenzen. Nach § 1 GWB sind Kartelle grundsätzlich verboten.

  BEISPIEL *Mehrere Brauereien treffen sich gelegentlich zu einem lockeren Austausch bei einem gemeinsamen Frühstück und sprechen geplante Preiserhöhungen untereinander ab. („Frühstückskartell")*

Konzentration

liegt vor, wenn sich Unternehmen durch Kapitalbeteiligung unter Aufgabe ihrer rechtlichen und/oder wirtschaftlichen Selbstständigkeit unter einer gemeinsamen Leitung zusammenschließen, verbunden mit dem Ziel, eine größere Marktmacht zu erreichen. Nach den durch den Zusammenschluss beteiligten Produktionsstufen unterscheidet man horizontale, vertikale und anorganische (diagonale, konglomerate) Zusammenschlüsse.

Horizontale Zusammenschlüsse erfolgen zwischen Unternehmen derselben Branche.

BEISPIEL *Die Sommerfeld Bürosysteme GmbH schließt sich mit Mitbewerbern zusammen.*

Vertikale Zusammenschlüsse erfolgen zwischen Unternehmen aufeinanderfolgender Produktionsstufen.

BEISPIEL *Die Sommerfeld Bürosysteme GmbH plant den Zusammenschluss mit einem Sägewerk und einem Möbelhändler.*

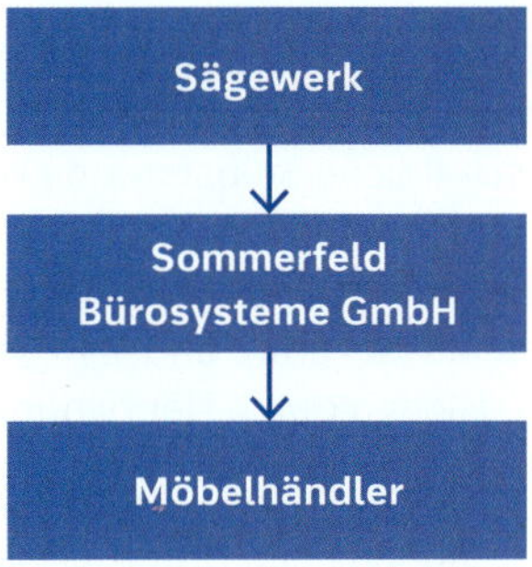

Anorganische (diagonale, konglomerate) Zusammenschlüsse erfolgen durch Unternehmen verschiedener Branchen mit dem Vorteil eines möglichen Risikoausgleichs.

BEISPIEL *Zu einer Unternehmensgruppe gehören Lebensmittelunternehmen, Schifffahrtsgesellschaften sowie eine Bank.*

Konzerne

sind ein Zusammenschluss rechtlich selbstständig bleibender Unternehmen unter einer gemeinsamen Leitung. Die wirtschaftliche Selbstständigkeit geht verloren. Nach der **Abhängigkeit**, die zwischen den Unternehmen eines Konzerns besteht, unterscheidet man **Unterordnungs-** und **Gleichordnungskonzerne**.

- In einem **Unterordnungskonzern** erwirbt ein herrschendes Unternehmen z. B. die Aktienmehrheit eines oder mehrerer abhängiger Tochterunternehmen. Die gemeinsame Leitung erfolgt durch die Konzernmutter (herrschendes Unternehmen). Die Muttergesellschaft kann auch durch eine sogenannte Dachgesellschaft (Holding) gebildet werden, die keine operative Tätigkeit ausübt, sondern lediglich Kapitalbeteiligungen an den einzelnen Unternehmen hält und den Konzern lenkt.

  BEISPIEL *Die Porsche AG und die Audi AG sind Tochtergesellschaften der Konzernmutter Volkswagen AG.*

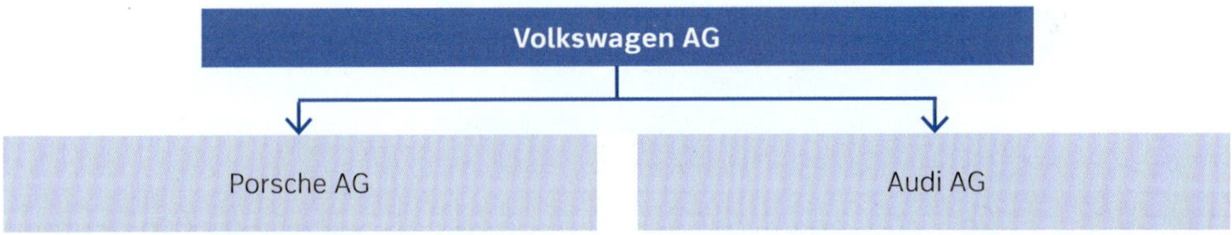

- In einem **Gleichordnungskonzern** bleiben die Konzernunternehmen insofern unabhängig voneinander, als sie gegenseitig Kapitalbeteiligungen tauschen und die Leitung gemeinsam übernehmen.

  BEISPIEL *Die Sommerfeld Bürosysteme GmbH beteiligt sich mit 30 % am Kapital der Bürofachhandel Karl Schneider GmbH. In gleicher Höhe erwirbt der Bürofachhandel Karl Schneider GmbH eine Beteiligung an der Sommerfeld Bürosysteme GmbH. Die beiden Unternehmen sind also in wechselseitiger Kapitalbeteiligung miteinander verflochten.*

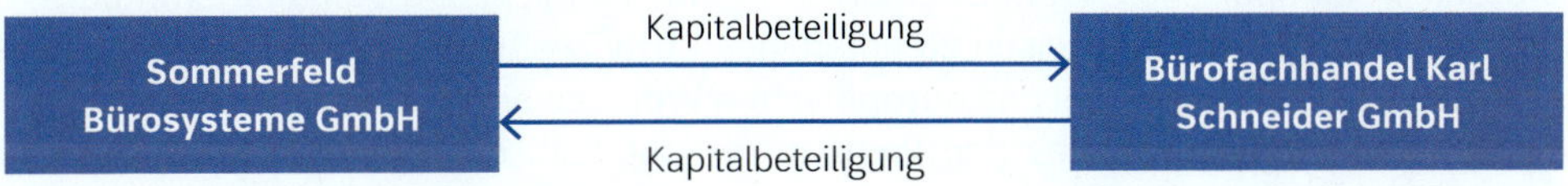

Trust

ist ein Zusammenschluss von Unternehmen, die sowohl ihre rechtliche als auch ihre wirtschaftliche Selbstständigkeit aufgeben und durch Verschmelzung **(Fusion)** eine neue Unternehmung bilden. Ziele sind Marktbeherrschung und Ausschaltung des Wettbewerbs. Hier übernimmt der Staat eine Kontrollfunktion, indem er derartige Unternehmenszusammenschlüsse prüft und ggf. verbietet. Zu unterscheiden sind Fusionen durch Aufnahme und Fusionen durch Neubildung.

- Bei **Fusionen durch Aufnahme** werden alle Vermögen- und Schuldenpositionen eines abhängigen Unternehmens komplett auf ein aufnehmendes Unternehmen übertragen.

BEISPIEL *Übernahme von Mannesmann durch Vodafone*

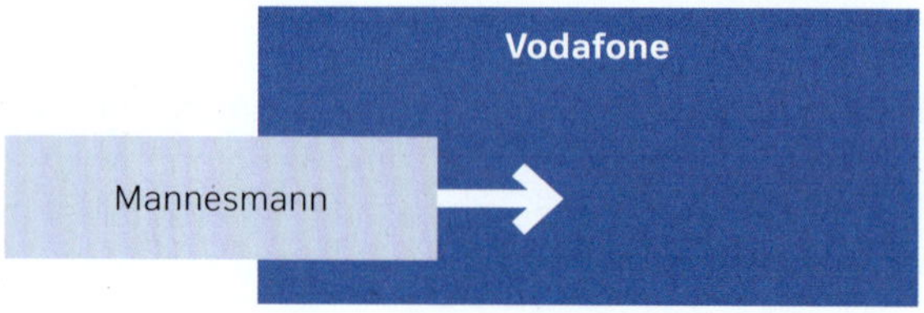

- Bei **Fusionen durch Neubildung** wird aus zwei beteiligten Unternehmen ein neues, drittes gebildet, in das beide ihr Vermögen einbringen.

BEISPIEL *Eine Bank und eine Versicherungsgesellschaft schließen sich zu einem neuen Unternehmen zusammen.*

Das Gesetz gegen Wettbewerbsbeschränkungen als wichtigstes Instrument staatlicher Wettbewerbspolitik

Das **Gesetz gegen Wettbewerbsbeschränkungen (GWB)** basiert auf dem Gedanken, dass der Staat im Rahmen der Wettbewerbspolitik dafür zu sorgen hat, dass alle Menschen die Freiheit haben, sich dem Wettbewerb zu stellen.

Wettbewerbsüberwachende Stellen sind das **Bundeskartellamt in Bonn**, die jeweiligen Landeskartellbehörden und – falls die Wettbewerbsbeschränkungen eine über die nationalen Grenzen hinausgehende Bedeutung für Europa haben – die **Europäische Kommission** in Brüssel (= europäisches Wettbewerbsrecht). Ihnen obliegt die Aufgabe, wettbewerbsbeschränkende Verhaltensweisen zu unterbinden bzw. wettbewerbsbeschränkende Marktstrukturen zu verhindern. Ziel des **europäischen Wettbewerbsrechts** ist die Schaffung und Erhaltung eines Systems, das den Wettbewerb innerhalb des Binnenmarktes vor Verfälschungen schützt. Damit wird der Wettbewerbsschutz in allen Mitgliedsstaaten der EU rechtlich sowohl auf einzelstaatlicher als auch auf gemeinschaftlicher Ebene organisiert.

Die Hauptinhalte des Gesetzes gegen Wettbewerbsbeschränkung (GWB) sind das Kartellverbot, die Fusionskontrolle und die Missbrauchsaufsicht über marktbeherrschende Unternehmen.

Kartellverbot

> **§ 1 GWB: Verbot wettbewerbsbeschränkender Vereinbarungen**
> Vereinbarungen zwischen Unternehmen, Beschlüsse und Unternehmensvereinigungen und aufeinander abgestimmte Verhaltensweisen, die eine Verhinderung, Einschränkung oder Verfälschung des Wettbewerbs bezwecken oder bewirken, sind verboten.

Insbesondere verboten sind sogenannte Hardcorekartelle:

- **Preiskartelle:** Die beteiligten Unternehmen sprechen die Marktpreise ab. Wenn ein Unternehmen die Preise erhöht, ziehen die anderen nach.

  BEISPIEL *Unternehmen A erhöht den Preis für Kaffee um 10 Cent. Das Unternehmen B zieht zwei Tage später nach und erhöht seine Preise ebenfalls um 10 Cent.*

- **Quotenkartelle:** Die Produktionsmengen der beteiligten Unternehmen werden untereinander festgelegt.

  BEISPIEL *Unternehmen A produziert 100000 Tonnen Zement, Unternehmen B produziert 80000 Tonnen Zement und Unternehmen C produziert 120000 Tonnen Zement.*

- **Gebietskartelle:** Die beteiligten Unternehmen teilen den Markt nach regionalen Gesichtspunkten untereinander auf.

  BEISPIEL *Unternehmen A beliefert nur Kunden in Norddeutschland. Unternehmen B beliefert nur Kunden in Süddeutschland.*

Von diesem grundsätzlichen Verbot des § 1GWB gibt es zwei Ausnahmen: zum einen Vereinbarungen, die dem Verbraucher unmittelbar zugutekommen (§ 2 GWB), zum anderen Vereinbarungen, die die Wettbewerbsfähigkeit der mittelständischen Unternehmen festigen oder steigern (§ 3 GWB).

> **§ 2 Abs. 1: Freigestellte Vereinbarungen**
> (1) Vom Verbot des § 1 freigestellt sind Vereinbarungen zwischen Unternehmen, Beschlüsse von Unternehmensvereinigungen oder aufeinander abgestimmte Verhaltensweisen, die unter angemessener Beteiligung der Verbraucher an dem entstehenden Gewinn zur Verbesserung der Warenerzeugung oder -verteilung oder zur Förderung des technischen oder wirtschaftlichen Fortschritts beitragen, ohne dass den beteiligten Unternehmen
> 1. Beschränkungen auferlegt werden, die für die Verwirklichung dieser Ziele nicht unerlässlich sind, oder
> 2. Möglichkeiten eröffnet werden, für einen wesentlichen Teil der betreffenden Ware den Wettbewerb auszuschalten.
>
> **§ 3 Abs. 1 GWB: Mittelstandskartelle**
> Vereinbarungen von miteinander im Wettbewerb stehenden Unternehmen und Beschlüsse von Unternehmensvereinigungen, die die Rationalisierung wirtschaftlicher Vorgänge

durch zwischenbetriebliche Zusammenarbeit zum Gegenstand haben, erfüllen die Voraussetzungen des § 2 Abs. 1 wenn
1. dadurch der Wettbewerb auf dem Markt nicht wesentlich beeinträchtigt wird und
2. die Vereinbarung oder der Beschluss dazu dient, die Wettbewerbsfähigkeit kleiner oder mittlerer Unternehmen zu verbessern.

Kartellverbot § 1 GWB

Ausnahmen zum Vorteil der Verbraucher § 2 GWB

Voraussetzungen:
- Die Warenerzeugung wird verbessert oder
- der technische Fortschritt wird gefördert und
- der Verbraucher wird am Gewinn beteiligt,
- ohne den Wettbewerb für einen wesentlichen Teil der Ware auszuschalten.

Ausnahmen zum Schutz des Mittelstandes § 3 GWB

Voraussetzungen:
- Rationalisierung wirtschaftlicher Vorgänge, sofern
- keine wesentliche Beeinträchtigung des Wettbewerbs und
- eine Verbesserung der Wettbewerbsfähigkeit kleiner oder mittlerer Unternehmen stattfindet.

Im derzeit gültigen Kartellrecht gibt es keine anmelde- oder genehmigungspflichtigen Kartelle mehr. Die beteiligten Unternehmen entscheiden selbst, ob ihre Vereinbarungen mit dem Kartellrecht vereinbar sind. Nach § 32c GWB kann das Bundeskartellamt allenfalls unter bestimmten Bedingungen entscheiden, dass es keinen Anlass zum Tätigwerden seitens des Kartellamtes gibt.

Das Bundesministerium für Wirtschaft und Energie kann im Einzelfall einen durch das Bundeskartellamt untersagten Zusammenschluss durch die sogenannte **Ministererlaubnis** (§ 42 GWB) aufheben. Dies ist immer dann möglich, wenn die durch das Bundeskartellamt festgestellte Wettbewerbsbeschränkung durch die gesamtwirtschaftlichen Vorteile des Zusammenschlusses aufgewogen wird und der Zusammenschluss durch ein überragendes Interesse der Allgemeinheit gerechtfertigt ist.

Unternehmen, die an Kartellen mitwirken, werden vom Kartellamt je nach Schwere des Falles mit hohen **Geldbußen** belegt. Analog zu einer Kronzeugenregelung können Kartellteilnehmer, die ein Kartell aufdecken, mit einer Reduktion oder dem Erlass der Geldbuße rechnen.

Fusionskontrolle

Auch durch Unternehmenszusammenschlüsse kann die Funktionsfähigkeit des Wettbewerbs gefährdet werden. Aus diesem Grund muss das Bundeskartellamt prüfen, ob durch den Unternehmenszusammenschluss eine **marktbeherrschende Stellung** entsteht oder verstärkt wird. Ist dies zu erwarten, kann das Bundeskartellamt den Zusammenschluss verbieten.

Als **Unternehmenszusammenschlüsse** im Sinne des § 37 GWB gelten im Wesentlichen

- der **Erwerb des Vermögens** eines anderen Unternehmens ganz oder zu wesentlichen Teilen,

- der **Anteilserwerb**, sofern 50 % oder 25 % des Kapitals oder der Stimmrechte erreicht werden, sowie
- der mittel- oder unmittelbare **Kontrollerwerb** über ein anderes Unternehmen.

Damit werden sowohl Fusionen als auch die Bildung von Konzernen von der Fusionskontrolle erfasst.

Die Kontrolle erstreckt sich nach § 35 GWB auf Unternehmenszusammenschlüsse, bei denen der **Weltumsatz** der beteiligten Unternehmen mehr als **500 Mio. €** beträgt. Zudem muss der **Umsatz in Deutschland** mindestens eines der beteiligten Unternehmen mehr als **50 Mio. €** und der eines anderen beteiligten Unternehmens mindestens 17,5 Mio. € betragen. Die Werte beziehen sich auf das dem Zusammenschluss vorangegangene Geschäftsjahr. Die beteiligten Unternehmen sind verpflichtet, einen derartigen Zusammenschluss vor seinem Vollzug beim Kartellamt anzumelden.

Liegt eine **marktbeherrschende Stellung** vor oder wird eine bestehende verstärkt, verbietet das Kartellamt den Zusammenschluss, es sei denn, die beteiligten Unternehmen weisen nach, dass sich durch den Zusammenschluss die Wettbewerbsbedingungen verbessern und diese Vorteile höher zu bewerten sind als die Nachteile, die durch die marktbeherrschende Stellung entstehen. Erreichen die am Zusammenschluss beteiligten Unternehmen bestimmte Marktanteile, wird eine marktbeherrschende Stellung vermutet (siehe nächster Abschnitt zur Missbrauchsaufsicht). Wird der Zusammenschluss untersagt, kann eine Ministererlaubnis beantragt werden.

Missbrauchsaufsicht über marktbeherrschende Unternehmen

Unternehmen, die eine marktbeherrschende Stellung haben, stehen unter der Missbrauchsaufsicht des Bundeskartellamtes. Dieses muss sicherstellen, dass die betreffenden Unternehmen ihre Marktmacht nicht missbrauchen.

- Eine **Marktbeherrschung** liegt nach § 18 GWB dann vor, wenn ein Unternehmen keinem oder keinem wesentlichen Wettbewerb ausgesetzt ist oder eine im Verhältnis zu seinen Wettbewerbern überragende Marktstellung hat. Eine Marktbeherrschung wird nach § 18 GWB dann **vermutet**, wenn ein Unternehmen über einen Marktanteil von mindestens 40 % verfügt oder bis zu drei Unternehmen zusammen einen Marktanteil von 50 % erreichen oder bis zu fünf Unternehmen zusammen einen Marktanteil von zwei Dritteln erreichen.
- Eine **missbräuchliche Ausnutzung** einer marktbeherrschenden Stellung liegt nach § 19 GWB u. a. dann vor, wenn das marktbeherrschende Unternehmen
  - die Wettbewerbsmöglichkeiten anderer Unternehmen ohne sachlich gerechtfertigten Grund beeinträchtigt **(Behinderungsmissbrauch)**,
  - Entgelte oder Geschäftsbedingungen fordert, die sich bei wirksamem Wettbewerb nicht ergeben würden **(Ausbeutungsmissbrauch)**,
  - ungünstigere Bedingungen auf einem Markt zugrunde legt, als es das Unternehmen auf vergleichbaren Märkten tut **(Strukturmissbrauch)**.

BEISPIELE

- *Aufgrund seiner marktbeherrschenden Stellung versucht ein Unternehmen die Konkurrenten durch Kampfpreise aus dem Markt zu verdrängen* ***(Behinderungsmissbrauch)****.*

- *Aufgrund seiner überragenden Marktstellung und der sich daraus ergebenden Abhängigkeiten verlangt ein Unternehmen von Kunden und Lieferanten unangemessene Preise und Konditionen* ***(Ausbeutungsmissbrauch)****.*

Die missbräuchliche Ausnutzung einer marktbeherrschenden Stellung ist verboten, wenn auch in der Praxis oft schwer nachzuweisen. Wesentlich für die Frage der Marktbeherrschung ist die Abgrenzung der Märkte.

BEISPIEL *Porsche hat bei Sportwagen einen sehr hohen Marktanteil, bezogen auf den Markt der Personenkraftwagen ist er vernachlässigbar gering.*

Das Wettbewerbsrecht der EU

Träger der europäischen Wettbewerbspolitik ist die **Europäische Kommission**. Die europäische Wettbewerbspolitik hat das Ziel, **grenzüberschreitende Beschränkungen** des Wettbewerbs zu bekämpfen. Nicht relevant sind also Wettbewerbsbeschränkungen, die sich hauptsächlich auf den Binnenmarkt eines Mitgliedsstaates auswirken. Sie unterliegen weiterhin nur dem jeweiligen nationalen Recht.

Die Tätigkeitsfelder der EU-Wettbewerbspolitik decken sich weitgehend mit den im GWB definierten Tätigkeitsfeldern deutscher Wettbewerbspolitik. Tätigkeitsfelder der EU-Wettbewerbspolitik sind u. a.:

- **Kartellverbot:** Verbot von Kartellen solcher Unternehmen, deren Aktivitäten grenzüberschreitende ökonomische Wirkungen haben
- **Missbrauchsaufsicht:** Verbot missbräuchlicher Ausnutzung von Marktmacht
- **Fusionskontrolle:** Prüfung von Fusionen, wenn der weltweite Umsatz aller beteiligten Unternehmen mehr als 5 Mrd. EUR beträgt und der gemeinschaftsweite Gesamtumsatz mehr als 250 Mio. € beträgt

Neben den klassischen Tätigkeitsfeldern ist die EU-Kommission für die Unterbindung von mitgliedstaatlichen Wettbewerbsbeschränkungen zuständig.

PRAXISTIPP

Weitere vertiefende Informationen zur EU-Wettbewerbspolitik finden Sie auf der Seite der Europäischen Kommission unter

https://european-union.europa.eu/priorities-and-actions/actions-topic/competition_de

ZUSAMMENFASSUNG

Wettbewerbspolitik als zentrale Aufgabe der Ordnungspolitik in der sozialen Marktwirtschaft

- **Wettbewerb** erfüllt **gesellschaftliche** und **ökonomische Aufgaben** (Steuerungs-, Anreiz- und Innovations-, Ausschaltungs- und Verteilungsfunktion) und ist das Fundament einer marktwirtschaftlichen Ordnung.

- **Ziel staatlicher Wettbewerbspolitik** ist die Förderung und Sicherung des Wettbewerbs.
- Wesentliche **wettbewerbspolitische Maßnahmen** sind das Gesetz gegen Wettbewerbsbeschränkungen, das Gesetz gegen unlauteren Wettbewerb, das Markengesetz, das Patentgesetz und die Verbraucherschutzgesetze.
- **Wettbewerbsüberwachende Stellen** sind das **Bundeskartellamt** in Bonn, die jeweiligen **Landeskartellbehörden** und die **EU-Kommission** in Brüssel.
- **Absprachen zwischen Unternehmen** oder **Unternehmenszusammenschlüssen** dienen dazu, die eigene **Wettbewerbsposition zu verbessern**.
- Auf europäischer Ebene ist die **EU-Kommission** zuständig für kartellrechtliche Prüfungen, die Missbrauchsaufsicht sowie die Fusionskontrolle.

Form des Zusammenschlusses	Beispiel	Erläuterung	Wirtschaftliche Selbstständigkeit	Rechtliche Selbstständigkeit
Kooperation Zusammenarbeit aufgrund von Verträgen	Arbeitsgemeinschaften	i. d. R. zeitlich begrenzte Zusammenarbeit	bleibt	bleibt
	Interessengemeinschaften/ Verbände	gemeinsamer wirtschaftlicher Zweck	bleibt	bleibt
	Syndikate	gemeinsamer Ein- oder Verkauf	wird teilweise eingeschränkt	bleibt
	Kartelle	grundsätzlich verboten	wird eingeschränkt	bleibt
Konzentration Zusammenschluss durch Vermögens-, Anteils- oder Kontrollerwerb; nach beteiligter Produktionsstufe unterscheidet man horizontale, vertikale und anorganische Zusammenschlüsse.	Konzerne	Unterordnungs- und Gleichordnungskonzerne	wird aufgehoben	bleibt
	Trust/ Fusionen	Fusion durch Aufnahme und durch Neubildung	wird aufgehoben	wird aufgehoben

- Gesetz gegen **Wettbewerbsbeschränkungen (GWB)**

Hauptinhalte des GWB		
Kartellverbot Kartelle sind nach § 1 GWB grundsätzlich verboten.	Ausnahmen nach § 2 GWB	Vereinbarungen, die Verbrauchern unmittelbar zugute kommen
	Ausnahmen nach § 3 GWB	Vereinbarungen, die die Wettbewerbsfähigkeit der mittelständischen Unternehmen festigen oder steigern
	Ministererlaubnis	Freistellung vom Verbot des § 1 GWB
Fusionskontrolle	Entsteht durch einen geplanten Unternehmenszusammenschluss eine marktbeherrschende Stellung oder wird diese verstärkt, kann das Kartellamt den Zusammenschluss verbieten.	**Ausnahmen:** Entsprechender Nachweis der beteiligten Unternehmen hinsichtlich hoher Bedeutung des Zusammenschlusses für das Gemeinwohl oder Ministererlaubnis
Missbrauchsaufsicht über marktbeherrschende Unternehmen	**Prüfung:** 1. Liegt eine marktbeherrschende Stellung vor? 2. Wird diese Stellung missbräuchlich ausgenutzt?	**Folgen:** Wettbewerbsschädliches Verhalten untersagen und Verträge für unwirksam erklären (in der Praxis häufig schwer nachweisbar)

AUFGABEN

1 Erläutern Sie anhand von Beispielen die folgenden Funktionen des Wettbewerbs.

a) Steuerungsfunktion
b) Anreizfunktion
c) Innovationsfunktion
d) Ausschaltungsfunktion
e) Verteilungsfunktion

2 Erläutern Sie die Unterschiede zwischen einem Konzern und einem Kartell anhand der folgenden Gesichtspunkte:

a) Ziele der Zusammenarbeit
b) rechtliche Selbstständigkeit
c) wirtschaftliche Selbstständigkeit
d) rechtliche Einschränkungen

3 In den letzten Jahren sind die Zahlen der Unternehmenszusammenschlüsse stark gestiegen.

a) Erklären Sie, was man unter einer Fusion versteht.

b) Geben Sie zwei Beispiele für Unternehmenszusammenschlüsse.
c) Erläutern Sie mögliche positive und negative Auswirkungen einer Fusion auf den Wettbewerb.
d) Beschreiben Sie, welche Aufgabe dem Staat im Rahmen der Fusionskontrolle zukommt.

4 Ludwig Erhard, erster Wirtschaftsminister der Bundesrepublik Deutschland, hat das 1957 erlassene Gesetz gegen Wettbewerbsbeschränkungen als „Grundgesetz der Marktwirtschaft" bezeichnet. Nehmen Sie zu dieser Aussage kritisch Stellung.

5 Geben Sie an, welche Form der Kooperation bzw. Konzentration angesprochen wird.

a) Mehrere Unternehmen gründen eine gemeinsame Einkaufsorganisation, um so größere Mengenrabatte zu erhalten.
b) Zwei Unternehmen schließen sich zu einem neuen Unternehmen zusammen.
c) Mehrere Unternehmen teilen untereinander die Absatzgebiete auf.
d) Ein Unternehmen erwirbt die Mehrheit an einem anderen rechtlich selbstständigen Unternehmen.
e) Zwei Unternehmen schließen sich für ein gemeinsames Bauprojekt für eine begrenzte Zeit zusammen.

3 Die Strukturpolitik beschreiben

LS 18

3.1 Wirtschaftsstruktur und Standortfaktoren

Als Emilia Schaub beim Frühstück die Zeitung aufschlägt, fällt ihr die folgende Meldung auf:

Auf dem Weg in die Dienstleistungsgesellschaft

Die Arbeitswelt in der Zukunft wird sich deutlich von der gegenwärtigen unterscheiden. Im primären Sektor wird es dabei zu den größten Veränderungen kommen. So werden in Bergbau und Landwirtschaft gut 50 % aller Arbeitsplätze verloren gehen. Aber auch der sekundäre Sektor muss Einbußen hinnehmen. Deutlicher Gewinner ist der tertiäre Sektor. Hier wird mit einer Zunahme der Erwerbstätigen von rund 40 % gerechnet.

„Bedeuten Einbußen im sekundären Sektor, dass mein Ausbildungs- bzw. späterer Arbeitsplatz gefährdet ist?", fragt Emilia ihren Vater. „Die Entwicklung geht sicherlich dahin, dass die Arbeitsplätze im Dienstleistungsbereich langfristig sicherer sind. Aber Sorgen musst du dir nicht machen. Gerade in der Möbelindustrie überzeugt der Standort Deutschland durch gute Standortfaktoren. Wir sind international durchaus konkurrenzfähig", antwortet ihr Vater.

ARBEITSAUFTRÄGE

- Erläutern Sie, ob der in dem Zeitungsartikel dargestellte Wandel auch auf Ihre Region zutrifft.
- Diskutieren Sie, welche Folgen der dargestellte Wandel für Ihre Region hat.
- Erläutern Sie, inwiefern Standortfaktoren den Strukturwandel beeinflussen.

Wirtschaftsstruktur und Erwerbsstruktur

Unter der **Wirtschaftsstruktur** versteht man den Aufbau und die Zusammensetzung der Wirtschaft einer Region oder eines Landes. Die Wirtschaftsstruktur kann dabei anhand der Wirtschaftsstufen oder Wirtschaftssektoren beschrieben werden. Die Einteilung der Wirtschaft in unterschiedliche Wirtschaftsstufen oder -sektoren bezeichnet man als **volkswirtschaftliche Arbeitsteilung**. Hierzu zählen der primäre, sekundäre und tertiäre Sektor (vgl. S. 183 f.).

Der Anteil der Beschäftigten in den drei Wirtschaftsstufen kennzeichnet die **Erwerbsstruktur** einer Volkswirtschaft.

In der Wirtschaft der Bundesrepublik Deutschland vollzieht sich ein stetiger **Strukturwandel** vom primären zum tertiären Sektor. Immer weniger Menschen arbeiten in den Bereichen Urerzeugung und Weiterverarbeitung und immer mehr Menschen sind im Bereich von Handel und Dienstleistungen beschäftigt.

Vorteile dieser Form der volkswirtschaftlichen Arbeitsteilung sind, dass Arbeitsproduktivität und Wohlstand gesteigert werden.

Nachteilig ist jedoch, dass es durch den Strukturwandel der Wirtschaft verbunden mit einer zu geringen Anpassungsgeschwindigkeit zu Krisen in ganzen Branchen kommen kann.

Standortfaktoren des Standortes Deutschland

Ausschlaggebend für die Wirtschaftsstruktur einer Region oder eines Landes sind die **Standortfaktoren**. Die Qualität des Standortes Deutschland wird beispielhaft an verschiedenen Standortfaktoren untersucht:

- **Infrastruktur:** Zur Infrastruktur gehört die Ausstattung einer Region mit Verkehrs- und Informationssystemen, mit Energieversorgung, Bildungseinrichtungen und Krankenhäusern. In Deutschland bestehen im internationalen Vergleich gute Verkehrs- und Kommunikationsnetze.
- **Verwaltung:** In Deutschland existieren zwar Rechtssicherheit und eine gut organisierte Verwaltung, auf der anderen Seite aber auch hohe Steuern und Abgaben, eine hohe Staatsverschuldung und eine starke Bürokratisierung.
- **Gesellschaft:** Eine breite Mittelschicht sorgt für eine hohe Massenkaufkraft. Die Gesellschaft ist andererseits überaltert. Dies führt in Zukunft zu Problemen bei der Finanzierung der sozialen Sicherungssysteme, aber auch zu Problemen bei der Beschaffung von Arbeitskräften.

- **Lebensqualität:** Es besteht ein breites Bildungs-, Kultur- und Freizeitangebot.
- **Politische und soziale Stabilität:** Grundsätzlich herrschen politische Stabilität, sozialer Friede und eine gute Gesundheitsversorgung.
- **Außenwirtschaft:** Deutschland ist ein sehr exportorientiertes Land, es werden aber auch EU-Schutzmauern gegenüber Einfuhren aus Drittländern aufgebaut.
- **Unternehmen und Sektoren:** Die deutsche Unternehmensstruktur ist stark mittelständisch geprägt. Handwerks- und Industriebetriebe (Sekundärsektor) bestimmen das Bild. Eher negativ zu beurteilen sind der hohe Anteil an traditionellen Industriegütern sowie der unterentwickelte Tertiärsektor.

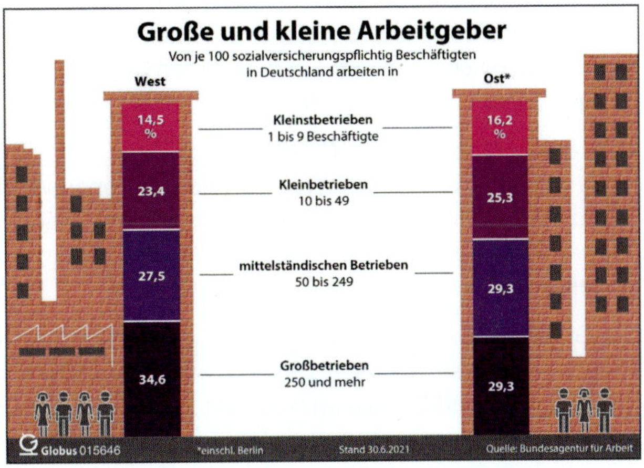

- **Regionen:** Es gibt viele polystrukturierte Gebiete, aber auch einige strukturschwache, monostrukturierte Gebiete.
- **Natürliche Ressourcen:** Deutschland besitzt außer teuer zu gewinnender Kohle kaum eigene Rohstoffe. Eine hoch entwickelte Umwelttechnologie entstand aufgrund strenger gesetzlicher Umweltauflagen.
- **Arbeitskräfte:** Die duale Ausbildung trägt dazu bei, dass die Arbeitskräfte in der Regel gut ausgebildet sind. Insgesamt ist der deutsche Arbeitsmarkt jedoch sehr inflexibel, die Lohnkosten sind vergleichsweise hoch und die Ausbildungszeiten sehr lang. Die Mobilität der Arbeitskräfte ist eher gering.

Internationaler Standortwettbewerb

Im Zusammenhang mit der Diskussion um den Standort Deutschland wird häufig der Begriff **Globalisierung der Wirtschaft** genannt. Unter Globalisierung der Wirtschaft versteht man die zunehmende weltweite Verflechtung von Unternehmen und Finanz-, Waren- und Dienstleistungsmärkten. Viele deutsche Unternehmen besitzen Produktionsstätten im Ausland und beliefern von dort aus die Weltmärkte. Damit verlieren die nationale Produktion und der nationale Absatz von Gütern und Dienstleistungen zunehmend an Bedeutung. Diese multinationalen Unternehmen werden als **Global Players** bezeichnet.

BEISPIELE *Volkswagen, Siemens, General Electric*

Ursachen für diese in den letzten Jahren immer stärker zunehmende weltweite Verflechtung und damit des weltweiten Wettbewerbs sind:

- **Fortschritte in der Informations- und Kommunikationstechnologie**

  BEISPIEL *Satellitentechnik, Glasfaserkabel, Mobiltelefon, Internet und künstliche Intelligenz ermöglichen eine immer schnellere und preiswertere Informationsbeschaffung und Kommunikation.*

Informationen sind an allen wichtigen Orten der Erde unmittelbar verfügbar. Damit verkürzen sich die Zeiträume für Entscheidungen und Reaktionen auf Marktänderungen.

- **Zunehmende Liberalisierung**
  Die Globalisierung hat seit Gründung des Allgemeinen Zoll- und Handelsabkommens (GATT) und dessen Ablösung durch die Welthandelsorganisation (WTO) im Jahre 1995 stark zugenommen, da durch Liberalisierungsbestrebungen tarifäre (z. B. Zölle, Kontingente) und nicht tarifäre Handelsbeschränkungen (z. B. diskriminierende Zulassungsvorschriften) zwischen einzelnen Ländern immer weiter abgebaut wurden. Zunehmend beziehen sich Liberalisierungsmaßnahmen neben dem Austausch von Gütern und Dienstleistungen auch auf den Kapitalverkehr.

- **Größere Mobilität des Geldkapitals**
  Der Einsatz moderner Techniken und der Abbau von Kapitalverkehrsbeschränkungen erlauben es, Geldkapital unmittelbar von einem Land in ein anderes zu transferieren. Damit kann Geldkapital effizient dort eingesetzt werden, wo bei gegebenem Risiko die höchste Rendite zu erzielen ist.

Die **Globalisierung** geht damit über die internationale Arbeitsteilung, bei der der Im- und Export von Waren, Dienstleistungen und Rechten und damit der Wettbewerb um Produktqualität, Preis und Service im Vordergrund steht, hinaus. Die mit der Globalisierung der Wirtschaft verbundene zunehmende Verlagerung von Produktionsstätten in andere Länder führt zusätzlich zu einem **Standortwettbewerb**.

BEISPIEL *Arbeitsintensivere Produktionen wie die Textilindustrie werden zunehmend von West- nach Osteuropa verlagert, da die Lohnkosten hier niedriger sind.*

Im **internationalen Standortwettbewerb** konkurrieren Länder und Regionen um den knappen, aber mobilen Produktionsfaktor Kapital und sind bestrebt, möglichst günstige Investitionsbedingungen und damit Anreize für Unternehmen zu schaffen. Je besser ein Standort in diesem Wettbewerb um Investitionen abschneidet, umso günstiger sind in der Regel die Chancen für Beschäftigung und Wirtschaftswachstum an diesem Standort.

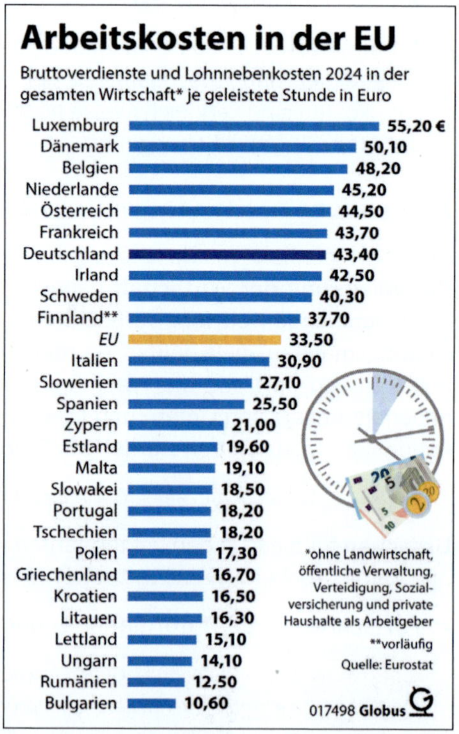

Im internationalen Standortwettbewerb sind folgende Standortfaktoren für weltweit operierende Unternehmen von besonderer Bedeutung:

- **Infrastruktur**
  BEISPIEL *Deutschland hat aufgrund seiner zentralen Lage in Europa sowie der gut ausgebauten Infrastruktur (Straßen, Wasserwege, Schienen- und Luftverkehr) einen Wettbewerbsvorteil gegenüber den meisten anderen europäischen Staaten.*

- **Gestaltung des Bildungswesens**
  BEISPIEL *Ein duales Berufsausbildungssystem nach „deutschem Muster" hat sich bisher in nur wenigen Ländern durchgesetzt. Gleichwohl ist die hohe Anzahl an Facharbeitern für die hervorragende Stellung des deutschen Mittelstandes in der Weltwirtschaft mitverantwortlich.*

- **Rechtsordnung und innere Sicherheit**
  BEISPIEL *In Deutschland ist die Gefahr politischer Unruhen relativ gering. Zudem sorgt ein funktionierendes Rechtssystem dafür, dass die Menschen sich sicher fühlen können.*

- **Steuern und Abgaben:** Unternehmen sind bestrebt, die Abgaben an den Staat möglichst gering zu halten. Es kommt zu einem **Steuerwettbewerb**, bei dem nationale Steuersysteme verglichen und deren Unterschiede derart genutzt werden, dass die Steuerlast international optimiert wird. Vor diesem Hintergrund ist es günstig, Aufwendungen dort entstehen zu lassen, wo die Steuern am höchsten sind.

- **Lohnstückkosten:** Im internationalen Vergleich sind die Arbeitskosten je Stunde als Vergleichsmaßstab wenig geeignet, da sie nichts über die Produktivität, also das Produktionsergebnis in Bezug zur Arbeitszeit, aussagen. International werden die **Lohnstückkosten** verglichen. Das sind die Kosten des Produktionsfaktors Arbeit im Verhältnis zum Nutzen (Arbeitsproduktivität) bezogen auf eine Produkteinheit.

  BEISPIEL *Deutschland weist zwar international hohe Arbeitskosten auf, aber auch eine überdurchschnittlich hohe Arbeitsproduktivität.*

- **Internationale Arbeitszeiten**
  BEISPIEL
  Nachdem die Arbeitszeiten der abhängig Beschäftigen jahrelang vergleichsweise konstant geblieben sind, wird in letzter Zeit wieder eine Reduktion der Arbeitszeiten von vielen Gewerkschaften angestrebt.

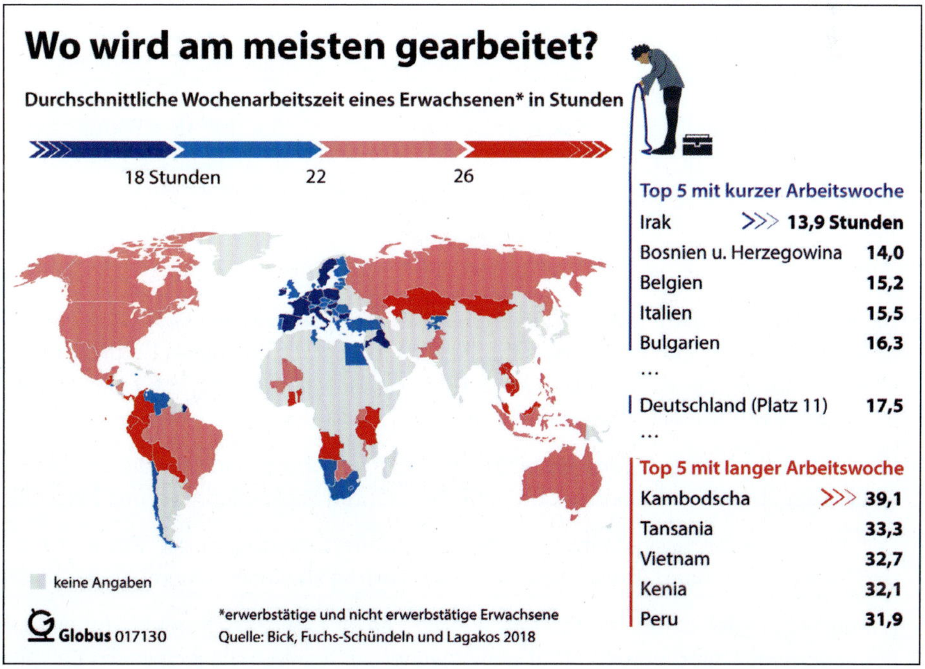

- **Energie- und Transportkosten**

BEISPIEL *Im wachsenden Dienstleistungsbereich (z. B. Finanzberatung) spielen Energiekosten eine geringere Rolle als in der Industrie.*

ZUSAMMENFASSUNG

Wirtschaftsstruktur und Standortfaktoren

- **Wirtschaftsstruktur:** Aufbau und Zusammensetzung der Wirtschaft einer Region oder eines Landes
- Einteilung der Wirtschaft in **Wirtschaftssektoren: volkswirtschaftliche Arbeitsteilung**
  - Primärer Sektor (Urerzeugung)
  - Sekundärer Sektor (Industrie und Handwerk)
  - Tertiärer Sektor (Handel und Dienstleistungen)
- **Standortfaktoren:** Bestimmen die Wirtschaftsstruktur eines Landes oder einer Region
  - Infrastruktur
  - Verwaltung
  - Gesellschaft
  - Lebensqualität
  - Politische und soziale Stabilität
  - Außenwirtschaft
  - Unternehmen und Sektoren
  - Regionen
  - Natürliche Ressourcen
  - Arbeitskräfte
- **Internationaler Standortwettbewerb**
  - **Globalisierung der Wirtschaft:** Zunehmende weltweite Verflechtung von Unternehmen und Märkten.
  - **Global Players:** Multinational tätige Unternehmen
  - **Ursachen** für die Zunahme der Globalisierung: Fortschritte in der Informations- und Kommunikationstechnologie, zunehmende Liberalisierung, Mobilität des Kapitals.
  - **Internationale Standortfaktoren:** Infrastruktur, Gestaltung des Bildungswesens, Rechtsordnung und innere Sicherheit, Steuern und Abgaben, Lohnstückkosten, internationale Arbeitszeiten, Energie- und Transportkosten.

AUFGABEN

1 Die Wirtschaftsstruktur der Bundesrepublik Deutschland wandelt sich.
a) Erörtern Sie, welche Folgen dies für die Nachfrage nach einzelnen Berufen hat.
b) Erläutern Sie die Folgen des Wandels im Bereich der Industrie für den Beruf der Industriekauffrau/des Industriekaufmanns.

2 Erkundigen Sie sich in Ihrem Ausbildungsbetrieb, welche Gründe für die Standortwahl ausschlaggebend waren, und erläutern Sie diese Ihren Mitschülerinnen und Mitschülern.

3 Entwickeln Sie ein Brain-Map zum Thema „Standort Deutschland – Pro und Kontra" und halten Sie anhand Ihres Maps einen Kurzvortrag zu diesem Thema in der Klasse.

4 Erläutern Sie internationale Standortfaktoren, die eine Wirtschaftsregion für ein investitionsbereites Unternehmen unattraktiv machen, und geben Sie jeweils ein Beispiel.

3.2 Ziele, Zielkonflikte und Bereiche der Strukturpolitik

Wieder sitzen Emilia und ihr Vater beim Frühstück. Herr Schaub hat den Wirtschaftsteil der Tageszeitung aufgeschlagen und liest seiner Tochter vor.

Möbelproduzenten bleiben dem Standort Deutschland treu

Nur wenige Möbelhersteller haben bisher ihre Produktion ins Ausland verlagert. Nach Auskunft des Verbandssprechers der Möbelproduzenten, Lucas Meier, habe dies mit den weiterhin guten Standortbedingungen in Deutschland zu tun. Die Bundesregierung habe ihre Hausaufgaben gemacht. Im Rahmen der Strukturpolitik seien viele strukturpolitische Anstrengungen unternommen worden. Dies sei umso wichtiger, da die Möbelbranche nach wie vor ein wichtiger Motor für die deutsche Wirtschaft sei. In manchen Regionen habe sie gar eine herausragende Bedeutung. Allerdings mahnte Meier weitere strukturpolitische Maßnahmen wie die gezielte Verbesserung der Infrastruktur an. Das Instrumentarium sei längst noch nicht ausgeschöpft.

„Da bin ich aber froh", meint Emilia, „da muss ich mir wenigstens keine Gedanken um meinen Job machen." „Nein, da kannst du ganz ruhig bleiben, schließlich wirst du gut ausgebildet und außerdem wird die Bundesregierung auch weiterhin im Rahmen ihrer Strukturpolitik regelnd eingreifen", meint ihr Vater.

ARBEITSAUFTRÄGE

- Diskutieren Sie mögliche Zielkonflikte der Strukturpolitik.
- Erläutern Sie die Bereiche der Strukturpolitik.
- Stellen Sie mögliche Maßnahmen der Strukturpolitik dar, die Einfluss auf die Sommerfeld Bürosysteme GmbH haben könnten.

Ziele der Strukturpolitik

Mit jedem wirtschaftlichen **Wachstumsprozess** ändert sich auch die branchenmäßige und regionale Struktur einer Volkswirtschaft. Mögliche Folgen dieses **Strukturwandels** sind veränderte Arbeitsplätze, veränderte Produkte und veränderte Einkommensverteilungen. Wachstumsprozesse werden ausgelöst durch:

- **Veränderungen in der Nachfrage** nach Gütern und Dienstleistungen

  BEISPIEL *Das gestiegene Umweltbewusstsein der Kunden hat dazu geführt, dass die Sommerfeld Bürosysteme GmbH verstärkt auf Langlebigkeit ihrer Produkte durch Reparaturfreundlichkeit, vollständige Demontierbarkeit und Wiederverwertbarkeit setzt, um den veränderten Kundenwünschen gerecht zu werden.*

- **Technischer Fortschritt**

  BEISPIEL *Die Sommerfeld Bürosysteme GmbH hat eine Entwicklungsgesellschaft gegründet mit dem Ziel, das eigene Know-how für Produktentwicklungen auch für andere Branchen nutzbar zu machen und umgekehrt neue Technologien und Materialien anderer Branchen zu verwerten.*

- Änderungen in der **Verfügbarkeit von Produktionsfaktoren**

  BEISPIEL *Trotz der hohen Arbeitslosigkeit in Essen ist es für die Sommerfeld Bürosysteme GmbH schwierig, geeignetes Fachpersonal zu finden. Aus diesem Grund engagiert sich das Unternehmen besonders in der innerbetrieblichen Weiterbildung.*

- Ausdehnung von Märkten im Rahmen der **Globalisierung**

  BEISPIEL *Der Fortschritt im Bereich der Informations- und Kommunikationstechnologien hat wesentlich zur Öffnung der Märkte beigetragen. Das Internet erlaubt es Unternehmen, Mitarbeitende in der ganzen Welt zu beschäftigen, ohne sie räumlich zu konzentrieren. Konsumenten können über nationale Grenzen hinaus Preisvergleiche anstellen und durch E-Commerce weltweit einkaufen.*

Wesentliches **Ziel der Strukturpolitik** ist es, die mit jedem Strukturwandel einhergehenden Anpassungsprozesse an wirtschaftliche Entwicklungen zu fördern, zu erleichtern und die damit verbundenen negativen Folgen für die Betroffenen abzumildern. Damit beeinflussen die Ziele Richtung und Tempo des **Strukturwandels**. Im Einzelfall ist dieses allgemeine Ziel der Strukturpolitik noch durch ergänzende Unterziele zu konkretisieren, die sich im Zeitablauf durchaus in ihrer Gewichtung verändern können, da Strukturanpassungsprozesse langfristige Prozesse sind. In Deutschland gibt es viele Beispiele für strukturelle Veränderungen.

BEISPIEL *Das Ruhrgebiet, ein ursprünglich auf Kohle und Stahl basierender monostrukturierter Wirtschaftsraum, der zu den ersten industriellen Ballungsräumen in Deutschland gehört, hat sich in den vergangenen Jahren immer stärker zu einem Dienstleistungszentrum entwickelt. Ursachen hierfür waren die Kohlekrisen von 1957 und 1981 bzw. die Stahlkrise von 1975. Zur Bewältigung des Strukturanpassungsprozesses, der seit Ende des 2. Weltkrieges bis heute andauert, wurden viele Arbeitsgruppen, z. B. das „Entwicklungsprogramm Ruhr", das „Nordrhein-Westfalen-Programm", das „Aktionsprogramm Ruhr" oder die „Zukunftsinitiative NRW", gegründet. Ziel war und ist es, ein umfassendes Aktionsprogramm für die Lösung der strukturellen Probleme zu entwickeln.*

Zielkonflikte der Strukturpolitik

Strukturpolitische Ziele stehen nicht immer im Einklang miteinander, sodass die Erreichung eines Ziels zulasten eines anderen Ziels geht. Ein grundsätzlicher Zielkonflikt in der Strukturpolitik besteht in der Abwägung folgender Ziele:

- Strukturanpassungen möglichst **sozial verträglich** vornehmen: Der Einsatz wettbewerbsverzerrender Maßnahmen wird in Kauf genommen, indem z. B. ineffiziente alte Strukturen gefördert und damit erhalten werden.
- **Wettbewerbsstärkende** Strukturänderungen durch Initiierung von Wachstumsprozessen in neuen zukunftsträchtigeren Branchen anzustreben, die aber kurzfristig für die Betroffenen soziale Härten bedeuten würden.

  BEISPIEL *Die Förderung des Steinkohlebergbaus war strukturpolitisch zwiespältig. Einzelwirtschaftlich profitierten die Betroffenen zwar von der Unterstützung, da ihre Arbeitsplätze und Einkommen – zumindest kurzfristig – gesichert waren. Gesamtwirtschaftlich betrachtet wurden aber die Produktionsfaktoren ineffizient eingesetzt, was zu Wohlstandsverlusten geführt hat.*

Bereiche der Strukturpolitik

Infrastrukturpolitik

Die Infrastruktur einer Region, d. h. die Gesamtheit aller öffentlichen/halb öffentlichen Investitionen und Institutionen, ist eine wesentliche Standortentscheidung für die Unternehmen. Die Infrastruktur beinhaltet im Einzelnen:

- die **institutionelle Ausstattung**, z. B. die Rechtsordnung, Verwaltung, Berufsordnung,
- die **materielle Ausstattung**, z. B. Verkehrswesen, Energie, Telekommunikation,
- die **personelle Ausstattung**, z. B. die Qualifikation der Arbeitnehmer, die Motivation, die Gesundheit usw.

BEISPIEL *Das Land Nordrhein-Westfalen richtet EU-Geschäftsstellen bei den Bezirksregierungen ein, die Unternehmen über Fördermöglichkeiten der EU beraten* (**institutionelle Ausstattung**), *es schließt eine Lücke in der Autobahn A 31, die die Fahrzeiten für Lkws der Sommerfeld Bürosysteme GmbH nach Norddeutschland um 1 Stunde verkürzt* (**materielle Ausstattung**) *und es errichtet ein neues Berufsschulzentrum in Essen, für das 80 Lehrkräfte neu eingestellt werden* (**personelle Ausstattung**).

Umweltpolitik

Art. 20a GG „Der Staat schützt in Verantwortung für die künftigen Generationen die natürlichen Lebensgrundlagen im Rahmen der verfassungsmäßigen Ordnung durch die Gesetzgebung und nach Maßgabe von Gesetz und Recht durch die vollziehende Gewalt der Rechtsprechung."

PRAXISTIPP

Weitere Informationen zur Umweltpolitik finden Sie im Internet auf der Seite des Bundesministeriums für Umwelt, Klimaschutz, Naturschutz und nukleare Sicherheit unter www.bundesumweltministerium.de.

Unsere Umwelt wird insbesondere durch Luftverschmutzung, Bodenverseuchung und Wasserverunreinigung belastet.

Die **Luftverschmutzung** erfolgt im Wesentlichen durch folgende Stoffe:

- **Kohlendioxid,** das bei der Verbrennung fossiler Stoffe (Kohle, Öl) entsteht und zum sogenannten **Treibhauseffekt** führt,
- **Kohlenmonoxid,** das bei der unvollständigen Verbrennung in Motoren und Feuerungsanlagen entsteht,
- **Stickstoffoxide,** die bei der Verbrennung in Kraftwerken, Flugzeugturbinen und Automotoren entstehen und zum sogenannten **sauren Regen** führen,
- **Schwefeloxid, das bei der Verbrennung von Braunkohle entsteht.**

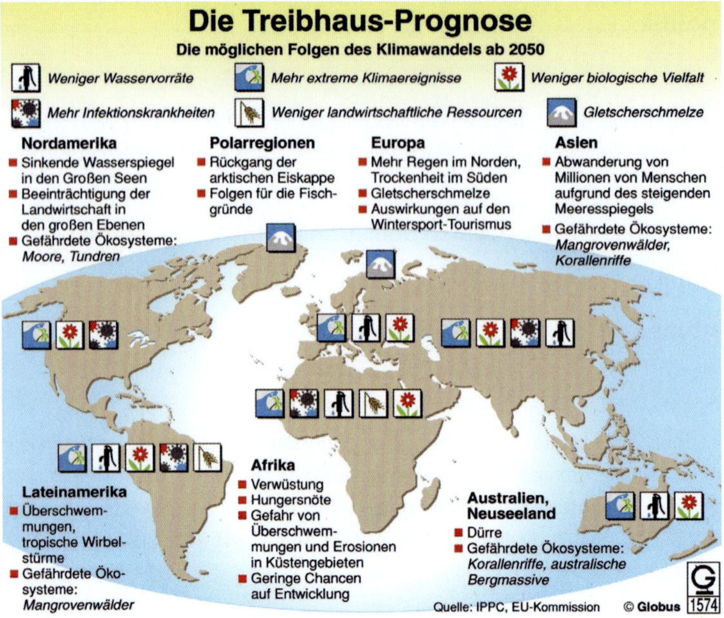

Die **Wasserverunreinigung** erfolgt durch die Einleitung von Abwässern in die Gewässer, die übermäßige Düngung mit Gülle oder Kunstdünger und den sauren Regen.

Die **Bodenverseuchung** hängt eng mit der Luftverschmutzung zusammen, da die in die Luft abgegebenen Schadstoffe mit dem Regen wieder zur Erde zurückkehren. Darüber hinaus wird der Boden auch unmittelbar durch Überdüngung und Pestizide belastet.

Instrumente der Umweltpolitik

- Erlass von **Gesetzen, Verordnungen** und **technischen Vorschriften**

  BEISPIELE *Kreislaufwirtschaftsgesetz (KrWG), Umwelthaftungsgesetz (UmweltHG), Verpackungsverordnung (VerpackV), Bundes-Immissionsschutzgesetz (BImSchG)*

© Bergmoser + Höller Verlag AG 126 595

- **Verbot** bestimmter Produkte oder Produktionsverfahren
  BEISPIEL *Regelungen zur Reduzierung des FCKW-Ausstoßes*
- Erlass von **Auflagen**
  BEISPIEL *Die Stadt Essen erhebt ein Zwangspfand für Einweggeschirr bei öffentlichen Veranstaltungen.*
- Handel mit **Emissionsrechten**
  BEISPIEL *Einer Chemie-Fabrik wird ein jährlicher CO_2-Ausstoß von 1 000 Tonnen zugestanden und sie erhält dafür ein Emissionsrecht. Da ihr jährlicher Ausstoß nur 800 Tonnen CO_2 ausmacht, kann sie das Emissionsrecht für 200 Tonnen CO_2 über eine Börse verkaufen. Überschreitet sie den Ausstoß von 1 000 Tonnen, muss die Chemie-Fabrik entsprechend Emissionsrechte hinzukaufen.*
- Wirtschaftliche Belastung oder Entlastung in Form von **Steuern** oder **Subventionen**
  BEISPIEL *Der Verbrauch von Benzin und Diesel wird mit der Mineralölsteuer belegt. Gleichzeitig erhalten Unternehmen der Wasserstoffbranche Subventionen, um die Produktion von umweltfreundlichem Wasserstoff voranzutreiben.*

Sektorale Strukturpolitik

Im Rahmen der sektoralen Strukturpolitik werden Wirtschaftszweige oder ganze Wirtschaftssektoren unterstützt.

Die Ziele der sektoralen Strukturpolitik sind auf einzelne Wirtschaftssektoren, Branchen oder Unternehmen ausgerichtet. Liegt das Ziel darin, hohe Arbeitslosigkeit zu vermeiden, wird eine **Verzögerung des Strukturwandels** angestrebt.

BEISPIEL *Förderung des Steinkohlebergbaus durch Subventionen*

Liegt das Ziel dagegen darin, die Wettbewerbsfähigkeit zu verbessern, wird eine **Beschleunigung des Strukturwandels** angestrebt, um die Produktionsfaktoren möglichst schnell wieder in effiziente Bereiche zu lenken.

BEISPIEL *Förderung von Forschung und Entwicklung im Bereich der Informationstechnologien*

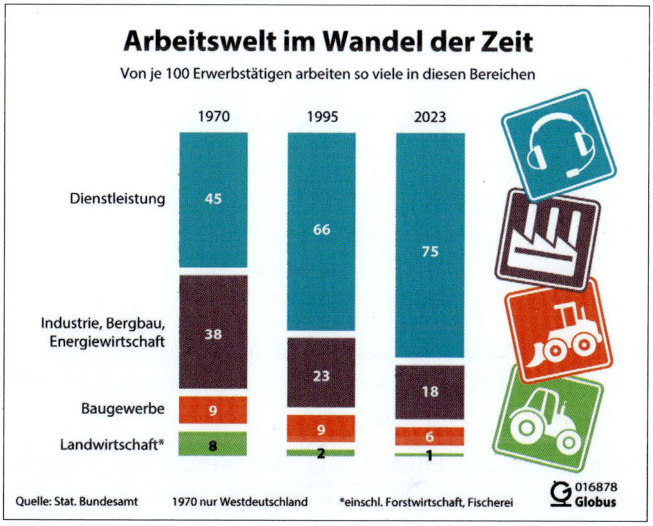

Regionale Strukturpolitik

Der Bund hat für eine Einheitlichkeit der Lebensverhältnisse im gesamten Bundesgebiet zu sorgen.

Deshalb muss er regionalen Unterschieden, die durch die Wirtschaftsstruktur der Region, natürliche Standortnachteile oder Infrastrukturnachteile entstanden sind, durch Maßnahmen der Strukturpolitik abhelfen. Dies kann z. B. durch öffentliche Investitionen oder die Förderung von privatwirtschaftlichen Investitionen geschehen.

Indikatoren für wirtschaftlich unterschiedlich strukturierte Regionen (wie Bundesländer oder einzelne Wirtschaftsgebiete) sind beispielsweise das Wohlstandsniveau, die Wirtschaftskraft, die Verschuldung, die Erwerbstätigkeit und die Exportquote.

BEISPIEL *Aufgrund des geringen Wirtschaftswachstums in einigen neuen Bundesländern haben diese immer noch einen Nachholbedarf, sodass sie insgesamt einer intensiven strukturpolitischen Förderung bedürfen. Auch in den westdeutschen Ländern gibt es strukturschwache Gebiete, beispielsweise den Bayerischen Wald und Mittelgebirgsregionen wie die Eifel.*

Zielschwerpunkte regionaler Strukturpolitik sind häufig infrastrukturelle Maßnahmen, um wirtschaftlich schwache Wirtschaftsräume zu fördern und so Ungleichheiten abzubauen.

BEISPIEL *Zur Förderung des wirtschaftlichen Aufbaus in den neuen Bundesländern wurde der „Verkehrswegeplan deutsche Einheit“ entwickelt. Der Bau und Ausbau von Verkehrswegen wie Straßen und Schienenverkehr standen im Vordergrund.*

Europäische Strukturpolitik

Die europäische Strukturpolitik ist eine wesentliche Aufgabe der Europäischen Union. Etwa ein Drittel der Haushaltsmittel werden für diesen Bereich zur Verfügung gestellt.

Zielsetzungen der europäischen Strukturpolitik sind vor allem die Entwicklung und Strukturanpassung von Regionen mit Entwicklungsrückstand. Daneben soll es die europäische Strukturpolitik allen Mitgliedsstaaten ermöglichen, wirtschaftlichen und sozialen Umbrüchen zu begegnen sowie die Globalisierung und den Übergang zu einer wissensbasierten Gesellschaft zu meistern. Die Förderung der europäischen territorialen Zusammenarbeit bildet einen weiteren Schwerpunkt.

Wesentliche **Instrumente** der europäischen Strukturpolitik sind:

- **Europäischer Fond für regionale Entwicklung** (EFRE) und der **Just Transition Fund** (JTF): Unterstützen Regionen bei Entwicklungsrückstand und Strukturproblemen.
- **Europäischer Sozialfond** (ESF): Ein beschäftigungspolitisches Instrument der EU zur Wiedereingliederung von Arbeitslosen in den Arbeitsmarkt. Des Weiteren sollen durch Bildungsmaßnahmen diejenigen gefördert werden, die zwar in Beschäftigung sind, aber ihre beruflichen Qualifikationen verbessern müssen.
- **Europäischer Kohäsionsfond**: Stärkt den wirtschaftlichen und sozialen Zusammenhalt im Sinne einer nachhaltigen Entwicklung. Vor allem Vorhaben in den Bereichen Umwelt und transeuropäische Verkehrsnetze werden unterstützt.
- **Europäischer Landwirtschaftsfond für die Entwicklung des ländlichen Raumes (ELER):** Trägt zur Verbesserung der nachhaltigen Bewirtschaftung natürlicher Ressourcen

und des Klimaschutzes bei und fördert die wirtschaftliche und soziale Entwicklung in ländlichen Gebieten.

- **Europäischer Meeres-, Fischerei- und Aquakulturfonds (EMFAF):** Fördert die Umstellung auf eine nachhaltige Fischerei und unterstützt die Küstengemeinden bei der Erschließung neuer wirtschaftlicher Betätigung, um so Arbeitsplätze in Küstengebieten zu schaffen und die Lebensqualität zu verbessern.

PRAXISTIPP

Auf der Internetseite des Bundesministeriums für Wirtschaft und Energie unter www.bundeswirtschaftsministerium.de erhalten Sie weitergehende Information.

ZUSAMMENFASSUNG

Ziele, Zielkonflikte und Bereiche der Strukturpolitik

- Veränderungen der **Konsumwünsche, technischer Fortschritt**, Veränderungen in der **Verfügbarkeit** von **Produktionsfaktoren** und zunehmende **Globalisierung** führen zu **Strukturwandel** und **Wirtschaftswachstum**.
- **Ziel der Strukturpolitik** ist es, Richtung und Tempo des **Strukturwandels** zu beeinflussen und damit verbundene **negative Folgen** für die Betroffenen zu **minimieren**.
- **Zielkonflikte** bestehen stets zwischen **wettbewerbsverzerrender**, aber **kurzfristig sozial verträglicher** Strukturerhaltung und **längerfristig wettbewerbsstärkender** Strukturveränderung, die kurzfristig mit **sozialen Härten** verbunden sind.
- **Infrastrukturpolitik:** Förderung der institutionellen, materiellen oder personellen Ausstattung
- **Umweltpolitik**
  - Schutz der Natur vor nachteiligen Einwirkungen
  - Beseitigung bereits eingetretener Umweltschäden
- **Sektorale Strukturpolitik**
  - Förderung ganzer Wirtschaftszweige oder -sektoren
  - Beschleunigung oder auch Verzögerung des Strukturwandels
- **Regionale Strukturpolitik:** Unterstützung ganzer Regionen mit dem Ziel der Einheitlichkeit der Lebensverhältnisse
- **Europäische Strukturpolitik:** Die EU hat zur Unterstützung des Strukturwandels verschiedene Fonds aufgelegt.

AUFGABEN

1 Erläutern Sie die Aufgaben des Staates im Rahmen der Strukturpolitik.

2 Stellen Sie die Instrumente der Umweltpolitik dar. Nennen Sie Beispiele, bei denen Maßnahmen der Umweltpolitik in Ihren Betrieben wirksam werden.

3 Bei der Kaufkraft gibt es regionale Unterschiede in Deutschland. Stellen Sie Ursachen für diese Unterschiede dar.

4 Die Bundesregierung hat die Öko-Steuer eingeführt, um den Verbrauch an Energie zu verteuern. Gleichzeitig wurden über eine Senkung der Beiträge zur Rentenversicherung die Lohnnebenkosten verringert und damit der Produktionsfaktor Arbeit verbilligt. Erläutern Sie, welches politische Konzept sich hinter diesen Plänen verbirgt und welche Maßnahmen der Strukturpolitik hier ineinandergreifen.

5 Erläutern Sie die Wirtschaftsstruktur der Region Ihres Ausbildungsbetriebes und leiten Sie die strukturpolitische Bedeutung ab.

6 Begründen Sie, inwiefern ein Zielkonflikt zwischen sozial verträglichen Strukturanpassungen einerseits und wettbewerbsstärkenden Strukturänderungen andererseits besteht.

7 Recherchieren Sie, welche Maßnahmen im Zusammenhang mit der Strukturkrise in der Kohle- und Stahlbranche in Deutschland seit den 1980er-Jahren ergriffen wurden.

4 Bereiche und Träger der Wirtschaftspolitik in der Bundesrepublik Deutschland

Emilia Schaub ist empört! In der Zeitung hat sie gelesen, dass im Bezirk der Industrie- und Handelskammer Essen gut 11 % der Beschäftigten ohne Arbeit sind. Auf der anderen Seite heißt es, dass es mit der wirtschaftlichen Entwicklung der Region bergauf gehe. „Ich verstehe die Bundesregierung nicht", sagt Emilia zu Frau Farthmann, „in einer starken Volkswirtschaft muss es doch möglich sein, dass alle Menschen Arbeit haben. Wenn ich Bundeskanzlerin wäre, würde ich für Zinssenkungen sorgen und so den Konsum sowie die Investitionen ankurbeln. Das schafft Arbeit." „So einfach ist das nicht", entgegnet Frau Farthmann, „Wirtschaftspolitik wird nicht nur von der Bundesregierung gemacht, hier müssen viele Entscheidungsträger zusammenwirken." Emilia ist verblüfft. Ist die Wirtschaftspolitik nicht die alleinige Aufgabe der Bundesregierung?

ARBEITSAUFTRÄGE

- Erläutern Sie die Bereiche und Träger der Wirtschaftspolitik sowie ihre jeweiligen Aufgaben.
- Nehmen Sie Stellung zu Emilias Vorschlag, die Bundesregierung solle für Zinssenkungen sorgen, um den Konsum und die Investitionen anzukurbeln.

Ordnungs-, Struktur- und Ablaufpolitik als Teilbereiche der Wirtschaftspolitik

Ordnungspolitik, Strukturpolitik und Ablaufpolitik (Prozess- oder Stabilitätspolitik) bilden die Teilbereiche der **Wirtschaftspolitik**. Diese beinhaltet sämtliche Maßnahmen, die darauf abzielen, das Wirtschaftsleben zu ordnen, zu beeinflussen oder unmittelbar festzulegen.

<table>
<tr><th colspan="3">Gesellschaftspolitik</th></tr>
<tr><th colspan="3">Wirtschaftspolitik</th></tr>
<tr><td colspan="2">Ordnungspolitik
Festlegung der Rahmenbedingungen der Wirtschaftsordnung</td><td>Ablaufpolitik (Prozess- oder Stabilitätspolitik)
Eingriffe in den Wirtschaftsprozess bei Marktversagen</td></tr>
<tr><td></td><td colspan="2">Strukturpolitik
Beeinflussung der bestehenden Wirtschaftsstruktur</td></tr>
<tr><th colspan="2">langfristig</th><th>kurzfristig</th></tr>
</table>

Ordnungspolitik

ORDNUNGSPOLITIK

legt die langfristigen rechtlichen, sozialen und wirtschaftlichen Rahmenbedingungen fest, innerhalb derer sich der Wirtschaftsprozess vollzieht.

Zur Ordnungspolitik zählen sämtliche Maßnahmen, welche die **Wirtschaftsordnung** – im Falle Deutschlands also die soziale Marktwirtschaft – gestalten, erhalten und ausbauen.

BEISPIEL *Das Gesetz gegen Wettbewerbsbeschränkungen (GWB) dient der Sicherung eines funktionierenden Wettbewerbes.*

Strukturpolitik

STRUKTURPOLITIK

Strukturpolitische Maßnahmen dienen der Beeinflussung und Verbesserung der bestehenden Wirtschaftsstruktur. Dazu zählen insbesondere die **sektorale** (Branchen) und die **regionale Strukturpolitik**.

BEISPIEL *Durch den Bau einer neuen Autobahn soll eine Region besser an das Straßennetz angeschlossen werden. Die Region gewinnt damit als Unternehmensstandort an Attraktivität.*

Ablaufpolitik (Prozess- oder Stabilitätspolitik)

ABLAUFPOLITIK

hat die Aufgabe, zielgerichtet, ergänzend und korrigierend in den Wirtschaftsprozess einzugreifen, wenn der Marktmechanismus versagt und es zu angebots- oder nachfrageseitigen Störungen von Marktgleichgewichten kommt.

Die Maßnahmen haben kurz- bis mittelfristigen Charakter und dienen vornehmlich dazu, Schwankungen zu vermeiden oder zu dämpfen. Die Ablaufpolitik wird im Wesentlichen durch die **Konjunktur- und Wachstumspolitik** bestimmt. Wichtige ablaufpolitische Impulse gehen vor allem von der **Geldpolitik** der Europäischen Zentralbank (EZB) und der **Fiskalpolitik** (Ein- und Ausgabenpolitik) des Staates aus.

BEISPIELE *Im Rahmen der Weltwirtschaftskrise 2008/09 brach die Nachfrage nach deutschen Autos dramatisch ein. Massenentlassungen in der Automobilindustrie drohten. Der Staat entschloss sich im Rahmen der Fiskalpolitik dazu, die Nachfrage nach Autos durch eine „Abwrackprämie" zu fördern. Erwerber von Neuwagen erhielten staatliche Zuschüsse, wenn sie gleichzeitig ein „Altauto" verschrotteten. Die Nachfragelücke konnte geschlossen werden, allerdings um den Preis einer Erhöhung der Staatsausgaben. In ähnlicher Weise wurden durch staatliche Förderprogramme die Folgen der Corona-Krise zu Beginn der 2020er-Jahre abgefedert.*

Träger und Akteure der Wirtschaftspolitik

Die Wirtschaftspolitik wird in der Bundesrepublik Deutschland von den Gebietskörperschaften (Bund, Länder, Gemeinden), den Interessenverbänden (Unternehmerverbände und Gewerkschaften), der Europäischen Zentralbank (EZB) und weiteren überstaatlichen Organisationen (Europäische Union, internationale Organisationen) beeinflusst.

Gebietskörperschaften

Hauptträger der Wirtschaftspolitik ist die Bundesregierung. Sie erarbeitet im Rahmen bestehender Vorgaben, z. B. des Stabilitätsgesetzes (vgl. S. 271 ff.), Gesetzesvorlagen, die dem Bundestag und gegebenenfalls dem Bundesrat zur Beschlussfassung vorgelegt werden. Über den Bundesrat sind auch die Länderparlamente beteiligt, die im Rahmen der regionalen Wirtschaftspolitik auch eigene Initiativen ergreifen.

BEISPIEL *Ein Gesetzentwurf wird, nachdem er von den durch den Gesetzentwurf betroffenen Ministerien geprüft wurde, in den Bundestag eingebracht und abgestimmt. Nach der Beschlussfassung durch den Bundestag wird der Gesetzesentwurf dem Bundesrat vorgelegt.*

Umgesetzt werden die wirtschaftspolitischen Beschlüsse von den jeweils zuständigen Ministerien. Ministerien mit wichtigen wirtschaftspolitischen Aufgaben sind u. a.:

Ministerium	Internetadresse
Bundesministerium für Arbeit und Soziales	www.bmas.de
Bundesministerium der Finanzen	www.bundesfinanzministerium.de
Bundesministerium für Wirtschaft und Energie	www.bundeswirtschaftsministerium.de
Bundesministerium für Umwelt, Klimaschutz, Naturschutz und nukleare Sicherheit	www.bundesumweltministerium.de

Im Rahmen ihrer örtlichen Zuständigkeiten beeinflussen auch die **Städte** und **Gemeinden** die Wirtschaftspolitik der Bundesrepublik Deutschland.

BEISPIEL *Um die regionale wirtschaftliche Entwicklung zu beleben, senkt die Stadt Essen den Hebesatz der Gewerbesteuer und stellt Industriebetrieben Bauland preiswert zur Verfügung.*

Europäische Zentralbank (EZB)

Die EZB ist für die Geld- und Währungspolitik der Eurozone zuständig. Das vorrangige Ziel der EZB (vgl. S. 325 ff.) ist es, die **Preisstabilität** zu sichern. Durch den Einsatz geldpolitischer Instrumente ist die EZB in der Lage, die Geldmenge und die Zinssätze am Geldmarkt zu steuern, um so Preisstabilität in der Eurozone herzustellen. Soweit dies ohne Beeinträchtigung des Zieles der Preisstabilität möglich ist, unterstützt die EZB die allgemeine Wirtschaftspolitik in der Gemeinschaft.

Des Weiteren ist die EZB u. a. mit folgenden Aufgaben betraut:

- Förderung eines reibungslosen Zahlungsverkehrs
- Genehmigung der Ausgabe von Banknoten
- Erhebung von statistischen Daten
- Durchführung von Maßnahmen der Bankenaufsicht
- Durchführung von Maßnahmen zur Gewährleistung der Stabilität des Finanzsystems
- Interessenvertretung im Rahmen der europäischen und internationalen Zusammenarbeit

Bei der Wahrnehmung der Aufgaben und Pflichten darf weder die EZB noch eine nationale Zentralbank noch ein Mitglied ihrer Beschlussorgane Weisungen von Organen oder Einrichtungen der Gemeinschaft, Regierungen der Mitgliedstaaten oder anderen Stellen einholen oder entgegennehmen. Die EZB ist in ihren Entscheidungen **unabhängig** von politischen Gremien.

PRAXISTIPP

Informationen über die Arbeit der Europäischen Zentralbank finden Sie unter www.ecb.europa.eu.

Die Interessenverbände

Verbände einzelner Wirtschaftszweige (z. B. Bundesverband der Deutschen Industrie, Hauptverband der Deutschen Holz und Kunststoffe verarbeitenden Industrie) sowie bestimmter Berufs- oder Bevölkerungsgruppen (z. B. Bauernverband, Verbraucherschutzverbände) nehmen die Interessen ihrer Mitglieder wahr. Sie versuchen Einfluss auf wirtschaftspolitische Entscheidungen zu nehmen. Eine herausragende Rolle spielen hierbei die **Unternehmerverbände** und die **Gewerkschaften**. Sie sind im Rahmen der **Tarifautonomie** für den Abschluss von Tarifverträgen und damit für die Festlegung von Lohn- und Arbeitsnormen zuständig. → LF 7

BEISPIEL *Eine geplante Einkommensteuerreform soll durch den Wegfall von Subventionen für die Werften und die Landwirtschaft finanziert werden. Der Bundesverband der Deutschen Industrie und der Bauernverband nehmen deshalb gegen die Gesetzesvorlage Stellung und versuchen, die Abgeordneten zu einer Ablehnung der Gesetzesvorlage zu bewegen.*

PRAXISTIPP

Den Hauptverband der Deutschen Holzindustrie finden Sie unter www.holzindustrie.de

Neben den Interessenverbänden wächst der **Einfluss der Medien** auf die Wirtschaftspolitik. Die öffentliche Meinung und damit das Verhalten der Verbraucher wird durch traditionelle

Massenmedien (Fernsehen, Zeitschriften usw.) und das Internet, hier vor allem durch soziale Netzwerke, beeinflusst. Werbung lenkt z. B. die Nachfrage nach Konsumgütern und Wirtschaftsnachrichten sowie Kommentare beeinflussen die Entscheidungen der Unternehmen und der Verbraucher.

Überstaatliche Organisationen

Im Rahmen ihrer Mitgliedschaft in der **Europäischen Union** hat die Bundesrepublik Deutschland nationale Hoheitsrechte abgetreten. Dies gilt insbesondere für die Geldpolitik, die seit 1999 von der **Europäischen Zentralbank** betrieben wird. Staatliche Wirtschaftspolitik kann deshalb nur in enger Abstimmung mit den Gremien der europäischen Union erfolgen. Auch **internationale Organisationen** (vgl. S. 337 ff.) beeinflussen die nationale Wirtschaftspolitik. Nationale Regelungen dürfen sich immer nur im Rahmen der in internationalen Verträgen getroffenen Festlegungen bewegen.

BEISPIEL *Unternehmen können im gemeinsamen Binnenmarkt der EU ihre Erzeugnisse in allen Ländern unter gleichen Bedingungen wie im eigenen Land absetzen. Dies hat tendenziell eine Angleichung der Steuersysteme zur Folge, da die Gefahr besteht, dass Unternehmen in ein Land mit deutlich geringerer Steuerbelastung abwandern. Geplante Steuerreformen müssen deshalb in enger Abstimmung mit den Steuersystemen der Mitgliedsstaaten der EU erfolgen.*

ZUSAMMENFASSUNG

Bereiche und Träger der Wirtschaftspolitik in der Bundesrepublik Deutschland

Bereiche der Wirtschaftspolitik		
Ordnungspolitik Maßnahmen, die die Wirtschaftsordnung betreffen	**Strukturpolitik** Maßnahmen, die die Struktur der Wirtschaft betreffen	**Ablaufpolitik** Maßnahmen, die den Prozess oder die Stabilität der Wirtschaft betreffen

Träger und Akteure der Wirtschaftspolitik	**Gebietskörperschaften**	– Bund – Länder – Gemeinden – verantwortlich für die **Fiskalpolitik** (Ein- und Ausgabenpolitik)
	Europäische Zentralbank (EZB)	– oberste Zielsetzung: Gewährleistung der Preisstabilität – unabhängig von politischen Gremien – verantwortlich für die **Geldpolitik** in der Eurozone
	Interessenverbände	– Arbeitgeberverbände – Gewerkschaften
	Überstaatliche Organisationen	– Europäische Union – internationale Organisationen

AUFGABEN

1 Erläutern Sie die Träger der Wirtschaftspolitik und ihre Einflussmöglichkeiten in der Bundesrepublik Deutschland.

2 Vertreter der Interessenverbände suchen das Gespräch mit Mitgliedern der Länderparlamente und des Bundestages.

a) Stellen Sie Vor- und Nachteile einer engen Abstimmung zwischen Politik und Vertretern von Interessengruppen gegenüber.
b) Diskutieren Sie die Vor- und Nachteile in der Klasse.

3 Erkundigen Sie sich in Ihrem Ausbildungsbetrieb, ob es Regelungen der Europäischen Union gibt, die dieser im Rahmen seiner Tätigkeit berücksichtigen muss.

4 Führen Sie eine Internetrecherche durch, bei der Sie die Webseiten der für Ihren Ausbildungsbetrieb zuständigen Interessenverbände aufsuchen. Stellen Sie fest, wie die Verbände die Interessen Ihrer Branche wahrnehmen.

5 Suchen Sie die Webseite der für Sie zuständigen Gewerkschaft im Internet auf. Beschreiben Sie Leistungen, die die Gewerkschaft ihren Mitgliedern anbietet.

5 Ziele und Zielkonflikte in der Wirtschaftspolitik

LS 19

Emilia Schaub geht die Arbeitslosenquote von 11 % in der Region nicht aus dem Kopf. „Auch wenn die Bundesregierung nicht allein verantwortlich ist", sagt Emilia, „die Bekämpfung der Arbeitslosigkeit gehört an die erste Stelle aller wirtschaftspolitischen Aktivitäten." Frau Farthmann ist schon wieder anderer Meinung. „Ziel der Wirtschaftspolitik der Bundesrepublik Deutschland ist das gesamtwirtschaftliche Gleichgewicht, so ist es im Stabilitätsgesetz definiert. Es gibt demnach mehrere wichtige wirtschaftspolitische Zielsetzungen, nicht nur die Bekämpfung der Arbeitslosigkeit." „Trotzdem bin ich der Meinung, dass alle wirtschaftspolitischen Maßnahmen zur Bekämpfung der Arbeitslosigkeit eingesetzt werden müssen", sagt Emilia zu Frau Farthmann. „Ihr Engagement in allen Ehren", erwidert diese, „aber überlegen Sie einmal, ob dadurch nicht andere Ziele gefährdet werden."

ARBEITSAUFTRÄGE

- Erläutern Sie die Ziele des Stabilitätsgesetzes (StabG).
- Stellen Sie fest, welcher Zusammenhang zwischen den Einzelzielen des Stabilitätsgesetzes besteht und wo Zielkonflikte zwischen den Einzelzielen auftauchen können.
- Stellen Sie Zielkonflikte zwischen möglichen weiteren Zielen der Wirtschaftspolitik und den Zielen laut StabG dar.

Wirtschaftspolitische Zielsetzungen des Stabilitätsgesetzes

Das **Grundgesetz der Bundesrepublik Deutschland** schreibt keine bestimmte Wirtschaftsordnung zwingend vor. Es legt lediglich einen Rahmen fest, innerhalb dessen die Träger der Wirtschaftspolitik gestaltend tätig werden können.

BEISPIEL *die Festlegung der Bundesrepublik als sozialer Bundesstaat (Art. 20 GG), der Schutz des Privateigentums (Art. 14 GG), die Tarifautonomie (Art. 9 GG)*

Innerhalb dieses Rahmens wurde die Wirtschaftsordnung der Bundesrepublik Deutschland als **soziale Marktwirtschaft** (vgl. S. 208 ff.) gestaltet und durch weitergehende Gesetze konkretisiert.

Als die Bundesrepublik Deutschland Ende der 60er-Jahre des letzten Jahrhunderts nach Abschluss der Wiederaufbauphase in eine Krise geriet, setzte sich die Auffassung durch, dass der Wirtschaftsablauf durch die Träger der Wirtschaftspolitik aktiv gestaltet werden muss. Eine derartige Steuerung **(Globalsteuerung)** setzt klare Ziele und einen entsprechenden rechtlichen Rahmen voraus. Dieser Rahmen wurde im Jahre 1967 mit dem **Gesetz zur Förderung der Stabilität und des Wachstums der Wirtschaft (Stabilitätsgesetz StabG)** geschaffen. Darin werden Bund und Länder verpflichtet, bei ihren wirtschafts- und finanzpolitischen Maßnahmen das gesamtwirtschaftliche Gleichgewicht zu beachten.

> § 1 StabG: Bund und Länder haben bei ihren wirtschafts- und finanzpolitischen Maßnahmen die Erfordernisse des gesamtwirtschaftlichen Gleichgewichts zu beachten. Die Maßnahmen sind so zu treffen, dass sie im Rahmen der marktwirtschaftlichen Ordnung gleichzeitig zur Stabilität des Preisniveaus, zu einem hohen Beschäftigungsstand und außenwirtschaftlichem Gleichgewicht bei stetigem und angemessenem Wirtschaftswachstum beitragen.

Stabilität des Preisniveaus, hoher Beschäftigungsstand, außenwirtschaftliches Gleichgewicht und stetiges und angemessenes Wirtschaftswachstum stehen dabei als Ziele **gleichwertig** nebeneinander.

Dabei ist die Erreichung der Ziele des StabG für jeden einzelnen Bürger der Bundesrepublik Deutschland von großer Bedeutung.

- Die **Stabilität des Preisniveaus** sorgt dafür, dass Sparguthaben und Löhne und Gehälter ihren Wert behalten.

  BEISPIEL *Nicole Ganser hat ein Sparguthaben zu 5 % verzinst angelegt. Die Inflationsrate beträgt 3 %, sodass sich ihr Kapital real nur um 2 % vermehrt.*

  Die Stabilität des Preisniveaus gilt als gewährleistet, wenn die jährliche **Preissteigerungsrate (Inflationsrate) nicht mehr als 2 %** beträgt.

- Ein **hoher Beschäftigungsstand** garantiert einen Arbeitsplatz und damit Einkommenssicherheit.

  BEISPIEL *Nicoles Onkel wird arbeitslos. Sein verfügbares Einkommen verringert sich dadurch um etwa 30 %.*

  Bei einer **Arbeitslosenquote von kleiner als 2 %** ist ein hoher Beschäftigungsstand erreicht. In diesem Fall spricht man von Vollbeschäftigung.

- **Das außenwirtschaftliche Gleichgewicht** sichert Arbeitsplätze im Export und garantiert die Bezahlung der Importgüter.

BEISPIEL *Die Sommerfeld Bürosysteme GmbH exportiert zunehmend Büro- und Einrichtungsmöbel in das europäische Ausland. Es werden zwei Mitarbeitende für das Auslandsgeschäft eingestellt.*

Die Differenz zwischen den Waren- und Dienstleistungsexporten (EX) sowie den -importen (IM) wird als **Außenbeitrag (AB)** bezeichnet. Damit gilt:

AB = EX-IM

Entsprechen die Exporte den Importen, beträgt der Außenbeitrag 0 und ein außenwirtschaftliches Gleichgewicht ist erreicht. Aufgrund der hohen Exportabhängigkeit der deutschen Wirtschaft wird ein leicht positiver Außenbeitrag als Zielerreichung akzeptiert.

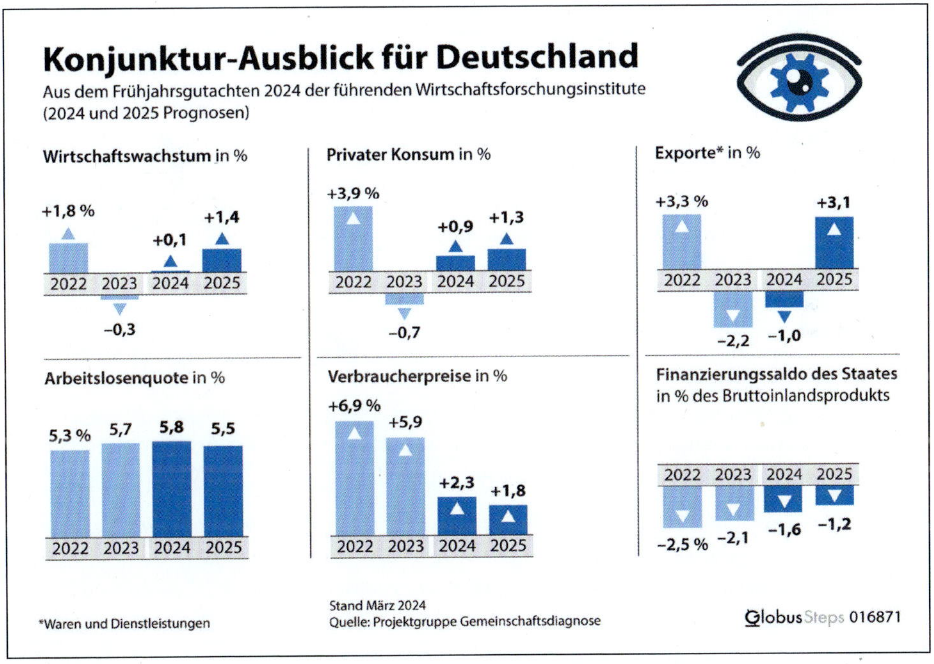

- Ein **stetiges und angemessenes Wirtschaftswachstum** garantiert steigenden Wohlstand für alle.

BEISPIEL *Das Bruttoinlandsprodukt ist von 2000 bis 2020 im Jahresdurchschnitt lediglich um 1,0 % gestiegen. Damit standen jedes Jahr nur geringfügig mehr Waren und Dienstleistungen zur Verteilung zur Verfügung.*

Für die deutsche Wirtschaft wird ein jährliches Wachstum des **Bruttoinlandsproduktes von 2 %** als angemessen erachtet.

PRAXISTIPP

Das Gesetz zur Förderung der Stabilität und des Wachstums der Wirtschaft (Stabilitätsgesetz) finden Sie unter www.gesetze-im-internet.de/stabg/index.html.

Zielbeziehungen der Ziele des Stabilitätsgesetzes

Das Stabilitätsgesetz fordert die gleichzeitige und gleichgewichtige Verwirklichung der vier grundlegenden Ziele staatlicher Wirtschaftspolitik. Da keines der Ziele ohne gleichzeitige (häufig negative) Beeinflussung eines oder mehrerer anderer verwirklicht werden kann, spricht man auch von einem **magischen Viereck**. „Magisch" sind hierbei nicht die Einzelziele selbst, sondern die gleichzeitige Verwirklichung aller Ziele, was nahezu unmöglich ist. Um diese Magie zu verstehen, ist es wichtig, die Zielbeziehungen zwischen einzelnen Zielen des Stabilitätsgesetzes zu untersuchen. Wie bei allen anderen Zielen auch, können sich wirtschaftspolitische Ziele **ergänzen**, **neutral zueinander verhalten** oder **miteinander konkurrieren**. Man spricht in diesem Fall von Zielharmonie, Zielneutralität oder Zielkonflikt.

Zielharmonie

Sie liegt vor, wenn die Verwirklichung eines Ziels die Erreichung eines anderen Ziels begünstigt.

BEISPIEL *Wirtschaftspolitische Maßnahmen zum Abbau der Arbeitslosigkeit in der Rezession (vgl. S. 317 f.) fördern zugleich auch das Wirtschaftswachstum, da durch eine höhere Auslastung der Produktionsfaktoren die Güterproduktion gesteigert wird.*

Zielneutralität

Diese liegt vor, wenn die Erfüllung von Einzelzielen des Stabilitätsgesetzes unabhängig voneinander möglich ist. Bei den Zielen des Stabilitätsgesetzes stellt sie einen Ausnahmefall dar und kommt nur unter bestimmten Voraussetzungen vor.

BEISPIEL *Die Ziele „außenwirtschaftliches Gleichgewicht" und „Wirtschaftswachstum" können unabhängig voneinander angestrebt werden, wenn das Wirtschaftswachstum vor allem durch eine Stärkung der inländischen Nachfrage nach einheimischen Gütern erreicht werden soll.*

Zielkonflikt

Ein Zielkonflikt liegt vor, wenn die Erreichung eines Ziels auf Kosten eines anderen Ziels geht, d. h., die Annäherung an ein Ziel ist mit der Entfernung von einem oder mehreren anderen Zielen verbunden. Es ist vor allem das Ziel der Preisniveaustabilität, das mit anderen Zielen des Stabilitätsgesetzes in Konflikt gerät. Folgende Zielkonflikte sind z. B. denkbar:

Hoher Beschäftigungsstand ↔ Preisniveaustabilität

Um einen hohen Beschäftigungsstand zu erreichen, werden z. B. Beschäftigungsprogramme durchgeführt und Arbeitsplätze subventioniert. Die Folge sind steigende Einkommen bei bisher Arbeitslosen, die zu einer Steigerung der inländischen Nachfrage und damit zu steigenden Preisen führen. Das Ziel der Preisniveaustabilität ist damit gefährdet.

Hoher Beschäftigungsstand ↔ Außenwirtschaftliches Gleichgewicht
Ein hoher Beschäftigungsstand ist aufgrund der hohen Exportabhängigkeit der Bundesrepublik Deutschland nur mithilfe der Exportindustrie möglich. Eine Förderung des Exports, z. B. durch Subventionen oder den Abbau von Handelsschranken, führt allerdings zu einer Erhöhung des Außenbeitrages.

Außenwirtschaftliches Gleichgewicht ↔ Preisniveaustabilität
Soll das außenwirtschaftliche Gleichgewicht durch eine Förderung des Exports hergestellt werden, hat dies auch Auswirkungen auf die inländischen Preise. Durch die erhöhte Nachfrage aus dem Ausland nach inländischen Gütern wird es auch zu Preissteigerungen im Inland kommen.

Wirtschaftswachstum ↔ Preisniveaustabilität
Maßnahmen zur Förderung des Wirtschaftswachstums führen zu einer Steigerung der Güterproduktion und der Einkommen. Steigende Einkommen führen zu einer Zunahme der Nachfrage und damit zu steigenden Preisen.

Da die Verfolgung eines Ziels oft nur zulasten eines anderen möglich ist, müssen die Träger der Wirtschaftspolitik Prioritäten (Vorrangigkeiten) bei der Zielerreichung festlegen. Die Entscheidung, welchem Ziel Vorrang vor einem anderen zu geben ist, ist also eine **politische Entscheidung**, die zwischen Bund, Ländern und Gemeinden, der Europäischen Zentralbank und den Interessenverbänden getroffen werden muss. Unabhängig von politischen Prioritäten wird aber immer das Ziel vorrangig zu verfolgen sein, das am stärksten gefährdet ist. Die **Abweichungsursachen** können vielfältiger Art sein. So spielen konjunkturelle und strukturelle Ursachen sowie Prioritäten im Rahmen der Wirtschaftspolitik eine Rolle.

BEISPIELE

- *In den Randregionen Deutschlands ist die Arbeitslosigkeit höher als in den Ballungsgebieten. Ursache ist die Wirtschaftsstruktur der Regionen.*
- *Die Inflationsrate in der Europäischen Union ist im internationalen Vergleich niedrig. Ursache ist die hohe Priorität der Geldwertstabilität bei der EZB.*

Weitere wichtige Zielsetzungen der Wirtschaftspolitik

Neben den Zielen des Stabilitätsgesetzes gewinnen zunehmend andere Ziele an Bedeutung, so die **gerechte Einkommens- und Vermögensverteilung** sowie **eine nachhaltige Entwicklung**. Das magische Viereck wird so zu einem magischen Fünf- oder Sechseck.

Gerechte Einkommens- und Vermögensverteilung

Für den Einsatz der Produktionsfaktoren Arbeit, Boden und Kapital beziehen die Haushalte Einkommen. Diese Verteilung des Volkseinkommens auf die Produktionsfaktoren wird als **funktionelle Einkommensverteilung** bezeichnet.

Produktionsfaktor	Einkommen
Arbeit	Lohn oder Gehalt
Boden	Grundrente oder Pacht
Kapital	Miete, Zins, Gewinn

Aufschluss über die funktionelle Einkommensverteilung geben die **Lohn**- bzw. die **Gewinnquote** als Anteil des Arbeitnehmerentgeltes bzw. der Einkommen aus Unternehmertätigkeit und Vermögen am Volkseinkommen (vgl. S. 201 f.).

$$\textbf{Lohnquote} = \frac{\text{Arbeitnehmerentgelt} \cdot 100}{\text{Volkseinkommen}}$$

$$\textbf{Gewinnquote} = \frac{\text{Einkommen aus Unternehmertätigkeit und Vermögen} \cdot 100}{\text{Volkseinkommen}}$$

Das Einkommen eines Haushaltes kann sich aus mehreren Einkommensarten zusammensetzen. So kann ein Haushalt gleichzeitig Lohn oder Gehalt für die eingesetzte Arbeit (Arbeitnehmerentgelt) sowie Pacht für ein Grundstück und Zinsen für angelegtes Kapital (Einkommen aus Unternehmertätigkeit und Vermögen) erhalten. Lohn- und Gewinnquote lassen also keine eindeutigen Rückschlüsse über den Wohlstand der Haushalte zu.

Wie gleichmäßig die Einkommen auf die einzelnen Haushalte verteilt sind, wird durch die **personelle Einkommensverteilung** ausgedrückt. Die Verteilung des Einkommens auf die Haushalte wird dabei durch die individuelle Leistungsfähigkeit und durch Eingriffe des Staates bestimmt.

Die Verteilung des Einkommens nach der individuellen Leistungsfähigkeit ist das Ergebnis der **Primärverteilung**. Da es hierbei zu sozialen Härten kommen kann, nimmt der Staat in der sozialen Marktwirtschaft im Rahmen der Steuer- und Sozialpolitik eine Umverteilung vor. Diese Umverteilung wird als **Sekundärverteilung** bezeichnet.

→ LF 12 Wichtige Mittel dieser Umverteilung sind **Steuern** und **Sozialabgaben**. Hohe Einkommen werden höher belastet als niedrigere. Diese Einnahmen stehen für eine Umverteilung, z. B. durch Transferzahlungen an sozial schwächere Personengruppen, zur Verfügung, um so Unterschiede zwischen sozial schwachen und sozial starken Personen auszugleichen.

BEISPIEL *Emilia Schaubs Vater bezieht ein monatliches Arbeitseinkommen von 4 000,00 € brutto (Primärverteilung). Unter Berücksichtigung von Steuern, Sozialabgaben und Kindergeld (Sekundärverteilung) stehen ihm monatlich 3 000,00 € zur Verfügung.*

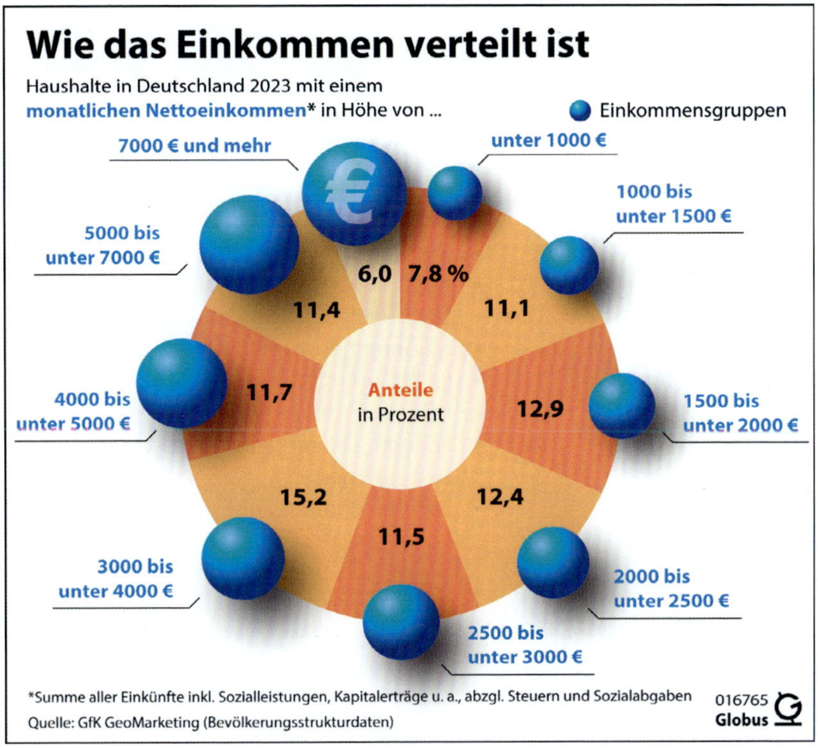

Neben der gerechten Einkommensverteilung ist auch die gerechte **Vermögensverteilung** eine wichtige wirtschaftspolitische Zielsetzung. Dabei ist die Vermögensverteilung wesentlich durch die Einkommensverteilung der Vergangenheit beeinflusst. Als Vermögen werden die einer Person zustehenden in Geld bewerteten Güter nach Abzug sämtlicher Verbindlichkeiten bezeichnet. Da das Vermögen ähnlich wie das Einkommen ungleich verteilt ist, versucht der Staat im Wege der Vermögenspolitik Einfluss auf die Vermögensverteilung zu nehmen und den Vermögensaufbau schwächerer Einkommensgruppen zu fördern. Mittel der **Vermögenspolitik** sind die staatliche geförderte Vermögensbildung und die Erbschaftssteuer.

BEISPIELE

- *Sparförderung durch Prämien, Sparzulagen und steuerliche Anreize*
- *Tarifliche Vermögensbildung durch vermögenswirksame Leistungen*

Nachhaltige Entwicklung

Der Klimawandel, der weltweit hohe Verbrauch an Rohstoffen und Energie bei endlichen Ressourcen sowie eine weiterhin weltweit zunehmende Belastung der Umwelt lassen die Erkenntnis reifen, dass Wirtschaftswachstum nicht zulasten nachfolgender Generationen erkauft werden darf. Wirtschaften und Wirtschaftswachstum hat damit nicht nur eine quantitative, sondern auch eine qualitative Komponente.

BEISPIEL *Unter rein quantitativen Wachstumsgesichtspunkten ist es durchaus sinnvoll, bestimmte Erdöl- oder Erdgasvorkommen abzubauen, denn rein formal fördert der Abbau und Verbrauch dieser fossilen Brennstoffe das Wirtschaftswachstum. Aus qualitativer Sicht ist ein solches Wirtschaftswachstum schädlich, da es unser Klima und unsere Ressourcen bedroht.*

Neben dem Zustand der Umwelt spielen Faktoren wie Generationengerechtigkeit, Sozialer Zusammenhalt, Lebensqualität oder die Wahrnehmung der internationalen Verantwortung Deutschlands eine wichtige Rolle zur Beurteilung einer nachhaltigen Entwicklung.

Indikatoren zur Beurteilung einer **nachhaltigen Entwicklung** werden in Deutschland u. a. für folgende Bereiche erfasst:

- Armut
- Hunger
- Gesundheit und Wohlergehen
- Hochwertige Bildung
- Geschlechtergleichheit
- Sauberes Wasser und Sanitäreinrichtungen
- Bezahlbare und saubere Energie
- Menschenwürdige Arbeit und Wirtschaftswachstum
- Industrie, Innovation und Infrastruktur
- Weniger Ungleichheiten
- Nachhaltige Städte und Gemeinden
- Nachhaltige/r Konsum und Produktion
- Maßnahmen zum Klimaschutz
- Leben unter Wasser
- Leben an Land
- Frieden, Gerechtigkeit und starke Institutionen
- Partnerschaften zur Erreichung der Ziele

PRAXISTIPP

Die Entwicklung dieser Indikatoren können Sie auf der Internetseite des Statistischen Bundesamtes unter www.destatis.de nachvollziehen.

Wichtigstes Instrument, um ein nachhaltiges Wirtschaften in einer lebenswerten Umwelt zu gewährleisten, ist die staatliche **Umweltpolitik** (vgl. S. 261). Der Staat kann durch Gesetze, Verordnungen, Verbote, Auflagen und Steuern die Umwelt vor nachteiligen Einwirkungen schützen oder durch Subventionen umweltgerechtes Handeln fördern.

ZUSAMMENFASSUNG

Ziele und Zielkonflikte in der Wirtschaftspolitik

- **Wirtschaftspolitische Zielsetzungen** des Stabilitätsgesetzes

Magisches Viereck

- **Zielharmonie:** Wirtschaftswachstum – hoher Beschäftigungsstand
- **Zielneutralität bei Stärkung der inländischen Nachfrage:** außenwirtschaftliches Gleichgewicht – Wirtschaftswachstum

- **Zielkonflikte:**
  - Preisniveaustabilität – hoher Beschäftigungsstand
  - Hoher Beschäftigungsstand – außenwirtschaftliches Gleichgewicht
  - Außenwirtschaftliches Gleichgewicht – Preisniveaustabilität
  - Wirtschaftswachstum – Preisniveaustabilität
- **Abweichungen** können konjunkturelle und strukturelle Ursachen haben.
- **Weitere wichtige Zielsetzungen der Wirtschaftspolitik**
  - Gerechte Einkommens- und Vermögensverteilung
  - Nachhaltige Entwicklung

AUFGABEN

1 Bilden Sie in der Klasse vier Gruppen. Jede Gruppe sammelt Argumente, die für die Erreichung eines der Ziele des StabG sprechen.
a) Stellen Sie Ziel und Argumente vor der Klasse vor. Benutzen Sie dabei ein geeignetes Präsentationsmedium.
b) Diskutieren Sie, welchem Ziel die größte Bedeutung zukommt.

2 Von dem ehemaligen Bundeskanzler Schmidt ist das Zitat überliefert, 5 % Inflation seien ihm lieber als 5 % Arbeitslosigkeit. Nehmen Sie zu dieser Behauptung begründet Stellung.

3 Erläutern Sie, warum die gleichzeitige Erreichung der Ziele des Stabilitätsgesetzes auch als „magisches Viereck" bezeichnet wird.

4 Formulieren Sie weitere Ziele der Wirtschaftspolitik und begründen Sie Ihre Entscheidung.

5 Stellen Sie mögliche Zielkonflikte zwischen den von Ihnen festgelegten Zielen und den Zielen lt. StabG dar.

6 Erläutern Sie anhand der Abbildung „Konjunktur-Ausblick für Deutschland" auf S. 273 Zielerreichung und mögliche Zielkonflikte.

7 In der Bundesrepublik Deutschland war und ist das Ziel der Vollbeschäftigung das am meisten gefährdete Ziel des Stabilitätsgesetzes.
a) Erläutern Sie, welche Zielkonflikte sich bei der Verfolgung dieses Ziels ergeben können.
b) Versuchen Sie festzustellen, für welche Träger der Wirtschaftspolitik dieses Ziel die höchste Priorität hat.

8 Erläutern Sie die Auswirkungen von Beschäftigungsprogrammen auf das Preisniveau anhand der Angebots- und Nachfragekurve.

9 Beschreiben Sie die funktionelle, personelle, primäre und sekundäre Einkommensverteilung.

10 Erklären Sie, warum in Deutschland die Nettoeinkommen gleichmäßiger verteilt sind als die Bruttoeinkommen.

5.1 Stabilität des Preisniveaus

LS 20

„Alles wird teurer“, stöhnt Emilias Vater beim Abendessen. „Erst das Benzin und jetzt haben sie uns auch noch die Miete um 10 % erhöht.“ Emilia widerspricht. So schlimm könne es doch gar nicht sein. Im Wirtschaftsteil der Tageszeitung war von einer Steigerung der Verbraucherpreise um lediglich 2 % gegenüber dem Vorjahr die Rede. Emilias Vater ist anderer Meinung, bei Benzin und der Miete beträgt die Steigerung mindestens 10 %.

ARBEITSAUFTRÄGE

- **Überlegen Sie, wie der Widerspruch zwischen den hohen Preissteigerungen bei der Miete und der geringeren Steigerung der Verbraucherpreise zustande kommen kann.**
- **Erläutern sie die Arten und Ursachen der Inflation.**
- **Erstellen Sie Ihren persönlichen Warenkorb. Stellen Sie für die in der Abbildung auf S. 281 angegebenen Kategorien fest, wie viel Prozent Ihrer Ausbildungsvergütung Sie dafür jeweils ausgeben.**

Preisniveau, Preisindex und Kaufkraft

Unter dem **Preisniveau** versteht man die **durchschnittliche Höhe der Preise für Waren und Dienstleistungen** in einer Volkswirtschaft.

In einer wachsenden (evolutorischen) Wirtschaft haben die Preise immer eine leichte Tendenz zur Steigerung. Aus diesem Grund gilt die im Stabilitätsgesetz geforderte Stabilität des Preisniveaus als erreicht, **wenn das Preisniveau im Jahr um nicht mehr als 2 % steigt**.

Da es unmöglich ist, die Preisveränderungen aller Güter einer Volkswirtschaft zu erfassen, stellt das Statistische Bundesamt bestimmte, repräsentative Güter zu einem **Warenkorb** zusammen und ermittelt daraus einen **Preisindex**, der Aufschluss über die Preisentwicklung gibt.

Für unterschiedliche Interessengruppen gibt es **zahlreiche Preisindizes**, so z. B. für die landwirtschaftlichen und gewerblichen Erzeugerpreise, für die Ein- und Ausfuhrpreise oder für die Großhandelsverkaufspreise.

Der wichtigste Preisindex zur Messung des Preisniveaus in Deutschland ist der **Verbraucherpreisindex (VPI)**, der die durchschnittlichen Preise für die Lebenshaltung der privaten Haushalte ermittelt. Grundlage für die Berechnung ist ein **Warenkorb**, der repräsentativ sämtliche von den Haushalten gekauften Waren und Dienstleistungen erfasst. Der Warenkorb besteht aus 700 Güterarten, die entsprechend ihrem Anteil an den Gesamtausgaben der Haushalte erfasst sind. Da sich die Verbrauchsgewohnheiten aufgrund des technischen Fortschritts oder der Einkommenshöhe laufend ändern, wird das **Wägungsschema** für den Verbraucherpreisindex von Zeit zu Zeit (i. d. R. alle fünf Jahre) den veränderten Bedingungen **angepasst**.

Das Jahr der Zusammenstellung des Warenkorbs wird als Basisjahr bezeichnet. Für den zurzeit verwendeten Warenkorb ist 2020 das Basisjahr. Man kann zu jedem Zeitpunkt den Preis für den Warenkorb neu ermitteln und diesen mit dem Basisjahr vergleichen.

Zur Berechnung der Preissteigerungsrate wird der Preis des Warenkorbes im **Basisjahr** gleich 100 gesetzt und mit dem **Berichtsjahr** verglichen. Die ermittelte Zahl ist der **Preisindex**, der die Veränderung des Geldwertes, bezogen auf die zugrunde gelegten Güter, angibt.

BEISPIEL *Grundsätzliche Funktionsweise eines Preisindexes anhand eines Warenkorbes mit vier Gütern:*[1]

Güter	Menge	Preis Jahr 00 (Basisjahr)	Preis Jahr 01	Preis Jahr 02
Benzin	200 l	282,00 €	325,00 €	367,00 €
Mineralwasser	120 l	50,00 €	50,00 €	48,00 €
Schokolade	1,8 kg	18,00 €	17,00 €	18,00 €
Nudeln	25 kg	50,00 €	48,00 €	47,00 €
Kosten Warenkorb		400,00 €	440,00 €	480,00 €
Preisindex		100	110	120
Preissteigerung gegenüber Vorjahr		----	10 %	9,10 %

1 Das Beispiel zeigt exemplarisch die Preisniveaumessung mithilfe eines unverketteten Laspeyeres-Indexes. Da es sich beim VPI und beim HVPI um verkettete Indizes handelt, sind die Ergebnisse nur näherungsweise übertragbar.

Die jährliche Preissteigungsrate in Prozent wird auch als **Inflationsrate** bezeichnet und lässt sich wie folgt berechnen:

$$\textbf{Inflationsrate} = \frac{\text{Indexstand Berichtsjahr}}{\text{Indexstand Vorjahr}} \cdot 100 - 100$$

Je niedriger die Preissteigerungsrate ist, desto mehr Güter kann man für einen bestimmten Geldbetrag erwerben, desto höher ist die **Kaufkraft** des Geldes und desto höher ist das **Realeinkommen** der Haushalte. Die Kaufkraft stellt also den Wert des Geldes in einer Volkswirtschaft dar.

$$\textbf{Kaufkraft} = \frac{1}{\text{Preisniveau}} \cdot 100 \qquad \textbf{Realeinkommen} = \frac{\text{Nominaleinkommen}}{\text{Preisniveau}}$$

$$\text{mit: } \textbf{Preisniveau} = \frac{\text{neuer Indexstand}}{\text{alter Indexstand}}$$

BEISPIELE

- *Die Kaufkraft im Jahr 01 gegenüber dem Basisjahr beträgt [1 / (110/100)] · 100 = 90,91 %. Dies bedeutet, dass 100,00 € aus dem Jahre 00 nur noch eine Kaufkraft von 90,91 € im Jahr 01 hatten.*
- *Ein Haushalt der im Jahr 00 ein Nominaleinkommen von 2 000,00 € und im Jahr 01 von 2 100,00 € hatte, hat einen Realeinkommensverlust hinnehmen müssen. Sein Realeinkommen im Jahr 01 betrug 2 100 / (110/100) = 1 909,09 €.*

Da der Verbraucherpreisindex das Kaufverhalten und die Preissteigerung eines durchschnittlichen Haushaltes widerspiegelt, kann die **persönliche Inflationsrate** durchaus höher oder niedriger sein. Zudem ist die „**gefühlte**" Inflation häufig höher, da Preissteigerungen bei einigen Gütern häufig deutlicher wahrgenommen werden als Preissenkungen bei anderen Gütern.

Die Inflationsmessung im Euroraum erfolgt mithilfe des **harmonisierten Verbraucherpreisindexes** (**HVPI**). Er ist ein harmonisierter Index, da für alle Länder eine einheitliche Methode der Inflationsmessung angewendet wird. So wird die Vergleichbarkeit der Daten unterschiedlicher Länder erhöht und eine Gesamtinflationsrate für den Euroraum ermittelt. Der HVPI ist eine wichtige Grundlage für die Geldpolitik der EZB.

Arten und Ursachen der Inflation

Steigen die Preise in einer Volkswirtschaft über einen längeren Zeitraum an, bezeichnet man diese Erscheinung als **Inflation**.

Je nach dem Tempo der Geldentwertung wird in **schleichende** (Inflationsrate < 5 %), trabende (Inflationsrate < 20 %) **oder galoppierende Inflation** (Inflationsrate über 20 %) unterschieden. Kommt es zu extrem hohen Inflationsraten von über 50 %, spricht man von einer **Hyperinflation**. Tritt die Inflation für jedermann sichtbar zutage, bezeichnet man sie als **offene Inflation**, wird der Preisanstieg durch staatliche Maßnahmen wie z. B. Höchstpreise begrenzt, spricht man von **verdeckter Inflation**.

Nichtmonetäre Ursachen der Inflation

Inflation kann **nicht monetäre** oder **monetäre Ursachen** haben. Nicht monetäre Ursachen liegen in Änderungen des Nachfrageverhaltens (Nachfrageinflation) oder des Angebotsverhaltens (Angebotsinflation) begründet. Kommt es zu einem Ungleichgewicht zwischen Geld- und Gütermenge, ist Inflation monetär verursacht.

Theorie der Nachfrageinflation

Die **Nachfrage-** oder **Nachfragesoginflation** sieht die Ursache für Preissteigerungen in einer Steigerung der Nachfrage. Es kommt also zu einer Rechtsverschiebung der Nachfrage, die zu höheren Preisen führt. Die vermehrte Nachfrage kann dabei von allen Sektoren des Wirtschaftskreislaufs ausgehen, also vom Staat (Fiskalinflation), von den Unternehmen (Investitionsinflation) oder von den Haushalten (Konsuminflation). Geht die Nachfragesteigerung vom Ausland aus, spricht man von **importierter Inflation**.

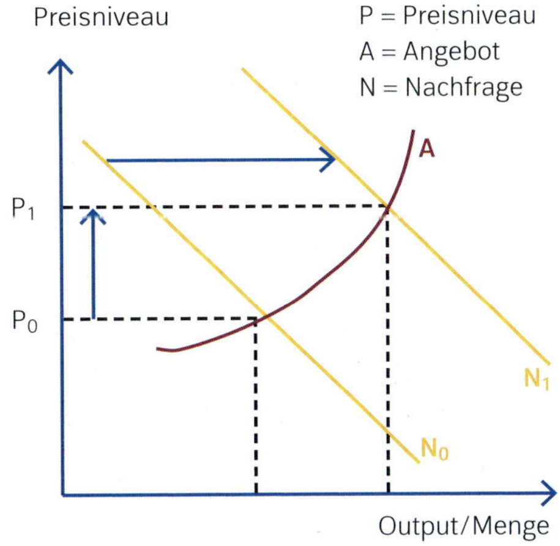

BEISPIEL *Im Ausland herrscht eine Inflationsrate von 5 %, im Inland eine Inflationsrate von 2 %. Bei konstanten Wechselkursen werden dadurch inländische Güter für das Ausland vergleichsweise billiger. Das Ausland fragt vermehrt inländische Güter nach, wodurch die Preise auch im Inland steigen. Die höhere Inflation des Auslandes wird importiert.*

Theorie der Angebotsinflation

Hier liegt die Ursache für Preissteigerungen auf Seiten der Anbieter. Sie erhöhen die Preise, weil entweder die Kosten der Produktionsfaktoren gestiegen sind **(kosteninduzierte Inflation oder Kostendruckinflation)**, Steuern und Sozialabgaben angehoben wurden oder weil sie höhere Gewinne erzielen wollen **(gewinninduzierte Inflation)**. Zu einer **kosteninduzierten Inflation** kommt es beispielsweise, wenn Rohstoff- oder Energiekosten steigen bzw. Lohnerhöhungen über den Produktivitätszuwachs hinausgehen. Die Unternehmen wälzen die gestiegenen Kosten über Preiserhöhungen auf die Haushalte ab.

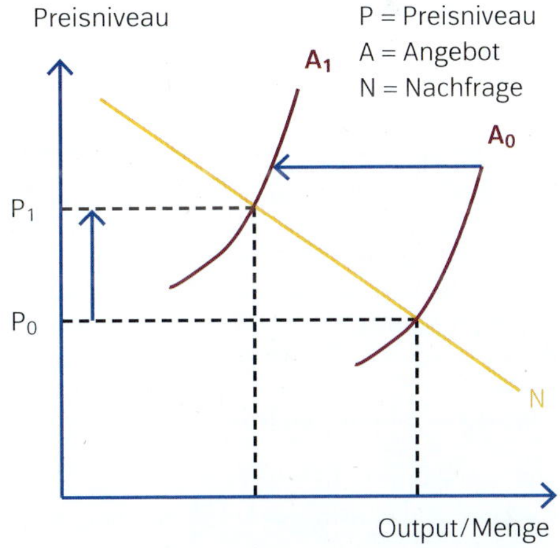

BEISPIEL *Jarno Müller stellt bei der Sommerfeld Bürosysteme GmbH am Tag 100 Stuhlgestelle her und bekommt dafür 100,00 € Lohn. Aufgrund von Prozessverbesserungen kommt es zu Produktivitätssteigerungen und er schafft im nächsten Jahr 110 Stuhlgestelle. Steigt sein Lohn auf 110,00 €, (110 €/110 Stück) hat dies keinen Einfluss auf die Preisgestaltung, denn die Lohnstückkosten bleiben bei 1,00 € pro Stuhl (110 €/110 Stühle). Setzt die Gewerkschaft allerdings eine Lohnsteigerung über dem Produk-*

tivitätszuwachs durch, bspw. einen Lohn von 121,00 €, würden die Lohnstückkosten auf 1,10 € (121 €/ 110 Stück) steigen und auf die Preise umgelegt.

Bei einer lohnkosteninduzierten oder einer Gewinninflation besteht regelmäßig die Gefahr einer **Lohn-Preis-Spirale** bzw. einer **Preis-Lohn-Spirale**, da die Gewerkschaften die Inflationsrate in ihre Lohnforderungen einkalkulieren.

	Lohn-Preis-Spirale	Preis-Lohn-Spirale
Ursache	Gewerkschaften setzen Lohnsteigerungen über dem Produktivitätszuwachs durch.	Unternehmen beanspruchen aufgrund ihrer Marktmacht einen höheren Gewinn.
Folgen	Die gestiegenen Lohnstückkosten fließen in die Kalkulation der Preise ein.	Der erhöhte Gewinnzuschlag fließt in die Kalkulation der Preise ein.
	Aufgrund der erhöhten Lohnstückkosten steigen die Preise.	Aufgrund des erhöhten Gewinnzuschlages steigen die Preise.
	Die Gewerkschaften beziehen die erhöhte Inflationsrate in die nächsten Tarifverhandlungen ein. Dies führt wiederum zu steigenden Preisen.	Die Gewerkschaften beziehen die erhöhte Inflationsrate in die nächsten Tarifverhandlungen ein. Dies führt wiederum zu steigenden Preisen.

Monetäre Ursachen der Inflation

Langfristig wird Inflation durch ein **Ungleichgewicht zwischen Geld- und Gütermenge** verursacht. Je nach Stärke der Inflation verliert **Geld** mehr oder weniger seine **Funktionen**. In Zeiten einer Hyperinflation übernehmen Edelmetalle oder Schmuck sowie Lebens- und Genussmittel wieder die Funktionen des Geldes.

Funktion des Geldes	BEISPIEL
Tauschmittel	*Die Produkte der Sommerfeld Bürosysteme GmbH werden gegen Geld getauscht.*
Zahlungsmittel	*Die Sommerfeld Bürosysteme GmbH begleicht ihre Schulden bei der Wollux GmbH mit Geld.*
Wertübertragungsmittel	*Die Sommerfeld Bürosysteme GmbH überweist einen Geldbetrag auf das Konto der Wollux GmbH.*
Wertaufbewahrungsmittel	*Die Sommerfeld Bürosysteme GmbH spart einen Geldbetrag und legt ihn für ein Jahr fest. Im nächsten Jahr soll mit diesem Betrag eine Maschine finanziert werden.*
Wertmaßstab	*Die Sommerfeld Bürosysteme GmbH bemisst den Wert ihrer Produkte in Geldeinheiten. Der „Picto Besucherstuhl" kostet 403,00 €.*
Recheneinheit	*Die Bilanz der Sommerfeld Bürosysteme GmbH wird in Euro erstellt.*

Wächst die Geldmenge stärker als die Gütermenge, entsteht Inflation, im umgekehrten Falle **Deflation**. Die Preise fallen und die Kaufkraft des Geldes steigt.

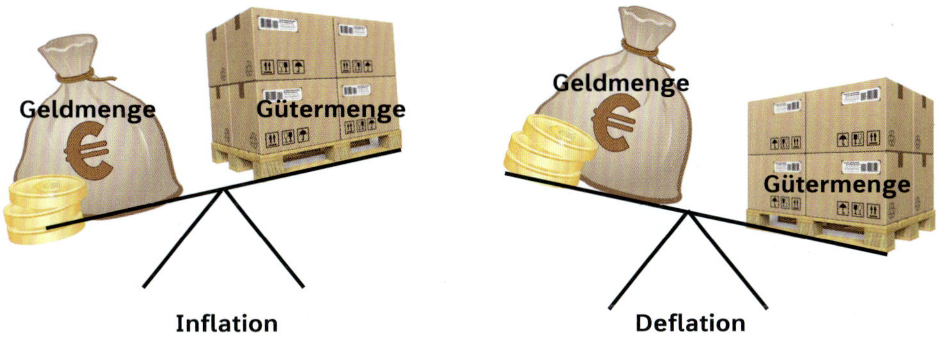

Der Einfluss der Geldmenge auf das Preisniveau lässt sich mit Hilfe der **Quantitätsgleichung** des Geldes verdeutlichen. Es gilt folgender Zusammenhang:

H · P	=	G · U
gesamtwirtschaftliches Angebot		**gesamtwirtschaftliche Nachfrage**

mit:
H = Handelsvolumen an Waren und Dienstleistungen[1]
P = Preisniveau
G = Geldmenge
U = Umlaufgeschwindigkeit des Geldes

Das gesamtwirtschaftliche **Angebot** wird definiert durch sämtliche in der Volkswirtschaft gehandelten Waren und Dienstleistungen (= **Handelsvolumen**) bewertet zu den jeweiligen **Preisen**. Es ist nicht zu verwechseln mit dem **Bruttoinlandsprodukt**, da es sich beim Bruttoinlandsprodukt um eine konsolidierte Größe handelt, bei der Lieferungen und Leistungen innerhalb der volkswirtschaftlichen Sektoren bzw. zwischen den Sektoren herausgerechnet werden.

Die gesamtwirtschaftliche **Nachfrage** wird bestimmt durch die zur Verfügung stehende (nachfragewirksame) **Geldmenge** und die **Umlaufgeschwindigkeit** des Geldes. Je schneller das Geld umläuft, desto mehr Waren und Dienstleistungen können mit einer bestehenden Geldmenge umgesetzt werden.

BEISPIEL *Nicole Ganser hat einen 50-€-Schein seit Anfang des Monats in ihrer Geldbörse. Am Ende des Monats kauft sie sich mit dem 50-€-Schein eine Jeanshose. Das Geld läuft also einmal um. Würde Nicole den 50-€-Schein schon Mitte des Monats zum Kauf der Jeanshose verwenden, könnte das Geschäft den 50-€-Schein am Ende des Monats zum Einkauf eines neuen Kleides im Wert von 50 € nutzen. Der 50-€-Schein läuft also zweimal um. Durch die Verdopplung der Umlaufgeschwindigkeit werden mit einem 50-€-Schein jetzt wertmäßig doppelt so viele Güter umgesetzt.*

---

1 Sowohl das Handelsvolumen als auch die Umlaufgeschwindigkeit des Geldes können mit Hilfe von Statistiken nur unzureichend genau erfasst werden.

Formt man die Quantitätsgleichung des Geldes um, so werden die Einflussfaktoren auf das **Preisniveau** deutlich:

$$\mathbf{P} = \frac{G \cdot U}{H}$$

Das **Preisniveau** in einer Volkswirtschaft **steigt** also unter sonst gleichen Bedingungen, wenn

- die Geldmenge steigt,
- die Umlaufgeschwindigkeit des Geldes steigt,
- das Handelsvolumen abnimmt.

Anders formuliert: Bei einer gleich bleibenden Umlaufgeschwindigkeit des Geldes wird Preisniveaustabilität dann erreicht, wenn das Verhältnis von Geld- und Gütermenge konstant bleibt. Dieser Zusammenhang ist eine wichtige Grundlage der Geldpolitik der **EZB**. Sie versucht, das Geldmengenwachstum dem realwirtschaftlichen Wachstum der Gütermenge anzupassen, um so Preisniveaustabilität zu erreichen.

PRAXISTIPP

Die aktuelle Inflationsrate finden Sie auf der Webseite des Statistischen Bundesamtes unter www.destatis.de.

Folgen der Inflation

- **Geldvermögen verlieren** durch hohe Inflationsraten an **Wert**. In Zeiten der Hyperinflation 1923 verloren Sparerinnen und Sparer ihr gesamtes Geldvermögen, das sie über viele Jahre angespart hatten. **Kreditnehmer** hingegen zählen zu den **Inflationsgewinnern**, wenn ihre Einkommen den hohen Inflationsraten angepasst werden. Da die Tilgungszahlungen nominal konstant bleiben, müssen sie einen geringeren Anteil ihres Einkommens für die Tilgung aufwenden.
- Es kommt zu einer **Flucht in Sachwerte**. Anlagen in Sachwerten wie Immobilien, Edelmetallen oder auch Aktien werden bevorzugt, da sie als wertstabil gelten.
- **Bezieher fester Einkommen** können zu den Verlierern einer Inflation zählen, wenn sie hohe Inflationsraten nicht durch Nominaleinkommenssteigerungen ausgleichen können. Dies führt bei ihnen zu **Realeinkommensverlusten**. Gerade einkommensschwache Bevölkerungsgruppen wie Rentnerinnen und Rentner wären hiervon betroffen, da deren Einkommen meist nur in geringerem Maße oder mit deutlichen zeitlichen Verzögerungen angepasst werden.
- Inflation kann die realen Preise für Produktionsfaktoren verschleiern. Beispielsweise führt eine 4 %ige Lohnsteigerung bei einer Inflationsrate von 6 % zu einer relativen Verbilligung des Produktionsfaktors Arbeit. Entscheiden sich Unternehmen dennoch zu Entlassungen, da ihnen die Lohnsteigerung als zu hoch erscheint, führt dies zu **volkswirtschaftlichen Fehlallokationen**.

- Inflation führt zu **Unsicherheit** bezüglich der Preisentwicklung. Fundierte Investitions- und Konsumentscheidungen werden erschwert. → LF 8
- Aufgrund der Progression des Einkommensteuertarifes führen höhere (inflationsbedingte) Einkommen zu einem höheren Einkommensteuersatz. Die **Steuerbelastung** des Einzelnen **steigt** bei gleichzeitig steigenden Preisen für alle anderen Güter („kalte Progression"). → LF 12
- Die **Wettbewerbsfähigkeit** der Wirtschaft sinkt, wenn die Inflationsraten des Inlandes stärker steigen als die des Auslandes. Bei konstanten Wechselkursen werden inländische Güter für das Ausland teurer. Die Nachfrage nach inländischen Gütern und Dienstleistungen sinkt.

Deflation und Stagflation

Deflation liegt vor, wenn das Preisniveau anhaltend **absinkt**. Sie wird in der Regel durch einen Rückgang der Nachfrage und/oder eine zu geringe Geldmenge ausgelöst. Auf den ersten Blick scheint Deflation kein großartiges Problem zu sein, da die Kaufkraft des Geldes steigt. Allerdings sind die Auswirkungen dramatischer als bei einer Inflation. Die Folge sind ein Rückgang der Investitionen und der Beschäftigung. Durch den Ausfall der Konsumgüternachfrage kommt es zu einem weiteren Rückgang der gesamtwirtschaftlichen Nachfrage und letztendlich zu **Massenarbeitslosigkeit**.

BEISPIEL *Als Folge der Deflation in der Weltwirtschaftskrise der 30er-Jahre des 20. Jahrhunderts stieg die Zahl der Arbeitslosen in Deutschland von 1,9 Millionen im Jahre 1929 auf 5,6 Millionen im Jahre 1932.*

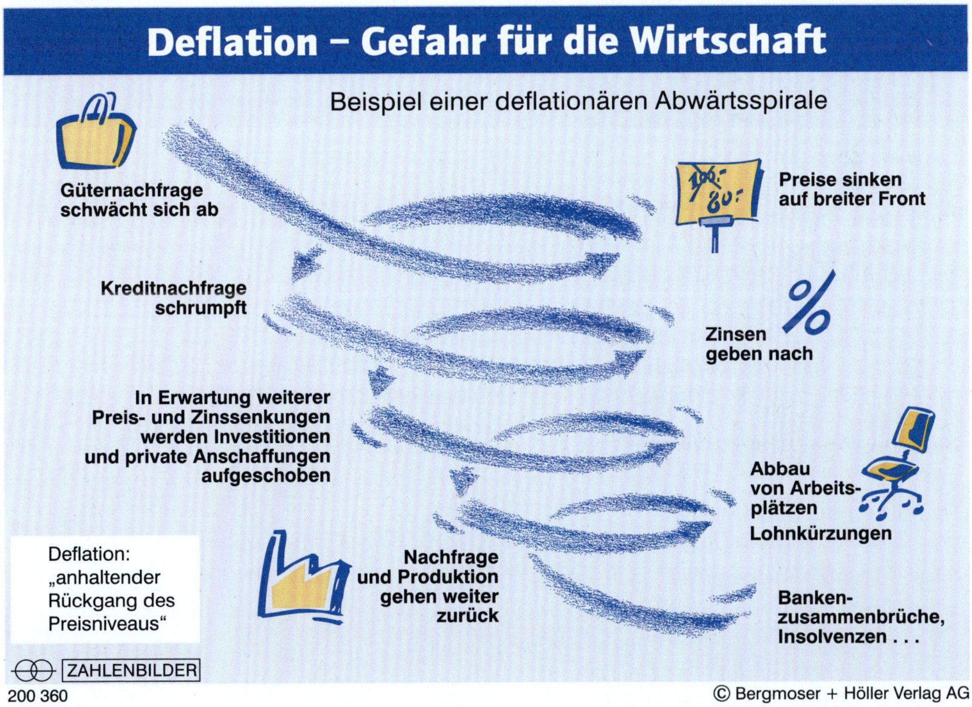

Das parallele Auftreten von Inflation in Kombination mit einer schwachen Wirtschaftsleistung (Stagnation) wird als **Stagflation** bezeichnet. Eine solche wirtschaftliche Situation stellte sich in den 1970er-Jahren in Deutschland dar. Als Folge des Ölpreisschocks 1973/1974 kam es zu hohen Inflationsraten bei ausbleibendem wirtschaftlichem Wachstum. Die Unternehmen konnten die deutlich gestiegenen Rohstoffkosten nur teilweise an die Verbraucherinnen und Verbraucher weitergeben, was die Unternehmen zu Rationalisierungsmaßnahmen zwang. Die Folgen waren eine höhere Arbeitslosigkeit und ausbleibendes Wirtschaftswachstum.

ZUSAMMENFASSUNG

Stabilität des Preisniveaus

- **Preisniveau, Preisindex und Kaufkraft**
  - Das **Preisniveau** ist die durchschnittliche Höhe der Preise für Waren und Dienstleistungen in einer Volkswirtschaft.
  - Mithilfe des **Preisindex** werden Güterpreise im Berichtsjahr mit einem Basisjahr verglichen.
  - Die **Kaufkraft** ist diejenige Gütermenge, die für eine Geldeinheit in einer Volkswirtschaft gekauft werden kann.
- **Arten der Inflation**
  - schleichende, trabende, galoppierende und Hyperinflation
  - offene und verdeckte Inflation
- **Ursachen der Inflation:**

<table>
<tr><td colspan="2">Monetäre Ursachen der Inflation</td><td>– Ungleichgewicht zwischen Geld- und Gütermenge
– Quantitätsgleichung: H x P = G x U
– Inflation, wenn Geldmenge und Umlaufgeschwindigkeit des Geldes stärker steigen als das Handelsvolumen</td></tr>
<tr><td rowspan="2">Nichtmonetäre Ursachen der Inflation</td><td>Angebots-induzierte Inflation</td><td>– Kosteninflation
  – Lohnkosten steigen
  – Rohstoffkosten steigen
– Gewinninflation
– Steuerinflation</td></tr>
<tr><td>Nachfrage-induzierte Inflation</td><td>– Erhöhte Nachfrage
  – des Staates (Fiskalinflation)
  – der Haushalte (Konsuminflation)
  – der Unternehmen (Investitionsinflation)
  – des Auslands (importierte Inflation)</td></tr>
</table>

- **Folgen der Inflation:**
  - Wertverlust des Geldvermögens
  - Flucht in Sachwerte
  - Realeinkommensverluste
  - volkswirtschaftliche Fehlallokationen
  - Unsicherheit der Marktteilnehmer
  - Steigende Steuerbelastung („kalte Progression)
  - Sinkende Wettbewerbsfähigkeit

- **Deflation:** Das Preisniveau sinkt anhaltend.
- **Stagflation:** Kombination aus **Inflation** und **Stagnation**.

AUFGABEN

1 Die Gewerkschaften behaupten häufig, dass man nicht von einer Lohn-Preis-Spirale, sondern von einer Preis-Lohn-Spirale sprechen müsse. Erläutern Sie diese Aussage.

2 Das Statistische Bundesamt ermittelt den Preisindex für Lebenshaltung anhand des Warenkorbes.

a) Erläutern Sie, welche Probleme Ihrer Meinung nach mit der Zusammensetzung des Warenkorbes verbunden sind.

b) Stellen Sie anhand der Abbildung „Was ist die Inflationsrate“ auf S. 281 fest, wo es Abweichungen und wo es Übereinstimmungen zwischen dem repräsentativen Haushalt und dem Haushalt Ihrer Familie gibt.

3 Legen Sie dar, in welchem Verhältnis Kaufkraft und Preisniveau zueinander stehen und berechnen Sie die Veränderung der Kaufkraft, falls die Preise um 10 % steigen.

4 Emilia Schaubs Vater hat in den letzten drei Jahren die Ausgaben seiner Familie erfasst. Dabei hat er festgestellt, dass sich das mengenmäßige Konsumverhalten seiner Familie nicht geändert hat.

Güter	Preis Jahr 00 (Basisjahr)	Preis Jahr 01	Preis Jahr 02
Wohnung	8 400,00 €	8 400,00 €	8 600,00 €
Energiekosten	2 500,00 €	2 600,00 €	2 700,00 €
Lebensmittel	10 000,00 €	10 200,00 €	10 400,00 €
Kleidung	3 500,00 €	3 300,00 €	3 400,00 €
Freizeit	5 000,00 €	5 100,00 €	5 300,00 €

Berechnen Sie die Preisindizes für die Jahre 01 und 02 und ermitteln Sie die persönlichen Inflationsraten der Familie Schaub.

5 Manfred Goldschmid ist Produktionsmitarbeiter bei der Sommerfeld Bürosysteme GmbH. Im Jahre 20(0) erhält er ein durchschnittliches monatliches Einkommen von 2 350,00 €. Die Preise sind im Jahr 20(1) um 3 % und im Jahr 20(2) um 2 % gestiegen. Im Jahr 20(1) erhält Manfred Goldschmidt eine Lohnerhöhung von 2 % und im Jahr 20(2) von 4 %. Berechnen Sie die prozentuale Veränderung seines Realeinkommens bezogen auf das Basisjahr 20(0).

6 Erläutern Sie, welche Auswirkung die folgenden Sachverhalte (unter sonst gleichen Bedingungen) auf das Preisniveau haben.

a) Die Gewerkschaften setzen Lohnsteigerungen über dem Produktivitätszuwachs durch.

b) Das Preisniveau im Ausland steigt bei konstanten Wechselkursen stärker als im Inland.

c) Die Umlaufgeschwindigkeit des Geldes sinkt.
d) Der Staat schiebt aufgrund der hohen Staatsverschuldung staatliche Investitionsvorhaben auf.
e) Die gute Wirtschaftslage sorgt für ein freundliches Konsumklima.

7 Die oberste Zielsetzung der EZB ist die Bewahrung von Preisniveaustabilität. Begründen Sie, warum diese Zielsetzung so bedeutend ist.

8 Die Preisniveauentwicklung wird durch das Verhältnis von Geld- und Gütermenge beeinflusst. Die folgenden Abbildungen stellen die Entwicklung der Geld- und Gütermenge in einem Jahr dar. Erläutern Sie anhand der Abbildungen 1 und 2, ob für das Jahr (unter sonst gleichen Bedingungen) eine inflatorische oder deflatorische Entwicklung dargestellt wird.

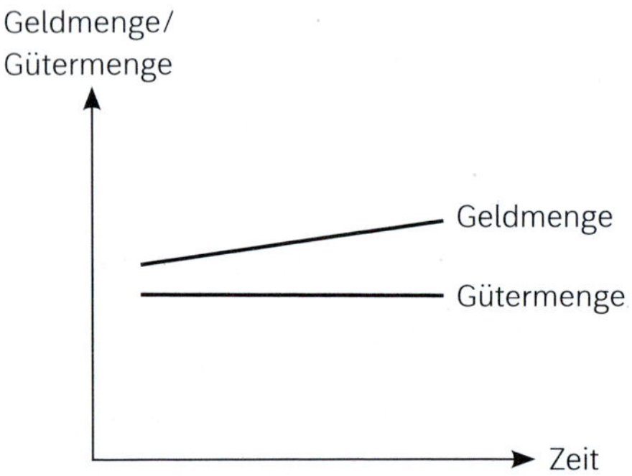

Abbildung 1

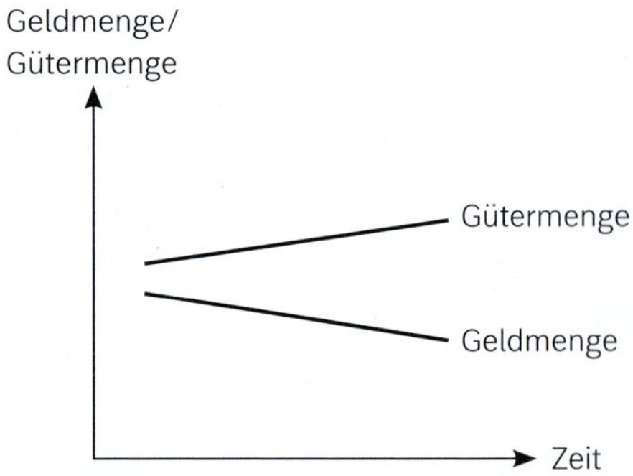

Abbildung 2

5.2 Hoher Beschäftigungsstand

LS 20

In den Räumen der Geschäftsleitung der Sommerfeld Bürosysteme GmbH findet eine Sitzung mit der Betriebsratsvorsitzenden, Frau Stefer, und der Geschäftsführerin, Frau Farthmann, statt. Aufgrund des Gutachtens einer Unternehmensberatungsgesellschaft soll die Produktivität in Teilbereichen der Produktion gesteigert und Personal entlassen werden.

Claudia Farthmann: „Wenn wir die Produktivität in der Produktion nicht steigern, sind wir nicht mehr wettbewerbsfähig! Unser Hauptmitbewerber in den Niederlanden bietet heute schon zu Preisen an, die deutlich unter unseren liegen!“

Ute Stefer: „Und was heißt das konkret?“

Claudia Farthmann: „Wir werden in der Montage vier Beschäftigte entlassen und dafür eine DNC-gesteuerte Fertigungsstraße anschaffen. Die dadurch verursachte Produktivitätssteigerung schlägt sich in einer Reduzierung der Kosten um 15 % nieder, was zu entsprechenden Preissenkungen führt!"

Ute Stefer: „Kosten, Kosten, ich höre immer Kosten! Denken Sie auch an die gut 11 % Arbeitslosen in der Region? Keiner der von Ihnen Entlassenen hat die Chance auf einen neuen Arbeitsplatz!"

Claudia Farthmann: „Sie verallgemeinern, Frau Stefer. Die 11 % Arbeitslosen muss man differenziert betrachten. Ein Drittel davon sind saisonale Arbeitslose und bei einem weiteren Drittel ist die Konjunktur die Ursache für die Arbeitslosigkeit. Und die Konjunktur zieht wieder an!"

Ute Stefer: „Das sind doch Taschenspielertricks! Wenn ich meinen Job verliere, ist es mir egal, in welchem Teil der Statistik ich lande!"

Claudia Farthmann: „Sie verallgemeinern schon wieder ..."

ARBEITSAUFTRÄGE

- **Sammeln Sie Argumente für die unterschiedlichen Standpunkte von Frau Farthmann und Frau Stefer und setzen Sie die Diskussion fort.**
- **Geben Sie den Diskussionsteilnehmern ein Feedback. Beachten Sie dabei die Regeln für ein Feedback.**
- **Erläutern Sie die Ursachen der Arbeitslosigkeit anhand von Beispielen.**

Der Beschäftigungsstand einer Volkswirtschaft wird mithilfe der **Arbeitslosenquote** ermittelt. Sie gibt an, wie viel Prozent der zivilen Erwerbspersonen (= zivile Erwerbstätige und registrierte Arbeitslose) arbeitslos sind.

$$\textbf{Arbeitslosenquote} = \frac{\text{Zahl der registrierten Arbeitslosen}}{\text{Zahl der zivilen Erwerbspersonen}} \cdot 100$$

Die Arbeitslosenquote wird in Deutschland von der Bundesagentur für Arbeit monatlich veröffentlicht. Der Personenkreis der **Arbeitslosen** wird durch das Sozialgesetzbuch (**SGB**) näher definiert.

SGB III § 16 Arbeitslose

(1) Arbeitslose sind Personen, die wie beim Anspruch auf Arbeitslosengeld
1. vorübergehend nicht in einem Beschäftigungsverhältnis[1] stehen,
2. eine versicherungspflichtige Beschäftigung[2] suchen und dabei den Vermittlungsbemühungen der Agentur für Arbeit zur Verfügung stehen und
3. sich bei der Agentur für Arbeit arbeitslos gemeldet haben.
(2) An Maßnahmen der aktiven Arbeitsmarktpolitik Teilnehmende gelten als nicht arbeitslos.

1 Gemeint sind Beschäftigungsverhältnisse von 15 oder mehr Wochenstunden.
2 Die angestrebte Beschäftigung muss ebenfalls 15 oder mehr Wochenstunden betragen.

Zu den Arbeitslosen zählen in Deutschland nur Personen, die von den Agenturen für Arbeit als Arbeitslose erfasst sind. Insofern weist die offizielle Arbeitslosenquote nur die **registrierte Arbeitslosigkeit** aus. Neben der Zahl der Arbeitslosen errechnet die Arbeitsmarktstatistik auch die Zahl der **Unterbeschäftigten**. Zu den Arbeitslosen werden Personen hinzugezählt, die an Maßnahmen der Arbeitsmarktpolitik teilnehmen oder einen arbeitsmarktpolitischen Sonderstatus haben. Dies sind beispielsweise Personen, die sich in einer beruflichen Eingliederung oder einer beruflichen Weiterbildung befinden. Die Zahl der Unterbeschäftigten ist damit deutlich höher als die der Arbeitslosen.

BEISPIEL *Im April 2025 gab es ca. 2,9 Mio. Arbeitslose bei ca. 3,6 Mio. Unterbeschäftigten.*

Darüber hinaus gibt es Personen, die eine Arbeit aufnehmen möchten, sich aber nicht als arbeitslos gemeldet haben und deshalb von der offiziellen Statistik nicht erfasst werden. Ihre Anzahl kann nur geschätzt werden. Dieser Personenkreis wird als **stille Reserve i. e. S.** bezeichnet und stellt im Gegensatz zur **offenen** eine Form der **verdeckten Arbeitslosigkeit** dar.

BEISPIEL

- *Emilia Schaubs Bruder besucht die Höhere Handelsschule, da er keine Ausbildung gefunden hat.*
- *Nicole Gansers Schwester sucht auf „eigene Faust“ eine Berufsausbildung. Sie hat sich nicht arbeitslos gemeldet.*
- *Leon Hellers Mutter ist Hausfrau. Sie hat die Suche nach einer Halbtagsbeschäftigung entmutigt aufgegeben.*

Ein weiterer wichtiger Indikator zur Beurteilung des Arbeitsmarktes ist die Zahl der **offenen Stellen**, die den Agenturen für Arbeit von den Unternehmen gemeldet werden. Eine hohe Arbeitslosenquote bei einer gleichzeitig hohen Anzahl von offenen Stellen (**Mismatch-Arbeitslosigkeit**) deutet auf strukturelle Defizite am Arbeitsmarkt hin. Stellt man dem Arbeitskräfteangebot die Arbeitskräftenachfrage gegenüber, ergibt sich somit folgende Lage am Arbeitsmarkt:

<table>
<tr><td></td><td></td><td colspan="5">Arbeitskräfteangebot, Erwerbspersonenpotenzial</td></tr>
<tr><td></td><td></td><td colspan="2">Erwerbstätige, Beschäftigte</td><td colspan="3">Beschäftigungslose</td></tr>
<tr><td></td><td></td><td colspan="3">Erwerbspersonen</td><td colspan="2">Stille Reserve</td></tr>
<tr><td></td><td></td><td>abhängig Beschäftigte (Arbeiter, Angestellte, Beamte, Soldaten)</td><td>Selbstständige und Mithelfende</td><td>Arbeitslose</td><td>Stille Reserve i. e. S.</td><td>Stille Reserve in arbeitmarktpolitischen Maßnahmen</td></tr>
<tr><td colspan="2">unbesetzte Stellen</td><td colspan="2" rowspan="2">besetzte Arbeitsstellen</td><td></td><td></td><td></td></tr>
<tr><td>nicht gemeldete Arbeitsstellen</td><td>gemeldete Arbeitsstellen</td><td></td><td></td><td></td></tr>
<tr><td colspan="4">Arbeitskräftenachfrage</td><td></td><td></td><td></td></tr>
</table>

Erstellt in Anlehnung an: Bundesagentur für Arbeit (Hrsg.): Möglichkeiten und Grenzen einer statistischen Engpassanalyse nach Berufen Nürnberg, 2011, S. 7

Vollbeschäftigung

Absolute **Vollbeschäftigung** liegt vor, wenn bei gegebenen Löhnen das Angebot an Arbeit durch die privaten Haushalte (Arbeitnehmende) gleich der Nachfrage an Arbeit durch die Unternehmen und den Staat (Arbeitgeber) ist. Die Arbeitslosenquote beträgt in diesem Fall 0 %. Dieser Wert wird in der Realität nie erreicht, da auch bei einer Volkswirtschaft mit hohem Beschäftigungsstand immer Arbeitnehmende gerade den Arbeitsplatz wechseln und aus diesem Grund kurzfristig arbeitslos sind (friktionelle Arbeitslosigkeit, vgl. S. 295) oder aus saisonalen Gründen keine Beschäftigung haben (saisonale Arbeitslosigkeit, vgl. S. 295). Aus diesem Grund ist im Stabilitätsgesetz auch nicht von **absoluter Vollbeschäftigung**, sondern von einem **hohen Beschäftigungsstand** die Rede.

Wann das Ziel „hoher Beschäftigungsstand“ in der Bundesrepublik Deutschland erreicht ist, wird je nach der gesamtwirtschaftlichen Lage definiert. Im Jahreswirtschaftsbericht der Bundesregierung von 1967 wurde als Zielvorgabe eine Arbeitslosenquote von unter 0,8 % festgelegt. Mittlerweile spricht man von **Vollbeschäftigung**, wenn die Arbeitslosenquote zwischen 0,8 % und maximal 2 % liegt.

Über- und Unterbeschäftigung

Ist die Arbeitslosenquote > 2 %, herrscht **Unterbeschäftigung** (Arbeitslosigkeit). Ist die Arbeitslosenquote < 0,8 %, liegt **Überbeschäftigung** vor.

Folgen der Unterbeschäftigung sind gesamtwirtschaftlich gesehen der Nachfrageausfall durch den Rückgang der Einkommen der privaten Haushalte und die Kürzung der Staatsausgaben in der Folge verringerter Steuereinnahmen. In den Familien der Arbeitslosen kommt es verstärkt zu finanziellen und sozialen Problemen. Mit steigender Dauer der Arbeitslosigkeit verschlechtert sich auch der psychische (seelische) und physische (körperliche) Zustand der Betroffenen.

Die **Folgen der Überbeschäftigung** sind starker Konkurrenzkampf bei der Suche nach qualifizierten Beschäftigten und steigende Löhne, die zu steigenden Preisen führen.

BEISPIEL *Gut ausgebildete Mitarbeiter in den sog. „IT-Berufen“ sind gesucht. In diesem Segment des Arbeitsmarktes herrscht zurzeit Überbeschäftigung.*

Einer Überbeschäftigung kann durch Zuwanderung oder durch eine Erhöhung der Erwerbsbeteiligung der Bevölkerung begegnet werden. Ein Maß für die Erwerbsbeteiligung ist die **Erwerbsquote**. Die Erwerbspersonen werden zur Gesamtbevölkerung in Beziehung gesetzt.

$$\textbf{Erwerbsquote} = \frac{\text{Erwerbspersonen}}{\text{Gesamtbevölkerung}} \cdot 100$$

BEISPIELE

- *Die Verkürzung des Abiturs auf 12 Schuljahre führte zu einer Erhöhung der Erwerbsbeteiligung, da Schulabgänger früher auf den Arbeitsmarkt drängten.*
- *Verbesserte Regelungen zur Teilzeitarbeit führen zu einer Erhöhung der Erwerbsbeteiligung von Frauen.*

Ursachen und Arten der Arbeitslosigkeit

Die **Situation am Arbeitsmarkt in der Bundesrepublik Deutschland** hat sich in den letzten Jahren deutlich gebessert. Es ist zu einer Zunahme der Erwerbstätigkeit und einem Absinken der Arbeitslosenquote gekommen. Auch die Zahl derjenigen, die länger als ein Jahr arbeitslos sind **(Langzeitarbeitslose)**, ist deutlich gesunken. Als wichtige Faktoren für diese Entwicklung werden vor allem strukturelle Reformen am Arbeitsmarkt **(Hartz-Gesetze)** sowie die moderate **Reallohnentwicklung** genannt. Niedrige Reallöhne sorgen für eine hohe Nachfrage nach Arbeit, aber auch dafür, dass Menschen zusätzlich zum Arbeitseinkommen staatliche Transferzahlungen in Anspruch nehmen müssen.

Nichtsdestotrotz ist Deutschland von Vollbeschäftigung weit entfernt. Das Ziel „hoher Beschäftigungsstand" bleibt aus diesem Grund weiterhin ein vordringliches Ziel der Wirtschaftspolitik. Um gezielte wirtschaftspolitische Maßnahmen ergreifen zu können, ist es wichtig, die **Ursachen der Arbeitslosigkeit** zu kennen. Man unterscheidet folgende Arten von Arbeitslosigkeit:

- **Strukturelle Arbeitslosigkeit**
  Sie hat ihre Ursachen in Veränderungen des Aufbaus der Volkswirtschaft oder in der Zusammensetzung der Erwerbsbevölkerung. Folgende Ausprägungen der strukturellen Arbeitslosigkeit werden unterschieden:

  - **regionale** Arbeitslosigkeit in wirtschaftlich schwach entwickelten Gebieten,

    BEISPIEL *Im Bezirk der Industrie- und Handelskammer Essen ist die Arbeitslosenquote deutlich höher als die durchschnittliche Arbeitslosenquote der Bundesrepublik.*

  - **altersbedingte** Arbeitslosigkeit, die ihre Ursache in der Veränderung der Leistungsfähigkeit älterer Menschen hat,

    BEISPIEL *Trotz größerer Erfahrung werden bei schwacher Auftragslage zuerst oft ältere Arbeitskräfte entlassen.*

  - **branchenbedingte** Arbeitslosigkeit, die entsteht, wenn sich ganze Wirtschaftszweige umstrukturieren,

    BEISPIEL *Viele Betriebe der eisen- und stahlverarbeitenden Industrie wurden in den letzten Jahrzehnten geschlossen. Die Beschäftigten wurden entlassen.*

  - **qualifikationsbedingte** Arbeitslosigkeit, die vor allem ungelernte Arbeitskräfte trifft,

    BEISPIEL *Bei anstehenden Entlassungen werden zunächst die ungelernten Kräfte freigesetzt.*

  - **technologische** Arbeitslosigkeit, die durch die Substitution des Produktionsfaktors Arbeit gegen Kapital entsteht und ihre Ursache in dem Bemühen der Unternehmer um Rationalisierung und Automation hat.

    BEISPIEL *Die Sommerfeld Bürosysteme GmbH schafft eine DNC-gesteuerte Fertigungsstraße für die Büro- und Einrichtungsmöbelproduktion an. Vier Beschäftigte werden entlassen.*

- **Konjunkturelle Arbeitslosigkeit**
  Sie hat ihre Ursache im Rückgang der gesamtwirtschaftlichen Nachfrage in der Phase des Abschwungs.

BEISPIEL *Der Rückgang des Wirtschaftswachstums und Rationalisierungsmaßnahmen Anfang der Neunzigerjahre des 20. Jahrhunderts führten zu hoher Arbeitslosigkeit.*

- **Saisonale Arbeitslosigkeit**
  Diese Form der Arbeitslosigkeit ist jahreszeitlich- oder witterungsbedingt.

BEISPIELE *Trotz vieler Verbesserungen bei der Verarbeitungsfähigkeit von Baustoffen bei Frost steigt die Arbeitslosigkeit im Baugewerbe in den Wintermonaten erheblich. In den Wintermonaten steigt ebenfalls die Arbeitslosigkeit bei den Saisonkräften in der Gastronomie und in der Landwirtschaft.*

- **Friktionelle (reibungsbedingte) Arbeitslosigkeit**
  Sie entsteht, wenn bei einem Arbeitsplatzwechsel zwischen der Aufgabe des bisherigen und der Aufnahme des neuen Arbeitsplatzes ein relativ kurzer Zeitraum verstreicht, in dem die Person arbeitslos ist.

BEISPIEL *Eine Industriekauffrau kündigt fristgerecht zum 31. März. Die neue Stelle kann sie jedoch erst zum 1. Mai antreten.*

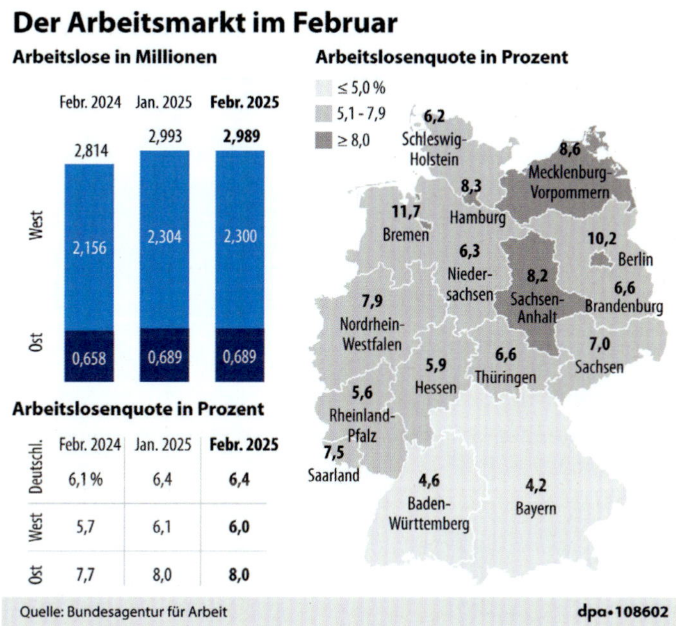

PRAXISTIPP

Die aktuelle Arbeitslosenquote finden Sie auf der Webseite der Bundesagentur für Arbeit unter www.statistik.arbeitsagentur.de.

Arbeitsmarktpolitische Maßnahmen

Sie erfordern das Zusammenwirken aller Träger der Wirtschaftspolitik. Neben Maßnahmen im Rahmen der Ordnungs-, Struktur-, Fiskal- und Geldpolitik kommen Maßnahmen der passiven und vor allem der aktiven Arbeitsmarktpolitik eine zentrale Bedeutung zu.

Aktive Arbeitsmarktpolitik **= Maßnahmen zur (Wieder-)eingliederung in den Arbeitsmarkt**	**Passive Arbeitsmarktpolitik** **= Maßnahmen zur Abfederung von Einkommensverlusten bei Arbeitslosen**
BEISPIELE – *Beratungs- und Vermittlungsangebote* – *Unterstützung bei Berufswahl und Berufsausbildung* – *Berufliche Weiterbildungsmaßnahmen* – *Eignungsfeststellungs- und Trainingsmaßnahmen* – *Förderung der beruflichen Eingliederung* – *Förderung von Menschen mit Behinderung* – *Förderung der Selbstständigkeit* – ...	BEISPIELE – *Arbeitslosengeld* – *Bürgergeld* – *Kurzarbeitergeld* – *Insolvenzgeld* – *Berufsausbildungsbeihilfe* – ...

BEISPIEL *Die Sommerfeld Bürosysteme GmbH stellt einen schwer vermittelbaren Langzeitarbeitslosen ein. Die Arbeitsverwaltung zahlt für ein Jahr einen Zuschuss zu seinem Gehalt in Form einer Eingliederungsbeihilfe.*

ZUSAMMENFASSUNG

Hoher Beschäftigungsstand

$$\textbf{Arbeitslosenquote} = \frac{\text{Zahl der registrierten Arbeitslosen} \cdot 100}{\text{Zahl der Erwerbspersonen}}$$

- **Offene Arbeitslosigkeit** ist im Gegensatz zur **verdeckten Arbeitslosigkeit** in den amtlichen Statistiken ausgewiesen.
- **Vollbeschäftigung** liegt im strengen Sinne vor, wenn sich die Arbeitslosenquote zwischen 0,8 % und 2 % bewegt.
- **Unterbeschäftigung** liegt vor, wenn die Arbeitslosenquote größer als 2 % ist.
- **Überbeschäftigung** liegt vor, wenn die Arbeitslosenquote kleiner als 0,8 % ist.
- **Arten der Arbeitslosigkeit**
  - strukturelle
  - konjunkturelle
  - saisonale
  - friktionelle
- Aktive und passive **arbeitsmarktpolitische Maßnahmen** dienen der Bekämpfung von Arbeitslosigkeit und deren Folgen.

AUFGABEN

1 Die Agentur für Arbeit weist folgende Zahlen aus:

– Zivile Erwerbstätige 6 Millionen
– registrierte Arbeitslose 1 Millionen

- Gesamtbevölkerung 13 Millionen
- offene Stellen 0,5 Millionen

a) Berechnen Sie die Arbeitslosenquote.
b) Berechnen Sie die Erwerbsquote auf Basis der zivilen Erwerbspersonen.
c) Beurteilen Sie die Lage auf dem Arbeitsmarkt.

2 „Eine gute Ausbildung und die Vermittlung von Schlüsselqualifikationen sind die beste Vorsorge gegen spätere Arbeitslosigkeit." Nehmen Sie zu dieser Behauptung Stellung.

3 Erläutern Sie die Ursachen der Arbeitslosigkeit anhand je eines Beispiels.

4 Beschreiben Sie den Zusammenhang zwischen Produktivitätssteigerung und Arbeitslosigkeit.

5 Um das Ziel der Vollbeschäftigung zu erreichen, könnte die vorhandene Arbeit auf alle arbeitswilligen Personen aufgeteilt werden. Eine Verkürzung der Wochenarbeitszeit ohne Lohnausgleich wäre die Folge.

a) Bilden Sie zwei Gruppen. Eine Gruppe sammelt Argumente für dieses Modell, die andere Gruppe stellt Argumente gegen das Modell zusammen.
b) Stellen Sie Ihre Argumente in der Klasse vor.
c) Diskutieren Sie auf der Grundlage der unterschiedlichen Positionen.

6 Welche der folgenden Arten von Arbeitslosigkeit werden in den unten stehenden Fällen verstärkt bzw. abgeschwächt?

1. Konjunkturelle 2. strukturelle 3. saisonale 4. friktionelle Arbeitslosigkeit

a) Ein Hersteller von Kunststoff-Fensterrahmen entlässt Beschäftigte, weil zunehmend Holz-Fensterrahmen nachgefragt werden.
b) Ein Bauunternehmer stellt zu Beginn des Sommers Beschäftigte ein.
c) Ein Automobilhersteller rüstet den Maschinenpark auf Roboter um und entlässt Beschäftigte.
d) Ein Werkzeugmaschinenhersteller entlässt wegen der schlechten Auftragslage mehrere Fachkräfte.
e) Ein Buchhalter ist wegen eines Stellenwechsels vorübergehend arbeitslos.

5.3 Außenwirtschaftliches Gleichgewicht

LS 22

Als Claudia Farthmann den Wirtschaftsteil der Zeitung aufschlägt, ist sie hocherfreut. Die Zahlungsbilanz Deutschlands weist eine Steigerung der deutschen Warenexporte aus. Deutsche Produkte sind nach wie vor im Ausland gefragt. Als sie in der Mittagspause Herrn Sommer trifft, erzählt sie ihm von dieser positiven Entwicklung und schlägt ihm vor, in den USA zu expandieren und das Vertriebsnetz auszubauen. „‚Made in Germany' ist nach wie vor ein Qualitätsmerkmal und mit der amerikanischen Konkurrenz können wir durchaus mithalten. Zudem ist unsere Kostensituation mit der der amerikanischen Büromöbelproduzenten vergleichbar", meint sie. Herr Sommer ist allerdings etwas weniger euphorisch: „Claudia, grundsätzlich finde ich deine Idee gut. Allerdings gibt es auch Risiken. Die stetige Zunahme der deutschen Exporte kann zumindest langfristig Konsequenzen für den Wechselkurs zum Dollar haben. Dann wird sich unsere Wettbewerbssituation gegenüber der amerikanischen Konkurrenz wieder deutlich verschlechtern."

ARBEITSAUFTRÄGE

- **Beschreiben Sie den Aufbau der Zahlungsbilanz und erklären Sie, in welcher Teilbilanz der Warenverkehr mit dem Ausland erfasst wird.**
- **Erläutern Sie, was man unter flexiblen Wechselkursen versteht.**
- **Begründen Sie, warum Hartmut Sommer Bedenken gegenüber einer Expansion in den USA hat, indem Sie die Auswirkung von Exportüberschüssen auf den Wechselkurs reflektieren.**

Zahlungsbilanz

Die Gesamtheit aller wirtschaftlichen Beziehungen eines Staates zu anderen Staaten bezeichnet man als **Außenwirtschaft**.

BEISPIELE *Im- und Export von Waren und Dienstleistungen, Entwicklungshilfe, Überweisungen von ausländischen Beschäftigten in ihre Heimatländer, Auslandsinvestitionen deutscher Unternehmen*

Wertmäßig erfasst werden diese Beziehungen zum Ausland in der **Zahlungsbilanz**. Die Zahlungsbilanz ist ein volkswirtschaftliches Rechenwerk, das nach dem Prinzip der **doppelten Buchführung** aufgebaut und in mehrere Teilbilanzen gegliedert ist. Im Gegensatz zur Bilanz im betriebswirtschaftlichen Rechnungswesen werden in der Zahlungsbilanz keine Bestands-, sondern Stromgrößen erfasst. Da es sich also um eine zeitraumbezogene Betrachtung handelt, ähnelt die Zahlungsbilanz konzeptionell eher einer GuV-Rechnung. Sie erfasst sowohl **leistungs- als auch finanzwirtschaftliche Transaktionen** zwischen **Inländern und Ausländern**. Diese Transaktionen werden mit positiven (+) oder negativen (–) Vorzeichen in den einzelnen Teilbilanzen erfasst.

BEISPIEL *Ein deutscher Automobilhersteller exportiert Autos an amerikanische Autohäuser auf Ziel (= Lieferantenkredit). Die leistungswirtschaftliche Transaktion, also der Export der Autos, wird in der Leistungsbilanz unter der Position Außenhandel als Warenexport (+) verbucht. Die finanzwirtschaftliche Transaktion, also die Kreditvergabe an amerikanische Autohäuser, wird in der Kapitalbilanz als Kapitalexport im übrigen Kapitalverkehr (+) erfasst.*

Transaktion (+)	Transaktion (–)
Zahlungsbilanz	
I. Leistungsbilanz	
1. Außenhandel (Handelsbilanz)	
Warenexporte	Warenimporte
2. Dienstleistungen	
Dienstleistungsexporte	Dienstleistungsimporte
3. Primäreinkommen	
Auslandseinkommen der Inländer	Inlandseinkommen der Ausländer
4. Sekundäreinkommen	
Übertragungen aus dem Ausland	Übertragungen an das Ausland
II. Vermögensänderungsbilanz („Schenkungsbilanz")	
Einmalige Übertragungen aus dem Ausland	Einmalige Übertragungen an das Ausland
III. Kapitalbilanz	
1. Direktinvestitionen	
Direktinvestitionen im Ausland	Direktinvestitionen der Ausländer
2. Wertpapiere und Finanzderivate	
Wertpapieranlagen im Ausland	Wertpapieranlagen der Ausländer
3. Übriger Kapitalverkehr	
Sonstige Kapitalexporte (Zunahme der Auslandsforderungen, Abnahme der Auslandsverbindlichkeiten)	Sonstige Kapitalimporte (Zunahme der Auslandsverbindlichkeiten, Abnahme der Auslandsforderungen)
4. Veränderungen der Währungsreserven (Devisenbilanz)	
Zunahme der Währungsreserven	Abnahme der Währungsreserven
IV. Restposten (statistisch nicht aufgliederbare Transaktionen)	

Leistungsbilanz

In der Leistungsbilanz werden die **leistungswirtschaftlichen Transaktionen** mit dem Ausland erfasst. Mit einem Plus (+) werden dabei Transaktionen erfasst, die zu Zahlungseingängen für Inländer führen, mit einem Minus (–) hingegen Transaktionen, die zu Zahlungsausgängen für Inländer führen. Die Leistungsbilanz besteht aus

- der **Handelsbilanz**, d. h. der Gegenüberstellung des Exports und Imports von Waren,

  BEISPIELE *Export von Büromöbeln in die USA, Import von Stahlrohren aus Russland*

- der **Dienstleistungsbilanz**, d. h. der Gegenüberstellung der gewährten und erhaltenen Dienstleistungen,

  BEISPIELE *Reisen von inländischen Personen ins Ausland (Dienstleistungsimport) und umgekehrt, Transportleistungen, Beratungs- und Ingenieursleistungen, Lizenz- und Patentgebühren*

- der Bilanz der **Primäreinkommen**, d. h. der Gegenüberstellung der Faktoreinkommen aus Arbeit, Boden und Kapital,

  BEISPIELE *Zinserträge, Arbeitseinkommen*

- der **Bilanz der Sekundäreinkommen**, d. h. der regelmäßigen Leistungsbeziehungen mit dem Ausland, denen keine Gegenleistung gegenübersteht.

  BEISPIELE *Zahlungen ausländischer Arbeitskräfte an ihre Familien im Heimatland, Überweisungen an internationale Organisationen, Entwicklungshilfe*

Der Saldo zwischen den Waren- und Dienstleistungsexporten sowie den Waren- und Dienstleistungsimporten kann aus der Handels- und Dienstleistungsbilanz ermittelt werden und wird als **Außenbeitrag** bezeichnet. Ist er positiv, hat die einheimische Wirtschaft mehr Leistungen an das Ausland abgegeben, als sie erhalten hat. Ist er negativ, hat die einheimische Wirtschaft mehr Leistungen erhalten als erbracht.

Vermögensänderungsbilanz („Schenkungsbilanz")

Diese Teilbilanz erfasst im Wesentlichen **einmalige** Vermögensübertragungen.

BEISPIELE *Schenkungen, Erbschaften, Schuldenerlasse*

Kapitalbilanz

In der Kapitalbilanz werden die **finanzwirtschaftlichen Transaktionen** mit dem Ausland erfasst. Eine finanzwirtschaftliche Transaktion kann mit einer leistungswirtschaftlichen Transaktion verbunden sein.

BEISPIEL *Warenexport gegen Kredit*

Es gibt aber auch rein finanzwirtschaftliche Transaktionen, denen keine Gegenbuchung in der Leistungsbilanz gegenübersteht. Sie werden ausschließlich in der Kapitalbilanz gebucht.

BEISPIEL *Kauf einer Unternehmensbeteiligung im Ausland gegen Bankguthaben bei einer ausländischen Bank*

Mit einem Plus (+) werden in der Kapitalbilanz Transaktionen erfasst, die zu einer Zunahme des Auslandsvermögens führen, mit einem Minus (–) hingegen Transaktionen, die zu einer Abnahme des Auslandsvermögens führen.

In der Kapitalbilanz werden gesondert ausgewiesen:

- **Direktinvestitionen**

  BEISPIELE *Beteiligungen an ausländischen Unternehmen und reinvestierte Gewinne*

- **Wertpapiere und Finanzderivate**

  BEISPIELE *Aktienanlagen, Investmentzertifikate, festverzinsliche Wertpapiere, Optionsscheine*

- **Übriger Kapitalverkehr**

  BEISPIELE *Kreditverkehr von Banken, Unternehmen, Privatpersonen, Staat und Zentralbank*

- **Veränderungen der Währungsreserven (Devisenbilanz)**
  Diese Position erfasst die Währungsreserven der Zentralbank, die vor allem aus Gold und Devisen bestehen. In Zeiten eines weitestgehend freien Kapitalverkehrs werden nur die wenigsten finanzwirtschaftlichen Transaktionen über die Zentralbank abgewickelt. Wird allerdings die Zentralbank am Devisen- oder Goldmarkt tätig, verändern sich auch die Währungsreserven der Zentralbank.

BEISPIEL *Um den Wechselkurs des Euro zu stützen, kauft die EZB am Devisenmarkt Euros gegen USD auf. Die Dollarbestände verringern sich, der Wert des Euro steigt.*

Restposten (statistisch nicht aufgliederbare Transaktionen)

Unter dieser Position werden statistische Differenzen erfasst, die z. B. aus fehlenden Angaben oder Ermittlungsfehlern herrühren können.

BEISPIEL *Ein Deutscher bringt Schwarzgeld bar in die Schweiz („Koffergeschäft").*

Die Zahlungsbilanz ist formal immer ausgeglichen, da es für jede Buchung eine Gegenbuchung gibt. Trotzdem wird in der Praxis von Zahlungsbilanzungleichgewichten gesprochen. Gemeint sind allerdings Ungleichgewichte in einzelnen Teilbilanzen, wie der Leistungs- oder der Kapitalbilanz.

Wirkung von Leistungsbilanzüberschüssen und -defiziten

Bei Vernachlässigung der Vermögensänderungsbilanz und der Restposten gilt folgender vereinfachter Zusammenhang:

Saldo der Leistungsbilanz = Saldo der Kapitalbilanz

Dies bedeutet:

- **Leistungsbilanzüberschüsse** bedingen **Kapitalexporte** (z. B. über eine Kreditvergabe an das Ausland) oder eine **Zunahme der Währungsreserven** der Zentralbank. Damit nimmt das Nettoauslandsvermögen zu.
- **Leistungsbilanzdefizite** bedingen **Kapitalimporte** (z. B. über eine Verschuldung beim Ausland) oder eine **Abnahme der Währungsreserven** der Zentralbank. Damit nimmt das Nettoauslandsvermögen ab.

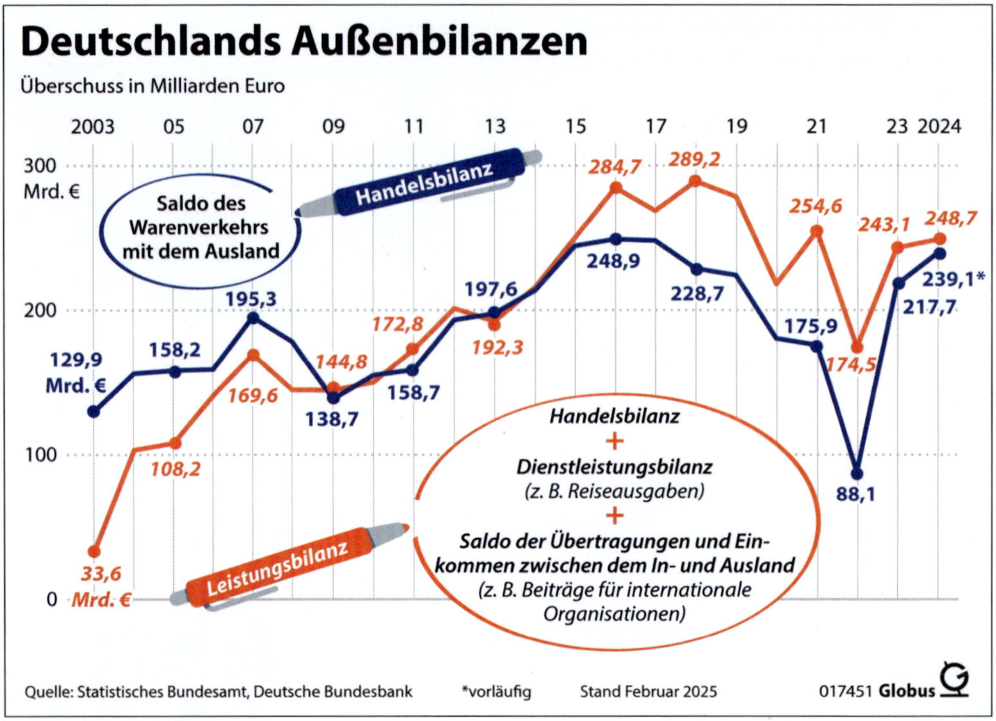

Ursachen für Leistungsbilanzüberschüsse oder -defizite sind in den Teilbilanzen der Leistungsbilanz zu finden.

BEISPIELE

- *Es werden mehr Waren exportiert als importiert. → Überschuss in der Handelsbilanz (+)*
- *Deutsche geben im Urlaub mehr Geld im Ausland aus als ausländische Personen in der Bundesrepublik Deutschland. → Defizit in der Dienstleistungsbilanz (–)*
- *Aufgrund der langjährigen Leistungsbilanzüberschüsse erzielen Deutsche hohe Zinserträge aus Geldanlagen im Ausland. → Überschuss in der Bilanz der Primäreinkommen (+)*
- *Ausländische Arbeitskräfte überweisen mehr Geld in ihre Heimatländer als Deutsche im Ausland in die Bundesrepublik. → Defizit in der Bilanz der Sekundäreinkommen (–)*

In Deutschland ist aufgrund der hohen **Exportüberschüsse** der Leistungsbilanzsaldo traditionell positiv. Dies verbessert die Beschäftigungssituation in Deutschland. Allerdings steigen bei einem langfristigen Exportüberschuss die Devisenvorräte einer Volkswirtschaft an. Wenn die Devisen in Euro gewechselt werden, erhöhen sie den inländischen Geldumlauf mit der Folge eines Ansteigens des Preisniveaus **(importierte Inflation)**.

Andere Länder weisen hingegen einen negativen Leistungsbilanzsaldo aus, da sie hohe **Importüberschüsse** haben. Die Importe müssen mit Devisen, die aus Exporten stammen, oder über Kredite bezahlt werden. Ein langfristiger Importüberschuss führt damit zu einem Devisenmangel oder einer hohen Verschuldung im Ausland. Schlimmstenfalls droht die **Zahlungsunfähigkeit**. Zudem sorgen Importüberschüsse für eine abnehmende Beschäftigung im Inland, die zu Arbeitslosigkeit führt.

Da Zahlungsbilanzungleichgewichte das gesamtwirtschaftliche Gleichgewicht nachhaltig beeinflussen können, ist im Stabilitätsgesetz als Ziel das **außenwirtschaftliche Gleichgewicht** festgelegt. Es gilt als erreicht, wenn bei langfristiger Betrachtung die einzelnen **Teilbilanzen** ausgeglichen sind und damit einen Saldo von Null aufweisen. So bleiben die Währungsreserven unverändert und von der Außenwirtschaft gehen keine Gefahren für binnenwirtschaftliche Ziele aus.

Wechselkurssysteme und Außenwert der Währung

Während der **Binnenwert** einer Währung durch die Inflationsrate bestimmt wird, ergibt sich der **Außenwert** einer Währung durch den **Wechselkurs**.

Wechselkurssysteme

Feste Wechselkurse 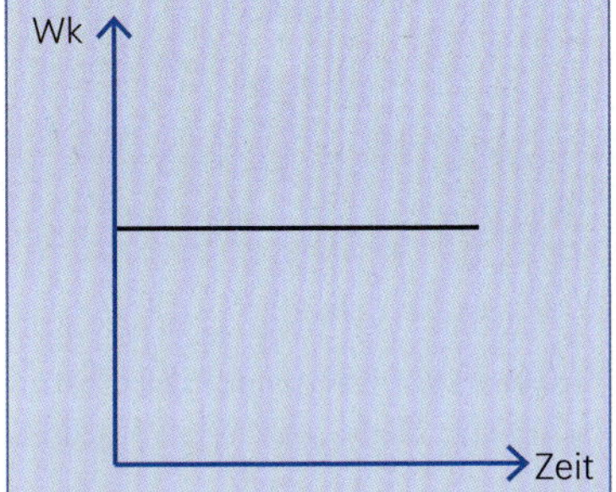	Das Austauschverhältnis zweier Währungen ist konstant. Der Wechselkurs ändert sich im Zeitablauf nicht und wird durch An- und Verkäufe der Zentralbank oder durch Devisenbewirtschaftung konstant gehalten. BEISPIEL *Das internationale Währungssystem von Bretton Woods, das bis 1973 bestand hatte, legte für viele Währungen feste Wechselkurse gegenüber dem US-Dollar fest. Die amerikanische Zentralbank hatte sich wiederum verpflichtet, einen US-Dollar gegen eine bestimmte Menge an Gold einzutauschen (Gold-Dollar-Standard).*
Flexible Wechselkurse 	Der Wechselkurs wird am Devisenmarkt durch Angebot und Nachfrage bestimmt. Damit kann es zu starken Schwankungen des Wechselkurses kommen. Eine Beeinflussung des Kurses durch die Zentralbank ist grundsätzlich nicht vorgesehen. BEISPIELE *Der Euro und der US-Dollar sind freie Währungen, deren Kurs sich allein durch Angebot und Nachfrage ergibt.*
Wechselkurse mit Bandbreiten 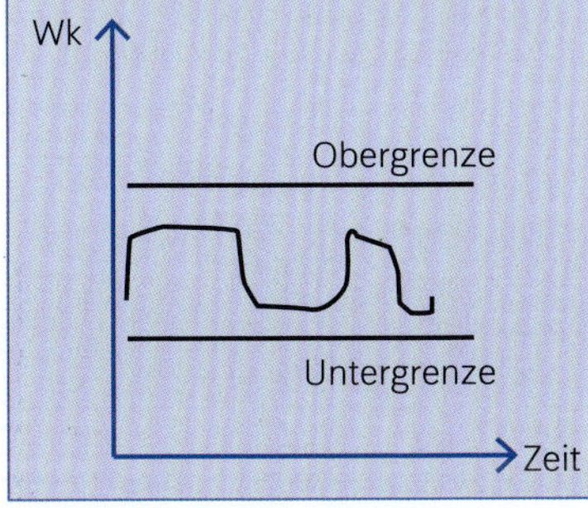	Innerhalb einer Ober- und Untergrenze kann der Wechselkurs frei schwanken. Bei Erreichen der Ober- oder Untergrenzen greift die Zentralbank ein und hält durch zusätzliche Nachfrage oder zusätzliches Angebot an Devisen den Kurs innerhalb der Bandbreite. BEISPIEL *Die Dänische Krone nimmt am Wechselkursmechanismus II (WKM II) teil. Der Wechselkurs bewegt sich innerhalb einer Bandbreite von +/– 2,25 % zum Euro.*

Feste Wechselkurse haben den Vorteil, dass sie den Wirtschaftssubjekten ein hohes Maß an Planungssicherheit bieten. Einkaufs- und Verkaufspreise können aufgrund des konstanten Kurses genau kalkuliert werden. **Flexible Wechselkurse** hingegen ermöglichen ein Auf- und Abwerten der Währung, was langfristig einen stabilisierenden Einfluss auf das außenwirtschaftliche Gleichgewicht eines Landes hat.

Auf- und Abwertung von Währungen

Der Wechselkurs ergibt sich im System flexibler Wechselkurse aus dem Zusammentreffen von **Angebot und Nachfrage**. Zu beachten ist, dass Nachfrager einer Währung im Gegenzug eine andere Währung anbieten und umgekehrt.

BEISPIEL *Ein amerikanischer Kunde der Sommerfeld Bürosysteme GmbH begleicht seine Rechnung in USD. Die Sommerfeld Bürosysteme GmbH möchte den Betrag gegen EUR tauschen und ist damit Anbieter von USD und Nachfrager von EUR.*

PRAXISTIPP

Achten Sie bei Preis-Mengen-Diagrammen zum Devisenmarkt auf die Achsenbezeichnungen. Nur so können Sie Auswirkungen auf den Wechselkurs richtig interpretieren.

Da sich das Angebot und die Nachfrage nach einer Währung laufend ändern, kommt es im System flexibler Wechselkurse zu ständigen Schwankungen des Wechselkurses und damit zu **Auf- und Abwertungen** der Währung. Wesentliche Ursachen für Auf- und Abwertungen liegen in Leistungsbilanzüberschüssen oder -defiziten.

Aufwertung

Übersteigt das Devisenangebot (US-Dollar), z. B. durch anhaltende Exportüberschüsse, die Devisennachfrage, steigt damit die Nachfrage nach Euro.
Der Außenwert der Währung erhöht sich (Aufwertung), da man mehr ausländische Währungseinheiten (USD) für eine inländische Währungseinheit hergeben (EUR) muss.

Wirkung von Exportüberschüssen

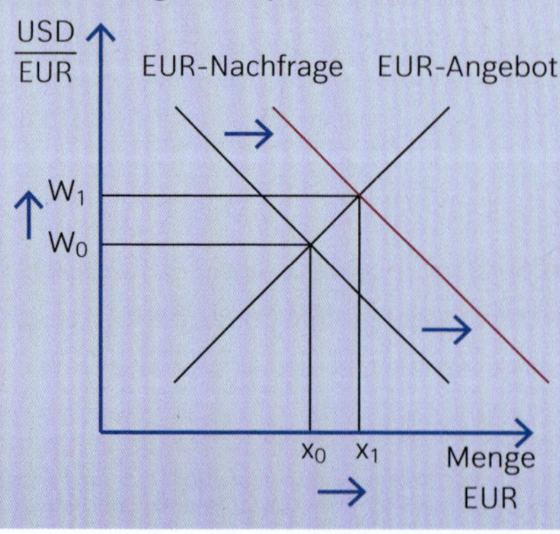

Abwertung

Übersteigt die Devisennachfrage (US-Dollar), z. B. durch anhaltende Importüberschüsse, das Devisenangebot, nimmt das Angebot an Euro zu. Der Außenwert der Währung sinkt (Abwertung), da man weniger ausländische Währungseinheiten (USD) für eine inländische Währungseinheit (EUR) erhält.

Wirkung von Importüberschüssen

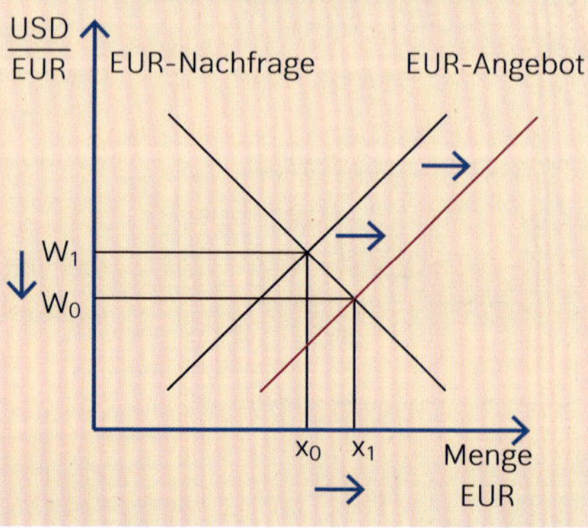

Beispiele:
- Der Wechselkurs beträgt
  - vor der Aufwertung 1,00 EUR = 1,00 USD
  - nach der Aufwertung 1,00 EUR = 1,25 USD
- Die Sommerfeld Bürosysteme GmbH exportiert Produkte im Wert von 10 000,00 EUR in die USA. Der Preis der Produkte beträgt
  - vor der Aufwertung 10 000,00 USD
  - nach der Aufwertung 12 500,00 USD
- Die Sommerfeld Bürosysteme GmbH importiert Produkte im Wert von 10 000,00 USD aus den USA. Der Preis der Produkte beträgt
  - vor der Aufwertung 10 000,00 EUR
  - nach der Aufwertung 8 000,00 EUR

Als **Folge der Aufwertung** werden inländische Waren und Dienstleistungen für das Ausland teurer und es kommt zu einem
- Rückgang der Exporte
- Anstieg der Importe
- Abbau von Leistungsbilanzüberschüssen
- Rückgang der Beschäftigung
- Rückgang des Preisniveaus

Beispiele:
- Der Wechselkurs beträgt
  - vor der Abwertung 1,00 EUR = 1,00 USD
  - nach der Abwertung 1,00 EUR = 0,80 USD
- Die Sommerfeld Bürosysteme GmbH exportiert Produkte im Wert von 10 000,00 EUR in die USA. Der Preis der Produkte beträgt
  - vor der Abwertung 10 000,00 USD
  - nach der Abwertung 8 000,00 USD
- Die Sommerfeld Bürosysteme GmbH importiert Produkte im Wert von 10 000,00 USD aus den USA. Der Preis der Produkte beträgt
  - vor der Abwertung 10 000,00 EUR
  - nach der Abwertung 12 500,00 EUR

Als **Folge der Abwertung** werden inländische Waren und Dienstleistungen für das Ausland billiger und es kommt zu einem
- Anstieg der Exporte
- Rückgang der Importe
- Abbau von Leistungsbilanzdefiziten
- Anstieg der Beschäftigung
- Anstieg des Preisniveaus

Ein **flexibler Wechselkurs** und die damit verbundenen ständigen Auf- und Abwertungen der Währung sorgen (unter sonst gleichen Bedingungen) also letztlich dafür, dass die **Zahlungsbilanz** wieder ins **Gleichgewicht** kommt.

Liberalismus und Protektionismus

In einem zusammenwachsenden Europa, in dem die Bedeutung des einzelnen Staates – bei Zunahme der internationalen Arbeitsteilung – abnimmt, kommt einem **freien Welthandel (Liberalismus)** immer größere Bedeutung zu. Dem steht häufig das Verhalten von Staaten gegenüber, die die Wirtschaft ihres Landes vor ausländischer Konkurrenz schützen wollen **(Protektionismus)**. Sie erheben **Zölle** auf Auslandsware, um diese gegenüber inländischen Gütern zu verteuern, legen bestimmte Gütermengen fest, die höchstens eingeführt werden dürfen **(Importkontingentierung)**, oder erlassen **Einfuhrverbote** für ausländische Waren. Auch durch administrative Maßnahmen, z. B. strenge Normen oder erforderliche Prüfverfahren, können diese Länder die Einfuhr erschweren.

BEISPIEL *Auf die Einfuhr von Bananen aus Nicht-EU-Ländern werden Zölle erhoben.*

Durch internationale Abkommen versuchen die Staaten das Ziel des freien Welthandels zu sichern. Einer der wichtigsten Zusammenschlüsse ist die **Welthandelsorganisation** (World Trade Organisation, **WTO,** vgl. S. 342 f.), deren Ziel der Abbau der Handelsschranken zwischen den Ländern ist.

ZUSAMMENFASSUNG

Außenwirtschaftliches Gleichgewicht

- **Außenwirtschaft:** Gesamtheit aller ökonomischen Beziehungen eines Staates zu anderen Staaten
- Die **Zahlungsbilanz** bildet die außenwirtschaftlichen Beziehungen eines Landes ab.
- Leistungswirtschaftliche Transaktionen werden in der **Leistungsbilanz** erfasst.
- **Außenbeitrag:** Saldo der **Handels- und Dienstleistungsbilanz**
- Finanzwirtschaftliche Transaktionen werden in der **Kapitalbilanz** erfasst.
- Die **Devisenbilanz** ist eine Teilbilanz der Kapitalbilanz und zeigt die **Veränderung der Währungsreserven** der Zentralbank an.
- Das **außenwirtschaftliche Gleichgewicht** gilt als erreicht, wenn sich bei langfristiger Betrachtung die einzelnen **Teilbilanzen** wie die Devisen- oder Leistungsbilanz **im Gleichgewicht** befinden.

Wechselkurssysteme

- Freie Wechselkurse
- Flexible Wechselkurse
- Wechselkurse mit Bandbreiten

Aufwertung einer Währung

- Außenwert der Währung steigt
- Exporte nehmen ab
- Importe nehmen zu

Abwertung einer Währung

- Außenwert der Währung fällt
- Exporte nehmen zu
- Importe nehmen ab

AUFGABEN

1 Trotz positiver Handelsbilanz kann eine Leistungsbilanz negativ sein. Erläutern Sie diesen vermeintlichen Gegensatz.

2 Erläutern Sie an je einem konkreten Beispiel die Folgen von Import- bzw. Exportüberschüssen.

3 Bilden Sie zwei Gruppen. Die eine Gruppe sammelt Argumente für einen freien Welthandel, die andere Gruppe Argumente für protektionistische Maßnahmen.

a) Stellen Sie die Argumente in der Klasse vor.
b) Diskutieren Sie die unterschiedlichen Argumente.

4 Erläutern Sie die Begriffe „Liberalismus“ und „Protektionismus“ anhand von Beispielen.

5 „Der positive Außenbeitrag der deutschen Wirtschaft wird durch den starken Euro langfristig nicht zu halten sein.“ Nehmen Sie zu dieser Behauptung einer europäischen Tageszeitung Stellung.

6 Die Zahlungsbilanz gibt Auskunft über die wertmäßigen außenwirtschaftlichen Beziehungen eines Landes. Erklären Sie, in welcher Teilbilanz und mit welchem Vorzeichen die folgenden Vorgänge erfasst werden.

a) Die Sommerfeld Bürosysteme GmbH exportiert Bürotische nach China.
b) Eine Niederländerin erhält Zinszahlungen für Festgeld von der Deutschen Bank Essen.
c) Emilia Schaub beerbt ihre Tante aus New York.
d) Hartmut Sommer erwirbt an der New Yorker Börse Staatsanleihen der USA.
e) Die USD-Bestände der Zentralbank steigen.

7 Hera Dubowski möchte mit ihrem Freund in die USA reisen. Sie sind sich noch unschlüssig, ob sie in diesem oder im nächsten Jahr die Reise antreten sollen. Im Moment notiert der Kurs bei 1,20 USD für einen Euro. Hera und ihr Freund erwarten, dass der Kurs im nächsten Jahr bei 1,10 USD notiert. Geben Sie den beiden eine Empfehlung.

8 Bei der Einführung des Euro wurden die nationalen Währungen in einem festen Verhältnis zum Euro umgetauscht. Damit gleicht der Euro – zwischen den am Euro teilnehmenden Ländern – einem System fester Wechselkurse. Die einzelnen Länder haben aufgrund der einheitlichen Währung keine Auf- und Abwertungsmöglichkeiten. Gerade die fehlende Abwertungsmöglichkeit wird als problematisch angesehen. Erläutern Sie, welche Folgen mit einer Abwertung auf Exporte, Importe, Beschäftigung und das Preisniveau (unter sonst gleichen Bedingungen) verbunden sind.

9 Hera Dubowski liest im Wirtschaftsteil einer Tageszeitung folgenden Bericht:

> Zu Wochenbeginn notierte der Euro bei 0,8990 USD. Daraufhin hat die EZB mit massiven Stützungskäufen eingegriffen, um einen weiteren Kursverfall des Euro gegenüber dem US-Dollar zu verhindern. [...]

Skizzieren Sie das Eingreifen der EZB mithilfe eines Preis-Mengen-Diagramms (y-Achse: USD/EUR, x-Achse: Menge EUR) und erläutern Sie die Auswirkung auf den Wechselkurs.

5.4 Stetiges und angemessenes Wirtschaftswachstum

LS 23

Nach einer Unterrichtsstunde zum Thema Bruttoinlandsprodukt diskutiert Emilia Schaub noch lange mit ihrer Freundin Hanna.

„Wachstum, Wachstum, ich höre immer nur Wachstum", sagt Emilia, „es geht uns doch gut! Die Menschen sollten zufrieden sein mit dem, was sie haben!" Hanna ist anderer Meinung. „Ich will, dass es mir besser geht als meinen Eltern, und dazu muss ich mehr verdienen als sie."

ARBEITSAUFTRÄGE

- **Erarbeiten Sie den nachfolgenden Sachinhalt und stellen Sie fest, wozu ein stetiges und angemessenes Wirtschaftswachstum notwendig ist.**
- **Erläutern Sie das Konzept des „Net Economic Welfare" und stellen Sie die Probleme dar, die mit dem Versuch der Einbeziehung des qualitativen Wachstums verbunden sind.**

Man spricht von einer wachsenden Wirtschaft, wenn die Produktion von Waren und Dienstleistungen im Berichtsjahr größer ist als im Vorjahr. In der Bundesrepublik Deutschland wird Wirtschaftswachstum als **Wachstumsrate des realen Bruttoinlandsproduktes** pro Jahr gemessen.

$$\textbf{Reales Bruttoinlandsprodukt} = \frac{\text{Nominales Bruttoinlandsprodukt}}{\text{Preisniveau}}$$

BEISPIEL *Das Bruttoinlandsprodukt eines Landes wächst nominal von 2 000,00 Mrd. € auf 2 060 Mrd. €. Die Preise sind im gleichen Zeitraum um 2 % gestiegen. Damit beträgt das reale Bruttoinlandsprodukt 2 060 Mrd. €/(102/100) = 2 019,61 Mrd. €. Die Wachstumsrate des realen Bruttoinlandsproduktes beträgt folglich (2 019,61 Mrd. €/2 000 Mrd. €) · 100 – 100 = 0,98 %.*

Das Bruttoinlandsprodukt wird im Rahmen der **volkswirtschaftlichen Gesamtrechnung** (vgl. S. 195 ff.) ermittelt, die an dem **Wirtschaftskreislauf** ansetzt.

Stetig ist das Wachstum, wenn die Wachstumsraten möglichst geringe Unterschiede aufweisen und es nur zu minimalen Schwankungen im Wirtschaftsablauf kommt.

Welche Wachstumsraten **angemessen** sind, muss von den Trägern der Wirtschaftspolitik entschieden werden. In der Bundesrepublik Deutschland wurde in den vergangenen Jahren eine Wachstumsrate des realen Bruttoinlandsproduktes von jährlich 2 % als angemessen angesehen, aber nicht immer erreicht.

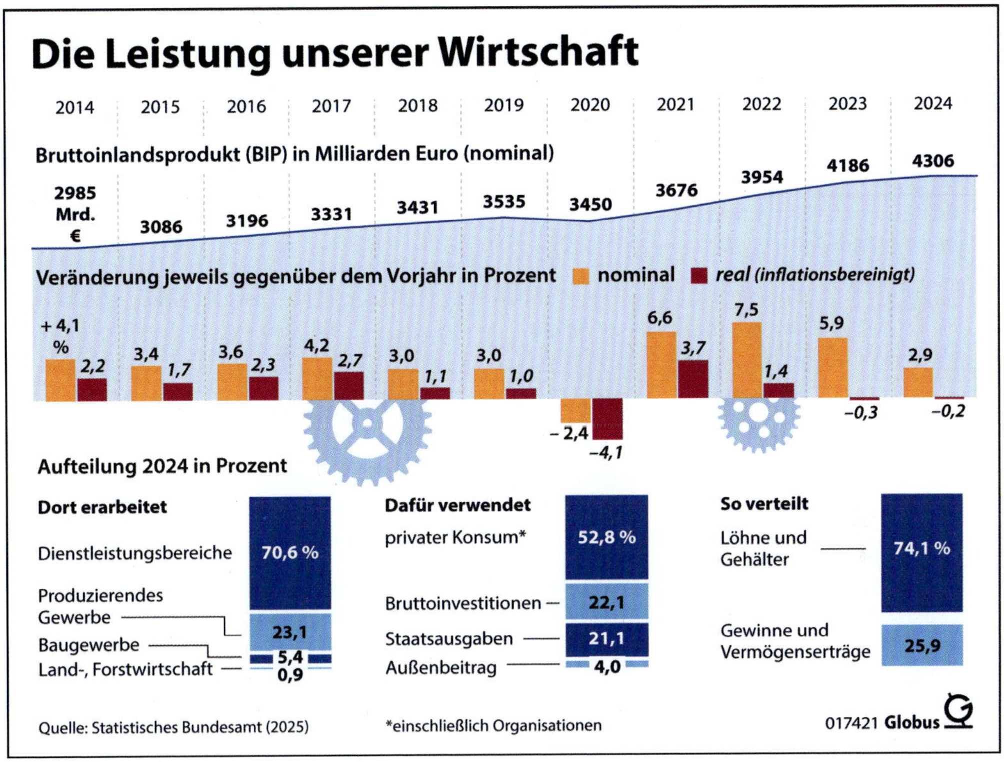

Notwendigkeit eines stetigen und angemessenen Wirtschaftswachstums

- **Wirtschaftswachstum sichert einen hohen Beschäftigungsstand:** Wächst eine Volkswirtschaft nicht oder schrumpft gar, verringern sich Investitionen, Konsum und/oder Exporte. Dieser Rückgang gesamtwirtschaftlicher Nachfrage führt letztlich zu einem Rückgang der Beschäftigung. Darüber hinaus können nur in einer wachsenden Wirtschaft die durch Rationalisierung oder neue technische Entwicklungen entfallenden Arbeitsplätze durch neue ersetzt werden.

  BEISPIELE *Durch Rationalisierung und neue technische Entwicklungen hat die Zahl der Beschäftigten in vielen industriellen Bereichen abgenommen. Die Zahl der Beschäftigten im Bereich der Umwelttechnologie hat dagegen deutlich zugenommen.*

- **Wirtschaftswachstum sichert die sozialen Leistungen des Staates:** Nur in einer wachsenden Wirtschaft sind durch entsprechende Einnahmen die Leistungen des Staates finanzierbar.

  BEISPIEL *Wächst die Wirtschaft und werden hohe Einkommen gezahlt, werden hohe Steuereinnahmen erzielt und ermöglichen dem Staat die Wahrnehmung sozialer Aufgaben.*

- **Wirtschaftswachstum sichert die Lebensqualität:** Ein hoher Beschäftigungsstand, ein angemessenes Einkommen und soziale Sicherheit verbessern den Lebensstandard. Durch die Verkürzung der Arbeitszeit und eine aktive Gestaltung der Freizeit wird der persönliche Freiraum erweitert.

BEISPIELE *Die Wochenarbeitszeit im Holz und Kunststoff verarbeitenden Gewerbe wurde in den letzten Jahren von 40 auf 35 Stunden gesenkt. Die privaten Haushalte geben einen immer größeren Teil ihres Einkommens für die Gestaltung der Freizeit aus.*

- **Wirtschaftswachstum ermöglicht hohe Investitionen zum Schutz der Umwelt:** Die Entwicklung neuer Verfahren zur Energiegewinnung, die Entsorgung von Industrieabfällen, das Recycling und die Entwicklung umweltfreundlicher Produktionsmethoden erfordern einen hohen Investitionsbedarf, der nur bei einer wachsenden Wirtschaft finanziert werden kann.

BEISPIEL *Die Sommerfeld Bürosysteme GmbH baut in der Lackiererei eine Filteranlage zum Preis von 70 000,00 € ein. Die Investition ist möglich, da im vergangenen Jahr eine Umsatzsteigerung von 6 % erreicht wurde.*

- **Wirtschaftswachstum ermöglicht es, das Ziel einer gerechten Einkommensverteilung ohne soziale Spannungen zu erreichen:** Bei Lohnsteigerungen, die sich im Rahmen des Produktivitätszuwachses bewegen, muss lediglich der Zuwachs umverteilt werden. Das Verhältnis zwischen Arbeitnehmerentgelt und Gewinn bleibt erhalten. Tarifabschlüsse sind deshalb ohne größere Arbeitskampfmaßnahmen zu erreichen.

BEISPIEL *Der durchschnittliche Produktivitätszuwachs im Bereich der Holz und Kunststoff verarbeitenden Industrie betrug im vergangenen Jahr 2,5 %. Im Tarifvertrag wird ein Abschluss in gleicher Höhe vereinbart. Die Lohnstückkosten bleiben damit konstant und die Lohnerhöhung hat keinen Einfluss auf die Inflationsrate.*

Kritik am Bruttoinlandsprodukt als Wohlstandsindikator

Bereits in den 1970er-Jahren haben führende Wissenschaftler („Club of Rome") die Grenzen des Wachstums aufgezeigt. Es entstanden Konzepte, die ein **qualitatives Wachstum** in den Vordergrund stellten. Eine einseitig auf Wachstum ausgerichtete Wirtschaftspolitik hat nach Ansicht der Wissenschaft den Blick auf die vielfältigen sozialen und ökologischen Probleme versperrt. Der Klimawandel, begrenzte Rohstoffvorkommen und wachsende Umweltbelastungen durch die sich ausdehnende Industrieproduktion gefährden oder zerstören das ökologische Gleichgewicht und sind die Schattenseiten eines (ungebremsten) Wirtschaftswachstums. Deshalb muss Wirtschaftswachstum immer nachhaltig sein. Es gilt die Interessen der nachfolgenden Generationen zu wahren und die Umwelt zu schützen.

Aber selbst umweltgerechtes, nachhaltiges Wachstum kann kein alleiniger Indikator für den Wohlstand einer Bevölkerung sein. Auch qualitative **Indikatoren** wie das **Bildungsniveau**, der **Gesundheitszustand** der Bevölkerung sowie die **Freizeitqualität** tragen zum Wohlstand einer Bevölkerung bei. Mittlerweile sind eine Reihe von Konzepten zur Wohlstandsmessung entwickelt worden, die neben dem Wachstum des Bruttoinlandsproduktes weitere (soziale) Indikatoren berücksichtigen.

Beim Konzept des **Net Economic Welfare** (= wirtschaftlicher Nettowohlstand) werden, ausgehend vom Bruttoinlandsprodukt, **soziale Kosten** wie die des Umweltschutzes oder die Ausgaben für die äußere und innere Sicherheit **abgezogen** und **Leistungen, die keinen Marktpreis haben**, wie die Hausarbeit, Schwarzarbeit und andere immaterielle Werte, z. B. Freizeit, **addiert**.

	Bruttoinlandsprodukt
–	soziale Kosten
+	Leistungen, die keinen Marktpreis haben
=	**Net Economic Welfare**

Weitere bekannte Maßstäbe zur Wohlstandsmessung, die jeweils unterschiedliche Aspekte und damit unterschiedliche Indikatoren in den Vordergrund stellen, sind:

- **NWI:** Nationaler Wohlfahrtindex
- **ISEW:** Index of Sustainable Economic Welfare
- **HDI:** Human Development Index der Vereinten Nationen
- **GPI:** Genuine Progress Indicator
- **GNH:** Gross National Happiness Index (Bruttoglücksprodukt)

Das **Problem** bei allen Konzepten ist die Messung und Erfassung der einzelnen Indikatoren. Aspekte wie Freizeit, Bildung oder Nachhaltigkeit lassen sich nur schwer abbilden.

Wachstumspolitik

Zur Förderung eines quantitativen, aber auch eines qualitativen Wachstums, muss der Staat im Rahmen der **Wachstumspolitik** mittel- bis langfristig wirkende Impulse zur Förderung des Wirtschaftswachstum setzen.

- Im Rahmen der **Rechtspolitik** werden Gesetze und Verordnungen erlassen, die den freien Wettbewerb sichern, Innovationen fördern und Umweltschäden vermeiden.

  BEISPIEL *Gesetz gegen Wettbewerbsbeschränkungen, Einrichtung von Umweltzonen in Städten, Umwelthaftungsgesetz, Verpackungsverordnung.*

- Im Rahmen der **Bildungspolitik** wird für einen hohen Ausbildungsstand der Beschäftigten gesorgt. Ausgaben für Bildung stellen dabei immaterielle Investitionen in die Zukunft einer Volkswirtschaft dar.

  BEISPIEL *Die Bildungsausgaben der Bundesrepublik Deutschland betragen ca. 5 % des Bruttoinlandsproduktes.*

- Im Rahmen der **Subventionspolitik** wird die internationale Wettbewerbsfähigkeit der Unternehmen gefördert und die Entwicklung umweltfreundlicher Technologien unterstützt.

  BEISPIEL *Die Bundesrepublik übernimmt im Rahmen einer Kreditversicherung die Bürgschaft für ein Auslandsgeschäft.*

- Im Rahmen der **Spar- und Vermögenspolitik** wird die Sparneigung der privaten Haushalte durch finanzielle Anreize erhöht, um das erforderliche Kapital für Investitionen zu schaffen.

  BEISPIEL *Beschäftigte erhalten im Rahmen der Vermögensbildung eine Arbeitnehmersparzulage.*

- Im Rahmen der **Forschungs- und Entwicklungspolitik** fördert der Staat Grundlagenforschung für zukunftsträchtige Technologien und schafft so die Voraussetzungen für den hohen technischen Stand der Deutschen Wirtschaft in den nächsten Jahrzehnten.

  BEISPIEL *Der Staat unterstützt Forschungseinrichtungen von Universitäten.*

- Im Rahmen der **Strukturpolitik** fördert der Staat bestimmte Wirtschaftszweige oder Regionen.

  BEISPIEL *Förderung von Umwelttechnologien, um neue Märkte zu schaffen.*

ZUSAMMENFASSUNG

Stetiges und angemessenes Wirtschaftswachstum

- Wirtschaftswachstum wird als **Wachstumsrate des realen Bruttoinlandsproduktes** gemessen.
- Ein stetiges und angemessenes Wachstum **sichert**
  - einen hohen Beschäftigungsstand,
  - soziale Leistungen des Staates,
  - die Lebensqualität der Bürger,
  - Investitionen zum Schutz der Umwelt,
  - eine gerechte Einkommmensverteilung, ohne soziale Spannungen.
- Eine einseitig auf Wachstum ausgerichtete Wirtschaftspolitik **gefährdet**
  - das ökologische Gleichgewicht,
  - die Rohstoff- und Energievorkommen der Zukunft,
  - eine nachhaltige Entwicklung.
- Konzepte wie das **„Net Economic Welfare“** berücksichtigen neben dem Wachstum des Bruttoinlandsproduktes auch qualitative Indikatoren zur Messung des Wohlstandes einer Volkswirtschaft. Weitere bekannte Maßstäbe zur Wohlstandsmessung sind:
  - NWI: Nationaler Wohlfahrtindex
  - ISEW: Index of Sustainable Economic Welfare
  - HDI: Human Development Index der Vereinten Nationen
  - GPI: Genuine Progress Indicator
  - GNH: Gross National Happiness Index (Bruttoglücksprodukt)
- Maßnahmen der **Wachstumspolitik** werden im Rahmen der Rechts-, Bildungs-, Subventions-, Spar- und Vermögens-, Forschungs- und Entwicklungs- und Strukturpolitik ergriffen.

AUFGABEN

1 Auf S. 309f. werden fünf Argumente für die Notwendigkeit eines stetigen und angemessenen Wirtschaftswachstums formuliert.
a) Sammeln Sie für jedes der angeführten Argumente Gegenargumente.
b) Diskutieren Sie vor dem Hintergrund von Argumenten und Gegenargumenten die Notwendigkeit des Wachstums.

2 Als Nicole Ganser beim Spülen in der Küche ein Glas herunterfällt und sie sich beim Einsammeln der Scherben in den Finger schneidet, bemerkt sie trocken: „Da haben wir ja wieder mal das Bruttoinlandsprodukt gesteigert." Diskutieren Sie anhand dieser Szene Sinn und Unsinn des quantitativen Wachstumsbegriffs.

3 Im Rahmen des NEW (Net Economic Welfare) werden Leistungen, die keinen Marktpreis haben, zum Bruttoinlandsprodukt addiert.
a) Machen Sie Vorschläge für Leistungen, die hier erfasst werden sollten.
b) Machen Sie Vorschläge, wie Sie die jeweilige Leistung messen wollen.

4 Erläutern Sie, welche Bedeutung der technische Fortschritt für Wachstum und Umweltschutz hat.

5 Stellen Sie Vor- und Nachteile eines ungebremsten quantitativen Wachstums für Sie persönlich in einer Liste gegenüber.

6 In einer Volkswirtschaft ist das nominale BIP zu Marktpreisen gegenüber dem Vorjahr um 9 % gestiegen. Das Preisniveau hat sich im gleichen Zeitraum um 4 % erhöht. Erläutern Sie, wie hoch das reale Wachstum in der Volkswirtschaft ist.

7 Für eine Volkswirtschaft gelten folgende Zahlen:

Jahr	00	01	02	03
BIP nominal (€)	2250,00	2330,00	2400,00	2480,00
Preisniveau	100	102	103	105

a) Berechnen Sie für jedes Jahr das reale Bruttoinlandsprodukt in Bezug auf das Basisjahr.
b) Ermitteln Sie die jeweilige jährliche Wachstumsrate des realen Bruttoinlandsproduktes.

8 Wie jeden Freitag treffen sich die Geschäftsführer der Sommerfeld Bürosysteme GmbH, um die Lage des Unternehmens zu besprechen. Als Hartmut Sommer und Lambert Feld über die zukünftige Entwicklung Deutschlands diskutieren, kommt es zu folgenden Aussagen:
Hartmut Sommer: „‚Nachhaltigkeit' scheint das absolute Modewert geworden zu sein. Nachhaltigkeit ist doch wohl erst durch Wirtschaftswachstum möglich. Insofern sollten wir alle anderen Zielsetzungen dem Wirtschaftswachstum unterordnen."
Lambert Feld: „Natürlich ist ‚Nachhaltigkeit' ein Modewort und das völlig zu Recht. Wir müssen auch an die zukünftigen Generationen denken. Da spielt das Wirtschaftswachstum lediglich eine untergeordnete Bedeutung."
Diskutieren Sie die beiden Positionen und finden Sie geeignete Argumente, die die Aussagen Hartmut Sommers und Lambert Felds belegen.

6 Konjunkturprozesse und Konjunkturindikatoren

LS 24

„Na endlich!" Erleichtert legt Herr Feld den Monatsbericht der Deutschen Bundesbank aus der Hand: „Hören Sie sich das an, Frau Esser: Nach einer Befragung des Ifo-Instituts ist die Stimmung in der deutschen Wirtschaft umgeschlagen und kann jetzt als verhalten optimistisch bezeichnet werden." „Und was haben unsere leeren Auftragsbücher mit der Stimmung in der deutschen Wirtschaft zu tun?", erwidert Frau Esser, die Abteilungsleiterin des Controllings bei der Sommerfeld Bürosysteme GmbH, überrascht. „Die Konjunktur zieht wieder an!" Frau Esser ist skeptisch. „Die Stimmung in der deutschen Wirtschaft wird uns mit Sicherheit keine Aufträge für Büromöbel einbringen."

ARBEITSAUFTRÄGE

- **Stellen Sie fest, welcher Zusammenhang zwischen der Stimmung und Erwartung der Wirtschaftssubjekte und dem Konjunkturverlauf besteht.**
- **Erläutern Sie, anhand welcher Indikatoren noch Aussagen über den Konjunkturverlauf gemacht werden können.**

Die wirtschaftliche Entwicklung der hoch industrialisierten Volkswirtschaften vollzieht sich nicht gleichmäßig. Sie ist durch ein regelmäßiges **Auf und Ab** der wirtschaftlichen Aktivität gekennzeichnet. Es wechseln Zeiten lebhafter wirtschaftlicher Aktivität mit Zeiten nachlassender Produktion und Konsumtätigkeit. Sind diese Schwankungen mittelfristiger Natur über einen Zeitraum von mehreren Jahren, bezeichnet man sie als **Konjunktur**.

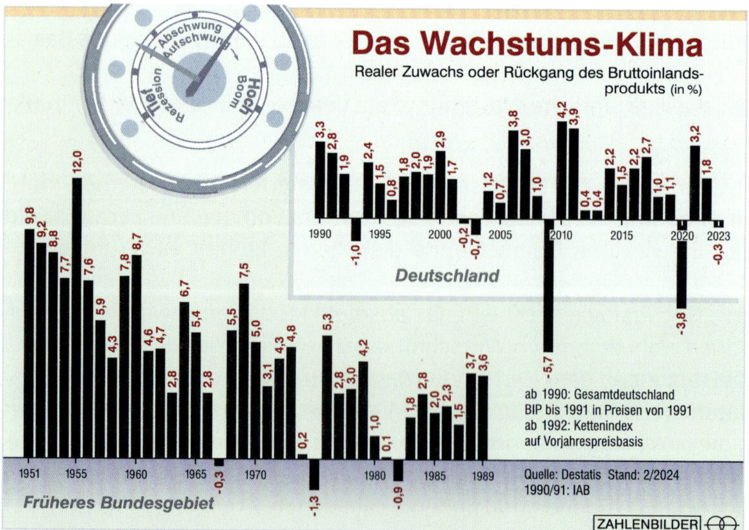

Konjunkturindikatoren

In welcher Phase der Konjunktur sich die Wirtschaft jeweils befindet, versucht man mithilfe von **Konjunkturindikatoren** zu beschreiben. Hierbei handelt es sich um volkswirtschaftlich aussagefähige Größen, die eine möglichst zuverlässige Beschreibung des gegenwärtigen Konjunkturzustandes **(Konjunkturdiagnose)** und Aussagen über die zukünftige wirtschaftliche Entwicklung **(Konjunkturprognose)** ermöglichen. Man unterscheidet:

Frühindikatoren	Sie laufen der konjunkturellen Entwicklung voraus und erlauben Rückschlüsse auf die zukünftige konjunkturelle Entwicklung der Wirtschaft.	BEISPIELE – Auftragseingänge – Ifo-Geschäftsklimaindex – Aktienkurse – Konsumklimaindex der GfK – Gewinnerwartungen – Investitionsabsichten
Gegenwartsindikatoren	Sie spiegeln die gegenwärtige Lage der Wirtschaft wider.	BEISPIELE – BIP für einen Monat – Kapazitätsauslastung – industrielle Produktion – Kurzarbeit – Lagerbestände
Spätindikatoren	Sie laufen aufgrund von zeitlichen Verzögerungen der wirtschaftlichen Entwicklung nach.	BEISPIELE – BIP für ein Jahr – Arbeitslosenquote – Verbraucherpreisniveau – Steuereinnahmen – Zinsniveau – Lohnentwicklung

Wirtschaftsschwankungen und Konjunkturverlauf

Als **Wachstumstrend** wird die **langfristige Tendenz** der wirtschaftlichen Entwicklung bezeichnet. Er wird durch die langfristige Zunahme des realen Bruttoinlandsproduktes ausgedrückt. Kurz- bis mittelfristig vollzieht sich die Zunahme des realen Bruttoinlandsproduktes jedoch nicht gleichmäßig. Sie ist Schwankungen unterworfen. Anhand der unterschiedlichen Ursachen und der Dauer kann man zwischen **konjunkturellen und saisonalen Wirtschaftsschwankungen** unterscheiden.

Konjunkturelle Schwankungen

Dies sind **mittelfristige** Schwankungen der wirtschaftlichen Aktivität, die mehrere Jahre dauern können und durch Schwankungen von Angebot und Nachfrage entstehen. Sie werden mithilfe der Veränderungsrate des realen Bruttoinlandsproduktes gemessen. Das Auf und Ab der wirtschaftlichen Entwicklung von einem Tiefstand bis zum nächsten Tiefstand bezeichnet man als **Konjunkturzyklus**. Er wird in **vier Phasen** unterteilt:

Der Konjunkturverlauf

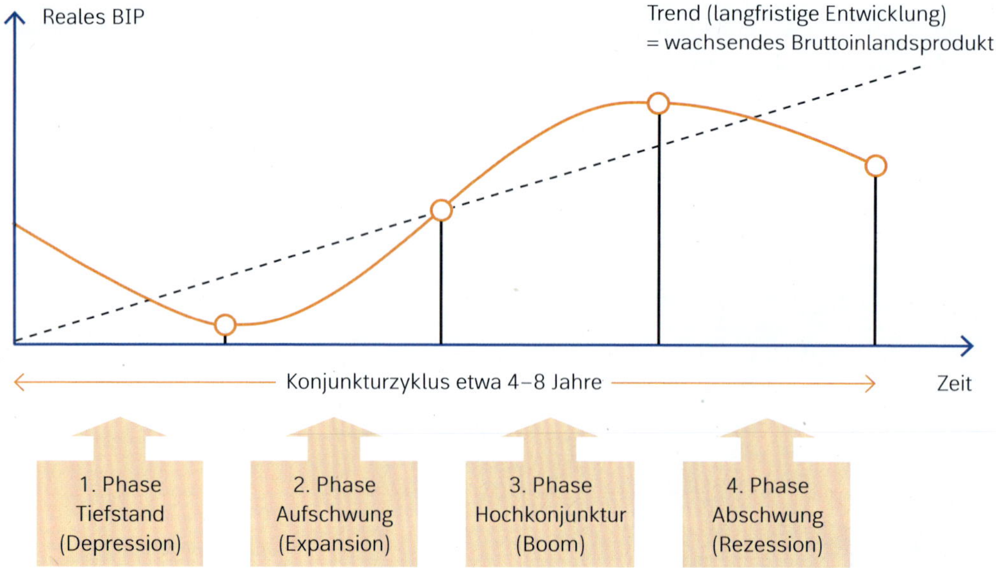

1. **Phase:** Im **Tiefstand** (Depression) sind die Produktionskapazitäten unausgelastet. Gegen Ende dieser Phase kommt zu hoher Arbeitslosigkeit. Die Löhne, Zinsen und Preise bewegen sich auf einem niedrigen Niveau und aufgrund der geringen gesamtwirtschaftlichen Nachfrage ist das Zinsniveau niedrig.
   Die Wirtschaftssubjekte haben wenig Vertrauen in die Entwicklung der Wirtschaft. Nimmt das Bruttoinlandsprodukt real ab, bezeichnet man den Tiefstand als **Rezession**, handelt es sich um eine tief greifende Krise, spricht man von einer **Depression**. Das Ende dieser Phase wird eingeleitet, wenn die Stimmung in der Wirtschaft wieder optimistischer wird. Dies spiegelt sich auch in den Aktienkursen wider, die leicht zu steigen beginnen.

2. **Phase:** Im **Aufschwung** (Expansion) kommt es zu einem langsamen Anstieg der Produktion und des realen Bruttoinlandsproduktes. Arbeitskräfte werden eingestellt und durch die steigenden Einkommen kommt es zu einem zusätzlichen Anstieg der gesamtwirtschaftlichen Nachfrage. Das Zinsniveau steigt. Da die zusätzliche Nachfrage durch eine bessere Auslastung der Kapazitäten befriedigt werden kann, steigen die Preise zunächst nur langsam. Auch die Lohnsteigerungen fallen gering aus, da zunächst die Arbeitslosigkeit abgebaut wird und durch das nur langsam steigende Preisniveau lediglich geringe inflationsbedingte Lohnsteigerungen erforderlich sind. Das Vertrauen in die Wirtschaft wächst und Unternehmen und Haushalte sehen optimistisch in die Zukunft. Die Aktienkurse steigen.

3. **Phase:** In der **Hochkonjunktur** (Boom) sind die Produktionskapazitäten voll ausgelastet. Gegen Ende dieser Phase kommt es zu Überbeschäftigung (vgl. S. 293) und das reale Bruttoinlandsprodukt sowie das Zinsniveau erreichen ihren Höchststand. Die Gewerkschaften betreiben eine expansive Lohnpolitik und das Lohnniveau ist hoch. Durch die Zunahme der gesamtwirtschaftlichen Nachfrage und die Steigerung der Kosten ist das Preisniveau ebenfalls hoch und es kommt zur Inflation (vgl. S. 280ff.). Gelingt es den Unternehmen nicht, die gestiegenen Kosten über die Preise abzuwälzen, wird die wirtschaftliche Stimmung gegen Ende der Hochkonjunktur skeptisch und die Aktienkurse beginnen zu fallen.

4. Phase: Im **Abschwung** (Rezession) kommt es zu einem sich verstärkenden Rückgang der wirtschaftlichen Aktivität und damit des realen Bruttoinlandsproduktes. Durch den Rückgang der Investitionsgüternachfrage kommt es in diesem Bereich zu Produktionseinschränkungen und in der Folge zu Arbeitslosigkeit. Die Einkommen der privaten Haushalte nehmen ab. Dadurch kommt es zu einem Rückgang der Konsumgüternachfrage und auch in diesem Bereich zu Produktionseinschränkungen und Entlassungen. Die Gewinne schrumpfen und das Lohn- bzw. das Preisniveau bleibt konstant oder nimmt sogar ab. Aufgrund der geringen Konsum- und Investitionsgüternachfrage sinkt das Zinsniveau. Die Wirtschaftssubjekte sehen pessimistisch in die Zukunft und die Akteinkurse sinken.

Saisonale Schwankungen

Damit wird ein jahreszeitliches Auf und Ab im Wirtschaftsleben bezeichnet. Saisonale Schwankungen haben ihre Ursache im Wechsel der Jahreszeiten oder in den Gewohnheiten der Konsumenten.

BEISPIELE
- *Die Zahl der Übernachtungen durch Touristen an Nord- und Ostsee nimmt in den Wintermonaten ab.*
- *Im Weihnachtsgeschäft steigen die Umsätze im Einzelhandel.*

Saisonale Schwankungen sind **kurzfristig** und dauern meist nur wenige Wochen oder Monate. Da sie vorhersehbar sind, können sich die Unternehmen durch gezielte Maßnahmen auf sie einstellen.

BEISPIELE
- *Die Ferienorte an Nord- und Ostsee bieten in der Vor- und Nachsaison Übernachtungen zu Sonderpreisen an.*
- *Durch gezielte Sonderaktionen schon im Oktober und November versucht der Einzelhandel die Spitzenbelastung an den vier Wochenenden vor Weihnachten zu vermeiden.*

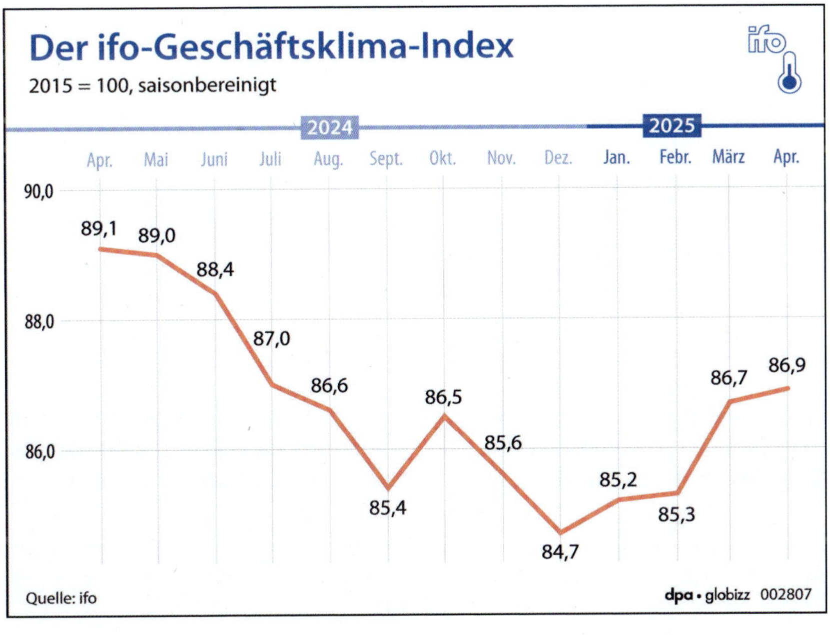

Ursachen von Konjunkturschwankungen

Über die Ursachen von Konjunkturschwankungen gibt es eine Fülle von Theorien. Fast alle gehen jedoch von einer Störung des **gesamtwirtschaftlichen Gleichgewichts** aus. Das gesamtwirtschaftliche Gleichgewicht gilt als erreicht, wenn die gesamtwirtschaftliche Nachfrage gleich dem gesamtwirtschaftlichen Angebot ist und Vollbeschäftigung herrscht. Konjunkturschwankungen werden also vor allem durch Störungen der Nachfrage- oder Angebotsseite ausgelöst. Mithilfe der Konjunkturpolitik wird versucht, das gesamtwirtschaftliche Gleichgewicht wiederherzustellen. Wichtige Teilbereiche der Konjunkturpolitik sind die Fiskal- und die Geldpolitik.

ZUSAMMENFASSUNG

Konjunkturprozesse und Konjunkturindikatoren

- Die Messung der Konjunktur erfolgt durch **Früh-, Gegenwarts-** und **Spätindikatoren**.
- **Wachstumstrend**: langfristige Tendenz der wirtschaftlichen Entwicklung
- Idealtypischer Konjunkturverlauf

	Tiefstand (Depression)	Aufschwung (Expansion)	Hochkonjunktur (Boom)	Abschwung (Rezession)
Kapazitätsauslastung	niedrig	steigend	hoch	sinkend
BIP	niedrig	steigend	hoch	sinkend
AL-Quote	hoch	sinkend	niedrig	steigend
Preisniveau	niedrig	steigend	hoch	konstant/ sinkend
Zinsniveau	niedrig	steigend	hoch	sinkend

- **Saisonale Schwankungen**: Ursache sind der Wechsel der Jahreszeiten oder die Gewohnheiten der Konsumenten.
- Ursache von Konjunkturschwankungen sind Störungen des **gesamtwirtschaftlichen Gleichgewichts**.

AUFGABEN

1 Beschreiben Sie mithilfe aktueller Informationen aus dem Wirtschaftsteil der Tageszeitung sowie der Webseite des Statistischen Bundesamtes (www.destatis.de) die derzeitige konjunkturelle Situation in der Bundesrepublik Deutschland.

2 Erläutern Sie, in welcher Konjunkturphase sich die Wirtschaft befindet.

a) Das Preisniveau und das Zinsniveau erreichen ihren Höchststand. Die Kapazitäten sind voll ausgelastet.
b) Die Nachfrage zieht langsam an. Aufgrund der Unterauslastung der Kapazitäten steigen die Preise zunächst nur leicht. Die Gewerkschaften setzen moderate Lohnerhöhungen durch.
c) Nach Rückgängen beim realen Bruttoinlandsprodukt erreicht die Wirtschaftsleistung ihre Talsohle. Preise, Löhne und Zinsen bewegen sich auf einem niedrigen Niveau.
d) Die Wirtschaftsleistung nimmt ab. Löhne und Preise bleiben konstant bzw. sinken leicht. Aufgrund der sinkenden Nachfrage kommt es zur steigenden Arbeitslosigkeit.

3 Stellen Sie dar, wie eine Volkswirtschaft aus der Hochkonjunktur in den Abschwung übergeht.

4 Beschreiben Sie anhand weiterer Beispiele Ursachen für saisonale Wirtschaftsschwankungen und machen Sie Vorschläge, wie die Unternehmen darauf reagieren können.

5 Die folgende Abbildung stellt den Konjunkturzyklus einer Volkswirtschaft dar: Ordnen Sie den Ziffern 1–6 die folgenden Begriffe zu: Expansion, Depression, Rezession, Boom, Wachstumstrend, reales Bruttoinlandsprodukt.

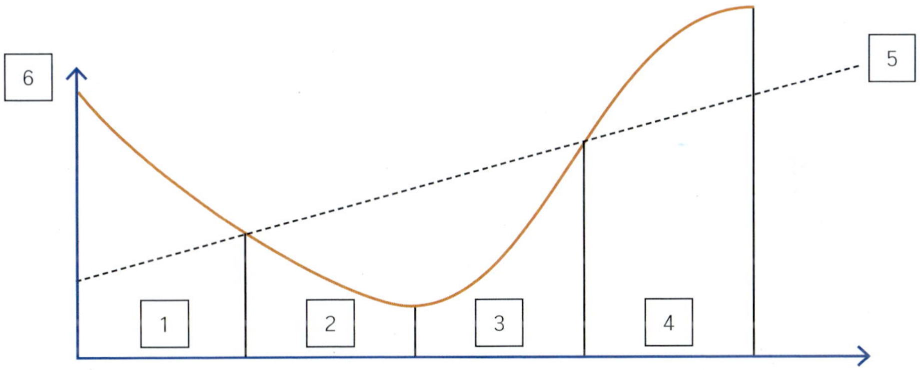

6 Erklären Sie, ob es sich bei den folgenden Konjunkturindikatoren um einen Früh-, Gegenwarts- oder Spätindikator handelt.

a) Arbeitslosenquote
b) Ifo-Geschäftsklimaindex
c) BIP für einen Monat
d) Lohnentwicklung
e) Gewinnerwartungen

7 Fiskalpolitik als staatliche Wirtschaftspolitik

LS 25

Emilia und ihr Vater diskutieren wieder einmal über die wirtschaftliche Lage in Deutschland. „Bei rund 2,9 Millionen Arbeitslosen muss der Staat eingreifen und öffentliche Aufträge vergeben. Stell dir vor, alle Ämter werden mit neuen Büro- und Einrichtungsmöbeln ausgestattet. Da könntet ihr bei der Sommerfeld Bürosysteme GmbH glatt 20 Leute einstellen“, sagt Emilias Vater. „Der Staat ist doch nicht dazu da, den Rückgang der gesamtwirtschaftlichen Nachfrage auszugleichen“, erwidert Emilia, „wir haben schließlich eine Wirtschaftsordnung, in der der Markt entscheidet!“

ARBEITSAUFTRÄGE

- **Erläutern Sie, ob der Staat in der Marktwirtschaft in den Konjunkturverlauf eingreifen kann, und welche Probleme damit verbunden sind.**
- **Stellen Sie Instrumente der Fiskalpolitik dar und erklären Sie die beabsichtigte Wirkung.**
- **Präsentieren Sie die Ergebnisse Ihrer Arbeit. Beachten Sie dabei die Präsentationsregeln.**

Im Rahmen der **Fiskalpolitik** versucht der Staat, durch Veränderung seiner Einnahmen und Ausgaben die gesamtwirtschaftliche Nachfrage zu beeinflussen und so stabilisierend auf den Konjunkturverlauf einzuwirken.

Antizyklische Fiskalpolitik

Der englische Wirtschaftswissenschaftler **John Maynard Keynes** (1883 bis 1946) stellte fest, dass sich die staatliche Einnahmen- und Ausgabenpolitik seiner Zeit am Konjunkturverlauf orientierte. Es wurde also eine prozyklische Fiskalpolitik betrieben.

BEISPIEL *Im Aufschwung steigen die Gehälter und damit die Steuereinnahmen des Staates. Der Staat verwendet die Einnahmen unverzüglich für öffentliche Ausgaben. Im Abschwung gehen die Steuereinnahmen zurück. Der Staat schränkt seine Ausgaben ein.*

Durch dieses Verhalten wird der Rückgang der privaten Nachfrage im Abschwung durch einen weiteren Rückgang der Staatsnachfrage beschleunigt und die Konjunkturkrise verschärft. Die **prozyklische** Fiskalpolitik verstärkt damit die konjunkturellen Phasen.

Keynes leitete aus dieser Erkenntnis die Forderung ab, dass der Staat sich in seiner Einnahmen- und Ausgabenpolitik **antizyklisch**, d. h. entgegen dem Konjunkturverlauf verhalten soll. Geht die gesamtwirtschaftliche Nachfrage zurück, soll er die Ausgaben erhöhen und die Staatsnachfrage, auch über Kredite (**Deficit Spending**), ausweiten. Steigt die gesamtwirtschaftliche Nachfrage, soll der Staat die Ausgaben einschränken und die Staatsnachfrage senken. Staatliche Überschüsse, die in dieser Phase erwirtschaftet werden, können in einer sogenannten Konjunkturausgleichsrücklage angesammelt werden. In Zeiten schlechter Konjunktur wird diese dann wieder aufgelöst, indem der Staat zusätzliche Nachfrage schafft.

Instrumente der Fiskalpolitik

Im Rahmen der Fiskalpolitik stehen dem Staat als wesentliche Instrumente die Ausgabenpolitik, die Einnahmenpolitik und die Möglichkeit der Beeinflussung privater Investitionen zur Verfügung. Sie werden zur Beeinflussung der gesamtwirtschaftlichen Nachfrage eingesetzt und sollen im Boom **kontraktiv** (abschwächend) und in der Rezession **expansiv** (belebend) wirken.

Ausgabenpolitik

Staatsausgaben sind Transferzahlungen an die Haushalte (z. B. Wohngeld), Lohn- und Gehaltszahlungen des Staates, Subventionen und öffentliche Investitionen. Der Staat variiert diese Ausgaben, um die konjunkturell bedingten Schwankungen der gesamtwirtschaftlichen Nachfrage auszugleichen.

- **Kontraktive Wirkung:** In Boom- und Aufschwungphasen werden öffentliche Investitionen zurückgestellt und Subventionen gekürzt. Eingesparte Mittel werden als **Konjunkturausgleichsrücklage** bei der Deutschen Bundesbank stillgelegt.
- **Expansive Wirkung:** In der Rezession tätigt der Staat zusätzliche Ausgaben und finanziert diese durch Auflösung der Konjunkturausgleichsrücklage oder Aufnahme von Krediten **(Deficit Spending)**.

Einnahmenpolitik

→ LF 12

Staatseinnahmen sind Steuern (z. B. Einkommensteuer), Zölle und Gebühren. Dabei wirkt das Einkommensteuersystem in der Bundesrepublik als **automatischer Stabilisator**. Steigen die Einkommen im Aufschwung, wird durch den progressiv ansteigenden Steuersatz ein größerer Teil der Einkommen abgeschöpft und der gesamtwirtschaftlichen Nachfrage entzogen. Sinken die Einkommen in der Rezession, sinkt der persönliche Steuersatz und und damit die Steuerbelastung. Die Haushalte können einen (relativ) größeren Anteil ihrer Einkommen für den Konsum verwenden. Darüber hinaus hat der Staat im Rahmen des Stabilitätsgesetzes (vgl. S. 272 ff.) die Möglichkeit, die Einkommen- und Körperschaftsteuer fallweise um bis zu 10 % herauf- oder herabzusetzen und so die gesamtwirtschaftliche Nachfrage zu beleben oder zu dämpfen.

Beeinflussung der privaten Investitionen

Ein wichtiger Konjunkturindikator ist die Investitionstätigkeit der Unternehmen. Investitionen wirken unmittelbar auf die Beschäftigung und die gesamtwirtschaftliche Nachfrage und damit auf das Wirtschaftswachstum. Durch Variation der Abschreibungsmöglichkeiten oder Investitionszulagen und -zuschüsse kann der Staat Einfluss auf das Investitionsverhalten der Unternehmen nehmen.

- **Expansive Wirkung:** In der Rezession kann der Staat die degressive Abschreibung sowie Sonderabschreibungen erlauben oder Investitionszulagen und -zuschüsse gewähren.

BEISPIEL *Die Bundesregierung beschließt eine Investitionszulage in Höhe von 7,5 %. Die Sommerfeld Bürosysteme GmbH schafft daraufhin eine neue Maschine an. Sie erhält bei einem Investitionsvolumen von 100 000,00 € eine Zulage in Höhe von 7 500,00 €.*

- **Kontraktive Wirkung:** In der Phase des Booms werden Sonderabschreibungen oder die Möglichkeit der degressiven Abschreibung ausgesetzt sowie Investitionszuschüsse und -zulagen gekürzt oder sogar gestrichen.

BEISPIEL *Der Staat setzt die degressive Abschreibung außer Kraft und die Sommerfeld Bürosysteme GmbH schreibt die neu angeschaffte Maschine wieder linear ab.*

Grenzen der Fiskalpolitik

Die Kritik an der antizyklischen Fiskalpolitik richtet sich auf die einseitige Ausrichtung an der gesamtwirtschaftlichen Nachfrage (**Nachfrageorientierung**). Liegen die Ursachen für den Rückgang z. B. in einer Strukturkrise, bleibt die Fiskalpolitik wirkungslos und verhindert die notwendige Anpassung.

BEISPIEL *Durch die Veränderung der Wirtschaftsstruktur kommt es im primären Sektor der Volkswirtschaft zu Entlassungen. Beschäftigungsprogramme oder Subventionen würden diesen Prozess nur hinauszögern.*

Ein weiterer wesentlicher Kritikpunkt ist, dass die zunehmende Staatsverschuldung die fiskalpolitischen Möglichkeiten drastisch einschränkt. Der Anteil des Schuldendienstes am Gesamthaushalt wird immer höher und kann den Staat letztlich handlungsunfähig machen.

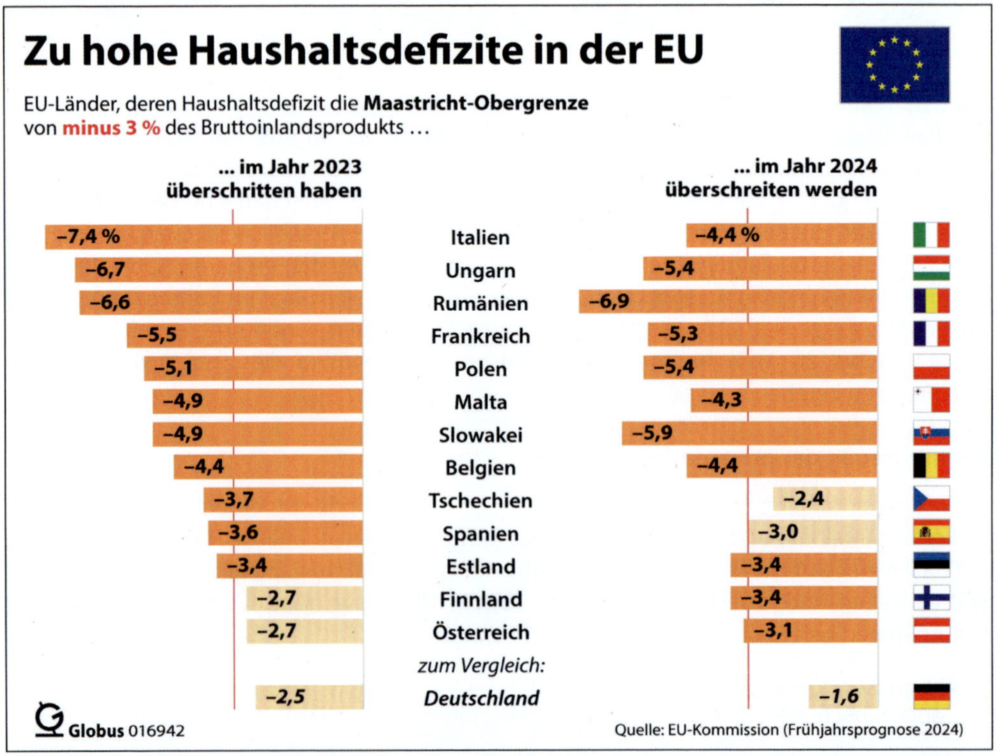

Um die Handlungsfähigkeit der Euro-Länder zu gewährleisten, wurde deshalb schon 1997 im **Europäischen Stabilitäts- und Wachstumspakt** geregelt, dass die Neuverschuldung auf 3 % des Bruttoinlandsproduktes und der Gesamtstand der Verschuldung auf 60 % des Bruttoinlandsproduktes zu begrenzen ist. Zahlreiche Staaten, u. a. auch Deutschland, haben diese Regelungen nicht eingehalten.

Im Rahmen des Euro-Rettungsschirmes wurde 2012 das Bekenntnis zur Senkung der Staatsverschuldung durch den **Europäischen Fiskalpakt** (Vertrag über Stabilität, Koordinierung und Steuerung in der Wirtschafts- und Währungsunion, kurz **SKS-Vertrag**) erneuert. Der Europäische Fiskalpakt sieht vor, den Gesamtschuldenstand auf 60 % des Bruttoinlandsproduktes sowie das **strukturelle** jährliche **Staatsdefizit** (Neuverschuldung) auf 0,5 % des Bruttoinlandsproduktes zu begrenzen. Das strukturelle Defizit ist das um konjunkturelle Effekte bereinigte Staatsdefizit. Auf nationaler Ebene hatte Deutschland bereits 2009 eine **Schuldenbremse** in das Grundgesetz eingefügt. Sie sieht langfristig vor, dass die Länderhaushalte ohne ein strukturelles Defizit und der Bundeshaushalt mit einem strukturellen Defizit von maximal 0,35 % des Bruttoinlandsproduktes zu finanzieren sind.

Durch eine **Reform des Grundgesetzes** wurden im **Jahr 2025** die Regeln zur **Schuldenbremse gelockert**. Ausgaben für Verteidigung und bestimmte sicherheitspolitische Ausgaben werden nur bis zu einer Höhe von einem Prozent des nominalen Bruttoinlandsprodukts berücksichtigt. Darüber hinaus gehende Ausgaben sind von der Schuldenregel ausgenommen. Ebenso wurden für die Bundesländer die Regelungen gelockert. Der Gesamtheit der Bundesländer wird nun eine Neuverschuldung von 0,35 % des nominalen Bruttoinlandsproduktes ermöglicht. Zusätzlich zur Reform der Schuldenbremse wurde ein **Sondervermögen** für die Infrastruktur und Klimaschutz in Höhe von 500 Mrd. Euro beschlossen.

Der Einsatz von Instrumenten der Fiskalpolitik unterliegt Zeitverzögerungen (**Timelags**). Von der Wahrnehmung einer konjunkturellen Schieflage bis zur Wirksamkeit einer konkreten Maßnahme vergeht ein langer Zeitraum. Eine ursprünglich antizyklisch motivierte Maßnahme kann deshalb prozyklisch wirken und die konjunkturelle Lage verschlechtern.

Nicht zuletzt kann es durch den Einsatz fiskalpolitischer Instrumente zu Verdrängungseffekten **(Crowding-out-Effekt)** kommen. Ist die staatliche Nachfrage kreditfinanziert, sind steigende Zinsen auf den Kapitalmärkten die Folge. Private Investitionen werden durch den steigenden Zinssatz zurückgedrängt.

Kritiker der nachfrageorientierten Konjunkturpolitik bestreiten deren Wirksamkeit und fordern stattdessen eine **Politik der Angebotsorientierung**. Durch verbesserte Angebotsbedingungen und Gewinnaussichten sollen die Unternehmen zu Investitionen angeregt werden. Wesentliche Elemente einer angebotsorientierten Politik sind u. a.:

- Schaffung eines günstigen Investitionsklimas
- Senkung von Steuern und Abgabenbelastungen
- Abbau von Budgetdefiziten und Senkung der Staatsausgaben
- „maßvolle“ Sozialpolitik, d. h. Abbau von Sozialleistungen
- Orientierung der Lohnpolitik am Produktivitätszuwachs
- Deregulierung des Arbeitsmarktes
- Förderung des Wettbewerbs durch Deregulierung von Märkten und Unterbindung von Wettbewerbsbeschränkungen
- Verzicht auf staatliche Eingriffe in den Markt

ZUSAMMENFASSUNG

Fiskalpolitik als staatliche Wirtschaftspolitik

- Die Fiskalpolitik versucht, durch eine **antizyklische Ausgaben- und Einnahmenpolitik** den Konjunkturverlauf zu glätten.
- Die **Instrumente der Fiskalpolitik** (Ausgabenpolitik, Einnahmenpolitik, Beeinflussung der privaten Investitionen) können expansiv oder kontraktiv eingesetzt werden.
  - **Ausgabenpolitik:** Erhöhung bzw. Senkung der Staatsausgaben
  - **Einnahmenpolitik:** Steuersenkungen, Steuererhöhungen
  - **Beeinflussung der privaten Investitionen:** Freigabe bzw. Bildung einer Konjunkturausgleichsrückgabe, Gewährung bzw. Streichung von Investitionszulagen und -zuschüssen
- Die **Grenzen der Fiskalpolitik** liegen in ihrer einseitigen Ausrichtung auf die Nachfrageseite und in der zunehmenden Staatsverschuldung. Zudem ist mit Timelags und Crowding-out-Effekten zu rechnen.
- Im Gegensatz zur nachfrageorientierten Konjunkturpolitik setzt eine **Politik der Angebotsorientierung** an einer Verbesserung von Angebotsbedingungen für Unternehmen an.

AUFGABEN

1 Erläutern Sie die Instrumente der Fiskalpolitik und stellen Sie jeweils fest, wie diese abschwächend oder belebend auf die gesamtwirtschaftliche Nachfrage wirken.

2 Die Bundesregierung beschließt eine Erhöhung der Abschreibungssätze für Investitionen und eine Senkung der Einkommensteuer. Erläutern Sie, welche Wirkungen diese Maßnahmen auf die Ziele des Stabilitätsgesetzes haben können.

3 Diskutieren Sie die Unterschiede einer antizyklischen Fiskalpolitik des Staates und der Einnahmen- und Ausgabenpolitik der Unternehmen.

4 Diskutieren Sie anhand der Abbildung auf S. 322 die Folgen der zunehmenden Staatsverschuldung.

5 Erläutern Sie, wie die Variation der Abschreibungen auf das Anlagevermögen konjunkturbelebend bzw. konjunkturdämpfend wirken kann.

6 Erläutern Sie, ob die folgenden Maßnahmen konjunkturbelebend oder konjunkturdämpfend wirken.

a) Erhöhung der Einkommensteuer
b) Bildung eines Konjunkturausgleichsrücklage
c) Gewährung einer Investitionszulage
d) Kürzung des Wohngeldes
e) Einführung von Sonderabschreibungen
f) Erhöhung des Kindergeldes

8 Die Geldpolitik des Europäischen Systems der Zentralbanken (ESZB)

LS 26

Emilias Vater liest Emilia beim Frühstück aus der Zeitung vor, dass die Europäische Zentralbank den Leitzins gesenkt habe, um die Konjunktur in den Mitgliedsstaaten zu beleben. „Du bist doch bald eine ausgebildete Industriekauffrau“, sagt Herr Schaub, „kannst du mir erklären, was der Leitzins der Europäischen Zentralbank mit der Konjunktur in Deutschland zu tun hat?“ „Zinsen sind für ein Unternehmen Kosten“, erklärt Emilia, „und niedrigere Kosten sind immer gut.“ Als ihr Vater noch mal genauer nachfragt, was denn das alles mit der Konjunktur in Deutschland zu tun habe und warum die EZB dann die Zinsen nicht immer so niedrig wie möglich halte, zögert sie. „Da muss ich mal einen Moment drüber nachdenken. Das kann ich dir aus dem Stand auch nicht beantworten“, meint Emilia.

ARBEITSAUFTRÄGE

- **Erläutern Sie oberste Zielsetzung der Geldpolitik der Europäischen Zentralbank.**
- **Stellen Sie die Instrumente der Europäischen Zentralbank dar.**
- **Erarbeiten Sie den Wirkungszusammenhang zwischen Maßnahmen der Europäischen Zentralbank und den Folgen für die Konjunktur und das Preisniveau.**

Mit dem Eintritt in die dritte Stufe der Europäischen Währungsunion ist die Zuständigkeit für die Geld- und Währungspolitik auf das **Europäische System der Zentralbanken** (ESZB) übergegangen. Es besteht aus der **Europäischen Zentralbank** (EZB) und den nationalen Zentralbanken (z. B. Deutsche Bundesbank) der teilnehmenden Mitgliedsstaaten. Die nationalen Zentralbanken sind integraler Bestandteil des ESZB. Sie führen die Geld- und Währungspolitik der EZB im jeweiligen Mitgliedsland aus.

Die Euroländer

EU-Mitglieder, die den Euro als offizielle Währung eingeführt haben, und das Jahr der Euro-Einführung

Belgien	1999
Deutschland	1999
Finnland	1999
Frankreich	1999
Irland	1999
Italien	1999
Luxemburg	1999
Niederlande	1999
Österreich	1999
Portugal	1999
Spanien	1999
Griechenland	2001
Slowenien	2007
Malta	2008
Zypern	2008
Slowakei	2009
Estland	2011
Lettland	2014
Litauen	2015
Kroatien	2023

Einführung des Euro als Bargeld erst seit 1. Januar 2002

EU-Mitglieder, die den Euro (noch) nicht eingeführt haben, und ihre derzeit gültige Währung

Bulgarien	Lew
Dänemark	Dän. Krone
Polen	Złoty
Rumänien	Leu
Schweden	Schwed. Krone
Tschechien	Tschech. Krone
Ungarn	Forint

dpa•105691 Stand 2023 Quelle: Europäische Union

Vorrangiges Ziel des ESZB ist die **Sicherung des Geldwertes** durch die **Regulierung der nachfragewirksamen Geldmenge**. Hierzu setzt sie das geldpolitische Instrumentarium ein.

Europäische Zentralbank (EZB)

Mit Beginn der Währungsunion am 1. Januar 1999 ging die Geldhoheit von den nationalen Notenbanken auf die **Europäische Zentralbank** (EZB) über. Nach dem Maastrichter Vertrag ist es die vorrangige Aufgabe der EZB, die **Preisstabilität** zu gewährleisten. Seit dem 1. Januar 1999 wacht die Europäische Zentralbank also darüber, dass der Euro auf Dauer so stabil wird, wie die Deutsche Mark es einmal war. Die EZB hat ihren Sitz in Frankfurt am Main.

Das entscheidende Merkmal der EZB ist ihre Unabhängigkeit von politischen Weisungen jeder Art. Der Maastrichter Vertrag stattet die Europäische Zentralbank mit einer dreifach gesicherten Unabhängigkeit aus: **Sie ist institutionell, personell und operativ unabhängig**.

Die EZB steuert die Geldpolitik der 20 **Mitgliedsstaaten** Belgien, Deutschland, Estland, Finnland, Frankreich, Griechenland, Irland, Italien, Kroatien, Lettland, Litauen, Luxemburg, Malta, Niederlande, Österreich, Portugal, Slowakei, Slowenien, Spanien und Zypern, verwaltet die Währungsreserven und gibt die Banknoten aus.

Europäische Zentralbank

Die Europäische Zentralbank (EZB) mit Sitz in Frankfurt am Main bildet zusammen mit den **Zentralbanken aller EU-Mitgliedstaaten** das Europäische System der Zentralbanken (ESZB).

Die Zusammenarbeit mit den **Zentralbanken der Länder der Eurozone** wird als Eurosystem bezeichnet.

EUROPEAN CENTRAL BANK
EUROSYSTEM

Die wichtigsten Ziele

1. **Stabiles Geld =>** Sicherung der Preisstabilität
2. **Stabiles Finanzsystem =>** Beaufsichtigung der Finanzmärkte und -institute

Die wichtigsten Aufgaben

- **Festlegung** der Leitzinssätze
- **Kontrolle** der Geldmenge
- **Verwaltung** der Währungsreserven
- **Genehmigung** der Ausgabe von Banknoten
- **Durchführung** von Devisengeschäften
- **Förderung** eines reibungslosen Zahlungsverkehrs
- **Erhebung** statistischer Daten

Die Entscheidungsgremien

Direktorium => wird von den Staats- und Regierungschefs der Eurozone ernannt
- Präsident
- Vizepräsident
- 4 weitere Mitglieder

EZB-Rat
- Mitglieder des Direktoriums
- Präsidenten der nationalen Zentralbanken der Eurozone

Erweiterter Rat
- Präsident und Vizepräsident der EZB
- Präsidenten der nationalen Zentralbanken aller EU-Mitgliedstaaten

BV 1202601

Geldpolitische Entscheidungen werden vom **EZB-Rat** getroffen. Ihm gehören die Präsidentinnen und Präsidenten der nationalen Zentralbanken und das sechsköpfige **Direktorium der EZB** an. Das Direktorium ist das Verwaltungsorgan der EZB, das die laufenden Geschäfte führt und die geldpolitischen Entscheidungen des EZB-Rates umsetzt. Es setzt sich aus in Währungs- und Bankfragen erfahrenen Persönlichkeiten aus den Mitgliedsstaaten zusammen. Unter ihnen sind die Präsidentin bzw. der Präsident und die Vizepräsidentin bzw. der Vizepräsident der EZB, die einvernehmlich von den Staats- und Regierungschefs der Teilnehmerstaaten ernannt werden. Die **Amtszeit** der EZB-Präsidentin bzw. des EZB-Präsidenten beträgt acht Jahre.

Das **Grundkapital** der EZB wird von den Notenbanken eingezahlt. Es ist nach der Wirtschaftskraft der Mitgliedsstaaten bemessen.

Bei **Entscheidungen** zu geldpolitischen Maßnahmen hat jedes Mitglied im EZB-Rat nur eine Stimme, wobei im Falle von Patt-Situationen die Stimme des Präsidenten doppelt zählt. Wenn es um Entscheidungen geht, die das Kapital der EZB, die Verteilung von EZB-Gewinnen oder die Übertragung von Devisenreserven betreffen, entspricht das Gewicht der Stimmen eines Landes seinem Anteil am Grundkapital.

Deutsche Bundesbank

Die **Deutsche Bundesbank** ist die unabhängige Zentralbank der Bundesrepublik Deutschland. Ihre Aufgaben werden im Bundesbankgesetz näher beschrieben.

§ 3 Bundesbankgesetz

Die **Deutsche Bundesbank** ist als Zentralbank der Bundesrepublik Deutschland integraler Bestandteil des Europäischen Systems der Zentralbanken. Sie wirkt an der Erfüllung seiner Aufgaben mit dem vorrangigen Ziel mit, die Preisstabilität zu gewährleisten, hält und verwaltet die Währungsreserven der Bundesrepublik Deutschland, sorgt für die bankmäßige Abwicklung des Zahlungsverkehrs im Inland und mit dem Ausland und trägt zur Stabilität der Zahlungs- und Verrechnungssysteme bei. (...)

Als Teil des Eurosystems **unterstützt** sie also die **EZB** vor allem im Rahmen der **Geldpolitik**, verwaltet die **Währungsreserven** und sorgt für die Abwicklung des **Zahlungsverkehrs** mit dem In- und Ausland. Des Weiteren nimmt sie u. a. **Aufgaben** in folgenden Bereichen wahr:

- nationale Aufsicht der Kreditinstitute
- Bargeldversorgung
- Hausbank des Staates
- Erstellung von Statistiken
- Beratung der Bundesregierung in währungspolitischen Fragen

PRAXISTIPP

Weiterführende Informationen finden Sie auf der Webseite der EZB unter www.ecb.europa.eu und auf der Webseite der Deutschen Bundesbank unter www.bundesbank.de

Geldmengendefinitionen des ESZB

Das Preisniveau wird langfristig durch die **nachfragewirksame Geldmenge** beeinflusst. Steigt die nachfragewirksame Geldmenge stärker als die umgesetzte Gütermenge, entsteht eine monetär verursachte Inflation. Dies versucht die EZB durch eine gezielte Steuerung der nachfragewirksamen Geldmenge zu verhindern. Dabei unterscheidet die EZB zwischen verschiedenen Geldmengenbegriffen, die sich hinsichtlich ihrer Nachfragewirksamkeit und damit hinsichtlich der Liquiditätsnähe unterscheiden:

Geldmenge	Bestandteile
M1	Bargeld außerhalb des Bankensektors + Sichteinlagen von Nichtbanken (= Guthaben auf Kontokorrentkonten)
M2	M1 + Termineinlagen mit einer Laufzeit von bis zu zwei Jahren + Spareinlagen mit einer Kündigungsfrist von bis zu drei Monaten
M3	M2 + kurzfristige Bankschuldverschreibungen mit einer Laufzeit von bis zu zwei Jahren + Geldmarktfondsanteile und Geldmarktpapiere + Repogeschäfte (= Wertpapierverkäufe durch eine Bank an eine Nichtbank gegen Zahlung von Geld verbunden mit der festen Verpflichtung durch die Bank, diese Wertpapiere zu einem bestimmten Termin zurückzukaufen. Repogeschäfte haben damit den Charakter von Termineinlagen.)

Für geldpolitische Entscheidungen legt die EZB die weit gefasste **Geldmenge M3** zugrunde.

Geldschöpfung

Die Höhe der umlaufenden Geldmenge wird durch die Zentralbankgeldschöpfung der EZB und die Buchgeldschöpfung der Geschäftsbanken bestimmt.

Zentralbankgeldschöpfung der EZB

Das **Zentralbankgeld** (auch Geldbasis oder Geldmenge M0 genannt) setzt sich zusammen aus dem **Bargeldumlauf außerhalb des Bankensektors** und den **Einlagen der Geschäftsbanken bei der EZB**. Will eine Bank einen Kredit beispielsweise an ein Industrieunternehmen vergeben, muss sich die Bank refinanzieren. Sie kann dies entweder über Kundeneinlagen bewerkstelligen oder sich alternativ das benötigte Geld bei der EZB besorgen, indem sie Wertpapiere an die EZB verkauft oder einen Kredit gegen Sicherheiten bei der EZB aufnimmt. Da die EZB das Geld als Einlage auf dem Konto der Geschäftsbank zur Verfügung stellt, nimmt das **Zentralbankgeld** zu, es wird also **geschöpft**.

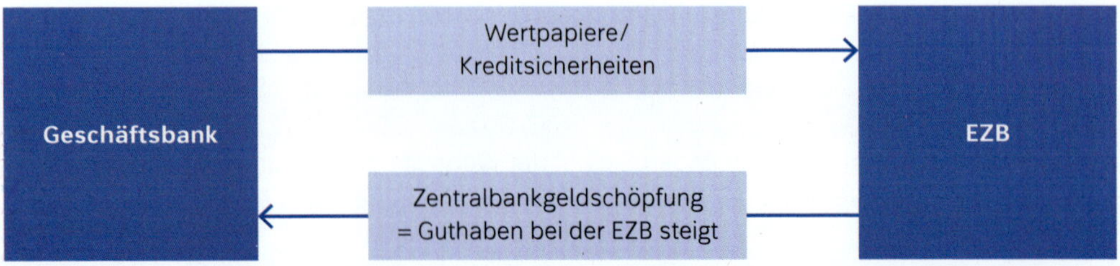

Die Geschäftsbank kann dieses Geld nun an ihren Kunden in bar auszahlen oder auf einem Konto zur Verfügung stellen, wodurch sich die umlaufende Geldmenge erhöht.

Verkauft die EZB im umgekehrten Falle Wertpapiere an die Geschäftsbanken oder es werden Kredite von den Geschäftsbanken zurückgezahlt, nimmt das Guthaben bei der EZB ab und es wird **Zentralbankgeld vernichtet**. Gleichzeitig wird dadurch die Kreditvergabemöglichkeit der Geschäftsbanken eingeschränkt und die Geldmenge sinkt.

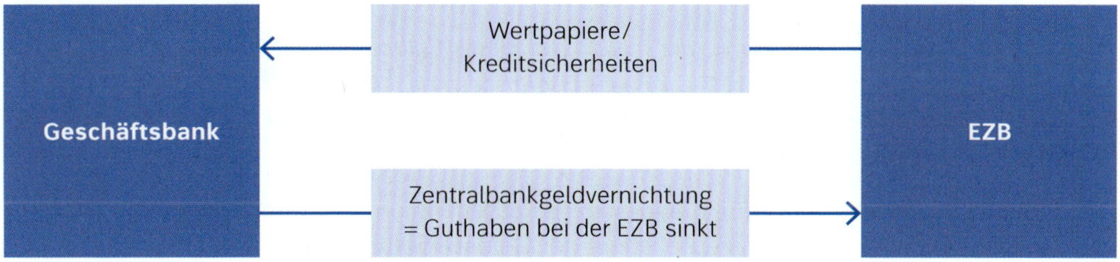

Buchgeldschöpfung der Geschäftsbanken

Nicht nur die Zentralbank kann Geld schöpfen, sondern auch die Geschäftsbanken. Werden von Kunden **Einlagen (= Buchgeld)** bei einer Geschäftsbank getätigt, werden diese Einlagen als Kredite an andere Kunden der Bank weitergegeben. Die Kredite werden z. B. genutzt, um Rechnungen zu bezahlen und führen damit wiederum zu Einlagen auf anderen Konten. Dabei darf die Bank nicht die vollständige Einlage als Kredit vergeben, sondern sie muss eine **Mindestreserve** (vgl. S. 329) als Prozentsatz auf diese Einlage bei der EZB unterhalten. Die Mindestreserve schränkt damit die Kreditvergabemöglichkeit der Bank ein. Für die Kreditvergabe steht nur die **Überschussreserve** zur Verfügung.

BEISPIEL *Die Sommerfeld Bürosysteme GmbH tätigt bei der Bank A eine Einlage von 10000,00 €. Die Bank A ist verpflichtet, auf diese Einlage eine Mindestreserve von 2 % auf ihrem EZB-Konto zu unterhalten. Den Rest, die sogenannte Überschussreserve, vergibt die Bank A als Kredit an die Wollux AG. Diese bezahlt damit eine Rechnung der Metallwerke Bauer & Söhne KG, die ein Konto bei der Bank B unterhält. Die Bank B vergibt diese Einlage nach Abzug der Mindestreserve wiederum als Kredit an den Bürofachhandel Ergoline GmbH, der damit eine Rechnung der Bürodesign GmbH bezahlt. Die Bürodesign GmbH unterhält ein Konto bei der Bank C usw. Dieser Prozess setzt sich theoretisch fort, bis die komplette ursprüngliche Einlage von 10000,00 € als Mindestreserve unterhalten wird.*

Geschäftsbank	Einlage (Buchgeld)	Mindestreserve (2 %)	Überschussreserve (= Kreditvergabe)
Bank A	10000,00	200,00	9800,00
Bank B	9800,00	196,00	9604,00
Bank C	9604,00	192,08	9411,92
Bank D	9411,92	188,24	9223,68
...	...	...	...
Summe	500000,00	10000,00	490000,00

Über die **Vergabe von Krediten** können die Geschäftsbanken also zusätzliches **Buchgeld** schöpfen. Die maximal mögliche Buchgeldschöpfung lässt sich mithilfe des **Geldschöpfungsmultiplikators** berechnen:

$$\textbf{Geldschöpfungsmultiplikator} = \frac{100\,\%}{\text{Mindestreservesatz}}$$

BEISPIEL *Bei einem Mindestreservesatz von 2 % beträgt der Geldschöpfungsmultiplikator 100 % / 2 % = 50. Mit einer Einlage von 10 000,00 € können also insgesamt 50 · 10 000,00 € = 500 000,00 € an Buchgeld geschaffen werden. Das durch Kreditvergabe zusätzlich geschaffene Buchgeld beträgt dabei 50 · 9 800,00 € = 490 000,00 €.*

Die Höhe der Buchgeldschöpfung hängt also ganz wesentlich vom **Mindestreservesatz** der EZB ab. Sinkt der Mindestreservesatz, steigt der Geldschöpfungsspielraum und umgekehrt.

Geldpolitische Instrumente

Die EZB steuert die Geldmenge, indem sie über die Zentralbankgeldschöpfung Einfluss auf das Geldangebot in der Wirtschaft nimmt. Vergrößert die EZB das Geldangebot, betreibt sie eine **expansive Geldpolitik.** Diese belebt die Konjunktur, führt aber auch zu einem **höheren Preisniveau**. Verkleinert die EZB das Geldangebot, betreibt sie eine **restriktive Geldpolitik**. Sie führt zu einer Konjunkturdämpfung und einem **sinkenden Preisniveau**.

Expansive Geldpolitik	Restriktive Geldpolitik
↓	↓
Vergrößerung des Geldangebotes	Verkleinerung des Geldangebotes
↓	↓
Zinsen sinken	Zinsen steigen
↓	↓
Kreditnachfrage steigt	Kreditnachfrage sinkt
↓	↓
Investitions- und Konsumgüternachfrage steigt	Investitions- und Konsumgüternachfrage sinkt
↓	↓
Preisniveau steigt	Preisniveau sinkt

Je nachdem wie hoch das **Preisniveau** ist, wird sich die EZB für die eine oder andere Form der Geldpolitik entscheiden und ihre geldpolitischen Instrumente entsprechend einsetzen. Diese Instrumente sind:

- ständige Fazilitäten,
- Mindestreserven der Banken,
- Offenmarktgeschäfte.

Ständige Fazilitäten

Ständige Fazilitäten sind eine Art Kontokorrentkonto der Kreditinstitute bei den Notenbanken. Wie beim Kontokorrentkonto gibt es auch hier zwei Möglichkeiten:

- Das Kreditinstitut „überzieht" sein Konto gegen Sollzinsen (**Spitzenrefinanzierungsfazilität**),
- das Kreditinstitut bildet Einlagen gegen Habenzinsen (**Einlagenfazilität**).

Die Nutzung der Fazilitäten ist als kurzfristiges Instrument der Geldpolitik gedacht. Es gibt den Kreditinstituten die Möglichkeit, überschüssige Habensalden jeweils „über Nacht" bis zum Beginn des nächsten Geschäftstages als Einlage zu einem vorgegebenen Zinssatz bei der Notenbank anzulegen (**Übernachtguthaben**) oder kurzfristigen Liquiditätsbedarf über Nacht zu decken (**Übernachtkredit**).

Für die Inanspruchnahme der Spitzenrefinanzierungsfazilität müssen die Kreditinstitute Zinsen zahlen und notenbankfähige Sicherheiten hinterlegen. Von der EZB werden sowohl **marktfähige Sicherheiten** als auch **nicht marktfähige Sicherheiten** akzeptiert. Die marktfähigen Sicherheiten bestehen im Wesentlichen aus am Markt handelbaren Anleihen, die bestimmten Bonitätsanforderungen genügen müssen. Zu den nicht marktfähigen Sicherheiten zählen u. a. Kreditforderungen und Schuldscheindarlehen. Die EZB veröffentlicht auf ihrer Internetseite ein Verzeichnis marktfähiger Sicherheiten, das täglich aktualisiert wird.

Die Zinssätze der ständigen Fazilitäten stecken den Rahmen oder **Zinskanal** für die Zinsen am Geldmarkt ab. Dabei bildet der Zinssatz für die Spitzenrefinanzierungsfazilität die Obergrenze für Tagesgeld im Handel zwischen den Banken und die Einlagefazilität die Untergrenze.

Betreibt die EZB eine restriktive Geldpolitik und erhöht die Zinsen für Übernachtkredite, verteuert sich die Refinanzierungsmöglichkeit für die Banken. Geben diese die Kosten an ihre Kunden weiter, ist eine allgemeine Erhöhung des Zinsniveaus mit entsprechend dämpfender Wirkung für die Konjunktur die Folge. Das Preisniveau fällt. Eine Senkung der Zinsen hat dagegegen eine expansive Wirkung.

Mindestreserve

Zur Beeinflussung des Geldumlaufes kann die EZB nach Artikel 19.1 der ESZB-Satzung verlangen, dass die Kreditinstitute Mindestreserven auf Konten bei den nationalen Zentralbanken unterhalten. Bei Mindestreserven handelt es sich um einen Prozentsatz der Einlagen der Banken, die diese bei den Zentralbanken hinterlegen müssen. Über die Höhe des Mindestreservesatzes nimmt die EZB Einfluss auf die Geldschöpfungsmöglichkeiten des Bankensektors.

Betreibt die EZB eine restriktive Geldpolitik und erhöht die Mindestreservesätze, stehen dem Bankensektor weniger Kreditmittel zur Verfügung, da die Möglichkeit Buchgeld zu schöpfen eingeschränkt wird. Als Folge steigen die Zinsen, Investitionen werden zurückgestellt, die gesamtwirtschaftliche Nachfrage geht zurück und die Konjunktur wird bei einem sinkenden Preisniveau gedämpft. Eine Senkung der Mindestreserve hat dagegegen eine expansive Wirkung.

Reservepflichtige Verbindlichkeiten sind u. a.

- Sichteinlagen, d. h. die Einlagen auf den Girokonten,
- befristete Einlagen, d. h. Termingelder mit einer Laufzeit von bis zu zwei Jahren,
- Spareinlagen mit einer Kündigungsfrist von bis zu zwei Jahren und
- ausgegebene Schuldverschreibungen mit einer Laufzeit von bis zu zwei Jahren.

Der Mindestreservesatz beträgt seit Januar 2012 1 % der mindestreservepflichtigen Verbindlichkeiten. Ein Reservesatz in dieser Höhe ist notwendig, um zu gewährleisten, dass die gewünschten Geldmarktsteuerungs-Funktionen erfüllt werden können. Gleichzeitig ist dieser Satz so niedrig, dass er nicht zu einer unerwünschten Belastung auf der Aktivseite der Bilanzen der Kreditinstitute führt.

Offenmarktgeschäfte

Durch **Kredite gegen Verpfändung** von notenbankfähigen Sicherheiten oder durch den **Kauf oder Verkauf von Wertpapieren** „am offenen Markt", an dem auch die Geschäftsbanken Marktteilnehmer sind, kann die EZB Zentralbankgeld schöpfen oder vernichten (vgl. S. 328 f.) und damit dem Wirtschaftskreislauf Geld entziehen oder zuführen. Falls die EZB Wertpapiere endgültig kauft oder verkauft, handelt es sich um ein **Outright-Geschäft**. Sind die Käufe bzw. Verkäufe mit einer Rückkaufsvereinbarung zu einem späteren Zeitpunkt versehen, werden die Wertpapiere lediglich für eine bestimmte Zeit „in Pension" gegeben. Man spricht von einem **Wertpapierpensionsgeschäft** (Englisch „repurchase agreement" = **RePo**). Wertpapierpensionsgeschäfte haben den Vorteil, dass das Zentralbankgeld nur für eine begrenzte Zeit zur Verfügung gestellt oder entzogen wird. Die umlaufende Geldmenge wird damit nur zeitweise vergrößert oder vermindert und kann so besser im Sinne der Preisniveaustabilität gesteuert werden.

Wichtigstes Instrument im Rahmen der Offenmarktgeschäfte sind die **Hauptrefinanzierungsgeschäfte.** Die EZB stellt dabei wöchentlich über eine Kreditvergabe oder ein Wertpapierpensionsgeschäft Zentralbankgeld mit einwöchiger Laufzeit zur Verfügung **(Haupttender)**. Der Zinssatz für die **Hauptrefinanzierungsgeschäfte** wird als **europäischer Leitzins** bezeichnet. Senkt die EZB ihren Leitzins oder teilt sie ein größeres Geldvolumen zu, betreibt sie eine expansive Geldpolitik. Die Refinanzierung der Banken wird günstiger. Werden die gesunkenen Refinanzierungskosten an die Kunden weitergegeben, verbilligen sich Investitions- und Konsumentenkredite. Die Konjunktur wird belebt, allerdings steigt das Preisniveau.

Neben den Hauptrefinanzierungsgeschäften führt die EZB monatlich **längerfristige Refinanzierungsgeschäfte** mit dreimonatiger Laufzeit durch **(Basistender)**.

Abgewickelt werden die Refinanzierungsgeschäfte im **Tenderverfahren**. Zu unterscheiden ist zwischen Mengen- und Zinstendern. Üblicherweise wickelt die EZB das Hauptrefinanzierungsgeschäft in Form eines Mengentenders ab. Bei einem **Mengentender** gibt die EZB vorher die Menge an Zentralbankgeld, die sie zuteilen möchte, sowie den Zinssatz bekannt. Die Banken müssen in ihren Geboten lediglich die Mengen nennen, die sie zum vorher festgelegten Zinssatz bekommen möchten. Sollten die Gebote der Banken das Zuteilungsvolumen der EZB übersteigen, wird quotenmäßig zugeteilt.

BEISPIEL *Im Rahmen des Hauptrefinanzierungsgeschäftes stellt die EZB ein Geldvolumen von 10 Mrd. € als Mengentender zur Verfügung. Der Zinssatz beträgt 0,5 % bei einer Laufzeit von einer Woche. Da Gebote über 20 Mrd. € vorliegen, bekommt jede Bank 50 % (10 Mrd./20 Mrd. · 100) ihres Gebotes zugeteilt. Es ergibt sich folgende Zuteilung:*

Bank	Gebot in Mio. €	Zuteilung in Mio. €
Bank A	500,00	250,00
Bank B	1 000,00	500,00
Bank C	2 000,00	1 000,00
Bank D	1 000,00	500,00
Bank E	4 000,00	2 000,00
...	...	...
Summe	**20 000,00**	**10 000,00**

Wird das Refinanzierungsgeschäft über einen **Zinstender** durchgeführt, gibt die EZB vorher das Zuteilungsvolumen und einen **Mindestzinssatz** bekannt, der nicht unterschritten werden darf. Die Banken müssen neben der gewünschten Geldmenge den Zinssatz nennen, zu dem sie Geld erhalten wollen. Möchte eine Bank sichergehen, dass sie Liquidität erhält, wird sie mehr als den Mindestzinssatz bieten. Die Zuteilung erfolgt nach der Höhe der gebotenen Zinsen, wobei die höchsten Gebote zuerst zum Zuge kommen. Dabei wird beim **holländischen Verfahren** einheitlich zum Grenzzinssatz zugeteilt, bei dem das geplante Zuteilungsvolumen erreicht wird. Beim **amerikanischen Verfahren** wird hingegen gemäß der jeweils abgegebenen Gebote zugeteilt.

BEISPIEL *Im Rahmen des Hauptrefinanzierungsgeschäftes stellt die EZB ein Geldvolumen von 6 Mrd. € als Zinstender zur Verfügung. Der Mindestzinssatz beträgt 0,5 % bei einer Laufzeit von einer Woche. Es wurden folgende Gebote in Mio. Euro abgegeben:*

Zinssatz	Bank A	Bank B	Gebote insgesamt	Kumulierte Gebote	
1,25 %	1 000	2 000	3 000	3 000	
1,00 %	1 000	1 000	2 000	5 000	
0,75 %	1 000	1 000	2 000	7 000	← Grenzzinssatz
0,50 %	1 000	1 000	2 000	9 000	

Es werden alle Gebote bis zu einem Zinssatz von 1,00 % voll bedient. Damit sind bereits 5 Mrd. € zugeteilt. Zum Zinssatz von 0,75 % kann allerdings nicht mehr in voller Höhe zugeteilt werden, da den Geboten von 2 Mrd. € nur noch ein Zuteilungsvolumen von 1 Mrd. € gegenübersteht. Es wird quotenmäßig zugeteilt. Jede Bank erhält 50 % ihres Gebotes (1 Mrd. €/2 Mrd. € · 100). Bank A werden damit in Summe 2,5 Mrd. € und Bank B 3,5 Mrd. € zugeteilt. Beim holländischen Verfahren erfolgt eine einheitliche Zuteilung zum Zinssatz von 0,75 % für die gesamte Summe. Beim amerikanischen Verfahren werden die Summen mit den jeweils gebotenen Zinssätzen zugeteilt. Gebote zum Zinssatz von 0,50 % finden bei beiden Verfahren keine Berücksichtigung mehr.

Neben den Refinanzierungsgeschäften setzt die EZB im Rahmen ihrer Offenmarktgeschäfte auch unregelmäßige, nicht standardisierte **Feinsteuerungsoperation** ein. Es handelt sich dabei, um

- die Hereinnahme von Termineinlagen und
- Devisenswapgeschäfte: Bei einem Devisenswapgeschäft wird ein Kassageschäft mit einem Termingeschäft kombiniert. Die EZB kauft oder verkauft Devisen per Kasse (= sofort) und verkauft bzw. kauft diese per Termin (= später) zurück.

BEISPIEL *Die EZB kauft von einer Bank 100 Mio. USD gegen Euro. In einer Woche werden diese Devisen wieder an die Bank verkauft.*

Feinsteuerungsoperationen haben einen kurzfristigen Charakter und gleichen unerwartete Schwankungen des Bedarfs nach Zentralbankgeld aus.

Bei **strukturellen Operationen** tritt die EZB als Emittent von **Schuldverschreibungen** auf. Durch die Ausgabe von Schuldverschreibungen entzieht die EZB dem Bankensektor Zentralbankgeld.

Seit der **Finanz- und Wirtschaftskrise** hat die EZB ihre Offenmarktinstrumente häufig expansiv eingesetzt.

ZUSAMMENFASSUNG

AUFGABEN

1 Durch eine Erhöhung der Mindestreserve sinkt die Bankenliquidität. Das Kreditangebot wird verknappt, die Zinsen steigen, Investitionen gehen zurück und die gesamtwirtschaftliche Nachfrage wird gedämpft. Erläutern Sie die gleiche Wirkungskette für die
a) Offenmarktpolitik, b) ständigen Fazilitäten.

2 Die Zinssätze für die Spitzenrefinanzierungsfazilität und die Offenmarktgeschäfte sind die Zinssätze, zu denen sich die Kreditinstitute refinanzieren, also der „Einkaufspreis“ für Geld. Der Zinssatz für Privatdarlehen ist der „Verkaufspreis“ der Kredite an die privaten Haushalte.
a) Besuchen Sie die Internetseite der EZB und ermitteln Sie die Zinssätze für die Spitzenrefinanzierungsfazilität und für die Offenmarktgeschäfte.
b) Stellen Sie fest, wie hoch die Zinsen für Privatdarlehen sind.
c) Beschreiben Sie, für welche Leistungen (Funktionen) die Kreditinstitute die Differenz zwischen dem „Einkaufs-“ und „Verkaufspreis“ bekommen.

3 Beschreiben Sie, welches Instrumentarium die Europäische Zentralbank
a) in der Hochkonjunktur, b) in der Rezession
einsetzen wird und erläutern Sie die jeweils beabsichtigte Wirkungskette.

4 Der Maastrichter Vertrag legt fest, dass die EZB institutionell, personell und operativ unabhängig ist. Diskutieren Sie das Für und Wider der Autonomie der Europäischen Zentralbank.

5 Das ESZB besteht zurzeit aus 20 Mitgliedern. Stellen Sie Vor- und Nachteile dar, die ein Eintritt in das ESZB z. B. für Dänemark oder Schweden nach sich ziehen würde.

6 Bei der Bank A wird eine Einlage von 10 000,00 € getätigt. Die Bank ist verpflichtet, auf diese Einlage eine Mindestreserve von 1 % zu unterhalten. Den Rest vergibt sie als Kredit an einen Kunden. Dieser bezahlt damit eine Handwerkerrechnung bei einem Lieferanten, der ein Konto bei der Bank B unterhält. Diese vergibt wiederum einen Kredit an einen Kunden usw.

Stellen Sie den Prozess der Geldschöpfung mithilfe der folgenden Tabelle dar und berechnen Sie die maximale Geld- bzw. Kreditschöpfung.

Geschäftsbank	Einlage	Mindestreserve	Überschussreserve (= Kreditvergabe)
Bank A	10 000,00		
Bank B			
Bank C			
Bank D			
...	...	...	...
Summe			

7 Im Rahmen des Hauptrefinanzierungsgeschäftes stellt die EZB ein Geldvolumen von 10 Mrd. € als Mengentender zur Verfügung. Der Zinssatz beträgt 0,5 % bei einer Laufzeit von einer Woche. Der EZB liegen u. a. folgende Gebote vor:

Bank	Gebot in Mio. €
Bank A	460,00
Bank B	760,00
Bank C	820,00
Bank D	360,00
Bank E	760,00
...	...
Summe	**15000,00**

Berechnen Sie das zugeteilte Volumen für die Banken A bis E.

8 Die EZB legt im Rahmen eines längerfristigen Refinanzierungsgeschäftes einen Zinstender auf. Der Mindestzinssatz beträgt 0,5 % bei einem Volumen von insgesamt 10 Mrd. €. Es liegen folgende Gebote in Mio. Euro vor:

	Gebote in Mio. €		
Bank	**1 %**	**0,75 %**	**0,50 %**
Bank A	300,00	200,00	300,00
Bank B	200,00	300,00	400,00
Bank C	70,00	100,00	150,00
Bank D	50,00	80,00	100,00
Bank E	60,00	100,00	120,00
...	...	...	...
Summe	**3000**	**5500**	**5500**

Nehmen Sie eine Zuteilung nach dem amerikanischen Verfahren vor.

9 Die EZB möchte eine expansive Geldpolitik betreiben. Bringen Sie die folgenden Schritte in eine richtige Reihenfolge.

a) Die Kreditnachfrage steigt.
b) Das Geldangebot steigt.
c) Die Zinssätze sinken.
d) Das Preisniveau steigt.
e) Die Investitions- und Konsumgüternachfrage steigt.

9 Überstaatliche Wirtschaftspolitik

LS 27

Die Sommerfeld Bürosysteme GmbH hat zur Stromerzeugung eine Windenergie-Anlage angeschafft. Die Kosten der Energiegewinnung sind dadurch deutlich verringert worden, nicht zuletzt wegen der staatlichen Subventionen von 0,03 € je kW/h. „Trotzdem rechnet sich die Anlage immer noch nicht", sagt Frau Farthmann enttäuscht. „Wie wäre es, wenn Sie versuchen, Mittel aus dem Strukturfonds der EU zu beantragen", schlägt Petra Lauer, die Umweltbeauftragte, vor. „Die EU zahlt doch keinem Möbelhersteller in Essen die Stromrechnung, die haben Wichtigeres zu tun", erwidert Frau Farthmann unwillig.

ARBEITSAUFTRÄGE

- **Ermitteln Sie, welche Aufgaben die Europäische Union hat.**
- **Stellen Sie fest, wo Maßnahmen der Europäischen Union in Ihr persönliches Leben eingreifen.**
- **Stellen Sie die Ergebnisse Ihrer Überlegungen mithilfe des Mindmappings vor.**

Die Wirtschaftspolitik in der Bundesrepublik Deutschland wird zunehmend durch überstaatliche Wirtschaftspolitik bestimmt oder ersetzt. Träger überstaatlicher Wirtschaftspolitik sind z. B. die **Europäische Union (EU)**, die **Organisation für wirtschaftliche Zusammenarbeit und Entwicklung (OECD)** und internationale Organisationen und Institutionen wie der **Internationale Währungsfonds (IWF)**, die **Weltbank**, die **Welthandelsorganisation (WTO)** oder **der Europäische Stabilitätsmechanismus (ESM)**.

Ziel dieser Zusammenschlüsse ist das Bestreben nach wirtschaftlicher Integration, dem Abbau von Handelshemmnissen und dem Interessenausgleich zwischen den Industrieländern und den Entwicklungsländern **(Nord-Süd-Konflikt)**. Unter dem Nord-Süd-Konflikt versteht man die Diskrepanz zwischen den reichen Ländern auf der nördlichen Halbkugel und den armen Ländern der Dritten Welt, die sich überwiegend auf der südlichen Halbkugel befinden.

Als Folge des Nord-Süd-Konfliktes wächst die **Verschuldung der Entwicklungsländer** ständig und beansprucht einen immer größeren Teil der Einnahmen aus dem Export. Die Industrieländer versuchen, dieses Ungleichgewicht durch **Entwicklungshilfe** zu mindern.

Durch **Mobilkommunikation**, **Videokonferenzen**, die weltweite **informationstechnische Vernetzung (Internet)** und den Durchbruch der interaktiven Medien sowie eine globale Verkehrsinfrastruktur sind die räumlichen Entfernungen zwischen den Volkswirtschaften, den Anbietern und Verbrauchern, aufgehoben worden. Unternehmen können diese **globale Vernetzung** von Individuen, Unternehmen und Institutionen zur Erschließung internationaler Produktions- und Vertriebsstandorte in allen Teilen der Erde nutzen. Dieser Vorgang wird auch als **Globalisierung** bezeichnet.

Europäische Union (EU)

Die **Europäische Gemeinschaft** (EG) entstand 1965 aus der Europäischen Gemeinschaft für Kohle und Stahl (EGKS), der Europäischen Wirtschaftsgemeinschaft (EWG) und Euratom. 1992 haben die Mitgliedsstaaten in Maastricht den Vertrag der **Europäischen Union (EU)** unterzeichnet. Sie umfasst heute die 27 Mitgliedsstaaten Belgien, Bulgarien, Dänemark, Deutschland, Finnland, Frankreich, Griechenland, Irland, Italien, Kroatien, Luxemburg, Niederlande, Österreich, Portugal, Rumänien, Spanien, Schweden, Estland, Lettland, Litauen, Malta, Polen, Slowakei, Slowenien, Tschechien, Ungarn und Zypern.

Die Europäische Union

	Beitrittsjahr	Einwohner 2023[1]	BIP 2022 pro Kopf[1,2]
Belgien	★1958	11,8 Mio.	42,2 Tsd. €
Deutschland	★1958	84,4	41,3
Frankreich	★1958	68,1	35,8
Italien	★1958	58,9	33,7
Luxemburg	★1958	0,7	91,9
Niederlande	★1958	17,8	46,1
Dänemark	★1973	5,9	48,7
Irland	★1973	5,2	82,7
Griechenland	★1981	10,4	23,9
Portugal	★1986	10,5	27,2
Spanien	★1986	48,1	29,8
Finnland	★1995	5,6	38,7
Österreich	★1995	9,1	44,1
Schweden	★1995	10,5	42,4
Estland	★2004	1,4	30,5
Lettland	★2004	1,9	25,9
Litauen	★2004	2,9	31,5
Malta	★2004	0,5	36,6
Polen	★2004	36,8	28,0
Slowakei	★2004	5,4	24,1
Slowenien	★2004	2,1	31,5
Tschechien	★2004	10,8	32,0
Ungarn	★2004	9,6	27,3
Zypern	★2004	0,9	32,3
Bulgarien	★2007	6,4	20,7
Rumänien	★2007	19,1	27,1
Kroatien	★2013	3,9	25,7

[1] zum Teil vorläufig oder geschätzt (Stichtag 1.1.) [2] kaufkraftbereinigt

Die **Merkmale der Europäischen Union** sind ein gemeinsamer Binnenmarkt ohne Grenzen für den Verkehr von Personen, Waren, Dienstleistungen und Kapital, die Einführung einer gemeinsamen Europawährung, die europäische Unionsbürgerschaft, eine gemeinsame Außen- und Sicherheitspolitik und damit die politische Union der Mitgliedsstaaten.

Die wichtigsten **Organe der Europäischen Union** sind das Europäische Parlament, der EU-Ministerrat, die Kommission, der Europäische Rat der Regierungschefs und der Europäische Gerichtshof:

- Das **Europäische Parlament** besteht aus den Abgeordneten der Mitgliedsländer. Es hat eine kontrollierende und beratende Funktion. Zudem wird das Europäische Parlament gemeinsam mit dem EU-Ministerrat gesetzgeberisch tätig und übt Haushaltsbefugnisse aus.
- Dem **EU-Ministerrat** gehören die 27 Fachminister der einzelnen Länder an. Er beschließt über die Vorschläge der Kommission.
- Die **Kommission** besteht als eigentliche „Regierung" der EU aus 27 Mitgliedern. Sie arbeitet Vorschläge aus, die nach Zustimmung durch den Ministerrat für alle Mitgliedsländer verbindliche Rechtsnormen darstellen.
- Grundsatzentscheidungen der Europäischen Union werden vom **Europäischen Rat**, dem die Regierungschefs der Mitgliedsländer angehören, getroffen.
- Über die Einhaltung der durch die EU festgelegten Rechtsnormen wacht der **Europäische Gerichtshof**.

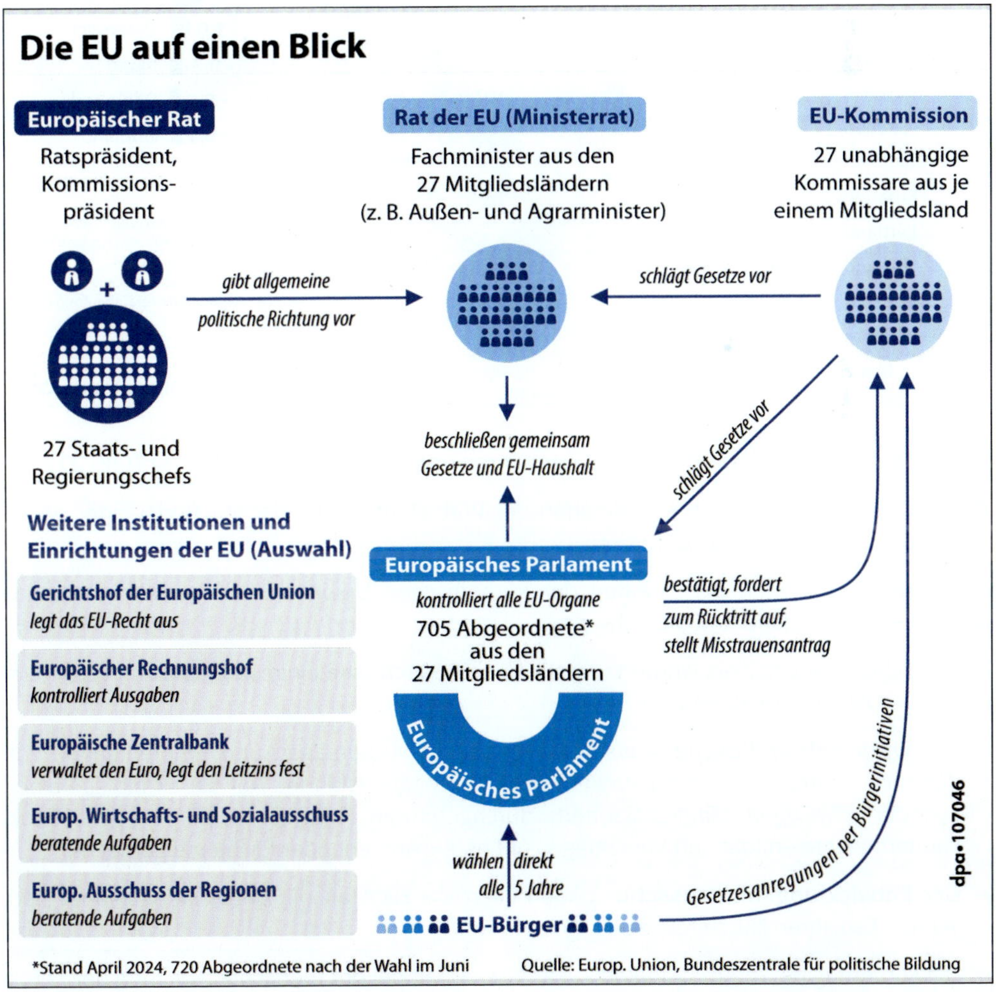

Das Europa der 27 Staaten soll in den kommenden Jahren **erweitert** werden. Beitragskandidaten sind etwa die Türkei, Montenegro, Serbien, Albanien, Nordmazedonien, Georgien, Moldau sowie Bosnien und Herzegowina.

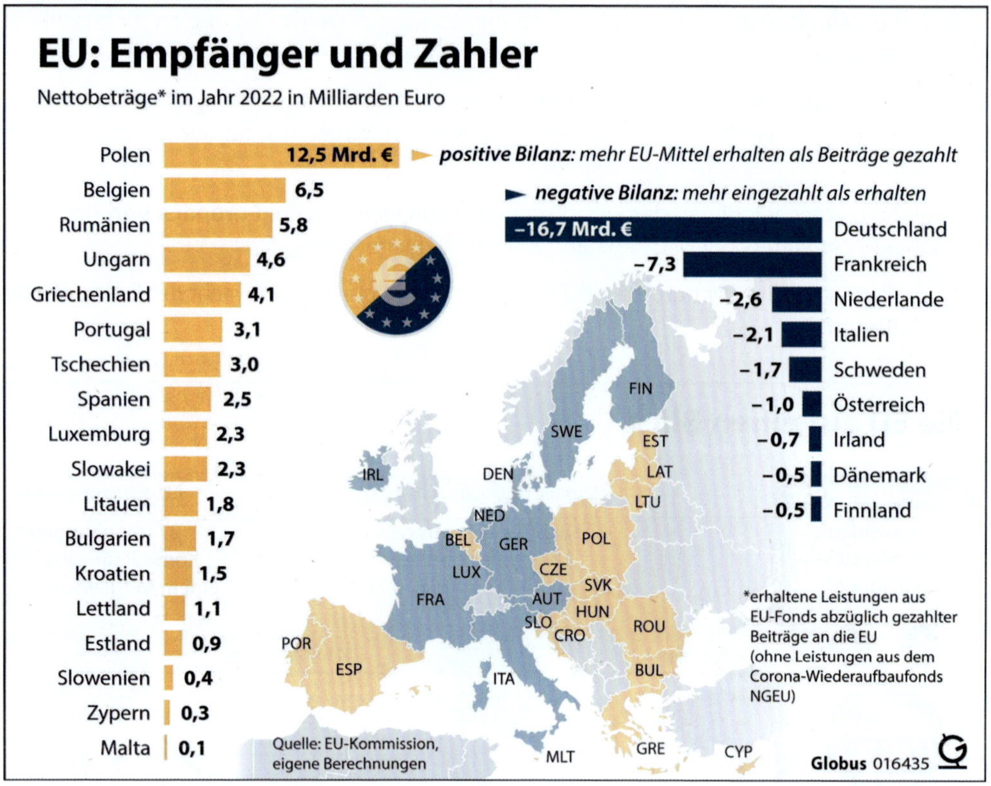

Organisation für wirtschaftliche Zusammenarbeit und Entwicklung (OECD)

Ziel der OECD ist es, durch Koordination der Wirtschaftspolitik der Mitgliedsländer deren wirtschaftlichen Wohlstand zu fördern.

Mitglieder sind neben den Staaten der Europäischen Union z. B. USA, Japan, Kanada, Australien, Neuseeland und die Schweiz.

Zur Erreichung dieses Ziels wurden verschiedene **Ausschüsse** eingesetzt, die aus Vertretern der Mitgliedsländer bestehen.

- Der **wirtschaftspolitische Ausschuss** erarbeitet Vorhersagen und Empfehlungen zur Währungs-, Struktur- und Konjunkturpolitik der Mitgliedsländer. Auf der Grundlage einer von den jeweiligen Mitgliedsländern durchgeführten Analyse werden vergleichende Länderberichte erstellt und Vorschläge zur Lösung anstehender Probleme gemacht.
- Der **Entwicklungshilfeausschuss** koordiniert die Hilfe an die Entwicklungsländer und versucht so, ihren Nutzeffekt zu steigern.
- Die Förderung der internationalen Zusammenarbeit bei der friedlichen Nutzung der Kernenergie koordiniert die **Atomenergie-Agentur** in Wien.

Internationaler Währungsfonds (IWF)

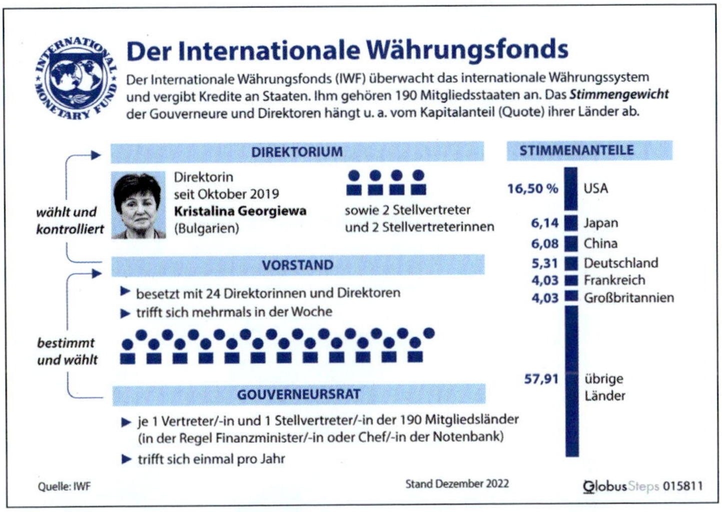

Der IWF ist eine Unterorganisation der Vereinten Nationen. Seine Hauptaufgabe ist die **Überwachung der internationalen Währungs- und Wechselkurspolitik** mit dem Ziel stabiler Wechselkurse. Die Mitgliedsstaaten sind berechtigt, Kredite des IWF in Anspruch zu nehmen. Die Verrechnungseinheiten zwischen den Notenbanken der Mitgliedsländer werden als **Sonderziehungsrechte** bezeichnet.

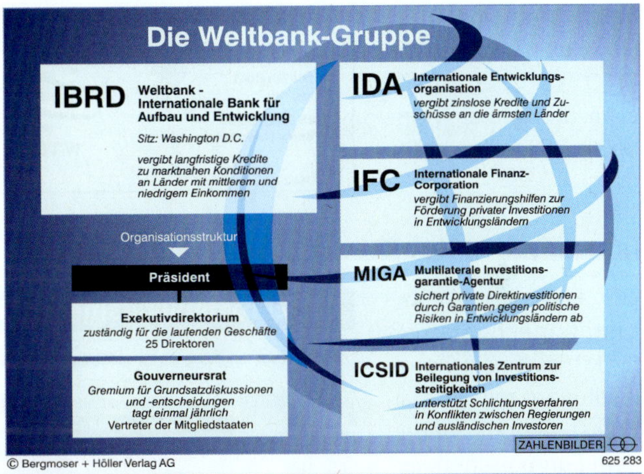

Gerade die Entwicklungsländer sind zunehmend auf Kredite des IWF angewiesen. Ihre Vergabe wird an harte Auflagen geknüpft, so müssen z. B. Haushaltsdefizite abgebaut, Subventionen gestrichen oder die Währung abgewertet werden. Die Folge können Entlassungen im öffentlichen Dienst, Streichung von Subventionen bei Grundnahrungsmitteln oder eine Verteuerung der Importe sein. Wegen dieser z. T. gravierenden Eingriffe in die Wirtschaftspolitik der Empfängerländer ist der IWF nicht unumstritten.

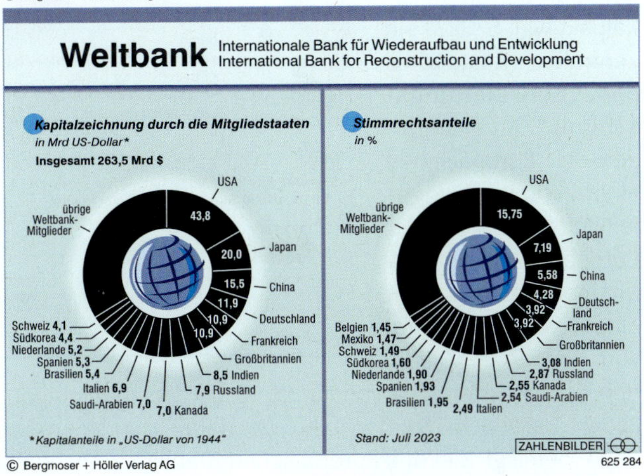

Die Weltbank

Die offizielle Bezeichnung der Weltbank lautet **Internationale Bank für Wiederaufbau und Entwicklung** und ist eine Unterorganisation der Vereinten

Nationen. Ihre wesentliche Zielsetzung ist es, die **wirtschaftliche und soziale Entwicklung** in weniger entwickelten Ländern zu fördern. Die Weltbank und weitere Organisationen der Weltbankgruppe stellen u.a. Investitionsgarantien, Kredite, Finanzierungshilfen und Beratungsleistungen für Entwicklungsländer bereit. Daneben veröffentlicht die Weltbank jährlich einen Weltentwicklungsbericht.

Die Welthandelsorganisation (WTO)

Die Welthandelsorganisation WTO (World Trade Organization) hat sich zum Ziel gesetzt, Handelshemmnisse abzubauen und Zölle zu senken. Sie strebt zumindest eine Liberalisierung des internationalen Handels und idealerweise einen freien Welthandel an. Darüber hinaus ist die WTO für die Streitschlichtung bei Handelskonflikten zuständig.

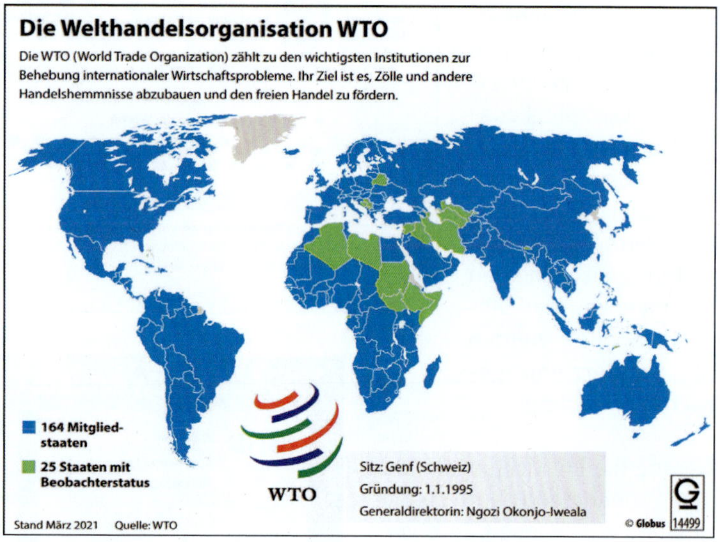

Europäischer Stabilitätsmechanismus (ESM)

Der Europäische Stabilitätsmechanismus (ESM) ist eine Finanzinstitution mit Sitz in Brüssel und neben dem Europäischen Fiskalpakt (vgl. S. 323) ein zentraler Bestandteil des **„Euro-Rettungsschirms“**. Als Nachfolger der Europäischen Finanzstabilisierungsfazilität (EFSF) ist der Europäische Stabilitätsmechanismus mit einem Grundkapital von über 700 Milliarden € ausgestattet, wovon ca. 80 Milliarden Bareinlagen sind. Der Rest besteht aus staatlichen Garantien. Deutschland ist dabei mit einem Anteil von insgesamt 190 Milliarden € beteiligt. Ziel des Europäischen Stabilitätsmechanismus ist es, die **Zahlungsfähigkeit**

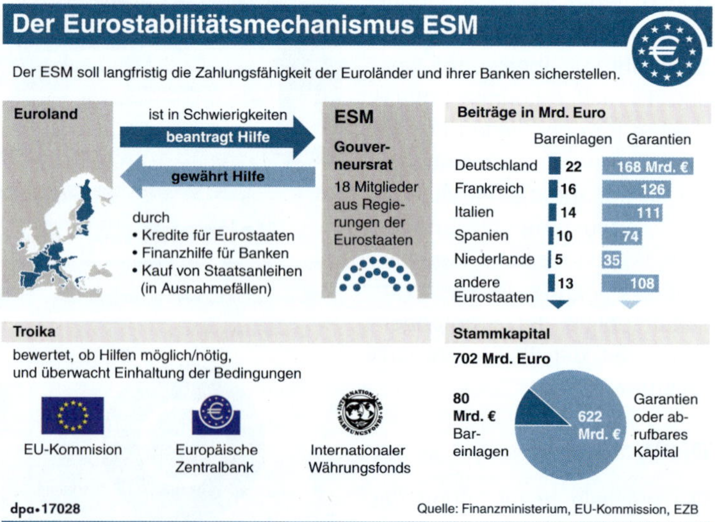

von überschuldeten Mitgliedsstaaten und deren Banken durch Finanzhilfen sicherzustellen. Die Vergabe der Finanzhilfen ist allerdings an Bedingungen geknüpft, die von der sogenannten „**Troika**“, bestehend aus der EU-Kommission, der EZB und dem IWF, mit den Hilfe suchenden Staaten ausgehandelt und überwacht werden. Nur bei Akzeptanz und Einhaltung dieser Bedingungen werden die Finanzhilfen ausgezahlt.

ZUSAMMENFASSUNG

Überstaatliche Wirtschaftspolitik

- **Europäische Union (EU)**
  Ziel: Europäische Integration
  Merkmale:
  - gemeinsamer Binnenmarkt ohne Grenzen für den Verkehr von Personen, Waren, Dienstleistungen und Kapital
  - gemeinsame Europawährung (Euro)
  - Unionsbürgerschaft
  - gemeinsame Außen- und Sicherheitspolitik
- **Organisation für wirtschaftliche Zusammenarbeit und Entwicklung (OECD)**
  Ziel: Kordination der Wirtschaftspolitik der Mitgliedsländer, um deren Wohlstand zu fördern
- **Internationaler Währungsfonds (IWF)**
  Ziel: Überwachung der internationalen Währungs- und Wechselkurspolitik zur Erreichung stabiler Wechselkurse
- **Weltbank**
  Ziel: Förderung der wirtschaftlichen und sozialen Entwicklung in weniger entwickelten Ländern
- **Welthandelsorganisation (WTO)**
  Ziel: Abbau von Handelshemmnissen
- **Europäischer Stabilitätsmechanismus (ESM)**
  Ziel: Sicherstellung der Zahlungsfähigkeit von überschuldeten Mitgliedsstaaten und deren Banken durch Finanzhilfen

AUFGABEN

1 Erläutern Sie Gemeinsamkeiten und Unterschiede der Träger überstaatlicher Wirtschaftspolitik.

2 Stellen Sie die wichtigsten Organe der Europäischen Union vor.

3 Endziel der Europäischen Union ist die politische Union der Mitgliedsstaaten.

a) Erläutern Sie die Stationen auf dem Weg zur Erreichung dieses Ziels.
b) Stellen Sie in einer Liste Vor- und Nachteile einer politischen Union gegenüber.
c) Diskutieren Sie die Vor- und Nachteile in der Klasse.

d) Diskutieren Sie mögliche Probleme, die sich aus der unterschiedlichen Wirtschaftsleistung der Teilnehmerstaaten ergeben können.

4 Führen Sie eine Internetrecherche durch, bei der Sie die Webseiten der EU, der OECD, des IWF, der Weltbank und des ESM aufsuchen. Stellen Sie das Ergebnis Ihrer Recherche in Form von Printouts in der Klasse vor.

KOMPETENZCHECK: AUFGABEN ZUR WIEDERHOLUNG UND PRÜFUNGSVORBEREITUNG

1 Menschen und Unternehmen in der freien Marktwirtschaft können dank ihrer Entscheidungsfreiheit schnell und flexibel auf Marktveränderungen reagieren. Erläutern Sie, welche Konsequenzen sich daraus ergeben

a) für den technischen Fortschritt und Innovationen,
b) für die Eigeninitiative der Bürger,
c) für die freie Wahl des Arbeitsplatzes der Bürger.

2 Die Zahl der Unternehmenszusammenschlüsse ist in Deutschland und auch weltweit stark gestiegen. Aktionäre hoffen auf Kursgewinne, die beteiligten Unternehmen erwarten steigende Umsätze und Gewinne, nur die Mitarbeiter sind oft skeptisch. Die gewünschten Fusionserfolge sind häufig nicht erreicht worden.

a) Erläutern Sie Merkmale und Ziele von Konzernen und Fusionen im Vergleich zu Kartellen.
b) Erläutern Sie Vorteile, die sich aus Unternehmenszusammenschlüssen ergeben können.
c) Erläutern Sie mögliche Risiken, die mit Unternehmenszusammenschlüssen verbunden sein können.

3 Die Attraktivität des Standortes Deutschland beginnt zu bröckeln. Die ausländische Investitionstätigkeit in Deutschland ist zurückgegangen; inländische Unternehmen wandern zunehmend ins Ausland ab oder lassen im Ausland produzieren.

a) Stellen Sie die wesentlichen Strukturschwächen und Strukturstärken des Standortes Deutschland einander gegenüber.
b) Im Zusammenhang mit dem Stichwort „Sicherung des Standortes Deutschland“ werden verschiedene Aspekte diskutiert, die sich unter dem Begriff „Flexibilisierung“ zusammenfassen lassen. Erläutern Sie, was damit gemeint ist.
c) Als wichtiger Indikator der internationalen Wettbewerbsfähigkeit gelten die Arbeitskosten. Nehmen Sie Stellung zu der Aussage: „Deutschland weist im internationalen Vergleich zu hohe Arbeitskosten auf.“

4 Ordnen Sie die folgenden Merkmale den einzelnen Wirtschaftsordnungen zu.

1. freie Marktwirtschaft 2. zentrale Planwirtschaft 3. soziale Marktwirtschaft

a) Tarifautonomie
b) Staat übernimmt „Nachtwächter-Rolle“

c) Schaffung eines sozialen Netzes
d) Basis ist der Kollektivismus
e) Produktionsmittel sind in staatlichem Besitz
f) Produktionsmittel sind nur in Privatbesitz
g) Gewerbefreiheit
h) Orientierung an sozialer Gesetzgebung

5 Welche Aussage trifft auf die freie Marktwirtschaft zu?

1. Das Angebot ist immer größer als die Nachfrage.
2. Die Nachfrage ist immer größer als das Angebot.
3. Zwischen Angebot und Nachfrage besteht ein freies Spiel der Kräfte.
4. Die Bedürfnisse des Einzelnen haben keinen Einfluss auf Angebot und Nachfrage.
5. Das Angebot wird durch einen zentralen Plan behördlich festgelegt.

6 Welches Merkmal ist typisch für die Wirtschaftsordnung in Deutschland?

1. staatliches Eigentum an Produktionsmitteln
2. staatliche Planungsvorgaben für die Unternehmen
3. Formfreiheit für alle Verträge
4. Tarifautonomie
5. gemeinwirtschaftliches Prinzip für private Unternehmen

7 In welchen der aufgeführten Fallbeispiele für Unternehmenszusammenschlüsse liegt ein

a) vertikaler Zusammenschluss, b) horizontaler Zusammenschluss,
c) anorganischer/diagonaler Zusammenschluss vor?

1. Volksbank – Spar- und Darlehenskasse
2. Bergwerk – Hüttenwerk – Walzwerk
3. Sägewerk – Möbelwerk
4. Versicherungsgesellschaft – Werbeagentur
5. Hemdenfabrik – Blusenfabrik
6. Getreidemühle – Brotfabrik
7. Spinnerei – Weberei

8 Welches der nachstehenden Gesetze enthält grundsätzliche Regelungen über den Zusammenschluss von Unternehmen?

1. Bürgerliches Gesetzbuch
2. Gesetz gegen Wettbewerbsbeschränkungen
3. Gesetz über unlauteren Wettbewerb
4. Handelsgesetzbuch
5. Preisangabenverordnung

9 Stellen Sie fest, in welchen der dargestellten Sachverhalte

a) eine Arbeitsgemeinschaft,
b) ein Kartell,
c) ein Konzern,
d) ein Syndikat,
e) ein Trust vorliegt.

1. Das Vermögen der übertragenden Gesellschaft geht als Ganzes auf die übernehmende Gesellschaft über.
2. Ziel der Vereinbarung sind brancheneinheitliche Lieferungs-, Zahlungs- und Geschäftsbedingungen.

3. Die rechtlich selbstständig bleibenden Unternehmen schließen sich durch gegenseitigen Aktienaustausch unter einer einheitlichen Leitung zusammen.
4. Mehrere Unternehmen schließen einen Vertrag zur gemeinsamen Durchführung eines Projektes.
5. Um Rationalisierungsvorteile bei der Beschaffung zu erreichen, wird der gesamte Wareneinkauf des angeschlossenen Unternehmens von einer gemeinsamen Einkaufsorganisation übernommen.

10 Zu welchen der folgenden Wirtschaftssektoren einer Volkswirtschaft gehören die unten stehenden Branchen?

a) primärer Sektor b) sekundärer Sektor c) tertiärer Sektor

1. Versicherungsgewerbe
2. Möbelindustrie
3. Bergbau
4. Nachrichtenübermittlung
5. Energiewirtschaft (Kohlekraftwerke)
6. Stahlindustrie
7. Hochseefischerei

11 Die abgebildete Grafik zeigt das vereinfachte Modell eines erweiterten Wirtschaftskreislaufs. Im Hinblick auf die Aufgabenstellung gilt:

- Die Handelsbilanz ist ausgeglichen.
- Der Staat gibt alle eingenommenen Steuern aus.
- Die nicht konsumierten Netto-Gesamteinkommen der privaten Haushalte werden durch Einschaltung der Banken, die ihrerseits keine Kreditschöpfung betreiben, von den Unternehmen für Investitionen verwendet.

Ermitteln Sie in Geldeinheiten (GE) folgende Größen:

a) Sparen der privaten Haushalte
b) Ausgaben des Staates für Güter und Dienstleistungen
c) Investitionen der Unternehmen
d) Importe

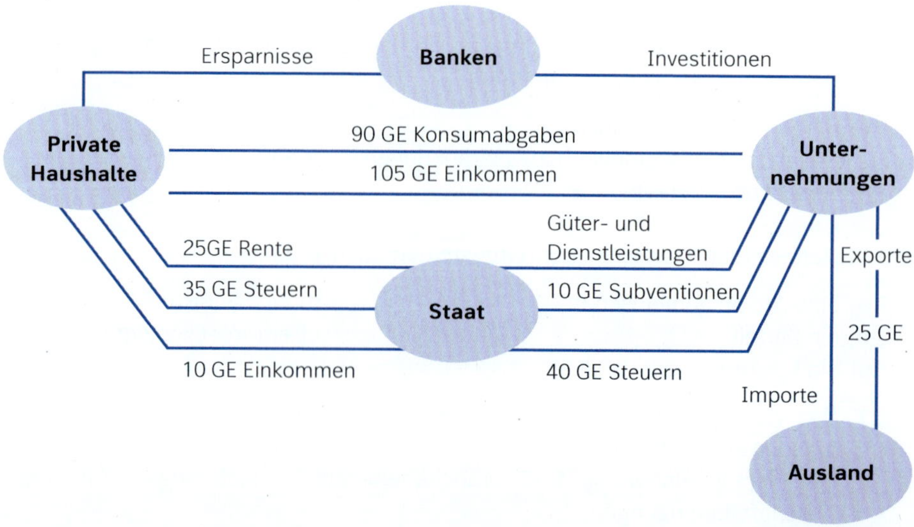

12 Welche der unten stehenden Definitionen trifft auf den Begriff „Bruttoinlandsprodukt" zu?

1. Der Wert aller Waren, die von Inländern in einer Volkswirtschaft produziert werden
2. Das gesamte Güterangebot einer Volkswirtschaft
3. Der Wert aller Güter, die in einer Volkswirtschaft in einem Jahr konsumiert werden
4. Das Handelsvolumen einer Volkswirtschaft
5. Der Wert aller Waren und Dienstleistungen, die in einem Kalenderjahr in einer Volkswirtschaft produziert werden

13 Die abgebildete Skizze zeigt die Entwicklung der gesamtwirtschaftlichen Produktionsleistung am Beispiel der Herstellung von Möbeln.

Ermitteln Sie folgende Werte!

a) Bruttowertschöpfung der Möbelfabrik
b) Brutto-Produktionswert der Möbelfabrik
c) Vorleistungen, die die Möbelfabrik bezieht
d) Nettowertschöpfung der Möbelfabrik

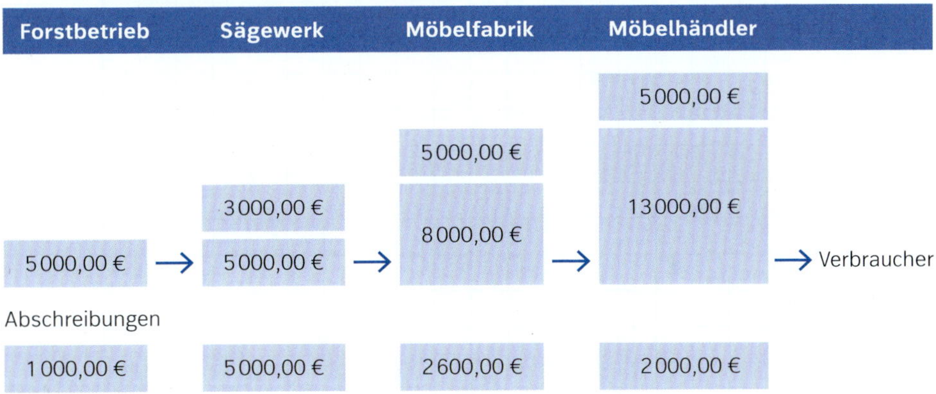

14 Im Rahmen der sozialen Marktwirtschaft greift der Staat durch verschiedene Maßnahmen korrigierend in den Marktprozess ein.

Welche der folgenden Maßnahmen sind hauptsächlich der

a) Konjunkturpolitik,
b) Wettbewerbspolitik,
c) Sozialpolitik,
d) Strukturpolitik

zuzurechnen?

1. Eine staatliche Behörde überwacht die Fusion von Großunternehmungen und die Bildung von Kartellen.
2. Zur Förderung des Aufbaus der neuen Bundesländer erfolgen Transferzahlungen zur Verbesserung des dortigen Straßenverkehrsnetzes.
3. Beim Verlust des Arbeitsplatzes wird nicht selbstständig Beschäftigten unter bestimmten Voraussetzungen Arbeitslosengeld gewährt.
4. Bei einem Nachlassen der privaten Nachfrage nach Gütern und Dienstleistungen weitet der Staat seine Nachfrage aus.

15 Prüfen Sie, wie sich die zunehmende Globalisierung auf Sie auswirkt.

1. Ich kann frei wählen, in welchem Land ich leben und arbeiten möchte.
2. Ich habe Anspruch darauf, dass mein Berufsabschluss weltweit anerkannt wird.
3. Von mir werden berufliche Flexibilität, Fremdsprachenkenntnisse, Kenntnisse fremder Kulturen und ein hohes Maß an Möbilität erwartet.
4. Die Geldanlagen in anderen Ländern der EU sind steuerfrei, da das Bankgeheimnis aufgehoben ist.
5. Bei einem Urlaub im Ausland habe ich Anspruch darauf, in Euro zu zahlen.

16 Bei einem von der Sommerfeld Bürosysteme GmbH zugekauften Rohstoff ergibt sich eine Marktsituation, die durch das abgebildete Diagramm dargestellt ist.

Stellen Sie fest, wie viel Tausend Stück weniger nachgefragt würden, wenn der Preis von 1 000,00 € auf 1 500,00 € steigen würde.

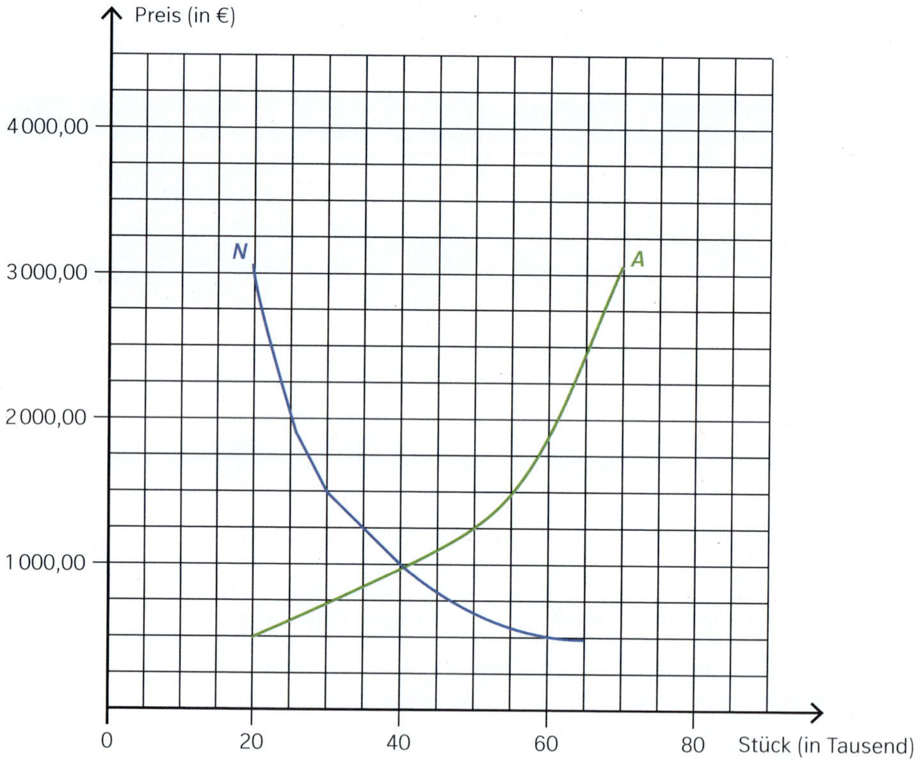

17 Im folgenden Wirtschaftskreislauf werden die Geldströme zwischen den Wirtschaftssubjekten dargestellt. Ordnen Sie die Kennziffern der bezifferten Geldströme den unten stehenden Handlungen zu.

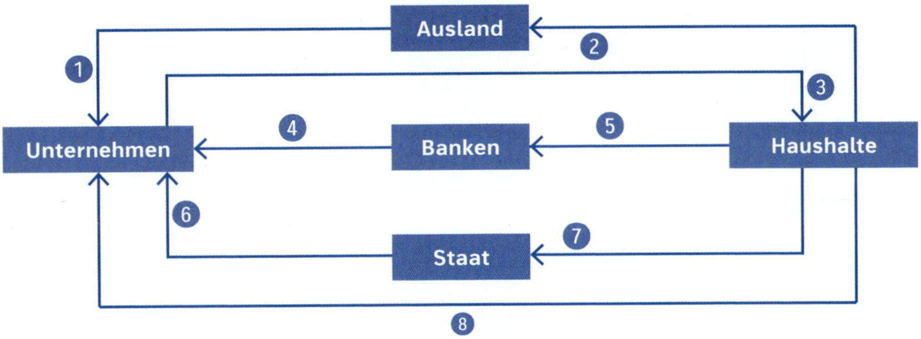

a) Ein ausländischer Arbeitnehmer der Sommerfeld Bürosysteme GmbH überweist einen Teil seines Einkommens in sein Heimatland Italien.
b) Ein Beamter der Stadt Essen überweist die Kraftfahrzeugsteuer an die Landesfinanzkasse.
c) Die Sommerfeld Bürosysteme GmbH zahlt die Miete für einen Lagerraum an den Eigentümer.
d) Die Stadt Essen bezahlt eine Rechnung für den Bau eines Parkplatzes an den Bauunternehmer.
e) Hera Dubowski legt einen Teil ihrer Ausbildungsvergütung auf einem Festgeldkonto an.
f) Die Sommerfeld Bürosysteme GmbH verkauft Büromöbel an einen Kunden in den Niederlanden.
g) Die Sommerfeld Bürosysteme GmbH schenkt jedem Auszubildenden zum Weihnachtsfest 100 €.
h) Emilia Schaub gibt im Urlaub auf Mallorca ihr gesamtes Sparvermögen aus.
i) Geschäftsführer Feld erhält seinen Einkommensteuerbescheid und überweist seine Steuerschuld an die Finanzkasse.

18 Die Büromöbel AG plant die Übernahme der Bürodesign GmbH, eines Büromöbelherstellers in Magdeburg. Wie bezeichnen Sie diesen Vorgang korrekt, wenn die Bürodesign GmbH dabei sowohl ihre wirtschaftliche als auch die rechtliche Selbstständigkeit vollständig verliert?

1. Arbeitsgemeinschaft
2. Fusion
3. Konzern
4. Strategische Allianz
5. Kartell

19 In der folgenden Grafik (vgl. S. 350) ist zu ersehen, dass der Staat einen Höchstpreis zum Schutz der Nachfrager festgesetzt hat, der nicht überschritten werden darf. Nennen Sie die folgenden Preise in EUR und Mengen in Tausend Stück.

a) Gleichgewichtspreis
b) Höchstpreis
c) Gleichgewichtsmenge
d) Angebotsmenge zum Höchstpreis
e) Nachfragemenge zum Höchstpreis
f) Nachfrageüberhang

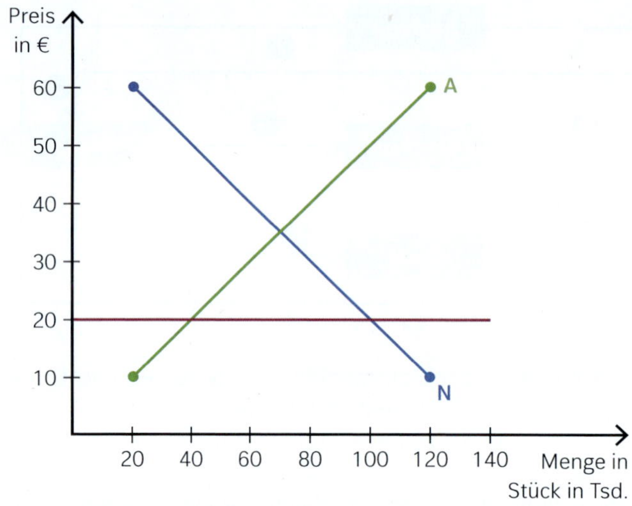

20 Welcher der folgenden Vorgänge (1) bis (6) führt für ein Gut zu einer

a) Verschiebung der Nachfragekurve nach rechts,
b) Verschiebung der Nachfragekurve nach links,
c) Verschiebung der Angebotskurve nach rechts,
d) Verschiebung der Angebotskurve nach links.

1. Preiserhöhung bei Komplementärgut
2. Das Einkommen der Konsumenten steigt.
3. Preiserhöhung bei einem Substitutionsgut
4. Es kommt zu technische Verbesserungen bei der Produktion des Gutes.
5. Es wird festgestellt, dass das Gut gesundheitsschädlich ist.
6. Es kommt zu starken Lohnsteigerungen.

21 Zum Schutz des Wettbewerbes wurde das Gesetz gegen Wettbewerbsbeschränkungen (GWB) erlassen. Es enthält u. a. Regelungen in den Bereichen

1 Kartellrecht, 2 Fusionskontrolle, 3 Missbrauchsaufsicht.

Die nachstehenden Sachverhalte betreffen jeweils einen Regelungsbereich. Ordnen Sie den folgenden Sachverhalten die Ziffern 1–3 zu.

a) Ein Unternehmen mit einem sehr großen Marktanteil versucht, die Konkurrenten durch Kampfpreise vom Markt zu verdrängen.
b) Zwei Unternehmen schließen sich zu einem Unternehmen zusammen.
c) Mehrere Unternehmen treffen sich und sprechen die Preise ab. Es wird ein Unternehmen festgelegt, dass als Preisführer agieren soll.
d) Im Rahmen einer feindlichen Übernahme erwirbt ein Unternehmen 80 % der Aktien an einem anderen Unternehmen.
e) Mehrere Unternehmen einer Branche legen einheitliche Lieferungs- und Zahlungsbedingungen fest.
f) Ein Unternehmen mit einer monopolistischen Marktstellung legt deutlich überhöhte Preise fest, die sich bei einem funktionierenden Wettbewerb nicht ergeben würden.

22 Beschaffen Sie sich die aktuellen Arbeitsmarktzahlen und stellen Sie fest, wie hoch die Zahl der Arbeitslosen, der offenen Stellen, der Kurzarbeiter und der durch die Bundesanstalt für Arbeit geförderten Stellen ist. Diskutieren Sie die mit diesen Zahlen verbundenen Probleme.

23 In einem System flexibler Wechselkurse wird die Preisbildung der Entwicklung von Devisenangebot und Devisennachfrage überlassen. Es gilt das Gesetz der Preisbildung.

a) In einem System flexibler Wechselkurse stellt sich die Angebots-/Nachfragesituation nach Euro wie folgt dar:

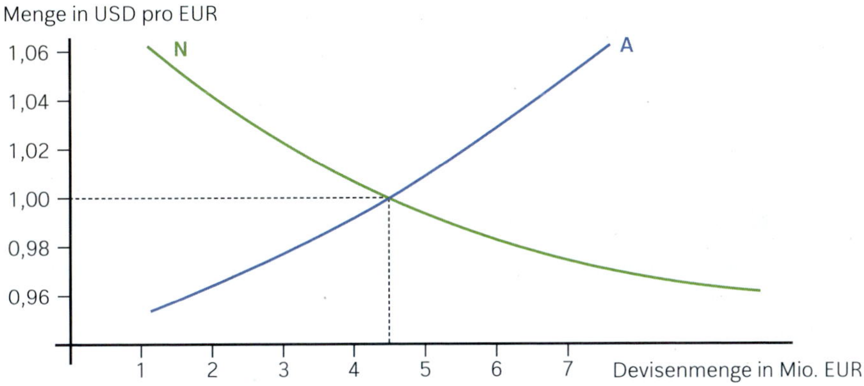

Stellen Sie fest, welcher Wechselkurs sich in der dargestellten Marktsituation für den Euro/US-Dollar ergibt.

b) Ermitteln Sie, wie viele Mio. Euro beim Gleichgewichtskurs umgesetzt werden.
c) Stellen Sie grafisch dar, wie sich der Wechselkurs des Euro verändert, wenn sich die Nachfrage bei gleichbleibendem Angebot erhöht.
d) Stellen Sie grafisch dar, wie sich der Wechselkurs des Euro verändert, wenn das Angebot bei gleichbleibender Nachfrage sinkt.

24 Die Sommerfeld Bürosysteme GmbH ist zunehmend auch auf internationalen Märkten tätig. Erläutern Sie, welche Folgen

a) ein schwacher Euro gegenüber dem Dollarraum,
b) ein starker Euro gegenüber dem Dollarraum

für das Unternehmen hat.

25 Fertigen Sie eine Tabelle nach folgendem Muster an und beschreiben Sie die Konjunkturphasen anhand von Indikatoren.

	Phase			
	Aufschwung	Hochkonjunktur	Abschwung	Tiefstand
Indikator				

26 Welche der folgenden Maßnahmen dient dem Schutz der einheimischen Wirtschaft gegenüber ausländischer Konkurrenz?

a) Exportsteuer
b) Einfuhrzoll
c) Ausfuhrzoll
d) Konjunkturausgleichsabgabe
e) Sondersteuer

27 Die Außenwirtschaft eines Staates weist eine aktive Handelsbilanz auf. Was ist darunter zu verstehen?

a) Der Wert der Importe ist größer als der Wert der Exporte.
b) Der Wert der Exporte ist größer als der Wert der Importe.
c) Die Gold- und Devisenreserven sind im Vergleich zum Vorjahr gleich geblieben.
d) Die Forderungen an das Ausland entsprechen den Verbindlichkeiten gegenüber dem Ausland.

28 Bei welchen der folgenden Sachverhalte liegt in der Tendenz

1. eine Inflation, 2. eine Deflation, 3. weder eine Inflation noch eine Deflation vor?

a) Bei gleichbleibender Güter- und Geldmenge erhöht sich die Umlaufgeschwindigkeit des Geldes.
b) Güter- und Geldvolumen steigen im gleichen Maße.
c) Die Kaufkraft des Geldes sinkt.
d) Bei schrumpfender Güter- und Leistungsmenge ändert sich das Geldvolumen nicht.
e) Das allgemeine Preisniveau sinkt.

29 In welchen der nachfolgenden Situationen ist

1. ein überhöhtes Angebot,
2. eine überhöhte Nachfrage,
3. das Marktgleichgewicht

beschrieben?

a) In dieser Situation kommt es zu Preissteigerungen.
b) Diese Situation wird als Käufermarkt bezeichnet.
c) In dieser Situation kommt der größtmögliche Umsatz zustande.

30 Welche Maßnahmen sind geeignet, die Konjunktur zu beleben?

a) Erhöhung des Leitzinses
b) Herabsetzung des Leitzinses
c) Erhöhung der Mindestreservesätze
d) Erhöhung der Einkommensteuer
e) Senkung der Abschreibungssätze
f) Erhöhung der Abschreibungssätze

31 Welche Folge hat eine Aufwertung des Euro?

a) Der Export wird erschwert.
b) Der Export wird erleichtert.
c) Der Import wird erschwert.
d) Arbeitsplätze werden gesichert.
e) Inflation wird gefördert.
f) Wirtschaftswachstum wird gefördert.

32 In welchem der folgenden Fälle liegt ein wirtschaftspolitischer Zielkonflikt vor?

a) Bei Vollbeschäftigung erhöht sich das Preisniveau.
b) Bei Vollbeschäftigung bleiben die Gehälter stabil.
c) Bei steigender Beschäftigung bleibt die Kaufkraft konstant.
d) Bei stabilen Preisen steigt der Außenbeitrag.

33 Stellen Sie fest, welche der folgenden konjunkturpolitischen Maßnahmen zur Überwindung einer Rezession beitragen können.

a) Der Bund streicht im Haushalt vorgesehene Maßnahmen im Umfang von 10 Mrd. €.
b) Die Gehälter im Öffentlichen Dienst werden gekürzt.
c) Die Europäische Zentralbank senkt den Leitzins.
d) Die Mindestreservesätze werden gesenkt.

34 Klären Sie, welche Aufgabe die EZB hat.

1. Die EZB hat darüber zu wachen, dass die im Stabilitätsgesetz von 1967 aufgeführten Ziele eingehalten werden.
2. Die EZB hat ihre Geldpolitik – auch bei unterschiedlicher Lage in den einzelnen Mitgliedsstaaten – stets auf den gesamten Euro-Währungsraum auszurichten.
3. Die Geschäftspartner der EZB sind die nationalen Notenbanken der Europäischen Union. Diese sind daher von der EZB zu überwachen.
4. Die EZB hat vor allem die allgemeine Wirtschaftspolitik in der Europäischen Union zu unterstützen, soweit dies ohne erhebliche Beeinträchtigung der Preisniveaustabilität möglich ist.
5. Die EZB gibt ihrer deutschen Niederlassung, der Deutschen Bundesbank, vor, wie diese die EZB-Beschlüsse auf nationaler Ebene auszuführen hat.

35 Zur Erfüllung ihrer Aufgaben setzt die EZB verschiedene geldpolitische Instrumente ein. Stellen Sie fest, welche Beschreibung dem Instrument „Einlagefazilität“ entspricht.

1. Die Geschäftsbanken können ihre Liquiditätsüberschüsse für einen Tag bei der nationalen Zentralbank zu einem festen Zinssatz anlegen.
2. Die Geschäftsbanken können gegen Berechnung von Sollzinsen ihr Konto bei der EBZ überziehen.
3. Die Geschäftspartner der EZB müssen einen bestimmten Prozentsatz ihrer Verbindlichkeiten als Guthaben bei der nationalen Zentralbank halten.
4. Die EZB kauft und verkauft Devisen an der Börse.
5. Die EZB kauft und verkauft Wertpapiere an die Geschäftsbanken.

36 Im Wirtschaftsteil einer Tageszeitung lesen Sie die Überschriften, die die wirtschaftliche Entwicklung wiedergeben. In welcher Überschrift können Sie eine Entwicklung herauslesen, die die Investitionsentscheidung der Unternehmen eindeutig positiv beeinflusst?

1. Staatsdefizit weiter reduziert
2. Verbraucherpreise steigen um 1 %
3. Euro gewinnt gegenüber US-Dollar an Wert
4. Wirtschaftsforscher erwarten steigende Konsumnachfrage
5. Europäische Zentralbank erhöht Zinssatz für Hauptrefinanzierung

37 Die Bundesregierung will der Verlagerung von Arbeitsplätzen ins Ausland entgegenwirken. Prüfen Sie, welche Maßnahme dieser Zielsetzung dient und im Rahmen der sozialen Marktwirtschaft ergriffen werden kann.

1. Die Bundesregierung verbietet alle Übernahmen von inländischen durch ausländische Unternehmen.
2. Die Bundesregierung verbietet die Gründung von Zweigwerken inländischer Unternehmen im Ausland.
3. Die Bundesregierung senkt die Steuerbelastung und die Lohnnebenkosten für die Unternehmen.
4. Die Bundesregierung verschärft die Umweltschutzgesetze im Bereich der industriellen Produktion.
5. Die Bundesregierung legt Höchstpreise für die im Inland erzeugten Produkte fest.

38 Die konjunkturelle Lage eines Landes wird durch Konjunkturindikatoren beschrieben. Ordnen Sie zu, ob es sich bei den folgenden Konjunkturindikatoren um

1. einen Frühindikator,
2. einen Gegenwartsindikator oder
3. einen Spätindikator handelt.

a) Konsumklimaindex der GfK
b) Verbraucherpreisindex
c) Kapazitätsauslastung
d) Kurzarbeit
e) Arbeitslosenquote

39 Arbeitslosigkeit kann verschiedene Ursachen haben. In welchem der folgenden Sachverhalte wird die friktionelle Arbeitslosigkeit beschrieben?

1. Im Winter nimmt die Arbeitslosigkeit in der Bauindustrie zu.
2. In den nördlichen Bundesländern ist die Arbeitslosenquote höher als in den südlichen Bundesländern.
3. Bei einem Arbeitsplatzwechsel kommt es zu vorübergehender Arbeitslosigkeit.
4. Aufgrund der schlechten wirtschaftlichen Lage nimmt die Arbeitslosigkeit zu.

40 Entscheiden Sie, ob die folgenden Maßnahmen

1. einen konjunkturbelebenden,
2. einen konjunkturdämpfenden,
3. keinen

Einfluss auf die Konjunktur haben:

a) Erhöhung der Mehrwertsteuer
b) Verschärfung des Kartellrechts
c) Bildung einer Konjunkturausgleichsrücklage
d) Wiederbelebung der Abwrackprämie aufgrund von Deficit Spending
e) Streichung von Subventionen im Bergbau
f) Erhöhung des Kindergeldes

LERNFELD 12

Personalprozesse planen, steuern und kontrollieren

1 Personal beschaffen

1.1 Personalbedarf ermitteln

LS 28

Frau Nolden, Mitarbeiterin der Abteilung Finanzbuchhaltung, soll der Abteilungsleiterin die Personalbefarfsplanung für das kommende Kalenderjahr vorlegen. Der Abteilung ist ein Soll-Personalbestand von sieben Vollzeitkräften zugewiesen worden. Frau Nolden weiß, dass eine Sachbearbeiterin in Rente geht und ihre Stellvertreterin zum Jahresende in Elternzeit geht. Zwei Sachbearbeiterinnen wollen nur noch halbtags arbeiten, da sie geheiratet haben. Als Personalzugänge sind ihr zwei neue Sachbearbeiterinnen angekündigt worden. Die Abteilung ist zurzeit mit sechs Vollzeitkräften besetzt. Als Hilfsmittel steht Frau Nolden der abgebildete Vordruck zur Verfügung.

Personalbedarfsplan	Abteilung Finanzbuchhaltung
Sollbestand (Bruttopersonalbedarf)	
Istbestand (aktueller Bestand)	
voraussichtliche Personalabgänge	
erwartete Personalzugänge	
= Personalunter- oder -überdeckung (+/-) (Nettopersonalbedarf)	

ARBEITSAUFTRÄGE

- Erläutern Sie die Ziele sowie die Funktionen und Prozesse der Personalwirtschaft.
- Ermitteln Sie den Personalbedarf der Abteilung.
- Führen Sie eine Internetrecherche durch und stellen Sie Voraussetzungen und Möglichkeiten für die Inanspruchnahme von Elternzeit in einem Referat dar.

Ziele, Funktionen und Prozesse der Personalwirtschaft

In der Volkswirtschaftslehre unterscheidet man die Produktionsfaktoren **Arbeit, Boden und Kapital**. Der Produktionsfaktor Arbeit und damit der Mensch steht hier als ein Produktionsfaktor gleichgewichtig neben anderen.

Die **Betriebswirtschaftslehre** gliedert die Produktionsfaktoren wie folgt:

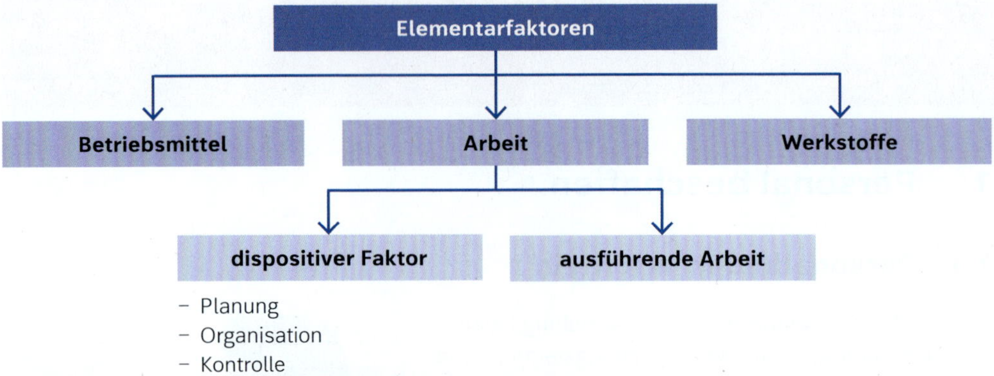

In der betriebswirtschaftlichen Betrachtung ist **der Mensch** der bestimmende Faktor. Ihm kommt als **dispositivem Faktor** und im Rahmen der ausführenden Arbeit zentrale Bedeutung zu.

Wesentliche **Zielsetzung der Personalwirtschaft** ist die Versorgung des Unternehmens mit **qualifizierten und motivierten Mitarbeitenden** unter Beachtung der dabei entstehenden Kosten. Gerade die Förderung der Leistungsmotivation ist in modernen Industrieunternehmen eine Hauptaufgabe der Personalwirtschaft. Die **Arbeitsleistung** wird neben der **Leistungsfähigkeit** (abhängig von Begabung, Qualifikation und Erfahrung) und der **Leistungsdisposition** (abhängig von Alter, Gesundheit sowie Lage und Dauer der Arbeitszeit) wesentlich von der **Leistungsmotivation** bestimmt. Die Motive der Mitarbeitenden zu kennen, ist daher ein wesentlicher Baustein, um sie zu besseren Arbeitsleistungen zu motivieren.

BEISPIEL *Bedürfnispyramide von Maslow mit Beispielen aus der Arbeitswelt*

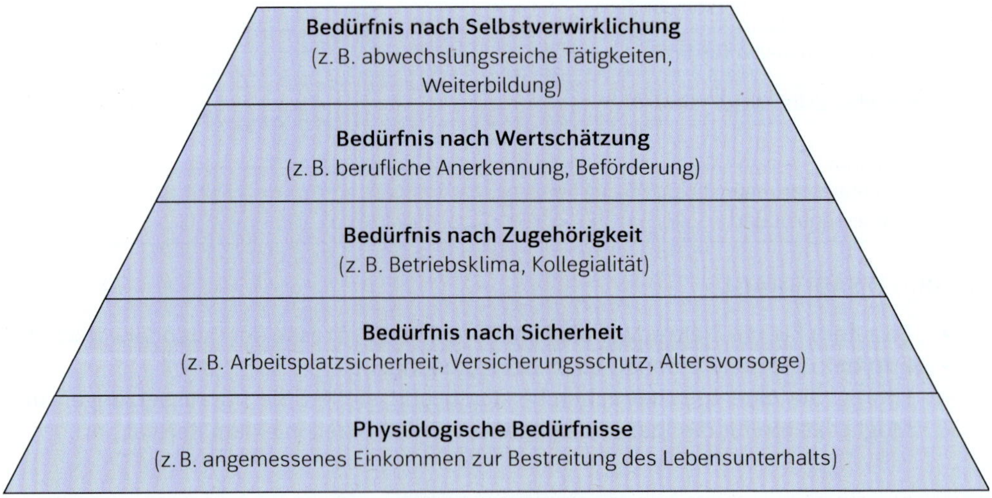

Die konkrete Organisationseinheit der Personalwirtschaft ist das **Personalwesen**. Es nimmt personalwirtschaftliche Funktionen wahr, plant, steuert und kontrolliert personalwirtschaftliche Prozesse.

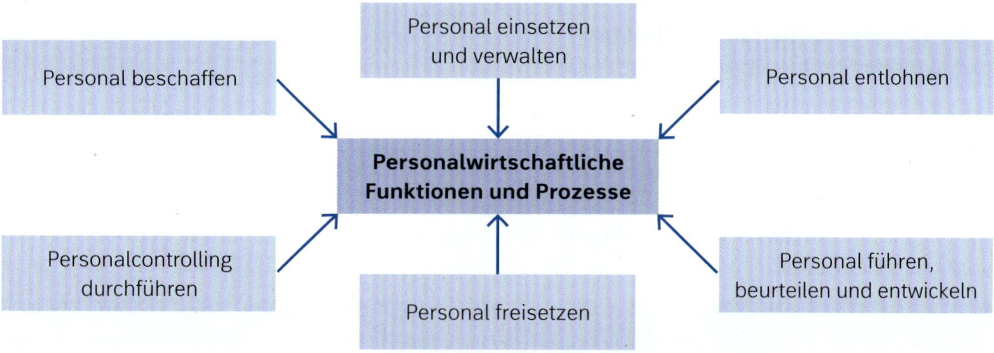

Personalbedarfsplanung

Die **Aufgabe der Personalbedarfsplanung** ist es, den Personalbedarf eines Unternehmens in quantitativer, qualitativer, zeitlicher und örtlicher Hinsicht zu decken. Es muss gelingen, innerhalb des Unternehmens eine Personalstruktur zu verwirklichen, die dazu beiträgt, die kurz-, mittel- und langfristigen Ziele des Unternehmens zu erreichen. Folgende Fragen müssen somit von der Geschäftsleitung eines Industrieunternehmens beantwortet werden:

1. Welche Aufgaben sind zu erledigen?
2. Wie viele Mitarbeitende werden dafür benötigt?
3. Welche Qualifikationen müssen die Mitarbeitende besitzen, um diese Aufgaben zu erfüllen?
4. Wann müssen die Mitarbeitenden wo zur Verfügung stehen?

Der Personalbedarf im Unternehmen ist schwankend. Veränderungen des Personalbedarfs können ausgelöst werden durch:

Interne Einflussfaktoren	Externe Einflussfaktoren
– Fehlzeiten – Fluktuation – Rationalisierungsmaßnahmen – Veränderungen in der Arbeitsorganisation – neue Produktions- oder Betriebsmittel – ein verändertes Leistungsprogramm des Unternehmens	– Konkurrenz – Branche – konjunkturelle oder saisonale Einflüsse – neue tarifvertragliche Vereinbarungen – gesetzliche Regelungen – technische Entwicklung, z. B. Digitalisierung

QUANTITATIVER PERSONALBEDARF

Die quantitative Personalbedarfsplanung legt den mengenmäßigen Personalbedarf fest.

Im Rahmen der **quantitativen** Personalbedarfsplanung ist zunächst der **Bruttopersonalbedarf** (geplanter Stellenbestand, Sollbestand) zu ermitteln. Unter Berücksichtigung des aktuellen Personalbestandes (Istbestand) sowie der feststehenden Zu- und Abgänge lässt sich der **Nettopersonalbedarf** ermitteln, welcher Grundlage der Personalbeschaffung ist.

Bruttopersonalbedarf (Sollbestand)
– aktueller Personalbestand (Istbestand)
+ feststehende Abgänge
– feststehende Zugänge

= Nettopersonalbedarf [Unterdeckung (+) oder Überdeckung (–)]

Im Falle einer **Unterdeckung** ergibt sich der Nettopersonalbedarf aus der Summe von Ersatz- und Neubedarf.

Nettopersonalbedarf	
Ersatzbedarf	**Neubedarf**
– Besetzung frei gewordener, schon existierender Stellen	– Besetzung neu geschaffener Stellen
– Differenz zwischen feststehenden Abgängen und feststehenden Zugängen	– Differenz zwischen Bruttopersonalbedarf und aktuellem Personalbestand

Für die Ermittlung des **quantitativen Personalbedarfs** stehen unterschiedliche Methoden zur Verfügung:

Kennzahlenmethode

Bei der **Kennzahlenmethode** wird der Bruttopersonalbedarf (geplanter Stellenbestand) aus betrieblichen Kennzahlen, wie z. B. Umsatz pro Mitarbeiter/-in oder Arbeitszeit pro Stück hergeleitet.

Hierbei orientiert sich die benötigte Anzahl der Mitarbeitenden am prognostizierten Arbeitsanfall. Für leitende oder kreative Tätigkeiten liegen nur selten geeignete Kennzahlen vor, so dass man sich auf Schätzwerte stützen muss, während sich der Bruttobedarf bei ausführenden Tätigkeiten auf der Grundlage von Erfahrungswerten aus der Vergangenheit oder Vorgabezeiten berechnen lässt:

$$\textbf{Bruttopersonalbedarf} = \frac{\text{Bearbeitungsmenge} \cdot \text{Arbeitszeit/Stück}}{\text{Arbeitszeit}}$$

BEISPIEL

- *Geplante monatliche Bearbeitungsmenge: 7 500 Stück*
- *Arbeitszeit/Stück: 1,5 Stunden/Stück*
- *Monatliche Arbeitszeit: 150 Stunden*

$$\textbf{Bruttopersonalbedarf} = \frac{\text{7 500 Stück/Monat} \cdot \text{1,5 Stunden/Stück}}{\text{150 Stunden/Monat}}$$

$$= \text{75 Mitarbeiter/-innen}$$

Stellen(plan)methode

Hierbei orientiert man sich am aktuellen Stellenbestand in den einzelnen Abteilungen und berücksichtigt dann betriebliche Veränderungen.

BEISPIEL

	Abteilungsleitung	Sachbearbeitung Verkauf	Schreibkraft
Aktueller Stellenbestand	1	5	1
Erweiterung des Absatzgebietes	+ 1	+ 2	+ 1
Erweiterung des Absatzprogramms		+ 2	
Neustrukturierung der Verkaufsteams		– 1	
Geplanter Stellenbestand (Bruttopersonalbedarf)	2	8	2
Aktueller Stellenbestand	– 1	– 5	– 1
Feststehende Abgänge: **– Pensionierung** **– erfolgte Kündigung**	+ 1	+ 1	
Feststehende Zugänge: **– Rückkehr aus Elternzeit**			– 1
= Nettopersonalbedarf	**2**	**4**	**0**

QUALITATIVER PERSONALBEDARF

Der qualitative Personalbedarf wird bestimmt durch die Qualifikationen und Kompetenzen, über die ein potenzieller Stelleninhaber verfügen sollte.

Hilfsmittel hierfür ist die **Stellenbeschreibung**, die alle wesentlichen Merkmale einer Stelle genau festlegt. Sie ermöglicht es der Personalabteilung, bei der Stellenbesetzung die Qualifikationen der Mitarbeitenden und die Anforderungen der Stelle optimal aufeinander abzustimmen.

Inhalte einer Stellenbeschreibung sind u. a.:

Inhalte einer Stellenbeschreibung	
– Stellenbezeichnung	– Stellenbefugnisse
– Stelleneinordnung	– Stellenvertretung
– Stellenaufgabe	– Stellenanforderungen
– Stellenziele	– Stellenverantwortung

BEISPIEL

Stellenbeschreibung	
Stellenbezeichnung	Gruppenleiterin/-leiter der Abteilung Personalbeschaffung und -einsatz
Stelleneinordnung – **Unterstellung** – **Überstellung**	 Abteilungsleiterin/-leiter Verwaltung Stellvertr. Leiterin/Leiter Personal Sachbearbeiterin/Sachbearbeiter Personal
Stellenaufgabe	Fachliche und disziplinarische Leitung der Personalabteilung
Stellenziele	Personalplanung Personalbeschaffung Personalkostenberechnung
Stellenbefugnisse	Handlungsvollmacht gemäß den Richtlinien für Gruppenleiter
Stellenvertretung	stellvertretende Gruppenleiterin/Gruppenleiter der Abteilung Personal
Stellenanforderungen – **Ausbildung** – **Erfahrung** – **Kenntnisse**	 Kaufmannsgehilfenprüfung Prüfung gemäß Ausbildereignungs-VO fünf Jahre Betriebszugehörigkeit fünf Jahre Tätigkeit im Personalbereich EDV-Anwendung im Personalwesen

ZEITLICHER PERSONALBEDARF

Der zeitliche Personalbedarf wird zum einen definiert als Zeitraum, für den ein Unternehmen Mitarbeitende benötigt. Zum anderen definiert er den Zeitpunkt, zu welchem der Personalbedarf gedeckt werden sollte.

ÖRTLICHER PERSONALBEDARF

Der örtliche Personalbedarf ist relevant für Unternehmen mit mehreren Standorten. Hier muss festgelegt werden, für welchen Standort Personalbedarf besteht. Gegebenenfalls ist zu prüfen, ob dieser durch Umsetzungen von anderen Standorten gedeckt werden kann.

ZUSAMMENFASSUNG

Personalbestand- und Personalbedarf analysieren

- Wesentliche **Zielsetzung der Personalwirtschaft** ist die Versorgung des Unternehmens mit **qualifizierten und motivierten Mitarbeitenden** unter Beachtung der dabei entstehenden **Kosten**.
- Das Personalwesen nimmt personalwirtschaftliche **Funktionen** wahr, plant, steuert und kontrolliert personalwirtschaftliche **Prozesse**.

- Der **Personalbedarf** ist in
  - quantitativer,
  - qualitativer,
  - zeitlicher und
  - örtlicher

  Hinsicht zu bestimmen.
- Verfahren der **quantitativen Personalbedarfsplanung** sind die
  - Kennzahlenmethode und
  - Stellen(plan)methode.
- Hilfsmittel der **qualitativen Personalbedarfsplanung** ist die **Stellenbeschreibung**.

AUFGABEN

1 Die Lackiererei der Sommerfeld Bürosysteme GmbH wird auf vollautomatische Fertigung umgestellt. Die Arbeit kann jetzt statt von einem Meister und fünf Gesellen von einer angelernten Kraft geleistet werden. Schadstoffausstoß und gesundheitliche Belastung werden auf ein Minimum reduziert. Diskutieren Sie die Vor- und Nachteile dieser Veränderung.

2 Stellen Sie fest, welche Bereiche der Personalwirtschaft durch die in Aufgabe 1 dargestellten Veränderungen berührt werden.

3 „Die Bedeutung des Menschen im Unternehmen nimmt immer mehr zu!"

„In der Fabrik der Zukunft ist für den Menschen kein Platz mehr!"

Versuchen Sie jede dieser Aussagen durch Argumente zu vertreten. Wählen Sie sich eine Stellungnahme aus und diskutieren Sie in der Klasse pro und kontra. Fertigen Sie über den Verlauf der Diskussion ein Protokoll an.

4 Der Fabrikverkaufsladen der Sommerfeld Bürosysteme GmbH hat im vergangenen Jahr mit fünf Mitarbeitenden einen Umsatz von 2,5 Mio. EUR erzielt. Für das kommende Geschäftsjahr ist ein Umsatz von 3,25 Mio. EUR geplant.

a) Berechnen Sie den Bruttopersonalbedarf.
b) Berechnen Sie den Nettopersonalbedarf unter der Annahme, dass zwei Mitarbeiterinnen aus der Elternzeit zurückkehren werden.
c) Machen Sie Vorschläge, wie ein eventuell notwendiger Personalabbau gestaltet werden kann.

5 In der Holzverarbeitung der Sommerfeld Bürosysteme GmbH werden 1 500 Rohlinge pro Monat hergestellt. Der Zeitbedarf pro Stück beträgt 66 Minuten. Die monatliche Arbeitsstundenzahl pro gewerblicher Arbeitskraft beträgt 150 Stunden. Berechnen Sie den Bruttopersonalbedarf.

6 Planen Sie den Brutto- und Nettopersonalbedarf für die Verkaufsabteilung der Andreas Schneider Holzwerke KG. Verwenden Sie ein Schema unter Berücksichtigung der folgenden Angaben:

- Sieben Sachbearbeiterinnen und Sachbearbeiter sind aktuell in der Verkaufsabteilung beschäftigt. Aufgrund der Erweiterung des Absatzgebietes und der Erweiterung des Absatzprogramms sollen je eine zusätzliche Stelle geschaffen werden. Dagegen fällt eine Stelle aufgrund von Neustrukturierungen weg. Ein Mitarbeiter wird verrentet, ein weiterer hat gekündigt. Dafür kehrt eine Mitarbeiterin aus der Elternzeit zurück.
- Aktuell sind zwei Gruppenleiter beschäftigt. Aufgrund von Umstrukturierungen soll eine weitere Stelle hinzukommen. Ein Gruppenleiter geht in Pension, dafür kehrt ein Gruppenleiter aus der Elternzeit zurück.

1.2 Personal beschaffen und auswählen

LS 29

Am Ende des Geschäftsjahres stellt man bei der Sommerfeld Bürosysteme GmbH fest, dass der Umsatz im Bereich „Warten und Empfang“ um 30 % zurückgegangen ist. Diesem Umsatzeinbruch soll nicht nur mit einer Senkung der Kosten begegnet werden. Die Geschäftsleitung hat entschieden, dass die Verkaufsaktivitäten intensiviert werden sollen. In der Marketingabteilung wird aus diesem Grund eine Sachbearbeitungsstelle für Messen geschaffen. Emilia Schaub wird beauftragt, die möglichen Beschaffungswege zu recherchieren.

ARBEITSAUFTRÄGE

- **Stellen Sie fest, welche Möglichkeiten es gibt, das hierfür erforderliche Personal zu beschaffen.**
- **Stellen Sie Vor- und Nachteile einer externen Personalbeschaffung heraus.**

Personalbeschaffungswege

Die Personalbeschaffung befasst sich mit der **Bereitstellung der für das Unternehmen erforderlichen Arbeitskraft.** Um das erforderliche Personal in qualitativer und quantitativer Hinsicht bereitstellen zu können, kann sich ein Unternehmen interner und externer Beschaffungswege bedienen.

Interne Personalbeschaffung

bedeutet, dass Stellen mit Mitarbeitenden aus dem Unternehmen besetzt werden. Dies kann auf folgende Weise erfolgen:

- **Innerbetriebliche Stellenausschreibung:** Gemäß § 93 BetrVerfG kann der Betriebsrat verlangen, dass Arbeitsplätze vor ihrer Besetzung innerhalb des Betriebes ausgeschrieben werden.

  BEISPIEL *Aushang am Schwarzen Brett, Veröffentlichung in der Hauszeitschrift oder im Intranet des Unternehmens*

- **Versetzung**
- **Mehrarbeit bei kurzzeitigem Personalmehrbedarf**
- **Fort- und Weiterbildung im Rahmen der Personalentwicklung**

BEISPIEL *Ein Tischlergeselle besucht die Meisterschule. Nach erfolgreicher Prüfung wird er als stellvertretender Gruppenleiter eingesetzt.*

Die interne Personalbeschaffung, insbesondere im Wege der innerbetrieblichen Stellenausschreibung, hat für das Unternehmen u. a. folgende **Vorteile:**

- Motivation der Mitarbeitenden, da die Möglichkeit des Aufstiegs besteht,
- die Einarbeitung wird erleichtert,
- geringe Personalbeschaffungskosten.

Dem stehen u. a. folgende **Nachteile** gegenüber:

- bei einer Ablehnung empfinden Mitarbeitende dies als Misserfolg,
- negative Reaktionen des bisherigen Vorgesetzten auf die Bewerbung,
- Betriebsblindheit, da kein „frischer Wind" von außen kommt.

Externe Personalbeschaffung

Die externe Personalbeschaffung bezieht sich auf den Teil des Arbeitsmarktes, der außerhalb des Unternehmens liegt. Dabei sind folgende Personalbeschaffungswege zu unterscheiden:

- **Arbeitsverwaltung:** Die Arbeitsvermittlung wird in der Bundesrepublik Deutschland von der **Bundesagentur für Arbeit** wahrgenommen. Um möglichst wirkungsvoll beraten und vermitteln zu können, ist es für die **Arbeitsagenturen** vor Ort wichtig, die Unternehmen möglichst genau zu kennen. Aus diesem Grund sollten die Unternehmen möglichst engen Kontakt zu den örtlichen Arbeitsagenturen halten.

PRAXISTIPP

Auf der Seite der Bundesagentur für Arbeit finden sie unter www.arbeitsagentur.de ausführliche Informationen zur Ausbildung sowie zur Studien- und Berufswahl.

- **Stellenanzeigen:** Die meisten Unternehmen versuchen ihr Personal durch Stellenanzeigen zu beschaffen. Voraussetzung für den Erfolg dieser Maßnahme ist, dass geeignete Medien ausgewählt werden, die Anzeigen zum richtigen Termin erscheinen und Aufmachung und Inhalt ansprechend sind.
- **Personalleasing:** Personalleasing-Unternehmen verleihen bei ihnen beschäftigte Arbeitskräfte an ein Unternehmen. Diese Form der Personalbeschaffung eignet sich immer dann, wenn Arbeitskräfte kurzfristig eingesetzt werden sollen, also z. B. im Saisongeschäft, in der Urlaubszeit oder bei Krankheit.
- **Personalberater und -vermittler:** Sie werden von einem potenziellen Arbeitgeber beauftragt, um für eine zu besetzende Stelle geeignete Mitarbeitende auszuwählen. Für ihre Tätigkeit erhalten sie eine Provision, die vom Arbeitgeber entrichtet wird. Für Führungsaufgaben werden auch **Headhunter** in Anspruch genommen, die gezielt geeignete Beschäftigte von anderen Unternehmen abwerben.

- **E-Recruiting:** Darunter versteht man die Unterstützung der Personalbeschaffung durch elektronische Systeme, vor allem durch das Internet. Die externen Personalbeschaffungsformen des E-Recruiting sind dabei vielfältig, z. B.
  - Stellenausschreibungen auf der Homepage des Unternehmens
  - Elektronisches Einsenden und Weiterverarbeiten der Bewerbung, evtl. kombiniert mit Onlinefragebögen
  - Stellenausschreibungen bei Social Communities (z. B. Facebook) oder Business Communities (z. B. Xing)
  - Inanspruchnahme von Online-Jobbörsen

  Mit E-Recruiting können Unternehmen eine breite Bewerberzielgruppe erreichen. Zudem können Bewerbende zeit- und kostensparend ausgewählt werden.

- **Active Sourcing:** Beim klassischen Recruiting warten Unternehmen aufgrund von Stellenausschreibungen auf den Eingang von Bewerbungen. Sie verhalten sich passiv. Im Gegensatz dazu gehen Unternehmen beim Active Sourcing proaktiv auf Bewerberinnen und Bewerber zu, um sie für das Unternehmen zu gewinnen.

  BEISPIELE *Die Sommerfeld Bürosysteme GmbH hat Jolina Richter als Talent Acquisition Managerin eingestellt. Mit Hilfe von Künstlicher Intelligenz und verschiedenen Tools analysiert sie Profile von potenziellen Mitarbeitenden in sozialen Netzwerken und tritt mit Ihnen aktiv in Kontakt.*

- **Sonstige Beschaffungswege:** Neben den genannten Möglichkeiten der Personalbeschaffung gibt es eine Vielzahl weiterer Möglichkeiten.

BEISPIELE
- *Kontakte mit Schulen und sonstigen Bildungseinrichtungen, die z. B. zu Betriebsbesichtigungen eingeladen werden*
- *Vermittlung durch eigene Mitarbeitende, die über den Personalbedarf informiert werden*
- *Plakate, Handzettel usw.*

Rechtliche Rahmenbedingungen der Personalbeschaffung und –auswahl

Wichtige rechtliche Rahmenbedingungen sind im **Betriebsverfassungsgesetz** (BetrVG) und im **Allgemeinen Gleichbehandlungsgesetz** (AGG) definiert.

Nach § 95 BetrVG muss bei der Aufstellung von Auswahlrichtlinien für Einstellungen, Versetzungen, Umgruppierungen und Kündigungen die **Zustimmung des Betriebsrates** eingeholt werden. Hat das Unternehmen mehr als zwanzig wahlberechtigte Beschäftigte, muss der Arbeitgeber zudem den Betriebsrat vor jeder Einstellung, Eingruppierung, Umgruppierung und Versetzung unterrichten und dessen Zustimmung einholen (§ 99 BetrVG). Die fehlende Zustimmung des Betriebsrates kann der Arbeitgeber durch das Arbeitsgericht ersetzen lassen.

Das Allgemeine Gleichbehandlungsgesetz (AGG) knüpft an das im Art. 3 des Grundgesetzes definierte Diskriminierungsverbot an.

> **§ 1 AGG**
> Ziel des Gesetzes ist, Benachteiligungen aus Gründen der Rasse oder wegen der ethnischen Herkunft, des Geschlechts, der Religion oder Weltanschauung, einer Behinderung, des Alters oder der sexuellen Identität zu verhindern oder zu beseitigen.

Der Schutzbereich des Gesetzes erfasst dabei nicht nur Beschäftigte in bestehenden Arbeitsverhältnissen oder bei dessen Beendigung, sondern auch Bewerbende in Auswahlverfahren. Für **Stellenausschreibungen** bedeutet dies, dass sie in Bezug auf die in § 1 genannten Merkmale grundsätzlich – bis auf wenige Ausnahmen – **neutral** verfasst werden müssen.

BEISPIEL *Die Metallwerke Bauer & Söhne GmbH sucht in einer Zeitungsanzeige einen maximal 35-jährigen, männlichen Reisenden. Hier liegen gleich zwei Verstöße gegen das Allgemeine Gleichbehandlungsgesetz vor. Sowohl die Beschränkung des Alters als auch die Beschränkung auf männliche Bewerber sind unzulässig.*

Verletzungen des Benachteiligungsverbotes können mit **Schadenersatz-, Unterlassungs- und Verpflichtungsansprüchen** gerichtlich geahndet werden.

Die Stellenanzeige

Der häufigste Weg der externen Personalbeschaffung durch Unternehmen ist die Suche von Mitarbeitenden durch Stellenanzeigen. Diese werden in Tages- oder Wochenzeitungen, in

Wir suchen zum 1. September 20(0) eine/-n

Industriekaufmann (m/w/d)

Kröger & Bach KG

in Vollzeit für unser in Duisburg ansässiges Unternehmen zur Unterstützung im Logistikbereich.

Ihre Aufgaben

- Tätigkeit als interne/-r und externe/-r Ansprechpartner/-in im Bereich der Warenan- und -auslieferung
- Termindisposition in Absprache mit Lieferanten und Kunden
- Abwicklung der Versandaufträge
- Durchführung der Lagerbuchhaltung
- Stammdatenpflege
- Optimierung von Logistikprozessen
- Unterstützung der Teamleitung im Tagesgeschäft
- Allgemeine Verwaltungstätigkeiten

Unsere Anforderungen

- Abgeschlossene Berufsausbildung zum/zur Industriekaufmann/Industriekauffrau
- Mehrjährige kaufmännische Berufserfahrung vorteilhaft
- Verständnis für logistische und technische Abläufe
- Sicheres Auftreten im Umgang mit Kunden
- Kenntnisse in Office und SAP
- Englischkenntnisse in Wort und Schrift

Wir bieten Ihnen eine interessante Tätigkeit in einem dynamischen Umfeld mit der Aussicht auf Weiterbildungs- und Qualifizierungsmöglichkeiten. Wenn wir Ihr Interesse für unser mittelständisches Unternehmen geweckt haben, richten Sie Ihre vollständigen Bewerbungsunterlagen bitte bis zum 15.08.20(0) an Herrn Thomas Maraun.

Kröger & Bach KG, Duisburg
Schifferstr. 25
47059 Duisburg
Tel.: 0203 1342933
E-Mail: maraun@kroegerbach.de

Fachzeitschriften oder im Internet, z. B. auf der Hompage des Unternehmens oder in Stellenbörsen, geschaltet.

Der Inhalt der Anzeige

Der Inhalt der Anzeige sollte klar und informativ sein. Die Anzeige sollte Aussagen über folgende Punkte enthalten:

- das Unternehmen

  BEISPIELE *Name des Unternehmens, Standort, Größe*

- die freie Stelle

  BEISPIELE *Aufgabenbeschreibung, Entwicklungschancen, Bedarfszeitpunkt*

- die Anforderungsmerkmale

  BEISPIELE *Ausbildung, Fähigkeiten, Berufserfahrung*

- die Leistungen

  BEISPIELE *Hinweis auf Lohn- und Gehaltshöhe, Sozialleistungen*

- die Bewerbungsunterlagen und Ansprechpartner

  BEISPIELE *Lebenslauf, Zeugnisse, persönliches Vorstellungsgespräch*

Die Bewerbung

Bewerbungen werden auch heute noch postalisch eingereicht, viele Bewerbungen erfolgen allerdings auf digitalem Wege, z. B. in Form einer PDF-Datei.

Grundlage jeder Personalauswahl sind die **Bewerbungsunterlagen**. Hierzu gehören

- das Bewerbungsschreiben,
- ggf. ein Lichtbild,
- der Lebenslauf,
- Arbeitszeugnisse,
- Schulzeugnisse und Zeugnisse von Abschlussprüfungen,
- Bescheinigungen und Referenzen.

Der Arbeitgeber muss Bewerbungsunterlagen sorgfältig behandeln und aufbewahren. Dabei ist der Arbeitgeber zur Verschwiegenheit verpflichtet. Sollte es nicht zum Abschluss eines Arbeitsvertrages kommen, muss er grundsätzlich die Unterlagen zurückgeben, Personalfragebögen vernichten und gespeicherte Daten löschen.

Bewerbungsschreiben

Im Bewerbungsschreiben sollten Bewerbende folgende Fragen beantworten:

- Aus welchem Grund erfolgt die Bewerbung?
- Welche Qualifikationen sind vorhanden?
- Über welche besonderen Kenntnisse und Erfahrungen verfügt man?

- Befindet man sich in einem Arbeitsverhältnis?
- Wann steht man frühestens zur Verfügung?

Gehaltsforderungen sollten nur gestellt werden, wenn dies ausdrücklich verlangt wurde.

Die **Form** des Bewerbungsschreibens sollte der DIN 5008 entsprechen. Der **Stil** soll zeigen, wie man sich einschätzt, was man will und wie man von anderen gesehen werden möchte.

Lichtbild

Es ist nach wie vor möglich, die Bewerbung mit einem Lichtbild zu versehen. Allerdings wird ein Lichtbild von vielen Unternehmen aus Gründen der Gleichbehandlung nicht mehr ausdrücklich verlangt.

Lebenslauf

Der Lebenslauf gibt Auskunft über die persönliche und berufliche Entwicklung. Es ist üblich, den Lebenslauf in tabellarischer Form zu verfassen. Er sollte folgende Angaben enthalten:

- Name und Vorname
- Wohnort, Straße, Telefon
- Geburtsdatum und Geburtsort
- Familienstand
- Berufstätigkeit
- berufliche Ausbildung
- schulische Ausbildung
- Prüfungen
- berufliche Fähigkeiten und Weiterbildungen
- Ort, Datum und Unterschrift

Der Lebenslauf soll zeitlich lückenlos sein. Er kann Ereignisse hervorheben, die für die angestrebte Stelle von Wichtigkeit sind.

Zeugnisse

Schulzeugnisse und **Zeugnisse der Abschlussprüfungen**, z. B. der Kaufmannsgehilfenbrief oder das Zeugnis des schulischen Teils der Fachhochschulreife, sind in **Kopie** beizufügen.

Arbeitszeugnisse sind die Zeugnisse der vorherigen Arbeitgeber. Diese müssen Arbeitnehmenden bei Beendigung des Arbeitsverhältnisses ausgestellt werden. Dabei kann es sich zum einen um ein **einfaches Arbeitszeugnis** handeln, in dem nur die Aufgaben und der Zeitraum der Beschäftigung aufgeführt sind. Zum anderen kann man aber auch ein **qualifiziertes Arbeitszeugnis** verlangen, in dem der Arbeitgeber auch eine Bewertung von **Leistung** und **Führung** (Verhalten im Arbeitsverhältnis) vornimmt.

BEISPIEL

> **Wollux GmbH**
>
> Magdeburg, den 31. Juli 20(0)
>
> **Zeugnis**
>
> Frau Nadja Rickermann, geboren am 25. März 1981, wohnhaft in 39104 Magdeburg, Ernst-Reuter-Allee 13, war in der Zeit vom 01. August 20(0) bis zum 31. Juli 20(+2) in unserem Unternehmen beschäftigt.
>
> Frau Rickermann war als Sachbearbeiterin im Verkauf eingesetzt. Dabei war sie u. a. mit folgenden Aufgaben betraut:
> - Prüfung der Kreditwürdigkeit von Kunden
> - Erstellen von Angeboten
> - ...
>
> ... Die ihr übertragenen Aufgaben hat Frau Rickermann stets umsichtig und gewissenhaft zu unserer größten Zufriedenheit ausgeführt ...
>
> ... Sie war eine sehr aufgeschlossene und interessierte Mitarbeiterin. Mit ihrem hilfsbereiten und freundlichen Wesen war sie bei Vorgesetzten und Mitarbeitenden gleichermaßen geschätzt ...
>
> Frau Rickermann verlässt uns auf eigenen Wunsch. Wir danken ihr für die äußerst erfolgreiche Zusammenarbeit und bedauern ihr Ausscheiden sehr. Auf ihrem weiteren Lebensweg wünschen wir ihr alles Gute und weiterhin viel Erfolg.
>
> Wollux GmbH
>
> *Peter Findeisen*
> (Peter Findeisen)

Bei der Zeugniserstellung sind die einschlägige Rechtsprechung sowie die Bestimmungen der Gewerbeordnung zu beachten.

> **§ 109 (2) GewO**
>
> (2) Das Zeugnis muss klar und verständlich formuliert sein. Es darf keine Merkmale oder Formulierungen enthalten, die den Zweck haben, eine andere als aus der äußeren Form oder aus dem Wortlaut ersichtliche Aussage über den Arbeitnehmer zu treffen.

Nach dem Wortlauf des Gesetzes sind somit sogenannte **Geheimcodes**, die etwas anderes aussagen, als der Wortlaut eigentlich ausdrückt, **unzulässig**.

BEISPIEL *„Für die Belange der Belegschaft zeigte er/sie großes Einfühlungsvermögen." Diese Formulierung soll zeigen, dass er/sie an sexuellen Kontakten interessiert war.*

Der Bundesgerichtshof hat zudem festgestellt, dass Formulierungen in Arbeitszeugnissen **wohlwollend** sein müssen und das berufliche Fortkommen nicht erschweren dürfen. Deshalb klingen Wertungen in Arbeitszeugnissen für den ungeübten Interpreten nach dem allgemeinen Sprachgebrauch zunächst immer positiv. Durch die Verwendung von Zeitadverbien und Attributen wird eine Abstufung der Wertung des Leistung- und Führungsverhalten erreicht.

BEISPIELE *Beurteilung der Leistung*

Formulierung	Aussage
Er/sie hat die ihm/ihr übertragenen Aufgaben **stets** zu unserer **vollsten Zufriedenheit** erledigt.	Sehr gute Leistungen
Er/sie hat die ihm/ihr übertragenen Aufgaben **stets** zu unserer **vollen Zufriedenheit** erledigt.	Gute Leistungen
Er/sie hat die ihm/ihr übertragenen Aufgaben zu unserer **vollen Zufriedenheit** erledigt.	Befriedigende Leistungen
Er/sie hat die ihm/ihr übertragenen Aufgaben zu unserer **Zufriedenheit** erledigt.	Ausreichende Leistungen
Er/sie hat die ihm/ihr übertragenen Aufgaben **im Großen und Ganzen** zu unserer **Zufriedenheit** erledigt.	Mangelhafte Leistungen

Ein Arbeitszeugnis darf also durchaus negative Wertungen enthalten, denn es gilt der Grundsatz der **Zeugniswahrheit**. Einmalige negative Vorkommnisse sollten hingehend unerwähnt bleiben. Sofern das Arbeitszeugnis unrichtige oder falsche Angaben enthält, haben Arbeitnehmende einen **Zeugnisberichtigungsanspruch**. Zudem kann der Arbeitgeber sich wegen verschuldeter Nichterteilung bzw. verspäteter oder unrichtiger Erteilung schadensersatzpflichtig machen. Das Arbeitszeugnis bedarf der Schriftform. Seit dem 01.01.2025 kann es auch mit einer qualifizierten elektronischen Signatur versehen werden, wenn die Beschäftigten einwilligen.

Eignungsfeststellung

Die sorgfältige Analyse der Bewerbungsunterlagen vermittelt der Personalabteilung eine Vielzahl von Erkenntnissen über Bewerbende. Weitere Hinweise können durch Arbeitsproben, Eignungstests oder situative Verfahren gewonnen werden.

Arbeitsproben

Arbeitsproben können mit den Bewerbungsunterlagen eingereicht oder unter Aufsicht durchgeführt werden.

BEISPIELE *Ein Tischlermeister legt seinen Bewerbungsunterlagen die Zeichnung für ein besonders aufwendiges Werkstück als Arbeitsprobe bei.*

Psychologische Eignungstests

Psychologische Eignungstests sollten nur von dafür ausgebildeten Fachkräften durchgeführt werden. Sie sind nur zulässig, wenn Bewerbende ihre Zustimmung gegeben haben. Im Rahmen der Personalbeschaffung werden sie z. B. als Fähigkeits- und Persönlichkeitstests eingesetzt:

- Mithilfe von **Fähigkeitstests** können Intelligenz, Merkfähigkeit, Konzentration, Geschicklichkeit oder technisches Verständnis gemessen werden. Hier sind i. d. R. bestimmte Aufgaben in einer begrenzten Zeit zu lösen. Um die Aussagekraft zu erhöhen, werden meist mehrere Tests nebeneinander (**Testbatterien**) eingesetzt.

BEISPIEL *Eine Reihe von Zahlen sind in einer bestimmten Weise angeordnet. Diese Regel soll herausgefunden werden. Dann soll die Zahl gefunden werden, die als nächste kommen würde.*

Aufgabe: 1 3 6 10 15 21 28 Lösungsmöglichkeiten: A = 29 B = 34 C = 36

- Mithilfe von **Persönlichkeitstests** können soziale Verhaltensweisen oder charakterliche Eigenschaften festgestellt werden.

BEISPIEL *Aussage: „Auf Partys stehe ich gern im Mittelpunkt."*

Trifft zu ○ *Trifft nicht zu* ○ *Weiß nicht* ○

Situative Verfahren

Situative Verfahren **simulieren** Situationen, die der späteren Tätigkeit nahekommen.

BEISPIEL *Fünf Bewerbende für die Stelle der Projektleitung Messe werden gemeinsam eingeladen und zur Entwicklung und Vorstellung von Konzepten für einen Messestand aufgefordert. Die Mitarbeitenden der Personalabteilung beobachten die Bewerbenden und ziehen Schlüsse zur Auffassungsgabe, Redefähigkeit, Durchsetzungsfähigkeit usw.*

Assessment-Center

In einem **Assessment-Center** soll der Berufsalltag durch praxisnahe Übungen simuliert werden, sodass neben der Sozialkompetenz vor allem auch die Fachkompetenz und Problemlösefähigkeiten getestet werden. Typische Übungen in einem Assessment-Center sind:

- Persönliche Vorstellung (verbale Ausdrucksfähigkeit, Selbsteinschätzung)
- Postkorbmethode (Entscheidungsfindung unter Zeitdruck, Stresstoleranz etc.)
- Interviewsimulationen (Verhandlungsgeschick, Kontaktfähigkeit, Führungsverhalten etc.)
- Referate und Präsentationen (Kreativität, Überzeugungskraft, Wortwahl etc.)
- Rollenspiele (Arbeitsverhalten, Sozialkompetenz, Führungsverhalten)

Wenn Führungspositionen zu besetzen sind, kann ein Assessment-Center auch länger andauern. Hier werden Bewerbende dann auch in vermeintlich privaten Momenten (z. B. beim gemeinsamen Mittag- oder Abendessen) beobachtet, um Rückschlüsse auf ihre Fähigkeiten im Umgang mit Menschen (Mitarbeitende, Kunden) zu ziehen.

Das Vorstellungsgespräch

Mithilfe von **Vorstellungsgesprächen** soll herausgefunden werden, ob Bewerbende Motivation, Engagement und Begeisterungsfähigkeit mit in das Unternehmen bringen. Zudem ist zu prüfen, ob sie sich in das Unternehmen integrieren lassen und in das Team passen. Folgende Arten von Vorstellungsgesprächen werden unterschieden:

- **Freies Gespräch:** Inhalt und Struktur vorher nicht festgelegt → schwierige Auswertung

- **Halbstrukturiertes Gespräch:** grober inhaltlicher Rahmen und Ablauf vorab festgelegt
- **Standardisiertes Gespräch:** starre Festlegung des Gesprächsverlaufs → leichte Auswertung, aber keine Abweichungen vom Verlaufsplan möglich

BEISPIEL *Um Vorstellungsgespräche rationeller führen zu können, hat die Sommerfeld Bürosysteme GmbH einen Gesprächsleitfaden entwickelt:*

Sommerfeld
Bürosysteme GmbH
Ein ökologisch orientiertes Unternehmen mit Zukunft

Phase 1: Begrüßung des Bewerbers

z. B. Smalltalk zur Eröffnung, Vorstellung von Unternehmen und Interviewer, Dank für die Bewerbung

Phase 2: Vorstellung des Bewerbers

z. B. Ausbildung, beruflicher Werdegang, Weiterbildungsaktivitäten

Phase 3: Klärung von offenen Fragen zur Bewerbung und Vorstellung sowie Fachfragen zu erworbenen Kompetenzen in Bezug auf die Stelle

z. B. Fragen zu Lebenslauf, beruflichen Erfahrungen und Kompetenzen

Phase 4: Information zur Position

z. B. Einordnung in die Unternehmensorganisation, Aufgaben, Verantwortung

Phase 5: Fragen des Bewerbers

z. B. Position, Reisetätigkeit und Arbeitsort, Arbeitszeit, Aufgaben, Einkommen

Phase 6: Abschluss des Gespräches

z. B. Hinweis auf Benachrichtigung, Dank, Verabschiedung

In Vorstellungsgesprächen darf grundsätzlich nur das gefragt werden, was im Zusammenhang mit der auszuübenden Tätigkeit steht und im gesundheitlichen Interesse des Arbeitnehmenden ist. Die Bewerbenden müssen **zulässige Fragen wahrheitsgemäß** beantworten und sind verpflichtet, dem zukünftigen Arbeitgeber die Dinge offenzulegen, die für ihn im Rahmen der auszuübenden Tätigkeit von Interesse sind.

BEISPIELE *Zulässig sind Fragen nach beruflichen und fachlichen Kompetenzen, nach dem beruflichen Werdegang und nach Zeugnisnoten.*

Fragen, die nicht unmittelbar etwas mit der auszuübenden Tätigkeit zu tun haben, sind nur bedingt oder gar nicht zulässig und müssen somit auch nicht wahrheitsgemäß beantwortet werden.

BEISPIELE *Nicht zulässig sind grundsätzlich Fragen nach einer Partei-, Gewerkschafts- oder Religionszugehörigkeit, einer bestehenden Schwangerschaft oder einem Kinderwunsch sowie Fragen im se-*

xualmedizinischen Bereich; Fragen nach Vorstrafen, den Vermögensverhältnissen, einer Schwerbehinderung oder zum allgemeinen Gesundheitszustand sind nur dann zulässig, wenn dies für die auszuübende Tätigkeit von Bedeutung ist.

Im Rahmen des Einstellungsverfahrens ist der **Arbeitgeber verpflichtet**, Bewerbende über besondere gesundheitliche Belastungen, überdurchschnittliche Anforderungen, die Gefährdung von Lohn- und Gehaltszahlungen oder den geplanten Wegfall des zu besetzenden Arbeitsplatzes zu informieren. Übliche Anforderungen des Arbeitsplatzes und die allgemeine wirtschaftliche Situation seines Unternehmens muss er nicht darlegen.

Hat der Arbeitgeber Bewerbende zur Vorstellung aufgefordert, sind Fahrt-, Übernachtungs- und Verpflegungskosten sowie ein eingetretener Verdienstausfall zu ersetzen, sofern deren Erstattung nicht ausgeschlossen wurde.

ZUSAMMENFASSUNG

Personal beschaffen und auswählen

- **Beschaffungswege**

Personalbeschaffung

intern	extern
– innerbetriebliche Stellenbeschreibung – Versetzung – Mehrarbeit – Fort- und Weiterbildung	– Arbeitsagenturen – Stellenanzeigen – Personalleasing – Personalberater und -vermittler – E-Recruiting – sonstige Beschaffungswege

- Der Inhalt einer **Stellenanzeige** sollte klar und informativ sein.
- Wichtige rechtliche Rahmenbedingungen der Personalbeschaffung und -auswahl sind im **Betriebsverfassungsgesetz (BetrVG)** und im Allgemeinen **Gleichbehandlungsgesetz (AGG)** definiert.
- Die **Bewerbung**
  Grundlagen der Personalauswahl sind die Bewerbungsunterlagen. Sie enthalten:
  1. Bewerbungsschreiben
  2. Lichtbild
  3. Lebenslauf
  4. Arbeitszeugnisse
  5. Schulzeugnisse und Zeugnisse von Abschlussprüfungen
  6. Bescheinigungen und Referenzen
- Statt eines einfachen Arbeitszeugnisses können sich Arbeitnehmende ein **qualifiziertes Arbeitszeugnis** ausstellen lassen, das auch Angaben über **Führung** und **Leistung** enthält.

- **Eignungsfeststellung**
  Verfahren:
  - Arbeitsproben
  - Eignungstests
  - situative Verfahren
  - Assessment-Center
- **Vorstellungsgespräch**
  - **Ziel:** Gewinnung eines persönlichen Eindrucks von Bewerbenden
  - **Durchführung:** kann sich an einem Gesprächsleitfaden orientieren

AUFGABEN

1 Stellen Sie fest, unter welchen Voraussetzungen die Besetzung einer Stelle

a) nach einer innerbetrieblichen Stellenausschreibung,
b) durch eine Versetzung,
c) durch Mehrarbeit,
d) nach einer durchgeführten Fort- und Weiterbildung

sinnvoll ist.

2 Die Sommerfeld Bürosysteme GmbH sucht Auszubildende für den Beruf Industriekauffrau/Industriekaufmann.

a) Entwerfen Sie die Stellenanzeige.
b) Begründen Sie, wann und wo die Stellenanzeige veröffentlicht werden sollte.

3 Erläutern Sie den Aufbau des Arbeitszeugnisses von Nadja Rickermann auf S. 368.

4 Verfassen Sie ein Arbeitszeugnis für Claudia Kalinke. Sie wohnt in der Neckarstr. 3 in 12053 Berlin und hat vom 01.01.20(0) bis 31.12.20(+2) als Sachbearbeiterin im Verkauf bei der Latex AG gearbeitet. Claudia Kalinke zeichnet sich durch folgende Merkmale aus: ehrgeizig, hat mehrere EDV-Fortbildungen, überaus kompetent, bei Kollegen und Vorgesetzten beliebt, selbstbewusst, kommunikativ und hat auf eigenen Wunsch gekündigt. Ergänzen Sie ggf. fehlende Angaben.

5 Die Sommerfeld Bürosysteme GmbH bietet offene Stellen für qualifizierte Mitarbeitende im Internet an. Erläutern Sie

a) drei Gründe für die Wahl dieses Mediums,
b) zwei Aspekte, die den Erfolg einer derartigen Stellenanzeige beeinflussen.

6 Planen Sie ein Vorstellungsgespräch in Form eines Rollenspiels.

a) Beschreiben Sie die zu besetzende Stelle möglichst genau und formulieren Sie den Text für eine Stellenanzeige.
b) Teilen Sie die Klasse in zwei Gruppen, die Bewerbenden und die Personalleitung. Jede Gruppe legt Kriterien für ihre Arbeit fest. Bewerbende und Personen aus der Personalleitung werden für die einzelnen Gespräche ausgewählt.
c) Führen Sie drei Bewerbungsgespräche anhand des Gesprächsleitfadens durch.

d) Die Personalleitung wählt eine Bewerberin bzw. einen Bewerber aus und begründet die Entscheidung.

7 Die Sommerfeld Bürosysteme GmbH plant die Einstellung einer/eines neuen Auszubildenden. Der Abteilungsleiter Krämer bittet Sie, die anstehenden Aktivitäten in eine sinnvolle Reihenfolge zu bringen, indem Sie die Ziffern 1 bis 5 den folgenden Schritten zuordnen:

- Sie stellen fest, dass die Bewerberin die betriebsinterne Eignungsprüfung bestanden hat. Sie leiten die Unterlagen an den Betriebsrat weiter, der der Einstellung zustimmt.
- Sie beantragen die Eintragung des Ausbildungsvertrages in das Verzeichnis der Ausbildungsverhältnisse bei der Industrie- und Handelskammer.
- Sie prüfen die Bewerbung und laden die Bewerberin zu einem Vorstellungsgepräch ein.
- Sie lassen den Berufsausbildungsvertrag von den Vertragspartnern unterzeichnen.
- Sie führen mit der Bewerberin nach Ablauf der Probezeit ein Beurteilungsgepräch.

8 Sammeln Sie Stellenanzeigen aus dem Internet, der Tageszeitung und Fachzeitschriften. Stellen Sie fest, welche Qualifikationen gefragt sind, und versuchen Sie, diese zu systematisieren.

1.3 Personalmarketing betreiben

LS 30

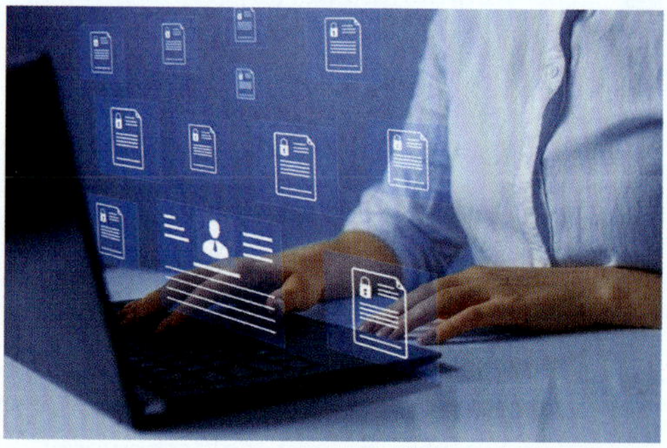

Emilia Schaub und Herr Krämer sind hoch erfreut, dass es gelungen ist, mehrere Bewerberinnen und Bewerber für die Sachbearbeitungsstelle im Bereich Messen zu gewinnen. „Es wird nicht leichter, Mitarbeitende für uns zu interessieren. Die Zeiten haben sich deutlich geändert", bemerkt Herr Krämer. „Hatten wir denn früher deutlich mehr Bewerbungen?", entgegnet Emilia Schaub. „Viel mehr", meint Herr Krämer, „angesichts der Arbeitsmarktverhältnisse müssen wir was tun, die Konkurrenz schläft nicht. Wir müssen unsere Anstrengungen im Personalmarketing intensivieren und Sie können mich dabei unterstützen, Frau Schaub."

ARBEITSAUFTRÄGE

- **Erläutern Sie, warum es für die Sommerfeld Bürosysteme GmbH immer wichtiger wird, Personalmarketing zu betreiben.**
- **Unterscheiden Sie zwischen internen und externen Instrumenten des Personalmarketings.**
- **Beschreiben Sie je drei interne und externe Instrumente, die die Sommerfeld Bürosysteme GmbH verstärkt einsetzen sollte.**

Das **Personalmarketing** hat mit dem Wandel des Arbeitsmarktes in den letzten Jahren an Bedeutung gewonnen. Auf der einen Seite fehlen Bewerbenden häufig die fachlichen Qualifikationen, auf der anderen Seite steigen die Ansprüche von geeigneten Bewerbenden hinsichtlich Vergütung und flexiblen Arbeitszeitregelungen. Unternehmen müssen in Zeiten des **Fachkräftemangels** erkennen, dass viele Arbeitsplätze nur noch schwer mit geeigneten Bewerberinnen und Bewerbern besetzt werden können. Deshalb ist es wichtig, Personalmarketing zu betreiben.

Ziel des Personalmarketing ist es, qualifiziertes Personal zu gewinnen, dieses langfristig an das Unternehmen zu binden und die eigene Attraktivität als Arbeitgeber zu erhöhen. Das Unternehmen muss sich also nach außen hin als attraktiver Arbeitgeber darstellen, um neue Mitarbeitende zu gewinnen und gleichzeitig nach innen Maßnahmen ergreifen, um die bereits vorhandene Belegschaft zu motivieren und zu binden.

Dabei ist ein zentrales Element, durch verschiedene Maßnahmen eine starke **Arbeitgebermarke (employer brand)** zu schaffen. Ein positives Unternehmensimage, eine lebendige und authentische Unternehmenskultur, flexible Arbeitsbedingungen, Aufstiegschancen und eine angemessene Entlohnung sind dabei wichtige Faktoren.

Internes und externes Personalmarketing

Das Personalmarketing lässt sich in zwei Hauptkategorien unterteilen: das **externe Personalmarketing** und das **interne Personalmarketing**.

- **Externes Personalmarketing:** Zielsetzung des externen Personalmarketing ist, das Unternehmen als attraktiven Arbeitgeber zu präsentieren, um so neue Beschäftigte zu gewinnen.

  Instrumente des externen Personalmarketings sind:

  - **Stellenanzeigen:** Stellenanzeigen in Tageszeitungen, Fachzeitschriften und auf Online-Jobportalen sind nach wie vor Hauptinstrumente, um neues Personal zu gewinnen.

    BEISPIEL *Die Sommerfeld Bürosysteme GmbH nutzt Portale wie Stepstone, Indeed oder LinkedIn*

  - **Messen und Veranstaltungen:** Ausbildungsmessen, Karrieremessen, Jobbörsen und Hochschulveranstaltungen bieten die Gelegenheiten, um zukünftige Mitarbeitende persönlich kennenzulernen.

    BEISPIEL *Auf der Essener Ausbildungsmesse ist die Sommerfeld Bürosysteme GmbH mit einem Messestand vertreten.*

  - **Karrierewebseite:** Die Unternehmenswebseite ist häufig der erste Anlaufpunkt für potenzielle Bewerberinnen und Bewerber. In einem eigenen Karrierebereich kann sich das Unternehmen als attraktiver Arbeitgeber präsentieren, offene Stellen ausschreiben und über Karrieremöglichkeiten und weitere **Benefits**, die es neben dem Gehalt gibt, informieren.

    BEISPIEL *Die Sommerfeld Bürosysteme GmbH schreibt alle Stellen zuerst auf der eigenen Homepage aus.*

- **Social-Media-Marketing:** Plattformen wie XING, LinkedIn, Facebook, Instagram oder Twitter ermöglichen einen direkten Kontakt mit potenziellen Mitarbeitenden. Stellenanzeigen sowie andere Veröffentlichungen auf diesen Plattformen sprechen mittlerweile nicht nur jüngere Zielgruppen an, sondern sind in allen Altersgruppen etabliert.

  BEISPIEL *Die Sommerfeld Bürosysteme GmbH ist auf Facebook, Instagram und Twitter vertreten.*

- **Employer-Review-Plattformen:** Mithilfe von Bewertungsportalen wie kunuu oder Glassdoor können sich potenzielle Bewerbende über die Erfahrungen von aktuellen und ehemaligen Mitarbeitenden informieren. Unternehmen können diese Plattformen nutzen, um bei negativen Bewertungen zu reagieren und ihr Image zu pflegen.

  BEISPIEL *Der Personalleiter Herr Krämer verfolgt aufmerksam die Bewertung der Sommerfeld Bürosysteme GmbH auf der Plattform kunuu.*

• **Internes Personalmarketing:** Zielsetzung des internen Personalmarketing ist, vorhandene Mitarbeitende zu motivieren und zu fördern. Durch ein positives Arbeitsklima und eine hohe Mitarbeiterzufriedenheit werden sie an das Unternehmen gebunden.

  Instrumente des internen Personalmarketings sind:

- **Personalentwicklung und Weiterbildung:** Entwicklungsmöglichkeiten im Unternehmen, verbunden mit der Möglichkeit, im Unternehmen aufzusteigen, signalisieren den Mitarbeitenden Wertschätzung.

  BEISPIEL *Einige leitende Angestellte haben schon ihre Ausbildung bei der Sommerfeld Bürosysteme GmbH absolviert.*

- **Work-Life-Balance und flexible Arbeitszeiten:** Die Vereinbarkeit von Familie und Beruf hat für viele Beschäftigte eine hohe Priorität. Flexible Arbeitszeiten und mobiles Arbeiten sind dabei wichtige Faktoren.

  BEISPIEL *Bei der Sommerfeld Bürosysteme GmbH dürfen alle kaufmännischen Mitarbeiten einen Teil der Arbeitszeit im Homeoffice arbeiten.*

- **Gesundheitsmanagement:** Ein aktives Gesundheitsmanagement mit Maßnahmen aus verschiedenen Bereichen trägt zum Wohlbefinden der Mitarbeitenden bei und senkt den Krankenstand.
  Das Gesundheitsmanagement umfasst Maßnahmen in den Bereichen:
  - **Arbeits- und Gesundheitsschutz (AUG):** Arbeitsschutzgesetze und Unfallverhütungsvorschriften sind für Arbeitgeber und Arbeitnehmende verpflichtend einzuhalten.
  - **Betriebliches Eingliederungsmanagement (BEM):** Beschäftigte, die innerhalb eines Jahres länger als 6 Wochen ununterbrochen oder wiederholt arbeitsunfähig erkrankt sind, soll die Rückkehr an den Arbeitsplatz erleichtert werden. Für Arbeitnehmende ist die Teilnahme freiwillig.
  - **Betriebliche Gesundheitsförderung (BGF):** Es handelt sich um freiwillige Angebote.

    BEISPIEL *Betriebssport oder Firmenangebote in Fitnessstudios.*

- **Teamevents und Firmenkultur:** Verschiedene Events und Teambuildingaktivitäten fördern den Zusammenhalt und die Identifikation mit dem Unternehmen.

  BEISPIEL *In jedem Jahr gibt es eine große Weihnachtsfeier bei der Sommerfeld Bürosysteme GmbH.*

- **Mitarbeiterbeteiligung und -anerkennung:** Mitsprachemöglichkeiten im Unternehmen und Anerkennungen für besondere Leistungen bewirken eine zusätzliche Motivation

  BEISPIEL *Die Ehrung der Jubilare für bestimmte Betriebszugehörigkeiten hat bei der Sommerfeld Bürosysteme GmbH einen hohen Stellenwert und ist mit einer Geldprämie verbunden.*

Der erfolgreiche strategische Einsatz verschiedener externer und interner Personalmarketinginstrumente ist entscheidend für ein erfolgreiches **Employer Branding**, also für den Aufbau und die Gestaltung einer starken **Arbeitgebermarke**. Die Arbeitgebermarke beschreibt dabei das wahrgenommene besondere Bild, das jetzige und potenzielle Mitarbeitende vom Unternehmen als Arbeitgeber haben. Dabei kommt es entscheidend darauf an, dass das Unternehmen in einer authentischen Art und Weise darstellt, durch welche Werte die Unternehmenskultur geprägt ist. Nur so kann es sich von Mitbewerbern am Arbeitsmarkt abgrenzen und seine Attraktivität als Arbeitgeber herausstellen.

ZUSAMMENFASSUNG

Durch Personalmarketing gestalten

- Aufgrund des Wandels des Arbeitsmarktes ist es für Unternehmen wichtig, **Personalmarketing** zu betreiben.
- **Ziel des Personalmarketings** ist es, geeignete Mitarbeitende zu gewinnen bzw. bestehende an das Unternehmen zu binden.
- **Instrumente** des Personalmarketings

Instrumente des externen Personalmarketings	Instrumente des internen Personalmarketings
– Stellenanzeigen – Messen und Veranstaltungen – Karrierewebseite – Social-Media-Marketing – Employer-Review-Plattformen	– Mitarbeiterentwicklung und Weiterbildung – Work-Life-Balance und flexible Arbeitszeiten – Gesundheitsmanagement – Teamevents und Firmenkultur – Mitarbeiterbeteiligung und -anerkennung

- **Employer Branding**, also der Aufbau einer starken **Arbeitgebermarke**, ist wichtig, um Arbeitskräfte zu gewinnen und langfristig zu binden.

AUFGABEN

1 Erläutern Sie, welchen Herausforderungen sich für Unternehmen aufgrund der Arbeitsmarktlage ergeben.

2 Auch in Ihrem Ausbildungsbetrieb werden verschiedene Instrumente des Personalmarketings eingesetzt.

a) Unterscheiden Sie allgemein zwischen externen und internen Instrumenten des Personalmarketings.
b) Erläutern Sie die Instrumente, die Ihr Unternehmen einsetzt.

3 Herr Krämer und Emilia Schaub prüfen den Einsatz verschiedener Instrumente des Personalmarketings und versuchen, diese auf die Zielgruppe abzustimmen. Begründen Sie, warum dies besonders wichtig ist.

4 Die Sommerfeld Bürosysteme GmbH legt immer mehr Wert darauf, eine starke Arbeitgebermarke zu sein.

a) Erläutern Sie, was man unter Employer Branding versteht.
b) Beschreiben Sie zwei Faktoren, die Sie für ein erfolgreiches Employer Branding als wichtig erachten.

5 Die WFW AG gibt für die Rekrutierung und Einarbeitung von neuem Personal durchschnittlich 6 000,00 € pro Person aus. Im letzten Jahr sind 20 Mitarbeitende aus dem Unternehmen ausgeschieden. Durch verschiedene Personalmarketingmaßnahmen konnte die WFW AG die Arbeitgebermarke stärken und die Personalwechsel (Fluktuation) um 25 % senken. Die verschiedenen Maßnahmen haben Kosten in Höhe von 20 000,00 € verursacht. Beurteilen Sie den Erfolg der Personalmarketingmaßnahmen.

1.4 Arbeitsvertrag schließen

LS 31

Die Suche der Sommerfeld Bürosysteme GmbH nach einem Sachbearbeiter für den Bereich Messen war erfolgreich. Mit Esther Kastner ist eine qualifizierte Mitarbeiterin gefunden worden, die auch über die erforderlichen Fähigkeiten verfügt. Frau Kastner ist gelernte Industriekauffrau und hat im Anschluss an einer Fachschule für Wirtschaft mit dem Schwerpunkt „Marketingkommunikation" den Abschluss als staatlich geprüfte Betriebswirtin gemacht. Als Herr Krämer gerade den Arbeitsvertrag für Frau Kastner vorbereitet, klingelt das Telefon. Frau Kastner ist dran und erkundigt sich, ob sie ihren kleinen Versandhandel für Büromöbel, den sie nach Feierabend betreibt, weiterführen darf. Herr Krämer meint dazu: „Es tut mir leid, Frau Kastner, das geht nicht. Das wäre ein schwerer Verstoß gegen Ihre arbeitsvertraglichen Pflichten."

ARBEITSAUFTRÄGE

- Stellen Sie in einer Liste die Rechte und Pflichten der Arbeitnehmenden gegenüber.
- Begründen Sie, ob Frau Kastner gegen ihre Rechte als Arbeitnehmerin verstoßen hat und welche Konsequenzen ihr Verhalten haben kann.
- Zählen Sie Unterlagen auf, die Arbeitnehmende mit Abschluss des Arbeitsvertrages beim Arbeitgeber einzureichen haben.

Arbeitsvertrag

Der Arbeitsvertrag ist eine **Form des Dienstvertrages**. In ihm verpflichtet sich die Arbeitnehmerin bzw. der Arbeitnehmer zur Leistung der vereinbarten Dienste, der Arbeitgeber zur Zahlung der entsprechenden Vergütung.

Auch für den Arbeitsvertrag gilt der Grundsatz der **Vertragsfreiheit**. Um Benachteiligungen zu vermeiden, ist die Vertragsfreiheit jedoch durch Gesetz (z. B. BGB, HGB, UWG), Verordnungen (z. B. Gewerbeordnung), **Tarifverträge** und **Betriebsvereinbarungen** eingeschränkt. Diese Regelungen dürfen im Arbeitsvertrag nicht unterschritten werden. Günstigere Vereinbarungen für Arbeitnehmende sind jedoch zulässig **(Günstigkeitsprinzip)**.

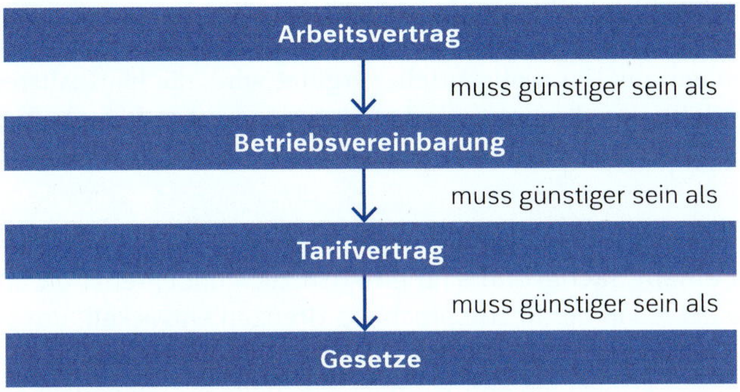

Grundsätzlich kann der Arbeitsvertrag zwar formfrei geschlossen werden, allerdings sind die Bestimmungen des **Nachweisgesetzes (NachwG)** zu beachten. Danach sind die wesentlichen Vertragsbedingungen eines Arbeitsvertrages in Gänze spätestens einen Monat nach Beginn des Arbeitsverhältnisses schriftlich niederzulegen, zu unterschreiben und dem bzw. der Arbeitnehmenden auszuhändigen. Seit dem 01.01.2025 kann die Niederschrift für die meisten Arbeitsverträge alternativ in Textform abgefasst und elektronisch übermittelt werden.

Wesentliche Vertragsbedingungen nach dem NachwG sind u. a.

- Name und Anschrift der Vertragsparteien
- Beginn des Arbeitsverhältnisses
- bei befristeten Arbeitsverhältnissen: die Dauer des Arbeitsverhältnisses
- Arbeitsort
- Beschreibung der Tätigkeit
- Höhe des Arbeitsentgeltes
- Arbeitszeit
- Urlaub
- Kündigungsfristen
- Hinweise auf anzuwendende Tarifverträge und Betriebsvereinbarungen

Die Vereinbarung einer **Probezeit** im Arbeitsvertrag ist zulässig. Sie hat bei Probezeiten bis zu sechs Monaten eine Verkürzung der Kündigungsfrist auf zwei Wochen zur Folge.

Auch können Arbeitsverhältnisse befristet geschlossen werden. Die **Befristung** bedarf zu ihrer Wirksamkeit der Schriftform.

§ 14 Teilzeitbefristungsgesetz (TzBfG)

(1) Die Befristung eines Arbeitsvertrages ist zulässig, wenn sie durch einen sachlichen Grund gerechtfertigt ist. Ein sachlicher Grund liegt insbesondere vor, wenn

1. der betriebliche Bedarf an der Arbeitsleistung nur vorübergehend besteht,
2. die Befristung im Anschluss an eine Ausbildung oder ein Studium erfolgt, um den Übergang des Arbeitnehmers in eine Anschlussbeschäftigung zu erleichtern,
3. der Arbeitnehmer zur Vertretung eines anderen Arbeitnehmers beschäftigt wird,
4. die Eigenart der Arbeitsleistung die Befristung rechtfertigt,
5. die Befristung zur Erprobung erfolgt,
6. in der Person des Arbeitnehmers liegende Gründe die Befristung rechtfertigen,
7. der Arbeitnehmer aus Haushaltsmitteln vergütet wird, die haushaltsrechtlich für eine befristete Beschäftigung bestimmt sind, und er entsprechend beschäftigt wird oder
8. die Befristung auf einem gerichtlichen Vergleich beruht.

(...)

Befristungen mit einem Sachgrund sind grundsätzlich unbegrenzt oft und lange möglich. Allerdings werden aktuell in der Rechtsprechung Grenzen entwickelt, um sogenannte unzumutbare Kettenbefristungen zu beschränken. Arbeitnehmende können bei Überschreitung dieser Grenzen ggf. mit Erfolg eine Entfristungsklage beim Arbeitsgericht einreichen.

Ohne das Vorliegen eines **sachlichen Grundes** darf eine Befristung nur bei **Neueinstellungen**, maximal bis zur **Dauer von zwei Jahren** erfolgen. Ist die Befristung kürzer, kann ein befristeter Arbeitsvertrag bis zur Gesamtdauer von zwei Jahren höchstens dreimal befristet verlängert werden.

BEISPIEL *Karl Buschhaus hat einen auf ein Jahr befristeten Arbeitsvertrag erhalten. Anschließend erhält er einen neuen Arbeitsvertrag der wiederum auf ein Jahr befristet ist. Die neuerliche Befristung ist zulässig.*

Mit Abschluss des Arbeitsvertrages übernehmen Arbeitnehmende und Arbeitgeber Rechte und Pflichten.

Rechte von Arbeitnehmenden

- Arbeitnehmende haben das Recht auf **Vergütung** ihrer Arbeit. Die Höhe der Vergütung regelt der Arbeitsvertrag evtl. mit Hinweis auf einen Tarifvertrag. Es muss mindestens der Mindestlohn gezahlt werden, der ab dem 01.01.2025 auf 12,82 € gestiegen ist. Die Zahlung der Vergütung muss spätestens am letzten Werktag eines Monats erfolgen.

  Im Krankheitsfall wird das Gehalt vom Arbeitgeber für die Dauer von sechs Wochen fortgezahlt. Danach bekommen Arbeitnehmende **Krankengeld** von der Krankenkasse.

- Arbeitnehmende haben das Recht auf **Fürsorge**. So müssen z. B. die Geschäftsräume und die Arbeitsmittel so beschaffen sein, dass Angestellte gegen Gefährdungen ihrer Gesundheit geschützt sind.

  BEISPIEL *Nach Rücksprache mit der zuständigen Berufsgenossenschaft installiert die Sommerfeld Bürosysteme GmbH an der Laderampe Schutzgitter.*

- Arbeitnehmende haben Anspruch auf bezahlten **Erholungsurlaub**. Das Bundesurlaubsgesetz (BUrlG) garantiert einen Mindesturlaub von 24 Werktagen. Da der Samstag ein Werktag ist, entspricht dies 20 Urlaubstage bei einer Fünftagewoche (Berechnung: (24 : 6) · 5). Im Tarifvertrag sind i. d. R. längere Urlaubszeiten vereinbart.

Während des Urlaubs dürfen Arbeitnehmende keiner Erwerbstätigkeit nachgehen. Erkranken sie im Urlaub, so werden die durch Attest nachgewiesenen Tage nicht auf den Jahresurlaub angerechnet.

BEISPIEL *Für die Holz und Kunststoff verarbeitende Industrie ist ein Jahresurlaub von 30 Tagen garantiert.*

- Arbeitnehmende haben das Recht auf ein **Zeugnis**. Dabei können sie zwischen dem einfachen und dem qualifizierten Arbeitszeugnis wählen. Das qualifizierte Arbeitszeugnis enthält zusätzliche Angaben zu Führung und Leistung.
- Arbeitnehmende haben das Recht auf Einhaltung einer **Kündigungsfrist**. Ist im Vertrag keine abweichende Regelung getroffen, gilt die gesetzliche Kündigungsfrist von vier Wochen zum Monatsende oder zum 15. eines Monats (vgl. S. 464 ff.).
- Arbeitnehmende haben das Recht auf **Gleichbehandlung** nach dem Allgemeinen Gleichbehandlungsgesetz (AGG).

Pflichten von Arbeitnehmenden

- Arbeitnehmende haben die Pflicht, die im Arbeitsvertrag vereinbarten **Dienste zu leisten**.
- Arbeitnehmende sind verpflichtet, den **Anordnungen der Arbeitgeber Folge zu leisten**, soweit diese im Zusammenhang mit dem Beschäftigungsverhältnis stehen.

  BEISPIEL *Der Geschäftsführer der Sommerfeld Bürosysteme GmbH fordert die Sachbearbeiterin Frau Bohne auf, alle Aufträge der Bürofachhandel Karl Schneider GmbH aus den letzten fünf Jahren herauszusuchen. Auch wenn es sich um eine unangenehme Arbeit handelt, muss Frau Bohne den Anordnungen Folge leisten, da es sich um eine Anweisung im Rahmen ihres Arbeitsvertrages handelt.*

- Arbeitnehmende unterliegen der **Sorgfaltspflicht**, d.h. sie müssen pfleglich mit dem Eigentum des Arbeitgebers umgehen.
- Arbeitnehmende unterliegen dem **Verbot der Schmiergeldannahme**. Ihnen ist es untersagt, Geschenke oder sonstige Vorteile anzunehmen, die sie für ihre Arbeitsleistung nachträglich belohnen oder sie zu einem bestimmten Arbeitsverhalten verleiten sollen.
- Arbeitnehmende müssen über Geschäfts- und Betriebsgeheimnisse Stillschweigen bewahren **(Schweigepflicht)**.

  BEISPIEL *Diana Feld ist als Auszubildende in der Beschaffungsabteilung eingesetzt. Die Namen der Lieferanten der Sommerfeld Bürosysteme GmbH, Einkaufspreise und Konditionen sind Betriebsgeheimnisse und unterliegen der Schweigepflicht. Teilt sie diese einem Konkurrenten mit, muss sie mit einer fristlosen Kündigung rechnen.*

- Arbeitnehmende dürfe ohne Einwilligung des Arbeitgebers in dem Handelszweig des eigenen Unternehmens keine Geschäfte für eigene oder fremde Rechnung machen (§ 60 Abs. 1 HGB) (**Wettbewerbsverbot**).

BEISPIEL *Frau Klopsch ist Kellnerin in einem Café und Restaurant. Sie möchte sich selbstständig machen und plant ein eigenes kleines Café zu eröffnen, das sie vormittags betreiben möchte. Falls sie dies ohne Genehmigung der Geschäftsleitung tut, verstößt sie gegen das Wettbewerbsverbot und muss ggf. mit einer Kündigung rechnen.*

Personalakte

Mit dem Abschluss des Arbeitsvertrages sind vom Arbeitnehmenden die **Arbeitspapiere** und ggf. weitere Unterlagen einzureichen, damit der Arbeitgeber seinen arbeitsvertraglichen und gesetzlichen Pflichten nachkommen kann. Es sind dies u. a.:

- Personal(frage)bogen
- für ELStAM[1]: Steuer-Identifikationsnummer und das Geburtsdatum
- Sozialversicherungsnummer und Geburtsort, evtl. auch Versicherungsnummernachweis
- Zeugnisse
- Mitgliedsbescheinigung der Krankenkasse
- Urlaubsbescheinigung des letzten Arbeitgebers
- Aufenthaltsbescheinigung und Arbeitserlaubnis bei Nicht-EU-Bürger/-innen
- Bankverbindung
- Unterlagen für vermögenswirksame Leistungen
- Unterlagen für die private Altersvorsorge

Sämtliche für das Arbeitsverhältnis relevanten Unterlagen werden in einer **Personalakte** aufbewahrt, die vor Beginn eines Arbeits- oder Ausbildungsverhältnisses für jede Mitarbeiterin und jeden Mitarbeiter angelegt wird.

BEISPIEL *Aufbau der Personalakte bei der Sommerfeld Bürosysteme GmbH*

Personalakte	**Personenbezogene Unterlagen**	– Personal(frage)bogen/Stammblatt – Bewerbungsschreiben – Lebenslauf – Zeugnisse – evtl. polizeiliches Führungszeugnis
	Vertragliche Vereinbarungen und Unterlagen zur Tätigkeit	– Arbeitsvertrag – Zusatzvereinbarungen – Erklärung zu Nebenbeschäftigungen – Abmahnungen – Stellenbeschreibung – Beurteilungen – Fort- und Weiterbildung – Beförderungen – Versetzungen

1 ELStAM ist die Abkürzung für „**E**lektronischen **L**ohn**St**euer**A**bzugs**M**erkmale“. Das ELStAM-Verfahren wird auch „elektronische Lohnsteuerkarte“ genannt.

	Unterlagen zu Bezügen und Abwesenheiten	– Grundentgelt – Prämien/Zulagen – Vorschüsse – Nachweis über vermögenswirksame Leistungen – Betriebliche Altersvorsorge – Anmeldung zur Krankenkasse – Sozialversicherungsausweis – Urlaubstage – Krankheitstage – Mutterschutz – Elternzeit
	Sonstige Unterlagen	– Gesprächsprotokolle – Personalentwicklungsplan – allgemeiner Schriftverkehr

Datenschutz

Da in der Personalakte personenbezogene Daten hinterlegt werden, ist neben dem **Bundesdatenschutzgesetz (BDSG)** vor allem die **Europäische Datenschutz-Grundverordnung (DSGVO)** zu beachten. Sie regelt den Umgang mit personenbezogenen Daten in der Europäischen Union.

In Artikel 5 der DSGVO werden die wesentlichen **Grundsätze der Verarbeitung personenbezogener Daten** definiert. Es sind dies u. a.

Rechtmäßigkeit, Verarbeitung nach Treu und Glauben, Transparenz	Daten müssen nach Treu und Glauben in einer nachvollziehbaren Weise verarbeitet werden.
Zweckbindung	Daten dürfen nur für festgelegte, eindeutige und legitime Zwecke erhoben werden.
Datenminimierung	Daten müssen auf das für die Verarbeitung notwendige Maß beschränkt sein.
Richtigkeit	Daten müssen richtig und aktuell sein. Unrichtige Daten müssen unverzüglich gelöscht oder korrigiert werden.
Integrität und Vertraulichkeit	Daten müssen sicher sein, d. h., sie sind vor unbefugter oder unrechtmäßiger Verarbeitung, vor unbeabsichtigtem Verlust, unbeabsichtigte Zerstörung sowie unbeabsichtigter Schädigung zu schützen.

Das Führen einer **Personalakte** ist für den Arbeitgeber **notwendig**, um arbeitsvertragliche Pflichten sowie steuer- und sozialrechtliche Vorgaben zu erfüllen. Insofern bedarf dieser Vorgang grundsätzlich **nicht der Einwilligung** der Arbeitnehmenden. Diese muss evtl. eingeholt werden, wenn vom Arbeitgeber personenbezogene Daten erhoben werden, die über das dafür notwendige Maß hinausgehen.

BEISPIEL *Die Mitarbeitenden der Sommerfeld Bürosysteme GmbH müssen einer Veröffentlichung ihrer Fotos auf der Homepage explizit zustimmen.*

Die DSGVO räumt den **Arbeitnehmenden** in Bezug auf ihre **personenbezogenen Daten** bestimmte **Rechte** ein bzw. erlegt dem **Arbeitgeber** bestimmte **Pflichten** auf. Wesentliche Rechte und Pflichten sind u. a.:

Rechte/Pflichten	Rechtsgrundlage DSGVO
Informationspflicht	Artikel 13 und 14 regeln die Informationspflichten des Arbeitgebers vor allem hinsichtlich der Verarbeitung und Speicherung von personenbezogenen Daten.
Auskunftsrecht	Artikel 15 regelt u. a., dass Arbeitnehmende eine Kopie ihrer verarbeiteten personenbezogenen Daten verlangen können.
Recht auf Berichtigung	Artikel 16 räumt Arbeitnehmenden ein Recht auf Berichtigung unrichtiger Daten ein.
Recht auf Löschung	Artikel 17 räumt Arbeitnehmenden unter bestimmten Bedingungen ein Recht auf Löschung ein, z. B. müssen personenbezogene Daten gelöscht werden, wenn diese nicht mehr notwendig sind.
Sicherheit der Verarbeitung	Artikel 32 verlangt, dass personenbezogene Daten durch geeignete technische und organisatorische Maßnahmen zu schützen sind. BEISPIEL *Bei der Sommerfeld Bürosysteme sind papiergebundene Personalakten in abschließbaren Schränken verwahrt und digitale Akten durch Passwörter geschützt. Nur ausgewählte Mitarbeitende haben Zugang zu den Personalakten.*

Neben den Regelungen der DSVGO ist das **Betriebsverfassungsgesetz (BetrVG)** eine weitere wichtige Rechtsgrundlage für den Umgang mit Personalakten.

Arbeitnehmende haben nach § 83 BetrVG das Recht, ihre **Personalakte einzusehen**. Sie können hierzu ein Mitglied des Betriebsrates hinzuziehen. Auf Verlangen der Arbeitnehmenden müssen Erklärungen zum Inhalt der Personalakte hinzugefügt werden.

BEISPIEL *Emilio Lanzetti hat eine Abmahnung erhalten, die in der Personalakte enthalten ist. Seine Gegendarstellung ist dort ebenfalls aufzubewahren.*

Der **Betriebsrat** hat nach § 87 Abs. 1 Nr. 6 ein **Mitbestimmungsrecht** bei der Einführung und Anwendung technischer Einrichtungen, die dazu geeignet sind, das Verhalten oder die Leistung der Beschäftigten zu überwachen. Dies ist regelmäßig dann der Fall, wenn **elektronische Personalakten** geführt und mit einem Personalinformationssystem (vgl. S. 393 f.) verknüpft sind.

Onboarding

Nach dem Abschluss des Arbeitsvertrages beginnt das **Onboarding** des neuen Personals. Onboarding ist ein strukturierter Prozess, mit dem neuen Mitarbeitenden die Einarbeitung in das Unternehmen erleichtert wird, um sie möglichst schnell in die betrieblichen Abläufe zu integrieren. Häufig unterstützen Checklisten den Onboarding-Prozess. Das Onboarding beinhaltet je nach Unternehmen eine Reihe von Maßnahmen, die zumeist dem folgenden Ablauf folgen:

- Vor **Arbeitsbeginn** wird der Arbeitsplatz hergerichtet und notwendiges Informationsmaterial bereitgestellt. Die zukünftigen Arbeitskolleginnen und -kollegen sind über neue Mitarbeitende zu informieren, damit ein freundlicher Empfang bereitet werden kann.

- Spätestens mit Beginn des Arbeitsverhältnisses sind von neuen Arbeitnehmenden die **Arbeitspapiere** einzureichen, die in der Personalakte aufbewahrt werden (siehe S. 382 f.).
- Der **erste Arbeitstag** beginnt in der Regel mit einer Begrüßung durch Vorgesetzte sowie einer Betriebsführung, um die Räumlichkeiten kennenzulernen. Auch werden neue Mitarbeitende über die geltenden Sicherheitsvorschriften informiert.
- Im Rahmen der **fachlichen Einarbeitung** werden Einarbeitungspläne erstellt und notwendige Fortbildungsmaßnahmen geplant. Idealerweise werden neue Mitarbeitende durch ein Mentoring unterstützt. Erfahrene Mitarbeitende helfen bei Problemen und Fragen.
- Um neue Mitarbeitende in die **Unternehmenskultur** zu integrieren, werden die wesentliche Unternehmenswerte vermittelt und die Kommunikationswege geklärt.
- Das Onboarding schließt mit einer **Evaluation** ab. In Feedbackgesprächen wird die Einarbeitungsphase reflektiert. Bei Bedarf wird der Onboarding-Plan angepasst und durch neue Entwicklungsziele ergänzt.

Das Onboarding von **Menschen mit Behinderung** erfordert eine besonders sorgfältige Planung. Sie soll sowohl den individuellen Bedürfnissen der jeweiligen Person als auch den besonderen gesetzlichen Anforderungen Rechnung tragen.

Wichtig ist vor allem eine bedarfsgerechte Gestaltung und Ausstattung des Arbeitsplatzes. Hier ist darauf zu achten, dass eine **barrierefreie Kommunikation** möglich ist. Deshalb sind ggf. ergänzende Hilfsmittel notwendig.

Schulungen der Arbeitskolleginnen und -kollegen können hilfreich sein, um die Integration von Menschen mit Behinderung zu erleichtern. Auch ein **Mentoring** kann helfen, die Herausforderungen in der Einführungsphase gut zu bewältigen.

ZUSAMMENFASSUNG

Arbeitsvertrag schließen

- Der Arbeitsvertrag ist eine **Form des Dienstvertrages**. Aus ihm ergeben sich für Arbeitnehmende Rechte und Pflichten:

Arbeitsvertrag

Rechte	Pflichten
– Vergütung – Fürsorge – Urlaub – Zeugnis – Kündigungsfrist – Gleichbehandlung	– Dienstleistung – Weisungen Folge leisten – Schweigepflicht – Handelsverbot – Wettbewerbsverbot – Sorgfaltspflicht – Verbot der Schmiergeldannahme

- Die wesentlichen Inhalte des Arbeitsvertrages müssen **schriftlich** bzw. in **Textform** niedergelegt werden.
- Die Vereinbarung von **Probezeiten** und **Befristungen** im Arbeitsvertrag sind grundsätzlich zulässig.
- Mit Abschluss des Arbeitsvertrages sind von Arbeitnehmenden verschiedene **Unterlagen** beim **Arbeitgeber** einzureichen.
- Für jede Mitarbeiterin und jeden Mitarbeiter wird eine **Personalakte** angelegt.
- Beim Führen einer Personalakte sind die Bestimmungen der **DSGVO** und des **Betriebsverfassungsgesetzes** zu beachten.
- Der Einstieg in das Unternehmen wird neuen Mitarbeitenden durch einen strukturierten **Onboarding-Prozess** erleichtert.

AUFGABEN

1. Erläutern Sie, durch welche Regelungen die Vertragsfreiheit beim Abschluss eines Arbeitsvertrages eingeschränkt wird.

2. Alle neuen Mitarbeitenden der Sommerfeld Bürosysteme GmbH durchlaufen einen strukturierten Onboarding-Prozess. Beschreiben Sie in einer sinnvollen zeitlichen Reihenfolge wesentliche Bestandteile des Onboarding-Prozesses.

3. Mit dem Abschluss des Arbeitsvertrages müssen neue Arbeitnehmende einige Unterlagen einreichen, damit die Sommerfeld Bürosysteme GmbH ihren arbeitsvertraglichen und gesetzlichen Pflichten nachkommen kann. Diese Unterlagen werden in der Personalakte aufbewahrt.
   a) Nennen Sie sechs Unterlagen, die einzureichen sind.
   b) Beschreiben Sie wesentliche datenschutzrechtliche Regelungen der DSGVO, die die Sommerfeld Bürosysteme bei der Führung der Personalakten zu beachten hat.

4. Herr Lanzetti, Abteilungsleiter Logistik und Materialbeschaffung, fordert den Angestellten Jung auf, in der Mittagspause sein Auto zu waschen. Er ist der Meinung, Lehrjahre seien keine Herrenjahre und er habe als Berufsanfänger seiner Chefin sogar im Haushalt helfen müssen. Nehmen Sie Stellung.

5. Frau Niedlich hat eine Abmahnung erhalten, die ihrer Meinung nach nicht gerechtfertigt war. Daraufhin fordert sie, Einsicht in ihre Personalakte nehmen zu dürfen. Außerdem verlangt sie, dass ihre Gegendarstellung in die Personalakte aufgenommen wird. Beides wird ihr verweigert. Erläutern Sie die Rechtslage.

6. Ein Angestellter der Sommerfeld Bürosysteme GmbH jobbt während des Urlaubs als Animateur in einem Ferienclub. Als Herr Feld davon erfährt, verbietet er ihm den Ferienjob. Der Angestellte ist der Meinung, was er in seinem Urlaub mache, gehe niemanden etwas an. Beurteilen Sie den Fall.

7. Eine Angestellte der Sommerfeld Bürosysteme GmbH wird im Urlaub krank. Durch Attest kann sie sechs Tage Arbeitsunfähigkeit belegen. Überprüfen Sie, welche Auswirkungen dies auf ihren Urlaubsanspruch hat.

LS 32

1.5 Personal leasen

Frau Esther Kastner hat soeben ihren Arbeitsvertrag unterschrieben. Der Personalleiter Herr Krämer bittet Emilia Schaub, die neu angelegte Personalakte herauszusuchen, damit der Arbeitsvertrag abgelegt werden kann. Als Emilia Schaub Herrn Krämer die Personalakte reicht, meint sie: „Herr Krämer, gestern habe ich in der Zeitung gelesen, dass immer mehr Unternehmen in Deutschland auf Personalleasing zurückgreifen. Warum haben wir Frau Kastner fest eingestellt, wir hätten doch eine Mitarbeiterin leasen können?" „Hin und wieder greifen wir auch auf Personalleasing zurück", erwidert Herr Krämer, „aber es gehört zu unserer Unternehmensphilosophie, nur sparsam davon Gebrauch zu machen. Außerdem, Emilia, ist das ein einfaches Rechenexempel. Bei einer Festeinstellung rechnen wir für eine qualifizierte Mitarbeiterin wie Frau Kastner mit einem Stundensatz von 32,00 € inklusive der Personalnebenkosten. Ein Bewerberauswahlverfahren verursacht zudem Kosten in Höhe von etwa 1 500,00 €. Mir liegt ein Angebot einer Personalleasinggesellschaft vor, die für eine vergleichbar qualifizierte Mitarbeiterin 33,75 € verlangt."

ARBEITSAUFTRÄGE

- **Erläutern Sie die Vertragsbeziehungen zwischen Entleiher, Verleiher und Arbeitnehmenden beim Personalleasing.**
- **Berechnen Sie, ab welcher Stundenanzahl eine Festeinstellung günstiger ist.**
- **Stellen Sie die Vorteile des Personalleasings aus der Perspektive der Sommerfeld Bürosysteme GmbH heraus.**

Personalleasing

Unter Personalleasing (auch Leiharbeit oder Zeitarbeit) versteht man die zeitlich beschränkte entgeltliche **Arbeitnehmerüberlassung** einer Leiharbeitskraft durch einen Verleiher (Personalleasinggesellschaft) an einen Entleiher (Unternehmen). Beim Personalleasing gibt es also drei Parteien, die in unterschiedlichen Vertragsverhältnissen zueinander stehen.

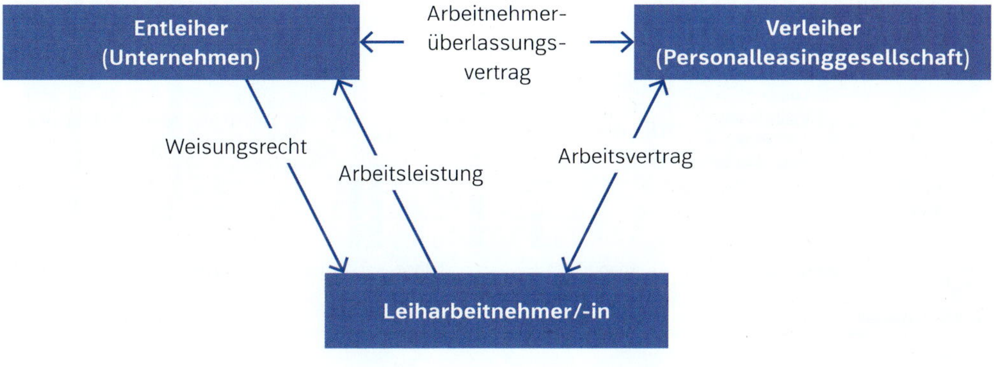

Die **Leiharbeitskraft** ist bei der Personalleasinggesellschaft in einem „normalen" Arbeitsverhältnis beschäftigt. Für sie gelten sämtliche arbeitsvertraglichen oder tarifvertraglichen Rechte inklusive des Kündigungsschutzes. So erhält sie ihren Lohn oder ihr Gehalt sowie Urlaub von der Personalleasinggesellschaft. Ihre Arbeitsleistung erbringt die Leiharbeitskraft beim Entleiher. Dieser ist gegenüber der Leiharbeitskraft weisungsberechtigt.

Gesetzlich geregelt ist das Personalleasing im **Arbeitnehmerüberlassungsgesetz** (AÜG). Danach bedürfen **Personalleasinggesellschaften** für die Aufnahme ihrer Tätigkeit i. d. R. einer **Erlaubnis** durch die Agentur für Arbeit. Personalleasinggesellschaften können Leiharbeitskräfte für maximal 18 Monate dem gleichen Entleiher überlassen. Eine Verlängerung dieser gesetzlichen Höchstüberlassungsdauer ist durch den Tarifvertrag der Entleiherbranche möglich. Personalleasinggesellschaften sind verpflichtet, der Leiharbeitskraft die gleichen Arbeitsbedingungen inklusive des Arbeitsentgeltes zu gewähren, wie sie bei der vergleichbaren Belegschaft des Entleihers üblich sind **(Equal Treatment/Equal Payment)**. Allerdings kann durch die Anwendung eines Tarifvertrages für die ersten 9 Monate der Überlassung vom **Gleichstellungsgrundsatz** abgewichen werden. Längere Abweichungen sind nur durch tarifvertragliche Regelungen möglich, wenn die Leiharbeitskraft spätestens nach 15 Monaten ein gleichwertiges Arbeitsentgelt wie vergleichbare Arbeitskräfte der Einsatzbranche erreicht und die Heranführung an dieses Arbeitsentgelt nach einer längstens sechswöchigen Einarbeitungsphase beginnt. In vielen Branchen existieren bereits Zuschlagstarifverträge, die die Angleichung der Entgelte der Leiharbeitskräfte an die vergleichbarer Arbeitskräfte der Einsatzbranche regeln.

Aus **gesellschaftlicher Perspektive** wird mit dem Personalleasing bezweckt, vor allem Geringqualifizierte und Langzeitarbeitslose in dauerhafte Beschäftigung beim Entleiher zu bringen **(Klebeeffekt)**. Dies gelingt leider nur zu einem geringen Teil. Viele Unternehmen sehen im Personalleasing eher ein Instrument der **Flexibilisierung** von Arbeit.

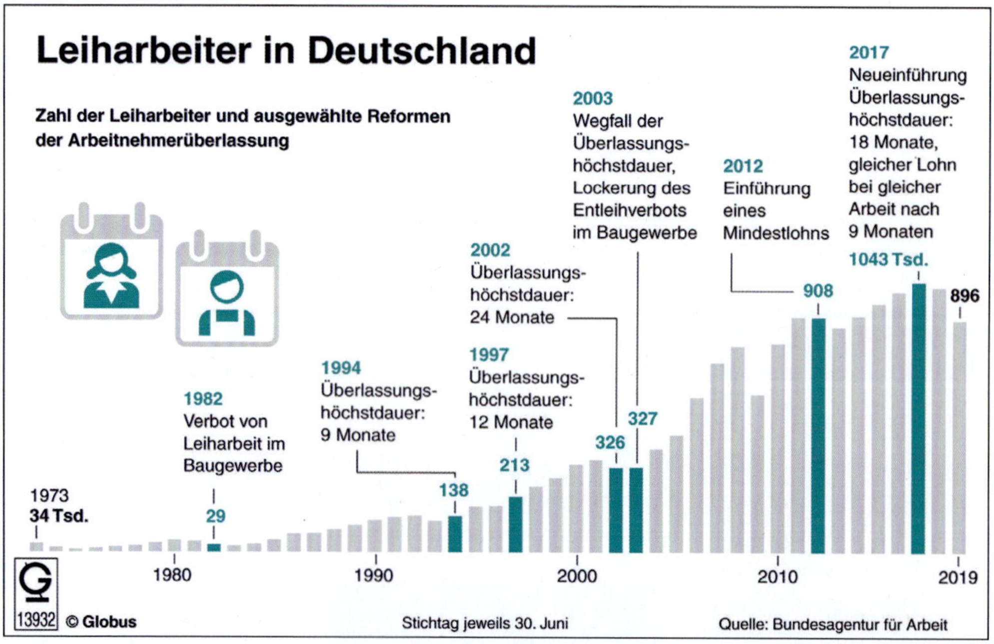

ZUSAMMENFASSUNG

Personal leasen

- Rechtsgrundlage des Personalleasing ist das **Arbeitnehmerüberlassungsgesetz** (AÜG).
- Die Personalleasinggesellschaft (Verleiher) benötigt eine **Erlaubnis** der Agentur für Arbeit.
- Zwischen der Personalleasinggesellschaft und dem Entleiher besteht ein **Arbeitnehmerüberlassungsvertrag**.
- Die **Leiharbeitskraft** steht in einem **Arbeitsverhältnis** bei der Personalleasinggesellschaft.
- Gegenüber der Leiharbeitskraft hat der **Entleiher** ein **Weisungsrecht**.
- Die **Höchstüberlassungsdauer** für Leiharbeitskräfte beträgt 18 Monate.
- Für Leiharbeitskräfte gilt der **Gleichstellungsgrundsatz** (Equal Treatment/Equal Payment).
- Nach **Tarifvertrag** sind **Abweichungen** vom Gleichstellungsgrundsatz innerhalb der ersten 9 bzw. unter bestimmten Bedingungen 15 Monate möglich.
- Gesellschaftspolitisch gewünscht ist langfristig eine Beschäftigung der Leiharbeitskraft bei einem Entleiher **(Klebeeffekt)**.

AUFGABEN

1 Die Wollux GmbH überlegt, eine Hilfskraft für die Produktion fest einzustellen. Für die Anzeigenschaltung rechnet sie mit Kosten von 350,00 €. Des Weiteren kalkuliert sie für die Personalauswahl mit 14 Stunden à 50,00 €. Als Stundenlohn inklusive aller Nebenkosten werden 18,00 € festgesetzt. Bei der Wollux GmbH beträgt die durchschnittliche monatliche Arbeitszeit 165 Stunden. Eine örtliche Personalleasinggesellschaft stellt für eine Hilfskraft 19,50 € pro Stunde in Rechnung. Berechnen Sie, nach wie vielen Monaten die Festeinstellung günstiger ist.

2 Als Hera Dubowski die Zeitung aufschlägt, liest sie folgenden Artikel:

> **Arbeitsmarktreformen tragen Früchte**
>
> (...) Die Arbeitgeber zeigen sich zufrieden mit den Arbeitsmarktreformen. Durch die Flexibilisierung des Arbeitsmarktes ist es zu einem Anstieg der Beschäftigung gekommen. Hierzu hat die Reform des Arbeitnehmerüberlassungsgesetzes (AÜG) in besonderem Maße beigetragen. Gerade gering qualifizierten Arbeitskräften ist es gelungen, in eine dauerhafte Beschäftigung einzutreten. (...)

Benennen Sie die Vor- und Nachteile des Personalleasings aus der Perspektive des Entleihers und der Leiharbeitskraft, indem Sie eine Tabelle nach folgendem Muster anfertigen.

	Entleiher	Leiharbeitskraft
Vorteile		
Nachteile		

2 Personal einsetzen und verwalten

2.1 Personaleinsatz planen

LS 32

Frau Kastner, die neu eingestellte Sachbearbeiterin für den Bereich Messen, stürzt sich mit Eifer in die neue Aufgabe und plant einen großen Auftritt auf der Möbelmesse in Köln. 150 m^2 Standfläche sollen fünf Tage von drei Mitarbeitenden besetzt sein. An den besucherstarken Tagen Freitag und Samstag sollen jeweils fünf Mitarbeitende anwesend sein. „Und wie willst du das bei unserer angespannten Personalsituation konkret regeln?", fragt ihre Kollegin Sandra Braun. Herr Sommer, der den Dialog verfolgt hat, schaltet sich ein: „Bitte legen Sie mir bis morgen eine Personaleinsatzplanung vor und begründen Sie mir die Auswahl der Kolleginnen und Kollegen!"

ARBEITSAUFTRÄGE

- **Erläutern Sie das Instrument der Personaleinsatzplanung anhand eines Beispiels aus Ihrem Unternehmen.**
- **Stellen Sie Rahmenbedingungen für den Personaleinsatz der Sommerfeld Bürosysteme GmbH auf der Möbelmesse auf und planen Sie den Personaleinsatz.**

Für die Personaleinsatzplanung müssen die **Rahmendaten der Planung** bekannt sein. Hierbei handelt es sich aus Sicht der Personalwirtschaft um betriebliche Erfordernisse und begründete Interesse der Mitarbeitenden.

Aus betrieblicher Sicht muss zunächst die **Betriebsbereitschaft** gesichert sein.

BEISPIEL *Bei einem Industriebetrieb muss der reibungslose Ablauf des Produktionsprozesses sichergestellt sein. Bei einem Handelsbetrieb ist die kundenorientierte Wahrnehmung der Funktionen des Handels sicherzustellen.*

Dabei kann das **Niveau der Betriebsbereitschaft** durchaus unterschiedlich sein.

BEISPIEL *Im Handel ist an verkaufsruhigen Tagen eine geringere Präsenz der Mitarbeitenden erforderlich als im Weihnachtsgeschäft.*

Die **Sicherheit des Betriebsablaufs** setzt dem Niveau der Betriebsbereitschaft Grenzen.

BEISPIEL *In einem Industriebetrieb ist die Sicherheit gefährdet, wenn die notwendigen Kontroll- und Wartungsaufgaben aus Personalmangel nicht erfüllt werden können.*

Aus Sicht der **Mitarbeitenden** sind neben dem vereinbarten Arbeitspensum die vereinbarten Zeiten der Leistungsabgabe und weitere individuelle Einschränkungen zu berücksichtigen.

BEISPIELE *Erholungsurlaub, Fortbildungen, Krankmeldungen, Kuren, Erziehungsurlaub*

Personaleinsatzplanung

Die Personaleinsatzplanung verfolgt den Zweck, **den kurzfristigen Personaleinsatz zu regeln**. Ziel ist es, unter Berücksichtigung der geplanten Produktion den wirtschaftlichen Einsatz der vorhandenen Mitarbeitenden sicherzustellen.

Der **Personaleinsatzplan** enthält die Namen der Mitarbeitenden, die Wochentage, den geplanten Einsatz und vorhersehbare Fehlzeiten wie Urlaub, Freizeitausgleich oder Berufsschultage. Oft ist noch eine Mindestbesetzung vorgegeben.

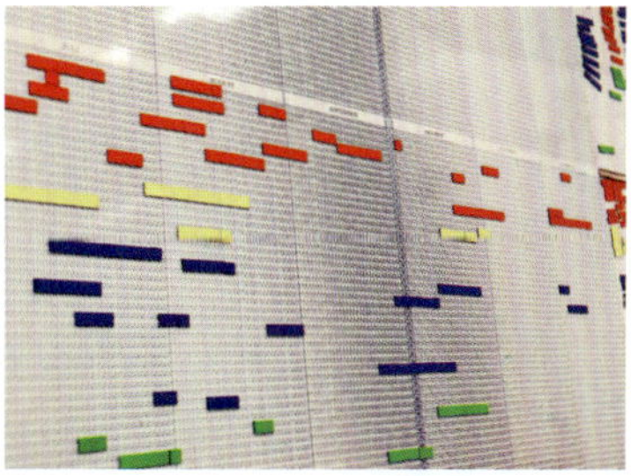

BEISPIEL *Frau Duman, Gruppenleiterin der Polsterei der Sommerfeld Bürosysteme GmbH, plant die zweite Dezemberwoche. Sie hat zwei Vollzeitkräfte, eine Teilzeitkraft und eine Auszubildende zur Verfügung: ihre Stellvertreterin Frau Heine, Herrn Horn, Frau Keller und die Auszubildende Frau Nohl. Es sind folgende vorhersehbaren Fehlzeiten bekannt:*
- *Frau Duman ist am Donnerstag ganztägig auf der Möbelmesse.*
- *Frau Heine ist Montag und Dienstag in Urlaub.*
- *Herr Horn muss am Dienstag um 07:30 Uhr zum Arzt und wird um 11:30 Uhr zurück sein.*
- *Frau Keller bekommt am Donnerstag ab 12:00 Uhr ihren Freizeitausgleich.*
- *Die 17-jährige Auszubildende Nohl besucht Mittwoch von 07:30 bis 11:30 und Donnerstag von 07:30 Uhr bis 12:30 Uhr die gegenüberliegende Berufsschule.*

Die Werkstatt muss zu folgenden Zeiten besetzt sein:
- *Montag bis Donnerstag 07:30 Uhr bis 16:30 Uhr*
- *Freitag bis 15:30 Uhr*
- *von 12:00 bis 13:00 Uhr ist Mittagspause*

Die geplante Wochenarbeitszeit beträgt für den Zeitraum 37 Stunden. Frau Keller steht als Teilzeitkraft 20 Stunden zur Verfügung. Produktionsbedingt ist eine Mindestbesetzung von zwei Beschäftigten vorgeschrieben. Frau Duman oder ihre Stellvertreterin müssen ständig anwesend sein. Der Personaleinsatzplan der Polsterei könnte folgendermaßen aussehen:

Personaleinsatzplan Polsterei						**48. Woche**
Name	**Montag**	**Dienstag**	**Mittwoch**	**Donnerstag**	**Freitag**	**Summe**
Duman	8	8	6	8A	7	37
Heine	8U	8U	8	8	5	37
Horn	8	4K + 4	6	8	7	37
Keller	8	4	–	4,5 + 3,5F	–	20
Nohl	8	8	4B + 4	8B	5	37

A = betrieblich außer Haus, U = Urlaub, K = Krankheit, F = Freizeitausgleich, B = Berufsschule

ZUSAMMENFASSUNG

Personaleinsatz planen

Rahmendaten der Personaleinsatzplanung

Betriebliche Erfordernisse

- Sicherstellung der Betriebsbereitschaft
- Niveau der Betriebsbereitschaft
- Sicherheit des Betriebsablaufs

Begründete Interessen der Mitarbeitenden

- vereinbartes Leistungspensum
- Zeiten der Leistungsabgabe
- individuelle Einschränkungen

AUFGABEN

1 Erläutern Sie das unterschiedliche Niveau der Betriebsbereitschaft anhand von Beispielen aus Ihrem Ausbildungsbetrieb.

2 Stellen Sie anhand eines Beispiels den für die Sicherheit des Betriebsablaufs erforderlichen Personaleinsatz dar.

3 Nennen Sie weitere Rahmendaten des Personaleinsatzes, die aus begründeten Mitarbeiterinteressen resultieren.

LS 16

2.2 Personal unter Beachtung von Tarifvertrag und Betriebsvereinbarung verwalten

Emilia Schaub ist heute mit Aufgaben der Personalverwaltung betraut. Als sie gerade mithilfe des Personalinformationssystems eine Reisekostenabrechnung erstellt, hört sie folgende Meldung im Radio: „Nach vierwöchigen Verhandlungen und einigen Warnstreiks ist endlich der neue Tarifvertrag für den Bereich Holz- und Kunststoffindustrie abgeschlossen worden. Alle Arbeitnehmenden erhalten jetzt monatlich 3 % mehr Gehalt, die Ausbildungsvergütung wird pauschal um 50,00 € erhöht. Außerdem gibt es eine Arbeitsplatzgarantie für die nächsten drei Jahre und allen Auszubildenden wird für den gleichen Zeitraum die Übernahme nach Abschluss ihrer Kaufmannsgehilfenprüfung zugesagt.“ Da Emilia im kommenden

Sommer ihre Ausbildung beendet, ist sie über dieses Ergebnis sehr glücklich. Leon Heller, ebenfalls Auszubildender der Sommerfeld Bürosysteme GmbH, ist dagegen skeptisch: „Glaubst du wirklich, dass alle Azubis nach der Lehre übernommen werden? So viele Leute können wir doch gar nicht brauchen!"

ARBEITSAUFTRÄGE

- **Erläutern Sie die Aufgaben der Personalverwaltung und erklären Sie den Nutzen von Personalinformationssystemen.**
- **Stellen Sie fest, wer die Tarifvertragsparteien sind und welche rechtliche Bedeutung der Tarifvertrag für Arbeitnehmende hat.**
- **Beschreiben Sie, welche Arten von Tarifverträgen es gibt.**
- **Erläutern Sie, ob sich Emilia Schaub auf die Regelungen dieses Tarifvertrages verlassen kann.**

Personalverwaltung

Spätestens ab dem Zeitpunkt der Einstellung einer neuen Arbeitskraft sind von der Personalabteilung zahlreiche verwaltungstechnische Aufgaben wahrzunehmen. Die Personalverwaltung beschäftigt sich mit den **regelmäßig anfallenden, administrativen Aufgaben** des Personalwesens. Dabei sind die Bestimmungen des Arbeitsvertrages, des Tarifvertrages und der Betriebsvereinbarungen zu beachten.

Zu den **Aufgaben** der Personalverwaltung zählen u. a.:

- Führen der Arbeitszeitkonten
- Ermittlung von Arbeits-, Urlaubs- und Fehlzeiten der Mitarbeitenden
- Berechnung des Arbeitsentgeltes
- Ermittlung und Abführung der Sozialversicherungsbeiträge
- Erstellung der Reisekostenabrechnung
- Führen des allgemeinen Schriftverkehrs
- Anlage und Pflege der Personalakten
- Verwaltung der Personalstammdaten
- Aufgaben im Zusammenhang mit der Einstellung und Einführung sowie dem Ausscheiden von Mitarbeitenden
- Erstellung der Personalstatistik
- Berechnung der Ausgleichsabgabe für Schwerbehinderte

Personalinformationssystem

Aufgaben der Personalverwaltung und des Personalmanagements werden i. d. R. mithilfe eines Personalinformationssystems (PIS) durchgeführt. **Personalinformationssysteme** sind computergestützte Systeme, die die Erfassung, Speicherung, Verarbeitung und Analyse von personalwirtschaftlichen Informationen erlauben. Sie greifen auf verschiedene Datenbanken zurück und erlauben die Wahrnehmung personalwirtschaftlicher Funktionen, z. B.:

- Stammdatenverwaltung
- Zeitermittlung
- Lohn- und Gehaltsabrechnung

- Personalstatistik
- Personalplanung

Im Rahmen der Personaladministration ermöglichen Personalinformationssysteme das Führen einer **elektronischen Personalakte**. Die papiergebundene Personalakte wird weitestgehend ersetzt.

Zu beachten sind bei der Einführung eines Personalinformationssystems die Mitbestimmungsrechte des Betriebsrates nach dem **Betriebsverfassungsgesetz** sowie die Bestimmungen des **Bundesdatenschutzgesetzes** und der **Europäischen Datenschutz-Grundverordnung (DSGVO)** (vgl. S. 383 f.). Häufig werden mit dem Betriebsrat **Betriebsvereinbarungen** über die Einführung und Anwendung eines PIS geschlossen.

Mit der Einführung eines Personalinformationssystems sind folgende Vor- und Nachteile verbunden.

Vorteile eines PIS	Nachteile eines PIS
+ Zeit- und Kostenersparnis + Optimierung von Entscheidungs- und Personalprozessen + schneller Zugriff auf Personaldaten + Schutz vor Datenverlust + Aktualität der Daten bei entsprechender Pflege + gleichzeitige Nutzung der Daten durch mehrere Mitarbeitende + Einsparung von Papier und Platz	– hohe Komplexität der Systeme – Einführungsprobleme – hohe Fixkosten – Gefahr des Datenmissbrauchs – hoher Aufwand zur Sicherung vor unbefugten Zugriffen – Abbau von Arbeitsplätzen durch Rationalisierung – Datenexplosion

Der Tarifvertrag

Wesentliche rechtliche Bestimmungen, die es bei der Personalverwaltung zu beachten gilt, finden sich im Arbeitsvertrag, im Tarifvertrag und in Betriebsvereinbarungen. Während der Einzelarbeitsvertrag eine individuelle, d. h. einzelvertragliche Vereinbarung zwischen Arbeitnehmenden und Arbeitgeber darstellt, legen Tarifverträge und Betriebsvereinbarungen gemeinsame **Regelungen** für ganze Gruppen von Arbeitnehmenden und Arbeitgebern **kollektiv** fest.

Grundlage des Tarifvertragswesens ist die in Artikel 9 Abs. 3 GG garantierte **Tarifautonomie**. Danach haben die Tarifvertragsparteien das Recht, Vereinigungen zu bilden und in eigener Verantwortung Tarifverträge abzuschließen.

> **Artikel 9 GG** Das Recht, zur Wahrung und Förderung der Arbeits- und Wirtschaftsbedingungen Vereinigungen zu bilden, ist für jedermann und für alle Berufe gewährleistet. Abreden, die dieses Recht einschränken oder zu behindern suchen, sind nichtig, hierauf gerichtete Maßnahmen sind rechtswidrig.

Tarifvertragsparteien (Sozialpartner) sind auf Seite der Arbeitnehmenden die Gewerkschaften und auf der Arbeitgeberseite die Arbeitgeberverbände oder einzelne Arbeitgeber. Sie schließen einen **Verbandstarifvertrag** (Arbeitgeberverband und Gewerkschaft) oder einen **Haustarifvertrag** (einzelner Arbeitgeber und Gewerkschaft). Der Geltungsbereich eines Tarifvertrages regelt, auf welche Arbeitsverhältnisse ein Tarifvertrag anzuwenden ist.

Geltungsbereich eines Tarifvertrages	**räumlich**	Region bzw. Tarifgebiet, z. B. Flächentarifvertrag für Bayern
	fachlich/betrieblich	Branche oder Betrieb, z. B. Branchentarifvertrag für die Holzindustrie
	persönlich	Personenkreis, z. B. Tarifvertrag für alle Beschäftigten oder Auszubildendentarifvertrag

Nur die Mitglieder der Tarifvertragsparteien sind an den Tarifvertrag gebunden. Dies hat zur Konsequenz, dass nur Arbeitnehmende, die Mitglied einer Gewerkschaft und bei einem Arbeitgeber, der Mitglied eines Arbeitgeberverbandes ist, beschäftigt sind, Anspruch auf eine Entlohnung gemäß Tarifvertrag haben. Häufig zahlen allerdings tarifgebundene Arbeitgeber allen Arbeitnehmenden das tarifvertragliche Entgelt. Der Bundesminister für Arbeit und Soziales kann allerdings einen Tarifvertrag für **allgemein verbindlich** erklären. Ist dies erfolgt, gilt der Tarifvertrag für alle Arbeitgeber und Arbeitnehmenden.

Die Mitglieder der Tarifvertragsparteien müssen die getroffenen Regelungen erfüllen (**Erfüllungspflicht**). Während der Laufzeit des Vertrages sind keine Kampfmaßnahmen (z. B. Streik) zulässig (**Friedenspflicht**).

Die wichtigsten Tarifverträge sind der **Manteltarifvertrag** und der **Vergütungstarifvertrag**. Darüber hinaus gibt es noch Tarifverträge über die Höhe vermögenswirksamer Leistungen, Vorruhestands-Tarifverträge, Tarifverträge über Sonderzahlungen (z. B. Weihnachtsgeld) usw.

BEISPIEL

Tarifvertrag zur Übernahme von Auszubildenden

§ 1 Geltungsbereich
Der Geltungsbereich umfasst
das Bundesland NRW für die Betriebe der Holz und Kunststoff verarbeitenden Industrie.

§ 2 Grundsätze der Übernahmeverpflichtung

1. Auszubildende werden – soweit sie ihre Abschlussprüfung erfolgreich bestanden haben – im Anschluss an ihr Ausbildungsverhältnis in ein Abeitsverhältnis übernommen, soweit dem nicht personen- oder verhaltensbedingte Gründe entgegenstehen. Die Übernahmeverpflichtung besteht für die ab dem Ausbildungsjahr 2020 abgeschlossenen Ausbildungsverhältnisse und für mindestens zwölf Monate. Die Übernahme kann in diesem Umfang auch befristet vorgenommen werden.
2. Der Anspruch gemäß § 2 Ziff. 1 setzt voraus, das der Arbeitgeber entsprechend seinem späteren Beschäftigungsbedarf Ausbildungsverträge abgeschlossen hat. Soweit der Arbeitgeber Ausbildungsverträge über den späteren Beschäftigungsbedarf hinaus eingegangen ist, besteht keine Übernahmeverpflichtung gemäß § 2 Ziff. 1.

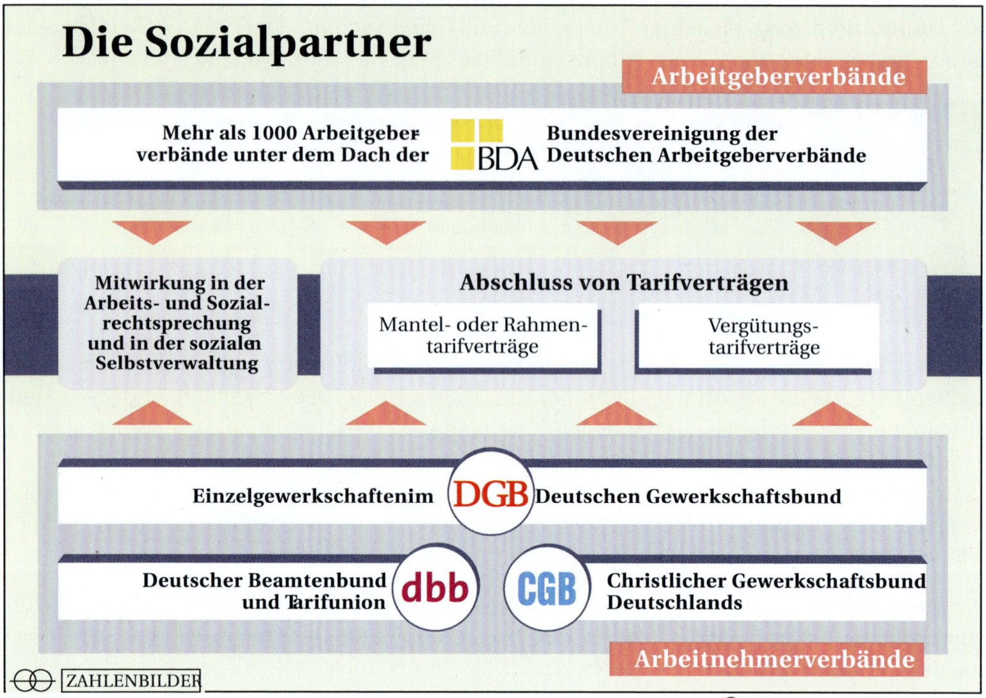

240 010 © Bergmoser + Höller Verlag AG

Manteltarifvertrag

Der Manteltarifvertrag regelt die grundsätzlichen Arbeitsbedingungen. Er wird meist für mehrere Jahre abgeschlossen. Im Manteltarifvertrag sind z. B. folgende Regelungen enthalten:

- Einstellungen und Entlassungen
- Mehrarbeit
- Urlaub
- Arbeitszeit
- Arbeitsunterbrechung und -versäumnis
- Unfallschutz

BEISPIEL

Manteltarifvertrag Holz und Kunststoff verarbeitende Industrie Westfalen-Lippe

Arbeitszeit
Die regelmäßige wöchentliche Arbeitszeit beträgt – ausschließlich der Pausen – 35 Stunden.

Urlaubsdauer
Die Urlaubsdauer beträgt 30 Arbeitstage bei einer 5-Tage-Woche.

Vergütungstarifvertrag

Der Vergütungstarifvertrag besteht aus dem Gehaltstarifvertrag für die kaufmännischen und technischen Angestellten, dem Lohntarifvertrag für die gewerblichen Arbeitnehmenden und dem Tarifvertrag über die Ausbildungsvergütung. Die Arbeitnehmenden werden zunächst in einem Tarifgruppenverzeichnis (Lohn- und Gehaltsrahmentarifvertrag) entsprechend ihrer tatsächlich verrichteten Tätigkeit in **Lohn- und Gehaltsgruppen** eingeteilt, denen dann die entsprechenden **Tarifgehälter** zugeordnet werden. Lohn- und Gehaltstarifverträge werden meist für ein bis zwei Jahre abgeschlossen.

BEISPIEL

Vergütungstarifvertrag für Angestellte

§ 1 Geltungsbereich
Dieser Tarifvertrag gilt:

räumlich:	für das Tarifgebiet Westfalen-Lippe
fachlich:	für die Betriebe der von den Vertragspartner/-innen in den Manteltarifvertragen erfassten Industrie- und Handwerkszweige.
persönlich:	für alle Angestellten, die eine angestelltenversicherungspflichtige Beschäftigung in den und für die vorgenannten Betriebe ausüben.
Tarifgebundenheit:	Tarifgebunden sind gemäß § 3 des Tarifvertragsgesetzes die Mitglieder der vertragsschließenden Arbeitgeberverbände.

Tarifgruppenverzeichnis (Entgeltrahmentarifvertrag)

Aufgrund der Arbeitsbewertung ergeben sich folgende Tarifgruppen:

Tarifgruppe	Stelle
B	einfache Tätigkeit
C	Teilarbeit nach Anweisung
D	selbstständige Teilarbeit innerhalb eines Sachgebietes
E	Bearbeitung eines Sachgebietes
F	Bearbeitung eines schwierigen Sachgebietes
G	Bearbeitung eines schwierigen und vertraulichen Sachgebietes
H	selbstständige Bearbeitung eines schwierigen und vertraulichen Sachgebietes mit Direktionsbefugnis

Vergütung (Entgelttarifvertrag)

Für die angestellten kaufmännischen Arbeitnehmenden sind folgende Entgelte vereinbart:

Entgeltgruppe	Monatsgehalt
B	2478,00
C	2946,00
D	3464,00
E	3904,00
F	4398,00
G	4946,00
H	5584,00

Tarifverhandlungen

Tarifverträge haben eine zeitlich begrenzte Laufzeit und werden nach dem Ende der Vertragslaufzeit neu verhandelt. Der Ablauf von **Tarifverhandlungen** könnte unter Einbeziehung von Arbeitskampfmaßnahmen folgendermaßen aussehen:

- Fristgerechte **Kündigung** des Tarifvertrages zum angegebenen Termin.
- Eröffnung der **Tarifverhandlungen**, die Gewerkschaften stellen ihre Forderungen, die Arbeitgeberverbände unterbreiten ihr Angebot.
- Kommt man zu keinem Kompromiss, kann jede Seite das **Scheitern** der Verhandlungen erklären.
- Sind Tarifverhandlungen gescheitert, kommt es zum **Schlichtungsverfahren**. Die tarifliche Schlichtungsstelle besteht aus der gleichen Zahl von Arbeitgeber- und Gewerkschaftsvertretern und einem unparteiischen Vorsitzenden, die nach einem Einigungsvorschlag suchen.
- Kommt es zu keiner Einigung, ist die Schlichtung **gescheitert**. Die Friedenspflicht ist erloschen und der Arbeitskampf kann beginnen.
- Zunächst stellt die Gewerkschaft durch eine **Urabstimmung** fest, ob ihre Mitglieder zum Streik bereit sind.
- Stimmen 75 % der Mitglieder für einen **Streik**, kann die Gewerkschaft den Streik für den Tarifbezirk ausrufen. Bei einem Streik legen die organisierten Beschäftigten für einen befristeten Zeitraum die Arbeit nieder. Ob Auszubildende an Streiks teilnehmen dürfen, ist umstritten. Nach Auffassung des Bundesarbeitsgerichts darf die Gewerkschaft Auszubildende nur dann zu kurzen, befristeten Warnstreiks aufrufen, wenn über die Ausbildungsvergütung verhandelt wird.
- Als Reaktion auf den Streik können die Arbeitgeber die **Aussperrung** aller Beschäftigten durchführen, d. h., sie verweigern ihnen die Möglichkeit zu arbeiten.
- Für die Dauer von Streik und Aussperrung **ruhen die Arbeitsverträge**. Die Arbeitgeber zahlen demnach auch keine Gehälter. Gewerkschaftsmitglieder erhalten von ihrer Gewerkschaft eine Streikunterstützung. Beschäftigte der unmittelbar betroffenen Betriebe haben weder Anspruch auf Arbeitslosengeld noch auf Kurzarbeitergeld.
- Die Umsatzeinbußen bei den Unternehmen, die Zahlung von Streikunterstützung durch die Gewerkschaften und der Verdienstausfall bei den Beschäftigten führen dazu, dass die Tarifvertragsparteien in **neuen Tarifverhandlungen** nach einem Kompromiss suchen.
- Kommt es zu einer Einigung, müssen dem Ergebnis in einer **Urabstimmung** mindestens 25 % der organisierten Beschäftigten zustimmen.
- Ist dies der Fall, kommt es zum **Abschluss eines neuen Tarifvertrages** und die Arbeit wird wieder aufgenommen.

Tarifverhandlungen werden meist zunächst für einzelne Länder oder Bezirke durchgeführt (**Pilotabschluss**). Oft wird der Abschluss danach für die anderen Bezirke übernommen.

Die Betriebsvereinbarung

→ LF 1 Betriebsvereinbarungen werden zwischen **Betriebsrat** und **Arbeitgeber** eines bestimmten Betriebes geschlossen. Sie müssen schriftlich niedergelegt werden und sind an geeigneter Stelle im Betrieb auszulegen.

Betriebsvereinbarungen dürfen den Bestimmungen des Tarifvertrages nicht widersprechen, sondern sollen diesen an die besonderen Belange des Betriebes anpassen.

Darüber hinaus können in Betriebsvereinbarungen z. B. folgende Regelungen getroffen werden:

- die Planung von Sozialeinrichtungen, z. B. Kantinen, Betriebskindergärten,
- Pausenregelungen,
- Regelungen über das Verhalten der Beschäftigten im Betrieb, wie z. B. Rauchverbot,
- die Betriebsordnung.

BEISPIEL

Betriebsvereinbarung zur Lage der Arbeitszeit zwischen der Unternehmensleitung und dem Betriebsrat der Sommerfeld Bürosysteme GmbH vom 01.01.20(1)
(...)

§ 4 Arbeitszeitmodell (Lage der Arbeitszeit)
In den Abteilungen Vertrieb und Marketing sowie Einkauf und Allgemeine Verwaltung wird im Gleitzeitmodell gearbeitet. Der Beginn der Kernzeit wird auf 9:00 Uhr und das Ende der Kernzeit auf 15:00 Uhr festgesetzt. In der Zeit zwischen 12:00 Uhr bis 13:30 Uhr müssen Vollzeitarbeitnehmende eine halbstündige Pause machen.
(...)

ZUSAMMENFASSUNG

Tarifvertrag und Betriebsvereinbarung

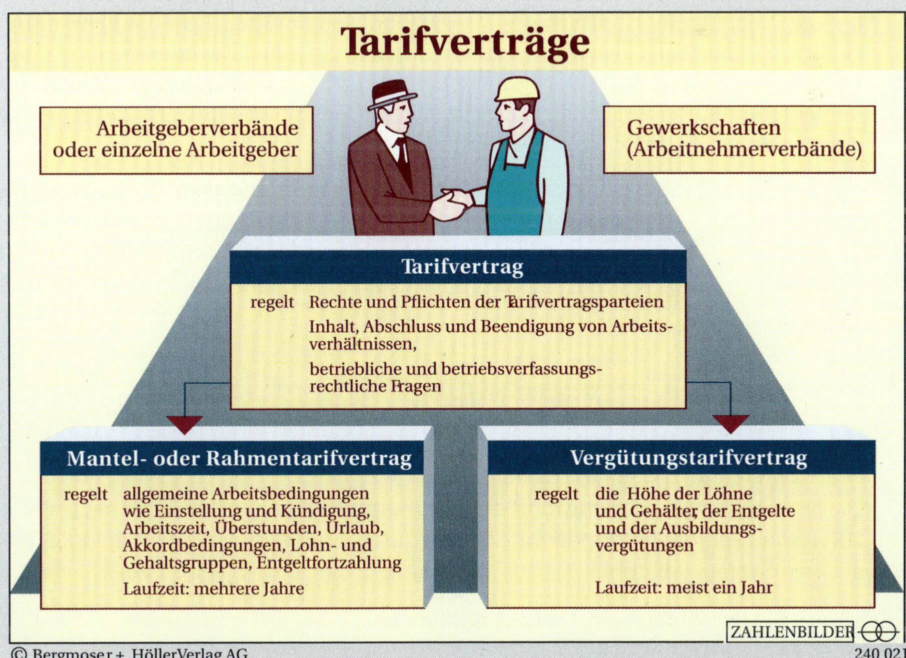

- Alle Mitglieder der Tarifvertragsparteien sind an den Tarifvertrag gebunden. Sie müssen ihn erfüllen **(Erfüllungspflicht)** und dürfen während der Laufzeit keine Kampfmaßnahmen ergreifen **(Friedenspflicht)**.
- Tarifverträge können für **allgemein verbindlich** erklärt werden. Sie gelten dann für alle betroffenen Arbeitnehmenden.
- Die **Betriebsvereinbarung**: Betriebsvereinbarungen werden zwischen **Betriebsrat** und **Arbeitgeber** eines Betriebes geschlossen. Sie dürfen den Bestimmungen des Tarifvertrages nicht widersprechen.

AUFGABEN

1 Emilia Schaub ist gerade damit beschäftigt, die Reisekostenabrechnung für Esther Kastner fertigzustellen. Frau Kastner ist diese Woche mit dem Pkw zu einer Messe nach München gereist. Sie hat die Reise am Montag um 08:00 Uhr angetreten und ist am Mittwoch um 14:00 Uhr von ihrer Dienstreise zurückgekehrt. Ferner ist zu berücksichtigen:

- Die einfache Entfernung mit dem Pkw beträgt 597 km.
- Die einfache Fahrt mit der Bahn kostet 130,00 €.
- Eine Bahncard 25, die zu 25 % Rabatt auf den Fahrpreis berechtigt, kostet 62,90 €.

Betriebsvereinbarung über die Erstattung von Reisekosten
... Für Reisen mit dem Pkw wird eine Pauschale von 0,30 € je gefahrenen Kilometer erstattet. Ab einer Entfernung über 100 km sollten öffentliche Verkehrsmittel genutzt werden. Falls die Fahrt trotzdem mit dem eigenen Pkw durchgeführt wird, erstattet die Sommerfeld Bürosysteme GmbH maximal die Kosten für öffentliche Verkehrsmittel. Bei einer Bahnfahrt ist der Erwerb einer Bahncard 25 verpflichtend, sofern die Fahrt dadurch kostengünstiger ist.
...

Bei Dienstreisen werden folgende Spesen pauschal pro Tag erstattet:
- ab einer Abwesenheit von 8 Stunden 15,00 €
- ab einer Abwesenheit von 16 Stunden 30,00 €
- bei einer Abwesenheit von 24 Stunden 45,00 €

...

a) Berechnen Sie unter Berücksichtigung der Betriebsvereinbarung die zu erstattenden Fahrtkosten und Spesen für Esther Kastner.

b) Die Reisekostenabrechnung führt die Sommerfeld Bürosysteme GmbH mit Unterstützung eines Personalinformationssystems durch. Erläutern Sie, was man unter einem solchen System versteht.

2 Schildern Sie den Ablauf von Tarifverhandlungen

a) als friedliche Tarifverhandlungen,

b) als Tarifverhandlungen unter Einbeziehung von Arbeitskampfmaßnahmen.

Schreiben Sie dazu jeden Schritt auf eine Karte und präsentieren Sie das Ergebnis an einer Pinnwand.

Geben Sie den Vortragenden ein Feedback.

3 Zwischen dem Betriebsrat und der Geschäftsleitung der Sommerfeld Bürosysteme GmbH ist die folgende Betriebsvereinbarung abgeschlossen worden:

Betriebsvereinbarung über die betriebliche Arbeitszeitregelung

Zwischen Geschäftsleitung und Betriebsrat der Sommerfeld Bürosysteme GmbH Essen wird entsprechend § 87 Abs. 1 Nr. 2 BetrVG und den geltenden Tarifverträgen folgende Vereinbarung über die Arbeitszeit getroffen:

1. Die regelmäßige wöchentliche Arbeitszeit beträgt ausschließlich Pausen für sämtliche vollbeschäftigten Tarifmitarbeitenden und Auszubildenden 37 Stunden in der Woche. Die tägliche Arbeitszeit ist wie folgt geregelt:
   - 1.1 Gewerbliche Mitarbeitende
     montags–donnerstags 07:00–15:45 Uhr
     freitags 07:00–14:15 Uhr
     Pausen 09:00–09:15 und 11:45–12:15 Uhr
   - 1.2 Angestellte
     montags–donnerstags 07:45–16:45 Uhr
     freitags 07:45–15:15 Uhr
     Pausen 12:00–13:00 Uhr
   - 1.3 Auszubildende
     siehe 1.2
     Die Pausen lt. JArbSchG sind zu berücksichtigen.

Diese Betriebsvereinbarung verliert mit Inkrafttreten einer neuen Vereinbarung ihre Gültigkeit.

Der Betriebsrat	Die Geschäftsleitung
gez. Stefer (Vorsitzender)	gez. Farthmann
gez. Lange (Stellvertreter)	gez. Feld
	gez. Sommer

Im neuen Manteltarifvertrag für den Bereich Holz und Kunststoff wird eine Wochenarbeitszeit von 35 Stunden vereinbart. Passen Sie die Betriebsvereinbarung der Sommerfeld Bürosysteme GmbH der veränderten Wochenarbeitszeit an.

Diskutieren Sie unterschiedliche Lösungen in Ihrer Klasse.

4 Die Gewerkschaften argumentieren: „Aussperrung ist ein Akt unternehmerischer Willkür. Arbeitgeber haben in Lohnverhandlungen schon von vornherein eine stärkere Machtstellung, weil sie über die Produktionsmittel verfügen. Das Recht zum Streik schafft erst das Gleichgewicht!“

Die Arbeitgeber argumentieren: „Streik ohne Aussperrung zerstört das Kräftegleichgewicht und schafft ein Übergewicht der Gewerkschaften!“

Diskutieren Sie die unterschiedlichen Argumente und fertigen Sie ein Protokoll an.

5 Die Marketingabteilung hat ein neues Paket von Serviceleistungen für die Kunden der Sommerfeld Bürosysteme GmbH entwickelt. Als Folge muss das Arbeitsende für den

Kundendienst am Freitag auf 18.00 Uhr gelegt werden. Wie heißt die Einigung, die zwischen Geschäftsleitung und Betriebsrat hergestellt werden muss?

1. Entgelttarif
2. Haustarif
3. Sozialplan
4. Betriebstarif
5. Betriebsvereinbarung

6 Vor Abschluss eines Arbeitsvertrages mit der Sommerfeld Bürosysteme GmbH interessieren Sie sich für die Rahmenbedingungen einer Tätigkeit als Industriekauffrau/als Industriekaufmann. Sie wollen sich dazu den Entgelttarifvertrag von der zuständigen Gewerkschaft beschaffen. Welche Informationen können Sie dem Entgelttarifvertrag entnehmen?

1. den Umfang des Jahresurlaubs
2. die Höhe des Solidaritätszuschlages
3. die Überstundenzuschläge
4. Regelungen für die Lohnfortzahlung im Krankheitsfall
5. die Höhe der Vergütung in den einzelnen Tarifgruppen

7 Der für die Sommerfeld Bürosysteme GmbH zuständige Arbeitgeberverband und die zuständige Gewerkschaft verhandeln nach Ablauf des Tarifvertrages über einen neuen Entgelttarifvertrag. Die Verhandlungen geraten ins Stocken und einige Gewerkschaftsmitglieder fordern in den Medien, in den Streik zu treten. Der Betriebsrat der Sommerfeld Bürosysteme GmbH solidarisiert sich mit dieser Haltung der Gewerkschafter.

Kann der Betriebsrat der Sommerfeld Bürosysteme rechtwirksam zu einem Streik aufrufen?

1. Ja, da es sich in diesem Fall um einen befristeten Warnstreik handelt.
2. Ja, da die Friedenspflicht abgelaufen ist.
3. Nein, zum Streik darf nur der Deutsche Gewerkschaftsbund aufrufen.
4. Nein, zur Ausrufung eines Streiks muss erst eine Urabstimmung der gesamten Belegschaft durchgeführt werden.
5. Nein, die zuständige Gewerkschaft darf erst nach einer Urabstimmung der Gewerkschaftsmitglieder bei der Sommerfeld Bürosysteme GmbH zum Streik aufrufen.

8 Für die Sommerfeld Bürosysteme GmbH wurde ein neuer Tarifvertrag ausgehandelt. Bringen Sie die nachfolgenden Schritte in die richtige Reihenfolge.

a) Die Urabstimmung über das Ergebnis der neuen Tarifverhandlungen hat zur Beendigung des Streiks geführt.
b) Die Tarifvertragsparteien treffen sich zu Verhandlungen.
c) Die Gewerkschaft führt eine Urabstimmung durch, aufgrund einer 80 %igen Zustimmung kommt es anschließend zum Streik.
d) Bei neuen Verhandlungen kommt es zu einer Einigung.
e) Nach mehreren Tarifrunden erklärt die Gewerkschaft die Verhandlungen für gescheitert.

9 Die von der Sommerfeld Bürosysteme GmbH übernommenen Industriekaufleute üben i. d. R. eine selbstständige Teilarbeit innerhalb eines Sachgebiets aus. Berechnen Sie mit Hilfe des Tarifvertrags auf S. 397 das Anfangsgehalt.

3 Lohn- und Gehaltsabrechnungen verstehen

3.1 Einen gerechten Lohn festlegen

Emilia Schaub trifft sich mit der Betriebsratsvorsitzenden Ute Stefer in deren Büro. „Ich bin seit einigen Wochen in der Personalabteilung eingesetzt und mache mir so meine Gedanken über die Höhe der Gehälter. Wovon hängt eigentlich ab, wie viel Geld jemand bei uns verdient und wer legt das fest?"

ARBEITSAUFTRÄGE

- **Diskutieren Sie in Kleingruppen, wer in Ihrem Unternehmen die Höhe der Gehälter festlegt.**
- **Erläutern Sie, warum unterschiedliche Tätigkeiten unterschiedlich bezahlt werden und von welchen Faktoren die Höhe der Entlohnung abhängt.**

Während der Lohn bzw. das Gehalt für Mitarbeitende ein Einkommen darstellt, ist das Arbeitsentgelt für den Arbeitgeber ein Kostenfaktor. Daraus ergibt sich zwangsläufig ein Konflikt zwischen Arbeitgeber und Arbeitnehmenden. Um die Höhe des Arbeitsentgeltes festzulegen, stellt sich somit die grundsätzliche Frage: **Welche Arbeit ist wie viel wert?**

Anforderungsgerechtigkeit

Da nicht alle Arbeitsplätze die gleichen Anforderungen an die Arbeitnehmenden stellen, sollte zunächst versucht werden, die Anforderungen eines Arbeitsplatzes nach möglichst objektiven Gesichtspunkten zu messen. Dies geschieht im Rahmen von **Arbeitswertstudien**, deren Voraussetzung detaillierte Untersuchungen und Beschreibungen der Arbeitsplätze sind. Die Anforderungen, die ein Arbeitsplatz an die Person stellt, die diesen Arbeitsplatz besetzt, spielen bei der Festlegung der Lohn- oder Gehaltshöhe eine Rolle.

Folgende Anforderungsarten können hierbei berücksichtigt werden:

- erforderliche Kenntnisse
- notwendige Geschicklichkeit („Können")
- geistige Belastung
- körperliche Belastung
- Verantwortung für die genutzten Betriebsmittel
- Verantwortung für die Sicherheit Anderer
- Umgebungseinflüsse bzw. Arbeitsbedingungen (Hitze, Kälte, Lärm etc.)

Sozialgerechtigkeit

Eigentlich selbstverständlich sollte sein, dass Personen, unabhängig von ihrem Geschlecht, die gleiche Bezahlung für gleiche Arbeit erhalten. Aspekte eines sozialgerechten Lohns können aber auch die persönlichen Lebensumstände sein. So soll das Einkommen sicherstellen, dass alle Personen ein angemessenes und würdiges Leben führen können. Daher werden in vielen Unternehmen Kinderzuschläge für Mitarbeitende mit minderjährigen Kindern oder Ortszuschläge für Arbeitnehmende, die an Unternehmensstandorten mit hohen Lebenshaltungskosten (Miete etc.) beschäftigt sind, gezahlt.

Qualifikationsgerechtigkeit

Mitarbeitende sollen auch auf Basis ihrer erworbenen Qualifikationen, ihrer Fähigkeiten und Erfahrungen entlohnt werden. So beeinflussen ein höherer Bildungsabschluss, eine abgeschlossene Berufsausbildung oder ein Studium ebenfalls die Höhe des Lohns bzw. des Gehalts. Im weiteren Verlauf des Arbeitslebens erworbene Zusatzqualifikationen wirken sich ebenfalls positiv auf das Einkommen aus. Üblich ist es auch, dass der Lohn bzw. das Gehalt mit der Dauer der Betriebszugehörigkeit ansteigt. So wird dem Aspekt der im Beruf gesammelten Erfahrung Rechnung getragen.

Leistungsgerechtigkeit

Eine Entlohnung gilt häufig erst dann als „gerecht", wenn sie an die Leistung der Beschäftigten gekoppelt wird. Es muss also ermittelt werden, welche Leistungen bei einer bestimmten Arbeit erwartet werden können (= **Normal-Leistung**), um die individuelle Leistung der Mitarbeitenden (= **Ist-Leistung**) mithilfe des Leistungsgrades an der Normalleistung messen und bewerten zu können.

$$\text{Leistungsgrad} = \frac{\text{Ist-Leistung}}{\text{Normal-Leistung}} \cdot 100$$

BEISPIEL *Zum Polstern eines einfachen Bürostuhles werden in der Regel 5 Minuten benötigt. An einem Arbeitstag von acht Stunden beträgt die Normalleistung somit 96 Stühle. Während der Mitarbeiter Wulf tatsächlich 96 Stühle pro Tag polstert, kommt sein Kollege Kösters nur auf 72 Stühle. Der Leistungsgrad von Herrn Kösters wird wie folgt ermittelt:*

$$\text{Leistungsgrad} = \frac{\text{72 Stühle}}{\text{96 Stühle}} \cdot 100 = 75\,\%$$

Bei einfachen, sich wiederholenden Tätigkeiten kann die Lohnhöhe in Abhängigkeit von der mengenmäßigen Leistung festgelegt werden (Akkordlohn). In hochentwickelten und kapitalintensiven Produktionsprozessen oder auch im Bereich der Verwaltung müssen andere Maßstäbe der Leistungsbemessung gefunden werden (Prämienlohn, Zeitlohn). Die Leistungsgerechtigkeit ist neben der Anforderungs-, Sozial- und Qualifikationsgerechtigkeit ein weiterer Aspekt, der bei der Lohnfindung mithilfe von Arbeitsstudien Berücksichtigung findet.

Entgeltformen

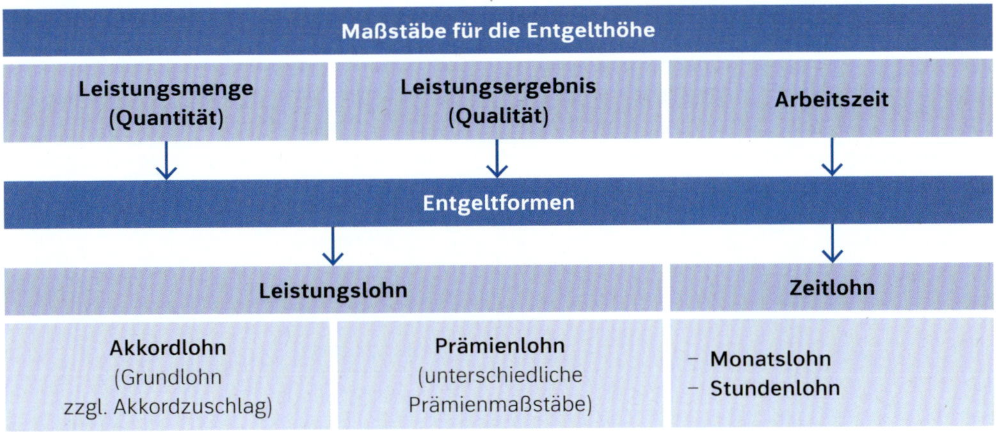

Akkordlohn

LS 35

Beim Akkordlohn gibt es einen **direkten Zusammenhang zwischen Leistung und Entgelt**. Dies bedeutet: Je höher die Arbeitsleistung, desto höher das Entgelt.

Voraussetzungen hierfür sind:

- Die Arbeitsgänge müssen sich in kleinste Einzelaufgaben **zerlegen** lassen.
- Die Arbeitsgänge müssen sich regelmäßig **wiederholen**.
- Die Beschäftigten müssen die Produktionsmenge durch ihre **Arbeitsleistung beeinflussen** können.

Mitarbeitende können so durch Steigerung ihrer Arbeitsleistung den Verdienst erhöhen. Allerdings ist es auch denkbar, dass die Normalleistung aus verschiedenen Gründen (z. B. private oder gesundheitliche Probleme) nicht erbracht wird.

Aus den oben genannten Gründen besteht der Akkordlohn aus zwei Bestandteilen:

- **Garantierter Grundlohn:** Er entspricht dem Zeitlohn für eine vergleichbare Tätigkeit und wird auch dann ausgezahlt, wenn Mitarbeitende die Normalleistung nicht erbringen.
- **Akkordzuschlag:** Dies ist ein prozentualer Zuschlag, der bei Erbringung der Normalleistung (diese entspricht einem Leistungsgrad von 100 %) zusätzlich zum Grundlohn ausgezahlt wird. Der Mindestlohn wird – unabhängig von der Leistung – immer gezahlt, der **Akkordrichtsatz (Grundlohn + Akkordzuschlag)** wird nur dann gezahlt, wenn die Normalleistung erreicht wird.

Der Akkordlohn tritt als Geldakkord oder Zeitakkord auf und wird wie folgt berechnet:

- Beim **Geldakkord** wird ein **fester Geldbetrag pro Mengeneinheit** (Stück, kg usw.) festgelegt. Dieser wird als **Stückakkordsatz** bezeichnet.
- Beim **Zeitakkord** wird eine **feste Zeit** vorgegeben **(Vorgabezeit)**, in der eine Mengeneinheit produziert werden muss. Diese Vorgabezeit entspricht der Normalleistung, also einem Leistungsgrad von 100 %.

BEISPIEL *Die Näherin Nohl arbeitet 38 Stunden pro Woche (152 Stunden pro Monat) in der Näherei der Sommerfeld Bürosysteme GmbH. Die Normalleistung beträgt 12 Stück je Stunde. Ihr Stundenlohn ist mit 16,00 €, der Akkordzuschlag mit 20 % vereinbart. Bei Normalleistung errechnet sich der jeweilige Monatslohn:*

... nach Geldakkord	... nach Zeitakkord
1. Ermittlung des Akkordrichtsatzes garantierter Grundlohn 16,00 € + Akkordzuschlag 20 % 3,20 € = Akkordrichtsatz 19,20 €	**1. Ermittlung des Zeitakkordsatzes (Vorgabezeit)** $\frac{\text{60 Minuten}}{\text{Normalleistung}}$ = Zeitakkordsatz $\frac{\text{60 Minuten}}{\text{12 Stück je Stunde}}$ = 5 Minuten pro Stück
2. Ermittlung des Stückgeldes $\frac{\text{Akkordrichtsatz}}{\text{Leistung/Stunde}}$ = Stückgeld $\frac{\text{19,20 €}}{\text{12 St./Std.}}$ = 1,60 € je Stück	**2. Ermittlung des Minutenfaktors** $\frac{\text{Akkordrichtsatz}}{\text{60 Minuten}}$ = Minutenfaktor $\frac{\text{19,20 €}}{\text{60 Minuten}}$ = 0,32 € pro Minute Vorgabezeit · Minutenfaktor = Stückgeld
3. Ermittlung der Monatsleistung und des Monatslohnes bei Normalleistung Ist-Leistung · Stückgeld 1 824 Stück · 1,60 € Die Normalleistung beträgt pro Stunde 12 Stück, pro Woche sind das (12 · 38) 456 Stück und pro Monat (20 Arbeitstage) 1 824 Stück. Bei einer Monatsarbeitszeit von 152 Stunden und einer Leistung von 1 824 Stück je Monat erhält Frau Nohl einen Lohn von **2 918,40 €**.	**3. Ermittlung der Monatsleistung und des Monatslohnes bei Normalleistung** Ist-Leistung · Vorgabezeit/St. · Minutenfaktor 1 824 Stück · 5 Minuten/Stück · 0,32 € Der Monatslohn beträgt **2 918,40 €.**

Wenn in beiden Fällen Normalleistung unterstellt wird, so ergibt sich immer der gleiche Monatslohn. Der Anreiz für Frau Nohl liegt jetzt darin, die Stückzahl pro Stunde durch schnelleres Arbeiten zu erhöhen. Dadurch steigt die Leistung und damit auch der Lohn.

Gelingt es Frau Nohl, die stündliche Leistung um 1 Stück auf 13 Stück im Durchschnitt zu erhöhen, so erhöht sich ihr Monatslohn auf 3 161,60 €.

Wenn Frau Nohl beispielsweise aus gesundheitlichen Gründen nur 8 Stück pro Stunde schafft, so stünden ihr rein rechnerisch nur 1 945,60 € Monatslohn zu (152 Std. · 8 Stück/Stunde · 1,60 €). Sie erhält aber trotzdem den garantierten Grundlohn in Höhe von 2 432,00 € (152 Stunden · 16,00 €).

Der Geldakkord hat gegenüber dem Zeitakkord den Nachteil, dass alle Stückakkordsätze bei jeder Änderung der Tariflöhne neu berechnet werden müssen. Beim Zeitakkord muss jeweils nur der Minutenfaktor je Lohngruppe neu berechnet werden, da die Zeitvorgaben unverändert bleiben.

Konsequenzen des Akkordlohns

- Er bietet einen Anreiz zur Leistungssteigerung und Einkommensverbesserung.
- Die Lohnkosten je Stück sind fix, eine zuverlässige Kalkulation ist möglich.
- Er ermöglicht im Regelfall eine bessere Ausnutzung der Maschinenkapazitäten, was zu einer Fixkostendegression führt.
- Es kann wegen des erhöhten Leistungsdrucks zu gesundheitlichen Schäden und hohen Krankheitsständen bei den Mitarbeitenden kommen.
- Durch das erhöhte Arbeitstempo kann es zu Qualitätsminderungen kommen, wodurch verstärkte Qualitätskontrollen erforderlich werden, was wiederum die Prüfkosten erhöht.
- Es kommt zu einem erhöhten Verschleiß von Maschinen und Anlagen, dies verursacht zusätzliche Kosten (Wartung und Reparatur).

Gruppenakkord als Sonderform des Akkordlohnes

Eine besondere Form des Akkords stellt der Gruppenakkord dar. Hier werden Vorgabezeit und Minutenfaktor für eine **Gruppe von Arbeitskräften** festgelegt. Die Anteile der Einzelnen werden nach festgelegten Verteilungsschlüsseln ermittelt.

Konsequenzen des Gruppenakkordlohns

- stärkere Gruppengemeinschaft und Zusammenhalt der Grupppe
- gegenseitige Kontrolle der Gruppenmitglieder
- mögliche Überforderung der Gruppe, besonders der Schwächeren
- stärkerer Verschleiß der Betriebsmittel, auf die wegen des höheren Tempos keine Rücksicht genommen wird
- Spannungen innerhalb der Gruppe, wenn die einzelnen Gruppenmitglieder unterschiedlich leistungsfähig sind, da sich Minderleistungen Einzelner negativ auf den Lohn der anderen Gruppenmitglieder auswirken

Zeitlohn

Beim reinen Zeitlohn ist ausschließlich die **Dauer der Arbeitszeit** der Maßstab für die Entlohnung, wobei selbstverständlich davon ausgegangen wird, dass innerhalb der Arbeitszeit eine bestimmte Leistung erbracht wird. Diese Leistung ist jedoch häufig **nicht exakt messbar**, wie z. B. bei Verwaltungsarbeiten, in Forschung und Entwicklung sowie der Wahrnehmung von Führungsaufgaben. Zudem gibt es Aufgaben, die eine erhöhte **Sorgfalt** (z. B. beim Einsatz von hochwertigem Material oder der Nutzung störungsanfälliger Anlagen) bedingen oder besonderen **qualitativen Ansprüchen** genügen sollen. Hier ist es nicht möglich und auch nicht sinnvoll, über eine Entgeltform wie den Akkordlohn die Arbeitsmenge in den Mittelpunkt zu stellen. Der Zeitlohn lässt den Mitarbeitenden Raum für eine fundierte **Einarbeitung**, **Kreativität** und **Qualität** in der Ausübung ihrer Tätigkeiten. Aus betrieblicher Perspektive ist der Zeitlohn leicht zu berechnen und eine planbare Konstante für die **Kostenrechnung**. Ein geringerer **Krankenstand** und ein verbessertes **Betriebsklima** sind weitere Konsequenzen des Zeitlohnes, der einen geringeren Leistungsdruck erzeugt.

Der geringere **Leistungsdruck** bzw. der fehlende **Leistungsanreiz** für Mitarbeitende ist gleichzeitig der **Hauptkritikpunkt** bei einem reinen Zeitlohn. Die tatsächlichen Arbeitsleistungen werden nicht erfasst und ein produktiver **Leistungswettbewerb** zwischen den Beschäftigten ist somit begrenzt. Ebenfalls ist es denkbar, dass sich Mitarbeitende, die glauben, mehr zu leisten als andere, ungerecht entlohnt fühlen.

Zeitlohn mit Leistungszulage/Prämienlohn

Durch die **zunehmende Automatisierung des Fertigungsprozesses** verliert der Akkordlohn immer mehr an Bedeutung. Die Mitarbeitenden können das mengenmäßige Ergebnis der Produktion nur noch geringfügig beeinflussen. Die computergesteuerten Fertigungsmaschinen übernehmen einen Großteil der Arbeiten. An die Stelle des Akkordlohns tritt der **Prämienlohn**.

Der Prämienlohn berücksichtigt vor allem **Leistungen qualitativer Art**, die je nach Arbeitsplatz unterschiedlich sind.

BEISPIEL *Folgende prämienwirksame Kriterien finden bei der Sommerfeld Bürosysteme GmbH für die Bereiche Produktion und Vertrieb Berücksichtigung:*

Produktion	Vertrieb
– Unterschreitung der Vorgabezeiten – Verringerung der Ausschussquote – Optimierung des Einsatzes der Betriebsmittel (Kapazitätsauslastungsgrad) – Einsparung von Werkstoffen	– Erreichung des Umsatzzieles (gemäß Zielvereinbarung) – Akquisition von Neukunden – Reklamationsquote – Kundenzufriedenheit
Einmalprämien für umgesetzte Vorschläge (betriebliches Vorschlagswesen in allen Unternehmensbereichen)	

Die Unterschreitung der Vorgabezeiten bzw. die Umsatzzahlen sind exakt und kurzfristig zu ermitteln. Sie sind die maßgeblichen Kriterien für den variablen Anteil des Gehaltes. Die anderen Kriterien werden über ein Punktesystem erfasst, in das individuelle Leistungen, aber auch die Gesamtleistungen der jeweiligen Arbeitsgruppe einfließen. Diese Punkte führen zu einem zusätzlichen jährlichen Bonus, der jeweils im Februar ausgezahlt wird. Die individuelle Leistung und der Teamgedanke werden so gleichermaßen gefördert.

Die Gehaltsstruktur für Mitarbeitende im Vertrieb der Sommerfeld Bürosysteme GmbH sieht wie folgt aus:

<table>
<tr><th></th><th></th><th>Anteile</th><th>Entgeltform</th></tr>
<tr><td rowspan="4">Maximalgehalt</td><td rowspan="2">Zielgehalt</td><td>Fixes Grundgehalt
– umsatzunabhängig
– inklusive der kostenlosten Nutzung eines Pkws für Privatzwecke innerhalb Deutschlands einschließlich Kraftstoff und Wartungskosten
– 2/3 des Zielgehaltes</td><td>Zeitlohn</td></tr>
<tr><td>Variable Leistungszulage
– abhängig von der Erreichung des Umsatzzieles gemäß Zielvereinbarungsgespräch
– vergleichbar mit einer Provision
– max. 1/3 des Zielgehaltes</td><td rowspan="2">Prämienlohn</td></tr>
<tr><td>Jahres-bonus</td><td>– abhängig von erzielten Leistungspunkten (individuell und gruppenbezogen) z. B. durch Zielübererfüllung oder sonstige Leistungen (siehe oben)</td></tr>
<tr><td colspan="2">Vom Unternehmenserfolg abhängige Gehaltsbestandteile</td><td>Beteiligungs-lohn/ Investivlohn</td></tr>
</table>

Beteiligungslohn/Investivlohn

Der sogenannte Beteiligungslohn/Investivlohn ist nur im weiteren Sinne als eine Lohnform zu bezeichnen, da weder die Arbeitszeit noch die Arbeitsleistung direkt „entlohnt" wird. Der Beteiligungslohn wird zusätzlich zum Lohn und Gehalt gewährt und orientiert sich am Erfolg des Unternehmens.

Hauptformen des Beteiligungslohns

KAPITALBETEILIGUNG

Bei der Kapitalbeteiligung findet keine Auszahlung statt. Vielmehr bleibt die Beteiligung im Unternehmen als Darlehen (Beteiligung am Fremdkapital) oder bei Kapitalgesellschaften in Form von Belegschaftsanteilen (Beteiligung am Eigenkapital). Die Beschäftigten **„investieren"** sozusagen in ihr Unternehmen. Die Höhe der Kapitalbeteiligung ist abhängig von der Wertentwicklung und dem Erfolg des Unternehmens.

GEWINNBETEILIGUNG

Die Beschäftigten erhalten einen Teil des Reingewinns eines Jahres ausgezahlt.

Der Beteiligungslohn beteiligt die Beschäftigten am Kapital und/oder am Erfolg des Unternehmens. Dadurch bindet das Unternehmen seine Mitarbeitenden stärker an die unternehmerischen Ziele (**Corporate Identity**) und fördert die Bereitschaft zu hohen Leistungen. Für die Beschäftigten ist dies häufig eine willkommene Form der Vermögensbildung und somit auch eine zusätzliche Altersvorsorge, die zudem steuerlich gefördert wird.

Zuschläge

Sie werden wegen der Besonderheit der Arbeitsbedingungen oder Arbeitszeit gewährt.

Zuschläge	– Mehrarbeitszuschläge – Zuschläge für besondere Arbeitszeiten – Gefahren- und Erschwerniszuschläge
Begründung	– Überstunden – Nachts-, Sonn- und Feiertagsarbeiten – niedrige Temperaturen in Kühlräumen, besonders schwere körperliche Arbeit

PRAXISTIPP

Je nach Unternehmen kann das Entgeltsystem sehr kompliziert sein. Bei Gehaltsverhandlungen sind daher Konzentration und die Vermeidung von spontanen Entscheidungen erforderlich.

Personalkosten

Aus der Sicht des Betriebes stellen alle Formen des Arbeitsentgeltes Personalkosten dar. Neben den Bruttolöhnen und -gehältern umfassen die Personalkosten noch:

- den Arbeitgeberanteil zur gesetzlichen Sozialversicherung (vgl. Kapitel 4.3.3, Seite 316 ff.)
- sonstige Personalzusatzkosten (u. a. betriebliche Altersvorsorge)

Diese über die Bruttolöhne und -gehälter hinausgehenden Kostenanteile werden **Personalzusatzkosten** genannt.

Bruttolöhne/Bruttogehälter + Personalzusatzkosten = Personalkosten

Folgende Abbildung zeigt die Zusammensetzung der Arbeitskosten in Deutschland:

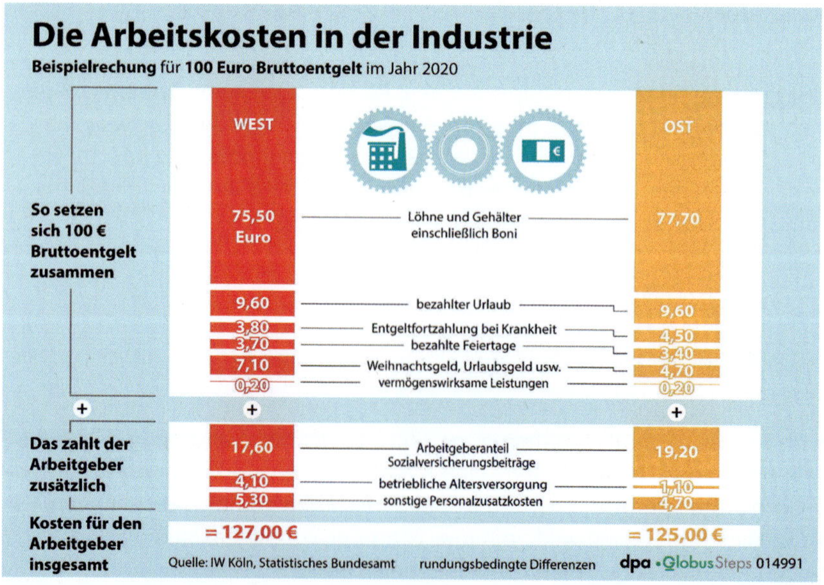

ZUSAMMENFASSUNG

Entgeltformen und Personalkosten

- Lohn und Gehalt sind das Entgelt für den Produktionsfaktor Arbeit.
- Die Höhe des Lohns bzw. des Gehalts wird bestimmt durch Aspekte der Anforderungs-, der Sozial-, der Qualifikations- und der Leistungsgerechtigkeit.
- Formen des Arbeitsentgelts sind Lohn und Gehalt. In der Regel wird das Gehalt als Monatsgehalt, unabhängig von der Anzahl der Tage, an denen gearbeitet wird, gezahlt. Der Lohn wird dahingegen meistens als Stundenlohn gezahlt, d. h. der Auszahlungsbetrag kann am Monatsende in Abhängigkeit von der tatsächlich geleisteten Stundenzahl variieren.

Maßstäbe für die Entgelthöhe

Zeitlohn	Leistungslohn		Beteiligungs-/ Investivlohn
	Akkordlohn	Prämienlohn	
Maßstab für die Entlohnung ist die Dauer der Arbeitszeit.	Die Leistungsmenge wird berücksichtigt.	Genau definierte Leistungsergebnisse werden berücksichtigt.	– Kapitalbeteiligung – Gewinnbeteiligung

- **Leistungslöhne** werden fast immer in **Kombination** mit **Zeitlöhnen** in Form von variablen Gehaltsanteilen oder Prämien gezahlt. Die Prämien richten sich nach der **Individual-** und der Gruppen- bzw. **Teamleistung**.
- Für besondere Arbeiten oder Arbeitszeiten werden **Zuschläge** gezahlt.
- Alle Entgeltformen sind für den Betrieb Bestandteil der **Personalkosten**. Neben den **Bruttolöhnen und -gehältern** gehören zu den Personalkosten auch die **Personalzusatzkosten**.

AUFGABEN

1 Stellen Sie dar, wodurch sich Zeit- und Leistungslohn aus der Sicht der Beschäftigten und des Betriebes voneinander unterscheiden.

2 Erläutern Sie den Begriff Prämienlohn und erklären Sie, warum sich dieser bei bestimmten Fertigungsverfahren anbietet.

3 Stellen Sie einen Zusammenhang zwischen den Entlohnungsformen und der Leistungsbereitschaft der Mitarbeitenden her.

4 Für den Mitarbeiter Horst Wessling gelten folgende Angaben:
- Akkordrichtsatz 17,40 € je Stunde
- Normalleistung 20 Stück je Stunde
- Istleistung 168 Stück pro Arbeitstag (bei 8 Arbeitsstunden)

Ermitteln Sie den Minutenfaktor, den Leistungsgrad und den tatsächlichen Stundenlohn für diesen gewerblichen Mitarbeiter.

5 Einem Mitarbeiter der Sommerfeld Bürosysteme GmbH sind im Zeitakkord für die Montage von Türelementen 15 Minuten je Stück vorgegeben. Der Minutenfaktor beträgt 0,30 € pro Minute.

a) Ermitteln Sie den Akkordrichtsatz je Stunde.
b) Errechnen Sie, wie viel der Mitarbeiter pro Stunde verdient, wenn er durchschnittlich fünf Stück je Stunde montiert.
c) Bestimmen Sie das Stückgeld, wenn der Mitarbeiter im Geldakkord arbeiten würde.

6 Der Akkordrichtsatz für eine Stunde wird von der Sommerfeld Bürosysteme GmbH auf 20,00 € festgelegt. Die Normalleistung einer Arbeitskraft (= 100 % Leistungsgrad) beträgt zehn Stück je Stunde.

a) Vervollständigen Sie die Tabelle (mithilfe eines Tabellenkalkulationsprogramms):

Leistungsgrad in %	Leistung in Stück je Std.	Stückzeit in Minuten	Lohnstückkosten in €	Stundenlohn in €
75				
80				
90				
100	10	6	2,00	20,00
110				
120				
125				

b) Stellen Sie dar, wie sich die Lohnkosten bei überdurchschnittlichem und unterdurchschnittlichem Leistungsgrad verhalten.
c) Welche Folgen ergeben sich bei einem überdurchschnittlichen Leistungsgrad für die Arbeitgeber, für den Betrieb sowie bezüglich der Qualität der Erzeugnisse?
d) Die Sommerfeld Bürosysteme GmbH bietet den Mitarbeitenden die Möglichkeit, künftig nach dem Zeitlohnverfahren bezahlt zu werden. Stellen Sie die Vor- und Nachteile für die Mitarbeitenden und den Betrieb dar.

7 Schauen Sie sich die beiden Stellenanzeigen genau an.

SCHMITZ GmbH & Co KG
Bauunternehmung

Unsere junge Mannschaft benötigt dringend Verstärkung.

Sind Sie: **Maurerpolier (m/w/d)?**
Maurermeister (m/w/d)?
Maurer (m/w/d)?

Wir würden Sie gerne als Neuzugang begrüßen.
Rufen Sie uns an (Tel. 0221 171717) oder
schauen Sie doch einfach mal rein.

Spaß am Umgang mit Zahlen

Damit können Sie in unserem unkomplizierten Team „ohne Ärmelschoner" nach Herzenslust schalten und walten. Mit ihren fundierten buchhalterischen Allround-Kenntnissen und einem gut entwickelten Ordnungssinn werden Sie sich bei uns wohlfühlen als

Buchhalter (m/w/d)

Es erwarten Sie vielseitige Aufgaben bis hin zur Mitwirkung bei der EDV-gestützten Erstellung von Monats- und Jahresabschlüssen.
Zusätzliche Abwechslung bringt Ihnen unser bauorientiertes Lohnbüro ein.
Das Gehalt stimmt, über sonstige Sozialleistungen reden wir gerne mit Ihnen. Rufen Sie uns an: Tel. 069 753720.

a) Geben Sie an, welche Entgeltformen sich für die oben angegebenen Mitarbeitenden eignen.
b) Geben Sie Gründe an, weshalb Mitarbeitende im gewerblichen Bereich häufiger im Leistungslohn und Mitarbeitende im kaufmännischen Bereich meist im Zeitlohn entlohnt werden.

8 Informieren Sie sich über die Entgeltformen in Ihrem Ausbildungsbetrieb. Diskutieren Sie die Ergebnisse in Kleingruppen und stellen Sie diese in der Klasse vor.

9 Neben Anforderungsgerechtigkeit und Leistungsgerechtigkeit fließen häufig auch soziale Komponenten in die Lohn- bzw. Gehaltsstruktur von Tarifverträgen oder Unternehmensvereinbarungen ein. Nennen Sie Beispiele und überprüfen Sie, inwieweit soziale Komponenten auch in Ihrem Ausbildungsbetrieb die Lohn- und Gehaltshöhe beeinflussen.

10 Bei der Sommerfeld Bürosysteme GmbH wird u. a. der Vorderfuß „25 – 15/1,5 954 LG“ produziert. Für die Fertigung liegt der folgende Arbeitsplan vor:

Arbeitsplan Nr.: 5-20.01.02-08			Datum: 16.08.2007		Blatt 1 von 1
Benennung: Vorderfuß 25 – 15/1,5 954 LG			Zeichnungs-Nr. 20.01.20(0) 02-08-3		Stück: 200
Kos-ten-stelle	Arb.-folge	Arbeitsvorgang	Zeitvorgabe in Minuten		Bemerkung
			Rüstzeit tr	Zeit in Einheit te	Sicherheitshinweise beachten
302	1	Sägen auf Länge	15,00	12,00	
305	2	Biegen	12,00	4,00	
307	3	Abkanten	10,00	5,00	
322	4	Bohren 2 · 7 mm	25,00	14,00	
323	5	Bohren für Stapelstoff	25,00	18,00	
323	6	Bohren Rücken	22,00	12,00	
321	7	Bohren, Versenken N. Z.	6,00	10,00	
321	8	Aufbohren 8,5 F-Sitz	5,00	15,00	
506	9	Prüfen			

a) Berechnen Sie die Auftragszeit in Stunden für die Fertigung von 200 Einheiten.
b) Bestimmen Sie, nach welcher Form die Beschäftigten der Arbeitsfolgen 1 bis 8 entlohnt werden und suchen Sie hierfür nach einer Begründung.
c) Machen Sie einen begründeten Vorschlag für die Entlohnung von Arbeitsgang 9.

LS 36

3.2 Entgeltabrechnungen analysieren und das Nettoentgelt berechnen

Beim Blick auf ihre Gehaltsabrechnung seufzt Jana Bauer tief. „Immerhin rund 2 200 € kommen am Ende bei mir an. Im Vergleich zu meinem Azubi-Gehalt ist das zwar eine deutliche Steigerung, aber etwas mehr könnte es schon sein. Vor allem, wenn man bedenkt, dass ich ein Bruttoentgelt von fast 3 500 € bekomme. Ich sehe zwar an meiner Gehaltsabrechnung, wie viel von meinem Gehalt abgezogen wird, aber ich möchte wirklich mal wissen, wodurch die Höhe der steuerlichen Abzüge und der Sozialversicherungsbeiträge festgelegt wird und wofür das ganze Geld eigentlich verwendet wird.“

Sommerfeld Bürosysysteme GmbH			
Verdienstabrechnung August 2025			
Name: Bauer, Jana			
Abteilung: Einkauf			
Geburtsdatum: 24.01.2002			
Lohnsteuerklasse: I	Kinderfreibetrag: 0		
Soz.Vers.Nr.: 53 24 01 02 W 48 2			
Personal-Nr.: 48037			
Kostenstelle: II			
Konfession: rk	Steuerfreibetrag: –		
Bankverbindung: IBAN DE 11 4401 0046 0974 5237 77			
BIC PBNKDEFF (Postbank Dortmund)			
Grundgehalt:			3464,00 €
AG-Zuschuss vL:			26,00 €
Bruttoentgelt:			**3490,00 €**
Lohnsteuer:			419,33 €
KSt:	9,00 %		37,73 €
steuerliche Abzüge:			**457,06 €**
Rentenversicherung:	9,30 %		324,57 €
Arbeitslosenversicherung:	1,30 %		45,37 €
Krankenversicherung (allg. + ind. Beitragssatz):	7,30 % 1,20 %	8,50 %	296,65 €
Pflegeversicherung (allg. + ind. Beitragssatz):	1,80 % 0,60 %	2,40 %	83,76 €
AN-Anteil Soz.Vers.:			**750,35 €**
Nettoentgelt:			**2282,59 €**
vL-Sparrate:			40,00 €
Auszahlungsbetrag:			**2242,59 €**

ARBEITSAUFTRÄGE

- Erläutern Sie, welche Steuern Jana Bauern von ihrem Einkommen zu zahlen hat, wodurch die Höhe der einzelnen Steuern beeinflusst wird und wofür der Staat die Steuern verwendet.
- Erläutern Sie, welche Beiträge zur Sozialversicherung Jana Bauer zu zahlen hat, wodurch die Höhe beeinflusst wird und wofür diese Beiträge verwendet werden.
- Vergleichen Sie die Entgeltabrechnung von Jana Bauer mit ihrer eigenen Entgeltabrechnung und identifizieren Sie Unterschiede und Gemeinsamkeiten.
- Diskutieren Sie in Kleingruppen die Angemessenheit der vom Einkommen zu zahlenden Abgaben.

Struktur der Entgeltabrechnung

Das mit dem Arbeitgeber vereinbarte Bruttoentgelt ist keinesfalls identisch mit dem Betrag, der den Beschäftigten ausgezahlt wird. Neben steuerlichen Abzügen müssen auch Beiträge zu den Sozialversicherungen berücksichtigt werden. Die nachfolgenden Übersicht zeigt den Weg vom Bruttoentgelt zum Nettoentgelt.

Grundlohn oder -gehalt
\+ sonstige Bezüge und geldwerte Vorteile
\+ Zuschläge
\+ Zuschuss des Arbeitgebers für vermögenswirksame Leistungen
= **sozialversicherungspflichtiges Bruttoentgelt**
– Lohnsteuerfreibeträge
= **steuerpflichtiger/-pflichtiges Bruttolohn/-gehalt**
– steuerliche Abzüge
– Arbeitnehmeranteil zur Sozialversicherung
= **Nettoentgelt**
– sonstige Abzüge (z. B. Sparrate zum vL-Vertrag)
= **Auszahlungsbetrag**

Vom Grundgehalt zum Bruttoentgelt

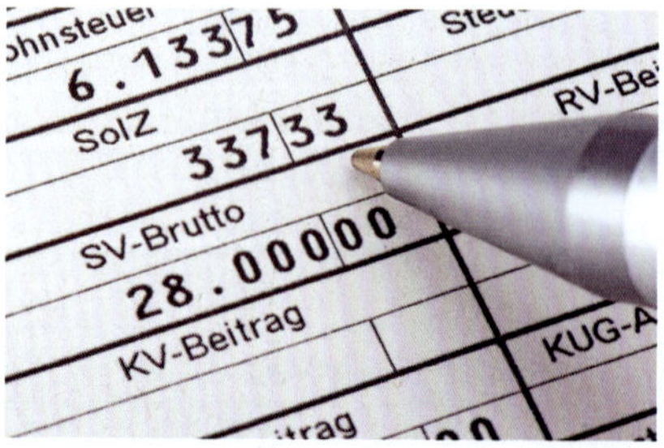

Mit dem Bezug von Lohn bzw. Gehalt werden Arbeitnehmende grundsätzlich verpflichtet, Beiträge zu den **Sozialversicherungen** sowie **Steuern** zu zahlen. Die Abzüge beziehen sich grundsätzlich auf sämtliche Einkünfte, die den Arbeitnehmenden aus ihrem Arbeitsverhältnis zufließen.

Es ist dabei gleichgültig,

- ob es sich um einmalige oder regelmäßige Einnahmen oder
- ob es sich um Geld-, Sachbezüge oder geldwerte Vorteile handelt.

Laufende und einmalige Geldzahlungen	– Löhne und Gehälter zuzüglich etwaiger Zulagen und Zuschläge – Provisionen – 13. Monatsgehalt – einmalige Abfindungen und Entschädigungen – Urlaubsgeld
Sachbezüge und andere geldwerte Vorteile	– vergünstigte oder freie Wohnung – vergünstigte oder freie Verpflegung – kostenlose oder vergünstigte Überlassung von Waren – kostenlose oder vergünstigte Überlassung von Firmenwagen für Privatzwecke – Fahrtkostenzuschüsse

Steuerfreie Einkünfte

Für einige Einkünfte hat der Gesetzgeber bis zu bestimmten Höchstgrenzen Steuerfreiheit vorgesehen.

BEISPIELE *Leistungen nach dem Mutterschutzgesetz; Leistungen des Arbeitgebers zur Unterbringung und Betreuung von nicht schulpflichtigen Kindern der Beschäftigten in Kindergärten oder vergleichbaren Einrichtungen; Übungsleiterpauschalen, Ehrenamtspauschalen.*

PRAXISTIPP

Der Staat unterstützt Arbeit, die dem Gemeinwohl dient, mit Steuerfreiheit. Dies soll für Sie ein zusätzlicher Anreiz zum sozialen Engagement sein. Die sog. Übungsleiterpauschale ermöglicht es Ihnen, für Trainer- oder Betreuungstätigkeiten bis zu 3 000,00 € jährlich (Stand: 2025) steuerfrei zu verdienen.

Steuerfreibeträge

Die Höhe des steuerpflichtigen Einkommens kann durch die Anrechnung von **Steuerfreibeträgen** reduziert werden. Dadurch wird die Bemessungsgrundlage für die Festsetzung der Steuerlast und damit die Höhe der zu leistenden Steuern reduziert.

3.2.1 Ermittlung der steuerlichen Abzüge

Lohnsteuer

Der Arbeitgeber ist gesetzlich (vgl. § 38 Abs. 3 EStG) verpflichtet, folgende Abzüge vom **steuerpflichtigen Bruttogehalt** einzubehalten und an das **Finanzamt** abzuführen.

- Lohnsteuer
- ggf. Solidaritätszuschlag
- ggf. Kirchensteuer

→ **Finanzamt**

Die Arbeitnehmenden sind Schuldner der Lohnsteuer. Der Arbeitgeber haftet für deren Einbehaltung und Abführung. Die Lohnsteuer ist dabei als monatliche Vorauszahlung auf die im Gesamtjahr zu erwartende Einkommensteuer zu verstehen. Mit dem Lohnsteuerjahresausgleich werden ggf. zu viel bezahlte Steuern vom Finanzamt zurückerstattet.

Höhe der Lohnsteuer

Die einbehaltene Lohnsteuer richtet sich nach

- der Höhe des Arbeitslohnes
- der Steuerklasse
- der Anzahl der Kinderfreibeträge

Lohnsteuerklassen

Die Lohnsteuerklassen, denen die Arbeitnehmenden zugeordnet werden, spiegeln gesellschaftspolitische Zielsetzungen wider. So können verheiratete Arbeitnehmende gemeinsam veranlagt werden und zwischen den Lohnsteuerklassen III, IV und V wählen, während Ledige der Steuerklasse I oder II (Alleinerziehende) zugeordnet werden. Die Steuerklasse VI ist für Arbeitnehmende vorgesehen, die noch ein zweites Arbeitsverhältnis oder weitere Arbeitsverhältnisse eingegangen sind. Die Anzahl der Kinder hat – außer bei Alleinerziehenden – keine Auswirkung auf die Steuerklasse, steuerliche Vorteile werden durch Kinderfreibeträge berücksichtigt.

Klasse	Zuordnungskriterien
I	Ledige, Geschiedene, Verwitwete oder dauernd getrennt lebende Ehepartner
II	Die in der Steuerklasse I genannten Personen, wenn ihnen der Entlastungsfreibetrag für Alleinerziehende zusteht.
III	Verheiratete, wenn nur eine Person Arbeitslohn bezieht oder wenn beide arbeiten und die andere Person der Steuerklasse V zugeordnet ist.
IV	Verheiratete, wenn beide Arbeitslohn beziehen.
V	Verheiratete, wenn beide arbeiten und die andere Person der Steuerklasse III zugeordnet ist.
VI	Arbeitnehmende, die gleichzeitig Arbeitslohn von mehreren Arbeitgebern beziehen; Eintragung auf der zweiten oder jeder weiteren Steuerkarte.

Einkommensteuertarif

In Deutschland wird das Einkommen progressiv besteuert, d. h. mit steigendem Einkommen steigt auch der Steuersatz für jeden zusätzlich verdienten Euro. Das Drei-Tarifzonen-Konzept des Einkommensteuertarifs veranschaulicht die Steuerbelastung der Einkommen:

Einkommensteuertarif 2025		Zu versteuerndes Einkommen in EUR	
		Grundtarif (Alleinstehende)	**Splittingtarif (Verheiratete)**
1. Tarifzone	**Grundfreibetrag (Nullzone)** keine Lohnsteuer, steuerunbelastetes **Existenzminimum**	bis 12 096,00	bis 24 192,00
2. Tarifzone	**erste Progressionszone: leicht ansteigend** von 14 % bis zum Knickpunkt bei 13 469,00 € auf 24 % **zweite Progressionszone:** weniger starker Anstieg von 25 % auf 42 %	von 12 096,01 bis 17 430,00 von 17 830,01 bis 68 480,00	von 24 192,01 bis 34 860,00 von 34 860,01 bis 136 960,00
3. Tarifzone	**obere Proportionalzone:** zu versteuernde Einkommen unterliegen dem gleichbleibenden **Spitzensteuersatz** von 42 % zusätzlich 3 % Reichensteuer	ab 68 480,01 ab 277 825,00	ab 136 960,01 ab 555 650,00

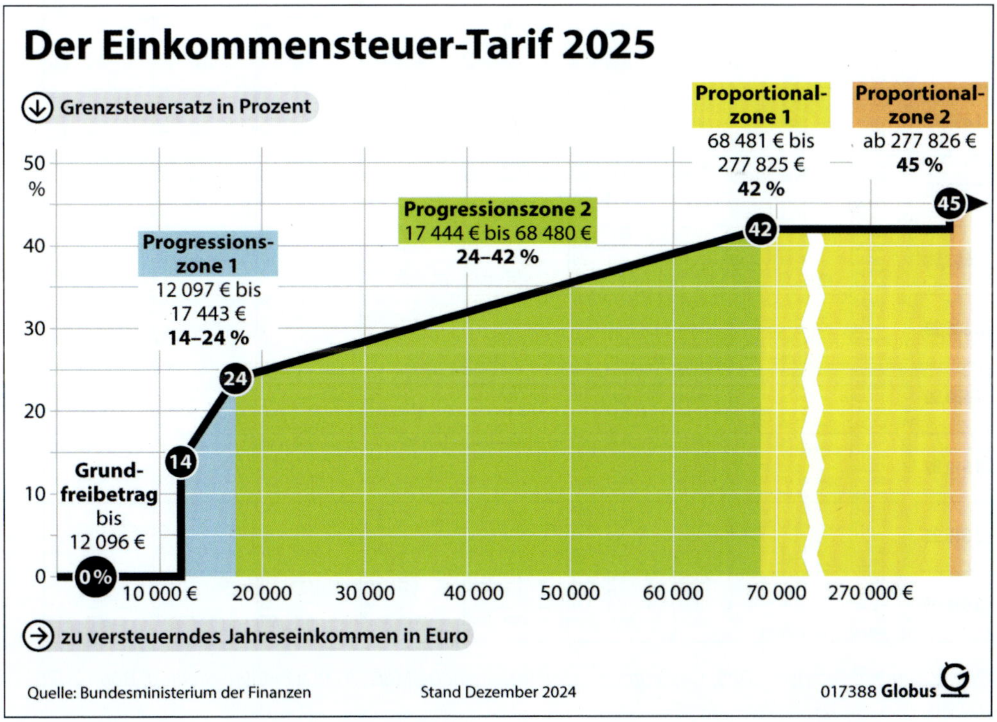

Lohn/Gehalt bis €*	I – VI	LSt	ohne Kinderfreibeträge SolZ	8%	9%	I, II, III, IV	LSt	mit Zahl der Kinderfreibeträge ... 0,5 SolZ	0,5 8%	0,5 9%	1 SolZ	1 8%	1 9%	1,5 SolZ	1,5 8%	1,5 9%	2 SolZ	2 8%	2 9%	2,5 SolZ	2,5 8%	2,5 9%	3 SolZ	3 8%	3 9%
3 470,99	I,IV	414,41	—	33,15	37,29	I	414,41	—	24,07	27,08	—	15,53	17,47	—	7,54	8,48	—	1,02	1,14	—	—	—	—	—	—
	II	313,33	—	25,06	28,19	II	313,33	—	16,46	18,52	—	8,40	9,45	—	1,61	1,81	—	—	—	—	—	—	—	—	—
	III	120,50	—	9,64	10,84	III	120,50	—	3,45	3,88	—	—	—	—	—	—	—	—	—	—	—	—	—	—	—
	V	787,33	—	62,98	70,85	IV	414,41	—	28,54	32,11	—	24,07	27,08	—	19,73	22,19	—	15,53	17,47	—	11,46	12,89	—	7,54	8,48
	VI	830,66	—	66,45	74,75																				
3 473,99	I,IV	415,16	—	33,21	37,36	I	415,16	—	24,12	27,14	—	15,58	17,53	—	7,58	8,53	—	1,05	1,18	—	—	—	—	—	—
	II	314,—	—	25,12	28,26	II	314,—	—	16,52	18,58	—	8,46	9,51	—	1,64	1,85	—	—	—	—	—	—	—	—	—
	III	121,—	—	9,68	10,89	III	121,—	—	3,48	3,91	—	—	—	—	—	—	—	—	—	—	—	—	—	—	—
	V	788,33	—	63,06	70,94	IV	415,16	—	28,60	32,17	—	24,12	27,14	—	19,78	22,25	—	15,58	17,53	—	11,51	12,95	—	7,58	8,53
	VI	831,66	—	66,53	74,84																				
3 476,99	I,IV	415,83	—	33,26	37,42	I	415,83	—	24,18	27,20	—	15,63	17,58	—	7,63	8,58	—	1,08	1,22	—	—	—	—	—	—
	II	314,66	—	25,17	28,31	II	314,66	—	16,56	18,63	—	8,50	9,56	—	1,68	1,89	—	—	—	—	—	—	—	—	—
	III	121,50	—	9,72	10,93	III	121,50	—	3,52	3,96	—	—	—	—	—	—	—	—	—	—	—	—	—	—	—
	V	789,33	—	63,14	71,03	IV	415,83	—	28,65	32,23	—	24,18	27,20	—	19,84	22,32	—	15,63	17,58	—	11,56	13,01	—	7,63	8,58
	VI	832,66	—	66,61	74,93																				
3 479,99	I,IV	416,50	—	33,32	37,48	I	416,50	—	24,23	27,26	—	15,68	17,64	—	7,68	8,64	—	1,11	1,25	—	—	—	—	—	—
	II	315,33	—	25,22	28,37	II	315,33	—	16,62	18,69	—	8,55	9,62	—	1,71	1,92	—	—	—	—	—	—	—	—	—
	III	122,—	—	9,76	10,98	III	122,—	—	3,54	3,98	—	—	—	—	—	—	—	—	—	—	—	—	—	—	—
	V	790,16	—	63,21	71,11	IV	416,50	—	28,70	32,29	—	24,23	27,26	—	19,88	22,37	—	15,68	17,64	—	11,61	13,06	—	7,68	8,64
	VI	833,66	—	66,69	75,02																				
3 482,99	I,IV	417,25	—	33,38	37,55	I	417,25	—	24,28	27,32	—	15,73	17,69	—	7,72	8,69	—	1,14	1,28	—	—	—	—	—	—
	II	316,—	—	25,28	28,44	II	316,—	—	16,66	18,74	—	8,60	9,67	—	1,74	1,96	—	—	—	—	—	—	—	—	—
	III	122,50	—	9,80	11,02	III	122,50	—	3,58	4,03	—	—	—	—	—	—	—	—	—	—	—	—	—	—	—
	V	791,33	—	63,30	71,21	IV	417,25	—	28,76	32,36	—	24,28	27,32	—	19,94	22,43	—	15,73	17,69	—	11,66	13,11	—	7,72	8,69
	VI	834,66	—	66,77	75,11																				
3 485,99	I,IV	417,91	—	33,43	37,61	I	417,91	—	24,34	27,38	—	15,78	17,75	—	7,77	8,74	—	1,18	1,32	—	—	—	—	—	—
	II	316,66	—	25,33	28,49	II	316,66	—	16,72	18,81	—	8,64	9,72	—	1,78	2,—	—	—	—	—	—	—	—	—	—
	III	123,16	—	9,85	11,08	III	123,16	—	3,61	4,06	—	—	—	—	—	—	—	—	—	—	—	—	—	—	—
	V	792,33	—	63,38	71,30	IV	417,91	—	28,82	32,42	—	24,34	27,38	—	19,99	22,49	—	15,78	17,75	—	11,70	13,16	—	7,77	8,74
	VI	835,66	—	66,85	75,20																				
3 488,99	I,IV	418,66	—	33,49	37,67	I	418,66	—	24,39	27,44	—	15,83	17,81	—	7,82	8,79	—	1,20	1,35	—	—	—	—	—	—
	II	317,33	—	25,38	28,55	II	317,33	—	16,76	18,86	—	8,69	9,77	—	1,81	2,03	—	—	—	—	—	—	—	—	—
	III	123,66	—	9,89	11,12	III	123,66	—	3,65	4,10	—	—	—	—	—	—	—	—	—	—	—	—	—	—	—
	V	793,16	—	63,45	71,38	IV	418,66	—	28,87	32,48	—	24,39	27,44	—	20,04	22,55	—	15,83	17,81	—	11,76	13,23	—	7,82	8,79
	VI	836,83	—	66,94	75,31																				
3 491,99	I,IV	419,33	—	33,54	37,73	I	419,33	—	24,44	27,50	—	15,88	17,87	—	7,86	8,84	—	1,24	1,39	—	—	—	—	—	—
	II	318,—	—	25,44	28,62	II	318,—	—	16,82	18,92	—	8,74	9,83	—	1,84	2,07	—	—	—	—	—	—	—	—	—
	III	124,16	—	9,93	11,17	III	124,16	—	3,68	4,14	—	—	—	—	—	—	—	—	—	—	—	—	—	—	—
	V	794,16	—	63,53	71,47	IV	419,33	—	28,92	32,54	—	24,44	27,50	—	20,09	22,60	—	15,88	17,87	—	11,80	13,28	—	7,86	8,84
	VI	837,66	—	67,01	75,38																				
3 494,99	I,IV	420,08	—	33,60	37,80	I	420,08	—	24,50	27,56	—	15,93	17,92	—	7,91	8,90	—	1,27	1,43	—	—	—	—	—	—
	II	318,66	—	25,49	28,67	II	318,66	—	16,87	18,98	—	8,78	9,88	—	1,88	2,11	—	—	—	—	—	—	—	—	—
	III	124,66	—	9,97	11,21	III	124,66	—	3,72	4,18	—	—	—	—	—	—	—	—	—	—	—	—	—	—	—
	V	795,33	—	63,62	71,57	IV	420,08	—	28,98	32,60	—	24,50	27,56	—	20,14	22,66	—	15,93	17,92	—	11,85	13,33	—	7,91	8,90
	VI	838,66	—	67,09	75,47																				
3 497,99	I,IV	420,75	—	33,66	37,86	I	420,75	—	24,55	27,62	—	15,98	17,98	—	7,96	8,95	—	1,30	1,46	—	—	—	—	—	—
	II	319,33	—	25,54	28,73	II	319,33	—	16,92	19,03	—	8,83	9,93	—	1,91	2,15	—	—	—	—	—	—	—	—	—
	III	125,16	—	10,01	11,26	III	125,16	—	3,74	4,21	—	—	—	—	—	—	—	—	—	—	—	—	—	—	—
	V	796,16	—	63,69	71,65	IV	420,75	—	29,04	32,67	—	24,55	27,62	—	20,20	22,72	—	15,98	17,98	—	11,90	13,38	—	7,96	8,95
	VI	839,66	—	67,17	75,56																				
3 500,99	I,IV	421,50	—	33,72	37,93	I	421,50	—	24,60	27,68	—	16,03	18,03	—	8,—	9,—	—	1,33	1,49	—	—	—	—	—	—
	II	320,08	—	25,60	28,80	II	320,08	—	16,97	19,09	—	8,88	9,99	—	1,94	2,18	—	—	—	—	—	—	—	—	—
	III	125,66	—	10,05	11,30	III	125,66	—	3,78	4,25	—	—	—	—	—	—	—	—	—	—	—	—	—	—	—
	V	797,16	—	63,77	71,74	IV	421,50	—	29,09	32,72	—	24,60	27,68	—	20,25	22,78	—	16,03	18,03	—	11,95	13,44	—	8,—	9,—
	VI	840,66	—	67,25	75,65																				
3 503,99	I,IV	422,16	—	33,77	37,99	I	422,16	—	24,66	27,74	—	16,08	18,09	—	8,05	9,05	—	1,36	1,53	—	—	—	—	—	—
	II	320,75	—	25,66	28,86	II	320,75	—	17,02	19,14	—	8,92	10,04	—	1,98	2,22	—	—	—	—	—	—	—	—	—
	III	126,33	—	10,10	11,36	III	126,33	—	3,81	4,28	—	—	—	—	—	—	—	—	—	—	—	—	—	—	—
	V	798,16	—	63,85	71,83	IV	422,16	—	29,14	32,78	—	24,66	27,74	—	20,30	22,84	—	16,08	18,09	—	12,—	13,50	—	8,05	9,05
	VI	841,83	—	67,34	75,76																				
3 506,99	I,IV	422,91	—	33,83	38,06	I	422,91	—	24,71	27,80	—	16,13	18,14	—	8,10	9,11	—	1,40	1,57	—	—	—	—	—	—
	II	321,41	—	25,71	28,92	II	321,41	—	17,07	19,20	—	8,97	10,09	—	2,01	2,26	—	—	—	—	—	—	—	—	—
	III	126,83	—	10,14	11,41	III	126,83	—	3,85	4,33	—	—	—	—	—	—	—	—	—	—	—	—	—	—	—
	V	799,16	—	63,93	71,92	IV	422,91	—	29,20	32,85	—	24,71	27,80	—	20,35	22,89	—	16,13	18,14	—	12,04	13,55	—	8,10	9,11
	VI	842,83	—	67,42	75,85																				
3 509,99	I,IV	423,58	—	33,88	38,12	I	423,58	—	24,76	27,86	—	16,18	18,20	—	8,14	9,16	—	1,43	1,61	—	—	—	—	—	—
	II	322,08	—	25,76	28,98	II	322,08	—	17,12	19,26	—	9,02	10,14	—	2,04	2,30	—	—	—	—	—	—	—	—	—
	III	127,33	—	10,18	11,45	III	127,33	—	3,88	4,36	—	—	—	—	—	—	—	—	—	—	—	—	—	—	—
	V	800,16	—	64,01	72,01	IV	423,58	—	29,26	32,91	—	24,76	27,86	—	20,40	22,95	—	16,18	18,20	—	12,10	13,61	—	8,14	9,16
	VI	843,83	—	67,50	75,94																				
3 512,99	I,IV	424,33	—	33,94	38,18	I	424,33	—	24,82	27,92	—	16,23	18,26	—	8,19	9,21	—	1,46	1,64	—	—	—	—	—	—
	II	322,75	—	25,82	29,04	II	322,75	—	17,17	19,31	—	9,07	10,20	—	2,08	2,34	—	—	—	—	—	—	—	—	—
	III	127,83	—	10,22	11,50	III	127,83	—	3,92	4,41	—	—	—	—	—	—	—	—	—	—	—	—	—	—	—
	V	801,16	—	64,09	72,10	IV	424,33	—	29,31	32,97	—	24,82	27,92	—	20,46	23,01	—	16,23	18,26	—	12,14	13,66	—	8,19	9,21
	VI	844,83	—	67,58	76,03																				
3 515,99	I,IV	425,08	—	34,—	38,25	I	425,08	—	24,87	27,98	—	16,28	18,32	—	8,24	9,27	—	1,49	1,67	—	—	—	—	—	—
	II	323,41	—	25,87	29,10	II	323,41	—	17,22	19,37	—	9,12	10,26	—	2,12	2,38	—	—	—	—	—	—	—	—	—
	III	128,33	—	10,26	11,54	III	128,33	—	3,94	4,43	—	—	—	—	—	—	—	—	—	—	—	—	—	—	—
	V	802,—	—	64,16	72,18	IV	425,08	—	29,37	33,04	—	24,87	27,98	—	20,51	23,07	—	16,28	18,32	—	12,19	13,71	—	8,24	9,27
	VI	845,83	—	67,66	76,12																				
3 518,99	I,IV	425,75	—	34,06	38,31	I	425,75	—	24,92	28,04	—	16,33	18,37	—	8,28	9,32	—	1,52	1,71	—	—	—	—	—	—
	II	324,08	—	25,92	29,16	II	324,08	—	17,27	19,43	—	9,16	10,31	—	2,15	2,42	—	—	—	—	—	—	—	—	—
	III	128,83	—	10,30	11,59	III	128,83	—	3,98	4,48	—	—	—	—	—	—	—	—	—	—	—	—	—	—	—
	V	803,16	—	64,25	72,28	IV	425,75	—	29,42	33,10	—	24,92	28,04	—	20,56	23,13	—	16,33	18,37	—	12,24	13,77	—	8,28	9,32
	VI	846,66	—	67,73	76,19																				

Quelle: Stollfuß Tabellen 2025, Gesamtabzug Monat, Ausgabe März 2025, Lefebvre Stollfuß, Bonn 2025, S. T 50.

Tabellenfreibeträge

Diese Freibeträge sind bereits in die Werte der Lohnsteuerabzugstabelle (vgl. S. 420) eingearbeitet:

- **Grundfreibetrag** von 12 096,00 € in den Steuerklassen I, II und IV, in der Steuerklasse III 24 192,00 € (Splittingverfahren)
- **Arbeitnehmerpauschbetrag** (pauschale Berücksichtigung von Werbungskosten) in Höhe von 1 230,00 € in allen Steuerklassen außer Steuerklasse VI
- **Sonderausgabenpauschbetrag** in Höhe von 36,00 € in den Steuerklassen I, II und IV (in Steuerklasse III 72,00 €) für Sonderausgaben, die nicht Vorsorgeaufwendungen sind, wie z. B. Spenden, Kirchensteuer
- **Vorsorgepauschale**
- **Entlastungsfreibetrag in Höhe** von 4 260,00 € für das erste Kind (jedes weitere Kind + 240,00 €) für Alleinerziehende in der Steuerklasse II
- **Kinderfreibetrag** in Höhe von 9 600,00 €, dieser führt im Regelfall nur zu einer Verminderung von Solidaritätszuschlag und Kirchensteuer. Kinderfreibeträge vermindern die zu zahlende Lohnsteuer erst dann, wenn das Finanzamt im Rahmen der Günstigkeitsprüfung feststellt, dass die steuerliche Entlastung höher wäre als das auszuzahlende Kindergeld.

Unter dem folgenden Link bietet das Bundesministerium der Finanzen die Möglichkeit, die Höhe der zu zahlenden Einkommensteuer zu berechnen und die aktuell gültigen Sätze abzurufen: www.bmf-steuerrechner.de

Werbungskosten, Sonderausgaben und außergewöhnliche Belastungen

Als Werbungskosten bezeichnet man Aufwendungen, die anfallen, um einen Arbeitslohn zu erzielen, zu sichern oder zu erhalten. Diese mindern das zu versteuernde Einkommen ebenso wie Sonderausgaben oder außergewöhnliche Belastungen.

BEISPIEL *Herr Witges hat gemäß Lohnsteuerbescheinigung im vergangenen Jahr einen Bruttoarbeitslohn von 51 768,00 € erhalten. Die Entfernung von seinem Wohnort zum Arbeitsplatz beträgt 24 Kilometer. Im vergangenen Jahr hat Herr Witges 220 Tage gearbeitet. Als Werbungskosten kann er somit 220 Tage · 24 km · 0,38 € = 2 006,40 € ansetzen. Um diesen Betrag vermindert sich sein zu versteuerndes Einkommen. Im Rahmen des Lohnsteuerjahresausgleichs wird er eine Steuerrückerstattung erhalten.*

PRAXISTIPP

Im Rahmen Ihres persönlichen Lohnsteuerjahresausgleiches können Sie Werbungskosten, Sonderausgaben und außergewöhnliche Belastungen nachträglich geltend machen. Diese verringern Ihr zu versteuerndes Einkommen, sodass Ihnen das Finanzamt bereits abgeführte Steuern zurückerstattet.

Werbungskosten	**Aufwendungen der Arbeitnehmenden zur Erwerbung, Sicherung und Erhaltung des Arbeitslohnes**	– verkehrsmittelunabhängige Entfernungspauschale zwischen Wohnung und Arbeitsstätte pro Entfernungskilometer – Berufskleidung – Kosten für Arbeitszimmer, sofern der überwiegende Teil der Tätigkeit dort ausgeübt wird – Fachbücher, Fachzeitschriften – Beiträge zu Berufsverbänden und Gewerkschaften – Fortbildungskosten im ausgeübten Beruf – beruflich veranlasste Umzugskosten – Kosten der erstmaligen Berufsausbildung im Rahmen eines Ausbildungsverhältnisses
Sonderausgaben	**Bestimmte im Gesetz aufgeführte Aufwendungen**	**Vorsorgeaufwendungen** – Beiträge zur Kranken-, Renten-, Arbeitslosen- und Pflegeversicherung – Beiträge zu privaten Lebensversicherungen – Bausparbeiträge **Übrige Sonderausgaben** – Unterhaltsleistungen an den geschiedenen oder dauernd getrennt lebenden Ehegatten – Kosten beim Erwerb von Kenntnissen, die zur Aufnahme eines Berufs führen – Kirchensteuer – Spenden
Außergewöhnliche Belastungen	**Vergleichsweise erhöhte Belastungen, denen sich der Steuerpflichtige aus rechtlichen und sittlichen Gründen nicht entziehen kann**	– Beerdigungskosten – außergewöhnliche Krankheitskosten – Kuren – Sonderbedarf bei Berufsausbildung – Aufwendungen für eine Haushaltshilfe – Aufwendungen für Heim- und Pflegeunterbringung – Pauschalbeträge für behinderte Menschen – Kinderbetreuungskosten

Die elektronische Lohnsteuerkarte (ELStAM)

Der Arbeitgeber benötigt von seinen Beschäftigten bestimmte Informationen, um die Lohnsteuer zu berechnen und an das Finanzamt abführen zu können:

> Steuerklasse, Kinder, Freibeträge, Religionszugehörigkeit

Diese Informationen (**E**lektronische **L**ohn**S**teuer**A**bzugs**M**erkmale – **ELStAM**) werden in einer Datenbank der Finanzverwaltung hinterlegt und den Arbeitgebern elektronisch bereitgestellt.

Die Zuständigkeit für die Pflege der Lohnsteuerabzugsmerkmale (z. B. Kinder, Steuerklassenwechsel, andere Freibeträge) liegt bei den Finanzämtern. Für melderechtliche Änderungen, wie z. B. Heirat, Geburt eines Kindes, Kirchenein- oder -austritt, sind die Meldebehörden zuständig.

Vorgehensweise

1. Für den Lohnsteuerabzug wichtige melderechtliche Änderungen erhält das Finanzamt von der Meldebehörde auf elektronischem Wege.
2. Die Arbeitnehmenden beantragen antragsgebundene Einträge und Freibeträge beim Finanzamt und schicken diesem ihre Steuererklärung auf elektronischem Wege.
3. Auf elektronischem Wege rufen die Arbeitgeber alle für den Lohnsteuerabzug wichtigen Besteuerungsmerkmale vom Finanzamt ab, und zwar mithilfe der dazu nötigen Identifikationsdaten:

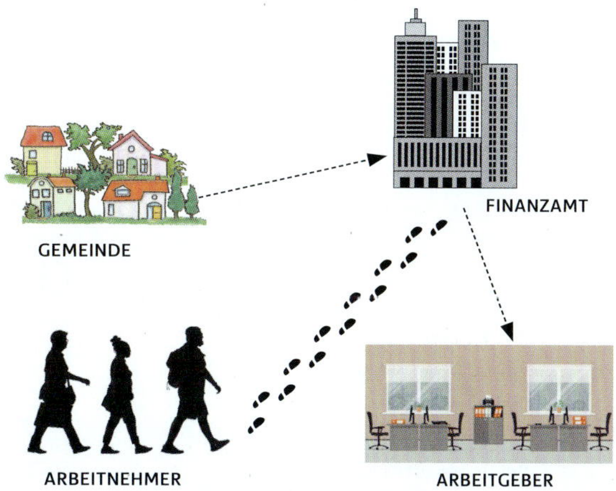

- **Steuernummer** der lohnsteuerlichen **Betriebsstätte** des Arbeitgebers
- **persönliche Identifikationsnummer (IdNr)** der/des **Arbeitnehmenden**
- **Geburtsdatum** der/des **Arbeitnehmenden**

Bei Beginn einer neuen Beschäftigung müssen Arbeitnehmende ihrem Arbeitgeber einmalig ihr Geburtsdatum, ihre Identifikationsnummer und die Auskunft erteilen, ob es sich um das Haupt- oder Nebenbeschäftigungsverhältnis handelt.

Die elektronische Lohnsteuerbescheinigung

Bei Beendigung des Dienstverhältnisses oder am Ende des Kalenderjahres hat der Arbeitgeber die Lohnkonten abzuschließen und den Arbeitnehmenden gemäß Steuerkarten-Übermittlungsverordnung spätestens bis zum 28. Februar des Folgejahres eine elektronische Lohnsteuerbescheinigung zu übermitteln bzw. der Finanzverwaltung bereitzuhalten.

Ausdruck der elektronischen Lohnsteuerbescheinigung für 20..

Nachstehende Daten wurden maschinell an die Finanzverwaltung übertragen.

80-1 III 1

45478

Frau Jana Bauer
Lohstraße 10
45359 Essen

Datum:

eTIN:

Identifikationsnummer:

Personalnummer: 80-1 III 1

Geburtsdatum: 15.05.19..

Transferticket:

Dem Lohnsteuerabzug wurden zugrunde gelegt:

Steuerklasse/Faktor	gültig ab
I	01.01.-31.12.

Zahl der Kinderfreibeträge	gültig ab
00,00	01.01.-31.12.

Steuerfreier Jahresbetrag	gültig ab

Jahreshinzurechnungsbetrag	gültig ab

Kirchensteuermerkmale	gültig ab
rk	01.01.-31.12.

Anschrift und Steuernummer des Arbeitgebers:

Sommerfeld Bürosysteme GmbH
Gladbecker Str. 85-91
45141 Essen

Essen, Jan. 20..

Sachbearbeiter Herr Krämer
Telefon 0201 163456-14

		€	Ct
1. Dauer des Dienstverhältnisses		vom - bis	
2. Zeiträume ohne Anspruch auf Arbeitslohn		Anzahl „U“	
Großbuchstaben (S, F)			
3. Bruttoarbeitslohn einschl. Sachbezüge ohne 9. und 10.		41 880	00
4. Einbehaltene Lohnsteuer von 3.		5 031	96
5. Einbehaltener Solidaritätszuschlag von 3.		0	00
6. Einbehaltene Kirchensteuer des Arbeitnehmers von 3.		452	76
7. Einbehaltene Kirchensteuer des Ehegatten von 3. (nur bei konfessionsverschiedener Ehe)			
8. In 3. enthaltene Versorgungsbezüge			
9. Ermäßigt besteuerte Versorgungsbezüge für mehrere Kalenderjahre			
10. Ermäßigt besteuerter Arbeitslohn für mehrere Kalenderjahre (ohne 9.) und ermäßigt besteuerte Entschädigungen			
11. Einbehaltene Lohnsteuer von 9. und 10.			
12. Einbehaltener Solidaritätszuschlag von 9. und 10.			
13. Einbehaltene Kirchensteuer des Arbeitnehmers von 9. und 10.			
14. Einbehaltene Kirchensteuer des Ehegatten von 9. und 10. (nur bei konfessionsverschiedener Ehe)			
15. Kurzarbeitergeld, Zuschuss zum Mutterschaftsgeld, Verdienstausfallentschädigung (Infektionsschutzgesetz), Aufstockungsbetrag und Altersteilzeitzuschlag			
16. Steuerfreier Arbeitslohn nach	a) Doppelbesteuerungsabkommen		
	b) Auslandstätigkeitserlass		
17. Steuerfreie Arbeitgeberleistungen für Fahrten zwischen Wohnung und Arbeitsstätte			
18. Pauschalbesteuerte Arbeitgeberleistungen für Fahrten zwischen Wohnung und Arbeitsstätte			
19. Steuerpflichtige Entschädigungen und Arbeitslohn für mehrere Kalenderjahre, die nicht ermäßigt besteuert wurden - in 3. enthalten			
20. Steuerfreie Verpflegungszuschüsse bei Auswärtstätigkeit			
21. Steuerfreie Arbeitgeberleistungen bei doppelter Haushaltsführung			
22. Arbeitgeberanteil	a) zur gesetzlichen Rentenversicherung	3 894	86
	b) an berufsständische Versorgungseinrichtungen		
23. Arbeitnehmeranteil	a) zur gesetzlichen Rentenversicherung	3 894	86
	b) an berufsständische Versorgungseinrichtungen		
24. Steuerfreie Arbeitgeberzuschüsse	a) zur gesetzlichen Krankenversicherung		
	b) zur privaten Krankenversicherung		
	c) zur gesetzlichen Pflegeversicherung		
25. Arbeitnehmerbeiträge zur gesetzlichen Krankenversicherung		3 559	80
26. Arbeitnehmerbeiträge zur sozialen Pflegeversicherung		1 005	12
27. Arbeitnehmerbeiträge zur Arbeitslosenversicherung		544	44
28. Beiträge zur privaten Kranken- und Pflege-Pflichtversicherung (ggf. Mindestvorsorgepauschale)			
29. Bemessungsgrundlage für den Versorgungsfreibetrag zu 8.			
30. Maßgebendes Kalenderjahr des Versorgungsbeginns zu 8. und/oder 9.			
31. Zu 8. bei unterjähriger Zahlung: Erster und letzter Monat, für den Versorgungsbezüge gezahlt wurden			
32. Sterbegeld; Kapitalauszahlungen/Abfindungen und Nachzahlungen von Versorgungsbezügen - in 3. und 8. enthalten			
33. Ausgezahltes Kindergeld			–
Finanzamt, an das die Lohnsteuer abgeführt wurde (Name und vierstellige Nr.)			

6.12

Solidaritätszuschlag

Seit 1995 wird ein Solidaritätszuschlag erhoben. Zum 01.01.2021 ist dieser für rund 90 % der Steuerzahlenden abgeschafft worden, nur noch rund 3,5 % der Steuerpflichtigen zahlen ihn in voller Höhe. Alleinstehende, die max. 19 950,00 € Einkommensteuer pro Jahr (Verheiratete

39 900,00 €) zahlen, entrichten keinen Solidaritätszuschlag mehr. Dies entspricht einem Jahreseinkommen von ca. 85 000,00 € bei Alleinstehenden (Verheiratete ca. 170 00,00 €). Ab diesem Einkommen steigt der Solidaritätszuschlag langsam an, bis zu einem Maximalbetrag von 5,5 % der Einkommensteuer bei einem Jahreseinkommen von ca. 125 000,00 € (Verheiratete ca. 250 000,00 €).

Kirchensteuer

Neben der Lohnsteuer muss der Arbeitgeber bei der Lohn- und Gehaltsabrechnung bei Mitarbeitenden, die einer steuererhebenden Religionsgemeinschaft angehören, Kirchensteuer abziehen und an das Finanzamt abführen. Die **Kirchensteuer** ist **nicht** in allen Bundesländern **gleich hoch**. Sie beträgt in Bayern und Baden-Württemberg 8 % und in den übrigen Bundesländern **9 % der Lohnsteuer**. Ein eventueller Kinderfreibetrag ist in die Lohnsteuertabelle eingearbeitet.

Kindergeld

Seit dem 01.01.2025 beträgt das Kindergeld monatlich 255,00 € pro Kind.

Eltern erhalten das Kindergeld monatlich von den Familienkassen der Arbeitsämter als Steuervergütung ausbezahlt. Auf die Höhe der Lohnsteuer hat die in den Lohnsteuerabzugsmerkmalen bescheinigte Zahl der Kinderfreibeträge keinen Einfluss.

Ermittlung der Lohnsteuer, des Solidaritätszuschlags und der Kirchensteuer aus Lohnsteuertabellen

Arbeit mit der Lohnsteuertabelle
1. Ermitteln Sie zuerst das steuerpflichtige Bruttogehalt:
Grundgehalt (lt. Arbeits- oder Tarifvertrag) + Zuschläge (z. B. Überstunden) + Sonstige Beträge (z. B. Arbeitgeberanteil zur vermögenswirksamen Leistung, Job-Ticket)
= Sozialversicherungspflichtiges Bruttogehalt: Berechnungsgrundlage für die Sozialversicherungsbeiträge vom AN und AG – Steuerfreibetrag lt. Lohnsteuerabzugsmerkmalen
= Steuerpflichtiges Bruttogehalt: Berechnungsgrundlage der Lohnsteuer
2. Ermittlung der Lohnsteuer, ggf. des Solidaritätszuschlages und ggf. der Kirchensteuer
Stimmt der Tabellenwert nicht mit dem steuerpflichtigen Bruttogehalt überein, ist die Lohnsteuer vom nächsthöheren Tabellenwert zu wählen. Achten Sie dabei auf – die Steuerklasse und – den Kinderfreibetrag.

3.2.2 Abzüge für die Sozialversicherung

Sozialversicherung

Der Ursprung der Sozialversicherung liegt im 19. Jahrhundert. Als Folge der fortschreitenden Industrialisierung und der damit einhergehenden Verelendung der Arbeiter in den Städten kam es zu Unzufriedenheit und Unruhe. Als Reaktion darauf formulierte **Otto von Bismarck**

1881 den Rechtsanspruch der Arbeiter auf Leistungen bei Krankheit, Invalidität und materieller Not im Alter. Per Gesetz entstanden daraufhin 1883 die Krankenversicherung, 1884 die Unfallversicherung und 1889 die Invaliditäts- und Alterssicherung. 1927 folgte die Arbeitslosenversicherung und 1995 die Pflegeversicherung. Die nachfolgend abgebildete Tabelle zeigt exemplarisch die zu zahlenden Beiträge bei unterschiedlichen Einkommenshöhen.

monatliches Arbeitsentgelt* in €	AG/AN**	Kranken-versicherung***	Renten-versicherung	Arbeitslosen-versicherung	Pflege-versicherung außer Sachsen	Pflege-versicherung Sachsen
2 460,–	AG	210,33	228,78	31,98	44,28	31,98
	AN ohne Kind	210,33	228,78	31,98	59,04	71,34
	AN mit Kind	210,33	228,78	31,98	44,28	56,58
2 470,–	AG	211,19	229,71	32,11	44,46	32,11
	AN ohne Kind	211,19	229,71	32,11	59,28	71,63
	AN mit Kind	211,19	229,71	32,11	44,46	56,81
2 480,–	AG	212,04	230,64	32,24	44,64	32,24
	AN ohne Kind	212,04	230,64	32,24	59,52	71,92
	AN mit Kind	212,04	230,64	32,24	44,64	57,04
2 490,–	AG	212,90	231,57	32,37	44,82	32,37
	AN ohne Kind	212,90	231,57	32,37	59,76	72,21
	AN mit Kind	212,90	231,57	32,37	44,82	57,27
2 500,–	AG	213,75	232,50	32,50	45,—	32,50
	AN ohne Kind	213,75	232,50	32,50	60,—	72,50
	AN mit Kind	213,75	232,50	32,50	45,—	57,50
2 510,–	AG	214,61	233,43	32,63	45,18	32,63
	AN ohne Kind	214,61	233,43	32,63	60,24	72,79
	AN mit Kind	214,61	233,43	32,63	45,18	57,73
2 520,–	AG	215,46	234,36	32,76	45,36	32,76
	AN ohne Kind	215,46	234,36	32,76	60,48	73,08
	AN mit Kind	215,46	234,36	32,76	45,36	57,96
2 530,–	AG	216,32	235,29	32,89	45,54	32,89
	AN ohne Kind	216,32	235,29	32,89	60,72	73,37
	AN mit Kind	216,32	235,29	32,89	45,54	58,19
2 640,–	AG	225,72	245,52	34,32	47,52	34,32
	AN ohne Kind	225,72	245,52	34,32	63,36	76,56
	AN mit Kind	225,72	245,52	34,32	47,52	60,72
2 650,–	AG	226,58	246,45	34,45	47,70	34,45
	AN ohne Kind	226,58	246,45	34,45	63,60	76,85
	AN mit Kind	226,58	246,45	34,45	47,70	60,95
2 860,–	AG	244,53	265,98	37,18	51,48	37,18
	AN ohne Kind	244,53	265,98	37,18	68,64	82,94
	AN mit Kind	244,53	265,98	37,18	51,48	65,78
2 870,–	AG	245,39	266,91	37,31	51,66	37,31
	AN ohne Kind	245,39	266,91	37,31	68,88	83,23
	AN mit Kind	245,39	266,91	37,31	51,66	66,01
3 750,–	AG	320,63	348,75	48,75	67,50	48,75
	AN ohne Kind	320,63	348,75	48,75	90,—	108,75
	AN mit Kind	320,63	348,75	48,75	67,50	86,25
4 650,–	AG	397,58	432,45	60,45	83,70	60,45
	AN ohne Kind	397,58	432,45	60,45	111,60	134,85
	AN mit Kind	397,58	432,45	60,45	83,70	106,95
4 800,–	AG	410,40	446,40	62,40	86,40	62,40
	AN ohne Kind	410,40	446,40	62,40	115,20	139,20
	AN mit Kind	410,40	446,40	62,40	86,40	110,40
4 810,–	AG	411,26	447,33	62,53	86,58	62,53
	AN ohne Kind	411,26	447,33	62,53	115,44	139,49
	AN mit Kind	411,26	447,33	62,53	86,58	110,63
4 820,–	AG	412,11	448,26	62,66	86,76	62,66
	AN ohne Kind	412,11	448,26	62,66	115,68	139,78
	AN mit Kind	412,11	448,26	62,66	86,76	110,86
5 000,–	AG	427,50	465,—	65,—	90,—	65,—
	AN ohne Kind	427,50	465,—	65,—	120,—	145,—
	AN mit Kind	427,50	465,—	65,—	90,—	115,—
5 010,–	AG	428,36	465,93	65,13	90,18	65,13
	AN ohne Kind	428,36	465,93	65,13	120,24	145,29
	AN mit Kind	428,36	465,93	65,13	90,18	115,23

Quelle: Stollfuß Tabellen 2025, Anhang zur Sozialversicherung, Ausgabe März 2025, Lefebvre Stollfuß, Bonn 2025, SV 20, 21, 25, 29, 30.

In der Sozialversicherung sind alle abhängig Beschäftigten (Arbeiter und Angestellte) pflichtversichert.

Aktuell (Stand 2025) gelten folgende Sozialversicherungsbeitragssätze:

KV 14,6 %	PV 3,60 %	RV 18,6 %	AV 2,6 %

Die Beiträge zur Sozialversicherung werden grundsätzlich je zur Hälfte vom Arbeitgeber und Arbeitnehmer getragen. Krankenkassen, die mit dem allgemeinen Beitragssatz nicht auskommen, können einkommensabhängige Zusatzbeiträge verlangen. Der Zusatzbeitrag beträgt aktuell durchschnittlich ca. 2,5 %. Auch dieser wird von Arbeitgeber und Arbeitnehmer jeweils zur Hälfte getragen.

PRAXISTIPP

Die Sozialversicherungsbeitragssätze werden regelmäßig angepasst. Informieren Sie sich regelmäßig über die aktuell gültigen Beitragssätze.

In der **Pflegeversicherung** beträgt der allgemeine Beitragssatz 3,6 % für Eltern mit einem Kind. Arbeitnehmende (1,80 %) und Arbeitgeber (1,80 %) zahlen jeweils die Hälfte. Kinderlose Arbeitnehmende ab 23 Jahren zahlen einen Zuschlag von 0,60 % und somit 2,40 %. Eltern mit zwei Kindern (unter 25 Jahren) erhalten einen Abschlag von 0,25 %, zahlen also 1,55 %. Eltern mit drei Kindern zahlen 1,30 %, Eltern mit vier Kindern zahlen 1,05 %, Eltern mit fünf oder mehr Kinder zahlen 0,80 %. Der Beitragssatz für Arbeitgeber verändert sich nicht. Für das Bundesland Sachsen gelten Sonderregelungen.

Für die **geringfügig Beschäftigten** (sog. Mini-Jobber mit max. 556,00 € Monatsentgelt) führen gewerbliche Arbeitgeber maximal 31,47 % (haushaltsnahe Minijobs: 14,92 %) Sozialversicherungsbeiträge ab. Die Arbeitnehmenden zahlt zusätzlich 3,6 % in die Rentenversicherung ein.

Zur Berechnung der Beiträge zur Sozialversicherung legt **der Gesetzgeber jährlich Beitragsbemessungsgrenzen (nicht zu verwechseln mit den Versicherungspflichtgrenzen) fest**. Die Beitragsbemessungsgrenzen erhöhen sich entsprechend der Lohn- und Gehaltsentwicklung von Jahr zu Jahr. Oberhalb dieser Grenzen werden Löhne und Gehälter nicht mit Beiträgen belastet.

BEISPIEL *Nicole Esser erhält als Controllerin der Sommerfeld Bürosysteme GmbH ein Gehalt von 5 950,00 €. Die Beitragsbemessungsgrenze zur Krankenversicherung beträgt 5 512,50 € (2025). Die Beiträge zu ihrer Krankenversicherung werden auf der Basis von 5 512,50 € berechnet, das Einkommen oberhalb der Grenze bleibt beitragsfrei.*

Die Versicherungsleistungen der Sozialversicherungen werden grundsätzlich aus den Beitragseinnahmen des jeweiligen Versicherungsjahres im **Umlageverfahren** finanziert. Eine Kapitalbildung wie bei den Individualversicherungen findet hier nicht statt.

Für die Rentenversicherung bedeutet dies, dass die im Beruf stehenden Arbeitnehmenden mit ihren Beiträgen die Renten der jeweiligen Rentnergeneration zahlen. Diese Vereinbarung wird auch als **Generationenvertrag** bezeichnet. Probleme bei dieser Art der Finanzierung ergeben sich, wenn die Zahl der Rentnerinnen und Rentner gegenüber den Beitragszahlenden überproportional steigt.

Durch jährliche Rentenanpassungsgesetze wird die Rente der allgemeinen Entwicklung der Nettolöhne angepasst. Durch diese **Dynamisierung der Rente** wird sichergestellt, dass die Rentenempfänger an der Erhöhung des Lebensstandards teilnehmen.

Rentenversicherung

Aufgabe	– Zahlung von Renten im Alter (Altersruhegeld) ab 65 Jahren, flexibles Altersruhegeld ab 63 Jahren. Seit 2012 (bis 2035) steigt das gesetzliche Renteneintrittsalter schrittweise von 65 auf 67 Jahre an. – Erhalt, Verbesserung und Wiederherstellung der Erwerbsfähigkeit – Renten für Hinterbliebene
Träger	Alterssicherung Deutsche Rentenversicherung
Versicherungs-pflicht	– alle gegen Entgelt beschäftigten Arbeitnehmenden, Auszubildende – Bundesfreiwilligendienstleistende – Selbstständige auf Antrag
Leistungen	– Altersruhegeld, Witwen-, (Halb-) Waisenrente – Berufs- und Erwerbsunfähigkeitsrente – Maßnahmen der Rehabilitation
Beitrag	– 18,6 % (2025) – Arbeitgeber und Arbeitnehmende zahlen je die Hälfte.
Beitragsbemes-sungsgrenze	96 600,00 € jährlich (= 8 050,00 € monatlich), Stand: 2025

Krankenversicherung

Aufgabe	Übernahme von Risiken, die aufgrund von Krankheiten entstehen
Träger	AOK, Ersatzkassen, Betriebs- und Innungskrankenkassen
Versicherungs-pflicht	– Arbeiter und Angestellte, wenn ihr regelmäßiges Arbeitsentgelt die Versicherungspflichtgrenze nicht übersteigt (2025: 73 800,00 € im Jahr, 6 150,00,50 € im Monat) – Auszubildende, Arbeitslose, wenn sie Leistungen von der Bundesanstalt für Arbeit beziehen, Rentner
Leistungen	– Vorsorgeuntersuchungen – ärztliche und zahnärztliche Beratung, Untersuchung und Behandlung – verordnungsfähige Arznei- und Verbandmittel – Heil- und Hilfsmittel – Krankenhausbehandlung – Krankengeld (ab der 7. Woche 70 % des Bruttoentgelts)
Beitrag	– 14,6 % – Krankenkassen können einen Zusatzbeitrag verlangen, dieser beträgt im Durchschnitt 2,5 % und wird ebenfalls zu gleichen Teilen von Arbeitgeber und Arbeitnehmenden beglichen.
Beitragsbemes-sungsgrenze	66 150,00 € jährlich (= 5 512,50 € monatlich), Stand: 2025

Arbeitslosenversicherung

Aufgabe	– Erreichung und Erhalt eines hohen Beschäftigungsgrades – Hilfe bei Arbeitslosigkeit
Träger	Bundesagentur für Arbeit und Jobcenter
Versicherungspflicht	alle gegen Entgelt beschäftigten Arbeitnehmenden, Auszubildende
Leistungen	– Förderung der beruflichen Bildung durch Ausbildung, Fortbildung, Umschulung – Förderung der Arbeitsaufnahme – berufliche Rehabilitation – Kurzarbeitergeld – Arbeitslosengeld I (60 % ohne Kind, 67 % mit Kind des durchschnittlichen Nettoentgelts) und Arbeitslosengeld II – Berufsberatung und Arbeitsvermittlung
Beitrag	– 2,6 % (2025) – Arbeitgeber und Arbeitnehmende zahlen je die Hälfte.
Beitragsbemessungsgrenze	96 600,00 € jährlich (= 8 050,00 € monatlich), Stand: 2025

Pflegeversicherung

Aufgabe	soziale Absicherung des Risikos der Pflegebedürftigkeit
Träger	Pflegekassen bei den gesetzlichen Krankenkassen
Versicherungspflicht	– alle pflichtversicherten und freiwillig versicherten Mitglieder der gesetzlichen Krankenkassen – Privat Versicherte müssen eine private Pflegeversicherung abschließen.
Leistungen	nach fünf Pflegegraden je nach Pflegebedürftigkeit gestaffelt
Beitrag	– 3,6 % (2025), Arbeitgeber und Arbeitnehmende zahlen jeweils die Hälfte – kinderlose Versicherte ab dem 23. Lebensjahr zahlen 2,40 %, Versicherte mit zwei Kindern 1,55 %, Versicherte mit drei Kindern 1,30 %, Versicherte mit vier Kindern 1,05 %, Versicherte mit fünf Kindern 0,80 %, der Beitragssatz für Arbeitgeber bleibt konstant bei 1,80 %.
Beitragsbemessungsgrenze	66 150,00 € jährlich (= 5 512,50 € monatlich), Stand: 2025

Unfallversicherung

Aufgabe	– Übernahme von Risiken, die aufgrund von Arbeitsunfällen, Wegeunfällen oder Berufskrankheiten entstehen – Erlass und Überwachung von Unfallverhütungsvorschriften
Träger	Berufsgenossenschaften

[1] *Die Werte in Klammern gelten für die neuen Bundesländer einschließlich Ost-Berlin.*

Versicherungspflicht	alle Beschäftigten
Leistungen	– Heilbehandlung nach einem Unfall – Maßnahmen der Rehabilitation – Übergangsgeld während der Rehabilitation – Verletztenrente und Hinterbliebenenrente – Berufsberatung und Arbeitsvermittlung
Beitrag	– Beitragshöhe ist abhängig von der Gefahrenklasse. – Arbeitgeber zahlt allein.

Probleme der Sozialversicherung und staatliche Lösungsansätze

Probleme der Sozialversicherungen

Das System der Sozialversicherungen in der Bundesrepublik Deutschland basiert auf der Solidarität zwischen den Bevölkerungsgruppen und den Generationen. Die von der Solidargemeinschaft – Arbeitnehmende und Arbeitgeber – eingezahlten Beiträge kommen im Notfall bei Krankheit, bei Pflegebedürftigkeit, Arbeitslosigkeit und im Alter (Rente) dem Einzelnen zugute.

Die Sozialversicherungen sind in den letzten Jahrzehnten immer wieder reformiert worden. Auch in Zukunft wird einer der zentralen Streitpunkte sein, wer die Hauptlast des vermutlich steigenden Finanzbedarfs zu tragen hat. Hauptargumente der beiden Seiten gehen aus folgender Gegenüberstellung hervor:

Arbeitnehmende	– Die Beitragssätze werden in der Zukunft vermutlich steigen
	  – weil die medizinische Versorgung aufwendiger wird,
	  – weil die Kosten für Altersvorsorge und Gesundheit im Alter steigen (die durchschnittliche Lebenserwartung steigt),
	  – weil die Zahl älterer Menschen im Verhältnis zur arbeitenden Bevölkerung wächst.
	– Umgekehrt sinken die Nettolöhne mit den steigenden Abzügen.

Arbeitgeber	– Der Arbeitgeber bringt die Hälfte der Beiträge zur gesetzlichen Kranken-, Pflege-, Renten- und Arbeitslosenversicherung auf, die Lohnnebenkosten werden tendenziell als zu hoch empfunden. – Der Arbeitgeberanteil bei KV, PV, RV und AV beträgt bereits rund 20 %. – Die Unfallversicherung trägt der Arbeitgeber allein. – Wettbewerbsnachteile im internationalen Vergleich

Mit der Steigerung der „sozialen Kosten“ werden daher von beiden Seiten zunehmend Zweifel an ihrer Finanzierbarkeit geäußert. Aus der Sicht der Arbeitnehmenden wird besonders der negative Einfluss dieser Entwicklung auf das Realeinkommen, die Arbeitsmotivation und die Zukunftsplanung betont, aus der Sicht der Arbeitgeber die Kostenexplosion und daraus resultierende Verschlechterung der Wettbewerbsfähigkeit. Hauptursache dieser Entwicklung ist der Altersaufbau unserer Gesellschaft.

Staatliche Maßnahmen im Bereich der Sozialversicherungen

Die beschriebenen Probleme verlangen nach Reformen in den einzelnen Sozialversicherungszweigen. Die nachstehende Tabelle zeigt Reformen, die bereits umgesetzt sind, und weitere geplante oder noch politisch diskutierte Reformansätze:

Sozialversicherung	Reformansatz	Erläuterungen/Beispiele/Wirkung
Rentenversicherung	Verlängerung der Lebensarbeitszeit von 65 auf 67 Jahre	– längere Einzahlung von Beiträgen – Entlastung der Erwerbstätigen – setzt Schaffung neuer Arbeitsplätze für junge Menschen voraus – Verbesserung der Generationsgerechtigkeit
	Niedrigere Renten Abschläge bei früherem Renteneintrittsalter Nachhaltigkeitsfaktor seit 2005 (demografischer Faktor)	– Abschlag von 0,3 % für jeden Monat – Renten sind abhängig vom Verhältnis von Beitragszahlern und Leistungsempfängern.
	Verbesserung der Generationsgerechtigkeit Rentenbonus für Ehepaare mit Kindern	– niedrigere Beiträge für Ehepaare mit Kindern – Anrechnung von Erziehungszeiten
Krankenversicherung	Zuzahlung der Patienten	– Rezeptgebühr
	Streichung von Leistungen	Für Zahnersatz und für Krankengeld muss eine Privatversicherung abgeschlossen oder ein Zusatzbeitrag gezahlt werden.
	Maßnahmen zur Verbilligung von Medikamenten Modell in der Reformdiskussion	– Versandhandel von Medikamenten – Aufhebung der Preisbindung für nicht verschreibungspflichtige Medikamente
Gesundheitsfonds 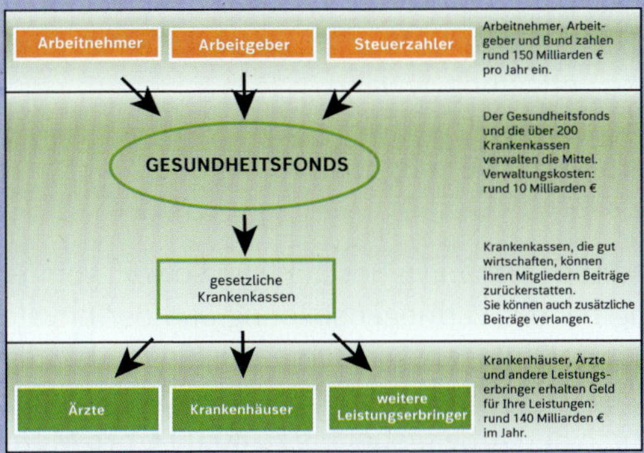		Neuorganisation der Finanzierung der gesetzlichen Krankenversicherung: Die an die Krankenkasse gezahlten Beiträge werden von diesen an den vom Bundesversicherungsamt verwalteten Gesundheitsfonds weitergeleitet. In den Gesundheitsfonds fließt ferner ein Bundeszuschuss aus Steuermitteln, um die Ausgaben der gesetzlichen Krankenversicherung zu decken. Aus dem Gesundheitsfonds erhalten die Krankenkassen Pauschalbeträge für jeden Versicherten sowie abhängig von der Versichertenstruktur ergänzende Zu- und Abschläge je nach Alter, Geschlecht und Krankenbild der Versicherten.

Sozialversicherung	Reformansatz	Erläuterungen/Beispiele/Wirkung	
	Wiedereinführung der vollständig paritätischen Finanzierung der Krankenkassenbeiträge zum 01.01.2019	Die Beitragssätze zur Krankenversicherung werden durch die Bundesregierung einheitlich für alle Krankenkassen festgesetzt. Die Krankenkassen können Zusatzbeiträge verlangen.	
	Allgemeiner Satz mit Anspruch auf Fortzahlung des Arbeitsentgelts	gesetzlich festgeschrieben 14,6 %	durchschnittlicher Zusatzbeitrag 2,5 %
	Ermäßigter Satz ohne Anspruch auf Krankengeld	14,0 %	2,5 %
Pflegeversicherung	Höhere Beiträge für Rentner Aufbau eines Kapitalstocks Regelmäßige Anpassung des Leistungsniveaus (Dynamisierung) Einfrieren des Arbeitgeberanteils auf heutigem Niveau	– Verbesserung der Generationsgerechtigkeit – Stabilisierung des Beitragssatzes – niedrigere Beiträge für Arbeitnehmende mit Kindern – Entlastung der Lohnnebenkosten	
Arbeitslosenversicherung	Im historischen Vergleich relativ niedriger Beitragssatz von zzt. 2,6 %	Senkung der Lohnnebenkosten	

Private Vorsorge

Formen der privaten Vorsorge

Aus den genannten Gründen ist davon auszugehen, dass das Rentenniveau fällt und dass Zuzahlungen bzw. Eigenbeteiligungen bei den Kosten des Gesundheitswesens notwendig werden.

Zur Erhaltung des Lebensstandards im Alter, Krankheits- und Pflegefall sollte man rechtzeitig damit beginnen, die sozialen Sicherungssysteme durch private Vorsorge zu ergänzen. Für eine Reihe von Möglichkeiten bietet der Sozialstaat hierbei Unterstützung an, indem er für die Vorsorgeleistung Prämien oder eine steuerliche Entlastung gewährt.

Vermögenswirksame Leistungen zur Förderung der Vermögensbildung und privaten Vorsorge

Durch vermögenswirksame Leistungen (vL) können abhängig Beschäftigte sowohl vom **Arbeitgeber** auch als vom **Staat** Unterstützung bei der Vermögensbildung und der privaten Vorsorge geltend machen. Ob ein Anspruch auf vermögenswirksame Leistungen besteht, ergibt sich aus dem jeweiligen Tarifvertrag. Viele Unternehmen zahlen diese Leistung auch freiwillig. Dabei kann die Höhe der Zahlung durch den Arbeitgeber bis zu **40,00 € pro Monat** betragen und wird zusätzlich zum Lohn oder Gehalt gezahlt. Die vL werden nicht an die Beschäftigten ausgezahlt, sondern fließen direkt in einen begünstigten Vertrag zur Vermögensbildung. Im Vordergrund stehen dabei **Bausparverträge** und **Aktienfonds**, denn diese

Sparanlagen werden vom Staat besonders gefördert (Arbeitnehmersparzulage und Wohnungsbauprämie). Die Zahlung durch den Arbeitgeber kann um einen Betrag, den der Arbeitnehmer freiwillig zuzahlt, erhöht werden. Unter bestimmten Bedingungen kommt eine **staatliche Förderung** hinzu.

BEISPIEL *Der Staat fördert die Vermögensbildung der Arbeitnehmenden durch die sogenannte Arbeitnehmersparzulage. Diese Zulage beträgt jährlich 20 % auf bis zu 400,00 € bei Beteiligungen am Produktivkapital (Investmentfonds, ETFs). Die Maximalförderung beträgt mithin 80,00 € pro Jahr. Voraussetzung ist, dass das zu versteuernde Jahreseinkommen maximal 40 000,00 € für Ledige und 80 000,00 € für Verheiratete beträgt. Bei Anlage der vL in einen Bausparvertrag beträgt die Zulage nur 9 % der eingezahlten Summe, maximal 43,00 € jährlich.*

PRAXISTIPP

- Insbesondere bei geringem Einkommen sind vermögenswirksame Leistungen eine interessante Anlagealternative. Prüfen Sie daher Ihre Ansprüche im Ausbildungsbetrieb und vergleichen Sie die entsprechenden Anlageangebote der Kreditinstitute.
- Staatliche Förderung können Sie auch erhalten, wenn Ihr Betrieb nichts dazugibt. Dann müssen Sie veranlassen, dass ein Teil Ihrer Ausbildungsvergütung vermögenswirksam angelegt wird.

ZUSAMMENFASSUNG

Ermittlung der steuerlichen Abzüge

- Die Lohnsteuer wird auf Einkünfte aus **nicht selbstständiger Arbeit** erhoben.
- Die **Höhe** der Lohnsteuer richtet sich nach
  - der Höhe des **Arbeitsentgeltes**
  - der **Steuerklasse** (Familienstand, Anzahl der Kinder, Zahl der Arbeitsverträge)
  - dem **Einkommensteuertarif**
  - den **Tabellenfreibeträgen**
  - möglichen **persönlichen Freibeträgen** laut **Lohnsteuerabzugsmerkmalen**
- Die Kirchensteuer wird von der Lohnsteuer berechnet. Sie beträgt je nach Bundesland 8 % (Baden-Württemberg und Bayern) oder 9 % der Lohnsteuer.
- Der Solidaritätszuschlag wird nur noch für knapp 10 % der Steuerpflichtigen fällig. Nur rund 3,5 % der Steuerpflichtigen zahlen den vollen Satz in Höhe von 5,5 %.

Abzüge für die Sozialversicherung

- Die Sozialversicherungen sind Pflichtversicherungen für alle Arbeiter und Angestellten. Sie dienen der Unterstützung der Menschen im Alter und im Falle von Krankheit, Pflegebedürftigkeit sowie Arbeitslosigkeit und Unfall.
- Die Sozialversicherungsbeiträge zur Kranken-, Renten-, Arbeitslosen- und Pflegeversicherung werden je zur Hälfte von Arbeitnehmer und Arbeitgeber getragen.

- Bei der Krankenversicherung zahlen Arbeitnehmende einen individuellen Zusatzbetrag des sozialversicherungspflichtigen Bruttoentgeltes.
- Nach Abzug weiterer Abzüge vom Nettogehalt (z. B. Vorschüsse, vermögenswirksame Leistungen) erhält man den Auszahlungsbetrag.
- **Vermögenswirksame Leistungen**
  - sind, soweit sie vom Arbeitgeber gewährt werden, steuerpflichtiges Entgelt,
  - werden gemäß Sparvertrag vermögenswirksam angelegt, indem der Arbeitgeber den Monatssparbetrag einbehält und an das Sparinstitut abführt.

  Die **Sparzulage** wird im Rahmen des Lohnsteuerausgleichs auf Antrag gewährt.

AUFGABEN

1 Nennen Sie Beispiele für

a) Werbungskosten,
b) Sonderausgaben und
c) außergewöhnliche Belastungen,

die Sie im Rahmen des Lohnsteuerjahresausgleichs geltend machen können, die das zu versteuernde Einkommen also verringern und zu einer Lohnsteuerrückerstattung führen.

2 Beschreiben Sie die unterschiedlichen Lohnsteuerklassen und benennen Sie den Personenkreis, der diesen Klassen zugeordnet wird.

3 Erläutern Sie das System der Steuerprogression und recherchieren Sie, was mit dem „Grenzsteuersatz“ gemeint ist.

4 Viktor Kuzow aus dem Vertrieb Süd ist verheiratet.

a) Ermitteln Sie seinen individuellen Beitragssatz zur Pflegeversicherung, wenn er
   - keine Kinder,
   - ein Kind,
   - zwei Kinder,
   - drei Kinder,
   - vier Kinder,
   - fünf Kinder

   hätte.

b) Diskutieren Sie in Kleingruppen, ob Sie diese Regelung für gerecht halten.

5 Ermitteln Sie die pro Jahr zu zahlenden Sozialversicherungsbeiträge für folgende Beschäftigte:

a) Kurt Pinkall, 53 Jahre, Jahresgehalt 74 000 €, kinderlos, individueller Zusatzbeitragssatz seiner Krankenkasse: 2,6 %
b) Walter Frosch, 49 Jahre, Jahresgehalt 107 000 €, zwei Kinder, individueller Zusatzbeitragssatz seiner Krankenkasse: 2,4 %

6 Ermitteln Sie für die aufgeführten Beschäftigten die steuerlichen Abzüge sowie die Beiträge zu den Sozialversicherungen (vgl. Seite 427 ff.) und erstellen Sie die Entgeltabrechnungen nach dem Schema auf den Seiten 415/416.

Lohn/ Gehalt	Abzüge an Lohnsteuer, Solidaritätszuschlag (SolZ) und Kirchensteuer (8%, 9%) in den Steuerklassen																								
	I – VI					I, II, III, IV																			
			ohne Kinderfreibeträge					mit Zahl der Kinderfreibeträge . . . 0,5			1			1,5			2			2,5			3		
bis €*		LSt	SolZ	8%	9%		LSt	SolZ	8%	9%	SolZ	8%	9%	SolZ	8%	9%	SolZ	8%	9%	SolZ	8%	9%	SolZ	8%	9%
2 972,99	I,IV	300,41	—	24,03	27,03	I	300,41	—	15,50	17,43	—	7,50	8,44	—	1,—	1,12	—	—	—	—	—	—	—	—	—
	II	205,41	—	16,43	18,48	II	205,41	—	8,38	9,42	—	1,59	1,79	—	—	—	—	—	—	—	—	—	—	—	—
	III	42,83	—	3,42	3,85	III	42,83	—	—	—	—	—	—	—	—	—	—	—	—	—	—	—	—	—	—
	V	631,—	—	50,48	56,79	IV	300,41	—	19,70	22,16	—	15,50	17,43	—	11,43	12,86	—	7,50	8,44	—	3,90	4,38	—	1,—	1,12
	VI	670,66	—	53,65	60,35																				
2 975,99	I,IV	301,08	—	24,08	27,09	I	301,08	—	15,54	17,48	—	7,55	8,49	—	1,03	1,16	—	—	—	—	—	—	—	—	—
	II	206,—	—	16,48	18,54	II	206,—	—	8,42	9,47	—	1,62	1,82	—	—	—	—	—	—	—	—	—	—	—	—
	III	43,16	—	3,45	3,88	III	43,16	—	—	—	—	—	—	—	—	—	—	—	—	—	—	—	—	—	—
	V	631,66	—	50,53	56,84	IV	301,08	—	19,75	22,22	—	15,54	17,48	—	11,48	12,91	—	7,55	8,49	—	3,94	4,43	—	1,03	1,16
	VI	671,50	—	53,72	60,43																				
2 978,99	I,IV	301,75	—	24,14	27,15	I	301,75	—	15,60	17,55	—	7,60	8,55	—	1,06	1,19	—	—	—	—	—	—	—	—	—
	II	206,66	—	16,53	18,59	II	206,66	—	8,47	9,53	—	1,66	1,86	—	—	—	—	—	—	—	—	—	—	—	—
	III	43,66	—	3,49	3,92	III	43,66	—	—	—	—	—	—	—	—	—	—	—	—	—	—	—	—	—	—
	V	632,66	—	50,61	56,93	IV	301,75	—	19,80	22,27	—	15,60	17,55	—	11,53	12,97	—	7,60	8,55	—	3,98	4,47	—	1,06	1,19
	VI	672,50	—	53,80	60,52																				
3 926,99	I,IV	524,75	—	41,98	47,22	I	524,75	—	32,40	36,45	—	23,36	26,28	—	14,86	16,72	—	6,91	7,77	—	0,62	0,69	—	—	—
	II	418,16	—	33,45	37,63	II	418,16	—	24,35	27,39	—	15,80	17,77	—	7,78	8,75	—	1,18	1,33	—	—	—	—	—	—
	III	206,33	—	16,50	18,56	III	206,33	—	9,09	10,22	—	3,01	3,38	—	—	—	—	—	—	—	—	—	—	—	—
	V	940,58	—	75,24	84,65	IV	524,75	—	37,12	41,76	—	32,40	36,45	—	27,81	31,28	—	23,36	26,28	—	19,04	21,42	—	14,86	16,72
	VI	984,83	—	78,78	88,63																				
3 929,99	I,IV	525,50	—	42,04	47,29	I	525,50	—	32,46	36,51	—	23,41	26,33	—	14,92	16,78	—	6,96	7,83	—	0,65	0,73	—	—	—
	II	418,83	—	33,50	37,69	II	418,83	—	24,40	27,45	—	15,84	17,82	—	7,83	8,81	—	1,22	1,37	—	—	—	—	—	—
	III	207,—	—	16,56	18,63	III	207,—	—	9,13	10,27	—	3,04	3,42	—	—	—	—	—	—	—	—	—	—	—	—
	V	941,58	—	75,32	84,74	IV	525,50	—	37,18	41,82	—	32,46	36,51	—	27,86	31,34	—	23,41	26,33	—	19,10	21,48	—	14,92	16,78
	VI	985,91	—	78,87	88,73																				
3 932,99	I,IV	526,25	—	42,10	47,36	I	526,25	—	32,51	36,57	—	23,46	26,39	—	14,96	16,83	—	7,—	7,88	—	0,68	0,76	—	—	—
	II	419,58	—	33,56	37,76	II	419,58	—	24,46	27,51	—	15,90	17,88	—	7,88	8,86	—	1,24	1,40	—	—	—	—	—	—
	III	207,50	—	16,60	18,67	III	207,50	—	9,17	10,31	—	3,08	3,46	—	—	—	—	—	—	—	—	—	—	—	—
	V	942,58	—	75,40	84,83	IV	526,25	—	37,24	41,89	—	32,51	36,57	—	27,92	31,41	—	23,46	26,39	—	19,15	21,54	—	14,96	16,83
	VI	986,91	—	78,95	88,82																				
4 943,99	I,IV	791,58	—	63,32	71,24	I	791,58	—	52,63	59,21	—	42,48	47,79	—	32,87	36,98	—	23,80	26,78	—	15,28	17,19	—	7,30	8,21
	II	672,58	—	53,80	60,53	II	672,58	—	43,59	49,04	—	33,92	38,16	—	24,80	27,90	—	16,22	18,24	—	8,17	9,19	—	1,45	1,63
	III	412,83	—	33,02	37,15	III	412,83	—	24,82	27,92	—	16,90	19,01	—	9,42	10,60	—	3,28	3,69	—	—	—	—	—	—
	V	1 285,08	—	102,80	115,65	IV	791,58	—	57,91	65,15	—	52,63	59,21	—	47,48	53,42	—	42,48	47,79	—	37,60	42,30	—	32,87	36,98
	VI	1 329,33	—	106,34	119,63																				
4 946,99	I,IV	792,41	—	63,39	71,31	I	792,41	—	52,69	59,27	—	42,54	47,85	—	32,92	37,04	—	23,86	26,84	—	15,33	17,24	—	7,35	8,27
	II	673,41	—	53,87	60,60	II	673,41	—	43,65	49,10	—	33,98	38,23	—	24,85	27,95	—	16,26	18,29	—	8,22	9,24	—	1,48	1,67
	III	413,33	—	33,06	37,19	III	413,33	—	24,88	27,99	—	16,94	19,06	—	9,48	10,66	—	3,32	3,73	—	—	—	—	—	—
	V	1 286,08	—	102,88	115,74	IV	792,41	—	57,97	65,21	—	52,69	59,27	—	47,54	53,48	—	42,54	47,85	—	37,66	42,37	—	32,92	37,04
	VI	1 330,41	—	106,43	119,73																				
4 949,99	I,IV	793,25	—	63,46	71,39	I	793,25	—	52,76	59,35	—	42,60	47,92	—	32,98	37,10	—	23,91	26,90	—	15,38	17,30	—	7,40	8,32
	II	674,16	—	53,93	60,67	II	674,16	—	43,71	49,17	—	34,04	38,29	—	24,90	28,01	—	16,32	18,36	—	8,27	9,30	—	1,52	1,71
	III	414,—	—	33,12	37,26	III	414,—	—	24,92	28,03	—	17,—	19,12	—	9,52	10,71	—	3,34	3,76	—	—	—	—	—	—
	V	1 287,08	—	102,96	115,83	IV	793,25	—	58,04	65,29	—	52,76	59,35	—	47,61	53,56	—	42,60	47,92	—	37,72	42,44	—	32,98	37,10
	VI	1 331,41	—	106,51	119,82																				

Quelle: Quelle: Stollfuß Tabellen 2025, Gesamtabzug Monat, Ausgabe März 2025, Lefebvre Stollfuß, Bonn 2025, S. T 40, 59, 80.

a) Peter Ustinov, 22 Jahre alt, ledig, Kinderfreibetrag: 0, konfessionslos
- monatliches Grundgehalt: 2 946,00 €
- AG-Zuschuss zu den vermögenswirksamen Leistungen: 26,00 €
- individueller Zusatzbeitragssatz seiner Krankenkasse: 2,4 %
- vL-Sparrate: 26,00 €

b) Murat Öger, 43 Jahre alt, verheiratet, Ehefrau berufstätig in Steuerklasse IV, Kinderfreibetrag: 2,0, konfessionslos
- monatliches Grundgehalt: 3 904,00 €
- AG-Zuschuss zu den vermögenswirksamen Leistungen: 26,00 €
- individueller Zusatzbeitragssatz seiner Krankenkasse: 2,6 %
- vL-Sparrate: 40,00 €

c) Rainer Kunze, 49 Jahre alt, geschieden, keine Kinder, römisch-katholisch
- monatliches Grundgehalt: 4 946,00 €
- AG-Zuschuss zu den vermögenswirksamen Leistungen: 0,00 €
- individueller Zusatzbeitragssatz seiner Krankenkasse: 2,2 %
- vL-Sparrate: 40,00 €

d) Berechnen Sie für alle drei Beschäftigten den jeweiligen Arbeitgeberanteil zu den Sozialversicherungen (RV, AV, KV und PV).

4 Personal führen, beurteilen und entwickeln

4.1 Mit professioneller Kommunikation Personal führen

LS 37

Frau Schindler, Sicherheitsbeauftragte bei der Sommerfeld Bürosysteme GmbH, möchte einen Kurs bei der IHK absolvieren, in dem sie über neue Bestimmungen im Arbeitsschutz und über Möglichkeiten zur kostengünstigen Umsetzung der Vorschriften unterrichtet wird. Dieser Kurs wird zertifiziert, sodass neben der Sommerfeld Bürosysteme GmbH auch Frau Schindler einen persönlichen Nutzen durch die Weiterqualifizierung hätte. Heute möchte sie die Zustimmung zu dem Kurs von Frau Farthmann erreichen, der zuständigen Geschäftsführerin für Produktion und Beschaffung. Frau Farthmann erläutert einer Auszubildenden gerade die Führungsprinzipien des Unternehmens, als es an der Tür klopft. Nach einem knappen „Herein" von Frau Farthmann tritt Frau Schindler in das Büro und grüßt freundlich. Die Geschäftsführerin erwidert nach einem knappen Blick: „Was gibt's denn, Frau Schindler, ich habe im Moment viel um die Ohren."

Frau Schindler: „Äh, wir hatten aber doch einen Termin, ..."

Frau Farthmann: „Hatten wir? Sei's drum. Also?"

Frau Schindler: „Mich beschäftigt da schon seit Wochen eine Idee, über die ich schon mit mehreren Kollegen gesprochen habe, die sie auch gut finden – insbesondere Frau Lauer hat mich ermutigt. Deshalb komme ich jetzt damit zu Ihnen."

Frau Farthmann: „Nun kommen Sie endlich zur Sache, Frau Schindler!"

Frau Schindler: „Ja, natürlich. Die IHK bietet einen Kurs an, der für mich sehr nützlich wäre."

Frau Farthmann: „Und was soll der kosten?"

Frau Schindler: „1 400,00 €."

Frau Farthmann: „Das kann doch wohl nicht Ihr Ernst sein, Frau Schindler. Viel zu teuer! Hier entscheide ich und damit können Sie sich die Fortbildung abschminken. Basta!"

ARBEITSAUFTRÄGE

- Analysieren Sie:
  a) Welche Fehler macht Frau Schindler hinsichtlich ihrer Argumentation?
  b) Welche Fehler macht Frau Farthmann hinsichtlich ihrer Gesprächsführung?
  c) Welchem Führungsstil ist das Verhalten von Frau Farthmann zuzuordnen?
- Entwickeln Sie eine Fortsetzung des Dialogs, die zu einem für beide Geprächspartnerinnen zufriedenstellenden Ende führt. Hierbei sollte Frau Schindler gut argumentieren und Frau Farthmann ein konstruktives Gesprächsverhalten zeigen.

Leitlinien der Personalführung

Die **Unternehmenskultur** ist die gewachsene informelle Struktur eines Unternehmens. Dabei handelt es sich um die nach innen und außen wirkenden Denkweisen und Verhaltensregeln, das Werte- und Normgefüge und das Konzept der Unternehmenskommunikation, das auch als **Corporate Identity** bezeichnet wird. Die Unternehmenskultur legt ein bestimmtes Menschenbild zugrunde und hat damit Auswirkungen auf die **Personalführung**.

Personalführung

Sie beschäftigt sich mit der Führung der Mitarbeitenden. Wer führt, sollte die Motive für das Handeln der Mitarbeitenden kennen und diese dazu **motivieren**, so zu handeln, dass die unternehmenspolitischen Ziele erreicht werden.

1958 hat der Amerikaner Robert Tannenbaum das klassische **Führungsstilmodell** von Kurt Lewin weiterentwickelt, um das Führungsverhalten von Vorgesetzten zu beschreiben. Es unterscheidet die folgenden grundlegenden Führungsstile, die sich auch heute noch in Unternehmen wiederfinden:

Autoritär	Vorgesetzte entscheiden allein und setzen die Entscheidungen (notfalls mit Druck) durch.	Vorgesetzte entscheiden
Patriarchalisch	Vorgesetzte entscheiden allein, begründen aber ihre Entscheidungen.	
Informierend	Vorgesetzte entscheiden allein, versuchen aber die Mitarbeitenden von ihren Entscheidungen zu überzeugen.	
Beratend	Vorgesetzte entscheiden allein, beziehen aber Meinungsäußerungen der Mitarbeitenden in ihre Entscheidungen ein.	
Kooperativ	Mitarbeitende entwickeln Vorschläge, aus denen Vorgesetzte Vorschläge auswählen, die ihnen am geeignetsten erscheinen.	
Partizipativ	Mitarbeitende treffen in einem zuvor vereinbarten Rahmen autonome Entscheidungen.	
Demokratisch	Mitarbeitende treffen autonome Entscheidungen, Vorgesetzte fungieren lediglich als Koordinatoren.	Mitarbeitende entscheiden

Zwei Führungsstile sollen an dieser Stelle näher erläutert werden:

- Der **autoritäre Führungsstil** (auch als **Direktoralsystem** bezeichnet) ist durch Abstand und Höherstellung der Vorgesetzten gekennzeichnet. Vorgesetzte entscheiden und ordnen an, sie schätzen disziplinierte und willige Mitarbeitende.
- Der **kooperative Führungsstil** (auch als **Kollegialsystem** bezeichnet) ist durch Nähe und Gleichstellung von Vorgesetzten und Mitarbeitenden gekennzeichnet. Vorgesetzte formulieren das Problem, delegieren z. T. Entscheidungen innerhalb bestimmter Grenzen und koordinieren nach innen und außen. Als Mitarbeitende werden die selbstständigen Persönlichkeiten geschätzt, deren Handeln durch Einsicht und Verantwortung gegenüber dem Unternehmen gekennzeichnet ist.

Führungstechniken

Führungsstile beschreiben die persönliche Art der Mitarbeiterführung von Vorgesetzten. Führungstechniken (auch: **Führungsprinzipien, Führungsmethoden oder Management-Systeme**) hingegen bilden ein geschlossenes Konzept für alle Weisungsbefugten innerhalb eines Unternehmens und beschreiben Verhaltens- und Verfahrensweisen, die zur Bewältigung der Führungsaufgaben anzuwenden sind. Folgende Führungstechniken werden u. a. unterschieden:

- **Management by Exception:** In Normalfällen werden die Aufgaben und die Verantwortung auf die Mitarbeitenden übertragen. Vorgesetzte greifen hier nur in Ausnahmefällen (Führen nach dem Ausnahmeprinzip) in das Betriebsgeschehen ein. Sie beschränken sich auf eine Abweichungskontrolle von den gesetzten Zielen.

  BEISPIEL *Alle Mitarbeitenden im Einkauf der Sommerfeld Bürosysteme GmbH dürfen Einzelbestellungen bis 15 000,00 € ohne Rücksprache tätigen.*

  PRAXISTIPP

  Die Abgrenzung zwischen Normal- und Ausnahmefall bereit häufig Probleme. Sie muss möglichst genau erfolgen, um Missverständnisse zu vermeiden.

- **Management by Delegation:** Kompetenzen und Verantwortlichkeiten werden auf die Mitarbeitenden übertragen (Führen durch Übertragung von Verantwortung). Entscheidungen werden innerhalb des gesteckten Rahmens durch die Mitarbeitenden getroffen. Dabei ist es wichtig, die Mitarbeitenden genau über ihre Aufgaben und ihre Kompetenzen zu informieren. Bei den zu delegierenden Aufgaben muss es sich nicht zwangsläufig um Routineaufgaben handeln. Basis für die Delegation von Aufgaben ist ein kooperativer Führungsstil.

  BEISPIEL *Peter Stock ist Gruppenleiter im Vertrieb. Er wird mit der Vorbereitung einer Messe beauftragt. In diesem Zusammenhang darf Peter Stock auch die Verhandlungen mit dem Messeveranstalter führen.*

- **Management by Objectives** (Führung erfolgt hier durch Zielvereinbarung): Im Einklang mit den Unternehmenszielen werden Zielvereinbarungen zwischen Mitarbeitenden und Vorgesetzten getroffen. Sie legen gemeinsam fest, welche Leistungen Mitarbeitende zur Erreichung der Ziele innerhalb eines Zeitraums erbringen sollen. Es ist wichtig, realistische Ziele zu vereinbaren. Bei fehlender Zielerreichung greifen Vorgesetzte ein.

  BEISPIEL *Alle Mitarbeitenden des Vertriebs der Sommerfeld Bürosysteme GmbH müssen einen vorgegebenen Jahresumsatz von 2 000 000,00 € erreichen.*

Grundsätze der Kommunikation mit Mitarbeitenden

Die Kommunikation zwischen Vorgesetzten und Mitarbeitenden und die Kommunikation der Mitarbeitenden untereinander prägen in besonderer Weise das **Betriebsklima** und die Zufriedenheit am Arbeitsplatz. Betriebsklima und **Arbeitszufriedenheit** haben ihrerseits große Auswirkungen auf die **Produktivität** der Mitarbeitenden und damit auf den wirtschaftlichen Erfolg des Unternehmens.

Das **Eisberg-Modell** der menschlichen Kommunikation verdeutlicht, dass für das Gelingen der Kommunikation die **Sachebene** (Informationen, Fakten, Anweisungen usw.) zwar eine wichtige Rolle spielt. Die **Beziehungsebene** zwischen den Personen ist für ein Gespräch von weitaus größerer Bedeutung. Diese Ebene, die häufig auch als **Gefühlsebene** bezeichnet wird, steuert unterschwellig (unter der Wasseroberfläche) den Verlauf und damit auch den Erfolg des Gespräches. (Vor-)Urteile, Haltungen, Einstellungen, Erfahrungen, Sympathien und Antipathien werden hier wirksam.

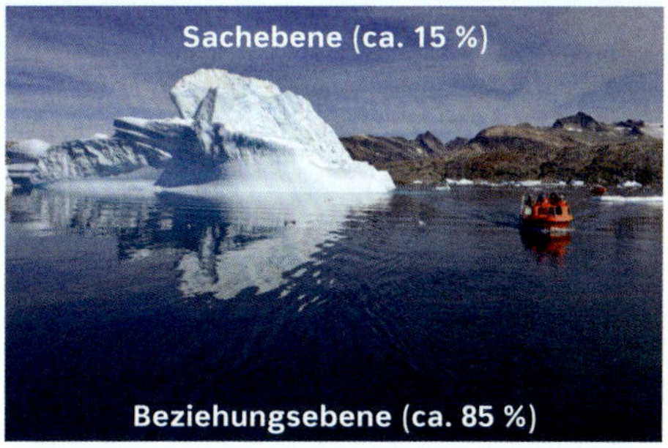

Daher sind hier auch die Hauptursachen für Gesprächsstörungen und Konflikte zu finden. Die Beziehungsebene wird vor allem durch **körpersprachliche Signale, Sprachverhalten** und das (Nicht-)Beachten von **Kommunikationsregeln** beeinflusst.

PRAXISTIPP

Beachten Sie in Ihren beruflichen und privaten Gesprächen kluge Sprichworte, wie z. B. „Ein Lächeln ist der kürzeste Weg zwischen zwei Menschen“ und „Der Ton macht die Musik“!

Kommunikationsregeln

Die Kooperation mit einzelnen Mitarbeitenden und insbesondere die Arbeit im Team erfordern das Beachten von Kommunikationsregeln, damit Missverständnisse und Streitigkeiten vermieden werden. Die folgenden Regeln sprechen wesentliche Aspekte an.

Kommunikationsregeln	
Regeln für das Sprechen	**Regeln für das (aktive) Zuhören**
1. Offen sprechen Sagen Sie offen, was Sie bewegt. Vermeiden Sie Vorwürfe und schildern Sie einfach, womit Sie sich unwohl fühlen. **2. Sagen Sie „Ich“.** So bleiben Sie bei Ihren eigenen Gefühlen. Du-Sätze beinhalten meist Angriffe und führen zu Gegenattacken. **3. Bleiben Sie bei konkreten Situationen.** Ihr Partner versteht so besser, was Sie meinen. Wenn Sie Verallgemeinerungen wie „nie“ und „immer“ verwenden, werden ihm wahrscheinlich sofort Gegenbeispiele einfallen.	**1. Zeigen Sie, dass Sie zuhören.** Wenden Sie sich dem Partner zu und halten Sie Blickkontakt. Sie können auch durch Nicken signalisieren, dass Sie folgen. Eine andere Möglichkeit sind Ermutigungen wie „Ich würde gerne mehr darüber hören.“ **2. Fassen Sie zusammen.** Wiederholen Sie mit Ihren eigenen Worten, was der Partner gesagt hat. So merkt er, ob alles richtig bei Ihnen angekommen ist, und kann Missverständnisse korrigieren. **3. Fragen Sie offen.** Der andere muss so antworten können, wie er will. Schlecht ist es, wenn er sich erst gegen Unterstellungen wehren muss, etwa „Lag das an

Kommunikationsregeln	
Regeln für das Sprechen	**Regeln für das (aktive) Zuhören**
4. Sprechen Sie konkretes Verhalten an. So vermeiden Sie, den Partner als Gesamtperson für langweilig oder unfähig zu erklären. Denn dann müsste er sich als Person verteidigen und sich nicht ändern wollen. Über ein einzelnes Verhalten wird er dagegen mit sich reden lassen. **5. Bleiben Sie beim Thema.** Alte Probleme wieder aufzuwärmen, führt nur zu neuem Streit. Die Lösung der gegenwärtigen Schwierigkeiten wird erschwert.	deiner Unsicherheit?". Zeigen Sie mit offenen Nachfragen wie „Was genau führte dich zu der Entscheidung?" echtes Interesse. **4. Loben Sie gutes Gesprächsverhalten.** Wenn Ihr Partner sich an die Regeln hält, können Sie das ruhig erwähnen. Beispiel: „Es freut mich sehr, dass du das so offen gesagt hast." **5. Sagen Sie, wie Sie seine Worte empfinden.** Wenn Sie mit den Äußerungen Ihres Partners nicht einverstanden sind, schildern Sie, wie es Ihnen dabei geht. Sie könnten sagen: „Ich bin verblüfft, dass du das so siehst." Sagen Sie nicht „Das ist ja völlig falsch". Selbstverständlich ist auch Zustimmung erlaubt.

Quelle: Mück, Herbert: Kommunikationsregeln, www.dr-mueck.de/HM_Kommunikation/HM_Kommunikationsregeln.htm, zuletzt abgerufen am 18.03.2025

Argumentation

Häufig ist es Ziel eines Gespräches, die andere Person zu überzeugen. Argumentieren gehört daher zu den Basisfähigkeiten für Führungskräfte und Verkaufspersonal.

BEISPIEL *Der Geschäftsführer der Sommerfeld Bürosysteme GmbH, Herr Feld, versucht den Vorsitzenden des Betriebsrates, Herrn Stefer, von einem neuen Entlohnungsmodell zu überzeugen.*

Ein **Argument** ist die **Begründung, Stützung** oder der **Beweis** für eine **Behauptung** (These). Häufig werden mit Argumenten auch **Schlussfolgerungen** verbunden.

These
Argument
Beweis
Beispiel
Folgerung

BEISPIEL
Herr Feld argumentiert:
„Die Erhöhung des Provisionssatzes zulasten des Grundgehaltes ist für unsere Verkaufsmitarbeitenden ein besseres Entlohnungsmodell,
weil *sich ihre Anstrengungen und Erfolge dann besser bezahlt machen,*
denn *bei unseren durchschnittlichen Umsätzen pro Auftrag ist ein Prozent mehr Provision schon viel Geld,*
wie *sich zum Beispiel bei einem Umsatz von 10 000,00 € leicht errechnen lässt. Und davon machen unsere Leute ja nicht nur einen im Monat.*
Daher *wäre diese Regelung gerade für die Mitarbeitenden besonders attraktiv."*

Bindeworte **„weil"**, **„denn"**, **„wie"** und **„daher"** sind ganz typisch für Argumentationen.

Weitere Tipps für Argumentationen:

- Eine gute Argumentation ist zielgruppenspezifisch. Das heißt, man sollte sich in die Person(en) hineinversetzen, die überzeugt werden soll(en). Danach folgen die Anpassung des Sprachniveaus und die Auswahl der Argumente.

- Gegenargumente müssen antizipiert werden. Häufig ist es sinnvoll, diesen teilweise zuzustimmen und sie dann zu entkräften.
- Um gar nicht auf Gegenargumente reagieren zu müssen, kann man diese von sich aus vorwegnehmen.
- Die Stärke der Argumente sollte bewusst genutzt werden: Zu Beginn der Argumentation sollte man sich durch ein starkes Argument Aufmerksamkeit verschaffen. Nach weiteren – eher schwächeren – Argumenten sollte am Schluss noch ein starkes bzw. das stärkste Argument übrig sein.
- Eine gute und überzeugende Argumentation ist schwer zu führen. Daher sollten Argumentationen vorbereitet werden.

Konfliktgespräche

Bedeutung von Konflikten

Wo Menschen miteinander kommunizieren, kommt es auch zu Konflikten. Die Einstellungen, Bedürfnisse, Interessen, Einschätzungen und Ansichten sind so individuell und vielfältig, dass sie oftmals als nicht vereinbar wahrgenommen werden und es zu Spannungen kommt. Diese **Spannungen**, die innerhalb des einzelnen Menschen und zwischen den Menschen entstehen, werden häufig als unangenehm und damit als **Belastung** oder gar als **Bedrohung** bewertet. Dabei birgt jede **Konfliktbearbeitung** zumindest eine Chance der **Klärung** von Unterschieden. Wenn es gelingt, einen Konflikt in einer für alle Beteiligten zufriedenstellenden Weise und mit einem für alle gewinnbringenden Ergebnis **(Win-Win-Prinzip)** zu lösen, hat dies sehr positive Auswirkungen auf die Beziehung zwischen den ehemaligen Konfliktparteien.

PRAXISTIPP

Konflikte sind normal und gehören zum (Berufs-)Leben. Sie sollten Konflikte immer auch als Chance zur Klärung und Verbesserung Ihrer zwischenmenschlichen Beziehungen ansehen.

Langfristig erfolgreiche Strategien zum Umgang mit Konflikten

Delegation

Wenn sich die Konfliktparteien nicht einig werden können bzw. eine Einigung von vorneherein ausgeschlossen scheint, bemühen sie jemanden, der den Konflikt an ihrer Stelle entscheidet.

BEISPIEL *Andreas Stock und Stefan Bohne haben eine Meinungsverschiedenheit wegen des Ablagesystems im Büro und streiten deswegen. Sie bitten den Abteilungsleiter, Herrn Kraus, den Konflikt zu entscheiden.*

Komprompromiss 	Bei einem Kompromiss wird eine Teileinigung erreicht. Jede der Konfliktparteien rückt ein wenig von ihrer Position ab und nähert sich der anderen an. Kompromisse kommen in der kaufmännischen Praxis häufig vor und stellen zumeist eine zufriedenstellende Lösung dar. Allerdings ist ein Kompromiss als Teilerfolg auch immer ein Teilverlust. **BEISPIEL** *Der Auszubildende Leon Heller ärgert sich, weil er in den Osterferien keinen Urlaub bekommt. „Die anderen Mitarbeitenden haben alle Familie, die gehen vor", heißt es. Es kommt zu einem Gespräch mit dem Geschäftsführer, der ihm zusichert, dass er im Sommer seinen Urlaub frei wählen kann. Mit diesem Kompromiss kann Leon leben.*
Konsens 	Wenn Sie bei Konflikten einen Konsens anstreben, zielen Sie – gemäß dem **Win-Win-Prinzip** – auf die beste und tragfähigste Lösung. Hierbei wird versucht, die (scheinbar) gegenläufigen Positionen oder Interessen zu einer gemeinsamen Lösung zu verbinden, mit der beide Seiten uneingeschränkt einverstanden sind. **BEISPIEL** *Abteilungsleiter Jens Effer vereinbart mit dem Mitarbeiter Jussuf Önder, dass dieser einen Teil seiner Arbeit am heimischen PC verrichten kann. So kann er sich besser um seine Kinder kümmern und schafft dennoch sein Arbeitspensum.*

Schritte zur Vorbereitung und Durchführung eines auf Konsens zielenden Konfliktgesprächs

1) Wut und Ärger sind schlechte Berater. Lassen Sie Ihre ersten **Emotionen** zunächst **abklingen**, bevor Sie in ein Konfliktgespräch gehen. Vieles hat sich schon erledigt, wenn Sie eine Nacht darüber geschlafen haben.

↓

2) **Bereiten Sie sich** sorgfältig – am besten schriftlich – auf das Konfliktgespräch **vor**. Notieren Sie sich genau Ihre eigenen Interessen und versetzen Sie sich in die möglichen Interessen des Gegenübers. Sammeln und sortieren Sie sich Ihre **Argumente**.

↓

3) Sprechen Sie mit Ihrem Gesprächspartner einen **Termin** und einen **Ort** ab, wo Sie das Gespräch ungestört und ohne Zeitdruck führen können. Stellen Sie sich darauf ein, dass Sie eine Lösung finden und keine Position „verteidigen" oder „durchsetzen" wollen.

↓

4) **Eröffnen** Sie das Gespräch, indem Sie den Grund für Ihren Gesprächswunsch kurz erklären. **Beispiel:**„Danke, dass Sie Zeit für mich haben. Ich möchte mit Ihnen über ... (Konfliktanlass) ... sprechen, um mit Ihnen eine Lösung zu finden, mit der wir beide zufrieden sind."

↓

5) **Hören** Sie sehr aufmerksam und aktiv (z. B. „Ich habe Sie so verstanden, dass ...", „Sie meinen ...") **zu**. Fragen sie nach, fassen Sie zusammen. Kurz: Zeigen Sie, dass Sie Ihr Gegenüber verstehen möchten.

↓

6) Wenn Sie Ihre Interessen und Meinungen darstellen, formulieren Sie in der **„Ich-Form"** – also nicht „Alle denken ..." oder „Es ist doch so, dass man ...", sondern Formulierungen nutzen wie: „Ich denke ..." und „Für mich stellt sich die Sache so dar, dass ...".

↓

7) Sammeln Sie mit Ihrem Gegenüber in Form eines Brainstormings mögliche Lösungen, ohne diese gleich zu bewerten und zu diskutieren.

↓

8) Gehen Sie gemeinsam die **Lösungsalternativen** durch und versuchen Sie eine zu finden, die beide Seiten zufriedenstellt. Halten Sie diese Lösung, die Schritte zur Lösungsumsetzung und noch offene Fragen gegebenenfalls auch schriftlich (zum Beispiel bei Gesprächen mit Kunden und Lieferanten) fest und geben Sie Ihrem Partner eine Kopie.

↓

9) Bringen Sie zum Abschluss Ihre **Freude** über das Gelingen des Gespräches und die gefundene Lösung zum Ausdruck. Aber Vorsicht: Diese Freude darf nicht so wirken, als hätten Sie einen Sieg davongetragen.

PRAXISTIPP

Achten Sie bei Konfliktgesprächen stets auf die 50 %-Regel: Mindestens 50 % der Energie zur Problemlösung müssen beim Gesprächspartner liegen.

In manchen Fällen ist es sinnvoll, eine weitere Person bei der Konfliktbearbeitung hinzuzuziehen. Dies ist z. B. dann der Fall, wenn die Beziehung zwischen den Konfliktparteien stark belastet ist oder wenn ein starkes hierarchisches Gefälle besteht. Auch Konfliktgespräche zwischen einer Frau und einem Mann sollten grundsätzlich unter sechs Augen stattfinden. Die dritte Person (**Mediator**) soll in dem Konflikt vermitteln, ohne für eine Seite Partei zu ergreifen. Mediatoren sorgen vielmehr für einen förderlichen Ablauf des Gespräches und die Einhaltung von Gesprächsregeln.

ZUSAMMENFASSUNG

Mit professioneller Kommunikation Personal führen

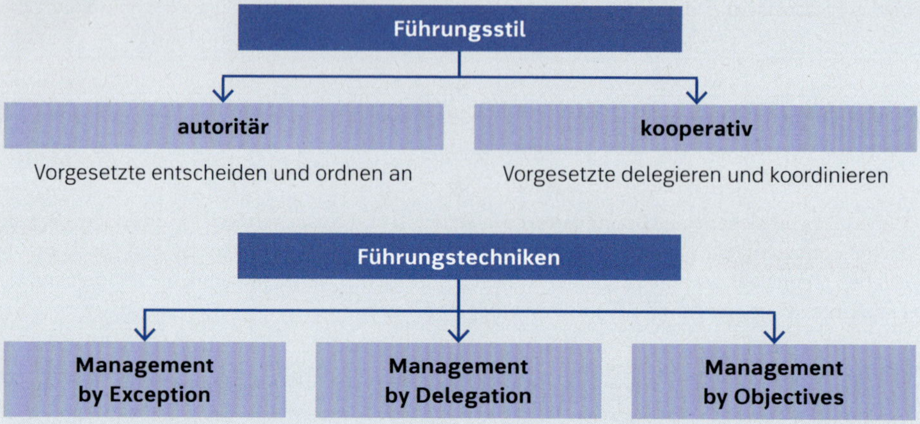

- Positive **Körpersprache**, angemessenes **Sprachverhalten** und das Einhalten von **Kommunikationsregeln** sichern konstruktive Gespräche.
- Ein **Argument** ist die Begründung, Stützung oder der Beweis für eine Behauptung (These). Häufig werden mit Argumenten auch Schlussfolgerungen verbunden. Bindeworte wie „weil", „denn", „wie" und „daher" sind typisch für Argumentationen.
- **Konflikte** sind natürlich und stellen immer eine Belastung dar. Sie sind aber immer auch eine Chance zur Klärung von Interessen und letztlich zur Verbesserung von Beziehungen.
- Es gibt viele Strategien zur Konfliktbearbeitung. Langfristig sind jedoch stets Kompromisse bzw. auf Konsens zielende Strategien **(Win-Win-Strategien)** ratsam.
- Ein gut vorbereitetes und professionell geführtes **Konfliktgespräch** führt sehr häufig zu einer für alle Seiten zufriedenstellenden Lösung.

AUFGABEN

1 Stellen Sie Vor- und Nachteile des

a) autoritären Führungsstils und
b) kooperativen Führungsstils gegenüber.

2 Auf der Geschäftsführersitzung schlägt Herr Sommer die Einführung von Führungsprinzipien bei der Sommerfeld Bürosysteme GmbH vor. Er möchte die Verhaltens- und Verfahrensweisen zur Bewältigung von Führungsaufgaben normieren. Beschreiben Sie verschiedene Führungsprinzipien und stellen Sie deren Vorteile heraus.

3 Übernehmen Sie eine Position zu einem aktuellen Tagesthema und entwickeln Sie dazu eine überzeugende Argumentation. Tragen Sie diese als Vortrag in der Klasse vor. Lassen Sie sich von der Klasse ein konstruktives Feedback geben.

4 **Rollenspiel:** Der Brötchenkauf

Versetzen Sie sich in die Rolle des Auszubildenden Jan Fledders. Sie sind seit vier Monaten Auszubildender bei der Sommerfeld Bürosysteme GmbH. Die Ausbildung macht Ihnen große Freude und Sie hatten auch schon einige Erfolgserlebnisse. Ärgerlich ist nur, dass Sie seit zwei Wochen von Frau Grell, verantwortlich für den Fabrikverkaufsladen, zum Kauf frischer Brötchen für die Pause geschickt werden. Als Frau Grell ein sehr gut verlaufendes Verkaufsgespräch mit einem Kunden von Ihnen übernimmt und Sie wieder zum Bäcker schickt, platzt Ihnen der Kragen.

Heute wollen Sie mit Frau Grell ein klärendes Gespräch führen.

a) Teilen Sie die Klasse in Kleingruppen auf. Die Gruppe bereitet das Rollenspiel gemeinsam vor und wählt für die Durchführung je eine Spielerin bzw. einen Spieler.
b) Jeweils die Hälfte der Gruppen bereitet eine der nachstehenden Rollen vor.

Rollenbeschreibung Auszubildender Jan Fledder

Sie sind sehr zufrieden mit dem bisherigen Verlauf Ihrer Ausbildung. Das Verhältnis zu den Kollegen ist prima und die Verkaufsleiterin schätzt Sie im Grunde auch, da sie sich für Sie Zeit nimmt und sehr kompetent ist. Allerdings ist sie manchmal etwas schroff und dass sie Sie ständig zum Laufburschen macht, wollen Sie nicht mehr hinnehmen.

Rollenkarte Frau Grell

Sie sind mit Ihrem Auszubildenden sehr zufrieden, da er beachtliche Verkaufserfolge erzielt und im Kollegenkreis beliebt ist. Er ist allgemein sehr eifrig – nur bei Botengängen macht er ein verärgertes Gesicht. Das können Sie gar nicht verstehen – der letzte Auszubildende, der vor zwei Wochen das Unternehmen verlassen hat, war immer ganz froh, mal an die frische Luft zu kommen.

c) Führen Sie zwei bis drei Rollenspiele durch. Die Rollenspiele sollten maximal fünf Minuten dauern und nach Möglichkeit mit Video aufgezeichnet werden.
d) Werten Sie die Rollenspiele aus. Beachten Sie dabei die Feedbackregeln.

5 Als die Auszubildenden der Sommerfeld Bürosysteme GmbH über den Führungsstil der Geschäftsführung diskutieren, vertritt Emilia Schaub folgende Meinung: „Wenn ich später mal Verantwortung übernehmen darf, werde ich einen demokratischen Führungsstil bevorzugen. Die Zufriedenheit der Mitarbeitenden ist bei diesem Führungsstil besonders hoch."

Nehmen Sie kritisch Stellung.

4.2 Personal beurteilen

LS 38

Die Mitarbeitenden der Sommerfeld Bürosysteme GmbH werden jährlich anhand des folgenden Bewertungsbogens beurteilt:

Sommerfeld
Bürosysteme GmbH
Ein ökologisch orientiertes Unternehmen mit Zukunft

BEURTEILUNG

Name: ______________________________

Datum der Beurteilung: ☐☐☐☐☐☐ **Beurteilungszeitraum:** von: ☐☐☐☐☐☐ bis: ☐☐☐☐☐☐

Beurteilungsmerkmale		**1**	**2**	**3**	**4**	**5**	**6**
1	Weiterbildungsbereitschaft	○	○	○	○	○	○
2	Zuverlässigkeit, Sorgfalt, Genauigkeit	○	○	○	○	○	○
3	Aufrichtigkeit, Offenheit	○	○	○	○	○	○
4	Fleiß, Ausdauer	○	○	○	○	○	○
5	Fachliche Kenntnisse	○	○	○	○	○	○
6	...	○	○	○	○	○	○

ARBEITSAUFTRÄGE

- Entwickeln Sie weitere Beurteilungsmerkmale für die Mitarbeitenden der Sommerfeld Bürosysteme GmbH und diskutieren Sie diese.
- Nennen Sie Gründe, die für eine regelmäßige Beurteilung anhand eines solchen Fragebogens sprechen.

Aufgabe des Personalwesens ist es, die richtige Arbeitskraft zur richtigen Zeit am richtigen Ort einzusetzen. Diese Aufgabe kann nur erfüllt werden, wenn die Leistungen und die Möglichkeiten einer weiteren beruflichen Entwicklung durch geeignete Verfahren erfasst und beurteilt werden.

Die regelmäßige Beurteilung der Mitarbeitenden eines Unternehmens soll aus folgenden **Gründen** erfolgen:

- Eine gezielte **Personalentwicklung** durch Beförderung, Versetzung, Umschulung oder Fortbildung setzt die Kenntnis der wesentlichen Eigenschaften der Mitarbeitenden voraus.
- Eine gerechte **Entlohnung** ist nur aufgrund einer objektiven Leistungsbeurteilung möglich.
- Ein optimaler Personaleinsatz erfordert die genaue **Kenntnis der Leistungsfähigkeit und -bereitschaft** der Mitarbeitenden.
- Eine fehlerfreie **Zeugniserteilung** setzt eine möglichst regelmäßige Beurteilung voraus.
- Die Personalbeurteilung dient der **Motivation** und ist damit Ansporn für bewusstes Leistungsverhalten.

Beurteilungen der Mitarbeitenden werden in der **Personalakte** abgelegt. Außerdem ist zu beachten, dass allgemeine Grundsätze für die Beurteilung der Arbeitnehmenden nach § 94 II BetrVerfG der Zustimmung des Betriebsrates unterliegen.

Die **Arten der Personalbeurteilung** sind vielfältig. In Großbetrieben wird normalerweise in regelmäßigen Abständen anhand fester Bewertungskriterien beurteilt. Kleine und mittlere Betriebe beurteilen Mitarbeitende oft nur im Rahmen eines geforderten Arbeitszeugnisses oder anhand konkreter Anlässe, z. B. einer Beförderung.

Zur Beurteilung des Personals müssen Kriterien herangezogen werden. Dabei kann man zwischen folgenden Kriterien unterscheiden:

- **Leistungsorientierte** Kriterien beschreiben vor allem das Arbeitsergebnis. Sie beurteilen sowohl die Quantität als auch die Qualität der Arbeitsleistung.

  BEISPIELE *Fachkenntnisse, Arbeitstempo, Analyse- und Urteilsvermögen, Ausdauer, Belastbarkeit*

- **Verhaltensorientierte** Kriterien ermöglichen Aussagen zum Arbeitsverhalten der Mitarbeitenden. Es wird der Arbeitsprozess und damit die Art und Weise der Leistungserstellung, sowie das Verhalten gegenüber Kollegen, Vorgesetzten und Kunden beurteilt.

  BEISPIELE *Teamfähigkeit, Selbstständigkeit, Kundenfreundlichkeit, Zuverlässigkeit*

- **Eigenschaftsorientierte** Kriterien beschreiben die Persönlichkeit der bzw. des Mitarbeitenden. Insbesondere können sie Aufschluss über die Eignung für bestimmte zukünftige Aufgaben oder Positionen im Unternehmen geben (**Potenzialbeurteilung**). Eigenschaftsorientierte Kriterien sind nicht immer überschneidungsfrei mit leistungs- und verhaltensorientierten Kriterien.

  BEISPIELE *Lernfähigkeit, Durchsetzungsvermögen, Planungskompetenz*

Mit der regelmäßigen und systematischen Personalbeurteilung sind aber auch **Probleme** verbunden:

- Sie erfordert **Zeit** und führt so zu zusätzlicher Arbeitsbelastung der Vorgesetzten.

  BEISPIEL *Der Zeitbedarf für die Beurteilung einer bzw. eines Mitarbeitenden wird bei der Sommerfeld Bürosysteme GmbH mit 2,5 Stunden angesetzt. Wenn 40 Angestellte einmal jährlich beurteilt werden sollen, müssen die Vorgesetzten dafür 100 Stunden jährlich aufwenden.*

- Sie setzt eine **Kritikfähigkeit** der Mitarbeitenden voraus, die nicht immer gegeben ist.

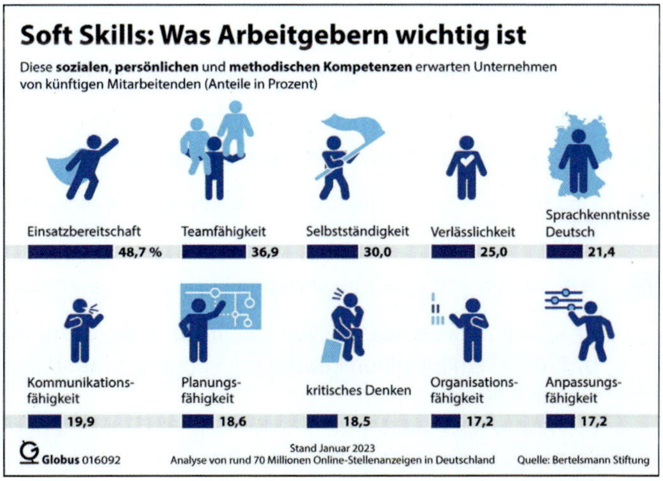

- Sie kann **Konflikte** auslösen, die anhand einer Beurteilung zum Ausbruch kommen.
- Sie kann objektiv **fehlerhaft** sein.

BEISPIEL *Beurteilende schließen manchmal von einem wesentlichen Merkmal auf alle Kriterien oder übernehmen kritiklos früher vorgenommene Beurteilungen.*

Gem. § 82 Abs. 2 BetrVerfG können Arbeitnehmende die **Erörterung** ihrer Beurteilung sowie ihrer Entwicklungsmöglichkeiten im Betrieb verlangen. Eine solche Erörterung sollte sorgsam vorbereitet werden, da es den Persönlichkeitsbereich von Mitarbeitenden betrifft. Gegen eine vermeintlich falsche Beurteilung können Arbeitnehmende nach § 84 BetrVerfG Beschwerde einlegen.

BEISPIEL *Nach erfolgter Beurteilung wird mit jedem Mitarbeitenden der Sommerfeld Bürosysteme GmbH ein Personalgespräch geführt. Hier wird die Beurteilung erläutert und es werden Möglichkeiten der beruflichen Weiterentwicklung besprochen.*

ZUSAMMENFASSUNG

Personal beurteilen

- Die Personalbeurteilung gibt Auskunft darüber, inwieweit eine Arbeitskraft den **Anforderungen und Erwartungen**, die der Arbeitsplatz stellt, entspricht.
- **Gründe der Personalbeurteilung:**
  Personalentwicklung, Entlohnung, Personaleinsatz, Zeugniserteilung, Motivation.
- **Kriterien** für eine Personalbeurteilung können leistungs-, verhaltens- oder eigenschaftsorientiert sein.
- Die Personalbeurteilung sollte – wie es das BetrVerfG auch vorsieht – den Mitarbeitenden **erörtert** werden.

AUFGABEN

1 Erläutern Sie die Gründe, die für eine regelmäßige und systematische Personalbeurteilung sprechen.

2 Erläutern Sie den Begriff der Potenzialbeurteilung.

3 Diskutieren Sie, welche Vor- und Nachteile mit einer regelmäßigen Personalbeurteilung verbunden sind.

4 Jede Klasse hat eine Klassensprecherin bzw. einen Klassensprecher.

a) Erstellen Sie eine Liste von Qualifikationen, die man für diese Amt erfüllen sollte.
b) Entwickeln Sie einen Beurteilungsbogen, anhand dessen die Qualifikationen gemessen werden können.
c) Führen Sie eine Beurteilung anhand der gefundenen Kriterien durch.
d) Diskutieren Sie die mit dem Verfahren verbundenen Probleme. Fertigen Sie über diese Diskussion ein Protokoll des Diskussionsprofils an.

5 In der Sommerfeld Bürosysteme GmbH soll die Stelle der Abteilungsleitung für die Verwaltung/Ausbildung besetzt werden.

a) Erstellen Sie eine Liste von Qualifikationen, über die Bewerbende verfügen sollten.
b) Entwickeln Sie einen Beurteilungsbogen, anhand dessen die Qualifikationen gemessen werden können.

6 Die Geschäftsleitung der Sommerfeld Bürosysteme GmbH setzt zur Beurteilung der Abteilungsleitungen den nachfolgenden Bewertungsbogen ein. Ergänzen Sie den Bewertungsbogen um die Dimensionen „Managementhandeln“ und „Unternehmerisches Denken und Handeln“ und entwickeln Sie entsprechende Kriterien.

Sommerfeld
Bürosysteme GmbH
Ein ökologisch orientiertes Unternehmen mit Zukunft

Leistungsbeurteilung für Abteilungsleiter/-innen

Bei jedem Kriterium ist jeweils eine der 5 folgenden Beurteilungsstufen anzukreuzen:
A. genügt nur bedingt den Anforderungen der Stelle
B. erfüllt die Anforderungen der Stelle im Wesentlichen
C. erfüllt die Anforderungen der Stelle in vollem Umfang
D. übertrifft die Anforderungen der Stelle
E. übertrifft die Anforderungen der Stelle in erheblichem Umfang

1. Aufgabenerfüllung/Zielerreichung

	Grad der Unterstützung/Zielerreichung				
	A	B	C	D	E
Qualität der Produkte/Dienstleistungen	O	O	O	O	O
Qualität der Abläufe/Prozesse	O	O	O	O	O
Ergebnis- und Kostenentwicklung	O	O	O	O	O
Richtungsweisende Veränderungen/Innovationen	O	O	O	O	O

Gesamtbewertung „Aufgabenerfüllung/Zielerreichung“ ______________________

2. Führung der Mitarbeitenden

	A	B	C	D	E
Zielvereinbarung und -überprüfung	O	O	O	O	O
Einbeziehung und Entwickeln der eigenen Mitarbeitenden	O	O	O	O	O
Auswahl und Förderung von Nachwuchskräften	O	O	O	O	O
Teamentwicklung	O	O	O	O	O
Motivierung und Vorbild	O	O	O	O	O

Gesamtbewertung „Führung der Mitarbeitenden“ ______________________

LS 39

4.3 Mit Personalentwicklungsmaßnahmen Mitarbeitende fördern und fordern

Meeting der Geschäftsführung bei der Sommerfeld Bürosysteme GmbH. Frau Farthmann berichtet: „Unsere Sicherheitsbeauftragte, Frau Schindler, hat ein Seminar zum Arbeitsschutz bei der IHK besucht. Ich muss gestehen, anfänglich war ich sehr skeptisch, ob sich die 1 400,00 € für das Seminar auch wirklich lohnen. Frau Schindler hat im Anschluss an das Seminar jedoch zahlreiche notwendige Veränderungen umgesetzt – und das auch noch zu geringen Kosten."

Herr Sommer erwidert: „Ach, wäre das schön, wenn sich der Nutzen jeder Fortbildung so leicht messen ließe. Ich habe im vergangenen Jahr insgesamt 20 000,00 € für unsere Mitarbeitenden im Vertrieb für ‚Telefonmarketing' und ‚Verkaufstraining' bewilligt. Und angesichts der jüngsten Umsatzzahlen bin ich mir nicht so sicher, ob sich die Investition gelohnt hat."

Herr Feld nimmt den Gedanken auf: „Ja, es ist wirklich schwer, den Nutzen von Personalentwicklungsmaßnahmen in Euro und Cent auszudrücken. Dennoch bin ich davon überzeugt, dass auch zukünftig in unserem Personal das größte Potenzial liegt. Daher schlage ich vor, dass wir sämtliche Führungskräfte im kommenden Jahr in Gesprächsführung und Konfliktmanagement schulen. Eine erste grobe Kostenschätzung liegt bei 50 000,00 €."

Frau Farthmann und Herr Sommer sind angesichts dieser Zahl sprachlos.

ARBEITSAUFTRÄGE

- **Erläutern Sie die im Gespräch zum Ausdruck kommende Problematik mit eigenen Worten.**
- **Begründen Sie die These: „Personalentwicklung ist die wirksamste Form der Unternehmensentwicklung."**
- **Sammeln Sie Maßnahmen der Personalentwicklung, die in den Ausbildungsbetrieben Ihrer Klasse durchgeführt werden.**

Notwendigkeit und Ziele der Personalentwicklung

Qualifikation ist gefragt. Lebenslanges Lernen ist gefordert. Wer heute einen Beruf erlernt, kann sich nicht ein Leben lang auf seinen Kenntnissen ausruhen. Es wird davon ausgegangen, dass die **„Halbwertzeit" beruflicher Bildung** nur noch maximal fünf Jahre beträgt, d. h., dass nach dieser Zeit nur noch die Hälfte des erlernten Wissens aktuell ist.

Halbwertszeit des Wissens für unterschiedliche Wissensarten

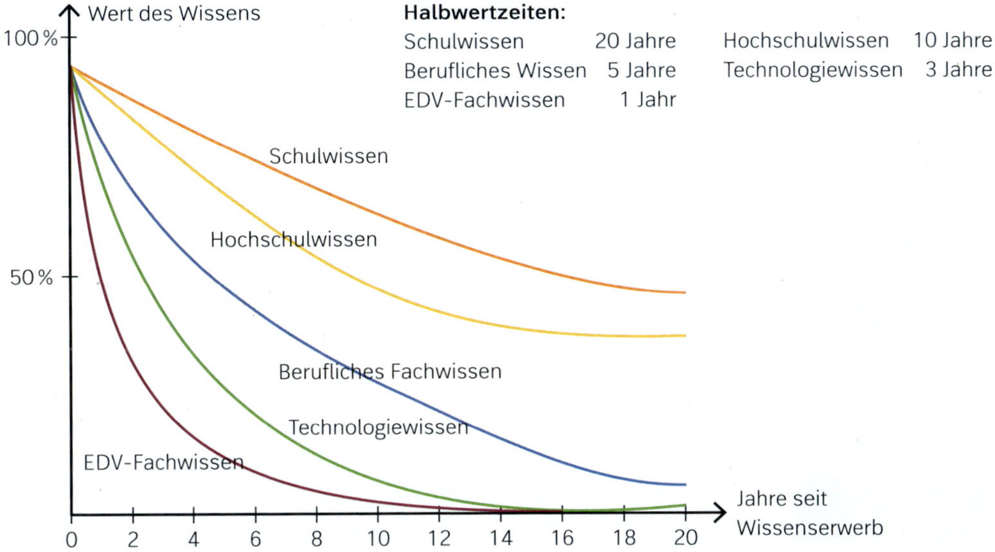

Die Veränderungen und neuen Entwicklungen in der Berufswelt führen zu veränderten Anforderungen und Qualifikationen. Komplexe Informationstechnologien und Arbeitsmethoden, moderne Marketingkonzepte und Fertigungsverfahren verändern die geforderten beruflichen Qualifikationen. Diesen Veränderungen wird im Rahmen der Personalentwicklung durch eine stetige **Qualifikationsanpassung und -erweiterung** begegnet.

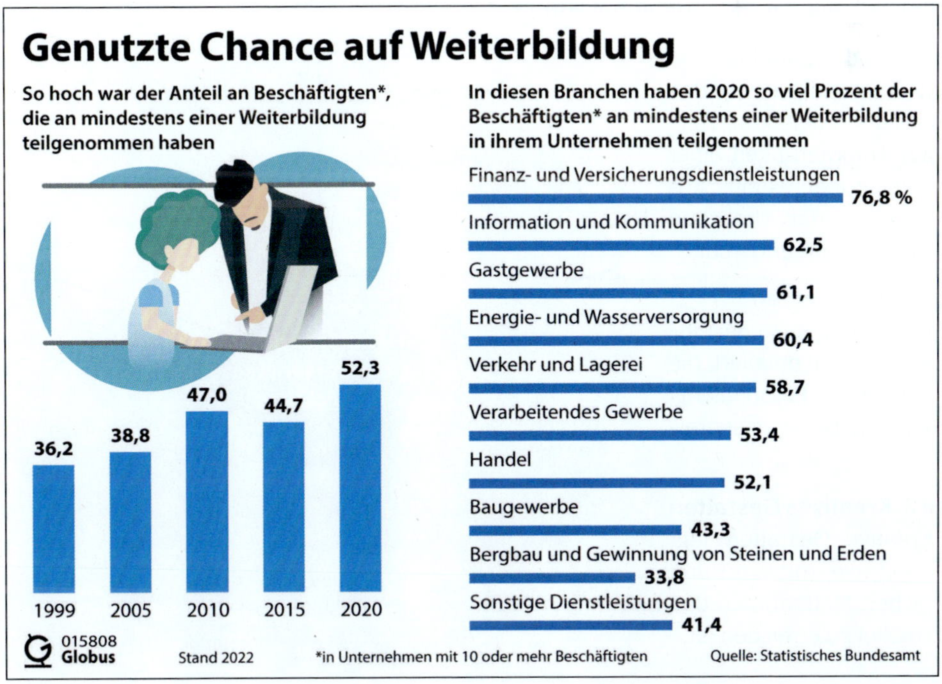

PERSONALENTWICKLUNG

Als Personalentwicklung wird die Summe aller Maßnahmen bezeichnet, die eine Verbesserung der Qualifikation der Mitarbeitenden zum Ziel hat.

Die Personalentwicklung verfolgt dabei u. a. folgende **Zielsetzungen**:

Ziele des Unternehmens	– Qualifikationsanpassung und -erweiterung – Erhaltung der Konkurrenzfähigkeit – Schaffung von Wettbewerbsvorteilen – Sicherung der Innovationsfähigkeit – Verbesserung von Motivation und Zufriedenheit der Mitarbeitenden – Förderung des eigenen Fachkräfte- und Führungsnachwuchses
Ziele der Mitarbeitenden	– Aktualisierung, Verbesserung und Erweiterung des beruflichen Wissens – Minderung des Risikos von Arbeitslosigkeit – Wahrnehmung neuer und anspruchsvollerer Aufgaben – Förderung der eigenen Interessen und Selbstverwirklichung – Erhöhung von Aufstiegschancen – Einkommensverbesserung

Prozess und Phasen der Personalentwicklung

Ein systematischer Personalentwicklungsprozess bedarf der Planung, Steuerung und Kontrolle von konkreten Personalentwicklungsmaßnahmen und vollzieht sich in unterschiedlichen Phasen.

Funktionszyklus der Personalentwicklung

Phase 1: Bedarfsanalyse
Die Ist-Befähigung sowie das Potenzial der Arbeitskraft werden den Anforderungen einer Stelle gegenübergestellt. Anschließend werden Ursachen für Abweichungen erforscht.

Phase 2: Ziele setzen
Um Abweichungen zu beseitigen, werden Ziele definiert, die das konkrete Personalentwicklungsergebnis beschreiben.

Phase 3: Kreatives Gestalten
Das Kreative Gestalten legt fest, wann, wo, mit wem und mit welchen Maßnahmen das gesetzte Ziel zu erreichen ist.

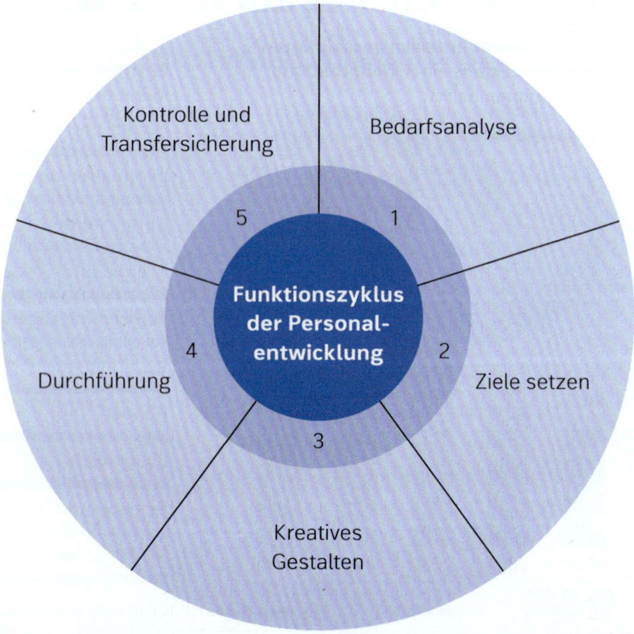

Phase 4: Durchführung
Die Personalentwicklungsmaßnahme kann „on the Job" (am Arbeitsplatz), „near the Job" (in der Nähe des Arbeitsplatzes) oder „off the Job" (außerhalb des Arbeitsplatzes) durchgeführt werden. Verläuft die Durchführung der Maßnahme nicht planmäßig, sind Korrekturen durch die Anpassung von Zielen, Inhalten, Methoden und Zeit notwendig.

BEISPIEL *Personalentwicklungsmaßnahmen bei der Sommerfeld Bürosysteme GmbH*

Near the Job „In der Nähe des Arbeitsplatzes"	– Beratung der Mitarbeitenden – Qualitätszirkel – Workshop – Teamentwicklung – E-Learning
On the Job „Am Arbeitsplatz"	– Jobenlargement – Jobenrichment – Jobrotation – programmierte Unterweisung – Coaching – Projektarbeit
Off the Job „Außerhalb des Arbeitsplatzes"	– Vorträge/Seminare – Expertenbefragung – Planspiel – Rollenspiel – Erfahrungsgruppe

Phase 5: Kontrolle und Transfersicherung
Der Erfolg einer Personalentwicklungsmaßnahme muss kontrolliert werden. Insbesondere muss sichergestellt sein, dass die erworbenen Kompetenzen am Arbeitsplatz dauerhaft umgesetzt werden.

Inhalte der Personalentwicklung

Personalentwicklung umfasst im engeren Sinne Maßnahmen der Bildung, im weiteren Sinne auch Maßnahmen der Förderung und Organisationsentwicklung.

Bildung	– Berufsausbildung inkl. duales Studium – Fachhochschul- und Hochschulausbildung – Fortbildung – Weiterbildung – Führungskräftebildung – systematisches Anlernen am Arbeitsplatz in Anlernberufen
Förderung	– Jobrotation, Jobenrichment, Jobenlargement – Karriereplanung – Zielvereinbarungsgespräche – Supervision – kollegiale Beratung – Coaching, Mentoring – Expat-Management (Auslandseinsätze von Mitarbeitenden)

Organisations-entwicklung	– Gruppenarbeit – Teamentwicklung – Projektarbeit – Arbeitszeitgestaltung – mobiles Arbeiten – Events und Feiern

Berufliche und betriebliche Bildung

Berufliche Ausbildung

Die **berufliche Ausbildung** findet in der Bundesrepublik Deutschland an zwei Lernorten statt, im Ausbildungsbetrieb und in der Berufsschule (**duales Berufsausbildungssystem**).

Fort- und Weiterbildung

Die Fort- und Weiterbildung dient der Verbesserung der fachlichen Qualifikation der Mitarbeitenden am Arbeitsplatz. Sie kann im Rahmen einer betriebsinternen oder unabhängigen Fort- und Weiterbildung durchgeführt werden.

- **Unabhängige** Fort- und Weiterbildung werden von den Mitarbeitenden selbstständig durchgeführt. Um dies zu unterstützen, kann der Arbeitgeber z. B. Kosten übernehmen oder Arbeitnehmende für die Teilnahme freistellen.

  BEISPIEL *Ein Mitarbeiter der Vertriebs-/Marketing-Abteilung meldet sich zum Studium an einer Fachschule für Wirtschaft an. Der Unterricht findet zweimal wöchentlich abends und am Samstag statt. Nach Rücksprache mit der Personalabteilung kann der Arbeitnehmer an den Wochentagen jeweils eine Stunde früher gehen.*

- **Betriebsinterne** Fort- und Weiterbildungen können regelmäßig oder zu bestimmten Anlässen durchgeführt werden.

  BEISPIEL *Auszug aus dem Fortbildungskonzept der Sommerfeld Bürosysteme GmbH:*

Zielgruppe	Maßnahmen
Auszubildende	– Betriebsunterricht – Prüfungsvorbereitungskurse – Exkursionen in Betriebe von Kunden und Lieferanten – Entsendung zu überbetrieblichen Seminaren – Alle kaufmännischen Auszubildenden durchlaufen ein vierwöchiges Praktikum in der Produktion eines Lieferers.
Kaufmännische Mitarbeitende	– Grundkurs Wirtschaftsinformatik – Einführung Datenbanken – Tabellenkalkulation – Präsentationsgrafik, Internetführerschein
Abteilungs- und Gruppenleitung	– Führungsverhalten – Techniken des Personalgesprächs – Motivation am Arbeitsplatz

Führungsbildung durch Aufstiegsschulung

Während die Aus-, Fort- und Weiterbildung in erster Linie der Vermittlung von Wissen dient, wird im Rahmen der Aufstiegsschulung Führungsverhalten trainiert.

BEISPIEL *Der Vertriebsleiter Kraus nimmt an der Fortbildung „Technik des Personalgespräches“ teil.*

Um festzustellen wer sich für Führungsaufgaben eignet, analysieren Unternehmen das Potenzial zukünftiger Führungskräfte. Mithilfe der **Potenzialanalyse** werden Persönlichkeitseigenschaften abgebildet, um die vorhandenen Ressourcen der Mitarbeitenden besser zu nutzen und eine gezielte Weiterentwicklung der Mitarbeitenden zu ermöglichen.

Umschulung

Können Mitarbeitende, z. B. durch Einsatz neuer Techniken, aus krankheitsbedingten Gründen oder durch Aufgabe einer Ware oder einer Warengruppe, nicht mehr am alten Arbeitsplatz eingesetzt werden, ist die Möglichkeit einer **Umschulung** zu prüfen.

Förderung von Mitarbeitenden

Karriereplanung

Mithilfe von Karriereplänen können Wege der beruflichen Entwicklung aufgezeigt werden. → LF 3
Den Mitarbeitenden wird verdeutlicht, welche **Positionen** sie mit ihren bisherigen oder noch zu erwerbenden Qualifikationen erreichen können. Karrierepläne wirken motivierend auf Mitarbeitende und stellen sicher, dass ein Teil des Führungskräftenachwuchses intern gedeckt werden kann.

BEISPIEL *Karriereplanung eines Vertriebsmitarbeiters bei der Sommerfeld Bürosysteme GmbH*

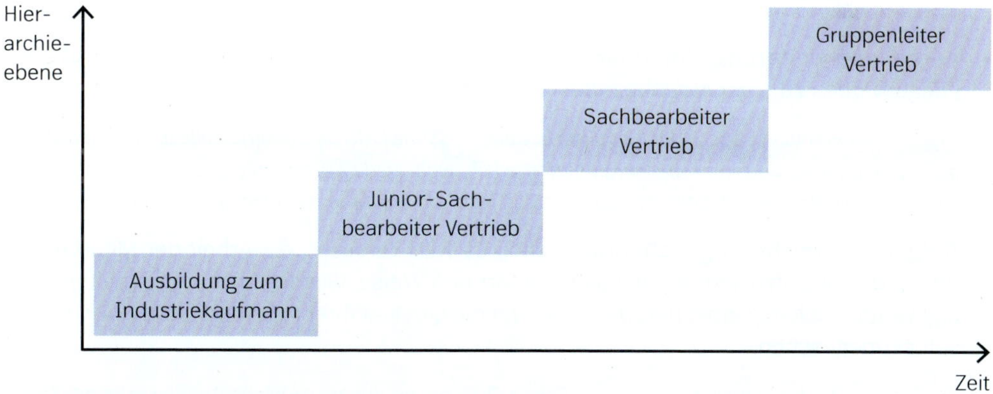

Verfahren zur Verbesserung der Arbeitsbedingungen

Im ersten Drittel des 20. Jahrhunderts wurden Produktionsprozesse bis in kleinste Handgriffe zerlegt, um die Produktivität der Arbeitskräfte zu erhöhen. Ein Meilenstein in dieser Entwicklung war die Erfindung der **Fließbandfertigung** 1913 durch Henry Ford. → LF 6 Die menschliche Arbeitsleistung wurde gänzlich in den Dienst des Produktionsprozesses gestellt; Eintönigkeit der Arbeiten und einseitige körperliche Belastungen spielten keine Rolle. Die Folge waren eine Erhöhung des Krankenstandes und die Abnahme der Motivation der Arbeitskräfte. Mitte der 1960er-Jahre setzte eine massive Bewegung zur **Humanisierung der Arbeitsbedingungen** ein.

HUMANISIERUNG

Humanisierung der Arbeit bedeutet, die Arbeit und den Arbeitsablauf stärker an die Fähigkeiten (Qualifikationen) und **Bedürfnisse** der **Mitarbeitenden** anzupassen.

Ziele der Humanisierung

Durch die unterschiedlichen Formen der Humanisierung der Arbeit sollen folgende Ziele erreicht werden:

- Verringerung der Eintönigkeit der Arbeit
- umfassende Informationen über den gesamten Produktionsprozess und damit ein erhöhtes Interesse an der Arbeit
- Förderung der Teamfähigkeit bei den Mitarbeitenden
- Verbesserung der Motivation und der Arbeitszufriedenheit
- Möglichkeit zur Selbstverwirklichung durch Mitgestaltung der Arbeitsabläufe und Mitverantwortung bei der Kontrolle

Zentrales Element für die Humanisierung der Arbeit ist es, die Aufgaben der Mitarbeitenden interessanter und abwechslungsreicher zu gestalten. Dies kann auf verschiedene Weisen geschehen:

- **Arbeitsplatzwechsel (Jobrotation):** Die Beschäftigten tauschen innerhalb eines festgelegten Arbeitsabschnittes in bestimmten Abständen ihre Arbeitsplätze. Die Arbeit wird dadurch abwechslungsreicher.

  BEISPIEL *Bei der Farbenwerke Wilhelm Weil AG wechseln die gewerblichen Arbeitskräfte innerhalb eines Fertigungsabschnittes alle 14 Tage ihre Arbeitsplätze.*

- **Aufgabenerweiterung (Jobenlargement):** Mehrere hintereinandergeschaltete Arbeitsgänge werden zu einer Aufgabe zusammengefasst.

  BEISPIEL *Bisher wurden in der Metallwerke Bauer + Söhne OHG Stahlrohrgestelle am Fließband hergestellt. Hierzu waren zehn Arbeitskräfte erforderlich, wobei jede Arbeitskraft einen einzelnen Arbeitsvorgang erledigte. Diese Arbeitsvorgänge werden jetzt von drei Arbeitskräften gemeinsam erledigt.*

- **Aufgabenbereicherung (Jobenrichment):** Es wird versucht, die Arbeit der Mitarbeitenden qualitativ aufzuwerten. Sie sollen die Art und Weise, wie die einzelnen Arbeiten erledigt werden sollen, selbst herausfinden und die Qualität ihrer Arbeit und ihrer Werkstücke selbst überwachen.

  BEISPIEL *In der Metallwerke Bauer & Söhne OHG bauen drei gewerbliche Arbeitskräfte die Stahlrohrgestelle vollständig zusammen und nehmen eine Endkontrolle vor.*

- **(Teil-)autonome Arbeitsgruppen:** Ihre Mitglieder planen und organisieren ihre Arbeit selbstständig; sie führen alle Arbeitsgänge, -entscheidungen und -kontrollen in eigener Verantwortung aus.

  BEISPIEL *Eine Gruppe von gewerblichen Arbeitskräften stellt in der Metallwerke Bauer & Söhne OHG in eigener Verantwortung Stahlrohrgestelle, Alugussteile und Alugussprofile her, wobei die Gruppe darüber entscheidet, wann welche Produkte hergestellt werden.*

Zielvereinbarungsgespräche zur individuellen Förderung der Mitarbeitenden

In zeitgemäß geführten Unternehmen sind regelmäßige **Personalgespräche** selbstverständliche Bestandteile der Personalführung und -entwicklung. Hierbei wird zwischen Vorgesetzten und Mitarbeitenden die seit dem letzten Gespräch vergangene Zeit betrachtet und in die Zukunft geblickt. Insbesondere in Unternehmen, die durch Führungstechnik **„Management by Objectives"** (vgl. S. 438) geprägt sind, werden regelmäßige **Zielvereinbarungsgespräche** geführt. Hierdurch können die Selbstverantwortung und Motivation der Mitarbeitenden gefördert werden, die Anerkennung der Leistung wird erleichtert und die Möglichkeiten der Förderung können klarer erkannt werden.

PRAXISTIPP

Sehen Sie Zielvereinbarungsgespräche nicht als Prüfung, sondern als Chance.

Die Ziele können sich auf unterschiedliche Bereiche beziehen:

Geschäftsziele	– Umsatzergebnisse – Marktanteile – ...
Prozessziele	– Qualität der Arbeit – Arbeitsorganisation – ...
Persönliche Ziele	– Zufriedenheit von Mitarbeitenden – Qualifizierung und berufliche Entwicklung – Gehaltsvorstellung – ...

Möglicher Ablauf eines Zielvereinbarungsgespräches aus der Perspektive von Vorgesetzten

↓

A: Einladung zum Gespräch (ca. 14 Tage Vorlauf)

↓

B: Vorbereitung auf das Gespräch

↓

C: Durchführung des Gespräches

1. **Eröffnung des Gespräches: Aufbau einer förderlichen Gesprächsatmosphäre**
2. **Blick zurück: Bestandsaufnahme bzw. Anknüpfung an das letzte Gespräch**
   a) Bewertung des Zielerreichungsgrades aus Mitarbeitendensicht
   b) Bewertung des Zielerreichungsgrades aus Vorgesetztensicht
3. **Abgleich der Einschätzungen und Feedback**
   a) Gründe für etwaige Abweichungen der Einschätzungen

b) Analyse bei Zielabweichungen (Woran hat es gelegen?)
c) Feedbackrunde: – Einschätzung der Leistung der/des Mitarbeitenden
– Feedback und Wünsche an die Führungskraft

4. Zielvereinbarung für die Zukunft
a) Zielvorschläge der Mitarbeiterin bzw. des Mitarbeiters erfragen
b) Eigene Zielvorschläge erläutern
c) Zielkongruenz herstellen (gemeinsame Basis)
d) Zielkonkretisierung herbeiführen (Woran erkennen wir, dass das Ziel erreicht ist?)
e) Schritte zur Zielumsetzung und Unterstützungsmöglichkeiten klären

5. Konstruktiver Gesprächsabschluss

PRAXISTIPP

Achten Sie mit darauf, dass Ergebnisse des Zielvereinbarungsgespräches schriftlich dokumentiert werden.

Gestaltung der Arbeitszeit als Beitrag zur Organisationsentwicklung

Die Gestaltung der Arbeitszeit muss einerseits die Interessen der Mitarbeitenden berücksichtigen, andererseits aber auch die Ziele des Betriebes unterstützen. Den gesetzlichen Rahmen für die Dauer und Lage bildet das Arbeitszeitgesetz (ArbZG). → LF 1

Traditionelle Formen der Arbeitszeitgestaltung sind

- die **starre Arbeitszeit** und
- die **Schichtarbeit in Wechsel-, Dauer- oder Teilschicht**.

BEISPIEL *In der Sägerei beträgt die Betriebszeit 16 Stunden. Die Arbeitsplätze werden jeweils von zwei Mitarbeitenden in Wechselschicht zu je acht Stunden besetzt.*

Neben den traditionellen Formen gibt es verschiedene moderne **Formen der flexiblen Arbeitszeitgestaltung**.

Flexibel gestaltete Arbeitszeiten sind aus folgenden Gründen sinnvoll:

- Sie entsprechen dem Wunsch der Mitarbeitenden nach mehr Freiheit und Selbstbestimmung.
- Sie ermöglichen es dem Betrieb, den Personaleinsatz entsprechend dem Arbeitsaufkommen zu steuern.
- Sie senken die Kosten.

Gleitende Arbeitszeit

Bei der gleitenden Arbeitszeit wird die Arbeitszeit in eine **Kernarbeitszeit** und eine **Gleitzeit** aufgeteilt. Während bei der Kernarbeitszeit eine Anwesenheitspflicht besteht, können Mitarbeitende im Gleitzeitbereich Beginn und Ende ihrer täglichen Arbeitszeit selbst bestimmen. Bedingung ist lediglich, dass sie die vorgeschriebene Wochenarbeitszeit einhalten.

BEISPIEL *Die Geschäftsleitung der Sommerfeld Bürosysteme GmbH diskutiert für die Mitarbeitenden folgendes Arbeitszeitmodell:*

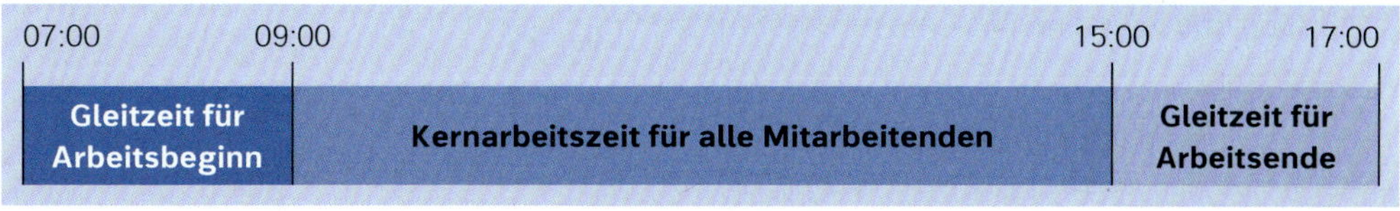

Mitarbeitende haben jetzt mehrere Möglichkeiten. Man kann z. B. um 08:00 Uhr mit der Arbeit beginnen und bis 16:00 Uhr bleiben. Wer seine Arbeit schon um 7:00 Uhr beginnt, kann dafür schon um 15:00 Uhr gehen. Es wäre auch denkbar an einzelnen Tagen nur von 9:00 Uhr bis 15:00 Uhr zu arbeiten, wenn im Durchschnitt die vorgeschriebene wöchentliche Arbeitszeit von 35 Stunden erreicht wird.

Gleitzeitmodelle, aber auch andere Arbeitszeitmodelle, bedingen die Einführung von Arbeitszeitkonten. Diese werden üblicherweise geführt als Monats-, Jahres- oder Langzeitkonto.

Teilzeitarbeit

Teilzeitarbeit gewinnt weiterhin an Bedeutung, da sie z. B. nach der Geburt eines Kindes eine schnelle **Rückkehr in den Beruf** und eine bessere **Vereinbarkeit von Familie und Beruf** ermöglicht.

Bei der Teilzeitarbeit stehen die Mitarbeitenden dem Betrieb nur einen Teil der tariflichen Arbeitszeit zur Verfügung. Dabei bildet das **Teilzeit- und Befristungsgesetz (TzBfG)** den gesetzlichen Rahmen. Sofern Arbeitnehmende länger als sechs Monate im Betrieb beschäftigt sind und der Arbeitgeber regelmäßig mehr als 15 Arbeitnehmende beschäftigt, haben diese einen Anspruch auf Teilzeitarbeit. Der Arbeitgeber hat der Verkürzung der Arbeitszeit zuzustimmen, allerdings kann er die Zustimmung aus betrieblichen Gründen verweigern. Möchten Teilzeitarbeitskräfte später ihre Arbeitszeit wieder aufstocken, haben sie hierauf keinen Rechtsanspruch. Sie sind aber bei der Besetzung eines Arbeitsplatzes bevorzugt zu berücksichtigen.

Die Gesetzgebung hat neben dieser unbefristeten Form der Teilzeitarbeit die Möglichkeit einer **Brückenteilzeit** geschaffen. Hier reduzieren Arbeitnehmende von vornherein für einen befristeten Zeitraum von einem bis fünf Jahren ihre Arbeitszeit und kehren anschließend zur ursprünglichen Arbeitszeit zurück. Brückenteilzeit setzt voraus, dass Arbeitnehmende länger als sechs Monate im Betrieb beschäftigt sind und der Arbeitgeber i. d. R. mehr als 45 Beschäftigte hat.

Das Teilzeit- und Befristungsgesetz schützt zudem die Teilzeitbeschäftigten. Sie dürfen nicht schlechter gestellt werden als vollzeitbeschäftigte Arbeitnehmende **(Diskriminierungsverbot)**.

Im Rahmen der Teilzeitarbeit haben sich besondere Formen entwickelt:

- Teilen sich zwei oder mehr Mitarbeitende die Arbeitszeit an einem Arbeitsplatz, spricht man von **Jobsharing**.

  BEISPIEL *Frau Hinz ist von 8:00 bis 12:00 Uhr am Empfang beschäftigt. Von 12:00 bis 16:00 Uhr übernimmt Frau Kunz den Arbeitsplatz.*

- Vereinbaren Arbeitgeber und die Arbeitskraft, dass sie entsprechend dem Arbeitsanfall beschäftigt werden soll, spricht man von **Arbeit auf Abruf** oder **KAPOVAZ** (kapazitätsorientierte variable Arbeitszeit). Die Dauer der täglichen oder wöchentlichen Arbeitszeit wird im Arbeitsvertrag festgelegt. Möchte der Arbeitgeber die Arbeitsleistung der Arbeitskraft abrufen, muss er eine Frist von mindestens vier Tagen einhalten.

BEISPIEL *Frau Müller ist als Hilfsarbeiterin in der Produktion beschäftigt. Laut Arbeitsvertrag soll sie an zwei Tagen in der Woche insgesamt zehn Stunden auf Abruf arbeiten. Sie erhält jeweils freitags ihren Einsatzplan für die übernächste Woche.*

Mobile Arbeit (Homeoffice)

Allgemein bedeutet mobile Arbeit, dass die Arbeitsleistung außerhalb der Betriebsstätte erbracht wird. Das bekannteste Modell der mobilen Arbeit ist das Homeoffice, bei dem Mitarbeitende von zu Hause interaktiv in ständiger Verbindung mit dem Betrieb stehen und Arbeiten erledigen. Der Arbeitsplatz wird also in die private Umgebung der Beschäftigten verlagert.

BEISPIEL *Die Sommerfeld Bürosysteme GmbH hat die gesamte Erstellung des Schriftverkehrs in die Heimarbeit verlegt. Auch die beiden Programmierer des Unternehmens leisten einen erheblichen Teil ihrer Arbeitszeit zu Hause. Alle verfügen über einen firmeneigenen PC und stehen über eine Internetverbindung mit dem Betriebsrechner in dauerndem Kontakt.*

Mobile Arbeit eignet sich insbesondere für Arbeitskräfte,

- die aus persönlichen Gründen (Kindererziehung) nicht ganztags arbeiten können,
- die keine starre Arbeitszeit akzeptieren oder
- die weitab von ihrem Arbeitsplatz wohnen.

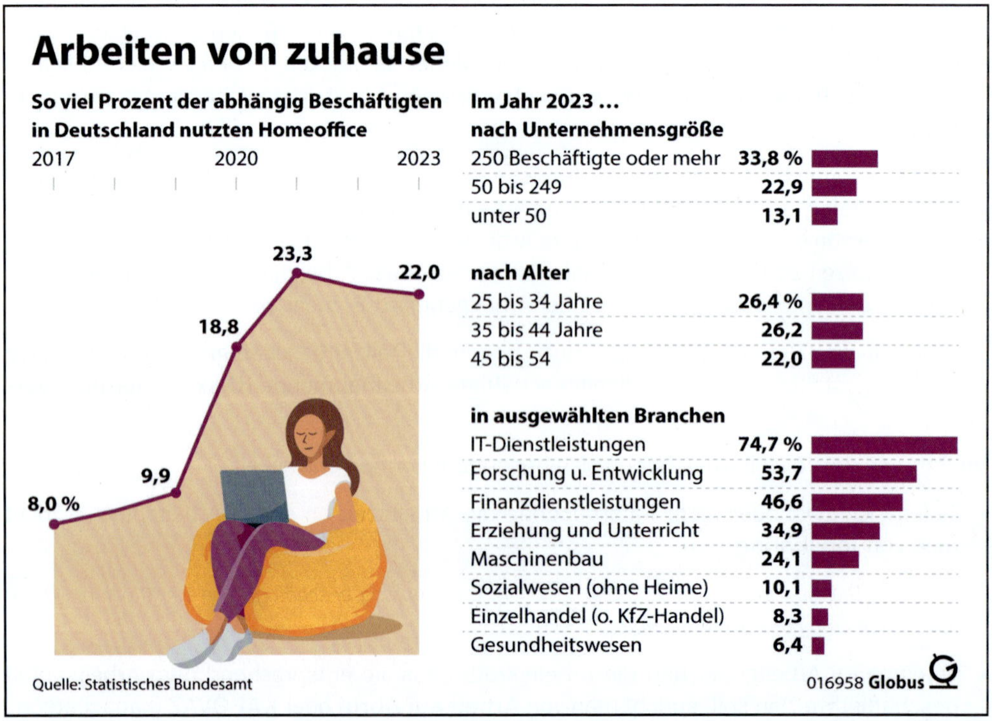

Neben der mobilen Arbeit im Homeoffice gewinnt auch das mobile Arbeiten in **Coworking Spaces** an Bedeutung. Dabei handelt es sich um Arbeitsplätze, die befristetet gegen ein Entgelt zur Verfügung gestellt werden.

BEISPIEL *Herr Nelles hat sich einen Schreibtisch mit Internetzugang in einem Coworking Space gemietet, da er dort ruhiger arbeiten kann als zuhause.*

Durch mobiles Arbeiten wird eine bessere Vereinbarkeit von Familie und Beruf und eine erhöhte Motivation der Mitarbeitenden durch einen modernen, telekommunikativen Arbeitsplatz erreicht. Weiterhin werden aus gesellschaftlicher Perspektive Verkehrswege entlastet. Der Arbeitgeber hat zudem die Möglichkeit, Arbeitsplatzkosten zu sparen, indem sich Arbeitskräfte einen Arbeitsplatz teilen (**Desk Sharing**).

ZUSAMMENFASSUNG

Mit Personalentwicklungsmaßnahmen Mitarbeitende fördern und fordern

- Ständige Veränderungen der Arbeitswelt machen eine Qualifikationsanpassung und -erweiterung durch Personalentwicklung notwendig.
- Personalentwicklung ist ein Prozess und vollzieht sich in unterschiedlichen Phasen.
- Inhalte der Personalentwicklung sind die Bildung und Förderung von Mitarbeitenden sowie die Organisationsentwicklung.

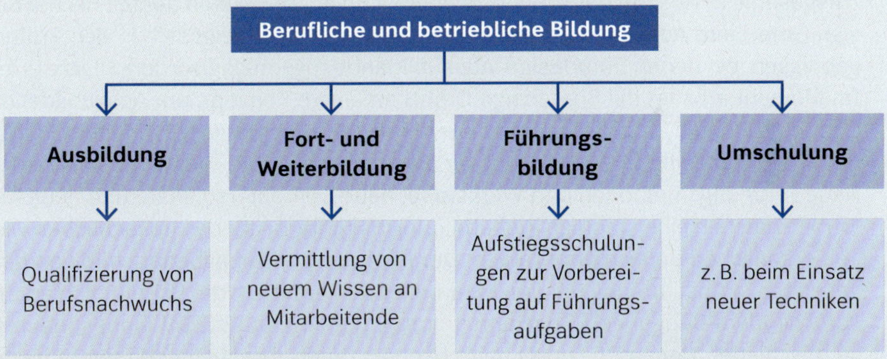

- **Humanisierung** der Arbeit bedeutet, die Arbeit und den Arbeitsablauf **stärker an die Fähigkeiten, Qualifikationen und Bedürfnisse der Mitarbeitenden anzupassen**.
- Verfahren zur Verbesserung der Arbeitsbedingungen:
  - **Aufgabenerweiterung (Jobenlargement)**
  - **Arbeitsplatzwechsel (Jobrotation)**
  - **Aufgabenbereicherung (Jobenrichment)**
  - **(Teil-)autonome Arbeitsgruppen**
- **Zielvereinbarungsgespräche** sind ein sehr wirksames Instrument der Personalentwicklung.

- Das **Arbeitszeitgesetz** gibt die Rahmenbedingungen für die Arbeitszeit vor.

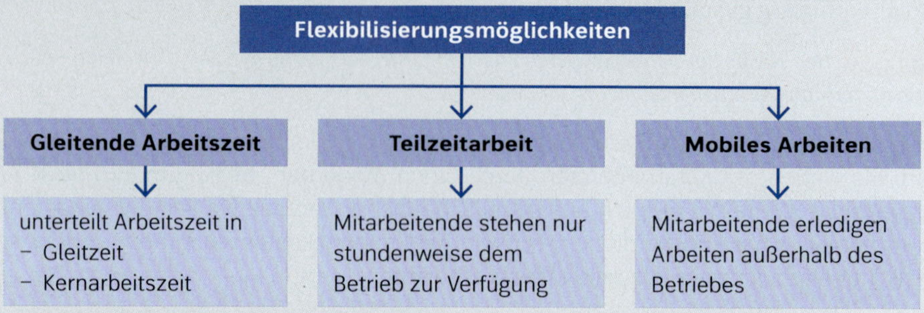

- **Mobiles Arbeiten** verlagert bestimmte Arbeiten außerhalb der Betriebsstätte, z. B. in die private Umgebung der Mitarbeitenden (Homeoffice). Die Mitarbeitenden bestimmen die Lage der Arbeitszeit in einem vorher festgelegten Rahmen selbst.

AUFGABEN

1 Auszug aus der Unternehmensphilosophie der Bürodesign GmbH, eines Lieferanten der Sommerfeld Bürosysteme GmbH, zum Thema Aus- und Weiterbildung:

„Insgesamt 15 Auszubildende und zwei Umschüler absolvieren derzeit bei der Bürodesign GmbH ihre Ausbildung. Die Qualität der Ausbildung zeigt sich in den Prüfungsergebnissen, bei denen Bürodesign-Auszubildende regelmäßig vordere Plätze erreichen. Im Moment arbeitet die Bürodesign GmbH an einem Konzept, um Auszubildenden die Chance zu bieten, zeitweise in den internationalen Tochtergesellschaften zu arbeiten, damit sie frühzeitig ihren Horizont für eine internationale Wirtschaftswelt erweitern. Neue Fertigungsmethoden und Werkstoffe, neue Computersoftware und neue Arbeitsformen machen eine ständige Weiterbildung der Mitarbeitenden im fachlichen wie auch im persönlichen Bereich erforderlich. Der jährliche Schulungsbedarf wird von den Vorgesetzten in Abstimmung mit den Mitarbeitenden ermittelt, der Schulungsplan mit entsprechendem Budget von Geschäftsführung, Betriebsrat und Schulungsbeauftragtem verabschiedet. Neben PC- und Englischkursen, Vertriebsschulungen sowie individuellen fachlichen und persönlichen Schulungsmaßnahmen lag ein Schwerpunkt der Weiterbildung in den letzten Jahren auf der Einführung neuer Arbeitsformen (NAF). Das Budget für den Bereich beläuft sich im Jahr 2025 auf 300 000,00 €."

a) Nehmen Sie zum obigen Konzept der Aus- und Weiterbildung Stellung.
b) Befragen Sie die in Ihrem Betrieb für die Aus- und Weiterbildung Verantwortlichen zu konkreten Maßnahmen Ihres Ausbildungsbetriebes.
c) Stellen Sie das Konzept der Aus- und Weiterbildung Ihres Betriebes in der Klasse vor. Setzen Sie dabei Präsentationstechniken wie Folien, Flip-Charts, Plakate oder eine Präsentationssoftware ein.

2 Sie haben während Ihrer Ausbildungszeit sicherlich schon an einer Personalentwicklungsmaßnahme teilgenommen. Erläutern Sie an einem selbst gewählten Beispiel den Prozess und die Phasen der Personalentwicklung.

3 Erklären Sie den Begriff „Humanisierung der Arbeit“.

4 Beurteilen Sie folgende Maßnahmen zur Humanisierung der Arbeit:

a) Jobrotation
b) Jobenlargement
c) Jobenrichment

5 Formulieren Sie Anforderungen an Zielvereinbarungsgespräche, damit diese zu einem wirksamen Instrument der Personalentwicklung werden.

6 Entwickeln Sie ein Formular, anhand dessen Sie sich auf ein Zielvereinbarungsgespräch vorbereiten können und außerdem die zentralen Ergebnisse festhalten können.

7 Stellen Sie dar, welche Vorteile ein Industriebetrieb durch die Einführung flexibler Arbeitszeiten erlangen kann.

8 Unterscheiden Sie Kernarbeitszeit, Gleitzeit und Teilzeitarbeit.

5 Personal freisetzen

LS 40

Herr Krämer, Abteilungsleiter Personalbeschaffung und -einsatz, kommt von einer Besprechung der Geschäfts- und Abteilungsleitungen. Ein starker Umsatzeinbruch in der Produktgruppe 3 „Konferenz“ zwingt zur Senkung der Personalkosten. Herr Sommer, Herr Feld und Frau Farthmann haben zusammen mit den Abteilungslleitungen verschiedene Möglichkeiten diskutiert, wie dies geschehen kann. Nach eingehender Diskussion ist man zu dem Ergebnis gekommen, dass im Lager und im Rechnungswesen je eine Stelle abgebaut werden soll. Nach Rücksprache mit den Gruppenleitern wird entschieden, dass Herr Schneiders und Frau Lapp, die beide seit drei Jahren bei der Sommerfeld Bürosysteme GmbH beschäftigt sind, zum nächstmöglichen Termin entlassen werden sollen.

ARBEITSAUFTRÄGE

- **Stellen Sie fest, zu welchem Termin eine Entlassung möglich ist, wenn diese Überlegungen am 19.03. angestellt wurden.**
- **Herr Schneiders will Kündigungsschutzklage erheben. Erklären Sie, welche formalen Voraussetzungen er beachten muss.**

Ein Arbeitsverhältnis kann durch Erreichen der Altersgrenze, Tod von Arbeitnehmenden, Vertragsablauf, Aufhebungsvertrag oder Kündigung beendet werden. Im Falle der Kündigung sind die Vorschriften des **Kündigungsschutzgesetzes** (KSchG) sowie besondere Kündigungsschutzvorschriften für bestimmte Personengruppen zu beachten. Sie können unter www.gesetze-im-internet.de heruntergeladen werden.

Die Beendigung des Arbeitsverhältnisses durch Kündigung oder Aufhebungsvertrag sowie die Befristung eines Arbeitsvertrages müssen **schriftlich** erfolgen.

Bei Beendigung des Arbeitsverhältnisses muss der Arbeitgeber dem Arbeitnehmenden die **Arbeitspapiere** herausgeben. Es sind dies in jedem Fall ein Ausdruck der elektronischen Lohnsteuerbescheinigung (auch digital möglich) und ein Versicherungsnachweis über die gemeldeten Daten zur Sozialversicherung. Auf Wunsch des Arbeitnehmenden sind ein Arbeitszeugnis, eine Arbeitsbescheinigung für das Arbeitsamt und/oder eine Urlaubsbescheinigung auszustellen.

Arten der Beendigung von Arbeitsverhältnissen

Vertragsablauf

Ist ein Arbeitsverhältnis auf eine bestimmte Zeit eingegangen, so endet es mit **Vertragsablauf**, d. h. zu dem im Vertrag festgelegten Zeitpunkt.

BEISPIEL *Für die Dauer der Möbelmesse in Köln stellt die Sommerfeld Bürosysteme GmbH zwei Aushilfskräfte ein.*

Aufhebungsvertrag

Durch den **Aufhebungsvertrag** endet ein Arbeitsverhältnis, wenn beide Parteien in gegenseitigem Einvernehmen den Arbeitsvertrag lösen. Diese Form wird in der Praxis häufig angewandt, um eine Kündigung zu vermeiden.

BEISPIEL *Dem Auslieferungsfahrer Schumacher wird wegen eines schuldhaft verursachten Verkehrsunfalls der Führerschein entzogen. Arbeitnehmer und Geschäftsleitung einigen sich auf eine Aufhebung des Arbeitsvertrages in gegenseitigem Einvernehmen.*

Kündigung

Bei der **Kündigung** von Arbeitsverhältnissen besteht grundsätzlich die Möglichkeit der **ordentlichen** und der **außerordentlichen Kündigung**. Bei der ordentlichen Kündigung wird die Kündigung mit gesetzlicher und die Kündigung mit tarifvertraglicher Kündigungsfrist unterschieden.

Wenn Arbeitnehmende und Arbeitgeber keine besondere Kündigungsfrist vereinbart haben und es keine tarifvertraglichen Regelungen gibt, gilt die **gesetzliche Kündigungsfrist**. Sie beträgt für Angestellte und gewerbliche Arbeitnehmende gleichermaßen **vier Wochen**.

Bei einer Betriebszugehörigkeit von bis zu zwei Jahren können Mitarbeitende zum 15. eines Monats oder zum Monatsende gekündigt werden. Ab einer Betriebszugehörigkeit von zwei Jahren kann nur noch zum Monatsende gekündigt werden.

BEISPIEL *Der Arbeiter Alt ist seit 18 Monaten bei der Sommerfeld Bürosysteme GmbH beschäftigt. Ihm wird am 14. Juli mit Wirkung zum 15. August gekündigt.*

Die gesetzliche Kündigungsfrist verlängert sich für **langjährig beschäftigte Arbeitnehmende** wie folgt:

Die verlängerten Schutzfristen gelten nur für eine Kündigung durch den Arbeitgeber. Für Arbeitnehmende gilt, sofern im Arbeits- oder Tarifvertrag nicht anders geregelt, in jedem Fall die gesetzliche Kündigungsfrist.

Die **tarifvertraglichen Kündigungsfristen** entsprechen i. d. R. den gesetzlichen Bestimmungen, können aber verkürzt oder verlängert werden.

BEISPIEL *Laut Manteltarifvertrag für die Holz- und Kunststoffverarbeitung in Baden-Württemberg beträgt die Kündigungsfrist bei einer Betriebszugehörigkeit von fünf Jahren für den Arbeitgeber drei statt der gesetzlich festgelegten zwei Monate.*

Die Kündigungsfrist während einer vereinbarten **Probezeit**, von bis zu sechs Monaten beträgt für Arbeitgeber und Arbeitnehmende **zwei Wochen**. Ein bestimmter Kündigungstermin, z. B. das Monatsende, muss nicht eingehalten werden.

BEISPIEL *Der Arbeiter Jung erhält während der sechsmonatigen Probezeit an einem Dienstag das Kündigungsschreiben. Damit wäre für Jung der Dienstag der übernächsten Woche der letzte Arbeitstag.*

Die ordentliche Kündigung eines **befristeten Arbeitsverhältnisses** ist nur unter der Voraussetzung möglich, dass sie zwischen Arbeitgeber und Arbeitnehmerin bzw. Arbeitnehmer einzelvertraglich oder durch die Anwendung eines Tarifvertrages vereinbart wurde. In der Vereinbarung einer Probezeit ist regelmäßig auch die Vereinbarung einer Kündigungsmöglichkeit zu sehen.

BEISPIEL *Der Arbeitsvertrag der Arbeiterin Müller ist auf ein Jahr befristet. Damit kann ihr grundsätzlich nicht ordentlich gekündigt werden. Da sie allerdings eine Probezeit von sechs Monaten hat, ist eine Kündigung während der Probezeit möglich.*

Die **außerordentliche oder fristlose Kündigung** erfolgt, wenn ein **wichtiger Grund** vorliegt und die Fortsetzung des Arbeitsverhältnisses bis zum Ablauf der ordentlichen Kündigungsfrist nicht mehr zumutbar ist. Der Kündigungsgrund muss dem Vertragspartner auf Verlangen unverzüglich schriftlich mitgeteilt werden. Die Kündigung muss innerhalb von zwei Wochen nach Bekanntwerden des Grundes erfolgen. Wichtige Gründe für außerordentliche Kündigungen sind:

Für Arbeitgeber	– Diebstahl, Unterschlagung, Betrug – beharrliche Arbeitsverweigerung – grobe Beleidigungen oder Tätlichkeiten
Für Arbeitnehmende	– keine Gehaltszahlung – Verletzung der Fürsorgepflicht – grobe Beleidigungen oder Tätlichkeiten

Sowohl vor einer außerordentlichen als auch einer ordentlichen Kündigung muss der **Betriebsrat angehört** werden. Dabei hat der Arbeitgeber den Betriebsrat über die wesentlichen Umstände der Kündigung zu unterrichten. Nach dem Betriebsverfassungsgesetz (BetrVG) kann der Betriebsrat bei einer ordentlichen Kündigung innerhalb einer Woche und bei einer außerordentlichen Kündigung spätestens innerhalb von drei Tagen schriftlich **Widerspruch** erheben. Äußert sich der Betriebsrat nicht, gilt seine Zustimmung als erteilt.

§ 102 (3)BetrVG

Der Betriebsrat kann innerhalb der Frist des Absatzes 2 Satz 1 der ordentlichen Kündigung widersprechen, wenn
1. der Arbeitgeber bei der Auswahl des zu kündigenden Arbeitnehmers soziale Gesichtspunkte nicht oder nicht ausreichend berücksichtigt hat,
2. die Kündigung gegen eine Richtlinie nach § 95 verstößt,
3. der zu kündigende Arbeitnehmer an einem anderen Arbeitsplatz im selben Betrieb oder in einem anderen Betrieb des Unternehmens weiterbeschäftigt werden kann,
4. die Weiterbeschäftigung des Arbeitnehmers nach zumutbaren Umschulungs- oder Fortbildungsmaßnahmen möglich ist oder
5. eine Weiterbeschäftigung des Arbeitnehmers unter geänderten Vertragsbedingungen möglich ist und der Arbeitnehmer sein Einverständnis hiermit erklärt hat.

Erhebt der Betriebsrat Widerspruch und reichen Arbeitnehmende im Falle einer ordentlichen Kündigung Arbeitsschutzklage ein, sind sie i. d. R. bis zum rechtskräftigen Abschluss des Verfahrens weiter zu beschäftigen.

Kündigungsschutzgesetz

Das **Kündigungsschutzgesetz** als Arbeitsschutzgesetz (sozialer Arbeitsschutz) bietet Arbeitnehmenden Schutz vor unberechtigter Kündigung. Es gilt für Arbeitnehmende in Betrieben, die regelmäßig mehr als zehn Arbeitnehmende beschäftigen, wobei die zu kündigende Person länger als sechs Monate im Betrieb beschäftigt sein muss. Bei älteren, vor dem 01.01.2004 geschlossenen Arbeitsverhältnissen findet das Kündigungsschutzgesetz auch Anwendung, wenn der Betrieb am 31.03.2003 mehr als 5 Mitarbeitende hatte, die zum Zeitpunkt der Kündigung noch im Betrieb beschäftigt sind.

§ 1 Abs. 1 KSchG

Die Kündigung des Arbeitsverhältnisses gegenüber einem Arbeitnehmer, dessen Arbeitsverhältnis in demselben Betrieb oder Unternehmen ohne Unterbrechung länger als sechs Monate bestanden hat, ist rechtsunwirksam, wenn sie sozial ungerechtfertigt ist.

Sozial ungerechtfertigt ist eine Kündigung, wenn nicht bestimmte Gründe vorliegen. So muss der Kündigungsgrund zu suchen sein

- in der Person (= personenbedingte Kündigung),
- im Verhalten (= verhaltensbedingte Kündigung)
- oder in dringenden betrieblichen Erfordernissen (= betriebsbedingte Kündigung).

BEISPIEL

Kündigungsgründe	**personenbedingt**	– fehlende Fahrerlaubnis – fehlende Arbeitserlaubnis – mangelnde Eignung – dauernde krankheitsbedingte Unfähigkeit, die Arbeitsleistung zu erbringen
	verhaltensbedingt	– wiederholte Unpünktlichkeit – Minderleistung – Beleidigung – Verstöße gegen Gehorsams- und Verschwiegenheitspflicht
	betriebsbedingt	– Änderung der Arbeits- oder Produktionsmethoden – Stilllegungen – Absatzprobleme – Rohstoffmangel

Bei **verhaltensbedingten** ordentlichen Kündigungen sind grundsätzlich zuvor eine oder mehrere erfolglose **Abmahnungen** erforderlich, bevor die Kündigung ausgesprochen wird. Es gilt der Grundsatz: Keine verhaltensbedingte Kündigung ohne vorherige Abmahnung.

Im Unterschied zur verhaltensbedingten Kündigung setzt die **personenbedingte Kündigung** kein Verschulden seitens der Arbeitnehmenden und damit keine Abmahnung voraus. In diesem Fall liegen Gründe in der Person der Arbeitnehmenden vor, die sie daran hindern, die geschuldete Arbeitsleistung vertragsgemäß zu erbringen.

Im Falle einer **betriebsbedingten Kündigung** hat der Arbeitgeber eine **Sozialauswahl** unter den in Betracht kommenden Mitarbeitenden vorzunehmen. Kriterien sind die Dauer der Betriebszugehörigkeit, das Lebensalter, Unterhaltspflichten und eine Schwerbehinderung des Arbeitnehmers. Wie die vier Kriterien im Verhältnis untereinander zu gewichten und zu bewerten sind, kann in einer Auswahlrichtlinie nach § 95 Betriebsverfassungsgesetz (Betriebsvereinbarung) oder durch Tarifvertrag festgelegt werden.

Wenn Arbeitnehmende bei einer betriebsbedingten Kündigung auf eine Kündigungsschutzklage verzichten, haben sie Anspruch auf eine **Abfindung** in Höhe von 0,5 Monatsverdiensten für jedes Beschäftigungsjahr. Dies setzt allerdings voraus, dass der Arbeitgeber in seiner Kündigung auf diesen Umstand hinweist.

BEISPIEL *Die Wollux GmbH kündigt Herrn Krüger betriebsbedingt. Sie weißt ihn darauf hin, dass er bei Verzicht auf eine Kündigungsschutzklage eine Abfindung beanspruchen kann. Herr Krüger verzichtet auf eine Klage und erhält für seine sechsjährige Betriebszugehörigkeit eine Abfindung von drei Monatsgehältern.*

Stellt das Gericht fest, dass das Arbeitsverhältnis durch die Kündigung nicht aufgelöst wurde, kann es auf Antrag einer Partei das Arbeitsverhältnis auflösen, wenn eine Fortsetzung des Arbeitsverhältnisses der bzw. dem Arbeitnehmenden nicht zuzumuten ist bzw. der Arbeitgeber befürchten muss, dass eine weitere gute Zusammenarbeit nicht möglich sein wird. In diesen Fällen ist das Arbeitsverhältnis erheblich gestört und das Gericht setzt eine angemessene **Abfindung** fest.

BEISPIEL *Die verhaltensbedingte Kündigung des Mitarbeiters Celik wurde durch das Arbeitsgericht für rechtswidrig erklärt, da sie auf wissentlich unwahren Behauptungen des Arbeitgebers beruhte. Auf Antrag von Herrn Celik, der das Arbeitsverhältnis nicht fortsetzen möchte, setzt das Gericht eine Abfindung fest.*

Abfindungen können sich nicht nur aus den Regelungen des Kündigungsschutzgesetzes, sondern auch aus Sozialplänen aufgrund von Betriebsänderungen, einer Vereinbarung (Vergleich) oder einer freiwilligen Leistung ergeben.

243 810

Bei allen Kündigungen (personenbedingt, verhaltensbedingt, betriebsbedingt) muss der **Grundsatz der Verhältnismäßigkeit** beachtet werden. Demnach kommt eine Kündigung nur dann in Betracht, wenn Arbeitnehmende nicht in einem anderen Bereich des Betriebes oder in einem anderen Betrieb des Unternehmens beschäftigt werden können. Dafür sind auch zumutbare Umschulungs- oder Qualifizierungsmaßnahmen seitens des Arbeitgebers durchzuführen. Auch ist eine Fortsetzung des Arbeitsverhältnisses zu geänderten Bedingungen (Änderungsvertrag), mit denen Arbeitnehmende einverstanden sind, in Erwägung zu ziehen.

Halten Arbeitnehmende ihre Kündigung für sozial ungerechtfertigt, so können sie binnen einer Woche beim Betriebsrat Einspruch und binnen drei Wochen **Klage** beim Arbeitsgericht erheben. Der Klage sollte die Stellungnahme des Betriebsrates beigefügt werden. Ist vom Betriebsrat fristgerecht Widerspruch eingelegt worden und erheben Arbeitnehmende Kündigungsschutzklage, müssen sie i. d. R. weiterbeschäftigt werden, bis über die Klage entschieden ist.

Besonderer Kündigungsschutz

Neben den allgemeinen Kündigungsschutzvorschriften nach dem Kündigungsschutzgesetz existieren für besonders **schutzbedürftige** Personengruppen und Personen in besonderen **Funktionen** ergänzende gesetzliche Regelungen:

Personengruppe	Rechtsgrundlage	Regelung
Schwerbehinderte Menschen	§ 168 Sozialgesetzbuch (SGB IX)	Eine Kündigung ist nur mit vorheriger Zustimmung des Integrationsamtes wirksam.
Arbeitnehmende während der Pflegezeit	§ 5 Pflegezeitgesetz	Der Arbeitgeber darf das Arbeitsverhältnis während der Pflegezeit nicht kündigen.
Auszubildende	§ 22 Berufsbildungsgesetz (BBiG)	Nach der Probezeit ist eine ordentliche Kündigung durch den Arbeitgeber nicht möglich.
Wehrdienstleistende	§ 2 Arbeitsplatzschutzgesetz (ArbPlSchG)	Eine Kündigung ist dem Arbeitgeber von der Zustellung des Einberufungsbescheides bis zur Beendigung des Grundwehrdienstes nicht gestattet.
Schwangere und Mütter	§ 17 Mutterschutzgesetz (MuschG)	Ab dem Zeitpunkt der Schwangerschaft bis mindestens zum Ablauf von vier Monaten nach der Entbindung ist eine Kündigung unzulässig.
Arbeitnehmende während der Elternzeit	§ 18 Bundeselterngeld- und Elternzeitgesetz (BEEG)	Während der Elternzeit darf das Arbeitsverhältnis nicht ordentlich gekündigt werden.
Betriebsratsmitglieder und Mitglieder der Jugend- und Auszubildendenvertretung	§ 15 Kündigungsschutzgesetz (KSchG)	Während und bis zu einem Jahr nach der Beendigung ihrer Amtszeit darf den Mitgliedern nicht ordentlich gekündigt werden.

ZUSAMMENFASSUNG

Personal freisetzen

- Bei Beendigung des Arbeitsverhältnisses muss der Arbeitgeber Arbeitnehmenden die **Arbeitspapiere** herausgeben und ein **Arbeitzeugnis** ausstellen.
- **Beendigung des Arbeitsverhältnisses** u. a. durch
  - **Vertragsablauf**, d. h. zu dem im Vertrag festgelegten Zeitpunkt
  - **Aufhebungsvertrag**, d. h. in gegenseitigem Einvernehmen
  - **ordentliche Kündigung**, d. h. mit einer gesetzlichen oder tarifvertraglichen Frist
  - **außerordentliche oder fristlose Kündigung**, d. h. aus wichtigem Grund, wenn eine Fortsetzung des Dienstverhältnisses bis zum Ablauf der ordentlichen Kündigungsfrist nicht mehr zumutbar ist.
- Sowohl vor einer außerordentlichen als auch einer ordentlichen Kündigung muss der **Betriebsrat angehört** werden. Der Betriebsrat kann Widerspruch erheben.
- **Kündigungsschutzgesetz**
  - bietet Schutz vor **unberechtigter Kündigung**.
  - gilt für Arbeitnehmende in Betrieben mit mehr als **zehn Arbeitnehmenden**, wobei die Arbeitnehmenden länger als **sechs Monate** im Betrieb beschäftigt sein müssen.
  - Eine Kündigung ist rechtsunwirksam, wenn sie **sozial ungerechtfertigt** ist.
  - Der **Kündigungsgrund** muss
    - in der Person oder
    - im Verhalten oder
    - in dringenden betrieblichen Erfordernissen zu suchen sein.
  - Gegen eine sozial ungerechtfertigte Kündigung kann man binnen einer Woche **Einspruch beim Betriebsrat** und binnen drei Wochen **Klage beim Arbeitsgericht** erheben.
- Für besonders schutzbedürftige Personengruppen und Personen in besonderen Funktionen existieren ergänzende Kündigungsschutzvorschriften.

AUFGABEN

1 Nennen Sie die Unterlagen, die Arbeitnehmenden bei Beendigung des Arbeitsverhältnisses auszuhändigen sind.

2 Frau Kunstein, Bezirksleiterin eines Filialbetriebes, ist seit zwölf Jahren im Unternehmen beschäftigt. Eklären Sie, mit welcher Frist

a) Frau Kunstein kündigen kann,
b) Frau Kunstein gekündigt werden kann.

3 Die fristlose Kündigung muss innerhalb von zwei Wochen nach Bekanntwerden des Grundes erfolgen. Erläutern Sie, welche Gründe die Gesetzgebung zu dieser Regelung veranlasst haben könnten.

4 Der Mitarbeiter Heinen erscheint wiederholt zu spät zur Arbeit. Der Leiter der Personalabteilung, Herr Krämer, bittet Herrn Heinen deshalb zu einem Personalgespräch. Bilden Sie je eine Gruppe „Personalchef" und eine Gruppe „Arbeitnehmende" und bereiten Sie das Gespräch getrennt vor. Führen Sie das Gespräch im Rollenspiel durch und protokollieren Sie den Ablauf. Stellen Sie fest, wo es zu Abweichungen von Ihrer Strategie kommt, und diskutieren Sie die Ursachen.

5 Der Mitarbeiterin der Sommerfeld Bürosysteme GmbH, Irene Grell, wurde am 23.09. mit Wirkung zum 30.11. fristgerecht gekündigt. Bringen Sie die folgenden Tätigkeiten von Irene Grell bis zur Aufnahme einer neuen Beschäftigung in eine logische Reihenfolge, indem Sie die Ziffern 1 bis 7 neben den Tätigkeiten eintragen.

Irene Grell
- schickt eine Bewerbung an die Bürodesign GmbH ab.
- meldet sich bei der Agentur für Arbeit arbeitslos.
- und die Bürodesign GmbH schließen einen Arbeitsvertrag ab.
- nimmt am letzten Arbeitstag ihr Arbeitszeugnis in Empfang.
- fährt zu einem Vorstellungsgespräch zur Bürodesign GmbH.
- beginnt ihre Probezeit bei der Bürodesign GmbH.
- meldet der Agentur für Arbeit, dass sie nicht mehr arbeitsuchend ist.

6 Björn Krause ist seit dem 01.04.20(0) als gewerblicher Arbeitnehmer bei der Sommerfeld Bürosysteme GmbH beschäftigt. Er ist 29 Jahre alt. Am 03.02.20(+7) gibt Björn Krause in der Personalabteilung ein auf denselben Tag datiertes Schreiben ab, indem er sein Arbeitsverhältnis zum nächstmöglichen Termin kündigt. Prüfen Sie, wann Björn Krauses Arbeitsverhältnis endet.

7 Dieter Nentwig ist Auslieferungsfahrer bei der M-Tek GmbH, die zwölf Mitarbeitende beschäftigt. Da Dieter Nentwig seinen Führerschein aufgrund von Alkoholmissbrauch verloren hat, wird ihm fristgerecht gekündigt. Begründen Sie, ob die Kündigung sozial gerechtfertigt ist.

8 Peter Kenning, der Marketingleiter der Latex AG, befindet sich in Elternzeit. Da die Stelle dringend besetzt werden soll, stellt man den Dipl.-Kaufmann Martin Koers ein und kündigt Peter Kenning betriebsbedingt. Nehmen Sie Stellung.

9 Karl-Uwe Brömmelhaus erhält eine betriebsbedingte Kündigung mit dem Hinweis auf eine Abfindungsregelung, falls er auf eine Klage verzichtet. Erklären Sie die Höhe seiner Abfindung, wenn Karl-Uwe Brömmelhaus dem Betrieb seit acht Jahren angehört.

10 Lisa Hanke ist seit zehn Jahren bei der Besis GmbH beschäftigt. Sie hat bisher immer zuverlässig gearbeitet, sodass es keine Eintragungen in ihrer Personalakte gibt. In ihren Zuständigkeitsbereich fällt auch die Verwaltung der Kasse. Aufgrund einer Scheidung und damit verbundenen finanziellen Problemen, lässt sie sich dazu hinreißen, 1 000,00 EUR aus der Kasse zu entwenden. Ihr wird daraufhin schriftlich fristlos gekündigt, woraufhin der Betriebsrat Bedenken äußert. Lisa Hanke sei immer zuverlässig gewesen und hier handele es sich um einen einmaligen Fall. Zudem sei die notwendige Kündigungsfrist nicht eingehalten worden und Lisa Hanke habe noch keine Abmahnung erhalten, die für eine verhaltensbedingte Kündigung notwendig sei. Nehmen Sie zu den vom Betriebsrat geäußerten Bedenken Stellung.

6 Personalcontrolling durchführen

LS 41

Herr Bast (stellvertretender Abteilungsleiter Controlling) hat in Zusammenarbeit mit Frau Esser (Abteilungsleiterin Controlling) und Herrn Krämer (Personal) folgende Feststellungen gemacht:

- Die Krankheitsquote in der Sommerfeld Bürosysteme GmbH hat in den letzten zwei Jahren von 2 % auf 4 % zugenommen.
- Die Gesamtlohnstunde der Sommerfeld Bürosysteme GmbH liegt 10 % über dem Branchendurchschnitt.

ARBEITSAUFTRÄGE

- **Erläutern Sie Ursachen für diese Entwicklung.**
- **Erklären Sie, wie diese Daten ermittelt werden.**
- **Zeigen Sie Möglichkeiten der kurz- und langfristigen Verbesserung auf.**
- **Erläutern Sie an dieser Situation die Bedeutung der festgestellten Kennzahlen einerseits für die Personalabteilung, andererseits für das Controlling.**

Personalbestand und Personalkosten

Aufgabe des Personalcontrollings ist es, den erforderlichen Personalbestand (Soll-Bestand) für die betriebliche Leistungserstellung zu ermitteln. Ziel ist es, mit dem verfügbaren Personalbestand (Ist-Bestand) den erforderlichen Personalbestand zu decken. Wie weit das im Betrieb gelungen ist, wird durch die Personaldeckungsquote dargestellt. Mit ihr werden durch Gegenüberstellung von Personalistbestand und Personalsollbestand **Über-** und **Unterbesetzungen** festgestellt:

$$\textbf{Personaldeckungsquote} = \frac{\text{Personal} - \text{Istbestand} \cdot 100}{\text{Personal} - \text{Sollbestand}}$$

Neben rechtlichen, sozialen und verwaltungstechnischen Aspekten hat das Personalcontrolling auch wirtschaftliche Aspekte zu beachten (Entgelt, Lohnnebenkosten). Die Personalkosten sind neben den Werkstoff- und Betriebsmittelkosten (Abschreibungen und Instandhaltungen) der wichtigste Kostenfaktor in den Industriebetrieben. Ihr Vergleich zum Branchendurchschnitt oder zu wichtigen Konkurrenten ist daher bedeutsam. Das Controlling hat deshalb die Aufgabe, **Kennzahlen** zu entwickeln, die für **Vergleiche mit Wettbewerbern derselben Branche** geeignet sind. Solche sind in der Industrie die Gesamtlohnstunde der Arbeiter (mittleres Lohnniveau) und das Gehalt je Angestelltenstunde:

$$\textbf{Gesamtlohnstunde (mittleres Lohnniveau)} = \frac{\text{Gesamtlöhne} + \text{Lohnnebenkosten}}{\text{Arbeitsstunden}}$$

$$\textbf{Gehalt je Angestelltenstunde} = \frac{\text{Gehälter + Gehaltsnebenkosten}}{\text{Angestelltenstunden}}$$

Bei Abweichungen von den Branchenwerten müssen die Ursachen gefunden werden. Sie können in Besonderheiten des Produktionsprogramms, der Belegschaftsstruktur, der Leistungsgrade und der angewandten Entlohnungsformen begründet sein.

BEISPIEL *Beim Zeitlohn besteht kein Leistungsanreiz. Dem Risiko von Minderleistungen könnte durch leistungsbezogene Entgeltformen (z. B. Akkord) vorgebeugt werden. Darum ist beim Betriebsvergleich auch der erreichte Akkordgrad zu vergleichen.*

$$\textbf{Akkordgrad} = \frac{\text{Akkordstunden} \cdot 100}{\text{Gesamtarbeitsstunden}}$$

In diesem Zusammenhang hat das Controlling folgende **Aufgabenschwerpunkte**:

- Offenlegung der wichtigsten Einflussfaktoren der Personalkosten,
- Festlegung von Merkmalen zur Bestimmung der Pesonalqualität,
- Mitwirkung bei der Personalplanung, beim Einsatz und bei der Betreuung,
- Personalbeurteilung und Bewertung zwecks Förderung oder Positionierung.

Personalstruktur

Von Bedeutung ist auch die Überwachung der **Personalzusammensetzung**, die sich auf die unterschiedliche Rechtsstellung der Mitarbeitenden, auf die Qualifikation, das Alter, das Geschlecht bezieht. Sie kann mithilfe zahlreicher Kennzahlen veranschaulicht werden:

$$\textbf{Anteil der Angestellten (Angestelltenquote)} = \frac{\text{Angestellte} \cdot 100}{\text{Zahl der Mitarbeitenden}}$$

$$\textbf{Anteil der gewerblichen Mitarbeitenden} = \frac{\text{gewerbliche Mitarbeitende} \cdot 100}{\text{Zahl der Mitarbeitenden}}$$

$$\textbf{Anteil der höher qualifizierten Mitarbeitenden (Qualifikationsquote)} = \frac{\text{Mitarbeitende mit höherer Qualifikation} \cdot 100}{\text{Zahl der Mitarbeitenden}}$$

$$\textbf{Anteil der Beschäftigten einer Altersgruppe} = \frac{\text{Beschäftige der Altersgruppe} \cdot 100}{\text{Zahl der Mitarbeitenden}}$$

$$\textbf{Ausbildungsquote} = \frac{\text{Auszubildende} \cdot 100}{\text{Zahl der Mitarbeitenden}}$$

$$\textbf{Frauenquote} = \frac{\text{weibliche Beschäftigte} \cdot 100}{\text{Zahl der Mitarbeitenden}}$$

Durch laufende Überprüfung der Verwaltungs- und Betriebsorganisation können Umschulungen, Weiterbildungen, Umbesetzungen und Rationalisierungsmaßnahmen ausgelöst werden.

Unternehmen sollten auf **gleichmäßige Anteile aller Altersgruppen** achten – möglichst in allen Abteilungen. So werden regelmäßig Neueinstellungen vorgenommen, die zu Innovationsvorteilen führen sollten. Mit einer gleichmäßigen Altersverteilung können nachteilige Vorruhestandsregelungen oder Einstellungsstopps weitgehend umgangen werden.

Außerdem wirkt sich eine schlechte Altersstruktur in mehrerer Hinsicht negativ aus. So kann eine **Überalterung** zu einem hohen Krankenstand, einem Rückgang des Beschäftigungsgrades bei gleich bleibenden fixen Kosten, einer Qualitätsminderung (z. B. Wechsel in der Kundenbetreuung), Nichteinhaltung von Terminen und Überstunden der jungen Mitarbeitenden führen.

Die **Beschäftigungsstruktur** kann ermittelt werden, indem der Anteil der Beschäftigten einzelner Jahrgänge oder Altersgruppen (z. B. 20–25 Jahre) am Personalbestand gemessen wird.

Bedeutende Aussagen zur Personalstruktur können auch mithilfe der Ausbildungs- und Frauenquote gemacht werden.

Personalbestandsänderungen/Fluktuation

Personalbestandsveränderungen und insbesondere Fluktuationen sind sehr teuer (Abgangsabwicklung, Ausschreibungs-, Auswahl- und Einstellungsverfahren, Einarbeitungszeit u. a.). Das Personalcontrolling muss daher alle Einflüsse, die zu Personalbestandsveränderungen führen, erfassen und bewerten.

Personalbestandsveränderungen werden bspw. beeinflusst durch:

- die Arbeitszeit,
- die Einführung neuer Technologien,
- Änderungen des Produktionsprogramms,
- die Entlohnung,
- das Betriebsklima,
- das Führungsverhalten der Vorgesetzten.

BEISPIELE

– *Die Sommerfeld Bürosysteme GmbH nimmt neue Produkte ins Produktionsprogramm, die mit neuen Technologien produziert werden. Mitarbeitende sind entsprechend zu schulen. Eventuell sind entsprechend qualifizierte Mitarbeitende einzustellen.*

- *Zu hohe Belastung der Mitarbeitenden und schlechtes Betriebsklima können die Ursachen für Fehlzeiten und starke Fluktuationen (Kündigungen) sein.*

Aussagekräftig sind daher folgende Kennzahlen:

$$\textbf{Fluktuationsquote} = \frac{\text{Abgänge je Rechnungsperiode} \cdot 100}{\text{Mitarbeitende}}$$

$$\textbf{Krankheitsquote} = \frac{\text{Krankheitstage} \cdot 100}{\text{Arbeitstage}} \text{ oder } \frac{\text{krankheitsbedingte Fehlstunden} \cdot 100}{\text{Gesamtstunden}}$$

Es ist sinnvoll, neben der Fluktuationsquote auch die **Eigenkündigungsquote** zu ermitteln, da die Fluktuationsquote sämtliche Abgänge (eigene Kündigungen, arbeitgeberseitige Kündigungen, Personalabgänge in den Ruhestand) enthält. Die Eigenkündigungsquote hingegen setzt nur die Kündigungen durch Mitarbeitende in Bezug zur Anzahl der Mitarbeitenden und erlaubt so genauere Aussagen über die Zufriedenheit der Mitarbeitenden.

Eine hohe **Krankheitsquote** führt neben erhöhten Kosten auch dazu, dass Überstunden geleistet werden müssen, um zugesagte Termine einzuhalten. Überstunden führen wegen der erhöhten Belastung nicht selten zu Qualitätsminderungen und in der Folge zur Imageschädigung.

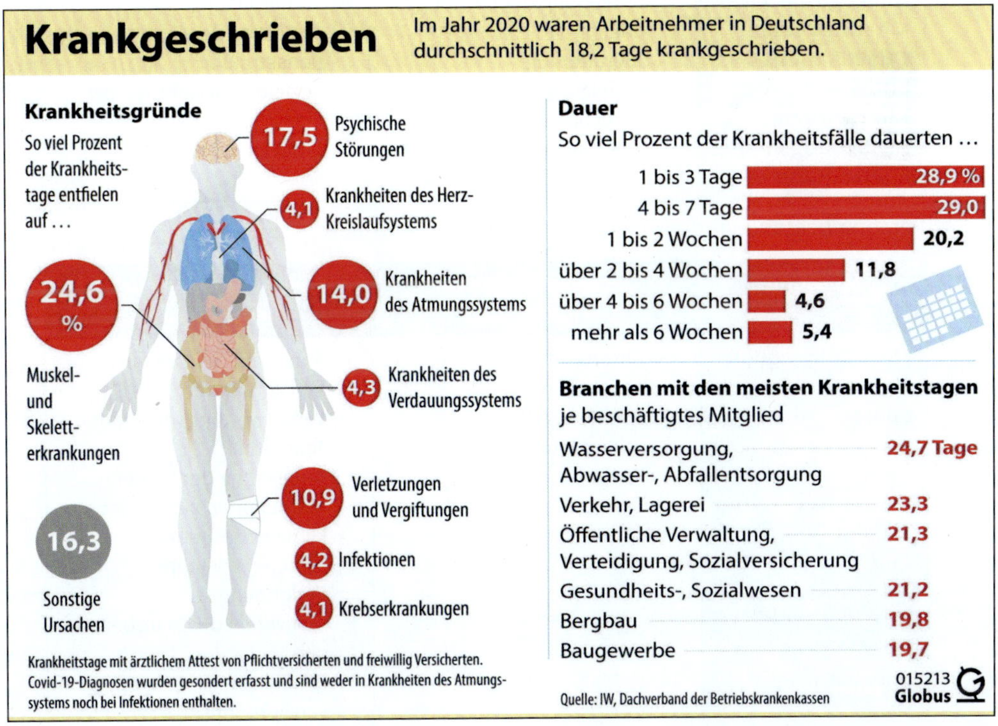

ZUSAMMENFASSUNG

Personalcontrolling durchführen

- Personalbestand und Personalkosten

Messung	Ursachen negativer Entwicklung	Maßnahmen zur Verbesserung
Personal-deckungsgrad	– kein Fachkräfteangebot am Arbeitsmarkt – Personalbestand wurde der Umsatzentwicklung nicht angepasst	– Ausbildung – Weiterbildung – Umbesetzung – Kündigung
Gesamt-lohnstunden	– zu hohes Lohnniveau	– Rationalisierung – Vorruhestand – Anpassung der Arbeits-entgelte

- Personalstruktur

Messung	Ursachen negativer Entwicklung	Maßnahmen zur Verbesserung
Angestelltenquote **Anteil gewerbliche Mitarbeitende** **Qualifikations-quote** **Altersgruppen** **Ausbildungsquote** **Frauenquote**	– Aufblähung der Verwaltung – Aufblähung der Leistungs-funktion – Überalterung – Ausbildungsstopp – schlechtes Betriebsklima – Änderungen in der Betriebs- und Verwaltungsstruktur	– Ausbildung – Weiterbildung – Änderung der Organisa-tionsstruktur – gezielte Maßnahmen bei Einstellungen und Entlassungen

- Personalbestandsänderungen/Fluktuationen

Messung	Ursachen negativer Entwicklung	Maßnahmen zur Verbesserung
Fluktuationsquote **Eigenkündigungs-quote**	– Führungsstil – Betriebsklima – Arbeitsentgelt – fehlende Aufstiegs-chancen	– Änderung der Organisa-tionsstrukturen – Verantwortungsdelegation – Teamarbeit – Anpassung der Entgelte – Maßnahmen zur Betriebs-klimaverbesserung – leistungsgerechte Entlohnung – Motivation der Mitarbeiten-den – Einführung eines kooperati-ven Führungsstils

Messung	Ursachen negativer Entwicklung	Maßnahmen zur Verbesserung
Krankheitsquote	– fehlende Qualifikation – Überforderung – Betriebsklima – fehlende Teamfähigkeit	– Weiterbildung – Maßnahmen zur Betriebsklimaverbesserung – Umbesetzung – Änderung der Arbeitszeitregelung – Motivation der Mitarbeitenden – Einführung eines kooperativen Führungsstils – Maßnahmen zur Förderung der Gesundheit

AUFGABEN

1 Werten Sie folgende Grafiken zur Altersstruktur von vier Industrieunternehmen vergleichend aus:

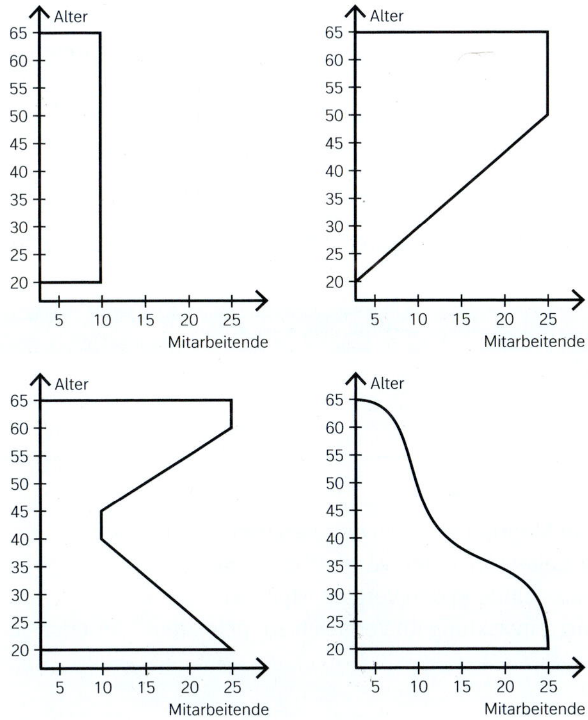

a) Erläutern Sie die jeweilige Belegschaftsstruktur.
b) Zeigen Sie jeweils wirtschaftliche Vor- und Nachteile der einzelnen Strukturen auf.
c) Zeigen Sie Möglichkeiten der Verbesserung auf.

2 Das Controlling der Sommerfeld Bürosysteme GmbH hat festgestellt, dass 70 % der Mitarbeitenden bereits über 45 Jahre alt sind. Man vertritt die Meinung, dass das geändert werden muss.

a) Nehmen Sie kritisch Stellung zu dieser Belegschaftsstruktur.
b) Zeigen Sie Möglichkeiten der kurz- und langfristigen Veränderung auf.

3 Frauen klagen häufig über Doppelbelastung im Berufs- und Privatleben. Zeigen Sie Verbesserungsmöglichkeiten aus betrieblicher Sicht auf und führen Sie dazu eine Podiumsdiskussion durch.

4 Die Gesamtlohnstunde und das Gehalt je Angestelltenstunde liegen nach Feststellung des Controllers 8 % über dem Branchendurchschnitt. Erarbeiten Sie einen Vorschlagskatalog für die Abteilungen „Produktion und Beschaffung“, „Vertrieb und Marketing“ und „Allgemeine Verwaltung“.

5 Die Arbeitsausfallquote ist in den letzten zwei Jahren von 0,5 % auf 7 % gestiegen.

a) Zeigen Sie hierfür Ursachen auf.
b) Erläutern Sie Möglichkeiten der Verbesserung.

6 Werten Sie folgende Daten aus:

Anzahl der Mitarbeitenden im Jahresdurchschnitt.	200	Mitarbeitende
Arbeitszeit	162 Tage à 8	Stunden
krankheitsbedingte Fehlzeiten	19 440	Stunden
Abgänge	12	Personen

a) Errechnen Sie
   aa) die Krankheitsquote,
   ab) die Fluktuationsquote.
b) Leiten Sie aus den Ergebnissen Konsequenzen ab.

7 Der Controller einer Industrieunternehmung stellte folgende Daten zur Auswertung zusammen:

	Vorjahr	Abrechnungsjahr
Anzahl der Mitarbeitenden	80	84
Anzahl der Arbeitsstunden	128 800	120 960
Umsatz in EUR	8 372 000,00	8 588 160,00

a) Ermitteln Sie
   aa) die Arbeitsstunden je Mitarbeiter/-in in den Vergleichsjahren,
   ab) den Umsatz je Mitarbeiter/-in in den Vergleichsjahren,
   ac) den Umsatz je Arbeitsstunde in den Vergleichsjahren.
b) Beurteilen Sie die Umsatzentwicklung im Vergleich zur geleisteten Arbeitszeit.

KOMPETENZCHECK: AUFGABEN ZUR WIEDERHOLUNG UND PRÜFUNGSVORBEREITUNG

1 Die Büromöbelfabrik Wolf & Sohn OHG sucht eine Person für den Verkaufsaußendienst.

a) Erläutern Sie die grundsätzlichen Möglichkeiten der Personalbeschaffung.

b) Der Personalchef macht sich Gedanken über die Anforderungen, die an Mitarbeitende im Außendienst zu stellen sind.
   - ba) Erläutern Sie die Anforderungen an Mitarbeitende im Außendienst aus der Sicht der Büromöbelfabrik.
   - bb) Erläutern Sie die Anforderungen aus der Sicht der Kunden.
   - bc) Formulieren Sie die Stellenbeschreibung für Mitarbeitende im Außendienst.

c) Die Personalabteilung entschließt sich, eine Stellenanzeige zu veröffentlichen.
   - ca) Erläutern Sie, welche Inhalte bei der Gestaltung berücksichtigt werden sollten.
   - cb) Formulieren Sie den Text der Stellenanzeige.
   - cc) Wählen Sie einen geeigneten Anzeigenträger aus und erläutern Sie, welche Überlegungen bei der Wahl des Anzeigentermins zu beachten sind.

d) Erklären Sie, welche Grundsätze ein Bewerber bei der Abfassung eines Bewerbungsschreibens beachten sollte.

e) Nennen Sie Anlagen, die einer Bewerbung beiliegen sollten.

f) Schreiben Sie eine Bewerbung auf die Stellenanzeige.

g) Aufgrund starker Umsatzrückgänge soll der Außendienst verkleinert werden. Die Personalabteilung plant, einen 40-jährigen Außendienstmitarbeiter zu entlassen, der seit 5 Jahren im Unternehmen beschäftigt ist. Die entscheidende Konferenz findet am 15.02.20(0) statt. Zu welchem Termin kann der Mitarbeiter im Rahmen der gesetzlichen Kündigung entlassen werden?

h) Schreiben Sie die Kündigung der Büromöbelfabrik Wolf & Sohn OHG.

i) Nennen Sie „Papiere“, die die Personalabteilung am letzten Arbeitstag des Mitarbeiters bereitlegen sollte.

2 Auf die Stellenanzeige der Büromöbelfabrik Wolf KG für den Außendienst bewerben sich u. a. Caroline Prangenberg und Christian Gebauer. Die Bewerber legen folgende Zeugnisse vor:

Zeugnis

Herr Christian Gebauer, geb. 19. März 1972 in Essen, war vom 1. Oktober 20(0) bis zum 31. März 20(2) als Sachbearbeiter in unserer Exportabteilung tätig.

Herr Gebauer verlässt uns auf eigenen Wunsch.

Essen, den 31. März 20(0)

Zeugnis

Frau Caroline Prangenberg, geb. 24. November 1982, war vom 1. Dezember 20(0) bis zum 31. Dezember 20(2) in unserem Unternehmen als Verkaufssachbearbeiterin tätig. Während dieser Zeit hatte Frau Prangenberg Gelegenheit, alle Tätigkeiten dieses Bereichs kennenzulernen. Frau Prangenberg hat sich stets bemüht, die ihr

> übertragenen Aufgaben zu unserer Zufriedenheit zu erledigen. Die organisatorischen Aufgaben hat sie immer mit großem Fleiß und Interesse erledigt.
>
> Frau Prangenberg trug durch ihre umgängliche Art und ihre Geselligkeit zur Verbesserung des Betriebsklimas bei.
>
> Frau Prangenberg scheidet am 31.12.20(2) aus unserem Unternehmen aus. Wir wünschen ihr für ihre weitere berufliche Laufbahn viel Erfolg.
>
> Essen, den 31.12.20(2)

a) Erläutern Sie, um welche Arten von Arbeitszeugnissen es sich handelt.
b) Führen Sie eine Analyse des Zeugnisses von Frau Prangenberg durch.
c) Erarbeiten Sie einen Gesprächsleitfaden für das Gespräch mit Frau Prangenberg. Begründen Sie den Gesprächsleitfaden vor dem Hintergrund der Zeugnisformulierungen.
d) Erarbeiten Sie einen Fragebogen, den Sie Christian Gebauer zuschicken, um seine Eignung für die ausgeschriebene Stelle feststellen zu können.
e) Erläutern Sie Maßnahmen der Eignungsfeststellung, die die Büromöbelfabrik Wolf durchführen könnte.

3 Industrieunternehmen führen zunehmend Incentives (Leistungsanreizsysteme) ein. Nennen Sie sechs Sachverhalte, aufgrund derer zusätzliche Vergütungen gewährt werden.

4 Leistungsanreizsysteme für Mitarbeitende gewinnen in Industrieunternehmen zunehmend an Bedeutung.

a) Nennen Sie fünf Möglichkeiten, um Leistungen zu honorieren.
b) Erläutern Sie drei Vorteile eines solchen Systems aus der Sicht der Arbeitnehmenden und des Arbeitgebers.

5 Industrieunternehmen haben zunehmend Probleme, qualifizierte Mitarbeitende zu gewinnen. Nennen Sie sechs Maßnahmen, um neue Mitarbeitende zu gewinnen.

6 Die Sommerfeld Bürosysteme GmbH möchte für die Sachbearbeitung des Vertriebs in Asien und Ozeanien eine Stelle besetzen. Nennen Sie sechs Anforderungen an eine Stellenanzeige für diese Funktion.

7 Auf eine Stellenanzeige der Sommerfeld Bürosysteme GmbH gehen eine Vielzahl von Bewerbungen ein. Sie werden durch die Geschäftsleitung beauftragt, eine Vorauswahl der Bewerbenden vorzunehmen.

a) Nennen Sie drei Bewerbungsunterlagen.
b) Erläutern Sie für die von Ihnen genannten Unterlagen je zwei Gesichtspunkte, auf die bei der Vorauswahl zu achten ist.
c) Erläutern Sie drei Verfahren zur Auswahl von Bewerbenden.

8 Die Sinniger Metallzargenfabrik GmbH plant die Umstellung der Fertigung von Zeitlohn auf Leistungslohn.

a) Nennen Sie vier Voraussetzungen für die Einführung des Leistungslohns in Form des Akkordlohns.

b) Im Sonderzargenbau erhalten Beschäftigte einen Grundlohn von 16,00 € und einen Akkordzuschlag von 25 %. Die Vorgabezeit ist 2,5 Minuten/Stück.
   ba) Ermitteln Sie den Akkordrichtsatz.
   bb) Ermitteln Sie die Normalleistung für den Monat September (Arbeitszeit: 172 Stunden).
   bc) Ermitteln Sie den Leistungsgrad einer Arbeitskraft, die im September 4 200 Teile gefertigt hat.
   bd) Ermitteln Sie den Verdienst dieser Arbeitskraft.

9 Die Sommerfeld Bürosysteme GmbH plant die Einführung der gleitenden Arbeitszeit.

a) Nennen Sie vier Gründe für die Einführung der Gleitzeit.
b) Erläutern Sie anhand von zwei Beispielen, welche Probleme im Zusammenhang mit der Einführung der Gleitzeit auftreten können.

10 Nach der Einführung der 35-Stunden-Woche vereinbart die Sommerfeld Bürosysteme GmbH mit dem Betriebsrat, dass die Mitarbeitenden im Außendienst ihre Überstunden auch durch Freizeit ausgleichen können.

a) Nennen Sie drei Probleme, die sich aus dieser Regelung ergeben können.
b) Erläutern Sie drei Maßnahmen, wie man den von Ihnen unter a) genannten Problemen begegnen kann.
c) Erläutern Sie Schwierigkeiten, die bei den von Ihnen unter b) genannten Maßnahmen auftreten können.

11 Die Personalabteilung der Sommerfeld Bürosysteme GmbH möchte einen neuen Personalbeurteilungsbogen für Angestellte entwerfen.

a) Nennen Sie vier Beurteilungskriterien.
b) Nennen Sie vier Beurteilungsanlässe.

12 Die Sommerfeld Bürosysteme GmbH beschafft sich kurzfristig zur Deckung eines vorübergehenden Personalbedarfs Mitarbeitende bei einem Personalleasing-Unternehmen. Erläutern Sie je drei Vor- und Nachteile dieser Maßnahme aus der Sicht der Sommerfeld Bürosysteme GmbH.

13 Für die Exportabteilung einer Industrieunternehmung soll eine Person eingestellt werden. Die Stelle soll durch eine betriebsinterne Stellenausschreibung besetzt werden. Zusätzlich wird eine private Arbeitsvermittlung beauftragt. Erläutern Sie je zwei Vorteile

a) der betriebsinternen Stellenausschreibung,
b) der Einschaltung einer privaten Arbeitsvermittlung.

14 Ein Industrieunternehmen gliedert sein Personalwesen in die Abteilungen Personalplanung, Personalbeschaffung, Personalverwaltung und Personalcontrolling. Erläutern Sie je drei Aufgaben dieser Abteilungen.

15 Das Personalcontrolling beschäftigt sich unter anderem mit der Fluktuation von Mitarbeitenden.

a) Nennen Sie fünf Gründe für eine hohe Fluktuation der Mitarbeitenden.
b) Nennen Sie zwei betriebsinterne Quellen, aus denen Sie Informationen über die Gründe der Fluktuation gewinnen können.

16 In den letzten Jahren werden zunehmend Möglichkeiten der Flexibilisierung der Arbeitszeit geschaffen.

a) Erläutern Sie eine Möglichkeit der Flexibilisierung der Arbeitszeit.
b) Beschreiben Sie je zwei Vorteile der von Ihnen vorgeschlagenen Maßnahme aus der Sicht
   ba) des Arbeitgebers,
   bb) der Mitarbeitenden,
   bc) der Gesamtwirtschaft.

17 Die kaufmännischen Mitarbeitenden der Sommerfeld Bürosysteme GmbH werden jährlich anhand des folgenden Bewertungsbogens beurteilt:

Sommerfeld
Bürosysteme GmbH
Ein ökologisch orientiertes Unternehmen mit Zukunft

BEURTEILUNG

Name: ______________________

Datum der Beurteilung: ☐☐☐☐☐☐ **Beurteilungszeitraum:** von: ☐☐☐☐☐☐ bis: ☐☐☐☐☐☐

Beurteilungsmerkmale		**1**	**2**	**3**	**4**	**5**	**6**
1	Weiterbildungsbereitschaft	○	○	○	○	○	○
2	Zuverlässigkeit, Sorgfalt, Genauigkeit	○	○	○	○	○	○
3	Aufrichtigkeit, Offenheit	○	○	○	○	○	○
4	Fleiß, Ausdauer	○	○	○	○	○	○
5	Fachliche Kenntnisse	○	○	○	○	○	○
6		○	○	○	○	○	○

a) Entwickeln Sie weitere Beurteilungsmerkmale für die Mitarbeitenden der Sommerfeld Bürosysteme GmbH und diskutieren Sie diese.
b) Nennen Sie Gründe, die für eine regelmäßige Beurteilung anhand eines solchen Fragebogens sprechen.

18 Die 35-jährige Josefine Gruhlke erhält ein Bruttoentgelt in Höhe von 4 322,00 € und einen Arbeitgeberzuschuss zu den vermögenswirksamen Leistungen in Höhe von 26,00 €. Ihre vL-Sparrate beträgt 40,00 €. Sie ist verheiratet (Steuerklasse IV), hat einen Kinderfreibetrag und ist evangelisch. Der individuelle Zusatzbeitragssatz ihrer Krankenkasse beträgt 2,2 %.

Lohn/ Gehalt	Abzüge an Lohnsteuer, Solidaritätszuschlag (SolZ) und Kirchensteuer (8%, 9%) in den Steuerklassen																								
	I – VI					I, II, III, IV																			
			ohne Kinderfreibeträge					mit Zahl der Kinderfreibeträge . . . 0,5			1			1,5			2			2,5			3		
bis €*		LSt	SolZ	8%	9%		LSt	SolZ	8%	9%	SolZ	8%	9%	SolZ	8%	9%	SolZ	8%	9%	SolZ	8%	9%	SolZ	8%	9%
4 349,99	I,IV	632,25	—	50,58	56,90	I	632,25	—	40,54	45,60	—	31,04	34,92	—	22,08	24,84	—	13,66	15,37	—	5,81	6,53	—	—	—
	II	520,50	—	41,64	46,84	II	520,50	—	32,08	36,09	—	23,06	25,94	—	14,58	16,40	—	6,65	7,48	—	0,45	0,50	—	—	—
	III	290,50	—	23,24	26,14	III	290,50	—	15,37	17,29	—	8,10	9,11	—	2,24	2,52	—	—	—	—	—	—	—	—	—
	V	1 083,83	—	86,70	97,54	IV	632,25	—	45,49	51,17	—	40,54	45,60	—	35,72	40,18	—	31,04	34,92	—	26,49	29,80	—	22,08	24,84
	VI	1 128,16	—	90,25	101,53																				
4 364,99	I,IV	636,16	—	50,89	57,25	I	636,16	—	40,83	45,93	—	31,32	35,23	—	22,34	25,13	—	13,91	15,65	—	6,03	6,78	—	0,07	0,08
	II	524,25	—	41,94	47,18	II	524,25	—	32,36	36,40	—	23,32	26,24	—	14,83	16,68	—	6,88	7,74	—	0,60	0,67	—	—	—
	III	293,50	—	23,48	26,41	III	293,50	—	15,60	17,55	—	8,30	9,34	—	2,40	2,70	—	—	—	—	—	—	—	—	—
	V	1 088,91	—	87,11	98,—	IV	636,16	—	45,79	51,51	—	40,83	45,93	—	36,—	40,50	—	31,32	35,23	—	26,76	30,10	—	22,34	25,13
	VI	1 133,25	—	90,66	101,99																				

Quelle: Quelle: Stollfuß Tabellen 2025, Gesamtabzug Monat, Ausgabe März 2025, Lefebvre Stollfuß, Bonn 2025, S. T 67.

Finden Sie die Fehler in der abgebildeten Entgeltabrechnung.

Grundgehalt:			4 322,00 €
AG-Zuschuss vL:			40,00 €
Bruttoentgelt:			**4 362,00 €**
Lohnsteuer:			597,25 €
KSt:	9,00 %		53,75 €
steuerliche Abzüge:			**651,09 €**
Rentenversicherung	9,30 %		405,67 €
Arbeitslosenversicherung	1,30 %		56,71 €
Krankenversicherung (allg. + ind. Beitragssatz)	7,30 % 2,20 %	9,50 %	414,39 €
Pflegeversicherung (allg. + ind. Beitragssatz)	1,80 % 0,60 %	2,40 %	104,69 €
AN-Anteil Soz.Vers.:			**981,57 €**
Nettoentgelt:			**2 729,34 €**
vL-Sparrate:			40,00 €
Auszahlungsbetrag:			**2 689,34 €**

19 Die Betriebsvereinbarung der Sommerfeld Bürosysteme GmbH soll ergänzt werden. Die damit beauftragte Kommission aus Vertretern des Betriebsrates und der Geschäftsleitung legt folgenden Entwurf vor:

> **Neue Arbeitsformen, flexible Arbeitszeiten, Prämienentlohnung**
>
> Die Veränderung von gesellschaftlichen Haltungen und Werten erfordert ebenso wie die rasanten Marktveränderungen eine neue Unternehmensstruktur, in der die Mitarbeitenden ihre Fähigkeiten und Talente zur Gestaltung der Arbeitsprozesse direkt einbringen können. Ein signifikanter Indikator dafür war der sprunghafte Anstieg des betrieblichen Vorschlagswesens nach der Einbindung der Mitarbeitenden in die Maßnahmen der Restrukturierung. Das Idealbild einer ‚atmenden Fabrik', in der die Mitarbeitenden wie ‚Unternehmer im Unternehmen' agieren, erfordert eine moderne Arbeitsorganisation.
>
> Die Organisationsstruktur soll mit nur zwei Hierarchieebenen sehr flach sein. Die Entscheidungskompetenzen sollen dicht an den Arbeitsplätzen liegen, um Flexibilität und Schnelligkeit, Kostenbewusstsein und Qualitätssicherung zu steigern. Das erwartete Ertragswachstum der kommenden fünf Jahre soll weitgehend bei konstanten Beschäftigtenzahlen realisiert werden.
>
> Fast das gesamte Unternehmen ist in Gruppen- und Projektarbeit zu organisieren. Der Betrieb wird von 6:00 Uhr morgens bis 22:00 Uhr abends geöffnet. Zeitkonten, die einen Spielraum von minus 50 Stunden bis plus 100 Stunden erlauben, geben der auftragsbezogenen Fertigung die nötige Flexibilität. Die Gruppen organisieren sich selbst, planen Zeit-, Kosten- und Personalkapazitäten. Die Fertigung ist in ‚Cost-Center' segmentiert und in der Produktion wird ein Prämienlohnsystem eingeführt. Auf Basis des Tariflohns kann leistungsbezogen dazuverdient werden, sowohl bezogen auf das Gruppenergebnis als auch auf den individuellen Leistungsbeitrag.

a) Fassen Sie das Konzept „Neue Arbeitsformen, flexible Arbeitszeiten, Prämienentlohnung" in seinen wesentlichen Punkten zusammen.
b) Nehmen Sie zu dem Konzept Stellung. Stellen Sie dabei Argumente pro und kontra gegenüber.
c) Formulieren Sie vor dem Hintergrund Ihrer Argumente pro und kontra eine Betriebsvereinbarung für die Sommerfeld Bürosysteme GmbH.

20 Die Sommerfeld Bürosysteme GmbH plant zur Deckung eines kurzfristigen Personalmehrbedarfs Mitarbeitende bei einem Personalleasing-Unternehmen zu beschaffen. Stellen Sie für die entscheidende Sitzung jeweils drei Vor- und Nachteile aus der Sicht der Sommerfeld Bürosysteme GmbH zusammen.

21 Für die Marketingabteilung der Sommerfeld Bürosysteme GmbH soll jemand eingestellt werden. Der Leiter der Abteilung Personalbeschaffung und -einsatz, Herr Krämer, plant die Stelle betriebsintern auszuschreiben und zusätzlich eine private Arbeitsvermittlung zu beauftragen. Der Betriebsrat spricht sich gegen die Einschaltung der privaten Arbeitsvermittlung aus.

a) Stellen Sie je zwei Argumente für und gegen die Inanspruchnahme der privaten Arbeitsvermittlung zusammen.

b) Erläutern Sie, ob der Betriebsrat aufgrund seiner Rechte gem. BetrVerfG Einfluss auf die Entscheidung nehmen kann.

22 Nicole Esser, die Leiterin der Abteilung Controlling der Sommerfeld Bürosysteme GmbH, stellt ein leichtes Ansteigen der Personalfluktuation im Unternehmen fest.

a) Erläuten Sie zwei innerbetriebliche Quellen, aus denen Sie Informationen über die Gründe der Fluktuation gewinnen können.
b) Stellen Sie in einer Liste mögliche Gründe für die Personalfluktuation zusammen.

23 In der Sommerfeld Bürosysteme GmbH sind am 01. Mai 20(6) u. a. folgende Mitarbeiter beschäftigt:
Hermann Wittges seit dem 01. April 20(0)
Daniel Berger seit dem 01. September 20(3)
Beiden Mitarbeitern muss aufgrund von Umstrukturierungen aus betrieblichen Gründen gekündigt werden.

a) Bestimmen Sie anhand der Regelungen in § 622 BGB, zu welchem frühesten Zeitpunkt Herr Wittges und Herr Berger gekündigt werden können. Abweichende einzelvertragliche Regelungen bestehen nicht.
b) Stellen Sie fest, welche Kündigungsfristen Berger und Wittges einhalten müssen, wenn sie ihrerseits kündigen wollen.
c) Die Geschäftsleitung diskutiert, die Umstrukturierung ohne Kündigungen vorzunehmen. Erläutern Sie mögliche Maßnahmen, mit denen dieses Ziel erreicht werden kann.

24 Die Bürotec GmbH schließt mit Arbeitnehmenden gelegentlich befristete Arbeitsverträge.

a) Erläutern Sie vier mögliche Fälle, in denen befristete Arbeitsverträge geschlossen werden können.
b) Erläutern Sie aus Arbeitgebersicht, warum die Aneinanderreihung mehrerer befristeter Arbeitsverträge zu einem „Kettenvertrag“ nachteilig sein kann.

25 Im Rahmen der Flexibilisierung der Arbeitszeiten werden auch bei der Sommerfeld Bürosysteme GmbH Arbeitszeitkonten für die Mitarbeitenden geführt.

a) Erläutern Sie, was man unter einem Arbeitszeitkonto versteht.
b) Erläutern Sie je zwei Vorteile und Nachteile, die die Flexibilisierung der Arbeitszeit für die Sommerfeld Bürosysteme GmbH mit sich bringen kann.

26 Bei der Sommerfeld Bürosysteme GmbH stellt die Beurteilung von Mitarbeitenden eine der Aufgaben der Personalwirtschaft dar.

a) Hierbei wird zwischen regelmäßiger und anlassbedingter Beurteilung unterschieden. Nennen Sie je zwei Gründe für eine regelmäßige und anlassbedingte Beurteilung.
b) Im Zusammenhang mit der Personalbeurteilung können verschiedene Fehler gemacht werden. Nennen Sie drei mögliche Fehler.
c) Nennen Sie zwei Rechte, die Mitarbeitenden der Sommerfeld Bürosysteme GmbH im Zusammenhang mit dieser Beurteilung zustehen.

27 Dem Mitarbeiter Peter Born wurde am 23. September 20(0) zum 30. November 20(0) ordentlich gekündigt. Der 30. November 20(0) ist auch der letzte Arbeitstag von Herrn Born bei der Sommerfeld Bürosysteme GmbH. Bringen Sie die folgenden Tätigkeiten von Peter Born bis zur Aufnahme einer neuen Beschäftigung in die richtige logische Reihenfolge, indem Sie die Ziffern 1 bis 7 neben den Tätigkeiten eintragen.

- Peter Born schickt am 2. November 20(0) eine Bewerbung an die Bürotec GmbH ab.
- Peter Born meldet sich am 24. September 20(0) bei der Agentur für Arbeit arbeitslos.
- Peter Born und die Bürotec GmbH schließen einen Arbeitsvertrag zum 1. Februar 20(1) ab.
- Peter Born nimmt am letzten Arbeitstag ein Arbeitszeugnis von der Sommerfeld Bürosysteme GmbH in Empfang.
- Peter Born fährt wegen eines Vorstellungsgesprächs zur Bürotec GmbH und legt dort das Arbeitszeugnis der Sommerfeld Bürosysteme GmbH vor.
- Peter Born beginnt seine Probezeit bei der Bürotec GmbH.
- Peter Born meldet der Agentur für Arbeit, dass er ab 1. Februar 20(1) nicht mehr arbeitslos sein wird.

28 Bei der Sommerfeld Bürosysteme GmbH soll das Führungsverhalten der Leitungskräfte näher untersucht werden. In einem Bericht über Horst Weselberg, dem Abteilungsleiter Produktion, heißt es:

„Herr Weselberg wird von seinen Mitarbeitenden differenziert wahrgenommen. Grundsätzlich wird er als zuverlässiger Vorgesetzter beschrieben, der von seinen Mitarbeitenden Tugenden wie Fleiß, Sorgfalt und Engagement erwartet. Herr Weselberg verfügt über eine umfangreiche Fachkompetenz und erwartet sie auch von seinen Mitarbeitenden. Herr Weselberg ist in seinem Führungsverhalten launisch und sehr wechselhaft. Sein Verhalten ist stark emotional geprägt und in manchen Situationen sehr dominant. Herr Weselberg trifft dann Entscheidungen, ohne Rücksprache zu halten, und setzt sie auch gegen den Widerstand seiner Mitarbeitenden durch. Schon häufiger ist es deshalb zu Konflikten gekommen, da Mitarbeitende sich übergangen und gegängelt gefühlt haben. Auf der anderen Seite gibt es auch Situationen, in denen seine Mitarbeitenden Herrn Weselberg durchaus ein hohes Maß an Sozialkompetenz zuschreiben. Er nimmt die Vorschläge der Mitarbeitenden ernst, ist kompromissbereit und beteiligt seine Mitarbeitenden bei der Entscheidungsfindung. In diesen Situationen ist Herr Weselberg auch bereit, Verantwortung zu übertragen. Dies trifft vor allem dann zu, wenn Herr Weselberg emotional stabil und ausgeglichen ist. Seine Mitarbeitenden beschreiben, dass ein Zusammenhang zwischen seinem Führungsverhalten und seiner Arbeitsbelastung besteht."

a) Analysieren Sie den Führungsstil von Herrn Weselberg.
b) Um das Führungsverhalten zu normieren, möchte die Sommerfeld Bürosysteme GmbH Führungstechniken einführen. Begründen Sie, welche Führungstechnik am ehesten dem Verhalten von Herrn Weselberg entsprechen wird.

LERNFELD 13

Betriebliche Problemlösungsprozesse innovativ durchführen

1 Ein Start-up gründen

1.1 Die Konzepte von Start-ups und Impact Investments verstehen

Emilia Schaub und Leon Heller, die Auszubildenden der Sommerfeld Bürosysteme GmbH, sitzen nach Feierabend zusammen und unterhalten sich. Dabei geht es auch um ihre beruflichen Pläne nach dem Abschluss ihrer Ausbildung zur Industriekauffrau bzw. zum Industriekaufmann.

Leon Heller: „Emilia, weißt du schon, was du machen möchtest, wenn wir unsere Ausbildung erfolgreich abgeschlossen haben? Hast du schon konkrete Pläne?"

Emilia Schaub: „Nein, so ganz konkrete Pläne habe ich noch nicht. Ich habe mir noch nicht so viele Gedanken dazu gemacht, wenn ich ehrlich bin. Aber ich könnte mir vorstellen, hier bei der Sommerfeld Bürosysteme GmbH Karriere zu machen und hoffe daher übernommen zu werden. Und du?"

Leon Heller: „Ich mache mir viele Gedanken über mich und meine berufliche Zukunft, aber auch über unsere Welt und unser globales Miteinander. Du kennst mich ja schon ein bisschen besser mittlerweile und hast vielleicht gemerkt, dass ich ziemlich ehrgeizig bin. Manchmal vielleicht sogar ein bisschen zu ehrgeizig. Ich möchte etwas erreichen in meinem Leben. Aber nicht irgendetwas, es muss eine Bedeutung haben. Ich möchte etwas machen, das sich positiv auf unser Leben und auch auf unsere Erde auswirkt. Also, so etwa nach dem Motto ‚Gutes tun und gut wirtschaften.' Weißt du, was ich meine?"

Emilia Schaub: „Ja, ich denke, ich verstehe so etwa, was du meinst. Aber: Wow. Das sind ja große Pläne. Und sicher auch nicht so leicht in der Umsetzung."

Leon Heller: „Da hast du recht. Das ist alles ziemlich komplex. Und es wird sicher nicht so einfach. Aber als Gründer eines Start-ups kann man gute Unterstützung bekommen, wenn man überzeugend ist und etwas Überzeugendes zu verkaufen hat. Dann kann man vielleicht einen Business Angel für sich gewinnen und den Start als Unternehmen schaffen."

Emilia Schaub: „Okay, ich verstehe. Das könnte also eine Win-Win-Situation werden, wenn alles gut läuft."

Leon Heller: „Ja, genau. Das denke ich auch. Und es gibt auch Business Angels, die sich auf Impact Investment spezialisiert haben."

ARBEITSAUFTRÄGE

- **Diskutieren Sie in Kleingruppen über Ihre beruflichen Pläne nach der Ausbildung.**
- **Diskutieren Sie, inwieweit der Gedanke, Gutes zu tun und gleichzeitig wirtschaftlich erfolgreich zu sein, umsetzbar ist.**
- **Recherchieren Sie zu Unternehmensgründungen (Start-ups) im In- und Ausland in den vergangenen Jahre und stellen Sie ein aus Ihrer Sicht besonders interessantes Start-up in der Klasse vor.**

Start-up

Ein Start-up-Unternehmen, oder kurz Start-up, ist eine Unternehmensgründung mit einer meist innovativen Geschäftsidee, der hohes Wachstumspotenzial zugeschrieben wird. Start-ups sind oft in jungen oder noch zu erschließenden Märkten aktiv und müssen ein funktionierendes Geschäftsmodell erst noch entwickeln. Dabei zeichnet sie häufig eine große Innovationsfähigkeit und Flexibilität aus, aber auch moderne organisatorische Strukturen sowie flache Hierarchien. Hat sich ein Start-up am Markt etabliert, gilt es nicht mehr als Start-up.

Für die Finanzierung von Start-ups werden meist keine klassischen Finanzierungsquellen herangezogen, da mit diesen Unternehmungen oft hohe Risiken verbunden sind. Geldgeber sind daher häufig:

- **Business Angels:** Privatinvestoren, die gezielt in aus ihrer Sicht vielversprechende Unternehmensgründungen investieren und dabei nicht nur Geld, sondern auch Erfahrungen, Kontakte und Expertise beisteuern.
- **Venture Capital**-Firmen (Wagniskapital- bzw. Risikokapital-Firmen): Beteiligungsgesellschaften, die sich auf außerbörsliche Investments in als besonders riskant geltende Unternehmungen spezialisiert haben. Diese Investments erfolgen gezielt in Unternehmensideen, die noch in ihren Anfängen sind, aber ein hohes Wachstumspotenzial versprechen.

Diese Geldgeber erhalten in der Regel im Gegenzug für ihr risikoreiches Investment Anteile am Start-up-Unternehmen. Das Risiko für die Geldgeber besteht darin, dass es im schlechtesten Szenario des Scheiterns des Start-ups zum Totalverlust des eingesetzten Kapitals kommt.

Im besten Fall ist das Start-up jedoch sehr erfolgreich und das Investment zahlt sich aus. Besonderes Renommee erhalten in diesem Zusammenhang Unternehmen, die vor dem Exit, also dem Ausstieg des Investors bzw. dem Verkauf der Beteiligung, oder vor dem Börsengang mindestens 1 Milliarde US-Dollar wert sind. Diese Unternehmen werden als **Unicorns** bezeichnet und waren in den vergangenen Jahren oft in der Technologie-Branche angesiedelt.

Erfolgreiche Start-ups zeichnet meist ihre große Innovationsfähigkeit aus. Sie ziehen daher Kreative (aus ganz unterschiedlichen Feldern oder Branchen) an oder werden von diesen gegründet. Innovationen gedeihen oft besser in kleinen, agilen Unternehmen mit schnellen, kurzen (Kommunikations-)Wegen und Entscheidungsfindungen. Große Firmen haben in der Regel zwar auch Forschungsabteilungen und treiben ihre Produktentwicklung erfolgreich voran, sind aber manchmal eher bürokratisch und statisch, wodurch möglicherweise Kreativität und somit Innovationen abgebremst werden. Ihre Infrastruktur und Ressourcen können diese Prozesse aber auch vereinfachen oder beschleunigen.

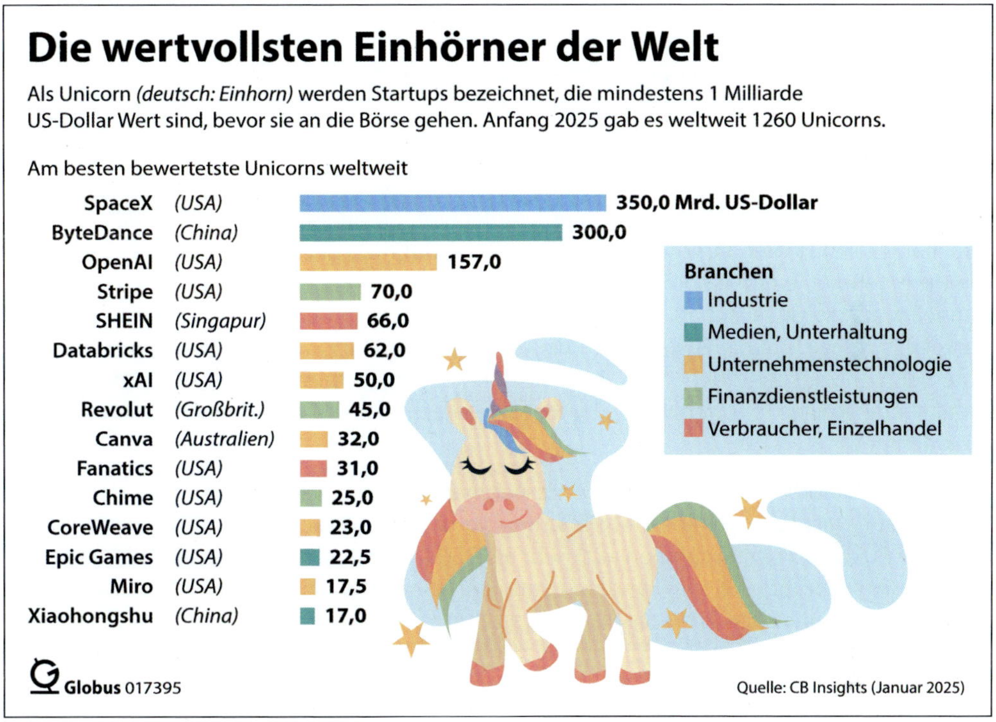

Impact Investment/Impact Investing

Eine besondere Form des Investierens in Unternehmen, Organisationen oder auch Fonds ist das Impact Investment, oder aktiv formuliert, das Impact Investing. Hierbei stehen nicht nur die finanzielle Renditen im Fokus, sondern zusätzlich messbare positive soziale oder ökologische Effekte. Eine positive gesellschaftliche und/oder ökologische Wirkung ist ein zentraler Teil dieser Investmentstrategie und wird in der Regel konkret definiert und gemessen. Es handelt sich nicht um eine Spende zu einem spezifischen Zweck, sondern um eine gezielte Investition, von der sich der Geldgeber eine Rendite verspricht.

Nachhaltigkeit auf unterschiedlichen Ebenen spielt für viele Unternehmen schon länger eine wichtige Rolle und auch in der Politik wurden in den letzten Jahren zunehmend diesbezügliche Vorgaben für Firmen erlassen. Im Zusammenhang mit Impact Investment bilden **ESG-Kriterien** einen weitverbreiteten Ansatz, um nachhaltige Investments zu bewerten. ESG steht dabei für drei Säulen der Nachhaltigkeit:

- Environment (Umwelt)
- Social (Soziales)
- Governance (Unternehmensführung)

Für die drei Bereiche werden messbare Kriterien entwickelt, anhand derer die Nachhaltigkeit eines Unternehmens bewertet werden kann. Überprüft wird dies durch spezielle Research- und Rating-Agenturen, die einen **ESG-Score** für das Unternehmen ermitteln. Dieser kann nicht zuletzt für den Vergleich mit anderen Unternehmen herangezogen werden. Investoren erhalten somit tiefere Einblicke, wie ihr Geld im Sinne der drei Säulen der Nachhaltigkeit verwendet wird.

Durch EU-Gesetze wird die Berichterstattungspflicht schrittweise ausgeweitet. Zum 1. Januar 2024 hat die **Corporate Sustainability Reporting Directive**, kurz **CSRD**, die Non-Financial Reporting Directive (NFRD) ersetzt und erweitert. Dadurch wurden in der gesamten EU verbindliche Berichtsstandards eingeführt. Diese werden mithilfe der European Sustainability Reporting Standards (ESRS) umgesetzt.

Durch die CSRD sind mehr Unternehmen verpflichtet, ab dem Geschäftsjahr 2025 über die Nachhaltigkeitsfaktoren ihrer Geschäftstätigkeit im Rahmen der ESG-Kriterien zu berichten. Die Unternehmen werden somit rechenschaftspflichtig mit Blick auf die Auswirkungen ihres Handelns auf die Gesellschaft. Sie müssen sich also entsprechend anpassen und die Unternehmensstrategie auf die ESG-Standards hin abstimmen, um wettbewerbsfähig zu bleiben. Unternehmen müssen dabei zum Beispiel ihren Energieverbrauch, den CO_2-Ausstoß, die Arbeitsbedingungen, die Einhaltung der Menschenrechte oder die Unternehmensethik in den Blick nehmen.

Von der NFRD waren bisher nur große Unternehmen mit mehr als 500 Mitarbeitenden betroffen und zur Nachhaltigkeitsberichterstattung verpflichtet. Durch die CSRD sind seit dem 1. Januar 2025 auch Unternehmen mit mehr als 250 Mitarbeitenden, einer Bilanzsumme von 25 Millionen Euro oder einem Jahresumsatz von mindestens 50 Millionen Euro dazu verpflichtet. Ab Januar 2026 greift die Berichterstattungspflicht ebenfalls für kleine und mittlere Unternehmen (KMU), auch wenn diese einen Aufschub bis 2028 in Anspruch nehmen können.

SDGs – Sustainable Development Goals

Nachhaltigkeit als globales Ziel bzw. eine nachhaltige Entwicklung zum Wohle aller Menschen ist das Ziel der Vereinten Nationen (UN), das 2015 im Rahmen der **Agenda 2030** beschlossen wurde. Im Zentrum der Agenda 2030 stehen 17 Ziele für eine nachhaltige Entwicklung, die **Sustainable Development Goals (SDGs)**. Diese enthalten 169 Unterziele zur weiteren Konkretisierung. Übergeordnet ist der Gedanke des globalen Menschenrechts- und Gerechtigkeitsanspruchs in Gegenwart und Zukunft, unabhängig von Herkunft, Ethnie, Geschlecht usw. Zu den SDGs und deren Leitidee bekennen sich unter anderem die Bundesregierung, viele Bundesländer, Kommunen und auch Unternehmen.

Die Festschreibung des Ziels einer nachhaltigen Entwicklung mit guten und gerechten Lebensbedingungen für alle Menschen ist zwar positiv, aber für sich allein nicht ausreichend. Die SDGs konkretisieren daher Pfade und Handlungsfelder. Diese sind wiederum angewiesen auf Innovationen und Forschung, aber auch auf einen bewussteren Konsum oder nachhaltigere Produktionsmuster sowie eine Reduzierung energie- und ressourcenintensiver Lebensstile. Hier sind auch Unternehmen sowie deren Kundschaft gefragt. Die UN hat unter anderem einen Leitfaden für Unternehmensaktivitäten zu den SDGs herausgegeben und auch die Industrie- und Handelskammern bieten Anregungen und Unterstützung für die Umsetzung der SDGs in Unternehmen an. Für Unternehmen geht es dabei nicht um **Green-**

washing oder **Rainbow Washing**, also um Marketingstrategien, die oberflächlich umweltfreundlich bzw. die LGBTQIA+-Community unterstützend wirken, denen aber die inhaltliche Substanz und Überzeugung fehlt.

Produziert und übersetzt vom UNO-Informationsdienst (UNIS) Wien.

Für Unternehmen, die sich einer nachhaltigen Entwicklung widmen wollen, empfiehlt es sich, nicht alle 17 SDGs auf einmal anzugehen, sondern sich einzelne (Unter-)Ziele herauszugreifen. Manche Ziele liegen auch gar nicht bzw. kaum im Einflussbereich eines einzelnen Unternehmens, wie z. B. Ziel 2 „Bekämpfung des (globalen) Hungers“. Andere Ziele, wie Ziel 5 „Geschlechtergleichheit“ oder Ziel 13 „Maßnahmen zum Klimaschutz“, können jedoch für viele Unternehmen zu konkreten Handlungen führen. Dabei sollte sich ein Unternehmen folgende Fragen stellen:

- Inwieweit gibt es einen direkten Zusammenhang zwischen einem SDG und dem Geschäftsmodell des Unternehmens?
- Inwieweit ist das gewählte SDG adressierbar in der Region des Unternehmens bzw. dessen Liefer-/Wertschöpfungsketten?
- Inwieweit ist das gewählte SDG im Einflussbereich des Unternehmens?
- Inwieweit besteht ein Zusammenhang zwischen einem (ausgewählten) SDG und dem Selbstverständnis des Unternehmens?

ZUSAMMENFASSUNG

Konzepte von Start-ups und Impact Investments

- Ein **Start-up** ist ein noch (sehr) junges Unternehmen mit einer Geschäftsidee, die mit einem hohem Wachstumspotenzial assoziiert ist. Das Start-up muss sich aber erst (dauerhaft) am Markt beweisen. Gelingt dies, verliert das Unternehmen die Bezeichnung.
- Start-ups brauchen vor allem in der Gründungsphase viel Kapital. Dieses wird oft durch **Business Angels** (Privatinvestoren, die gezielt in aus ihrer Sicht vielversprechende Unternehmensgründungen investieren, dabei nicht nur Geld, sondern auch Erfahrungen, Kontakte und Expertise beisteuern) oder **Venture Capital**-Firmen (oder auch Wagniskapital- bzw. Risikokapital-Firmen, also Beteiligungsgesellschaften, die sich auf außerbörsliche Investments in als riskant geltende Unternehmungen spezialisiert haben) bereitgestellt.
- Eine besondere Form des Investierens in Unternehmen, Organisationen oder auch Fonds ist das **Impact Investment**, bei dem nicht nur die finanzielle Rendite, sondern auch messbare positive soziale oder ökologische Effekte bedacht werden.
- Eine Orientierung in Bezug auf eine globale nachhaltige Entwicklung bietet die **Agenda 2030** der UN mit ihren 17 **Sustainable Development Goals (SDGs)**, die in 169 Unterzielen konkretisiert werden.
- Um nachhaltige Investments zu bewerten, werden auch **ESG**-Kriterien bzw. ESG-Scores eingesetzt. ESG steht für die drei Säulen der Nachhaltigkeit: Environment (Umwelt), Social (Soziales), Governance (Unternehmensführung).
- Zum 1. Januar 2024 wurden durch die **Corporate Sustainability Reporting Directive (CSRD)** der EU verbindliche Berichtsstandards in Bezug auf Nachhaltigkeit eingeführt. Diese Berichterstattung wird für zunehmend mehr Unternehmen verpflichtend, wodurch diese ihre Strategien entsprechend anpassen müssen.
- Durch die CSRD soll **Greenwashing** reduziert werden. Marketingstrategien, die lediglich oberflächlich umweltfreundlich wirken, werden so erschwert.

AUFGABEN

1 Überlegen Sie, welche Aspekte für Business Angels oder Venture-Capital-Firmen erfüllt sein müssen, um in ein Start-up bzw. eine Unternehmensidee zu investieren.

2 Recherchieren Sie nach (bekannten) Business Angels und Venture-Capital-Firmen und deren Motivation, in bestimmte Start-ups zu investieren. Welche Argumente für das Investieren werden genannt? Was versprechen sie sich von der jeweiligen Investition? Wie gehen sie mit dem Risiko des Scheiterns um?

3 Recherchieren Sie nach Unicorns in Deutschland. Wählen Sie eines davon aus und betrachten Sie es genauer. Was ist die Unternehmensgeschichte? Wie ist es entstanden und welche Geschäftsidee wurde verfolgt? Warum wurde das Start-up so erfolgreich? Welche Prognosen lassen sich hinsichtlich der Zukunft des Unternehmens treffen? Präsentieren Sie der Klasse Ihre Ergebnisse.

4 Überlegen Sie Beispiele für ein Impact Investment. In welche Branchen bzw. Unternehmen könnten Sie investieren? Welche Kriterien müsste dieses Unternehmen erfüllen? Welche Erwartungen würden Sie mit Ihrer Investition verknüpfen?

5 Recherchieren Sie, wie professionelles Impact Investment realisiert wird, z. B. in ESG-Fonds. Nach welchen Kriterien werden Investitionen getätigt? Erstellen Sie eine Übersicht und führen Sie dort auch Beispiele für Investments oder Firmen auf.

6 Erläutern Sie die Hintergründe der Nachhaltigkeitsberichterstattung. Welche Absicht verfolgt die Politik in diesem Zusammenhang? Welche Vor- und Nachteile ergeben sich daraus für Unternehmen und deren Kundschaft? Welche Vor- und Nachteile ergeben sich daraus für die Gesellschaft und deren Zukunft?
Stellen Sie Ihre Ergebnisse in einer strukturierten Übersicht dar und präsentieren Sie diese der Klasse.

7 Recherchieren Sie, inwieweit Ihr Ausbildungsbetrieb von der CSRD betroffen ist bzw. zukünftig betroffen sein wird. Überlegen Sie anschließend, welche möglichen Maßnahmen diesbezüglich in Ihrem Ausbildungsbetrieb eingeleitet werden bzw. eingeleitet werden sollten.

8 Betrachten Sie die 17 Sustainable Development Goals der UN sowie deren 169 Unterziele genauer. Verteilen Sie diese dafür in Ihrer Klasse in Kleingruppen. Jede Kleingruppe befasst sich mit einem SDG und dessen Unterzielen genauer und stellt es der Klasse in einer kurzen Präsentation vor. Diese Präsentation sollte konkrete Handlungsbeispiele (für Unternehmen und Privatleute) im Sinne des Ziels beinhalten.

9 Überlegen Sie, wie ein Unternehmen (z. B. Ihr Ausbildungsbetrieb) eines der SDGs umsetzen könnte. Formulieren Sie konkrete Handlungsanweisungen für das Unternehmen.

10 Recherchieren Sie, wie Unternehmen handeln, die sich den SDGs verpflichtet haben. Welche Maßnahmen ergreifen diese Unternehmen? Welche Auswirkungen haben diese auf das Geschäftsmodell und das betriebliche Handeln? Inwieweit hat dieses Handeln Auswirkungen auf die Kundschaft des Unternehmens und die Gesellschaft?

11 Entwickeln Sie einen Leitfaden, wie Unternehmen die SDGs umsetzen können. Sie können sich dabei inspirieren lassen von Handlungshilfen, die z. B. die IHKs verfasst haben.

1.2 Eine Geschäftsidee entwickeln

Emilia ist begeistert von Leons Plänen, ein Start-up zu gründen: „Das klingt toll, Leon. Darf ich mich dir anschließen? Zusammen können wir sicher noch mehr erreichen.“ „Aber klar. Das finde ich super“, erwidert Leon und freut sich über die Mitstreiterin. „Hast du denn schon eine Geschäftsidee?“, erkundigt sich Emilia. „Nein, leider noch nicht. Darüber denke ich schon lange intensiv nach. Aber mir ist noch nicht die zündende Idee gekommen“, antwortet Leon. Emilia hat einen Vorschlag: „Wir könnten ja mal schauen, in welchen Bereichen Innovationen und Gründungen im Moment besonders gefragt sind. Deep Tech oder künstliche Intelligenz sind da sicher gute Stichworte, könnte ich mir vorstellen.“ „Das ist eine gute Idee. Außerdem könnten wir schauen, in welchen Branchen in letzter Zeit Unicorns entstanden sind, also Unternehmen, die vor dem Exit oder dem Börsengang 1 Milliarde US-Dollar wert waren. Diese Unternehmen hatten dann ja Ideen, die besonders gut funktioniert haben. Vielleicht können wir uns von denen inspirieren lassen“, schlägt Leon vor. „Sehr gut. So kriegen wir eine Übersicht über die Zukunftsmärkte“, stimmt Emilia zu. „Aber lediglich die Ideen anderer aufzugreifen und zu vertiefen, ist auch nicht richtig. Wir brauchen noch einen anderen Ansatz für unsere Geschäftsidee.“ Leon stimmt ihr zu: „Du hast recht. Erfolgreiche Ideen anderer sind eben nicht unsere Ideen. Vielleicht müssten wir einmal anders denken. Vom Problem her. Wir finden sicher alltägliche Schwierigkeiten, die uns stören und die man anders lösen könnte.“ „Genau. Und dann dürfen wir uns nicht in einer Lösung oder einer Idee verlieren, sondern müssen das Problem, das wir identifiziert haben, in den Fokus nehmen – und zwar aus der Perspektive unserer zukünftigen Kundschaft, die eine optimale Lösung haben möchte“, ergänzt Emilia. Leon ist Feuer und Flamme: „Ja, richtig. Diesen Prozess müssen wir jetzt strukturiert angehen. Ich schlage dafür die Design Thinking-Methode vor.“

ARBEITSAUFTRÄGE

- Diskutieren Sie Unternehmensbereiche oder Branchen, die Sie für besonders kreativ bzw. innovativ halten.
- Sammeln Sie in der Klasse Methoden, die Sie bereits für Kreativitätsprozesse genutzt haben, und die Erfahrungen, die Sie mit diesen Methoden gemacht haben.
- Überlegen Sie, wie Sie vorgehen würden, um kreativ auf eine innovative Geschäftsidee zu stoßen.

Design Thinking-Prozess

Für die Gründung eines Unternehmens ist eine gute Geschäftsidee notwendig. Innovation und Kreativität sind gefordert, denn Start-ups können meist nur dadurch auf dem Markt Relevanz erreichen. Bewährte Ideen werden schon durch etablierte Unternehmen vermarktet. Und im Wettbewerb mit diesen fehlen jungen Unternehmen in der Regel die finanziellen Ressourcen. Daher muss gelten: Innovation schlägt Geldmittel.

Für die Gestaltung von Kreativitätsprozessen gibt es eine Vielzahl von Methoden und Techniken, vom Brainstorming, über Mindmapping oder Brainwriting bis hin zur Storyboard-Methode oder dem 6-Hüte-System. Die Anzahl an **Kreativitätstechniken** ist hoch und für jeden Typ gibt es die passende Technik. In den letzten Jahren hat sich in Unternehmen, vom kleinen Start-up bis hin zu großen etablierten Unternehmen, der Ansatz des Design Thinking-Prozesses als Kreativitätstechnik bewährt. Der Grundgedanke hierbei ist es, Problemlösungen auf kreativem Weg zu entwickeln und neue Ideen hervorzubringen – möglicherweise auch eine Geschäftsidee, die auf reelle Nachfrage stößt.

Die Design Thinking-Methode stammt aus den USA und geht bis in die 1950er und 1960er zurück. Über die Jahrzehnte wurde sie in vielen Schritten (weiter)entwickelt und auch in mehrere Richtungen, sodass es nicht die eine standardisierte Variante gibt. Dennoch gibt es Grundgedanken, die geteilt werden. So wird der Begriff „Design" nicht nur auf das Aussehen eines Objektes begrenzt, sondern weitergedacht, indem Aspekte wie Funktion und Wirkung miteinbezogen werden. Dementsprechend soll Kreativität designt werden durch eine systematische Herangehensweise. Der Begriff „Thinking" betont wiederum das Systematische und Faktenbezogene, wie die Prüfung der Umsetzbarkeit und Wirtschaftlichkeit von Ideen und Innovationen. In der heutigen Arbeitswelt wird Design Thinking daher von Start-ups wie auch von etablierten Unternehmen als agile Arbeitsmethode im Kreativitätsprozess genutzt, um innovative Produkte und Dienstleistungen zu entwickeln, die auf Resonanz bei der Kundschaft treffen, da deren Bedürfnisse und Wünsche bei dieser Herangehensweise besonders in den Fokus gerückt werden.

Grundlagen des Design Thinking-Prozesses

- **Variable Umgebung:** Eine Arbeitsumgebung, in der man sich wohlfühlt und kreativ sein kann und möchte. Der Raum sollte variabel sein, sodass man ihn dem Arbeitsprozess anpassen kann und nicht umgekehrt. Denn das würde wiederum die Kreativität einengen. Also: Es braucht Platz, variable Möbel, (zunächst) leere Wände und viel kreatives Arbeitsmaterial wie Whiteboards, verschiedene Stifte, (elektrostatisch selbstklebende) Notizzettel, Poster, Projektionsflächen usw. Aber Achtung: Der Raum soll nicht im kreativen Chaos enden, aus dem man sich nicht mehr herausdenken kann, sondern der Kreativität und Interaktion Struktur bieten.
- **Interdisziplinäres Team:** Das Kreativteam für den Prozess sollte möglichst viele Blickrichtungen auf das Problem mitbringen. Dafür bieten sich Gruppenmitglieder mit unterschiedlichen Expertisen und gegebenenfalls auch unterschiedlichen Professionen an. Je mehr Perspektiven das Team hat, aus denen das Problem beleuchtet werden kann, desto vielseitiger kann das Problem erfasst und anschließend bearbeitet werden, quasi aus einer 360-Grad-Perspektive.

Die einzelnen (iterativen) Schritte des Design Thinking-Prozesses

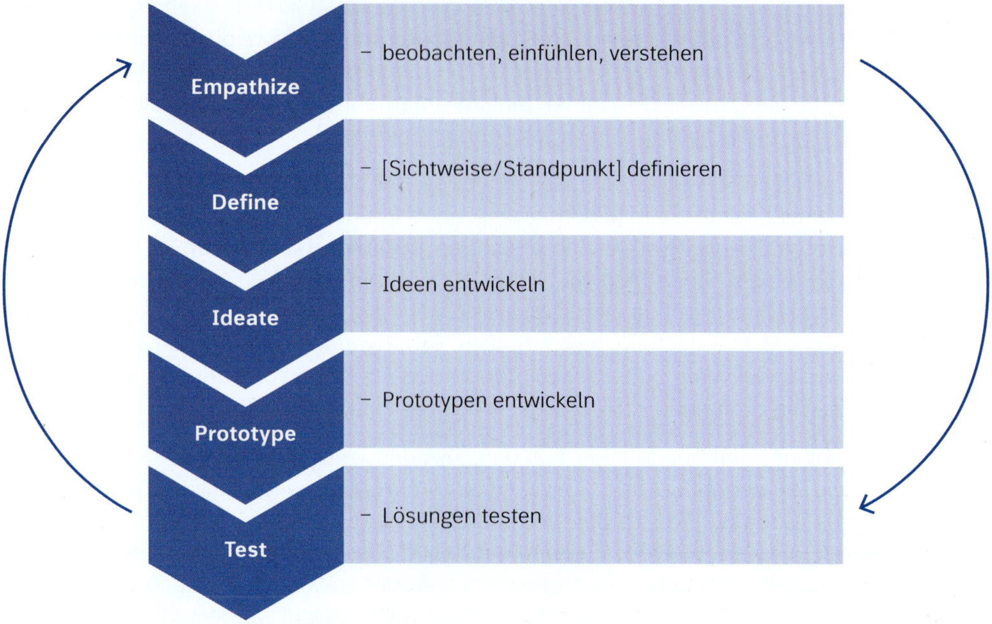

Der Prozess ist das zentrale Element der Methode, denn er gibt dem Design Thinking eine klare Struktur. Diese soll Kreativität ermöglichen und gleichzeitig dafür sorgen, dass der Fokus auf die Problemlösung nicht verloren geht. Der **Prozess wird dabei iterativ durchlaufen**, also bestimmte Aspekte und Zyklen werden mit ähnlichen oder gleichen Handlungen wiederholt, um der Lösung Schritt für Schritt näherzukommen.

1. **Empathize** (= beobachten, einfühlen, verstehen)

   Im ersten Schritt steht die Zielgruppe im Fokus. Wen betrifft das Problem, das wir lösen wollen, überhaupt? Worin liegt das Problem für die Zielgruppe? Was sorgt für Schwierigkeiten/ Zeitverlust/etc.? Welche Bedürfnisse hat die Zielgruppe?

   Fragen wie diese werden gestellt und Antworten formuliert, Hypothesen aufgestellt und überprüft – soweit möglich auch durch das Befragen sowie Beobachten der Zielgruppe. Das Ziel: Klärung, was die Zielgruppe wirklich will und braucht. Dafür benötigt man Empathie, man muss sich in das Gegenüber (die Zielgruppe) hineinversetzen. Nur dadurch können passende Lösungen für das Problem entwickelt werden.

2. **Define** (= [Sichtweise/Standpunkt] definieren)

   Im zweiten Schritt steht das zu lösende Problem im Fokus. Dieses muss klar definiert werden. Grundlage für diese Phase sind die Ergebnisse aus Schritt 1. Diese werden systematisiert, um der Vorstellung einer Lösung und auch der einer idealen Zielgruppe näherzukommen. Folgende Aspekte sollten dafür beachtet und definiert werden:

   - Objekt, das durch die Innovation verbessert werden soll, bzw. Problem, das gelöst werden soll

- Zielgruppe (ggf. Entwickeln einer Persona [= einer idealisierten Zielgruppe])
- Stakeholder
- mögliche Wettbewerber
- Anforderungen, Erwartungen, Wünsche der Zielgruppe

3. **Ideate** (= Ideen entwickeln)

In Schritt 3 sind der Kreativität keine Grenzen gesetzt. Auf Grundlage der Definition aus Schritt 2 geht es nun an die Entwicklung von Ideen. Dabei gibt es keine Grenzen der Fantasie, kein Richtig und kein Falsch, sondern nur Kreativität. Diese kann zum Beispiel befeuert werden durch folgende Methoden (welche die passende ist, muss das jeweilige Team für sich herausfinden):

- Die Wunderfrage: „Stellt dir vor, du wachst morgen auf und das Problem ist gelöst. Was hat sich verändert?" Durch diese Frage wird weniger auf das Problem fokussiert, sondern in die Lösung hineingedacht. Denkblockaden können so überwunden werden und dann von der Lösungsebene her (Rück)Schlüsse gezogen werden.
- Brainwriting: Diese Methode ist dem Brainstorming sehr ähnlich. Aber es wird nicht gesprochen, sondern geschrieben. Dadurch werden mögliche Probleme des Brainstormings, wie Unterbrechungen, problematische Gewichtungen durch Dominanz, Zeitpunkt einer Äußerung oder verbales Durcheinander, umgangen. Jede Person schreibt zunächst die eigenen Gedanken und Ideen auf ein persönliches Papier und kann sich so der Problemstellung intensiv widmen. Die verschriftlichten Vorschläge werden dann in regelmäßigen Abständen an eine Pinnwand geheftet oder von einer Person eingesammelt, die diese dann zunächst clustert und für alle sichtbar anheftet.
- 6-3-5: Diese Methode ist eine Variante des Brainwritings. (Bis zu) 6 Personen erhalten jeweils ein Blatt, auf dem sie 3 Ideen notieren. Nach 5 Minuten geben sie das Blatt an eine andere Person weiter. Diese lässt sich inspirieren und schreibt weitere 3 Ideen auf das Blatt. Nach wiederum 5 Minuten werden die Blätter erneut weitergegeben und der Prozess wiederholt sich. Nach 30 Minuten kommen so bis zu 108 Ideen zusammen. Diese gilt es anschließend (im Team) auszuwerten.
- Storyboarding: Ein Storyboard findet man eigentlich in der Filmproduktion. Dort wird das Drehbuch durch das Zeichnen eines Storyboards in einzelne Bilder heruntergebrochen, also Filmmotiv für Filmmotiv. Diese Technik lässt sich auch auf Unternehmen übertragen, die einen Kreativitätsprozess durchlaufen wollen. Dafür zeichnen sie im Team oder als Einzelperson ein Storyboard, in dem eine Geschichte oder Erzählung visualisiert wird. Diese Erzählung soll das zu lösende Problem (aus Perspektive der Kundschaft) beinhalten und (im Optimalfall) durch das Lösen des Problems ein Happy End aufweisen. Durch das intensive Auseinandersetzen mit der Problemstellung kann so erfolgreich in die Lösungsebene gesteuert werden. Falls die zeichnerischen Fähigkeiten nicht ausreichen sollten, gibt es auch hilfreiche Onlinetools.
- 6 Denkhüte: Diese Kreativitätstechnik geht auf Edward de Bono zurück. Sie sieht sechs verschiedene Rollen vor, die nach Farben benannt sind: Weiß, Rot, Schwarz, Grün, Blau und Gelb. Jede Rolle entspricht einem bestimmten Blickwinkel. Die Teilnehmenden nehmen jeweils eine der Rollen ein und schauen so aus einem spezifischen Blickwinkel auf das Problem – sie setzen sich also (bildlich gesprochen) einen bestimmten Hut auf.

Somit verlassen sie ihre begrenzte persönliche Perspektive und erweitern ihren Horizont. Jede Farbe steht für eine bestimmte Perspektive:
- Weiß = objektiv, analytisch, neutral
- Rot = emotional, subjektiv
- Schwarz = pessimistisch, risikobewusst
- Grün = kreativ, wertfrei
- Blau = strukturiert, ordentlich
- Gelb = optimistisch, chancenorientiert

Die Teilnehmenden setzen sich je einen Hut auf, nehmen einen Blickwinkel auf das Problem ein und halten ihre Gedanken aus dieser Perspektive fest. Nach vorher festgelegter Zeit und Reihenfolge wechseln sie den Hut und somit den Blickwinkel und entwickeln aus diesem wiederum Ideen. Nach mehrfachem Wiederholen dieses Schrittes werden die entstandenen Ideen und Gedanken gesammelt, ausgewertet und priorisiert. Folgende Fragen könnten dabei leiten: Wie machbar ist die jeweilige Idee? Wie wirtschaftlich ist sie? Wie erwünscht ist sie von Seiten der Zielgruppe? Wie zukunftsfähig ist sie?

Die besten Ideen kommen in die nächste Phase. Wichtig: Nicht zu viele auswählen. Zwei oder drei Ideen sind ausreichend, sonst verzettelt man sich schnell.

4. **Prototype** (= Prototypen entwickeln)

In Schritt 4 werden Prototypen zu den jeweils ausgewählten Ideen entwickelt. Wichtig dabei: Prototypen sind erste zweckmäßige und funktionsfähige Versionen, die nicht perfekt sein sollen. Die Produktversionen sollen nur eine erste funktionsfähige Variante darstellen, die lediglich über die nötigsten Ausstattungsmerkmale verfügt. Das Ziel ist nicht die Marktreife, sondern Feedback aus der Zielgruppe durch deren Auseinandersetzung mit dem Prototyp. Dieser ist somit ein Wegwerfprodukt und in seine Ausarbeitung sollten daher nur entsprechend Zeit, Energie und Ressourcen fließen. Je nach gewähltem Produkt kann der Prototyp aus ganz unterschiedlichen Materialien erstellt werden. Der Kreativität sind hier keine/kaum Grenzen gesetzt.

5. **Test** (= Lösungen testen)

Mit dem in Schritt 4 erstellten Prototyp geht es nun in die fünfte Phase des Design Thinking-Prozesses: Das Testen der Lösungen an der Zielgruppe. Diese muss nicht begeistert sein, aber ihr Feedback ist wichtig und wertvoll. Die Anzahl der Testkundschaft muss dafür nicht riesig sein. Oft reichen schon fünf bis zehn Testende aus, um Feedback zu erhalten, mit dem weitergearbeitet werden kann. Dieses Feedback kann man sich auf unterschiedliche Weise einholen:
- durch Vorstellen des Prototyps und Einsammeln der Rückmeldungen
- durch Beobachten der Kundschaft und deren Interaktion mit dem Prototyp
- durch lautes Denken der Kundschaft bei der Interaktion mit dem Prototyp
- durch vergleichendes Testen, bei dem die Kundschaft zwei oder drei unterschiedliche Varianten des Prototyps erhält und das Feedback zu diesen verglichen wird

Im Anschluss an den letzten Schritt des Design Thinking-Prozesses wird dieser ausgewertet: Kann ein Prototyp ausgewählt werden, der (mit Optimierungen) die Wunschlösung ist? Oder muss der Prozess ab einem bestimmten Schritt noch einmal wiederholt werden? Dafür kann an jeden Punkt des Prozesses gesprungen und die Arbeit an dieser Stelle fortgesetzt werden. Am Ende kann ein Prototyp ausgewählt und der Prozess beendet werden.

ZUSAMMENFASSUNG

Eine Geschäftsidee entwickeln

- Für die Entwicklung einer innovativen Geschäftsidee sind oft Kreativitätsprozesse notwendig. Der **Design Thinking**-Prozess bietet hier gute Chancen. Der Grundgedanke ist es, strukturiert Problemlösungen auf kreativem Weg zu entwickeln und neue Ideen hervorzubringen.
- Die fünf aufeinander aufbauenden Schritte des Design Thinking-Prozesses sind **Emphatize** (= beobachten, einfühlen, verstehen), **Define** (= [Sichtweise/Standpunkt] definieren), **Ideate** (= Ideen entwickeln), **Prototype** (= Prototypen entwickeln) und **Test** (= Lösungen testen).
- Im Schritt „Ideate" können unterschiedliche **Kreativitätsmethoden** zum Einsatz kommen, z. B. die Wunderfrage, Brainwriting, 6-3-5, Storyboarding oder 6 Denkhüte.
- Der Design Thinking-Prozess wird **iterativ** durchlaufen. Die Aspekte und Zyklen werden mit ähnlichen oder gleichen Handlungen wiederholt, um der Lösung Schritt für Schritt näherzukommen.

AUFGABEN

1. Betrachten Sie den Design Thinking-Prozess. Welche Stärken und Schwächen bzw. Vorteile und Nachteile sehen Sie, wenn Sie diese Struktur für Kreativitätsprozesse (in Unternehmen) nutzen möchten? Erstellen Sie eine Übersicht.

2. Bilden Sie Gruppen in Ihrer Klasse und wählen Sie je Gruppe ein betriebliches Problem, das Sie lösen möchten. Durchlaufen Sie anschließend den Design Thinking-Prozess zur Lösung Ihres Problems.

3. Werten Sie anschließend den Prozess aus: Was hat gut funktioniert und sollte beibehalten werden? Wo würden Sie beim nächsten Mal etwas verändern?

4. Überlegen Sie, wie ein Unternehmen (z. B. Ihr Ausbildungsbetrieb) die Methode des Design Thinking-Prozesses umsetzen könnte. Formulieren Sie konkrete Handlungsanweisungen für das Unternehmen.

5. Recherchieren Sie nach weiteren Methoden, die für Kreativitätsprozesse in Unternehmen eingesetzt werden bzw. eingesetzt werden können. Stellen Sie Ihre Ergebnisse (inklusive Tipps für die praktische Umsetzung in Unternehmen) der Klasse vor.

1.3 Die passende Rechtsform für ein Start-up wählen

Emilia und Leon haben es geschafft: Ihre Geschäftsidee steht. Jetzt sind sie motiviert, die nächsten Schritte zu gehen. Und dazu gehört auch, die passende Rechtsform für ihr Unternehmen zu finden. Die beiden sind sich noch nicht sicher. „Wir sollten uns eine Übersicht darüber verschaffen, welche Rechtsformen es für Unternehmen gibt", schlägt Emilia vor. Leon nickt und ergänzt: „Und dann evaluieren wir, welche Rechtsform für unser Unternehmen die beste ist."

ARBEITSAUFTRÄGE

- **Sammeln Sie in der Klasse, welche Rechtsformen für Unternehmen Sie kennen und welche Merkmale charakteristisch für die jeweilige Unternehmensform sind.**
- **Diskutieren Sie, nach welchen Kriterien Sie die Rechtsform für ein Start-up auswählen würden.**

Rechtsformen für Unternehmen

Vor der Gründung eines Unternehmens gilt es eine wichtige Frage zu klären: Welche Rechtsform sollte das Unternehmen haben? Bei der Beantwortung dieser Frage spielen viele Faktoren eine Rolle. So entscheidet die Rechtsform darüber, **wer mit welchem Vermögen in welchem Umfang haftet**, welche **Steuern gezahlt werden müssen** und welche **rechtlichen Vorgaben gelten** oder auch **wie viele Personen involviert** sein können. Selbst die **Namensgebung** für das Unternehmen kann durch die Wahl der Rechtsform beeinflusst werden. So ist zum Beispiel das Namensrecht der Gesellschaft bürgerlichen Rechts (GbR) nicht gesetzlich geregelt, es gibt aber eine gängige Praxis. Diese besagt, dass die GbR den Vor- und Nachnamen aller Gesellschafter in der Geschäftsbezeichnung führen muss. In diesem Fall ist somit das Führen eines Phantasienamens für das Unternehmen schwierig. Bei Unternehmen, die in das Handelsregister eingetragen sind, wie bei einer GmbH, AG oder UG (haftungsbeschränkt), gibt es mehr Flexibilität bei der Namenswahl, da in diesen Fällen viele Informationen über das Unternehmen im Handelsregister hinterlegt sind. Dennoch muss der Unternehmensname immer die Rechtsform enthalten, um die Haftungsverhältnisse zu verdeutlichen.

Start-ups müssen also genau überlegen, welche der vom Gesetzgeber vorgegebenen Rechtsformen die beste für das Unternehmen ist. Diese vorhandenen Rechtsformen sind abschließend. Es kann keine neue Rechtsform erfunden werden für den Markteintritt.

Hinweis: In Lernfeld 1, Kapitel 6 (Band 1) werden die Unternehmensformen ausführlich behandelt. An dieser Stelle erfolgt nur eine auf die Gründungsphase fokussierte Betrachtung der gängigsten Rechtsformen.

Für jede Rechtsform gibt es je nach Betrachtung gute Gründe, inwieweit sie für das jeweilige Unternehmen geeignet ist. Statistisch gesehen entscheiden sich ca. 80 % aller Unternehmensgründer für die Form des Einzelunternehmens. Rund 12 % wählen die GmbH.

Einzelunternehmen

kein Mindestkapital, Gründerminimum ist eine Person, Haftung ist unbeschränkt mit Geschäfts- und Privatvermögen, keine Eintragung in das Handelsregister, keine Formvorschriften

+ minimaler Gründungsaufwand, kein Mindestkapital, Verluste können leicht mit den Gewinnen aus anderen Jahren oder Einkunftsarten verrechnet werden, einfache Buchhaltung

– volle Haftung mit Privatvermögen, Einschränkung beim Unternehmensnamen

Gesellschaft mit beschränkter Haftung (GmbH)

Mindestkapital von 25.000 € und Mindesteinzahlung bei Gründung von 12.500 €, Gründerminimum ist eine Person, Haftung nur mit Gesellschaftsvermögen (die Haftungsbeschränkung tritt erst nach der Eintragung ins Handelsregister ein), ggf. persönliche Haftung der Geschäftsführung, Eintragung in das Handelsregister, Formvorschriften sind ein schriftlicher Gesellschaftsvertrag sowie eine notarielle Beurkundung des Gesellschaftsvertrags

+ Haftungsbeschränkung auf das Stammkapital, Körperschaftsteuersatz auf 15 % festgelegt, im Vergleich mehr steuerliche Gestaltungsmöglichkeiten

– Stammkapital in Höhe von 25.000 €, hoher Gründungsaufwand und hoher formaler Aufwand, bei Krediten haften häufig die Gesellschafter mit privaten Sicherheiten, kein Gewerbesteuerfreibetrag

Eingetragener Kaufmann (e. K./e. Kfm.) bzw. eingetragene Kauffrau (e. K./e. Kfr.)

kein festes Mindestkapital und keine Mindesteinlage vorgeschrieben, Gründerminimum ist eine Person, Haftung ist unbeschränkt mit Geschäfts- und Privatvermögen, Eintragung in das Handelsregister, keine Formvorschriften

+ minimaler Gründungsaufwand, kein Mindestkapital, Verluste können leicht mit den Gewinnen aus anderen Jahren oder Einkunftsarten verrechnet werden, einfache Buchhaltung, Führen einer handelsrechtlichen Firma möglich

– volle Haftung mit Privatvermögen, Einschränkung beim Unternehmensnamen, Buchführung nach dem Handelsgesetzbuch mit Bilanzierung

Unternehmergesellschaft (UG) (haftungsbeschränkt)

Mindeststammkapital 1 € pro Gesellschafter, vollständige Einzahlung bei der Gründung notwendig, nur eine Bargründung möglich, Haftung nur mit Gesellschaftsvermögen (die Haftungsbeschränkung tritt erst nach der Eintragung ins Handelsregister ein), ggf. persönliche Haftung der Geschäftsführung, Gründerminimum ist eine Person, Eintragung in das Handelsregister, Formvorschriften durch schriftlichen Gesellschaftsvertrag sowie notarielle Beurkundung des Gesellschaftsvertrags

+ Gründung ab 1 € Stammkapital, Haftungsbeschränkung auf das Stammkapital, Körperschaftsteuersatz auf 15 % festgelegt

– im Vergleich geringeres Ansehen, hoher Gründungsaufwand und hoher formaler Aufwand, bei Krediten haften häufig die Gesellschafter mit privaten Sicherheiten

Gesellschaft bürgerlichen Rechts (GbR)

kein festes Mindestkapital und keine Mindesteinlage vorgeschrieben, Gründerminimum sind zwei Personen, Haftung der Gesellschaft und Gesellschafter (auch mit Privatvermögen) für Gesellschaftsschulden sowie gesamtschuldnerische Haftung, keine Eintragung in das Handelsregister, keine Formvorschriften

+ geringer Gründungsaufwand, kein Mindestkapital, Verluste können leicht geltend gemacht werden

– Gesellschafter haften für die Verbindlichkeiten der Gesellschaft gegenüber Gläubigern als Gesamtschuldner persönlich

Offene Handelsgesellschaft (OHG)

kein festes Mindestkapital und keine Mindesteinlage vorgeschrieben, Gründerminimum sind zwei Personen, Haftung der Gesellschaft und Gesellschafter (auch mit Privatvermögen) für Gesellschaftsschulden sowie gesamtschuldnerische Haftung, Eintragung in das Handelsregister, keine Formvorschriften

+ kein Mindestkapital, Anrechnung der Gewerbesteuer auf die Einkommensteuer, Gewerbesteuerfreibetrag

– Gesellschafter haften für die Verbindlichkeiten der Gesellschaft gegenüber Gläubigern als Gesamtschuldner persönlich, Buchführung nach dem Handelsgesetzbuch mit Bilanzierung

Kommanditgesellschaft (KG)

kein festes Mindestkapital und keine Mindesteinlage vorgeschrieben, aber Kommanditeinlagen für Kommanditisten (Höhe ist beliebig), Gründerminimum sind zwei Personen, Haftung der Komplementäre (persönlich haftende Gesellschafter) ist unbeschränkt, Haftung der Kommanditisten in Höhe der Einlage (die Haftungsbeschränkung tritt in der Regel erst nach der Eintragung in das Handelsregister ein), Eintragung in das Handelsregister, keine Formvorschriften

+ kein Mindestkapital, Komplementär führt Geschäfte allein, attraktiv um zusätzlich Geldgeber als Gesellschafter anzuwerben, da der Kommanditist nur in Höhe seiner Einlage haftet und nicht persönlich

– Komplementär haftet für die Verbindlichkeiten der Gesellschaft gegenüber Gläubigern persönlich als Gesamtschuldner, Buchführung nach dem Handelsgesetzbuch mit Bilanzierung

Aktiengesellschaft (AG)

Mindestgrundkapital von 50.000 €, Gründerminimum ist eine Person, Haftung nur mit Gesellschaftsvermögen (die Haftungsbeschränkung tritt erst nach der Eintragung ins Handelsregister ein), ggf. persönliche Haftung des Vorstands, Eintragung in das Handelsregister, Formvorschriften durch schriftlichen Gesellschaftsvertrag sowie notarielle Beurkundung des Gesellschaftsvertrags

+ Gesellschaftsanteile (Aktien) sind leicht zu übertragen, seriöse Wirkung, Möglichkeiten eines Börsengangs oder von Kapitalerhöhungen vergrößern Unabhängigkeit von Krediten bei Banken, Unternehmensbestand ist unabhängig vom Ausscheiden/Tod einzelner Personen oder Mitglieder

– hoher Planungs- und Beratungsaufwand bei der Gründung, drei Gremien (Vorstand, Aufsichtsrat, Hauptversammlung) erhöhen den organisatorischen Aufwand, rechtlich geringer Gestaltungsspielraum

ZUSAMMENFASSUNG

Die passende Rechtsform für ein Start-up wählen

- Bei der Gründung eines Unternehmens muss die **Rechtsform** festgelegt werden. Diese hat Einfluss auf **Haftung**sfragen, zu zahlende **Steuern**, Personenanzahl für die Gründung und ggf. sogar die Namensgebung.
- Welche der vom Gesetzgeber vorgegebenen Rechtsformen die beste für das Unternehmen ist, muss gut bedacht werden. Diese Rechtsformen sind **abschließend** und es kann keine neue Rechtsform erfunden werden.
- Das **Einzelunternehmen** ist nicht im Gesetz definiert, aber man verbindet damit ein Unternehmen, das durch eine Einzelperson gegründet wurde, z. B. als Kleingewerbe, und das dieser vollständig gehört, wobei die Person auch entsprechend für das Unternehmen haftet.
- Eine **Gesellschaft mit beschränkter Haftung** (GmbH) ist eine Kapitalgesellschaft, die eine eigene Rechtspersönlichkeit hat und deren Haftung auf das Gesellschaftsvermögen beschränkt ist.
- Ein **eingetragener Kaufmann** (e. K./e. Kfm.) bzw. eine **eingetragene Kauffrau** (e. K./e. Kfr.) ist ein/e Einzelunternehmer/in, der/die im Handelsregister eingetragen ist und für den/die dementsprechend das Handelsgesetzbuch gilt.
- Eine **Unternehmergesellschaft** (UG) (haftungsbeschränkt) ist eine Form der Kapitalgesellschaft, die eine Rechtsformvariante der GmbH darstellt, allerdings u. a. mit geringerem Stammkapital.
- Eine **Gesellschaft bürgerlichen Rechts** (GbR) ist ein Zusammenschluss von mindestens zwei Rechtssubjekten, die sich als Gesellschafter durch einen Vertrag gegenseitig verpflichten, das Erreichen eines gemeinsamen Zwecks wie im Vertrag festgelegt zu fördern.
- Eine **offene Handelsgesellschaft** (OHG) ist eine Personenhandelsgesellschaft, die rechtsfähig ist und bei der sich mindestens zwei Rechtssubjekte in einer gemeinsamen Firma zusammenschließen, um ein Handelsgewerbe zu betreiben.

- Eine **Kommanditgesellschaft** (KG) ist eine Personengesellschaft mit mindestens zwei natürlichen oder juristischen Personen, die in einer gemeinsamen Firma ein Handelsgewerbe betreiben. Für die Verbindlichkeiten der Gesellschaft haftet mindestens ein Gesellschafter (Komplementär) unbeschränkt und mindestens ein Gesellschafter (Kommanditist) beschränkt.
- Eine **Aktiengesellschaft** (AG) ist eine Rechtsform der Kapitalgesellschaft, bei der das Grundkapital aus Aktien besteht.
- Statistisch gesehen entscheiden sich ca. 80 % aller Unternehmensgründer für die Form des Einzelunternehmens und ca. 12 % für die GmbH.

AUFGABEN

1 Betrachten Sie die unterschiedlichen Rechtsformen für Unternehmen genauer: Welche Vorteile und Nachteile der jeweiligen Rechtsform sind aus Gründersicht besonders relevant? Welche Vorteile und Nachteile der jeweiligen Rechtsform sind aus Investorensicht besonders relevant?

2 Bewerten Sie: Welche Rechtsform bietet sich in welchem Umfeld an? Entwickeln Sie exemplarische Szenarien, um Ihre Einschätzung zu illustrieren.

3 Rund 80 % der Existenzgründer entscheiden sich für die Rechtsform des Einzelunternehmens. Was könnte für diese Gründungen ausschlaggebend sein? Recherchieren Sie nach Beispielen.

4 Analysieren Sie die Rechtsform Ihres Ausbildungsbetriebs: Welche Rechtsform wurde aus welchen Gründen gewählt? Hat sich diese ggf. im Laufe der Unternehmensgeschichte geändert? Inwieweit merken Sie die Auswirkungen der Rechtsform im unternehmerischen Alltag Ihres Unternehmens? Stellen Sie Ihre Ergebnisse der Klasse vor.

1.4 Die Projektplanung professionalisieren

Emilia Schaub und Leon Heller haben bereits viele Grundlagen für ihr Start-up erarbeitet. Bevor sie sich mit den weiteren Inhalten beschäftigen, wollen sie sich überlegen, wie sie ihre Arbeitsprozesse strukturiert und professionell gestalten können. Beide sind bereits mit der Projektarbeit und deren unterschiedlichen Tools wie einem Projektablaufplan, einem Projektstrukturplan oder den Projektmanagementphasen vertraut und können auf diese Kompetenzen zurückgreifen.

Hinweis: In Lernfeld 2 „Projekte planen und durchführen" (Band 1) finden Sie eine ausführliche Darstellung der Projektarbeit. An dieser Stelle erfolgt nur eine exemplarische und auf dieses Lernfeld fokussierte Behandlung der Projektarbeit.

Für das effektive Managen ihres Arbeitsprozesses zur Gründung ihres Start-ups nutzen Emilia und Leon die OKR (Objectives and Key Results)-Methode, die sich bereits in vielen Unternehmen und Projekten bewährt hat. Dies ermöglicht den beiden einerseits eine klare **Struktur für ihre Arbeitsprozesse**, andererseits **Flexibilität und Agilität** in den Prozessen.

ARBEITSAUFTRÄGE

- Sammeln Sie Projektmanagementmethoden, die Sie bereits angewendet haben, und stellen Sie Ihre Erfahrungen mit diesen zusammen. Welche Methode würden Sie für einen komplexen Arbeitsprozess empfehlen?
- Reaktivieren Sie Ihre Erfahrungen mit der Projektarbeit in Lernfeld 2 „Projekte planen und durchführen". Welche dieser Erkenntnisse sind Ihnen besonders in Erinnerung geblieben?
- Tauschen Sie sich aus über Projekte in Ihren Ausbildungsbetrieben, in die Sie involviert waren. Welche Methoden wurden für das Strukturieren der Arbeitsprozesse jeweils verwendet? Inwieweit würden Sie diese Methoden weiterempfehlen bzw. zukünftig anwenden?

Objectives and Key Results (OKR)

Die OKR-Methode wurde in den 1970ern von Andrew Grove entwickelt und basiert auf der Managementmethode „Management by Objectives". Zunächst kam OKR bei Intel zum Einsatz und John Doerr sorgte dann dafür, dass Google OKR ebenfalls anwendet. Bis heute wird Google nach dieser Methode geführt. OKR hat sich also seit Jahrzehnten bewährt und liefert einen Rahmen für ein agiles Organisationsmanagement. Dafür wird die **Unternehmensstrategie und -zielsetzung** betrachtet und von diesen werden **Teilziele für Teams und Mitarbeitende** abgeleitet. So bleiben die **mittel- und langfristigen Ziele** im Blick und gleichzeitig wird der Fokus **kurzfristig** auf die **Teilziele** gelegt, zum Beispiel auf das nächste Quartal. Dies gelingt dadurch, dass **qualitative Objectives**, also Ziele (Wo wollen wir hin? Was wollen wir erreichen? etc.), formuliert werden und **quantitative Key Results**, also Schlüsselergebnisse (Welche messbaren Fortschritte/Teilergebnisse brauchen wir zum Erreichen des Ziels?), definiert werden. OKR schafft so eine transparente Zielsetzung und macht (Teil-)Ergebnisse nachvollziehbar und messbar.

In der Umsetzung von OKR werden als erstes die Objectives als übergeordnete qualitative Ziele ausformuliert. So wird verdeutlicht, welches Ergebnis am Ende stehen soll. Bei der Formulierung ist darauf zu achten, dass die Objectives qualitativ, ambitioniert, inspirierend und auch einprägsam sind. Die Anzahl der Objectives sollte das Unternehmen oder die Abteilung bzw. das Team nicht überfordern. Zwei bis fünf Objectives sind meist eine gute Orientierung. **Jedes Objective wird dann durch etwa drei messbare Key Results operationalisiert.** Diese Key Results sind folglich quantitativ formuliert: Sie sind möglichst präzise (praktische) Teilschritte des Objectives, durch die inhaltlich sowie zeitlich genau festgelegt wird, was bis wann in welchem Umfang zum Erreichen des Objectives getan werden muss. Dies gelingt zum Beispiel durch das Beschreiben von Aktivitäten, die umgesetzt werden sollen, oder Zielkennzahlen, die erreicht werden sollen. Ein Objective ist dann erfüllt, wenn alle ihm zugeordneten Results erreicht sind.

BEISPIEL *Objective = Die Reichweite des Unternehmens auf Social Media soll gesteigert werden.*
- *Key Result 1: Anzahl der Follower auf allen Kanälen wird monatlich um mindestens 10 % gesteigert.*
- *Key Result 2: Mindestens 3 Social-Media-Beiträge pro Woche werden in jedem Kanal veröffentlicht.*
- *Key Result 3: Mindestens ein Newsletter pro Woche wird versendet.*

Für die Organisation des Arbeitsprozesses bietet sich das Visualisieren des Objectives und der dazugehörigen Key Results in einem **OKR-Canvas** an:

<table>
<tr><td colspan="2">Was ist beim Formulieren eines Objectives zu beachten?

– Zielzustand in der Zukunft
– (interne/externe) Zielgruppe
– Nutzen</td><td colspan="2">Was ist beim Formulieren eines Key Results zu beachten?

– Messbarer Teil des Ziels
– Nutzen
– Outcome-Fokus statt Aufgabenformulierung</td></tr>
<tr><td colspan="4">Objective
Unser Ziel/unsere Vision/unsere Hypothese

Die Reichweite des Unternehmens auf Social Media soll gesteigert werden</td></tr>
<tr><td>Key Result I

Anzahl der Follower auf allen Kanälen wird monatlich um mindestens 10 % gesteigert.</td><td>Key Result II

Mindestens 3 Social-Media-Beiträge pro Woche werden in jedem Kanal veröffentlicht.</td><td>Key Result III

Mindestens ein Newsletter pro Woche wird versendet.</td><td>Key Result IV
(optional)

Bei Bedarf ergänzen</td></tr>
</table>

Die Objectives und Key Results werden im Unternehmen in jedem Quartal neu formuliert. Und zwar von oben nach unten: Die höchste Unternehmensebene legt die übergeordneten OKR fest, anschließend werden in jeder Abteilung des Unternehmens wiederum OKR formuliert. Dieses Vorgehen wird fortgeführt bis hin zu einzelnen Teams oder auch einzelnen Personen im Unternehmen. Inwieweit ein Ziel schon erreicht ist, wird im wöchentlichen Rhythmus veröffentlicht, zum Beispiel zu Beginn einer neuen Arbeitswoche. So wird Transparenz geschaffen, Handlungsnotwendigkeiten werden aufgezeigt und die Mitarbeitenden werden motiviert, da Erreichtes abgehakt werden kann.

Durch dieses systematische Vorgehen und Fokussieren auf wenige, aber spezifische Aktivitäten **dient OKR der Effektivitäts- und Effizienzsteigerung** in einem Unternehmen, oder auch in einzelnen Arbeitsgruppen bzw. Abteilungen. Gleichzeitig wird die **Motivation der Mitarbeitenden** erhöht, da ihre individuellen Aufgaben und Tätigkeiten direkt mit der Unternehmensstrategie verknüpft sind. Die Sinnhaftigkeit ihrer Arbeitsinhalte wird direkt deutlich, genauso wie der Beitrag zum Unternehmenserfolg. Darüber hinaus ermöglicht OKR eine hohe **Agilität und Flexibilität entlang aller Ebenen eines Unternehmens**. Gestaltungsprozesse können so schnell auf Markt- oder Wettbewerbsveränderungen angepasst werden.

Für die Visualisierung der Arbeitsstände und Prozessabläufe bietet sich ein **Projektstrukturplan (PSP)** an. Hierbei gibt es verschiedene Möglichkeiten der Darstellung: als **Organigramm, Balkendiagramm (Gantt-Diagramm)** mit Nummerierung, Einrückungen und Zeitplanung oder auch alternativ als **Mindmap**.

Hinweis: Siehe dazu: Lernfeld 2 „Projekte planen und durchführen" (Band 1), Kapitel 2.2 „Projekte planen"

Für die tägliche Arbeit im Unternehmen oder am Projekt wird in großen wie kleinen Unternehmen oft ein **Kanban-Board** verwendet. Dies ist ein agiles Projektmanagement-Tool, durch das die einzelnen Aufgaben visualisiert werden. Hierbei kann es sich um anstehende Aufgaben („up next"), in Bearbeitung befindliche Aufgaben („in progress"), zurückgestellte Aufgaben („on hold") und auch erledigte Aufgaben („done") handeln. Außerdem werden der Aufgabenspeicher („backlog") und aufgetretene Frage („questions") in einer Übersicht visualisiert. Aus dem Kanban-Board sollte auch hervorgehen, wer die jeweilige Aufgabe (bis wann) erledigt, z. B. durch farbige Markierungen, die für jeweils eine Person bzw. eine Gruppe stehen. Das Kanban-Board wird immer aktualisiert, wenn eine Aufgabe die nächste Phase erreicht hat. Ein **Kanban-Board kann daher zielführend in einen OKR-Prozess integriert** werden, da auf diesem Weg zum Beispiel in Abteilungen oder Teams der jeweilige Arbeitsstand visualisiert und transparent gemacht werden kann. Aus diesem Grund hängen Kanban-Boards oft gut sichtbar in Meeting- oder Team-Räumen oder in die Arbeitsräume verbindenden Fluren. Zu Beginn eines Arbeitstages oder einer Arbeitswoche kann sich das Team am Kanban-Board treffen, dessen derzeitigen Stand thematisieren und das weitere Vorgehen abstimmen.

Backlog	Up Next	In Progress	On Hold	Done	Questions
Aufgabe A	Aufgabe E	Aufgabe G	Aufgabe L	Aufgabe O	Frage A
Aufgabe B	Aufgabe F	Aufgabe H	Aufgabe M	Aufgabe P	Frage B
Aufgabe C		Aufgabe I	Aufgabe N	Aufgabe Q	Frage C
Aufgabe D		Aufgabe J		Aufgabe R	
		Aufgabe K			

ZUSAMMENFASSUNG

Die Projektplanung professionalisieren

- Für die Projektplanung in Unternehmen wird oft die **OKR**-Methode verwendet, da sie Agilität und Flexibilität ermöglicht.
- Bei OKR werden die Unternehmensstrategie und -zielsetzung festgelegt und in Teilziele heruntergebrochen. Dafür werden **qualitative Objectives** (Ziele) formuliert und **quantitative Key Results** (Schlüsselergebnisse) definiert.

- OKR schafft eine **transparente Zielsetzung** und macht **(Teil-)Ergebnisse** nachvollziehbar und messbar.
- Ein **OKR-Canvas** macht die Objectives und dazugehörigen Key Results visuell sichtbar.
- Ein **Kanban-Board** ist ein agiles Projektmanagement-Tool, durch das einzelne Aufgaben und ihr jeweiliger Bearbeitungsstatus visualisiert werden.

AUFGABEN

1 Überlegen Sie Gründe, weshalb Unternehmen wie Intel oder Google auf die OKR-Methode bauen.

2 Wenden Sie die OKR-Methode für Ihre schulischen und/oder betrieblichen Tätigkeiten an. Formulieren Sie dafür ein Objective (z. B. „Ich schreibe in der nächsten Klausur eine 2“) und entsprechende Key Results. Strukturieren Sie dann Ihren Arbeitsprozess mithilfe eines Kanban-Boards. Werten Sie anschließend die Methode aus.

3 Wenden Sie OKR in der Klasse für eine Gruppenarbeit (das Thema ergibt sich aus dem jeweiligen unterrichtlichen Kontext) an. Formulieren Sie dafür ein Objective und entsprechende Key Results. Strukturieren Sie dann Ihren Arbeitsprozess mithilfe eines Kanban-Boards. Werten Sie anschließend die Methode aus und stellen Sie Ihre Ergebnisse der Klasse vor.

1.5 Einen Businessplan erstellen

Emilia Schaub und Leon Heller machen mit ihren Start-up-Plänen gute Fortschritte und haben schon viele Grundlagen gelegt. Jetzt steht ein besonders wichtiger Schritt an, denn jeder Investor bzw. jede Bank möchte ihn sehen: den Businessplan. Diesen gehen Emilia und Leon daher Schritt für Schritt an.

ARBEITSAUFTRÄGE

- Diskutieren Sie, welche Inhalte Sie als Gründerin oder Gründer eines Start-ups möglichen Investoren bzw. Banken präsentieren würden.
- Überlegen Sie, wie Sie Ihren Ausbildungsbetrieb möglichen Investoren vorstellen würden.
- Überlegen Sie, was Sie als potenzielle Investorin oder potenzieller Investor über ein Start-up wissen möchten, um zu klären, ob sich eine Investition lohnt.

Businessplan

Ein Businessplan, auf Deutsch auch **Geschäftsplan**, ist die schriftliche Zusammenfassung einer (zukünftigen) Geschäftsidee. Im Businessplan werden alle Ziele, Strategien und Aktivitäten dargestellt, die mit dieser Geschäftsidee verbunden sind – und zwar das gesamte Unternehmen betreffend vom Management, über Entwicklung und Herstellung, bis hin zu Marketing und Vertrieb sowie Finanzierung. Der Businessplan soll dadurch ein **realistisches Bild des Unternehmens und des Marktes**, in dem man aktiv werden möchte, vermitteln. Hierzu gehören alle Risiken und Hindernisse genauso wie Stärken und Lösungsideen.

Das Erstellen eines Businessplans ist aufwendig und nicht gesetzlich vorgeschrieben. Für ein Unternehmen lohnt es sich aber – sowohl nach innen als auch nach außen: **Intern**, um sich zum Beispiel der Geschäftsidee zu vergewissern, um die Entscheidungsfindung zu unterstützen und auch als Management-Instrument. **Extern**, um zum Beispiel potenzielle Investoren zu überzeugen, Fusionen oder Übernahmen zu vereinfachen oder Finanzierungen zu klären.

Ein Businessplan ist immer individuell und je nach Branche und Unternehmen gibt es teils deutliche Unterschiede. Aber grundlegend besteht er aus einem **Textteil** und einem **Finanzteil**.

Im Textteil wird das Unternehmen beschrieben. Hierzu gehören zum Beispiel:

- Profil (Gründer/in bzw. Gründungsteam)
- Geschäftsidee (Produkt bzw. Dienstleistung, inklusive USP)
- Zielgruppe
- Marktsituation und Wettbewerb
- Personal
- Standort
- Marketing, Vertrieb, Preisgestaltung
- Risikoanalyse (inklusive Plan zur Minimierung der Risiken)
- Unternehmensziele und -perspektiven

Im Finanzteil geht es um die wirtschaftlichen Aspekte, wie zum Beispiel:

- Kapitalbedarfsplan (für die Gründungsphase)
- Finanzierungsplan
- Kostenplan (für das erste Geschäftsjahr)/Liquiditätsplan
- Rentabilitätsvorschau (für die ersten drei Geschäftsjahre)

Business Model Canvas

Gründende können für die Planung und Analyse ihres Geschäftsmodells verschiedene Methoden nutzen. Eine verbreitete, vor allem für die Entwicklung und Überarbeitung komplexer und innovativer Geschäftsmodelle, ist das Business Model Canvas. Dieses bietet einen guten Überblick über die wichtigsten Elemente eines erfolgreichen Geschäftsmodells. Die Inhalte überschneiden sich dabei weitgehend mit denen des Textteils eines klassischen Businessplans. Es gibt unterschiedliche Möglichkeiten der Darstellung eines Business Model Canvas und das Layout der einzelnen Aspekte lässt sich individuell anpassen. Eine Version der Darstellung könnte so aussehen (die einzelnen Felder mit den Überbegriffen werden individuell durch das Unternehmen gefüllt):

<table>
<tr><td rowspan="2">Produkt</td><td>(Schlüssel-) Aktivitäten</td><td rowspan="2">Zielgruppe</td><td>Kunden-beziehungen</td><td rowspan="2">(Schlüssel-) Partner</td></tr>
<tr><td>(Schlüssel-) Ressourcen</td><td>Vertrieb, Marketing & Kommunikationskanäle</td></tr>
<tr><td colspan="2">Ausgaben & Kosten</td><td colspan="3">Einnahmen, Einnahmequellen und Umsätze</td></tr>
<tr><td colspan="2">Gründer/Team</td><td colspan="3">Unternehmenswerte</td></tr>
</table>

Betriebsort

Eine zentrale Frage für jedes Unternehmen ist die nach dem Betriebsort. Dieser sollte vorausschauend und mit Bedacht gewählt werden. Je nach Produkt und Branche können dabei ganz unterschiedliche Faktoren eine Rolle spielen, wie die Nähe zu anderen Unternehmen und (potenziellen) Lieferanten oder auch die Attraktivität des Standorts für Fachkräfte. Unternehmensgründende sollten sich daher folgende Fragen stellen:

- Ist der Standort für das Vorhaben passend (z. B. Verkehrsanbindung, Zielgruppennähe, Nähe zu Kooperationspartnern)?
- Ist der Standort attraktiv mit Blick auf Steuern und Abgaben?
- Ist der Standort für mögliche Arbeitskräfte mit (hoher) Expertise attraktiv (z. B. Lebensqualität, Mobilität)?
- Sind der Standort und die Betriebsstätte attraktiv für die Zielgruppe/Kundschaft?
- Ist die Betriebsstätte groß genug für das Vorhaben (z. B. genügend Räume und Flächen)?
- Sind Umbauten notwendig, um die Bedürfnisse des Unternehmens oder rechtliche Vorgaben zu erfüllen?
- Gibt es Erweiterungsmöglichkeiten? Welche Ausbauten sind bei einer möglichen Expansion möglich und umsetzbar?
- Ist die Ausstattung der Räume passend für das Vorhaben?
- Ist die Zufahrt für Pkw und (falls notwendig) Lkw ausreichend?
- Sind genügend Parkmöglichkeiten für die Belegschaft und Kundschaft vorhanden oder können diese (bei Bedarf) erweitert werden?
- Darf das Vorhaben an dem Betriebsort umgesetzt werden oder gibt es (rechtliche) Einschränkungen?
- Gibt es auf dem Grundstück Altlasten (von vorheriger Nutzung des Standorts)?

Geschäftsidee

Jedes Unternehmen braucht eine Geschäftsidee. Die Geschäftsidee eines Start-ups ist in der Regel innovativ und stößt eine neue Tür zu einem Markt auf. Ist die Geschäftsidee am Markt erfolgreich, stehen die Chancen gut, dass das Unternehmen gedeiht. Scheitert die Idee jedoch, scheitert auch das Unternehmen. Um nicht Geld, Arbeitskraft und weitere Ressourcen zu verbrennen, muss die Geschäftsidee gründlich durchdacht sein. Gründende brauchen dafür:

- fachliche, unternehmerische und persönliche Kompetenz
- den Unique Selling Point der Geschäftsidee
- einen Überblick über die Branchenentwicklung
- Kenntnisse über die Marktsituation und Konkurrenz
- technologische Voraussetzungen für das Umsetzen der Geschäftsidee
- Überblick über rechtliche Vorgaben
- Überblick über die notwendigen finanziellen Mittel (in der Gründungsphase)
- attraktiven Standort und geeignete Betriebsstätte für das Vorhaben und die Zielgruppe/ Kundschaft
- Details über die angestrebte Zielgruppe, deren Größe und Bedürfnisse
- Konzept für Vertrieb und Marketing sowie Preisgestaltung

SWOT-Analyse

Ein wichtiger Teil eines Businessplans ist eine SWOT-Analyse (SWOT = Strengths, Weaknesses, Opportunities, Threats), also eine strukturierte Darstellung der Stärken, Schwächen, Chancen und Risiken des Vorhabens.

> *Hinweis: Eine ausführliche Behandlung der SWOT-Analyse finden Sie in Lernfeld 9 (Band 2).*

Eine SWOT-Analyse erfolgt klassisch in Form einer Tabelle:

Strengths Was sind die Stärken?	**Weaknesses** Was sind die Schwächen?
Opportunities Was sind Chancen?	**Threats** Was sind Risiken?

Sie dient als Instrument einer ehrlichen Bestandsaufnahme, sollte aber gleichzeitig optimistisch stimmen, nämlich dann, wenn bereits ein Plan für die Lösung der Schwächen formuliert werden kann und wenn die Stärken einen deutlich größeren Umfang haben als die Schwächen.

Brancheninformationen

Jedes Unternehmen benötigt für ein effektives Handeln möglichst präzise Informationen zur **Marktsituation und dem Wettbewerb**. Start-up-Gründende brauchen eine gute Übersicht darüber, welche Firmen (in der Branche) am Markt aktiv sind, welche Produkte diese anbieten, ob es **direkte oder indirekte Mitbewerber** gibt. Dafür muss man auch und gerade in das außereuropäische Ausland schauen, da die Firmen von dort oft preislich sehr wettbewerbsfähig sind. Ebenso ist die **Preisentwicklung** des Marktes interessant und relevant. Diese gibt unter anderem Aufschluss darüber, ob eine Branche (preislich) stabil ist oder eher volatil, also zu (starken) Schwankungen neigt, oder ob sich generelle Trends beim Preisniveau und auch bezüglich der Marktsituation der Branche insgesamt ableiten lassen, die auch für das eigene Unternehmen von Relevanz sind. Gleiches gilt für die (durchschnittliche) **Umsatz- und Gewinnentwicklung** in der Branche. Für den Bereich Marketing und Vertrieb sind die möglichen **Vertriebswege** interessant und welche die Wettbewerber, aus welchen Gründen, verwenden.

Kapitalbedarfsplan

Für die Gründung eines Unternehmens sind zunächst **viele Investitionen** notwendig. Je nach Vorhaben werden Maschinen, Fahrzeuge, Büroausstattung benötigt, hinzu kommen Kosten für Dienstleistungen, wie z. B. Steuerberatung, notarielle oder juristische Beratung. Nicht zuletzt fallen Kosten an für Versicherungen und Immobilien bis hin zum Kugelschreiber oder Locher. Alle geplanten Investitionen werden mit dem Kapitalbedarfsplan berechnet und festgehalten. Je detaillierter die Kosten aufgeführten werden, desto besser ist der Überblick für die Gründenden, aber auch für mögliche Kreditgeber wie Banken oder Investoren. Der Kapitalbedarfsplan bezieht sich daher auf die Gründungskosten des Unternehmens und auf die Anlaufphase (meist die ersten drei Monate) mit den ersten laufenden Kosten. Die Gründungs- und Anlaufphase eines Unternehmens ist in der Regel sehr kostenintensiv. Der Kapitalbedarfsplan bildet aber nicht nur die Grundlage für die Berechnung der ersten Unternehmensmonate, sondern auch für die weitere Finanz-, Liquiditäts- und Rentabilitätsplanung.

Finanzierungsplan

Durch die Erstellung des Kapitalbedarfsplans ist für das Start-up deutlich geworden, welche Summe benötigt wird, um die Gründungs- und Anlaufphase des Unternehmens zu bestreiten. Diese Summe ist in der Regel nicht durch von den Gründenden eingebrachtes **Eigenkapital** zu decken. Daher werden zusätzliche Geldquellen benötigt. Diese können in Form von privaten Darlehen, zum Beispiel von Familienmitgliedern, oder als Beteiligungen von privaten oder öffentlichen Geldgebern eingebracht werden. Darüber hinaus können möglicherweise staatliche Zuschüsse oder Fördergelder beantragt werden. Gerade zukunftsträchtige Branchen, die sich mit Technologie, Digitalität oder Künstlicher Intelligenz beschäftigen, werden staatlich und privatwirtschaftlich gefördert. In der Regel wird dennoch **Fremdkapital** notwendig sein, um das Start-up aus der Wiege zu heben und ans Laufen zu bringen. Ein Großteil der Kreditaufnahme erfolgt in der Regel durch ein Hausbankdarlehen. Aber auch Förderkredite, zum Beispiel bei der Kreditanstalt für Wiederaufbau (KfW), werden oft beantragt.

In einem Finanzierungsplan werden alle Mittel, nach Eigen- und Fremdkapital geordnet, dargestellt. Außerdem werden Zinsen, Auszahlungen, Laufzeiten und Tilgung tabellarisch aufgeführt, um eine aussagekräftige und verlässliche Finanzierung kalkulieren zu können. Eine zu knapp kalkulierte Finanzierung ist einer der häufigsten Gründe für das Scheitern von Start-ups. Es ist daher notwendig, Reserven für kurzfristige Investitionen, die bei der Planung noch nicht absehbar waren, oder Unvorhergesehenes einzuplanen.

Kostenplan/Liquiditätsplan

In einem Kostenplan, zum Beispiel für das erste Geschäftsjahr, werden die **monatlichen Fixkosten und variablen Kosten** aufgeführt und kalkuliert. Der Kostenplan dient daher als Grundlage für die Rentabilitätssicherung und führt die umsatzabhängigen Kosten, wie Materialkosten oder Wareneinkauf, und die Betriebskosten, wie Miete, Versicherungsprämien, Löhne und Gehälter, auf.

Die Übersicht über die Kosten führt zum nächsten Schritt, nämlich der Frage, ob das **Unternehmen liquide** ist. Ob es also über genügend finanzielle Mittel verfügt, um die anstehenden Rechnungen bezahlen zu können. Ist dies nicht der Fall, droht die Insolvenz, selbst wenn die Auftragslage möglicherweise vielversprechend ist. Liquidität kommt vom Lateinischen „liquidus" und bedeutet „flüssig". Übertragen auf das Unternehmen: Die zur Verfügung stehenden flüssigen Zahlungsmittel, wie zum Beispiel Bankguthaben oder Bargeld.

Die Liquidität des Unternehmens lässt sich dabei auf folgende Formel herunterbrechen:

$$\text{Ausgaben} \leq \text{Einnahmen} + \text{(verfügbare) Reserven} + \text{Kredite} = \text{Liquidität}$$

Im Liquiditätsplan wird entsprechend abgebildet, wie sich die Zahlungsfähigkeit des Unternehmens in den kommenden Wochen und Monaten entwickelt. Er ist also gleichzeitig Planungsmittel und Frühwarnsystem. Drohen absehbar finanzielle Engpässe, kann und muss rechtzeitig gegengesteuert werden.

Rentabilitätsvorschau

Bei der Gründung eines Unternehmens sollte nicht nur auf die kurzfristige Finanzplanung geschaut werden, denn das Start-up soll ja schließlich über die Gründungsphase hinaus existieren. Empfehlenswert, und von Kreditgebern und Investoren in der Regel gefordert, ist eine Umsatz- und Rentabilitätsvorschau über die **ersten drei Unternehmensjahre**. Aus der Rentabilitätsvorschau lässt sich entsprechend berechnen, wie hoch der Gewinn des Unternehmens, also die Rentabilität, in dem betrachteten Zeitraum vermutlich sein wird. Für junge Unternehmen ist das dritte Jahr oft ein sehr kritisches, weshalb potenzielle Geldgeber besonders auf dessen vorausschauende Planung achten. Der Grund: Im zweiten Unternehmensjahr machen Start-ups oft schon (kleinere) Gewinne, weshalb Gewerbe- und Einkommensteuer rückwirkend gezahlt werden müssen. Außerdem werden Steuervorauszahlungen erhoben. Darüber hinaus beginnen meist die Tilgungsleistungen für in der Gründungsphase des Unternehmens aufgenommene Kredite. Diese Kostenfaktoren erfordern eine entsprechende Liquidität. Diese muss vorausschauend (bereits in der Gründungsphase) mitbedacht werden.

ZUSAMMENFASSUNG

Einen Businessplan erstellen

- Ein **Businessplan** (Geschäftsplan) ist die schriftliche Zusammenfassung einer (zukünftigen) Geschäftsidee. In ihm werden alle Ziele, Strategien und Aktivitäten dargestellt, die mit der Geschäftsidee verbunden sind, von Management über Entwicklung und Herstellung, bis hin zu Marketing und Vertrieb sowie Finanzierung.
- Ein Businessplan ist individuell und nach Branche unterschiedlich. In der Regel besteht er aber aus einem **Textteil** und einem **Finanzteil**.
- Der Textteil enthält z.B. Informationen über Profil, Geschäftsidee, Zielgruppe, Marktsituation und Wettbewerb, Personal, Standort, Marketing, Vertrieb, Preisgestaltung, Risikoanalyse, Unternehmensziele und -perspektiven.
- Der Finanzteil gibt z.B. Auskunft über Kapitalbedarfsplan (für die Gründungsphase), Finanzierungsplan, Kostenplan (für das erste Geschäftsjahr)/Liquiditätsplan, Rentabilitätsvorschau (für die ersten drei Geschäftsjahre).
- Ein **Business Model Canvas** ist eine Möglichkeit, die wichtigsten Elemente eines erfolgreichen Geschäftsmodells übersichtlich und individuell darzustellen.
- Der **Standort** für ein Unternehmen ist mit Bedacht zu wählen. Dabei sind z.B. Verkehrsanbindung, steuerliche Aspekte, bauliche Merkmale, Expansionsmöglichkeiten, Zielgruppennähe oder Attraktivität für Arbeitskräfte zu bedenken.
- Die **Geschäftsidee** eines Start-ups sollte innovativ sein und dem Unternehmen die Möglichkeit bieten, am Markt erfolgreich zu sein. Gründende sollten dabei u.a. die fachliche und unternehmerische Kompetenz, den Unique Selling Point, die Branche(nentwicklung) sowie die Marktsituation und die Konkurrenz im Blick haben.
- Eine **SWOT-Analyse** ist ein wichtiger Teil des Businessplans. Sie bietet die Möglichkeit, Stärken, Schwächen, Chancen und Risiken des Vorhabens strukturiert darzustellen.
- Jedes Start-up sollte über gute **Brancheninformationen** verfügen und somit die Marktsituation und den Wettbewerb, direkte oder indirekte Mitbewerber, die Preisentwicklung des Marktes, die Umsatz- und Gewinnentwicklung der Branche sowie mögliche Vertriebswege kennen.
- Ein **Kapitalbedarfsplan** enthält möglichst detailliert alle Kosten, die für die Gründung und die betriebliche Anlaufphase des Unternehmens anfallen.
- In einem **Finanzierungsplan** werden alle finanziellen Mittel für die Gründung und Anlaufphase eines Unternehmens, nach Eigen- und Fremdkapital geordnet, aufgeführt, ebenso wie die Zinsen, Auszahlungen, Laufzeiten und Tilgung möglicher Darlehen.
- In einem **Kostenplan** werden (für das erste Geschäftsjahr) die monatlichen Fixkosten und variablen Kosten aufgeführt und kalkuliert. Der Kostenplan ist die Grundlage für die Kalkulation der **Liquidität** eines Unternehmens. Ein Unternehmen ist dann liquide, wenn es über genügend finanzielle Mittel verfügt, um die anstehenden Rechnungen bezahlen zu können.

- Bei der Gründung eines Unternehmens ist eine Umsatz- und **Rentabilitätsvorschau** über die ersten drei Unternehmensjahre empfehlenswert/notwendig. Aus der Rentabilitätsvorschau lässt sich berechnen, wie hoch der Gewinn des Unternehmens, also die Rentabilität, in dem betrachteten Zeitraum vermutlich sein wird.

AUFGABEN

1 Überlegen Sie (interne und externe) Szenarien, in denen ein Businessplan relevant sein könnte und welchen Zweck er in dem jeweiligen Fall erfüllt.

2 Erstellen Sie, soweit die Informationen Ihnen vorliegen, ein Business Model Canvas Ihres Ausbildungsbetriebs. Präsentieren Sie dieses der Klasse.

3 Evaluieren Sie den Betriebsort Ihres Ausbildungsbetriebs anhand der gestellten Fragen: Inwieweit ist der Standort tatsächlich geeignet und gibt es möglicherweise attraktivere Alternativen?

4 Führen Sie eine SWOT-Analyse Ihres Ausbildungsbetriebs durch. Welche Stärken, Schwächen, Chancen und Risiken sehen Sie? Welche Maßnahmen würden Sie als Unternehmensleitung auf Basis der Analyse ergreifen?

5 Wählen Sie ein (fiktives) Unternehmen mit einem Produkt bzw. aus einer Branche Ihrer Wahl. Überlegen und recherchieren Sie, welche Posten/Kosten in der Gründungs- und Anlaufphase (z. B. die ersten 3 Monate) anfallen und erstellen Sie einen entsprechenden Kapitalbedarfsplan.

6 Stellen Sie sich vor, Sie sind Investorin bzw. Investor spezialisiert auf junge Unternehmen: Welche Aspekte eines Businessplans sind für Sie besonders interessant bzw. relevant und warum?

1.6 Ausgewählte wirtschaftsethische Aspekte beachten

Emilia Schaub und Leon Heller sind sehr zufrieden mit ihrem Vorhaben und ihrem Businessplan, aber etwas fehlt noch: „Wir wollen doch nicht nur wirtschaftlich erfolgreich sein, sondern auch einen positiven Impact haben“, merkt Emilia an. Leon stimmt ihr zu: „Du hast recht. Wir sollten uns im Sinne von CSR, also Corporate Social Responsibility, ein Leitbild geben.“ „Anschließend sollten wir uns dann mit den unterschiedlichen Bereichen der SDGs beschäftigen und Ideen entwickeln, wie wir diese in unserem Unternehmen verwirklichen können“, schlägt Emilia vor.

ARBEITSAUFTRÄGE

- Diskutieren Sie, inwieweit ethische Aspekte für Sie beim Kauf von Produkten oder Dienstleistungen entscheidend sind.
- Sammeln Sie in der Klasse Ideen für Aspekte oder Aussagen, die Sie in einem Unternehmensleitbild integrieren würden.

Wirtschaftsethik

In der heutigen Zeit steht nicht mehr nur das Maximieren des Profits im Fokus von Unternehmen. Auch Aspekte wie Ethik, Gesundheit, Nachhaltigkeit, Politik oder Umweltschutz können bei der Entscheidungsfindung des Managements eine Rolle spielen. Solche Entscheidungen zahlen sich meist nicht unmittelbar aus, können aber mittel- und langfristig ökonomisch relevant sein. Dabei werden nicht nur von der Kundschaft Anforderungen in diesem Bereich gestellt, sondern auch von der Belegschaft oder anderen (wirtschaftlich relevanten) Stakeholdern. So spielen sowohl Innenwirkung wie Außenwirkung in der Wirtschaftsethik eine Rolle. Diese umfasst von Richtlinien und Verhaltensweisen über Einhaltung von Gesetzen unter anderem auch die **Corporate Social Responsibility (CSR)**, d. h. die Verantwortung des Unternehmens gegenüber der Gesellschaft.

Es ergibt sich für Unternehmen also ein Spannungsfeld zwischen unternehmerischem Erfolg und Profit auf der einen Seite und der Einhaltung der (selbst auferlegten oder gesetzlich vorgeschriebenen) Richtlinien und moralischen Erwartungen auf der anderen Seite. Es zählt somit nicht nur, was ein Unternehmen mit dem erwirtschafteten Geld macht, sondern auch, wie es sein Geld erwirtschaftet. Die ethischen Erwartungen können sich zum Beispiel auf die folgenden Bereiche beziehen:

- **Umweltschutz**, z. B. durch Reduzieren des Energiebedarfs, Eigenproduktion von erneuerbarer Energie, Anwenden von Konzepten wie der Kreislaufwirtschaft (Recycling oder Cradle to Cradle)
- **Sozialstandards und Arbeitsbedingungen** entlang der gesamten Wertschöpfungskette, z. B. durch faire Bezahlung und Arbeitszeiten für interne und externe Mitarbeitende, Einhalten von Vorgaben wie dem Lieferkettensorgfaltspflichtengesetz
- **Compliance**, d. h. Regeltreue des Unternehmens, z. B. durch Einhaltung von Gesetzen, Richtlinien, (freiwilligen) Kodizes, Anti-Korruptionsmaßnahmen
- **Ehrenamtliches Engagement**, z. B. durch das Stiften von Arbeitsstunden, sodass Mitarbeitende sich sozial oder ökologisch engagieren können
- **Einhaltung der Menschenrechte**, z. B. durch das Implementieren des UN Global Compact (siehe unten)
- **Kunst, Kultur, Sport**, z. B. durch finanzielle Unterstützung von Ausstellungen, Konzerten oder des Vereinssports bzw. Sportevents
- **Unterstützung sozialer Einrichtungen**, z. B. durch finanzielle oder logistische Unterstützung von Einrichtungen wie Kinderheimen, Altenheimen oder Kulturzentren
- **Integrations- und Inklusionsprogramme**, z. B. durch Integration von Menschen mit Behinderungen im Unternehmen

- **Gerechtigkeit mit Blick auf Geschlechter, Familien und Alter**, z. B. durch Auswertung von Bewerbungen ohne Beachtung von Geschlecht, Alter oder Herkunft, durch Maßnahmen zur besseren Vereinbarkeit von Familie und Beruf wie flexible Arbeitszeitmodelle, Gleitzeit oder Eltern-Kind-Büros

Es gibt zahlreiche Orientierungsmöglichkeiten für Unternehmen, um sicher durch die vielschichtigen Herausforderungen und Anforderungen im Bereich der Wirtschaftsethik zu navigieren. So können sie dem United Nations **Global Compact** beitreten, einem Pakt zwischen UNO und Unternehmen, bei dem sich letztere unter anderem dazu verpflichten, Menschrechte zu wahren, faire Arbeitsbedingungen zu schaffen, Diskriminierung auszuschließen, positiv auf die Umwelt hinzuwirken und Korruption zu bekämpfen. Ebenso bietet die **ISO 26000** einen Leitfaden zur gesellschaftlichen Verantwortung für Unternehmen, der auch global verwendet wird, um die 17 Sustainable Development Goals (SDGs) zu implementieren.

Leitbild und Leitziele

Viele Unternehmen haben ein Leitbild. Dieses soll alle **internen und externen Zielgruppen** über die Ziele, den Sinn, den Zweck, die Leistung und/oder die Haltung des Unternehmens informieren. Das Leitbild vermittelt Verhaltens- und Handlungsleitlinien und richtet die angestrebte Identität des Unternehmens an der Gegenwart und der Zukunft aus. Es hat somit eine **tragende Funktion**, denn am Leitbild orientieren sich im Optimalfall die Kernbotschaften und Kommunikationsmaßnahmen des Unternehmens.

Bei der Entwicklung eines Leitbilds sollte ein Unternehmen sich zunächst fragen, welche grundlegenden **Werte für das Unternehmen** und das unternehmerische Handeln wichtig sind. Diese Werte sind auf unterschiedlichen Ebenen zu denken.

- **Moralische Werte:** Welche Werte sind grundlegend im Denken und Handeln und unverrückbar?
- **Werte in der Kommunikation:** Nach welchen Standards soll nach innen und nach außen kommuniziert werden?
- **Werte in der Kooperation:** Wie soll innerhalb des Unternehmens und auch mit Externen zusammengearbeitet werden?
- **Werte für das Erreichen von Zielen:** Was ist das Unternehmen (nicht) bereit, für den Erfolg zu tun?

Die Antworten auf diese Fragen gilt es anschließend in eine **Vision für das Unternehmen** einzubetten. Dafür sollte sich das Unternehmen folgende Fragen stellen:

- Warum gibt es uns? Welchen Sinn/ Zweck erfüllt das Unternehmen?
- Wie wollen wir etwas zur Lösung von Problemen in unserer Welt beitragen? Wie können wir dabei profitabel bleiben?
- Welches Problem möchte unser Unternehmen lösen? Was ist unsere Mission?
- Wie werden unsere Produkte die Vision (für unser Unternehmen) erfüllen können?
- An was glauben wir? Welche Werte sind uns wichtig?

Eine Vision für das Unternehmen ist wie ein Polarstern für Seefahrer, sie bietet Orientierung und zeigt den Weg. Das Unternehmensleitbild liefert dann Antworten auf die folgenden Fragen:

- Wer sind wir? → Identität, Selbstverständnis, Mission
- Was wollen wir erreichen? → Vision, (langfristiges) Ziel, (gesellschaftlicher) Nutzen
- Wie wollen wir das Ziel erreichen? → Zusammenarbeit, Grundsätze, Werte, Strategien

Das Leitbild des Unternehmens wird zuletzt gebündelt in einem **Leitsatz**, der auch als **Motto** für das unternehmerische Handeln dienen soll. Dem untergeordnet stehen in der Regel noch **Leitziele**, die den Leitsatz konkretisieren, erläutern, illustrieren. Diese beginnen oft mit „Wir ...".

Die Unternehmenswerte und das Leitbild des Unternehmens werden nur mit Leben gefüllt, wenn sie auch verinnerlicht sind und glaubwürdig vom und im Unternehmen vertreten werden. So prägen sie das Unternehmen, können das Profil schärfen und die Abgrenzung zu Wettbewerbern ermöglichen. Außerdem kann das Leitbild die Mitarbeitenden im Unternehmen motivieren, indem es Identifikation und Transparenz schafft sowie Begeisterung für das Unternehmen und dessen Weg fördert.

ZUSAMMENFASSUNG

Ausgewählte wirtschaftsethische Aspekte beachten

- **Wirtschaftsethik** beinhaltet die Auseinandersetzung mit moralischen Bewertungen von wirtschaftlichen Systemen oder Handlungen. Sie dient der Suche nach möglichen gesellschaftlichen Kooperationspotenzialen.
- Für Unternehmen ergibt sich oft ein **Spannungsfeld** zwischen unternehmerischem Erfolg und Profit einerseits und der Einhaltung der (selbst auferlegten oder gesetzlich vorgeschriebenen) Richtlinien und moralischen Erwartungen andererseits.
- **Corporate Social Responsibility (CSR)**, auch gesellschaftliche Unternehmensverantwortung, beinhaltet die Integration von sozialen, ökologischen und wirtschaftlichen Aspekten in das unternehmerische Handeln.
- **Ethische und moralische Erwartungen** an Unternehmen können aus ganz unterschiedlichen Bereichen kommen, z. B. Umweltschutz, Sozialstandards und Arbeitsbedingungen, Compliance, ehrenamtliches Engagement, Einhaltung der Menschenrechte, Kunst, Kultur, Sport, Unterstützung sozialer Einrichtungen, Integrations- und Inklusionsprogramme, Gerechtigkeit mit Blick auf Geschlechter, Familien und Alter.
- Orientierung für Unternehmen in wirtschaftsethischen Fragen bieten z. B. der United Nations **Global Compact** und die **ISO 26000**, die auch einen Leitfaden zur Implementation der Sustainable Development Goals (SDGs) beinhaltet.
- Das **Leitbild** eines Unternehmens soll alle internen und externen Zielgruppen über die Ziele, den Sinn, den Zweck, die Leistung und die Haltung des Unternehmens informieren.

- Bei der Entwicklung des Leitbilds sollte sich ein Unternehmen fragen, welche grundlegenden **Werte** für das Unternehmen und sein unternehmerisches Handeln wichtig sein sollen. Diese Werte beziehen sich auf unterschiedliche Ebenen: Moral, Kommunikation, Kooperation, Erreichen von Leistungen.
- Das Leitbild des Unternehmens wird in einem **Leitsatz** gebündelt, der auch als **Motto** für das unternehmerische Handeln dienen soll. Dem untergeordnet stehen in der Regel noch **Leitziele**, die den Leitsatz konkretisieren, erläutern, illustrieren.

AUFGABEN

1 Welche wirtschaftsethischen Schwerpunkte erscheinen Ihnen besonders relevant mit Blick auf die derzeitigen gesellschaftlichen und sozialen Herausforderungen?

2 Beziehen Sie Stellung zu folgender These: Wirtschaftlicher Profit und ethische Verantwortung lassen sich für Unternehmen nie (vollständig) realisieren.

3 Hat Ihr Ausbildungsbetrieb ein Leitbild? Falls ja, wie lautet dieses und inwieweit wird es im Unternehmen gelebt? Falls nein, wie könnte dieses lauten und wie könnte es im Unternehmen implementiert werden?

4 Recherchieren Sie nach Leitbildern von (bekannten) Unternehmen: Welche finden Sie besonders gelungen und warum? Präsentieren Sie Ihre Ergebnisse in der Klasse.

1.7 Einen Start-up-Pitch erstellen

Emilia Schaub und Leon Heller sind sehr zufrieden: Alles steht. Ihre Geschäftsidee, ihr Businessplan, ihre Unternehmenswerte und ihre Zukunftsvision für ihr Unternehmen. Jetzt brauchen die beiden noch einen Investor, der sie unterstützt und Anschubhilfe gibt. Daher wollen sie einen Business Angel ansprechen, der wie sie nicht nur den Profit, sondern auch die wirtschaftsethischen Werte im Blick hat. Was brauchen Emilia und Leon für ihren Pitch, also die (kurze) Präsentation ihrer Geschäftsidee vor Investoren, Kunden, Partnern etc.? Ein erstklassiges Produkt, solide wirtschaftliche Zahlen und überzeugende wirtschaftsethische Begründungen – und das alles in einer beeindruckenden Präsentation.

ARBEITSAUFTRÄGE

- Sammeln Sie in der Klasse Erfahrungen mit Präsentationen, bei denen jemand Sie vollkommen überzeugt hat von ihrer/seiner Botschaft. Wie ist ihr/ihm das gelungen?
- Überlegen Sie, wie Sie eine Präsentation gestalten müssten, um das Gegenüber von Ihren Inhalten zu überzeugen. Auf was würden Sie achten? Was würden Sie bei der inhaltlichen Reihenfolge bedenken? Welche Präsentationstechniken würden Sie einsetzen?

AIDCAS-Modell

Die Herausforderung bei einem Pitch vor Investoren liegt vor allem darin, eine überzeugende, leicht verständliche (Kurz)Version der Geschäftsidee vorzustellen, die das Interesse der potenziellen Investoren weckt. Die Präsentation muss daher inhaltlich und auch von der Performance her überzeugen – und das ist eine komplexe Aufgabe. Diese kann durch eine klare Struktur des Pitchs vereinfacht werden.

Um potenzielle Kundschaft für sich zu gewinnen, wird im Marketing oft das AIDCAS-Modell angewendet. Dieses geht zurück auf das **AIDA**-Modell, das bereits 1898 von Elmo Lewis entwickelt wurde, und mit der Zeit zu **AIDCA** und schließlich **AIDCAS** erweitert wurde. Das Akronym AIDCAS steht dabei für sechs Stufen:

1. **Attention** (Aufmerksamkeit)
   Zu Beginn muss erreicht werden, dass das Gegenüber überhaupt zuhört, Aufmerksamkeit schenkt, zum Beispiel durch eine auffällige Visualisierung oder eine überraschende These bzw. Frage.
2. **Interest** (Interesse)
   Ist die Aufmerksamkeit vorhanden, muss das Interesse für die Person oder die Geschäftsidee geweckt werden. Hierfür bieten sich prägnante Informationen an, die die Relevanz des Produktes oder der Dienstleistung vermuten lassen.
3. **Desire** (Verlangen)
   Sobald das Interesse geweckt ist, muss es sich in ein Verlangen nach dem Produkt oder der Dienstleistung wandeln, zum Beispiel weil nur hiermit ein Problem gelöst werden kann oder weil ein Alleinstellungsmerkmal gegeben ist, sodass man sich das Investment nicht entgehen lassen sollte.
4. **Conviction** (Überzeugung)
   Das Verlangen aus dem vorherigen Schritt wird nun durch eine Überzeugung untermauert. Ein Investor muss durch Kundenbewertungen, Studien, Testimonials etc. von der Qualität und dem Nutzen des Produkts bzw. der Dienstleistung überzeugt werden.
5. **Action** (Handlung)
   Ist der mögliche Investor von dem Produkt bzw. der Dienstleistung überzeugt, soll er im letzten Schritt zum Handeln motiviert werden. Er weiß nun, worum es bei der Geschäftsidee geht, und möchte mit an Bord sein, wenn diese abhebt. Dafür braucht es Konkretionen und Verbindlichkeit.

6. **Satisfaction** (Zufriedenheit)
   Dieser Schritt wird oft übersehen oder vergessen – und dann kann es nach hinten losgehen. Ist der Investor mit an Bord, muss nun geliefert werden – zur Zufriedenheit auf allen Seiten.

Pitch Deck

Das AIDCAS-Modell liefert eine mögliche Struktur für den Aufbau eines Pitchs. Es gibt weitere Herangehensweisen und diese müssen individuell auf das jeweilige Unternehmen bzw. die jeweilige Unternehmensidee abgestimmt sein. Die verwendeten Unterlagen bei einem Pitch nennt man **Pitch Deck**. Die Inhalte dieses Pitch Decks könnten folgendermaßen aussehen:

1. **Titelseite**
   Die erste Seite der Präsentation sollte den Namen des Unternehmens und das Logo enthalten, ggf. können noch Ort und Anlass etc. ergänzt werden.
2. **Unternehmensmission/-vision**
   Zu Beginn sollte das Interesse der Zuhörenden geweckt werden, zum Beispiel durch das prägnante Vorstellen der Mission oder Vision des Unternehmens.
3. **Problem**
   Unternehmen wollen Probleme der Kundschaft beseitigen. Deswegen sollte das Problem, das durch das Produkt oder die Dienstleistung gelöst wird bzw. der Bedarf, der gestillt wird, skizziert werden. Unterfüttert mit Zahlen und Fakten zur Größe des Problems bei gleichzeitiger Emotionalisierung des Publikums.
4. **Lösung**
   Auf das Problem folgt die Lösung: die Geschäftsidee des Unternehmens und natürlich auch deren Alleinstellungsmerkmal (im Vergleich zum Wettbewerb).
5. **Produkt/Dienstleistung**
   Nach Vorstellen der Geschäftsidee kommen weitere Details zu den Funktionen und Eigenschaften der Dienstleistung bzw. des Produkts. Diese müssen überzeugend erläutert werden.
6. **Markt und Kundschaft**
   Die Geschäftsidee und das Produkt bzw. die Dienstleistung sind klar, nun braucht es mehr Infos zum Markt und zur potenziellen Kundschaft. Beispiele: Wer ist die Zielgruppe? Wie groß ist sie und über wie viel Kaufkraft verfügt sie? Valide Aussagen auf Grundlage von Zielgruppenanalyse und Marktanalyse überzeugen hier besonders.
7. **Wettbewerb und Unique Selling Point (USP)**
   Investoren benötigen einen Überblick über den Markt und auch den Wettbewerb: Wer hat die Marktlücke sonst noch erkannt oder könnte sie potenziell schließen? Eine ehrliche und kenntnisreiche Antwort ist notwendig, um später nicht überrascht zu werden – und um gleichzeitig in der Abgrenzung das eigene Alleinstellungsmerkmal, den USP, zu verdeutlichen.

8. **Geschäftsmodell**
   Jede noch so gute Geschäftsidee ist nichts wert, wenn sie am Ende kein Geld verdient. Auf Basis der vollständigen Finanzplanung des Unternehmens lässt sich diese Fragestellung sicher beantworten, aber das führt in einem Pitch zu weit. Daher werden an dieser Stelle nur die wichtigsten Kennzahlen präsentiert.

9. **Marketing und Vertrieb**
   Wie wird die potenzielle Kundschaft beworben und wie erreicht sie das Produkt bzw. die Dienstleistung? Die Antwort darauf ist abhängig von der jeweiligen Branche und dem jeweiligen Produkt/der jeweiligen Dienstleistung, aber dennoch sollten Marketingmaßnahmen und Vertriebsstrategien kurz skizziert werden.

10. **Gestern – Heute – Morgen**
    Investoren möchten wissen: Welchen Weg hat das Unternehmen schon zurückgelegt? Welche Meilensteine wurden schon erreicht? In welchem Status befindet sich das Unternehmen zurzeit und welche Entwicklungsschritte oder Milestones werden absehbar angepeilt? Diese Fragen gilt es kurz, aber überzeugend zu beantworten.

11. **Team**
    Wer ist mit an Bord? Auf welche Expertise und Kompetenzen kann das Unternehmen zurückgreifen? Je nach Größe des Unternehmens kann möglicherweise nicht das gesamte Personal vorgestellt werden, aber Schlüsselpersonen und besonderes Know-how müssen in das richtige Licht gerückt werden.

12. **Finanzierung**
    Geschäftsidee und Geschäftsmodell wurden vorgestellt. Nun geht es um den konkreten Finanzbedarf und worin dieser genau investiert werden soll. Investoren benötigen davon eine klare Vorstellung und natürlich auch einen Ausblick auf die Profitabilität des Investments.

13. **Schlussseite**
    Danksagung, Kontaktdaten, Unternehmensleitbild etc. – Möglichkeiten einen Pitch abzuschließen gibt es viele. Individuell gilt es daher genau abzuwägen, was am besten passt – und positiv im Kopf der Zuhörenden bleibt.

Nur die Struktur reicht nicht und auch nicht der überzeugende Inhalt allein, eine gewinnende Performance rundet alles ab. Diese sollte geübt und trainiert sein. Es müssen nicht nur die zu vermittelnden Informationen bedacht werden, sondern auch wie diese rübergebracht werden sollen, also zum Beispiel Blick(Kontakt), Artikulation, Sprechtempo, Mimik, Gestik, Körperhaltung, Stand bzw. Bewegung im Raum, Art des Vortrags (frei oder abgelesen). Darüber hinaus sollten (optisches) Auftreten und Kleidung, die zum Anlass und auch zur Zielgruppe passt, bedacht werden.

Hinweis: Siehe dazu auch: Lernfeld 2 „Projekte planen und durchführen" (Band 1), Kapitel 2.4 „Projekte präsentieren"

ZUSAMMENFASSUNG

Einen Start-up-Pitch erstellen

- Ein **Pitch** ist eine kurze Vorstellung der Geschäftsidee, z. B. um das Interesse von potenziellen Investoren zu wecken.
- Um die möglichen Geldgeber bei einem Start-up-Pitch zu überzeugen, kann das **AIDCAS**-Modell angewendet werden. Dieses ist eine Weiterentwicklung des AIDA-Modells und steht für unterschiedliche Stufen im Marketingprozess: Attention (Aufmerksamkeit), Interest (Interesse), Desire (Verlangen), Conviction (Überzeugung), Action (Handlung), Satisfaction (Zufriedenheit).
- Die bei einem Pitch verwendeten Unterlagen nennt man **Pitch Deck**. Reihenfolge und Inhalte eines Pitch Decks könnten folgendermaßen aussehen: Titelseite, Unternehmensmission/-vision, Problem, Lösung, Produkt/Dienstleistung, Markt und Kundschaft, Wettbewerb und Unique Selling Point (USP), Geschäftsmodell, Marketing und Vertrieb, Gestern – Heute – Morgen, Team, Finanzierung, Schlussseite.
- Bei einem Pitch sollte man nicht nur die Inhalte bedenken, sondern auch die **ganzheitliche Performance**, z. B. Artikulation, Sprechtempo, Mimik, Gestik, Körperhaltung, Stand bzw. Bewegung im Raum.

AUFGABEN

1 Überlegen Sie ein Nonsens-Thema/-Produkt. Erstellen Sie eine (kurze) Präsentation nach dem AIDCA(S)-Modell und überzeugen Sie mit dieser den Rest der Klasse.

2 Die erste Stufe des AIDCAS-Modells ist „Attention". Entwerfen Sie kreative Einstiege in eine Präsentation, um die Aufmerksamkeit aller Zuhörenden besonders eindrucksvoll zu gewinnen.

3 Überlegen Sie, welche Inhalte des Pitch Decks besonders relevant sind. Wie könnte man diese vor allem in den Fokus rücken?

4 Die Schlussseite des Pitch Decks kann variabel gestaltet werden. Wie könnte man diese nutzen, um bei potenziellen Investoren einen besonders positiven Eindruck zu hinterlassen?

5 Die Reihenfolge des Pitch Decks ist nicht festgelegt. Überlegen Sie, welche (alternative) Reihenfolge für welche Geschäftsidee passend sein könnte.

6 Recherchieren Sie nach weiteren Marketing-Methoden und überlegen Sie, inwieweit diese für einen (Start-up)Pitch adaptiert werden könnten.

1.8 Eine Exit-Strategie konzipieren

Emilia Schaub und Leon Heller sind sehr zufrieden mit ihrem Start-up und der Umsetzung ihres Vorhabens. Emilia denkt aber schon einen Schritt weiter: „Zu jedem Start-up gehört ja immer auch der nächste Schritt: Was wird aus unserem Unternehmen? Wo wollen wir hin? Viele Start-ups werden von größeren Konzernen übernommen, fusionieren oder sie verschwinden wieder vom Markt wegen aufkommender, finanzstärkerer Konkurrenz. Darüber sollten wir uns auch Gedanken machen." Leon stimmt ihr zu: „Du hast recht. Darauf sollten wir vorbereitet sein. Wir brauchen eine Exit-Strategie."

ARBEITSAUFTRÄGE

- Sammeln Sie in der Klasse (prominente) Unternehmensverkäufe, die Sie in den vergangenen Jahren wahrgenommen haben.
- Diskutieren Sie, was für Sie erfüllt sein müsste, damit Sie Ihr Unternehmen verkaufen würden.
- Recherchieren Sie (bekannte) Beispiele, bei denen die Gründerin/der Gründer bzw. das Gründungsteam trotz finanziell attraktiver Angebote das Start-up nicht verkauft hat. Welche Gründe gab es dafür und welche Konsequenzen hatte die Entscheidung (mittel-/langfristig)?

Exit-Strategien

Der Verkauf des Unternehmens – für manche Gründende ist er bereits zu Beginn ein Ziel, für andere ist er (zumindest zunächst) keine Option. Dennoch sollten sich Unternehmensgründende mit den unterschiedlichen Möglichkeiten des Verkaufs, auch als **Exit** bezeichnet, auseinandersetzen. Gemeinsam haben alle diese Optionen, dass der Gewinn möglichst hoch ausfallen soll bzw. Verluste minimiert werden sollen. Der Verkauf kann dabei vollständig erfolgen oder auch nur eine Veräußerung von Unternehmensanteilen bedeuten. Für einige Gründer, sogenannte Serial Entrepreneurs, ist das Gründen und Verkaufen von Unternehmen ein Geschäftsmodell. Entsprechend sind sie darauf ausgerichtet und vorbereitet. Für andere Unternehmensgründer kann die Möglichkeit des Verkaufs, zum Beispiel durch ein Übernahmeangebot, auch unerwartet kommen. Deshalb lohnt es sich, schon ab der Gründungsphase die Option des Verkaufs mitzudenken – und sei es nur, um für den Fall einer Entscheidung gut vorbereitet, also **exitready**, zu sein.

Für den Verkauf eines Unternehmens gibt es unterschiedliche Strategien. Die gängigsten sind:

Initial Public Offering (IPO) – Börsengang

Eigentlich ist der Börsengang des Unternehmens kein klassischer Exit, da in der Regel nicht alle Unternehmensanteile verkauft werden. Der Börsengang gelingt den meisten Start-ups nicht, da er eine entsprechende Unternehmensgröße und Nachfrage nach Aktien benötigt. Für Investoren bietet ein Börsengang große Flexibilität und eine Aussicht auf eine hohe Rendite, falls der Aktienwert steigt. Auf der anderen Seite kann die Eigenkapitalquote des Unternehmens durch einen Börsengang angehoben werden.

Übernahme durch Corporate Buyer

Große Konzerne haben zunehmend **Mergers & Acquisitions Abteilungen**, die gezielt nach Start-ups suchen, um zum Beispiel eigene Technologiedefizite zu beheben oder von Trends zu profitieren. Diese Konzerne steigen dann bei Start-ups ein oder übernehmen diese (perspektivisch) zu 100 %.

Trade Sale

Bei einem Trade Sale erfolgt der Exit nicht über den Verkauf an ein anderes Unternehmen, sondern an institutionelle Investoren, die sich in Beteiligungsgesellschaften, **Private Equity**-Gesellschaften, organisiert haben. Diese kaufen gezielt Anteile an Unternehmen mit der Hoffnung auf Gewinn. Eine komplette Übernahme erfolgt oft nicht, aber die Investoren erhalten, je nach Höhe des Anteilskaufs, ein Mitspracherecht.

Merger

Ein Zusammenschluss mit einem Konkurrenzunternehmen ist kein echter Exit, da die Unternehmensinhaber beider Firmen in der Regel Anteile an der neuen Firma erhalten. Aber es entsteht ein neues Unternehmen, in dem möglicherweise Aufgaben und Anteile neu organisiert werden.

Leveraged Buyout (LBO)

Die Gründer eines Start-ups können ihre Unternehmensanteile an einen oder mehrere der übrigen Gesellschafter verkaufen. Dies können andere Gründer des Unternehmens sein, aber auch **Venture Capital**-Investoren oder Corporates, die bereits Unternehmensanteile halten. Der Kauf des Unternehmens wird dann meist über Fremdkapital durch die Aufnahme von Krediten finanziert. Bei einem stabilen Cashflow des Unternehmens kann der Käufer daraus die Zinsen und Tilgung des Darlehens bezahlen. Für diese Form des Exits muss das Start-up also bereits über ausreichende finanzielle Mittel verfügen.

Stiller Exit/Liquidation

Nicht erhofft, aber recht häufig die Realität ist der stille Exit. Bei diesem wird die Auflösung des Unternehmens beschlossen und die Vermögenswerte des Unternehmens verteilt. Diese Exit-Option greift dann, wenn der unternehmerische Erfolg des Start-ups ausgeblieben ist, aber dennoch ein verteilbares Unternehmensvermögen geschaffen wurde. Allerdings ergibt diese Exit-Form in der Regel nur Sinn, wenn keine andere Exit-Strategie möglich ist.

ZUSAMMENFASSUNG

Eine Exit-Strategie konzipieren

- Den Verkauf des Unternehmens durch diejenigen, die es gegründet haben, nennt man **Exit**. Wenn nur ein Teil des Unternehmens verkauft wird, nennt man dies **Teil-Exit**.
- Da für Unternehmensgründer Übernahmeangebote auch unerwartet kommen können, sollte ein Start-up bereits ab der Gründungsphase auf einen Verkauf vorbereitet, also **exitready**, sein.
- Ein Börsengang (**Initial Public Offering, IPO**) ist meist nur ein Teil-Exit, da in der Regel nicht alle Unternehmensanteile verkauft werden.
- Bei einer **Übernahme** durch einen **Corporate Buyer** steigt ein großer Konzern (vollständig) in das Start-up ein.
- Bei einem **Trade Sale** kaufen institutionelle Investoren, die sich in **Private Equity**-Gesellschaften organisiert haben, Teile des Start-ups oder in selteneren Fällen auch das gesamte Unternehmen.
- Ein **Merger** bezeichnet den Zusammenschluss eines Unternehmens mit einem Konkurrenzunternehmen. Dabei erhalten in der Regel die Unternehmensinhaber beider Firmen Anteile an der neuen gemeinsamen Firma.
- Bei einem **Leveraged Buyout (LBO)** erfolgt der Kauf des Start-ups durch die weiteren Gründer, **Venture Capital**-Investoren oder Corporates, die bereits Unternehmensanteile halten, durch die Aufnahme von Krediten. Zinsen und Tilgung dieses Darlehens werden dann möglichst aus dem Cashflow des Unternehmens bezahlt.
- Wenn das Start-up nicht den erhofften Erfolg bringt, wird die Auflösung des Unternehmens beschlossen und die Vermögenswerte des Unternehmens werden (an die Gläubiger) verteilt. Dieser **stille Exit** durch eine **Liquidation** des Unternehmens findet in der Praxis häufiger statt.

AUFGABEN

1 Recherchieren Sie, welche Exit-Strategien (prominente) Start-ups in den letzten Jahren in Deutschland und Nordamerika gewählt haben. Präsentieren Sie Ihre Ergebnisse der Klasse.

2 Dieser Arbeitsauftrag bündelt alle in diesem Lernfeld behandelten Aspekte. Bilden Sie dafür Gruppen in Ihrer Klasse, die sich jeweils an die Gründung eines (fiktiven) Start-ups machen. Den Abschluss dieser Projektarbeit bildet die Präsentation Ihrer Firmen und deren Bewertung durch eine Jury. Diese besteht aus den übrigen Mitgliedern und Lehrkräften der Klasse und kann erweitert werden durch Expertise aus der Wirtschaft, zum Beispiel aus Ihren Ausbildungsbetrieben.

PRAXISTIPP!

Das Bundeswirtschaftsministerium stellt unter www.existenzgruendungsportal.de viele Informationen und Arbeitshilfen für Unternehmensgründungen zur Verfügung.

Ebenfalls hilfreich für Existenzgründungen und junge Unternehmen sind die Webseite der Kreditanstalt für Wiederaufbau (KfW) (gruenderplattform.de) und die Website des Bundesverband Deutsche Startups e. V. (startupverband.de).

Firmengründungsprojekt

Gründen Sie ein (fiktives) Unternehmen. Entwickeln Sie dafür eine innovative Geschäftsidee, wählen Sie die passende Rechtsform, erstellen Sie einen Businessplan für Ihr Unternehmen und beachten Sie ausgewählte wirtschaftsethische Aspekte. Arbeiten Sie in diesem Projekt strukturiert und mit professionellen Methoden.

Am Ende der Projektarbeit steht Ihr Start-up-Pitch vor Business Angels aus dem Impact Investment. Sie sollen mit Ihrer Präsentation diese Investoren von Ihnen, Ihrem Produkt und Ihrer Firma überzeugen. Was ist dafür nötig? Ein erstklassiges Produkt, schlüssige wirtschaftliche Berechnungen, eine beeindruckende Präsentation und solide wirtschaftsethische Begründungen. Denn: Die Business Angels bewerten nicht nur Ihre unternehmerischen Ideen und betrieblichen Berechnungen, sondern betrachten auch Ihre ethischen Entscheidungen.

Die Präsentation soll insgesamt 30 Minuten dauern. Beachten Sie folgende wirtschaftliche Aspekte, damit Ihre ethischen Entscheidungen auf einer realitätsnahen unternehmerischen Kalkulation beruhen:

Firmengrundlage

- Sie erhalten für Ihre Firma ein Startkapital in Höhe von 25 % der Bilanzsumme.
- Sie können Kredite zu 5 % mit fünf Jahren Laufzeit aufnehmen.
- Ihre Firma hat – Sie eingeschlossen – mindestens fünf Mitarbeiterinnen und Mitarbeiter. Die Arbeitnehmerinnen und Arbeitnehmer können in Teilzeit beschäftigt werden.
- Ihre Firma braucht Geschäftsräume, die Sie anmieten müssen. „Garagenfirmen" sind nicht erlaubt. Nutzen Sie für Ihre Mietkalkulation bitte den ortsüblichen Mietspiegel. Berücksichtigen Sie auch die Mietnebenkosten.
- Steuerliche Gesichtspunkte sind zu vernachlässigen.

Produkteinordnung

- Führen Sie eine Branchenrecherche durch. Setzen Sie für Ihr Produkt einen branchenüblichen Absatz und einen realistischen Preis an. Wählen Sie dazu den Mittelwert des Preises, der im jeweiligen Branchensegment für das Produkt üblich ist.
- Liefern Sie Nachweise zu den Informationen, die Sie zu Ihrer Branche gesammelt haben (Links, Ausdrucke, Kopien etc.).

Betriebsausgaben

- Berechnen Sie Ihre Betriebsausgaben. Ermitteln Sie Ihren Kapitalbedarf, erstellen Sie einen Finanzierungsplan, einen Kostenplan und eine Rentabilitätsvorschau.
- Beachten Sie bei Ihren Berechnungen Steuern, Abgaben und sonstige Ausgaben (z. B. Lohnnebenkosten, Mehrwertsteuer auf Ihre Produkte, Versicherungen etc.).
- Stellen Sie den Business Angels eine kurze Übersicht Ihrer Bilanz zur Verfügung (siehe Handout unten).

Betriebliche Entwicklung

- Stellen Sie in Ihrer Präsentation dar, wie Sie als Firma auf die folgenden zwei Szenarien reagieren werden:
  - Szenario A: Im zweiten Jahr haben Sie einen Gewinnzuwachs von 10 %. Was machen Sie mit diesem zusätzlichen Gewinn?
  - Szenario B: Nach zwei Jahren tritt für Ihr Produkt am Markt eine Sättigung ein und Ihr Umsatz bricht dadurch um 10 % ein. Wie reagieren Sie darauf?

Wirtschaftsethische Entscheidungen

- Entwickeln Sie einen Wertekanon für Ihr Unternehmen, inklusive Leitbild und Leitzielen.
- Ihre wirtschaftsethischen Entscheidungen sollten sich (mindestens) auf folgende Bereiche beziehen: Corporate Social Responsibility (CSR) und regionale unternehmerische Verantwortung, Bezahlung der Mitarbeiterinnen und Mitarbeiter, Nachhaltigkeit bezüglich der Umweltressourcen und Gerechtigkeit mit Blick auf Geschlechter, Familien und Inklusion.
- Beziehen Sie sich bei Ihren wirtschaftsethischen Überlegungen auch auf die ESG-Kriterien und die 17 Sustainable Development Goals (SDGs).
- Begründen Sie Ihre wirtschaftsethischen Entscheidungen auch anhand der wirtschaftlichen Zahlen, die Sie für Ihre Firma ermittelt haben. Stellen Sie diese Zahlen den Business Angels rechtzeitig vor der Präsentation zur Verfügung (siehe auch Handout unten).

Handout

- Unterstützen Sie Ihre Präsentation durch ein Handout. Dieses Handout muss für die Business Angels nachvollziehbar sein und die wesentlichen Informationen sowie grundlegenden Zahlen Ihrer Firma enthalten.
- Reichen Sie das Handout zusammen mit Ihrem Pitch Deck bis spätestens zum XX.XX.20XX ein. Die Präsentationen finden am XX.XX.20XX statt.

3 Führen Sie eine Marktanalyse durch. Welche Chancen und Risiken birgt die aktuelle Marktsituation für Ihr Unternehmen? Welche Vorhersagen lassen sich über zukünftige Entwicklungen treffen? Welche Hypothesen haben Sie bezüglich der Entwicklungen in Ihrer Branche? Halten Sie Ihre Ergebnisse in Stichworten fest.

4 Evaluieren Sie, welche Exit-Strategie für Sie mit Blick auf Ihr fiktives Start-up besonders attraktiv bzw. unattraktiv wäre.

5 Greifen Sie sich ein besonders vielversprechendes Szenario für einen Merger oder eine Übernahme Ihres Start-ups durch einen Corporate Buyer heraus: Wo gibt es Schnittstellen mit anderen Betrieben? Welche Wechselwirkungen könnten durch die Erweiterung bzw. Optimierung von Prozessen entstehen? Wo könnte Ihr Unternehmen bzw. Ihr Geschäftsmodell bei anderen Unternehmen andocken? Für welches größere Unternehmen wäre Ihr Start-up für eine Übernahme besonders attraktiv und warum? Machen Sie sich Notizen.

6 Sie wollen potenzielle Übernahme-Interessenten davon überzeugen, dass Ihr Start-up ein lukrativer Investment-Case ist. Erstellen Sie für diesen Zweck eine 10-minütige Präsentation.

2 Personenbezogene Daten schützen, sichern und pflegen

Bei der Sommerfeld Bürosysteme GmbH laufen die Vorbereitungen für das alljährliche Sommerfest auf Hochtouren. Wie in jedem Jahr soll das Fest sowohl die geleistete Arbeit der Beschäftigten würdigen, als auch den Zusammenhalt mit der Nachbarschaft fördern. Aus diesem Grund veranstaltet das Unternehmen im Rahmen des Sommerfests eine große Tombola, bei der u. a. einige Produkte der Sommerfeld Bürosysteme GmbH verlost werden.

Emilia Schaub und Leon Heller sind etwas genervt: „Natürlich ist die Tombola eine tolle Aktion, aber der damit verbundene Aufwand ist viel zu groß“, meint Leon. „Da bin ich ganz deiner Meinung. Das ist jetzt Datensatz 237, den ich erfassen durfte“, stimmt Emilia ihm zu. Zahlreiche Beschäftigte des Unternehmens sowie Anwohnerinnen und Anwohner haben das Angebot der Sommerfeld Bürosysteme GmbH bereits genutzt und sich per E-Mail vorab registriert und der Verwendung ihrer persönlichen Daten zugestimmt. „So viel Aufwand für ein paar Daten zu unserem Gewinnspiel. Das ist doch völlig übertrieben!“

Einen Tag vor dem Event hat Leon zu Hause noch ein paar Hinweisschilder und Wegweiser aktualisiert, die er heute noch schnell im Büro ausdrucken möchte. Nun muss er feststellen, dass an seinem Arbeitsplatz kein USB-Port vorhanden ist und dass die Ports am PC im Besprechungsraum alle gesperrt sind. „Wie kann das denn sein? So komme ich nicht an meine Daten.“

ARBEITSAUFTRÄGE

- Erläutern Sie mögliche Gründe, warum die Sommerfeld Bürosysteme GmbH neben den Teilnehmerdaten auch eine Einverständniserklärung für die Teilnahme am Gewinnspiel einfordert und erfasst.
- Beschreiben Sie die Bedeutung des Bundesdatenschutzgesetzes und der Datenschutzgrundverordnung für die Sommerfeld Bürosysteme GmbH.
- Bei der Sommerfeld Bürosysteme GmbH werden eine Vielzahl elektronischer Daten verarbeitet. Unterscheiden Sie in diesem Zusammenhang zwischen Datenschutz, Datensicherheit und Datenpflege.

In modernen Industrieunternehmen werden eine Vielzahl an unterschiedlichen Daten erhoben, verarbeitet und gespeichert. Dabei wird im Zuge der Digitalisierung der Schutz personenbezogener Daten von Kunden, Beschäftigten und Geschäftspartnern immer wichtiger. Zur Gewährleistung des Datenschutzes müssen klar definierte gesetzliche Vorgaben eingehalten werden, für Deutschland insbesondere das **Bundesdatenschutzgesetz (BDSG)** und auf europäischer Ebene die **Datenschutz-Grundverordnung (DSGVO)**.

2.1 Bundesdatenschutzgesetz (BDSG)

Das deutsche **BDSG** gilt ergänzend zur DSGVO und regelt einige Aspekte des Datenschutzes, die in der DSGVO nicht detailliert behandelt werden. Präzisiert werden hier bestimmte Regelungen für den deutschen Rechtsraum, insbesondere die Verarbeitung personenbezogener Daten durch deutsche Unternehmen und Behörden.

Wichtige Regelungen des BDSG:

- **Betrieblicher Datenschutzbeauftragter:** Unternehmen, die regelmäßig personenbezogene Daten verarbeiten oder in denen mehr als 20 Beschäftigte mit der Datenverarbeitung befasst sind, sind verpflichtet, einen Datenschutzbeauftragten zu benennen.
- **Verarbeitung besonderer Datenkategorien:** Hierunter fallen unter anderem besonders schützenswerte Daten, die nur unter strengen Voraussetzungen gespeichert werden dürfen, z. B. nur wenn eine ausdrückliche Einwilligung der betreffenden Person vorliegt (z. B. Gesundheitsdaten).
- **Videoüberwachung:** Zur Gewährleistung der Sicherheit eines Unternehmens ist in einigen Bereichen eine Videoüberwachung zulässig. Das BDSG liefert klare Vorgaben, wann ein legitimer Grund für eine Videoüberwachung vorliegt.

BEISPIEL *Der Außenbereich im Ausgangslager der Sommerfeld Bürosysteme GmbH wird videoüberwacht, weil es in diesem Bereich in der Vergangenheit vereinzelt zu Verkehrsunfällen bei der Anlieferung und zu nächtlichem Vandalismus gekommen ist. Ein deutlich sichtbares Hinweisschild mit der Aufschrift „Dieser Bereich wird videoüberwacht!“ kennzeichnet den überwachten Bereich.*

2.2 Datenschutz-Grundverordnung (DSGVO)

Zur Vereinheitlichung und Stärkung eines gemeinsamen Datenschutzes auf europäischer Ebene trat am 25. Mai 2018 die DSGVO als Verordnung der Europäischen Union in Kraft. Sie regelt den Schutz personenbezogener Daten innerhalb der EU und legt fest, wie Unternehmen und Organisationen mit diesen Daten umgehen müssen.

Wichtige Prinzipien der DSGVO:

- **Rechtmäßigkeit/Transparenz:** Betroffene Personen müssen jederzeit wissen, was mit ihren Daten passiert.

  BEISPIEL *Entsprechend den Vorgaben der DSGVO erfolgt die Anmeldung zum Newsletter der Sommerfeld Bürosysteme GmbH nur nach ausdrücklicher Zustimmung. Darüber hinaus muss sichergestellt sein, dass den Abonnenten jederzeit die Möglichkeit gegeben wird, sich vom Newsletter abzumelden.*

- **Zweckbindung:** Der Zweck einer Datenerhebung muss vorab eindeutig festgelegt und legitimiert werden. Die Freigabe von Kundendaten zur Abwicklung eines Auftrages ist eindeutig bestimmt und bedingt nicht automatisch die Freigabe zu Werbezwecken, diese müsste zusätzlich erfolgen.

  BEISPIEL *Nach einer Werbeaktion melden sich zahlreiche Neukunden im Onlineshop der Sommerfeld Bürosysteme GmbH an und hinterlegen ihre Kundendaten, u. a. Adressen und Zahlungsinformationen. Laut DSGVO muss die Sommerfeld Bürosysteme GmbH sicherstellen, dass die Daten nur für den Zweck der Bestellung und Lieferung genutzt werden. Dieser Vereinbarung haben die Neukunden vorab zugestimmt und können diese Einwilligung jederzeit widerrufen.*

- **Datenminimierung:** Nur tatsächlich zur Abwicklung erforderliche Daten dürfen erhoben werden. So sind für eine Anmeldung zu einem Online-Newsletter lediglich der Name und die E-Mail-Adresse nötig. Adressdaten und eine Telefonnummer sind nicht erforderlich und werden daher nicht erfasst.

  BEISPIEL *Der Onlineshop der Sommerfeld Bürosysteme GmbH benötigt für den Versand eines Produkts nur den Namen, die Adresse und die E-Mail-Adresse des Kunden. Es ist nicht erforderlich, die Telefonnummer oder das Geburtsdatum des Kunden zu erheben, es sei denn, diese Daten sind für eine spezielle Dienstleistung, wie etwa eine Altersverifikation, notwendig.*

- **Richtigkeit der Daten:** Die erhobenen Daten müssen sachlich und inhaltlich korrekt und aktuell sein. Daten, die fehlerhaft oder veraltet sind, können zu falschen Entscheidungen oder zu einer unrichtigen Bearbeitung von Anfragen führen. Unternehmen sind verpflichtet, die Richtigkeit der verarbeiteten Daten regelmäßig zu überprüfen und fehlerhafte Daten bei Bedarf zu berichtigen.

  BEISPIEL *Ein Mitarbeitender der Sommerfeld Bürosysteme GmbH hat aufgrund eines Umzugs eine neue Adresse. Das Unternehmen ist verpflichtet, die Adresse in ihren Daten zu aktualisieren, um sicherzustellen, dass zukünftige Korrespondenz korrekt zugestellt werden kann. Wenn das Unternehmen weiterhin die falsche Adresse verwendet, könnte dies zu Problemen bei der Kommunikation führen.*

- **Speicherbegrenzung/Recht auf Löschung:** Daten dürfen nur so lange gespeichert werden, wie es für den jeweiligen Zweck erforderlich ist. Entfällt der Verwendungszweck, müssen die Daten gelöscht werden. Dieser Grundsatz stärkt die Kontrolle der betroffenen

Person über ihre Daten und stellt sicher, dass Daten nicht länger als nötig gespeichert werden.

BEISPIEL *Ein ehemaliger Kunde der Sommerfeld Bürosysteme GmbH fordert die Löschung seines Kundenkontos und der damit verbundenen personenbezogenen Daten. Das Unternehmen muss dem Wunsch nachkommen, wenn keine rechtlichen Verpflichtungen bestehen, die eine längere Speicherung erfordern, z. B. steuerliche Aufbewahrungspflichten.*

- **Integrität und Vertraulichkeit:** Die Daten müssen vor unbefugtem Zugriff, Verlust oder Zerstörung geschützt werden.

BEISPIEL *Die Sommerfeld Bürosysteme GmbH muss einige personenbezogene Daten von ihren Beschäftigten erheben, u. a. Namen, Adressen, Versicherungs- und Gehaltsdaten. Diese dürfen nur für arbeitsrechtliche und steuerliche Zwecke verwendet werden. Der Betriebsrat der Sommerfeld Bürosysteme GmbH hat das Recht, Informationen über die Verarbeitung von Mitarbeiterdaten zu erhalten, um sicherzustellen, dass keine unrechtmäßige Verwendung stattfindet.*

Die DSGVO gibt u. a. den Beschäftigten, Kunden und Lieferanten eines Unternehmens mehr Kontrolle über ihre Daten. Diese haben das Recht, Auskunft über die gespeicherten Daten zu erhalten, ihre Daten zu korrigieren oder zu löschen und die Einwilligung zur Verarbeitung jederzeit zu widerrufen.

Sowohl das BDSG als auch die DSGVO sehen hohe **Strafen für Verstöße** gegen den Datenschutz vor. Die Strafen können bis zu 20 Millionen Euro oder 4 % des weltweiten Jahresumsatzes eines Unternehmens betragen. Diese hohen Bußgelder unterstreichen nachdrücklich die Bedeutung des Datenschutzes und sollen Unternehmen dazu anhalten, Datenschutz ernst zu nehmen und die Vorschriften strikt einzuhalten.

2.3 Bedeutung von personenbezogenen Daten in Industrieunternehmen

In Industrieunternehmen werden zahlreiche Daten verarbeitet, die eine zentrale Rolle in der betrieblichen Organisation einnehmen und wichtig für den Unternehmenserfolg sind. **Personenbezogene Daten** sind hierbei von besonderer Relevanz, da es sich dabei insbesondere um Daten von Beschäftigten, Kunden oder Lieferanten handelt. Personenbezogene Daten beziehen sich auf eine natürliche Person und lassen deren Identität direkt oder indirekt erkennen. Der Schutz dieser Daten ist essenziell, da ihre unrechtmäßige Verarbeitung sowohl rechtliche Konsequenzen als auch Vertrauensverluste nach sich ziehen kann.

Zu typischen personenbezogenen Daten zählen u. a.:

- Name
- Anschrift
- Telefonnummer
- E-Mail-Adresse
- Geburtsdatum
- Kontodaten
- Autokennzeichen
- Standortdaten
- IP-Adressen

2.3.1 Daten von Beschäftigten

Von seinen Beschäftigten erhebt und verarbeitet ein Unternehmen viele personenbezogene Daten. Dazu gehören persönliche Informationen wie Name, Adresse, Geburtsdatum, aber auch berufliche Daten bezüglich Qualifikationen, Gehalt, Arbeitszeit und Leistungsbeurteilungen. Die Daten werden benötigt zur Verwaltung des Arbeitsverhältnisses, zur Erstellung der Lohn- bzw. Gehaltsabrechnung und zur Erfüllung arbeitsrechtlicher Pflichten. Die Verarbeitung dieser Daten muss in Übereinstimmung mit arbeitsrechtlichen Vorschriften und Datenschutzbestimmungen erfolgen.

BEISPIEL *Bei der Sommerfeld Bürosysteme GmbH werden die Stammdaten (vgl. Seite 534) der Beschäftigten und die Daten der Arbeitszeit- und Arbeitsleistungserfassung herangezogen, um die monatliche Lohnabrechnung der Beschäftigten zu erstellen.*

2.3.2 Kundendaten

Unter Einhaltung der geltenden Datenschutzbestimmungen sammeln Unternehmen eine Vielzahl an Kundendaten, um Leistungen anzubieten, die Kundenbeziehung zu pflegen oder Marketingmaßnahmen durchzuführen. Dabei werden diese Daten auf verschiedenen Wegen erfasst. Neben den Daten aus Bestellungen zählt hierzu auch der Ankauf von Kundendaten über kommerzielle Datenanbieter oder die Erfassung über Kundenkarten, Gewinnspiele und Social Media. Außer Namen und Adressangaben werden auch Daten zu Bestellhistorie und Zahlungsverhalten gesammelt und ausgewertet.

BEISPIEL *Bei der Teilnahme an Gewinnspielen, die die Sommerfeld Bürosysteme GmbH regelmäßig über ihre Homepage durchführt, haben die Teilnehmenden die Möglichkeit, neben der erforderlichen Zustimmung zur Verarbeitung der für das Gewinnspiel erforderlichen personenbezogenen Daten, auch der Verwendung zu Marketingzwecken zuzustimmen. Dazu muss bei dem entsprechenden Hinweis aktiv ein Kreuzchen gesetzt werden.*

2.3.3 Lieferantendaten

Unternehmen haben zahlreiche Möglichkeiten, um Daten von aktuellen oder potenziellen Lieferanten zu erheben, z. B. anhand von bisher getätigten Bestellungen, Recherchen in verschiedenen Vergleichsportalen (u. a. „Wer liefert was?"), aus Branchenverzeichnissen oder Fachbüchern/-zeitschriften, aber auch direkt über die Homepage. Dabei werden neben Adressenangaben insbesondere Kontaktinformationen (z. B. Ansprechpartner), Bankdaten und Lieferbedingungen erfasst. Diese Informationen sind erforderlich, um die tägliche Zusammenarbeit mit Lieferanten reibungslos organisieren zu können, Bestellungen auszulösen und Verträge zu erfüllen.

BEISPIEL *Herr Lanzetti, der Leiter Logistik und Materialbeschaffung bei der Sommerfeld Bürosysteme GmbH, hat die Kontaktdaten von allen aktuellen Lieferanten in einer internen Datenbank erfassen lassen. Insbesondere von den wichtigsten Stammlieferanten, mit denen er regelmäßig im Austausch über die Entwicklung der Materialverbräuche steht, hat er die Rufnummern auf Kurzwahltasten seiner Telefonanlage hinterlegt.*

2.4 Datenkategorien

Die in Industrieunternehmen verarbeiteten Daten müssen je nach Anforderung bezüglich Sicherung, Verwaltung und Wiederherstellung in verschiedene Kategorien unterteilt werden. Hierbei werden die drei Hauptkategorien **Stammdaten, Bewegungsdaten** und **Konfigurationsdaten** unterschieden.

Sind Daten dauerhaft gültig und grundlegend für die Durchführung von Geschäftsprozessen (vgl. 1. Ausbildungsjahr, Lernfeld 1, Seite 159 f.) erforderlich, so handelt es sich um **Stammdaten**. Solche Daten ändern sich nur sehr selten und sind für die täglichen Arbeitsabläufe von zentraler Bedeutung. Es handelt sich also um Basisinformationen, auf denen alle weiteren Prozesse aufbauen.

Beispiele für Stammdaten:

- Kundendaten: Name, Adresse, Kontaktinformationen
- Lieferantendaten: Name, Adresse, Kontaktdaten, Bankverbindung
- Mitarbeiterdaten: Name, Geburtsdatum, Kontaktdaten, Abteilung
- Produktdaten: Artikelnummer, Produktbezeichnung
- Maschinendaten: Bezeichnung, Seriennummer, Wartungsintervalle, Herstellungsjahr

Stammdaten sind für ein Unternehmen von zentraler Bedeutung, da sie die Grundlage für viele Geschäftsprozesse bilden (z. B. Auftragsabwicklung, Rechnungsstellung). Diese Daten müssen regelmäßig gesichert werden, um operative Abläufe nicht zu gefährden. Hierzu werden zu vorgegebenen Zeiten Backups erstellt (vgl. Seite 535/536).

Temporäre Daten zeigen den aktuellen Stand der Geschäftstätigkeiten im Unternehmen. Solche **Bewegungsdaten** ändern sich permanent, weil sie von laufenden Transaktionen und dynamischen Prozessen abhängig sind. Sie dienen der täglichen Ausführung von einzelnen Operationen und sind häufig nur kurzfristig relevant.

Beispiele für Bewegungsdaten:

- Bestell- und Auftragsdaten: Bestellnummer, Bestellmenge, Lieferdatum, Zahlungsstatus
- Buchungsdaten: Transaktionsnummer, Betrag, Zahlungsdatum
- Produktionsdaten: Produktionsaufträge, Maschinenlaufzeiten, Produktionsmengen, Qualitätsprüfungsdaten
- Lagerbestandsdaten: aktueller Lagerbestand, eingehende oder ausgehende Lieferungen

Aufgrund von **Konfigurationsdaten** (Customizing data) werden Einstellungen innerhalb von IT-Systemen vorgenommen, um das System an seine spezifischen Bedürfnisse und Geschäftsprozesse anzupassen. Diese Einstellungen legen fest, wie Software oder Hardware eingerichtet und konfiguriert ist. Mit ihnen sind keine Stamm- oder Bewegungsdaten direkt verbunden, aber es wird die systemische und betriebliche Struktur definiert, wie Stamm- und Bewegungsdaten erfasst oder verarbeitet werden.

Beispiele für Konfigurationsdaten:

- Benutzerrechte: Welche User haben welche Zugriffsrechte auf ein System?
- Softwareeinstellungen: Wie ist das ERP-System (Enterprise Resource Planning) konfiguriert?
- Wartungs- und Systemparameter: Einstellungen zu Backups, Protokollierung und Alarmierungen innerhalb von IT-Systemen

2.5 Maßnahmen zum Datenschutz und zur Datensicherheit

Damit Unternehmen in einer digitalisierten Welt die Vorgaben des Datenschutzes gewährleisten können, müssen zahlreiche Maßnahmen ergriffen werden, die den Schutz, die Sicherheit und die Pflege der tagtäglich verarbeiteten Daten garantieren.

Datenschutz	**Datensicherheit**	**Datenpflege**
Sämtliche Maßnahmen, die dem Schutz personenbezogener Daten dienen, stehen hierbei im Fokus.	Sämtliche Maßnahmen, die dazu beitragen, Daten vor Verlust, Verfälschung oder Zerstörung zu bewahren. Daten werden als zu schützende Objekte betrachtet.	Sämtliche Maßnahmen, die die Richtigkeit und Aktualität der Daten sicherstellen. Außerdem die Löschung nicht mehr erforderlicher Daten.

Die **Datensicherung** ist ein zentraler Bestandteil des **Datenschutzes** und der **IT-Sicherheit** in Unternehmen. Sämtliche Maßnahmen, die ergriffen werden, um Daten vor Verlust, Zerstörung, Diebstahl oder unbefugtem Zugriff zu schützen, werden darunter zusammengefasst. Menschliche oder technische Fehler, Cyberangriffe oder Naturkatastrophen können einen vollständigen oder teilweisen Datenverlust zur Folge haben. Eine effektive Datensicherung gewährleistet, dass wichtige Daten jederzeit wiederhergestellt werden können. Hierzu zählen verschiedene Maßnahmen.

2.5.1 Regelmäßige Backups

Backups sind Kopien von Daten, die an einem sicheren Ort (z. B. einem externen Datenträger) aufbewahrt werden und im Falle eines Datenverlusts zur Wiederherstellung verwendet werden können. Je wichtiger die Daten sind und je häufiger die Daten aktualisiert werden, umso häufiger müssen Backups erstellt werden. Situationsbedingt können so stündliche, tägliche oder wöchentliche Backups generiert werden. Hierbei wird zwischen vollständiger Sicherung (Voll-Backup), inkrementellem Backup und differenziellem Backup unterschieden.

- **Voll-Backup:** Bei einem Voll-Backup werden alle relevanten Daten vollständig gesichert. Dies bietet die sicherste Methode zur Wiederherstellung, insbesondere bei zusammenhängenden oder voneinander abhängigen Daten. Allerdings werden dabei viel Speicherplatz und Zeit benötigt. Häufig müssen solche Sicherungen nachts durchgeführt werden, weil während des Backups keine Arbeiten im System möglich sind.
- **Inkrementelles Backup:** Bei einem inkrementellen Backup werden nur die Dateien oder Teile von Dateien gesichert, bei denen es seit der letzten Sicherung zu Änderungen gekommen ist bzw. die neu dazugekommen sind. Diese Methode spart Speicherplatz und Zeit, jedoch ist die Wiederherstellung deutlich komplexer, weil dabei die Daten aus mehreren Sicherungen zusammengestellt werden müssen.
- **Differenzielles Backup:** Ein differenzielles Backup sichert alle Dateien, die seitdem letzten Voll-Backup geändert worden oder neu hinzugekommen sind. Dieses Verfahren bietet eine gute Balance zwischen Speicherbedarf und Wiederherstellungsgeschwindigkeit.

BEISPIEL *Die Sommerfeld Bürosysteme GmbH speichert täglich ein inkrementelles Backup seiner Geschäftsdaten und einmal wöchentlich ein Voll-Backup und ermöglicht so, dass sowohl eine schnelle Wiederherstellung als auch eine vollständige Datensicherung gewährleistet sind. Das Voll-Backup wird immer sonntags vormittags durchgeführt, damit der werktägliche Geschäftsbetrieb ohne Störung oder Unterbrechung weiterlaufen kann.*

2.5.2 Verschlüsselung von Daten

Durch Verschlüsselungsverfahren werden Daten so umgewandelt und dabei verfremdet, dass sie ohne den erforderlichen Schlüssel nicht gelesen oder genutzt werden können. Ein Klartext wird hierbei in einen Geheimtext umgewandelt.

Die ersten Verschlüsselungsverfahren gehen bis in das Altertum zurück. Erste komplexere Verschlüsselungsmethoden wie die Chiffrierscheibe von Leon Battista Alberti (1404–1472) wurden im Mittelalter entwickelt. Diese und nachfolgende Verschlüsselungstechniken ermöglichten es, Daten vor unbefugtem Zugriff zu schützen. Die Datenverschlüsselung ist die beste Möglichkeit, um Daten während des Transports zu schützen und personenbezogene Daten vor unbefugtem Zugriff abzusichern. Heutzutage geht es dabei besonders um die unbefugte Speicherung und Übertragung beim digitalen Datenaustausch über weltweit vernetzte Server.

Maßnahmen, die im Rahmen der Verschlüsselung zum Einsatz kommen:

- Verschlüsselung der Daten auf **Festplatten** und **Speichermedien**: Daten, die auf Servern, externen Festplatten oder anderen Speichermedien abgelegt und gleichzeitig verschlüsselt werden. Dies schützt sie vor Diebstahl, wenn die Speichermedien gestohlen oder verloren gehen.
- Verschlüsselung von Daten bei der **Übertragung**: Werden Daten über Netzwerke ausgetauscht, so ist eine Verschlüsselung besonders wichtig. Bei weltweit vernetzten Unternehmen findet ein regelmäßiger Datenaustausch mit Kunden oder Lieferanten statt. Dabei werden häufig auch vertrauliche Daten z. B. zu Preisen, Mengen oder Lieferterminen ausgetauscht. Protokolle wie HTTPS (Hypertext Transfer Protocol Secure) oder der Einsatz von VPN (Virtual Private Network) sorgen dafür, dass Daten sicher zwischen verschiedenen Systemen übertragen werden.

BEISPIEL *Die Sommerfeld Bürosysteme GmbH nutzt eine Festplattenverschlüsselung auf allen Computern und Servern, um sicherzustellen, dass die Daten auch dann geschützt sind, wenn Geräte gestohlen oder unbefugt zugänglich gemacht werden. Außerdem können keine Daten von externen Datenträgern auf die Server der Sommerfeld Bürosystem GmbH übertragen werden, ohne dass diese vorher von der IT-Abteilung geprüft wurden. An sämtlichen Arbeitsplätzen fehlen deshalb USB-Ports bzw. bei vorhandenen Ports ist die Datenübertragung gesperrt worden.*

PRAXISTIPP!

Weitere Informationen zum Thema „Datenverschlüsselung" und zur Geschichte der Datenverschlüsselung finden Sie u. a. auf folgenden Seiten:

https://www.kaspersky.de/resource-center/definitions/encryption

https://www.deutsches-spionagemuseum.de/2021/05/06/geschichte-der-kryptologie-2-mittelalter-und-fruehe-neuzeit

2.5.3 Zugriffskontrollen und Berechtigungsmanagement

Eine wichtige Rolle bei der umfassenden Datensicherung spielen auch eine konsequente **Zugriffskontrolle** und ein effektives **Berechtigungsmanagement**. Diese Maßnahmen gewährleisten, dass nur autorisierte Personen Zugriff auf sensible Unternehmensdaten erhalten, um einen Missbrauch zu verhindern. Dabei werden Berechtigungen auch innerhalb einer Organisation auf die Daten begrenzt, die für einen bestimmten Arbeitsbereich erforderlich sind, z. B. durch Zugriffsrechte auf bestimmte Server, Laufwerke oder Programme.

Maßnahmen:

- **Rollenbasierte Zugriffskontrollen:** In Abhängigkeit von der Unternehmensgröße und der vorhandenen Hierarchieebenen werden den einzelnen Benutzern verschiedene Berechtigungen auf Basis ihrer Rolle zugewiesen. So erhalten Unternehmensleitung und Geschäftsführung vollen Zugriff auf alle Bereiche, während die Abteilungsleitungen nur auf abteilungsrelevante Daten zugreifen können. Für einzelne Stellen kann die Berechtigung noch weiter eingeschränkt werden.

- **Mehrfaktor-Authentifizierung:** Mithilfe von **mehreren Authentifizierungsmerkmalen**, z. B. durch die Eingabe eines **Passworts und** das Scannen eines **Fingerabdrucks** wird der Zugriff auf bestimmte Systeme gesichert. Wichtig ist dabei, dass Faktoren aus verschiedenen Kategorien zusammengestellt werden, d.h. eine Kombination aus **Wissen** (z. B. Passwort, PIN), **Besitz** (z. B. Chipkarte, TAN-Generator) oder **Biometrie** (z. B. Fingerabdruck). Während die Faktoren Besitz und Biometrie vorab eindeutig definiert werden, kann der Faktor Wissen vom User individuell festgelegt werden. Hierbei ist zu beachten, dass eine PIN eine zufällige Zahlenfolge sein sollte und keine Zahlenreihe (z. B. 1,2,3,4) oder gleiche Zahlen (z. B. 1,1,1,1). Bei der Erstellung eines Passworts werden i.d.R. Bedingungen vorgeben, um z. B. Namen oder Geburtsdatum als alleiniges Passwort zu verhindern. Ein sicheres Passwort enthält neben einer Kombination aus Buchstaben und Zahlen auch Sonderzeichen und verlangt sowohl große als auch kleine Buchstaben. Heutzutage erfolgt die Authentifizierung häufig nicht nur über mindestens zwei Faktoren, sondern diese Faktoren werden über unterschiedliche Systeme abgefragt, z. B. Passwort am PC und Fingerabdruck oder Gesichtsscan am Smartphone.

BEISPIEL *Zur Erhöhung der Datensicherheit müssen die Mitarbeitenden im Controlling der Sommerfeld Bürosysteme GmbH neben ihrem persönlichen Passwort auch einen einmaligen Code eingeben, der über eine Authenticator-App im Smartphone generiert wird. Nur wenn beide Angaben innerhalb von 30 Sekunden korrekt erfolgen, wird der Zugriff auf die interne Datenbank gewährt, andernfalls wird das System gesperrt und kann nur von einem Administrator wieder reaktiviert werden.*

2.5.4 Physische Sicherheitsmaßnahmen

Neben der Absicherung von Daten durch Verschlüsselungen und Zugriffskontrollen müssen auch **physische Sicherheitsmaßnahmen** ergriffen werden, um Hardware und darauf gespeicherte Daten, vor Diebstahl, Zerstörung oder unbefugtem Zugriff zu schützen.

Mögliche Maßnahmen:

- Speichermedien wie zum Beispiel externe Festplatten, USB-Sticks und Backup-Medien müssen in sicheren, **abschließbaren Schränken** aufbewahrt werden.
- Serverräume und andere Unternehmensbereiche mit kritischen Systemen (z. B. Laborräume oder Forschungs- und Entwicklungsbereiche) sollten nur für autorisierte Personen zugänglich sein und mithilfe von **Zugangskarten** oder **biometrischen Scannern** (z. B. Fingerabdruck, Iris- oder Gesichtsscanner) gesichert werden.
- Die permanent wachsenden Anforderungen bezüglich der Rechnerleistungen und die immer größer und komplexer werdenden Rechenzentren in Industrieunternehmen erfordern modernste **Brandschutzsysteme** und **Klimaanlagen**, um Daten vor Feuer und Überhitzung zu schützen.

BEISPIEL *Bei der Sommerfeld Bürosysteme GmbH werden tägliche Backups auf externen Festplatten gesichert, die in einem mit einem Fingerabdruckscanner gesicherten Raum aufbewahrt werden, zu dem nur autorisierte Mitarbeitende der IT-Abteilung zugangsberechtigt sind. Zudem ist der Serverraum mit einer Brandmeldeanlage und einer Klimaanlage ausgestattet, um die Hardware vor Umwelteinflüssen zu schützen.*

2.5.5 System- und Softwareupdates

Zur Vermeidung von Sicherheitslücken in IT-Systemen ist es zwingend erforderlich, veraltete Software, für die es keine regelmäßigen Updates mehr gibt, durch neue Software zu ersetzen. Aktuelle Software wird permanent weiterentwickelt, um erkannte Sicherheitslücken zu schließen und neue Funktionen zu implementieren. Insbesondere Systemsoftware ist häufig von externen, nicht autorisierten Zugriffsversuchen betroffen und sollte nicht mehr genutzt werden, wenn der Softwareanbieter keine weiteren Updates zur Verfügung stellt.

- Viele Systeme können so eingestellt werden, dass notwendige Sicherheitsupdates automatisch heruntergeladen und installiert werden.
- Unternehmen überprüfen regelmäßig die Software in ihrem Netzwerk auf Updates und Patches, um sicherzustellen, dass diese zeitnah (häufig nachts) installiert werden.

2.5.6 Cloud-Backup

Bei Cloud-Backup-Lösungen werden Daten regelmäßig auf Servern in einer Cloud gespeichert, die von IT-Dienstleistungsunternehmen betrieben werden. Diese gewährleisten die Sicherheit der Daten und bieten eine schnelle Wiederherstellung im Notfall an. Auf diese Weise ist ein effektiver Schutz von Datenverlust bei lokalen Katastrophen, z. B. durch Feuer oder Überschwemmung möglich.

BEISPIEL *Bei der Sommerfeld Bürosysteme GmbH wurde das IT-System so konfiguriert, dass alle Sicherheitsupdates automatisch installiert werden. Wichtige Geschäftsdaten werden täglich, immer nachts um zwei Uhr, in eine Cloud übertragen, um mindestens auf den Datenstand des Vortages zugreifen und diesen im Notfall wiederherstellen zu können.*

ZUSAMMENFASSUNG

- Gesetzliche Grundlagen: Für Deutschland das **Bundesdatenschutzgesetz (BDSG)** und auf europäischer Ebene die **Datenschutz-Grundverordnung (DSGVO)**.
  - Das **BDSG** liefert Vorgaben zu betrieblichen Datenschutzbeauftragten, der Verarbeitung besonderer Datenkategorien und der Videoüberwachung in Unternehmen.
  - Die **DSGVO** definiert Prinzipien zu Rechtmäßigkeit, Zweckbindung, Datenminimierung, Richtigkeit, Speicherbegrenzung und Integrität/Vertraulichkeit im Umgang mit personenbezogenen Daten.
- **Personenbezogene Daten:** Sämtliche Informationen, die sich direkt oder indirekt auf eine bestimmte oder bestimmbare natürliche Person beziehen lassen (z. B. Name und Adresse).

Datenschutz	Datensicherheit	Datenpflege
Sämtliche Maßnahmen, die dem Schutz personenbezogener Daten dienen.	Sämtliche Maßnahmen, die dazu beitragen, Daten vor Verlust, Verfälschung oder Zerstörung zu bewahren.	Sämtliche Maßnahmen, die die Richtigkeit und Aktualität der Daten sicherstellen.

Datenkategorie	Merkmale	Beispiele
Stammdaten	statisch, ändern sich selten, für Geschäftsprozesse essentiell	Kundendaten, Mitarbeiterdaten, Produktinformationen
Bewegungsdaten	dynamisch, ändern sich regelmäßig, betreffen Transaktionen	Bestell- und Auftragsdaten, Produktionsdaten
Konfigurationsdaten	Systemkonfigurationen, ändern sich selten, betreffen IT-Systeme	Benutzerrechte, Software-Einstellungen

- Maßnahmen zum Datenschutz und zur Datensicherheit:
  - regelmäßige Backups
  - Verschlüsselung von Daten
  - Zugriffskontrolle und Berechtigungsmanagement
  - physische Sicherheitsmaßnahmen
  - System- und Softwareupdates
  - Cloud-Backup

AUFGABEN

1 Erläutern Sie den Unterschied zwischen Bundesdatenschutzgesetz (BDSG) und Datenschutzgrundverordnung (DSGVO). Begründen Sie, warum diese gesetzlichen Grundlagen besonders in der heutigen Zeit zwingend erforderlich sind.

2 Erläutern Sie vier mögliche Maßnahmen, die Sie persönlich bzw. Ihr Ausbildungsbetrieb zur Datensicherung ergreifen können/kann.

3 Die Beschäftigten der Sommerfeld Bürosysteme GmbH sind verpflichtet, ihren Systemzugang mit einem sicheren Passwort zu schützen. Wenn die Mitarbeiter ein neues Passwort festlegen, muss dieses bestimmte Kriterien erfüllen. Erläutern Sie, welche Kriterien bei der Wahl eines sicheren Passworts beachtet werden müssen.

4 Bei der Sommerfeld Bürosysteme GmbH werden im Rahmen der Datensicherung verschiedene Maßnahmen zum Datenschutz, zur Datensicherheit und zur Datenpflege umgesetzt. Ordnen Sie die nachfolgenden Maßnahmen einem dieser drei Bereiche zu:

a) Ein Kunde hat online den Newsletter der Sommerfeld Bürosysteme GmbH abbestellt.
b) Ein Softwarehaus hat die Sommerfeld Bürosysteme GmbH darüber informiert, dass für ein seit Jahren genutztes Programm keine Updates mehr zur Verfügung gestellt werden. Bei der Sommerfeld Bürosysteme GmbH wird daraufhin ein neues Programm installiert.
c) Die Adresse und Bankverbindung einer neuen Mitarbeiterin werden im System erfasst.
d) Eine Mitarbeiterin ist umgezogen und informiert die Personalabteilung über ihre neue Adresse.
e) In der Nacht von Dienstag wurde ein Softwareupdate automatisch heruntergeladen und installiert.
f) Ein Mitarbeiter hat die Personalabteilung schriftlich darüber informiert, dass die Daten eines in der Vergangenheit angesparten Bausparvertrages nicht mehr gültig sind.
g) Die Arbeitsplätze in der Personalabteilung der Sommerfeld Bürosysteme GmbH sind so gestaltet, dass andere Beschäftigte, die das Büro betreten, nicht auf die Bildschirme der Beschäftigten schauen können. Außerdem sind die Beschäftigten der Abteilung verpflichtet, sich vom System abzumelden, immer wenn sie den Arbeitsplatz verlassen.
h) Ein langfristiger Vertrag mit einem IT-Softwaredienstleister garantiert der Sommerfeld Bürosysteme GmbH, dass die Systeme des Unternehmens permanent mit dem aktuellen Antivirenprogramm und einer entsprechenden Firewall ausgestattet sind.

5 Bei den täglichen Prozessen der Sommerfeld Bürosysteme GmbH werden eine große Menge unterschiedlichster Daten verarbeitet. Dabei wird zwischen Stamm-, Bewegungs- und Konfigurationsdaten unterschieden.

a) Erläutern Sie den Unterschied zwischen diesen drei Kategorien.
b) Nennen Sie jeweils zwei konkrete Beispiel zu jeder Kategorie.

KOMPETENZCHECK: AUFGABEN ZUR WIEDERHOLUNG UND PRÜFUNGSVORBEREITUNG

1 Welche Aussage zur Finanzierung von Start-ups ist korrekt? Kreuzen Sie an.

a) Start-ups werden ausschließlich durch Eigenkapital der Unternehmensgründer und -gründerinnen finanziert.
b) Privatinvestoren, die gezielt in Unternehmensgründungen investieren und neben Kapital auch Erfahrungen und Expertise beisteuern, bezeichnet man als Business Angels.
c) Business Angels zeichnen sich dadurch aus, dass sie sich ausschließlich auf die Finanzierung von Start-ups konzentrieren und keinerlei geschäftliches Know-how beisteuern.
d) Fremdkapital wird Start-ups ausschließlich durch Kreditinstitute zur Verfügung gestellt.
e) Venture-Capital-Firmen investieren stets in Unternehmen, die schon seit Längerem erfolgreich am Markt aktiv sind.

2 Welche der folgenden Aussagen zu Rechtsformen ist korrekt? Kreuzen Sie an.

a) Für die Gründung einer Gesellschaft mit beschränkter Haftung (GmbH) sind mindestens zwei Personen erforderlich.
b) Eine Offene Handelsgesellschaft (OHG) haftet ausschließlich mit ihrem Gesellschaftsvermögen.
c) Für die Gründung einer Aktiengesellschaft (AG) sind mindestens zwei Personen erforderlich.
d) Die Eigentümer einer Aktiengesellschaft (AG) bezeichnet man als Aktionäre. Sie haften auch mit ihrem Privatvermögen.
e) Bei einer Kommanditgesellschaft (KG) haftet der Komplementär persönlich mit seinem Privatvermögen.

3 Nennen Sie die vier Aspekte, über die in einer SWOT-Analyse Auskunft gegeben wird.

4 Nennen Sie drei Beispiele für Stammdaten.

5 Nennen Sie drei Beispiele für Bewegungsdaten.

6 Erläutern Sie drei Prinzipien der Datenschutz-Grundverordnung (DSGVO).

Sachwortverzeichnis

Bildquellenverzeichnis

Alamy Stock Photo, Abingdon/Oxfordshire: imageBROKER.com 494.1.

Alamy Stock Photo (RMB), Abingdon/Oxfordshire: LianeM 261.1.

Berberich, Hubert: 536.1.

Bitkom e. V., Berlin: CC BY-SA 3.0 DE 535.1.

Europäische Zentralbank, Frankfurt am Main: 326.1.

Foto Stephan – Behrla Nöhrbaß GbR, Köln: 7.1, 34.1, 40.1, 67.1, 73.1, 117.1, 128.1, 140.1, 146.1, 163.1, 167.1, 175.1, 176.1, 182.1, 187.1, 195.1, 205.1, 212.1, 235.1, 240.1, 253.1, 266.1, 271.1, 280.1, 290.1, 297.1, 314.1, 337.1, 355.1, 387.1, 390.1, 392.1, 403.1, 450.1, 472.1.

fotolia.com, New York: [photoactive] 24.1; Adam Gregor 370.1; adisa 151.1; Alterfalter 305.1; Amy Walters 213.2; ARTENS 298.1; Bernd Leitner 416.1; BoL 165.1; ChaotiC_PhotographY 311.1; DragonImages 441.2; erdquadrat 365.1; FM2 464.1; Franz Pfluegl 284.1; Gina Sanders 274.1; Grinvalds, Kaspars 165.2; Ingo Bartussek 176.2; Jan Rose 275.1; Kitty 441.1; Kzenon 236.1; Lennartz 442.1; Lucian Muset 131.2; Lucky Dragon 391.1; Luftbildfotograf 466.1; Picture-Factory 169.2; Rafal Rebacz 230.1; Ralf Beier 273.1; Roman Levin 152.1; RRF 177.1; Stefan Thiermayer 367.1; styleuneed 301.1; Wissmann Design 131.1; XtravaganT 320.1.

Freepik Company S.L.: https://www.flaticon.com/de/kostenlose-icons/sperren" title="sperren Icons">Sperren Icons erstellt von Freepik - Flaticon 535.2.

iStockphoto.com, Calgary: AndreyPopov 533.1; azatvaleev 529.1; BlackJack3D 536.2; CherriesJD 169.1; Mihai, Galeanu 374.1; Vyshnevskyy, Oleg 535.3.

Kleicke, Christine, Hamburg: 423.1, 423.2.

OKS Group, Delhi: 60.1, 75.1, 482.1.

Picture-Alliance GmbH, Frankfurt a.M.: 334.1; akg-images 209.1; CHROMORANGE

Bihlmayer, Michael: 375.1; dpa-infografik 141.1, 184.1, 202.1, 255.1, 256.1, 257.1, 262.1, 263.1, 273.2, 277.1, 281.1, 295.1, 302.1, 309.1, 317.1, 322.1, 325.1, 338.1, 339.1, 340.1, 341.1, 342.1, 342.2, 388.1, 410.1, 419.1, 447.1, 451.1, 460.1, 465.1, 475.1, 489.1; FotoMedienService

Zillmann, Ulrich: 487.1, 526.1; imageBROKER/Strigl, Egmont 439.1; Rothermel, Winfried 196.2; Rourke, Matt 130.1; Westend61

Lorenzo, Xavier: 508.1; Westend61

Waterman, Phillip: 504.1.

punktgenau gmbh, Bühl: 424.1, 446.1.

Shutterstock.com, New York: acikilyas 221.1; Alex, Iryna 423.4; bbernard Titel, Titel; Formatoriginal 524.1; Lee Charlie 519.1; Rawpixel.com 217.1; TarikVision 500.1; Zerbor 515.1.

stock.adobe.com, Dublin: 285.1; alexandro900 381.2; alphaspirit 442.3; art_zzz 164.1; berkut_34 150.1; Countrypixel 183.1; CrazyCloud 362.1; darknightsky 196.1; Daxenbichler, Patrick 378.1; elxeneize 213.1; EvrenKalinbacak 185.1; Fiedels 423.3; focus finder 177.2; Frau Lichtbild 190.1; hetwig 381.1; industrieblick 192.1; jamdesign 169.3; Kalim 442.4; m.mphoto 308.1; maroke 443.1; miklyxa 254.1; Paylessimages 442.2; playstuff 301.2; Thomas 214.1; Trueffelpix 436.1, 443.2; Yuri Arcurs peopleimages.com Titel, Titel.

Stollfuß Verlag – Zweigniederlassung der Lefebvre Sarrut GmbH, Bonn: 420.1, 426.1, 426.2, 426.3, 426.4, 426.5, 426.6, 426.7, 426.8, 426.9, 426.10, 435.1, 435.2, 435.3, 435.4, 483.1, 483.2, 483.3.

United Nations, New York, NY: https://www.un.org/sustainabledevelopment/, The content of this publication has not been approved by the United Nations and does not reflect the views of the United Nations or its officials or Member States 491.1.
Zahlenbilder, Bergmoser + Höller Verlag AG, Aachen: Zahlenbilder 197.1, 242.1, 262.2, 287.1, 314.2, 341.2, 396.1, 399.1, 468.1.